Nonprofit-Organisationen vor neuen Herausforderungen

D1922301

Annette Zimmer
Thorsten Hallmann (Hrsg.)

Nonprofit-Organisationen vor neuen Herausforderungen

Springer VS

Herausgeber
Annette Zimmer
Universität Münster
Münster, Deutschland

Thorsten Hallmann
Universität Münster
Münster, Deutschland

ISBN 978-3-658-10586-0 ISBN 978-3-658-10587-7 (eBook)
DOI 10.1007/978-3-658-10587-7

Die Deutsche Nationalbibliothek verzeichnet diese Publikation in der Deutschen Nationalbibliografie; detaillierte bibliografische Daten sind im Internet über http://dnb.d-nb.de abrufbar.

Springer VS
© Springer Fachmedien Wiesbaden 2016
Das Werk einschließlich aller seiner Teile ist urheberrechtlich geschützt. Jede Verwertung, die nicht ausdrücklich vom Urheberrechtsgesetz zugelassen ist, bedarf der vorherigen Zustimmung des Verlags. Das gilt insbesondere für Vervielfältigungen, Bearbeitungen, Übersetzungen, Mikroverfilmungen und die Einspeicherung und Verarbeitung in elektronischen Systemen.
Die Wiedergabe von Gebrauchsnamen, Handelsnamen, Warenbezeichnungen usw. in diesem Werk berechtigt auch ohne besondere Kennzeichnung nicht zu der Annahme, dass solche Namen im Sinne der Warenzeichen- und Markenschutz-Gesetzgebung als frei zu betrachten wären und daher von jedermann benutzt werden dürften.
Der Verlag, die Autoren und die Herausgeber gehen davon aus, dass die Angaben und Informationen in diesem Werk zum Zeitpunkt der Veröffentlichung vollständig und korrekt sind. Weder der Verlag noch die Autoren oder die Herausgeber übernehmen, ausdrücklich oder implizit, Gewähr für den Inhalt des Werkes, etwaige Fehler oder Äußerungen.

Lektorat: Jan Treibel, Monika Mülhausen

Gedruckt auf säurefreiem und chlorfrei gebleichtem Papier

Springer Fachmedien Wiesbaden ist Teil der Fachverlagsgruppe Springer Science+Business Media (www.springer.com)

Inhalt

IV Neue Wege der Mittelbeschaffung

V Auf die Sache kommt es an: Soziales unternehmen!

Vorwort

Mehr als jeder zweite Einwohner Deutschlands ist Mitglied in mindestens einem der mehr als 580.000 Vereine, davon allein über 93.000 Sportvereine. Die beiden größten Wohlfahrtsverbände, Caritas und Diakonie, beschäftigen jeweils eine halbe Million Menschen. Die Lobbyliste des Deutschen Bundestags führt über 2.000 registrierte Interessenverbände. Mehr als 20.000 Stiftungen, über 8.000 gemeinnützige Unternehmen sowie eine Vielzahl von Initiativen bilden eine facettenreiche Sphäre „jenseits von" staatlicher Verwaltung, profitorientierter Ökonomie und Familie. Gemeinnützige oder Nonprofit-Organisationen übernehmen vielfältige soziale und kulturelle Aufgaben und sind aus unserem Alltag nicht wegzudenken.

Über Dienstleistungserstellung hinaus wird ihnen innovative Kraft, kulturelles Potenzial und eine unverzichtbare Bedeutung für demokratische Gesellschaften zugeschrieben. Lange Zeit von Poltik und Wissenschaft eher vernachlässigt, sind Funktion und Besonderheit dieses sozialen Raums und seiner Nonprofit-Organisationen in den vergangenen Jahrzehnten stärker in den Fokus der Sozialwissenschaften gerückt. Rückblickend lässt sich die Entwicklung dieses gesellschaftlichen Raums als Erfolgsgeschichte beschreiben.

Doch werden Warnrufe inzwischen deutlich hörbarer, dass es unter den Vorzeichen von Individualisierung, Globalisierung und Kommerzialisierung für Nonprofit-Organisationen immer schwierigerer wird, ihr vielfältiges Aufgabenspektrum wahrzunehmen. Noch ist nicht von der Krise des Nonprofit-Sektors die Rede. Doch Ressourcensicherung wie auch Management von NPOs entwickeln sich angesichts wachsender Konkurrenz, stagnierender bzw. schrumpfender öffentlicher Haushalte und steigender Anforderungen an das Leistungsspektrum der Organisationen zunehmend problematischer.

Dieser Befund ist Ausgangspunkt des vorliegende Bandes: Viele NPOs stehen aktuell vor deutlichen Herausforderungen. Diese sind zum einen bedingt durch die Veränderung der sozialen Milieus. Schon lange gehen den klassischen Mitgliederorganisationen die „Stammkunden" verloren. Es wird für NPOs zunehmend schwieriger, sich im medial besetzten öffentlichen Raum Gehör zu verschaffen. Auf die wachsenden finanziellen Engpässe wurde schon Bezug genommen. Aber auch freiwillige MitarbeiterInnen sind nicht mehr ohne Weiteres zu begeistern. Noch schwieriger gestaltet sich die Gewinnung von freiwilligem Engagement für Führungsaufgaben in Nonprofit-Organisationen.

Die Notwendigkeit, hier strategisch zu reagieren, ist bei NPOs inzwischen allgemein anerkannt und manifestiert sich u. a. in einem wachsenden Angebot an Fachliteratur. Mittlerweile sind auch eine ganze Reihe von Studiengängen entstanden, die Führungskräfte speziell für NPOs aus- oder weiterbilden. Allerdings lassen sich betriebswirtschaftliche Instrumente nicht in einem „Copy-Paste-Verfahren" nahtlos auf gemeinnützige Organisationen übertragen. Vielmehr bedarf es der Anpassung der Ansätze und Konzepte aus der BWL wie der Organisationssoziologie und -theorie auf die Besonderheiten von Nonprofit-Organisationen. So handelt es sich bei der Mehrheit der NPOs im Gegensatz zur Welt der Unternehmen nach wie vor um Mitgliederorganisationen, in denen den Mitgliedern die zentrale Entscheidungsmacht zukommt. Viele NPOs haben den Charakter von „Wahlgemeinschaften", in denen freiwilliges Engagement eine wichtige Bedeutung als Ressource zukommt. Ferner zeichnen sich NPOs in der Regel durch spezifische Werteorientierungen aus, die dezidiert als nicht-monetäre Anreize für Mitgliedschaft und Mitarbeit in NPOs wirken. Die Vielfalt der Organisationen und Tätigkeitsfelder bedingt zudem, dass Nonprofit-Organisationen nicht unterschiedslos mit ein und demselben „Rezept" adressiert werden können..

Dieser Überzeugung folgt dieser Band und wählt daher die Perspektive der Fallstudie. Anhand einer Vielfalt von Beispielen wird aufgezeigt, was in unterschiedlichen Konstellationen sinnvoll sein könnte. Ein großer Teil der Fallstudien ist von derzeitigen und ehemaligen Studierenden des Weiterbildungsstudiengangs „Nonprofit-Management and Governance" der WWU Münster verfasst. Die Beiträge basieren auf beruflichen Erfahrungen oder sind im Umfeld der Masterarbeit entstanden. Sie illustrieren, wie Probleme in der NPO-Praxis angegangen werden, welche Schwierigkeiten dabei auftreten und wie diese erfolgreich zu bewältigen sind. Die Fallstudien werden durch knappe Übersichtsartikel eingeführt, die mehrheitlich von DozentInnen des Studiengangs „Nonprofit Management and Governance" verfasst worden sind. Eine annotierte Bibliographie zum Nonprofit-Management sowie Interviews mit erfolgreichen „sozialen UnternehmerInnen" und „Change-ManagerInnen" runden den Band ab. Es wird im Folgenden ein breites Spektrum an Tätigkeitsfeldern, Problematiken und Lösungsansätzen abgedeckt. Hierbei liegt der Schwerpunkt weniger auf den Großorganisationen des NPO-Sektors in Deutschland, sondern in diesem Band kommt vor allem die

Mehrheit der kleineren Organisationen mit ihren Bedarfen, innovativen Ansätzen und Problemlösungsstrategien zu Wort.

Der Aufbau des Bandes reflektiert die Vielfalt der Aufgaben, Funktionen, Strukturbesonderheiten und Organisationsformen im NPO-Sektor Deutschlands. Unser Interesse richtet sich dabei gleichermaßen darauf, wie etablierte bzw. alte NPOs auf die aktuellen gesellschaftlichen und wirtschaftlichen Veränderungen reagieren, und wie neu gegründete NPOs organisationsinterne Herausforderungen angehen und sich in einem NPO-Arbeitsbereich etablieren. Die Fallbeispiele dienen dabei einer doppelten Zielsetzung: Es wird jeweils eine einzelne Organisation in ihrer Entwicklung und Spezifik vorgestellt; gleichzeitig werden aktuelle Herausforderungen an das Management der Organisation dargelegt und ihre strategische Bearbeitung behandelt. Das Instrumentarium des Nonprofit-Managements wird somit anhand von Praxisbeispielen verdeutlicht und seine Anwendung im konkreten Fall als mögliche „best practice" zur Bewältigung typischer Strukturprobleme von NPOs veranschaulicht: So wird „Change-Management" als Reaktion auf veränderte Kontextbedingungen und Mitgliederansprüche behandelt. Es werden die Grenzen der Vereinbarkeit von Professionalisierung und Ökonomisierung der NPOs mit ihrem genuin gemeinschaftlichen Charakter ausgelotet. Die Strukturbesonderheit Freiwilligenarbeit und Ehrenamt von NPOs wird vor dem Hintergrund der Notwendigkeit modernen Personalmanagements diskutiert. Wie und mit welchen Instrumenten die monetäre Ressourcensicherung der NPOs gewährleistet werden kann, ohne dass die Organisationen ihren Charakter verlieren, wird ebenso anhand von „Fallbeispielen" aufgezeigt, wie die Notwendigkeit von Interessenvertretung und Lobbying für die „richtige Sache" gerade in Zeiten finanzieller Engpässe. Dieses vielfältige Spektrum wie auch der Neuaufbau von Organisationen sind Themen der Fallstudien. Die Handlungsräume der vorgestellten Organisationen erstrecken sich hierbei von Heimat- und Denkmalschutzvereinen über Berufs- und Interessenverbände, Fördervereine und sozial engagierte Stiftungen bis hin zu gemeinnützigen Initiativen, die mit Hilfe des Internets Engagierte, Spender und Organisationen vernetzen.

Wir hoffen, dass Konzeption und Vielfalt der Themen den Band zu einer praxisnahen und inspirierenden Handreichung für Studierende, freiwillig Engagierte und beruflich Tätige im Nonprofit-Sektor machen. Ganz besonders bedanken möchten wir uns an dieser Stelle bei den Autorinnen und Autoren sowie unseren InterviewpartnerInnen für die Mitwirkung an dem vorliegenden Band. Trotz vielfältiger anderer Verpflichtungen haben Sie sich für uns und für diese Publikation Zeit genommen. Ohne ihr Engagement und ihre aktive Mitarbeit wäre dieser Band nicht möglich gewesen. Unser Dank gilt besonders Almut Müskens von der WWU-Weiterbildungs GmbH, die dieses Vorhaben nachhaltig unterstützt hat. Und nicht zuletzt möchten wir uns ganz herzlich bei Melanie Beyer, Christina Grabbe und Paula Hoffmeyer-Zlotnik für die redaktionelle Unterstützung bedanken. Ohne ihr geduldiges und nachhaltiges Engagement wäre der vorliegende Band nicht zustande gekommen.

Münster im Februar 2015 Annette Zimmer / Thorsten Hallmann

Einführung: Warum ein Band zu neuen Herausforderungen von NPOs?

Thorsten Hallmann und Annette Zimmer

1 Kontextveränderungen als Herausforderung für NPOs

Nonprofit-Organisationen übernehmen in modernen Gesellschaften eine Vielzahl von Funktionen: Sie sind Orte der Vergemeinschaftung und Sozialisation und als solche Wahlgemeinschaften von Gleichgesinnten. Sie schaffen Räume kollektiven Handelns jenseits der Privatsphäre, aber auch außerhalb von Ökonomie und Staat. NPOs bündeln und artikulieren Interessen gegenüber Öffentlichkeit und politischem Raum, seien es die Interessen der Mitglieder oder weltanschauliche und normative Vorstellungen von einer „guten Gesellschaft", etwa in Form der Anwaltschaft für „Schwache". NPOs wird daher eine zentrale Rolle für Demokratie und Partizipation zugesprochen. Als Infrastruktur der Zivilgesellschaft sind sie Orte der kulturellen und normativen Selbstverständigung und der gesellschaftlichen Auseinandersetzung. Als Produzenten von Sozialkapital schaffen sie durch Vernetzung generalisiertes Vertrauen, das sich positiv auf das Gemeinwesen auswirken kann. Und nicht zuletzt erbringen NPOs im beachtlichem Umfang Leistungen im ökonomischen Sinne, und zwar als Clubgüter für ihre Mitglieder, subsidiär als soziale Dienstleister in wohlfahrtsstaatlichem Auftrag oder als funktionales Äquivalent zu profitorientierten Unternehmen.

NPOs konstituieren daher idealtypisch einen „autonomen" Raum der Selbstorganisationen, gesellschaftlichen Verständigung, sozialen Integration sowie der Interessenvertretung und Produktion von Leistungen und Gütern. Wie jede Organisation, so sind auch NPOs abhängig von Ressourcen in Form von Personal, Sach- oder monetärem Input. Als ressourcenabhängige Organisationen sind NPOs eingebettet in wirtschaftliche, gesellschaftliche und politische Kontexte und damit abhängig von ihrem Umfeld. Doch dieses Umfeld befindet sich aktuell in einem tiefgreifenden Wandel, wobei eine grundlegende Änderung der gesellschaftlichen, politischen und wirtschaftlichen Kontextbedingungen der NPOs festzustellen ist.

So zeigt sich der gesellschaftliche Wandel u. a. darin, dass traditionelle Bindungen brüchig geworden sind und an Attraktivität verloren haben. Gemeint ist hiermit die Erosion der klassischen sozialen Milieus, die keinen festen Sozialverband darstellen, aber durch geteilte Werte und Normen zusammengehalten werden. Beispiele hierfür sind das „katholische" oder auch das „sozialdemokratische Milieu". NPOs in Form milieuspezifischer Vereine bilden seit dem 19. Jahrhundert die organisatorische Infrastruktur dieser sozialen Verbünde. Mitgliedschaft im Verein, wie etwa in einer der lokalen Kolping-Familien oder einem Ortsverein der SPD-nahen AWO, war nicht nur Ausdruck gesellschaftlichen Engagements, sondern signalisierte gleichzeitig Zugehörigkeit zu einer bestimmten, wertgebundenen gesellschaftlichen Gruppe. Heute verfügen die traditionsreichen und milieugebundenen Vereine nur noch bedingt über „Stammkunden" (Streeck 1987), die aufgrund von Tradition und Sozialisation Mitglied sind. „Mitgliedschaft" ist insofern zu einer raren und inzwischen unter starkem Konkurrenzdruck stehenden Ressource für NPOs geworden. In der modernen Freizeitgesellschaft bestehen viele Möglichkeiten, sich zu engagieren und aktiv zu werden, auch ohne Mitglied in einer NPO bzw. in einem Verein zu werden.

Zudem ist die Ressource „frei-verfügbare Zeit" für viele von uns immer knapper geworden. Der moderne Arbeitsmarkt stellt höhere Mobilitäts- und Flexibilitätsanforderungen, so dass „regelmäßiges Engagement" in Form langfristiger freiwilliger Tätigkeiten oder gar die Übernahme von verantwortlichen Positionen in den Leitungsgremien von NPOs immer schwieriger mit dem beruflichen Alltag in Einklang zu bringen sind. Auch SchülerInnen und Studierende haben aufgrund der zunehmenden Verdichtung der Schul- und Hochschulausbildung immer weniger Zeit für freiwilliges Engagement. Schließlich haben sich auch die persönlichen Zeitbudgets verändert und folgen immer weniger einem „Normalmodell", das strikt zwischen Arbeit und freier Zeit unterscheidet. Stattdessen sind heute Flexibilität und Spontanität Trumpf. Die Bereitschaft, sich gesellschaftlich zu engagieren, hat zwar keineswegs abgenommen, doch die Bereitschaft, längerfristig und verbindlich mit Verantwortung verbundene ehrenamtliche Tätigkeiten zu übernehmen, ist deutlich zurückgegangen.

Der Wandel des politischen Umfelds von NPOs zeigt sich insbesondere daran, dass es für die Organisationen immer schwieriger wird, öffentliche Unterstützung in Form von Fördermitteln zu bekommen. Dies ist nicht allein der Knappheit der öffentlichen Finanzen geschuldet. In den letzten drei Jahrzehnten hat sich vielmehr ein grundlegender Wandel der Einstellung und der öffentlichen Meinung vollzogen.

Neo-Liberalismus ist nach wie vor das maßgelbliche Leitbild unserer Zeit. Danach ist das freie Spiel der Marktkräfte der beste Garant für allgemeine Wohlfahrt. Alle gesellschaftlichen Bereiche werden daher unter Markt- bzw. Konkurrenzbedingungen gestellt. Es gibt keine „besonderen Beziehungen" mehr zwischen Staat und NPOs, die Dienstleistungen im wohlfahrtsstaatlichen Auftrag erfüllen. „Leistungsentgelte" sind Ressourcen für NPO-Dienstleister, die unter Konkurrenzbedingungen erarbeitet werden müssen.

Der Wandel des politischen Umfelds bedingt daher für viele NPOs auch eine grundlegende Veränderung ihrer ökonomischen Kontextbedingungen. In der Regel rekurrieren NPOs auf einen Ressourcenmix, der sich aus Mitgliedergebühren, Einnahmen am Markt (z. B. Eintrittsgelder), Unterstützung der öffentlichen Hand sowie privaten Zuwendungen, in der Regel Spenden und Sponsorenmittel zusammensetzt. Um jede der genannten Ressourcen wird inzwischen unter NPOs heftig konkurriert. Und auch jeder dieser „Märkte", angefangen bei den Mitgliedern bis hin zu den Sponsoren, ist mittlerweile hart umkämpft. Hinzu kommt, dass NPOs in den letzten Jahren auf eine beachtliche Erfolgsgeschichte zurückblicken können. Weltweit ist es zu einem Gründungsboom von NPOs gekommen, so dass in Deutschland heute gut rund drei Mal so viele NPOs aktiv sind wie vor gut zwanzig Jahren (Alscher et al 2009). Auch dies trägt maßgeblich zur Verstärkung der Konkurrenz bei. Zudem sind viele neue NPOs von Beginn an einem sozial-engagierten Unternehmensmodell verpflichtet. In entsprechender Weise orientieren sich diese NPOs in ihrer Arbeitsweise und Mittelakquise eher an Verfahren, die an Vorgehensweisen und Modellen aus der Wirtschaft angelehnt sind. Die drückt sich u. a. auch in der Terminologie aus. Vielfach ist, gerade im sozialen Bereich nicht mehr von NPOs, sondern von Sozialunternehmen die Rede.

Schließlich haben sich auch die Rahmenbedingungen der Interessenvertretung für NPOs nachhaltig verändert: Infolge von Pluralisierung und Individualisierung haben die gesellschaftlichen Großorganisationen des NPO-Sektors, die traditionellen Verbände, die Gewerkschaften, aber auch die Kirchen deutlich an Gewicht verloren. Neue Interessengruppen sind entstanden. NGOs mit schwach ausgeprägter und eher informeller Mitgliederbindung sowie soziale Bewegungen ohne feste Strukturen sind neben kommerziellen Lobbying-Agenturen im Feld der Interessenvertretung von wachsender Bedeutung (Speth/Zimmer 2015). Auch fällt es angesichts des Konkurrenzdrucks und der ökonomischen Zwänge vielen NPOs zunehmend schwer, ihr Profil als Interessenvertretung zu wahren, Ressourcen hierfür einzusetzen und auch weiterhin als Lobbyist für die Anliegen Dritter aktiv zu sein.

Wie sich NPOs auf die veränderten Kontextbedingungen einstellen, wie sie mit den aktuellen Herausforderungen umgehen und welche Strategien sie hierbei verfolgen, ist Thema des vorliegenden Bandes. Dieser zeichnet sich durch eine Reihe von Besonderheiten aus. Es handelt sich nicht um ein Lehrbuch im ursprünglichen Sinn, sondern eher um einen Erfahrungsbericht. Die zusammengestellten „Fallbeispiele" bzw. Case Studies von NPOs sind überwiegend von PraktikerInnen verfasst, die auf umfangreiches Organisations- und Erfahrungswissen im NPO-Sektor zurückgreifen können. Gemeinsam ist der Mehrheit der VerfasserInnen der Beiträge, dass sie den Studiengang „Nonprofit Management and Governance" der Westfälischen-Wilhelms-Universität durchlaufen haben. Auch die AutorInnen der Überblicksbeiträge des Bandes sind mehrheitlich in den Studiengang eingebunden und als DozentInnen tätig. Der Studiengang „Nonprofit Management and Governance" richtet sich an Führungskräfte von NPOs und zeichnet sich dadurch aus, dass die Spezifik von NPOs, ihre gesellschaftlich-soziale Einbettung und ihre genuin normative Orientierungen, im Rahmen des Curriculums ein besonderer Stellenwert zukommt.

2 Zum Aufbau des Bandes

Die aufgezeigten Problematiken können am konkreten Beispiel sicherlich nicht in „Reinform" beobachtet werden, vielmehr sind NPOs mit einer komplexen Kombination unterschiedlicher Herausforderungen konfrontiert. Im vorliegenden Band sind die Beiträge nicht als „Schulbeispiele" für bestimmte Problemlagen und ihre Lösung ausgewählt worden. Es handelt sich vielmehr mehrheitlich um Erfahrungsberichte, wobei der Schwerpunkt auch auf eher kleineren NPOs liegt. Um die Darstellung aufzulockern wurde zudem die Form des Experteninterviews als ergänzendes Format gewählt. Die Interviews verfolgen zum einen die Zielsetzung, eine besondere Facette der Organisation bzw. ihres Wandels herauszustellen, zum anderen wurden Interviews mit RepräsentantInnen von Organisationen geführt, die von den Herausgebern aufgrund ihrer Neuartigkeit, ihrer besonderen Vorgehensweise oder ihres Arbeitsfeldes als interessantes Fallbeispiel für diesen Band erachtet werden.

Eingeleitet wird der Band durch einem Überblicksartikel von Thorsten Hallmann, der auf die Anfänge gemeinnütziger Organisationen in Deutschland eingeht, einen Überblick über die Größe des Sektors vermittelt und wichtige theoretische Ansätze der NPO-Forschung benennt. Daran anschließend ist der Band, um die Vielfalt der Problem- und Fragestellungen sowie Handlungsansätze zu strukturieren, in fünf Kapitel gegliedert, denen jeweils ein Einführungsbeitrag voran gestellt ist.

Das erste Kapitel – NPO heißt Veränderung – widmet sich der Analyse von Veränderungsprozessen in zumeist als Verein entstandenen und langjährig „gewachsenen" Organisationen, die sich in unterschiedlicher Weise Handlungs- bzw. Veränderungsdruck ausgesetzt sehen. Eingeleitet wird dieser Teil durch einen Überblicksartikel von Gisela Clausen, die auf der Basis eines reichen Erfahrungsschatzes aus der Organisationsberatung und dem Veränderungsmanagement praxisnah erläutert, wie NPOs fit für die Zukunft bleiben können.

Daran schließt sich der Beitrag von Pia Winter „Nonprofit aber bitte professionell" an. Aufgezeigt wird der Weg der Professionalisierung einer Elterninitiative krebskranker Kinder: Bürokratische Anforderungen, Überforderung der ehrenamtlichen Strukturen und eine unvorhergesehene finanzielle Schieflage zwangen zur Veränderung, die systematisch und strategisch angegangen wurde.

Im Anschluss stellen Tino Boubaris und Anne Dudeck mit dem Verein Niedersächsischer Bildungsinitiativen sowie Johannes Rist mit dem Pestalozzi-Kinderdorf Wahlwies Organisationen vor, die sich durch zwei Gemeinsamkeiten auszeichnen: Sie sind über lange Jahre gewachsen und sehr stark von einem bestimmten Wertehintergrund geprägt, gleichzeitig sind sie in hohem Maße von öffentlichen Mitteln abhängig. Einerseits stark verberuflicht, arbeiteten beide Organisationen zugleich mit einer teilweise ehrenamtlichen, historisch bedingten Leitungsstruktur. Veränderte Vergabemodalitäten für öffentliche Mittel und die Erkenntnis, dass die gewachsenen Strukturen bereits dysfunktional oder zumindest hemmend sind, verursachten Veränderungsdruck, der jedoch „neue Wege" auch erst möglich machte. Der Verein Niedersächsischer Bildungsinitiativen (VNB) sowie das Pestalozzi Kinder- und Jugenddorf Wahlwies sind interessante Fallbeispiele für Organisationen im Wandel bzw. für Change Management konkret.

Mit dem NaturFreunde-Landesverband Baden-Württemberg stellen Bernhard Hametner und Andreas Linsmeier einen traditionsreichen und mitgliederstarken Verband vor, der zudem mit den Naturfreundehäusern über ein beträchtliches Vermögen verfügt. Doch die ehrenamtlich geleiteten und bis dato auch kaum durch professionelle Verbandsstrukturen unterstützten Ortsvereine der Naturfreunde sind mit dem Betrieb der Häuser oft überfordert. Zumal wenn eine neue Generation von Ehrenamtlichen ausbleibt. Der Beitrag NaturFreunde Häuserverwaltungs GmbH Baden-Württemberg von Bernhard Hamneter und das mit Andreas Linsmeier geführte Interview Naturfreunde auf neuen Wegen zeigen Handlungspfade der Veränderung und des Organisationswandels auf, die an Modelle aus der Wirtschaft angelehnt sind, gleichzeitig aber der NPO-Identität treu bleiben.

Den Abschluss des ersten Kapitels bildet der Beitrag von Roland Kaehlbrandt Nah dran – Der Aufbau der Stiftung Polytechnische Gesellschaft Frankfurt am Main seit 2005. Eine sehr traditionsreiche Organisation – die Polytechnische

Gesellschaft Frankfurt am Main, gegründet in der ersten Hälfte des 19. Jahrhunderts – konnte dank glücklicher Umstände eine Stiftung mit einem beachtlichen Vermögen errichten. Wie dieses Window of Opportunity genutzt wurde, wie die Schwerpunktsetzung und Programmausbildung der Stiftung erfolgte, und wie die neue Stiftung gleichwohl den Bezug zum Verein und damit zur Tradition der Polytechnischen Gesellschaft bewahrt, wird in dem Beitrag als Beispiel eines Aufbau- und Veränderungsprozesses im großen Stil anschaulich dargelegt.

Eingeleitet wird das zweite Kapitel – Involvieren und mobilisieren – Freiwillige gewinnen – mit einem Beitrag von Eckhard Priller zum Zivilgesellschaftlichen Engagement als gesellschaftliche Aufgabe, der einen Überblick über die Entwicklung von Ehrenamt und bürgerschaftliches Engagements vermittelt und aktuelle Probleme und Perspektiven des Engagements aufzeigt.

Daran schließen sich drei Interviews an, die jeweils außergewöhnliche Beispiele der Mobilisierung und Organisation der Ressource freiwillige Arbeit für NPOs thematisieren. Miriam Schwartz zeigt mit dem von ihr gegründeten Verein „tatkräftig e. V." einen Weg auf, wie jüngere Menschen, die sich kaum verbindlich und längerfristig engagieren wollen oder können, dennoch für Engagement zu begeistern und zu gewinnen sind. „tatkräftig e. V." vermittelt kurzfristige Einsätze mit Erholungscharakter, Gemeinschaftserfahrung und der Möglichkeit, etwas Neues kennenzulernen – also genau das, was in der beruflichen Orientierungsphase trotz vieler Verpflichtungen noch machbar ist. Doch erfüllt sich die Hoffnung, dass durch diese Engagementeinsätze auch dauerhaft Aktive an NPOs herangeführt werden? Ein Erfolgsbeispiel ist Oxfam. Die 40 Oxfam-Läden in Deutschland werden ausschließlich von Freiwilligen betrieben. Dies funktioniert, obgleich oder auch gerade weil eine hohe Verbindlichkeit vorausgesetzt wird, und das Engagement nicht in klassische Vereinsstrukturen und -tätigkeiten eingebettet ist. Aber, so die Interviewpartnerin und Oxfam Geschäftsführerin Marion Lieser, es sind aktuell mehrheitlich Ältere, die sich kontinuierlich und verbindlich engagieren. Insofern sieht sie die Zukunft des Engagements in ihrer NPO eher skeptisch. Wie freiwilliges Engagement nachhaltig unterstützt werden kann, zeigt Michael Breier an einen originellen, bisher einmaligen organisatorischen Ansatz auf: dem Bürgerbusverbund Sauerland-Hellweg. Hierbei handelt es sich um eine Genossenschaft mit der Zielsetzung, die ehrenamtlichen Bürgerbusvereine im Sauerland administrativ zu unterstützen. Angesichts hoher bürokratischer und organisatorischer Anforderungen, die ein Linienbusbetrieb an einen Verein mit wenigen Freiwilligen stellt, ist dies eine zukunftsweisende Lösung, um die Bürgerbusvereine und ihre Ehrenamtlichen zu entlasten und zugleich eine effizientere Betriebsführung zu erreichen.

Christiane Wilke und Reinhard Lahr vermitteln einen Eindruck von dem komplexen Anforderungsprofil eines Fördervereins, der sich den Aufbau und Erhalt eines historischen Gebäudes zur Aufgabe gemacht hat. Zweifellos ist die permanente Gewinnung und Mobilisierung von Freiwilligen eine Daueraufgabe, die nicht immer einfach zu bewältigen ist. Gleichwohl schätzt die Autorin Christine Wilke den Förderkreis Rommersdorf e. V. und die Abtei Rommersdorf-Stiftung als Erfolgsgeschichte bürgerschaftlichen Engagements ein. Die Zukunftsfähigkeit wird hier nicht bezweifelt, wie Reinhard Lahr im Interview „Da brauchen wir keine Angst zu haben" betont. Dass traditionelle Vereine es derzeit nicht einfach haben und einiges unternehmen müssen, um attraktiv für Ehrenamt und freiwillige Mitarbeit zu bleiben, steht für Beate Balsliemke außer Frage. Doch in ihrem Beitrag Heimatvereine auf Innovationskurs zeigt sie auf, was möglich ist: Neue Formen der Mitgliedschaft, intersektorale Kooperationen und aktive Interessenvertretung für die Belange des Ortes machen Heimatvereine modern und innovativ, wie am Fallbeispiel des Heimatvereins Legden-Asbeck exemplarisch dargelegt wird. Der Verein ist gerade dann Kristallisationspunkt von lokaler Gemeinschaft, wenn originelle Wege eingeschlagen werden. Es sind aber eben nicht immer die Alt-Eingesessenen, sondern häufig die Zugezogenen, wie Beate Balsliemke im Interview deutlich macht, die insofern neuen Schwung in alte Strukturen bringen, als sie den Verein für sich als neue Heimat entdecken und sich durch Mitgliedschaft und Mitmachen in die lokale Gemeinschaft integrieren.

Gerade diese Einblicke in „klassische" Vereinsstrukturen zeigen in gewisser Weise eine Diskrepanz zwischen der NPO-Management-Literatur und den praktischen Vorstellungen der Aktiven vor Ort auf. So wird anhand der Fallbeispiele Rommersdorf sowie der Bürgerbusse deutlich, dass auch rein ehrenamtliche Initiativen in der Lage sind, komplexe Aufgaben zu bewältigen. Die Voll-Professionalisierung von NPOs ist nicht unbedingt und auf jeden Fall die Lösung der Zukunft. Gerade im Hinblick auf die Gewinnung und dauerhafte Bindung von Freiwilligen zeigt sich der hohe Stellenwert von persönlichen Beziehungen und Vertrauen, sprich Sozialkapital. Der persönlichen Ansprache wie dem Spaß an der Sache kommt hierbei eine wichtige Bedeutung zu. Nicht zu vergessen ist ferner der Faktor „Geselligkeit".

Das dritte Kapitel des Bandes – Interessenvertretung durch NPOs– wird mit einem Überblicksbeitrag von Rudolf Speth eingeleitet, der insbesondere auf Veränderungen von Interessenvertretung abhebt und gleichzeitig die Notwendigkeit einer kontinuierlichen Arbeit im Dienst des Lobbying von Seiten der NPOs betont. Zumindest in der NPO-Management-Literatur wird, von Ausnahmen abgesehen (Simsa 2014, Smith/Pekkanen 2014), dem Arbeitsbereich Interessenvertretung von NPOs eher weniger Beachtung geschenkt. Dabei hat die Zahl der „organisierten Interessen" bzw. der NPOs, die in ihrem Tätigkeitsbereich primär auf Interessenvertretung fokussieren, deutlich zugenommen, auch ist das Spektrum der Organisationen vielfältiger geworden. Längst ist Interessenvertretung keine ausschließliche Domäne der Verbände mehr, wenngleich diesen immer noch ein wichtiger Stellenwert in diesem Feld zukommt (Speth/Zimmer 2015).

In diesem Teil stellen Vorstandsmitglieder oder GeschäftsführerInnen von insgesamt fünf Organisationen ihre Arbeit als Interessenvertretung vor. Die Beiträge von Eva Lingen (Verband der Privatschulen NRW), Regine Rapp-Engels (Deutscher Ärztinnenbund) und Fatih Yıldız (Bündnis islamischer Gemeinden in Norddeutschland) behandeln eher die klassischen Wege von Interessenvertretung. Vorgestellt wird die Arbeit von Verbänden. So geht Eva Lingen in ihrem Beitrag „Interessenvertretung für Vielfalt im Bildungssystem: Der Verband Deutscher Privatschulen NRW e. V." auf Interessenvertretung ein, die primär auf die Gesetzgebung einwirkt. Im Interview beschreibt sie sehr konkret-praktisch die Lobbyaktivitäten des Verbandes. Regine Rapp-Engels macht im Interview deutlich, dass das Thema Gender bzw. die Interessenvertretung von Ärztinnen in dem nach wie vor sehr männlich geprägten Arbeitsbereich der Medizin eine Aufgabe ist, die sehr viel Engagement und auch Mut vom Deutschen Ärztinnenbund erfordert. Fatih Yildiz beschreibt den Aufbau eines Verbandes, der die Interessen einer spezifischen, durch Religion und Kultur geprägten Bevölkerungsgruppe vertritt.

Beate Glombek (Carl-Stamitz-Musikschule) und Volker Maria Hügel (GGUA-Flüchtlingshilfe) hingegen sind in NPOs tätig, die nicht nur Interessen vertreten und „Voice" mobilisieren, sondern zugleich durch Leistungsverträge und Kooperation mit der Kommune in Governance- und soziale Dienstleistungsstrukturen eingebunden sind. Es wird deutlich, dass sich Interessenvertretung sowohl mit politischen Parteien als auch mit Verwaltung auseinanderzusetzen hat. Gerade für schwierige Themen, wie die Interessenvertretung in der Flüchtlingspolitik, braucht man „einen langen Atem", Fingerspitzengefühl und solide Kenntnisse der rechtlichen Situation, so Volker Maria Hügel im Interview „Menschenrechte sind ein ganz schwieriges Thema". Dass Interessenvertretung von NPOs „Bohren dicker Bretter" und zwar über einen langen Zeitraum bedeuten kann, zeigt auch Beate Glombek in ihrem Beitrag am Beispiel des Vereins der Freunde und Förderer der Carl-Stamitz-Musikschule. Im Ergebnis, so das Resümee des Beitrages, ist es dank Lobbyarbeit gelungen eine stabile Partnerschaft zwischen NPO und Kommune im Dienst der Musikförderung aufzubauen.

Gemeinsam ist den hier behandelten Fallbeispielen für Interessenvertretung von NPOs, dass sie mit einer relativ schmalen Geld- und Personaldecke auskommen müssen. Dies unterscheidet ihre Interessenvertretung grundsätzlich von der ressourcenstarker Wirtschaftsverbände. Wesentliche Ressourcen sind für die hier vorgestellten NPOs Kontakte in den politischen Raum und die öffentliche Wahrnehmung ihrer Anliegen. Kooperationen, Networking und Mitgliedermobilisierung sind zentrale Instrumente der Interessenvertretung kleiner und insbesondere ressourcenschwacher NPOs.

Das vierte Kapitel des Bandes – Neue Wege der Mittelbeschaffung – widmet sich schwerpunktmäßig der Mittelbeschaffung „jenseits von Staat und Markt", in Form privater Spenden, Sponsoring durch Unternehmen sowie Stiftungen. Eingeleitet wird dieser Teil mit einem Überblicksbeitrag von Michal Vilain „Finanzierung von Nonprofit-Organisationen im Wandel" Der Tenor ist hierbei: Die Finanzierungsmodualitäten von NPOs haben sich differenziert und maßgeblich verändert. So zeichnen sich die „Spendenmärkte" zunehmend durch Konkurrenz aus. Auch Fundraising bei Wirtschaftsunternehmen folgt nicht mehr dem Konzept „Geld gegen Werbung" oder „Etwas Gutes tun und darüber reden", sondern ist von vielfältigen strategischen Überlegungen geprägt. SpenderInnen und Sponsoren erwarten Transparenz und greifbare Ergebnisse auf Seiten der NPOs. Gleichzeitig bestehen sowohl seitens der Unternehmen als auch im privaten Bereich der IndividualspenderInnen beträchtliche Potenziale.

Das Interview mit Björn Lampe (Betterplace) sowie der Beitrag Radha Dilip Banhatti zu Crowdfunding richten den Blick auf das private, individuelle Engagement, und hier insbesondere auf die Möglichkeiten des Internets. Die traditionelle Spendenwerbung per Post zeitigt rückläufige Ergebnisse. Innovative Spendenplattformen wie „betterplace" und zahlreiche Crowdfunding-Plattformen mit ganz unterschiedlichen Ansätzen sind hingegen im Kommen. Wichtig ist hier neben der anschaulichen und konkret-greifbaren Darlegung der Ziele des beworbenen Projekts oder der Organisation die kontinuierliche Kommunikation mit den SpenderInnen. Gleiches gilt aber auch für das professionelle Fundraising, über das Martina Klein aus ihrer eigenen Praxis im Gesundheitswesen berichtet: Für sie ist die persönliche Ansprache der SpenderInnen wichtig, aber auch die Kommunikation mit den Mitgliedern oder MitarbeiterInnen der spendeneinwerbenden NPOs. Nicht zuletzt muss die spendenempfangende Organisation von ihrer Arbeit überzeugt sein, so Martina Klein im Interview „Die interne Kommunikation ist die größte Herausforderung".

Aus der Praxis der „Stiftung Kindergesundheit" berichtet Hildegard Debertin und zeigt die unterschiedlichen Wege auf, die diese relativ kleine Stiftung erfolgreich geht, um Mittel für Projekte einzuwerben. Aber der Beitrag „Das Projekt Tiger Kids" macht auch Grenzen der Kooperation mit Unternehmen deutlich, wo die Zusammenarbeit für die NPO nicht mehr zuträglich ist.

Sira Saccani unternimmt in ihrem Beitrag „Corporate Social Responsibility" eine Analyse der Formen, Chancen und Nutzen von Partnerschaften zwischen NPOs und Unternehmen. Der Beitrag behandelt, wie intensive und langfristige Formen Kooperationen von Unternehmen und NPOs so moduliert werden, dass sie zu einer Win-Win-Situation für beide Beteiligten führen. Kontrastierend zu diesem optimistischen Ausblick auf die Potenziale von „Corporate Social Responsibility" diagnostiziert Melanie Beyer mit empirischem Fokus auf die Kulturregion Hellweg, dass Versuche, hier Kulturförderung durch Unternehmen stärker zu etablieren, – trotz flankierender Anstrengungen öffentlicher Akteure – im Ergebnis nicht zum erhofften Erfolg geführt haben.

Das abschließende Kapitel – Auf die Sache kommt es an: Soziales unternehmen-fokussiert auf „sozial-unternehmerische" Konzepte und Ansätze. Der einleitende Beitrag von Danielle Gluns fragt: „Was steckt hinter dem Hype um social entrepeneurship?" Es werden die Kontextbedingungen erläutert, auf Definitionen eingegangen und die Diskussion um Sozialunternehmertum in Bezug zur Veränderung von Wohlfahrtsstaatlichkeit gestellt. Wie im Beitrag von Jella Risterer „Junges Sozialunternehmen sucht ..." deutlich wird, lassen sich markante Unterschiede zwischen den traditionellen Entwicklungspfaden von NPOs und denjenigen der neuen Sozialunternehmen feststellen. So sind die meisten NPOs in der Regel als zunächst rein ehrenamtliche Initiativen engagierter BürgerInnen entstanden. Hauptamtlichkeit, Verberuflichung und weitere „unternehmerische" Elemente und Strukturen erwuchsen mit der Zeit aus externen oder internen Notwendigkeiten und/oder zusätzlichen Möglichkeiten. Von diesem traditionellen Entwicklungspfad hebt sich das jüngst verstärkt diskutierte Phänomen des „Sozialunternehmertums" ab: Hier sind sozialer Zweck und unternehmerisches Handeln bereits in der Gründungsidee vereint. Insofern wird hauptamtliche Beschäftigung und die dazu erforderliche finanzielle Ausstattung bereits in der Gründungs- und Etablierungsphase der NPO als fundamental erachtet. „Hybridität" im Sinne einer Koexistenz von ökonomischen und wertebezogenen Handlungslogiken ist bereits der Gründungsidee immanent und in gewisser Weise sogar das „Markenzeichen" und Charakteristikum dieser Neugründungen, die nicht immer vollständig dem NPO-Sektorzuzurechnen sind.

Wie das Interview mit Felix Oldenburg, Geschäftsführer des Netzwerks Ashoka in Europa, zeigt, ist die Begriffsbestimmung von Sozialunternehmertum allerdings nicht ganz einfach. Im Zentrum des Interesses von Ashoka stehen auf jeden Fall Menschen, die ein soziales Problem unternehmerisch angehen und die sich für ihre Idee voll und ganz einsetzen. Norbert Kunz, selbst Ashoka-Fellow und Mitbegründer verschiedener sozialer Unternehmen und Organisationen verkörpert diese Vorstellung des „Sozialunternehmers". Im Interview geht er insbesondere auf die Frage ein, worauf es ankommt, damit aus einer innovativen Idee eine funktionierende NPO als soziales Unternehmen wird.

Neben der Sicherung der finanziellen Grundlagen des „Unternehmens" ist die Arbeitsorganisation und damit das Personalmanagement von großer Relevanz, wie in den Beiträgen von Norbert Kunz, Jella Riesterer und Tino Boubaris deutlich wird: Wie kann ein Selbstverständnis als kollektives Projekt mit den Notwendigkeiten interner Ausdifferenzierung und professioneller Teamarbeit in Einklang gebracht werden (Kunz)? Wie gelingt es einem jungen Sozialunternehmen, unter den Bedingungen relativer finanzieller Unsicherheit und vergleichsweise bescheidener Entlohnung geeignete MitarbeiterInnen zu werben und nachhaltig zu binden (Riesterer)? Wie vereinbaren Beschäftigte ihre Rund-um-die-Uhr-Berufstätigkeit in kleineren NPOs, die häufig aus einem freiwilligen Engagement erwachsen ist, mit ihrem Privatleben, was macht sie zu zufriedenen MitarbeiterInnen und sichert ihren Verbleib in der Organisation (Boubaris)?

Nicht zuletzt stellt sich auch die Frage nach der geeigneten Rechtsform für eine Organisation, die weder dem Modell des klassischen Idealvereins noch dem eines kommerziellen Unternehmens entspricht, sondern Elemente von beidem umfasst. Viele Dienstleister im sozialen Bereich sind als (g)GmbH organisiert. Doch ist diese Rechts- und Organisationsform nicht durchgängig ideal und eher ungeeignet für solche Sozialunternehmen, die auf Mitgliedschaft und Teilhabe basieren. Thorsten Hallmann lotet in seinem Beitrag „Genossenschaften als Rechtsform für soziale Unternehmen" Möglichkeiten und Grenzen der eingetragenen Genossenschaft aus, die zwar nicht durchgängig, aber in bestimmten Fällen auch im gemeinnützigen Bereich eine gute Alternative zur (g)GmbH sein kann.

Abgerundet wird der Band durch eine annotierte Bibliographie, die einen Überblick über Standardwerke der NPO-Literatur gibt und auch auf einzelne Spezialthemen wie etwa Fundraising eingeht und die durch eine knappe Retroperspektive der NPO-Forschung eingeleitet wird.

Literaturverzeichnis

Alscher, M, Dathe, D, Priller, E, Speth, R (2009) Bericht zur Lage und zu den Perspektiven des bürgerschaftlichen Engagements in Deutschland, Berlin: Wissenschaftszentrum für Sozialforschung

Pekkanen, R, Smith, S, Tsujinaka, Y (Hrsg) (2014) Nonprofits and Advocacy: Engaging Community and Governmant in an Era of Retrenchment, Baltimore: Johns Hopkins Univ. Press

Simsa, R (2014) Drifting apart? Unterschiedliche Handlungslogiken von formalisierten und nichtformalisierten zivilgesellschaftlichen Akteuren. In: Zimmer, A, Simsa, R (Hrsg.) Forschung zu Zivilgesellschaft, NPOs und Engagement, Wiesbaden: Springer VS, S. 181-195

Speth, R, Zimmer, A (Hrsg.) (2015) Lobby Work. Interessenvertretung als Politikgestaltung, Wiesbaden: Springer VS

Streeck, W (1987) Vielfalt und Interdependenz. Überlegungen zur Rolle von intermediären Organisationen in sich verändernden Umwelten, in: Kölner Zeitschrift für Soziologie und Sozialpsychologie 39, S. 471-495

Der Nonprofit-Sektor in Deutschland

Historische, empirische und theoretische Perspektiven

Thorsten Hallmann[1]

Abstract

Der Beitrag geht auf die Anfänge gemeinnütziger Organisationen (NPOs) ein, vermittelt einen Überblick über Größe und Zusammensetzung des NPOs-Sektors in Deutschland auf der Basis aktueller Erhebungen und benennt wichtigste theoretische Ansätze.

Keyword

John Hopkins Projekt, Zivilgesellschaft in Zahlen (ZiviZ), Zivilgesellschaft, Sozialkapital

1 Die Entwicklung des Nonprofit-Sektors in Deutschland

1.1 Erste Anfänge

Organisationen, die als Nonprofit-Organisationen zu bezeichnen sind, können historisch in Deutschland mindestens bis ins späte Mittelalter zurückverfolgt werden. In empirischen Studien wie dem Johns-Hopkins-Projekt oder der Studie

1 Fairdruckt eG, thorsten@fairdruckt.de

„Vereine in Münster" wurden beispielsweise Bürgerschützengesellschaften, Bruderschaften und Stiftungen befragt, deren Wurzeln in der frühen Neuzeit, etwa ab dem 15. Jahrhundert liegen (vgl. Zimmer 2007, S. 97; Zimmer/Priller 2007). Im Zeitalter des Absolutismus und der folgenden revolutionären Phase des späten 18. und frühen 19. Jahrhunderts wurden neue Assoziationen von den Obrigkeiten zumindest mit Misstrauen betrachtet, wenn nicht aktiv bekämpft. So versuchten die Landesherren in weiten Teilen Deutschlands noch im frühen 19. Jahrhundert, die Gründung von Assoziationen aller Art, namentlich auch Turnvereine zu unterbinden (vgl. Zimmer/Basic/Hallmann 2011, S. 274f.). Dennoch erlebten die Zeit des Vormärz und die Jahrzehnte danach einen ersten Gründungsboom von NPOs, sprich Vereinen. Dieser hatte unterschiedliche Wurzeln: Zum einen waren NPOs Ausdruck des wachsenden Selbstbewusstseins und politischen Teilhabeanspruchs des Bürgertums. Zum anderen sind hier die wachsenden sozialen Probleme zu nennen, wegen derer Einrichtungen aus privater Initiative entstanden, in denen die soziale Verantwortung wohlhabender Bürger zum Ausdruck kam.

Wesentliche Triebkraft des Gründungsbooms im späten 19. Jahrhunderts waren jedoch Industrialisierung und Proletarisierung. Sie führten zu einer Ausdifferenzierung der sozialen und kulturellen Milieus insbesondere in den rapide wachsenden Städten: Neben bürgerlich-konservativen und religiös bestimmten Lagern entstand eine wachsende Arbeiterschicht, die sich in einer Vielzahl von Vereinigungen organisierte. Wesentlich waren hier Gewerkschaften, Konsumgenossenschaften und Formen von Freizeitvereinigungen, etwa Arbeitersport- und Arbeitergesangsvereine. Vereine, die sich der Bildung, Kultur und gegenseitigen Hilfe widmeten, standen in enger Bindung an Glaubensrichtungen, Parteien und Gewerkschaften. So existierten bis in die Weimarer Republik neben sozialdemokratischen, kommunistischen, katholischen und liberalen Gewerkschaften ebensolche Jugend- und Frauenverbände und zahlreiche weitere Organisationen (vgl. Zimmer 2007, S. 50ff., Raschke 1988).

1.2 NPOs als Partner des Staates

In der Weimarer Republik verstärkte sich auch eine Entwicklung, die bis heute prägend für den deutschen Nonprofit-Sektor ist – seine ausgesprochene Staatsnähe:

> „Seit den Anfängen der Moderne werden NPOs ganz bewusst dazu genutzt, gesellschaftliche ‚Modernisierung von oben' zu initiieren und erfolgreich umzusetzen. So wurden Organisationen der traditionellen ständischen Gesellschaft, wie etwa Gilden und Zünfte, im Kontext gesellschaftlicher Modernisierung in Deutschland nicht abgeschafft, sondern als (berufsständische) Kammern und Verbände neuen

> Aufgaben zugeführt und für staatliche Steuerungszwecke nutzbar gemacht (z.B. Ärzte- Anwaltskammern). Aus dieser Tradition der politischen Indienstnahme gesellschaftlicher Organisationen entwickelte sich in der Folge die deutsche Variante neo-korporatistischer Politikgestaltung und -umsetzung, und zwar als Form des Regierens unter Einbeziehung und Mitwirkung von ‚Verbänden'" (Zimmer et al. 2013, S 17)

Unter dem Leitmotiv der Subsidiarität und mit der Absicht, NPOs als ausführende und stabilisierende Partner des Staates zu nutzen, erfolgte insbesondere die Einbeziehung der – meist milieugebundenen – Wohlfahrtsorganisationen in die sozialstaatliche Leistungserstellung (vgl. Zimmer/Priller 2007, S. 50ff.). So sind bis heute ein Großteil der Krankenhäuser und Pflegeheime, Jugendhilfeeinrichtungen und Kinderbetreuungsmöglichkeiten in der Hand der Wohlfahrtsverbände.

Allerdings ist die „privilegierte Partnerschaft" des Staates mit den Wohlfahrtsverbänden in der Praxis inzwischen weitgehend aufgeweicht. Im Zuge der zunehmenden Durchsetzung eines wettbewerbsorientierten Paradigmas in der Sozialpolititk und der Einführung des „Neuen Steuerungsmodells" in den Öffentlichen Verwaltungen sind die Beziehungen zwischen Staat und den Leistungserbringern kontrakt- und marktförmiger geworden; kommerzielle Anbieter konkurrieren zunehmend mit gemeinnützigen (vgl. Zimmer et al. 2013, S. 21).

Auch der verbandsstrukturierte Sport mit seinen mehr als 93.000 im Deutschen Olympischen Sportbund organisierten Vereinen kann als relativ staatsnaher Bereich des Nonprofit-Sektors angesehen werden (vgl. Zimmer/Basic/Hallmann 2011, S. 282ff.). In historischer Perspektive sind zwar die Milieubindungen der Vielzahl von Organisationen – etwa gerade Sportvereine und Gewerkschaften – heute deutlich schwächer ausgeprägt als in der Weimarer Republik, jedoch keinesfalls vollständig aufgehoben. Gerade der zweite Vereinsgründungsboom in der Bundesrepublik der 1970er bis 1990er Jahre hat wiederum milieugebundene Vereine – etwa im Kontext der Alternativbewegungen – hervorgebracht haben (vgl. Raschke 1988).

2 Organisationsformen des NPO-Sektors

2.1. Der Idealverein und seine Strukturbesonderheiten

In struktureller Hinsicht ist seit dem 19. Jahrhundert der eingetragene Verein der bei weitem häufigste Organisationstyp des Nonprofit-Sektors in Deutschland. Ferdinand Tönnies (1887) sah in Vereinen den urbanen Ersatz für die früheren Dorfgemeinschaften (vgl. Häußermann/Siebel 2004, S. 103ff.). Nicht nur in dieser

Hinsicht ist der Verein in gewisser Weise eine „vormoderne" Organisation in der Industriemoderne: Getragen von einer Mitgliederversammlung als direkt-demokratisches Entscheidungsorgan, geprägt durch Freiwilligkeit in Mitgliedschaft und Mitarbeit, geringe Professionalisierung und gleichberechtigt-horizontale Beziehungen zwischen den Mitgliedern fehlt dem Verein als Organisationstyp die für die Moderne typische funktionale Differenzierung. Diese Struktur erlaubt Vereinen als „Schule der Demokratie" (Hoffmann 2003, S. 18) zu wirken und zugleich ein Schutzschild gegen übergreifende Bestrebungen des Staates zu sein (vgl. Zimmer 2007, S. 67ff.).

Auch wenn sich heute große Vereine von diesem Idealtypus organisatorisch entfernt haben, ist doch weiterhin eine große Mehrheit der Vereine auf diese einfache Weise strukturiert, in Mitgliedschaft und Finanzvolumen ausgesprochen überschaubar und nur gering professionalisiert.[2] Allerdings geht dies nicht mit einer breiten Beteiligung der Mitglieder einher. Es handelt sich in der Regel um eine Oligarchie der Aktiven (vgl. Heinemann/Horch 1998: 119f.)

Eine weitere Strukturbesonderheit des Vereins liegt in der spezifischen Mitgliedschaftslogik, die sich von der marktförmigen Tauschlogik „Geld – Ware" fundamental unterscheidet. Bei Vereinen als kollektive Produzenten von Gütern und Leistungen bestehen„reziproke" Mitgliedschaftsbeziehungen. Klassisches Beispiel hierfür ist der Sportverein: Der Mitgliedsbeitrag ist nicht die Bezahlung für die Dienstleistung „Sport", sondern lediglich die Umlage der Kosten, während das Sportangebot und das gesamte Vereinsleben auf breiter freiwilliger Beteiligung beruht. Zunächst kann zwar jedes Mitglied die Angebote des Sportvereins nutzen, doch es besteht die Erwartung, dass sich Mitglieder bereitfinden, dem Verein durch ihre freiwillige Arbeit auch etwas „zurückzugeben" (vgl. Zimmer/Basic/Hallmann 2011, S. 297ff., Heinemann/Horch 1988, S. 121). Diese Strukturbesonderheit wurde von der Vereinsforschung besonders herausgestellt und ist auch von Relevanz für ökonomische theoretische Ansätze (vgl. Buchanan 1965, Olson 1985).

Doch auch die Achillesferse dieses Modells liegt auf der Hand: „Trittbrettfahrer", die „nur" Beiträge zahlen und Angebote nutzen, können dieses Modell ins Wanken bringen. Die Anforderungen an die Freiwilligen und Ehrenamtlichen im Verein wachsen in dem Maße, in dem die anfallenden Aufgaben auf freiwillig-reziproker Basis zu erfüllen sind (vgl. Heinemann/Horch 1988, S. 120ff.).

2 Im Fragebogen zur Untersuchung „Vereine in Münster" wurden drei Organisationsmodelle schematisch dargestellt: Ein einfaches, ein funktional differenziertes und föderalistisches. 80% von rund 900 Vereinen ordneten sich dem einfachen Modell zu, 13% dem differenzierten und 5,5% dem föderalen (vgl. Zimmer 2007: 133).

2.2 Wandel und Rechtsformwechsel

Die weiteren Organisationsformen des Nonprofit-Sektors entsprechen bereits in ihrer Struktur deutlich weniger dem Idealtypus der reziproken, direkt-demokratischen Gemeinschaft Zu nennen sind hier insbesondere Stiftung und GmbH, die beide allerdings deutlich weniger häufig anzutreffen sind (vgl. Zimmer et al 2013, S. 24-26). Historisch bedeutsam ist die Stiftung, die keine Mitgliederorganisation, sondern eine gemeinnützige Vermögensverwaltung darstellt. Mit der Reformen des Stiftungsrechts sind Stiftungsgründen wesentlich einfacher geworden und mit dem Modell der Bürgerstiftung ist eine stärker gemeinschaftsähnliche Form entstanden, die allerdings quantitativ relativ unbedeutend ist (vgl. Wolf/Zimmer 2012, S. 63ff.). Gleichwohl hat sich die Anzahl der Stiftungen in jüngster Zeit beachtlich erhöht, so dass durchaus von einem Stiftungsboom gesprochen werden kann.

Der Wechsel vom Verein zur Organisations- und Rechtsform der GmbH ist inzwischen gerade bei großen Einrichtungen und sozialen Dienstleistern die Regel geworden (Priller et al 2012). Ursächlich hierfür ist nicht zuletzt eine steigende Komplexität der sozialstaatlichen Aufgaben, gepaart mit einer Veränderung der politischen und ökonomischen Rahmenbedingungen, die die Erstellung sozialstaatlicher Dienstleistungen unter zunehmenden Kostendruck setzt und eine stärkere Effizienzorientierung erfordert.

Ferner liegt vielen mobilisierungsstarken themenanwaltschaftlichen Organisationen, etwa in den Bereichen Umweltschutz, Entwicklung, Tierschutz und Bürgerrechte – wie beispielsweise Greenpeace, Oxfam, Peta und Amnesty International – ein anderes und eher am Modell der Unternehmung als am reziproken Verein orientierten Organisationsmodell zu Grunde. Geführt von einem kleinen professionellen Stab werden diese Organisationen in der Regel nicht von einer breiten Mitgliedschaft getragen, sondern setzen auf stimmrechtslose „Fördermitgliedschaften" und auf informelles, projektbezogenes Engagement in den Basisgruppen (vgl. Frantz/Martens 2006).

2.3 Genossenschaften gestern und heute

Genossenschaften werden in Deutschland nicht zum Nonprofit-Sektor gerechnet. Historisch ist die Entstehung des Genossenschaftswesens jedoch eng mit der des Vereinswesens gekoppelt. Eine erste Welle der Gründung von Vereinen und Genossenschaften erstreckt sich auf die zweite Hälfte des 19. Jahrhunderts. Doch kann man, so der Historiker Wolfgang Hardtwig, in der deutschen Geschichte sogar einen gemeinsamen Urahn beider Assoziationsformen ausmachen, die

Handwerker- und insbesondere Gesellenvereinigungen des Spätmittelalters: Als (zumindest ursprünglich) freiwillige Selbstorganisation waren sie sowohl in hohem Maße Geselligkeitsvereine als auch Organisationen zur gegenseitigen ökonomischen Unterstützung und sozialen Absicherung (vgl. Hardtwig 2009 31, Faust 1977, S. 27ff.).

Frühe Genossenschaftsexperimente in der Neuzeit – allerdings zumeist außerhalb Deutschlands – fußten nicht selten auf sozialreformerischen Ideen, etwa in der Tradition Robert Owens in England. Sie zielten über eine rein ökonomische Funktion weit hinaus und waren insofern auf eine gemeinschaftliche Lebensweise mit integrierter Ökonomie hin orientiert (vgl. Faust 1977, S. 73ff., 103ff.).

Die moderne Genossenschaftsbewegung in Deutschland entstand insbesondere aus der Idee der wirtschaftlichen Selbsthilfe im Industriearbeitermilieu sowie im landwirtschaftlichen und handwerklichen Bereich: Primäres Ziel war die Verbesserung der ökonomischen Verhältnisse der Arbeiterschaft, der Bauern sowie der Handwerker durch die gemeinschaftliche Organisation von Wohnraum, durch gemeinschaftlichen Einkauf, kollektive Produktion oder gegenseitige Kreditgewährung (vgl. Faust 1977, S. 167ff). Und nicht zuletzt verbindet die Genossenschaft und den Verein das Charakteristikum Mitgliederorganisation.

Zwar sind Genossenschaften anders als Vereine eindeutig der ökonomischen Sphäre zuzuordnen, aber in Theorie und Empirie weisen sie ebenfalls zivilgesellschaftliche Qualitäten auf. Dies lässt sich insbesondre an dem neu-erwachten Interesse an der Organisations- und Rechtsform der Genossenschaft ablesen, die zunehmend wieder genutzt wird, um innovative wirtschaftsnahe Konzepte – wie etwa Energiegenossenschaften – auf den Weg zu bringen (Schröder/Walk 2014).

3 Statistische Annäherungen

Eine systematische Erfassung des Nonprofit-Sektors erfolgte erstmalig im Rahmen des Johns Hopkins Comparative Nonprofit Sector Project unter Federführung von Lester M.Salamon. Deutschland gehörte zu den 12 Ländern, die bereits in der ersten Projektphase untersucht wurden. Beteiligt hieran waren die Universitäten Münster und Konstanz sowie das Wissenschaftszentrum Berlin (WZB). Vorgenommen wurden eine quantitativ-ökonomische Messung bezogen auf die Jahre 1990 und 1995 sowie eine Erfassung von Tätigkeitsbereichen, Selbsteinschätzungen und normativen Orientierungen von NPOs anhand einer schriftlichen Befragung im Jahr 1998 (vgl. Zimmer/Priller 2004). Eine Fortschreibung der Daten, zunächst fokussiert auf NPOs mit mindestens einem sozialversicherten Beschäftigten, die insofern auch im Unternehmensregister auffindbar sind[3], erfolgte im Jahr 2011 mit dem Projekt „Zivilgesellschaft in Zahlen" (ZiviZ) (vgl. Rosenski 2012, Fritsch et al. 2011). Organisationsbefragungen, die konzeptionell an die Untersuchung von 1998 anknüpfen, fanden unter anderem 2004 in Münster (vgl. Zimmer/Hallmann 2005) und bundesweit im Jahre 2011 statt (vgl. Priller et al. 2012). In der dritten Phase des Projekts ZiviZ wurde mittels einer Zufallsstichprobe von 25.000 aus über 600.000 NPOs und einem Rücklauf von über 3.800 Fällen die bislang umfassendste Befragung unter dem Namen Zivilgesellschaftssurvey durchgeführt, dessen Ergebnisse im Jahr 2013 publiziert wurden (vgl. Krimmer/Priemer 2013).

Die empirische Erfassung des Nonprofit-Sektors gestaltete sich bis vor kurzen aufgrund von Zugangsproblemen als ausgesprochen schwierig. Da Vereins- und Handelsregister inzwischen digitalisiert zur Verfügung stehen (vgl. Franzen/ Botzen 2011), können Befragungen nun auf die Gesamtheit der NPOs zugreifen. Die WZB-Organisationsbefragung wie auch der ZiviZ-Zivilgesellschaftssurvey beziehen sich auf eine Grundgesamtheit von mehr als 615.000 formal konstituierten organisatorischen Einheiten. Den Löwenanteil von etwa 580.000 oder 94% bilden die eingetragenen Vereine. Unter den verbleibenden 6% bilden Stiftungen mit inzwischen über 21.000 die größte und dynamisch wachsende Gruppe (vgl. Zimmer et al. 2013, S. 25). Die übrigen Organisationen sind zumeist unternehmensförmig verfasst und am häufigsten mit rund 10.000 Organisationen als gemeinnützige GmbH geführt (vgl. Krimmer/Priemer 2013, S. 13, Priller et al. 2012, S. 11ff.). Weitere mögliche, aber seltene Rechtsformen sind die gemeinnützige Aktiengesellschaft, die gemeinnützige Unternehmensgesellschaft (UG) und die Genossenschaft. Genossenschaften bestehen zwar in annähernd fünfstelliger Zahl in Deutschland, jedoch ist die deutliche überwiegende Mehrheit (rund 90%) nicht in Nonprofit-Tätigkeitsfeldern aktiv

Dass es sich bei der deutlichen Mehrheit der NPOs in Deutschland nach wie vor um eher kleine und gering professionalisierte Organisationen handelt, zeigt sich anhand der Analyse und Auswertung des Unternehmensregisters. Hier wurden für das Jahr 2007 „nur" 105.000 NPOs identifiziert (vgl. Rosenski 2012, S. 214). Somit verfügt nicht einmal jede fünfte NPO über mindestens einem versicherungspflichtigen Mitarbeiter oder ist umsatzsteuerlich relevant „am Markt" tätig.

Gemäß der Daten von 1995 beträgt der Beschäftigungsumfang des Sektors etwa 1,44 Mio. Vollzeitstellen[4] womit NPOs einen Anteil von 4,93% am gesamten Be-

3 Hierbei handelt es sich um Organisationen, die entweder mindestens eine sozialversicherungspflichtige Stelle aufweisen oder steuerbare Umsätze aus Lieferungen und Leistungen von mindestens 17.500 Euro pro Jahr erzielen.

4 Die in der Praxis häufigen Teilzeitstellen wurden hier in Vollzeitäquivalente umgerechnet.

schäftigungsvolumen haben (vgl. Zimmer/Priller 2007, S. 55). Die Berechnungen des ZiviZ-Projekts gehen für 2007 von 2,3 Millionen sozialversicherungspflichtig und weiteren 300.000 geringfügig Beschäftigten aus, die 4,1% der Bruttowertschöpfung erbringen. Gemäß jüngster Ergebnisse beschäftigen gemeinnützige Organisationen zu 40% Teilzeitkräfte, während dieser Anteil in der Gesamtwirtschaft nur bei 17% liegt (vgl. Rosenski 2012, S. 215ff.).

In Hinblick auf die bezahlte Beschäftigung sind die Tätigkeitsbereiche Gesundheit und Soziale Dienste mit zusammen rund 70% in allen drei Erhebungen dominant. Die Statistiken der Wohlfahrtsverbände, die einen Großteil dieser Tätigkeitsfelder umfassen, stützen dieses Bild: Sie weisen für das Jahr 2008 rund 1,54 Millionen Beschäftige aus (vgl. BAGFW 2009, S. 18ff.). Der Sozial- und Gesundheitsbereich wird in hohem Maße durch Leistungsentgelte der Sozialversicherungen und Zuschüssen aus den öffentlichen Haushalten– finanziert. Dies schlägt sich angesichts seiner ökonomischen Relevanz auch stark in der Gesamtfinanzierung des Nonprofit-Sektors nieder, die für das Jahr 1995 als zu 64,3% öffentlich hochgerechnet wurde (vgl. Priller/Zimmer 2004, S. 61). Einen insgesamt weitgehend staatsfernen Finanzierungsmix weisen hingegen nur wenige Tätigkeitsfelder auf, etwa kultur- und freizeitorientierte Vereine, Wirtschafts- und Berufsverbände sowie Umwelt- und Naturschutz (vgl. Zimmer/Priller 2001, S. 35).

Herausragend in anderer Hinsicht ist der Bereich Sport: Mit über 27 Mio. Mitgliedschaften in über 93.000 Vereinen ist er in hohem Maße durch Mitglieder und Mitgliederaktivitäten geprägt. Er nimmt demographisch eine Sonderstellung in der Vereinslandschaft ein: Besonders stark verbandsorganisiert, in der lokalen Öffentlichkeit omnipräsent und vielfach in öffentlichem Auftrag tätig, spricht er praktisch alle Schichten, Altersgruppen und kulturellen Milieus an (vgl. Sportentwicklungsbericht, Zimmer/Hallmann/Basic 2011, S. 335-339). Zugleich ist der Sport mit Abstand derjenige Bereich, in dem Kinder, Jugendliche und junge Erwachsene am stärksten vertreten sind. Insofern kann ihm eine besonders wichtige Funktion als Sozialisationsinstanz zugesprochen werden. Kultur-, Traditions- und andere freizeitorientierte Vereine sowie Umwelt- und andere Interessenorganisationen weisen hingegen eher geringe Anteile junger und sehr junger Mitglieder auf (vgl. Zimmer 2007, S. 124, Breuer/Wicker 2009, S. 27).

Eine weitere statistische Annäherung ist mittels der Freiwilligensurveys möglich. Diese versuchen, freiwilliges Engagement umfassend zu erheben und erfragen dabei auch gezielt, ob und in welchem Umfang Menschen sich in Vereinen engagieren. Die Freiwilligensurveys der Jahre 1999, 2004 und 2009 weisen auf Basis von repräsentativen Befragungen in der Gesamtheit ein sehr stabiles Bild des freiwilligen Engagements in Deutschland auf. Demnach sind rund 36% der Bevölkerung ab 14 Jahren freiwillig engagiert, hiervon fast die Hälfte in Vereinen, sowie jeweils um 10% in kirchlichen oder religiösen Organisationen, in anderen Gruppen oder Initiativen sowie in staatlichen bzw. kommunalen Einrichtungen. Rund 10% aller Befragten engagieren sich im Bereich Sport und Bewegung. Weitere Schwerpunkte des Engagements sind die Bereiche Freizeit, Kultur, Kirche, Kindergärten und Schulen sowie Soziales mit Anteilen von fünf bis sieben Prozent aller Befragten.

All diese Messgrößen – von der Zahl der Vereine über die volkswirtschaftliche Bedeutung und das Engagement – weisen eine stabile bis wachsende Tendenz auf und lassen insofern auf eine gefestigte und vitale Zivilgesellschaft schließen. Tiefergehende Untersuchungen zeigen jedoch auch deutliche Hinweise auf strukturellen Wandel. So müssen Gewerkschaften, Parteien und Kirchen schon seit Jahren deutliche Mitgliederverluste hinnehmen (vgl. Alscher et al. 2009, S. 53), Der„nachwuchsstarke“ Sport wies bis in die jüngste Zeit steigende Vereins- und Mitgliederzahlen auf. Gleichzeitig wurde aber gerade hier schon seit längerem die Schwierigkeit deutlich, für die Leitung der Organisationen geeignetes Personal zu rekrutieren (vgl. Wolf/ Zimmer 2010, Breuer/Wicker 2009, S. 34, Alscher et al. 2009, S. 32)

Treffen also Krisendiagnosen zu, nach denen die klassische Mitgliederorganisation erodiert, die notwendigen Funktionen zunehmend nicht mehr ehrenamtlich wahrgenommen werden können und Ökonomisierung und Konkurrenzdruck den gemeinschaftlichen und marktfernen Charakter von NPOs zerstören? Die Befragungsergebnisse zeichnen hier ein differenziertes Bild: Rund 40% der ZiviZ-Befragten geben an, Probleme bei der Besetzung von ehrenamtlichen Leitungsorganen oder Gremien zu haben. Zugleich aber hat die Zahl der freiwillig Engagierten seit 2007 bei den Organisationen im Bereich soziale Dienste eher zu- als abgenommen, während sie bei Sportvereinen eher zurückgegangen als gestiegen ist. Doch bei der Mehrheit der Organisationen ist keine Veränderung festzustellen.

Probleme der Überalterung sowie ein nachlassendes Gemeinschaftsgefühl sind für eine Mehrheit der Vereine durchaus ein Problem. (vgl. Priller et al. 2012, S. 52). Gerade Sportvereine als Gemeinschaftsorganisationen par Excellence weichen zunehmend vom Modell des „Idealverein“ ab und erbringen Leistungen gegen Bezahlung sogar für Nichtmitglieder (vgl. Krimmer/Priemer 2013, S. 38). Eine ganze Reihe von Vereinen nehmen Konkurrenz zwischen Organisationen und Ökonomisierungstendenzen durchaus wahr und reagieren mit dem zunehmenden Einsatz betriebswirtschaftlicher Instrumente (vgl. Priller et al. 2012, S. 45ff., Krimmer/Priemer 2013, S. 26, 33). Während sich NPOs bzw. Vereine außerhalb des Sozial- Gesundheits- und Bildungswesens nach wie vor als Mitgliederorganisationen und Gemeinschaften Gleichgesinnter verstehen, ist im sozialen Bereich sowohl eine steigende Dienstleistungsorientierung als auch ein Bedeutungsverlust der Mitgliedschaftsbeziehung festzustellen, gepaart mit einem Ausbleiben jugendlicher Engagierter (vgl. Krimmer/Priemer 2013, S. 38ff.).

4 Der Nonprofit-Sektor im Licht der internationalen Nonprofit-Forschung

Die Untersuchungen des Johns-Hopkins-Projektes zeigten, dass in praktisch allen Industrie- und Schwellenländern ein ausdifferenzierter Nonprofit-Sektor existiert, dessen Größe und Zusammensetzung allerdings variiert.. Um diese Varianzen zu erklären, testeten Anheier (2005) und Salamon (Salamon/Anheier 1998) verschiedene ökonomische Theorien der Entstehung von Nonprofit-Organisationen, die funktional als Produzenten von Kollektivgütern oder gemeinnützigen Leistungen charakterisiert sind. Aus der Heterogenitätstheorie von Burton Weisbrod (1977) generierten sie einen Ansatz, der die „Nachfrageseite" als Erklärungsfaktor in den Blick nehmen: Nonprofit-Organisationen sind demnach Produkt von kombiniertem Markt- und Staatsversagen. Ist also die Bereitstellung eines Kollektivguts nicht „marktfähig", kann der Staat diese Aufgabe übernehmen. Ist dies jedoch innerhalb des Staates nicht durchsetzbar, übernehmen NPOs die Gütererstellung. Dass Segmente der Nachfrage nach Kollektivgütern von Staat und Markt nicht abgedeckt werden, sei gerade bei heterogenen Gesellschaften anzunehmen.

Aus einen anderen Blickwinkel argumentiert die Entrepreneurship-Theorie nach Estelle James (1987), die auf die „Angebotsseite" fokussiert: Wenn Güter und Leistungen ohne Gewinnerzielungsabsicht produziert werden, erfolgt dies meist aufgrund einer besonderen Motivation oder „Mission". Idealtypisch verbreiten „missionarische" Entrepreneurs oder charismatische Anführer ihre Botschaften auch über das Angebot von Dienstleistungen. Ihr „Unternehmerlohn" besteht nicht in wirtschaftlichem Gewinn, sondern in der Rekrutierung neuer Mitglieder für ihre Glaubens- oder Weltanschauungsgemeinschaft. Demnach könnte – ähnlich wie in der Heterogenitätstheorie – starke Konkurrenz unterschiedlicher religiöser und weltanschaulicher Richtungen ein Erklärungsfaktor für einen umfangreichen Nonprofit-Sektor sein.

Als ein weiterer „ökonomischer" Erklärungsansatz werden Kontraktversagens- oder Vertrauenstheorien (vgl. Krashinsky 1986, Ben Ner/Gui 1993, Hansmann 1980) herangezogen. Danach ist die Qualität gerade sozialer oder gesundheitlicher Dienstleistungen im Vorfeld (vor Gebrauch) nicht zu bewerten. Insofern ist ein Vertrauensvorschuss an den Anbieter notwendig. Gerade profitorientierte Anbieter setzen sich dem Verdacht aus, zu Lasten der Qualität der Leistung aus dieser Informationsasymmetrie „Kapital zu schlagen", während dieses Motiv bei nicht-profitorientierten Anbietern weniger zutrifft.

Es zeigte sich, dass die Theorien – insbesondere die Heterogenitätstheorie – durchaus Erklärungskraft für die spezifische Ausgestaltung des Nonprofit-Sektors besitzen (vgl. Salamon/Anheier 1998, S. 230ff., Anheier 2005, S. 131ff.), doch im

Großen und Ganzen ist die Erklärungskraft der theoretischen Ansätze eher begrenzt. Salamon und Anheier führten daher die institutionelle Ausgestaltung der Staaten und ihre Kooperation mit NPOs als wesentliche Determinante der unterschiedlichen Ausgestaltung des NPO-Sektors an. Hierbei wurden von ihnen auch die der staatlichen Entwicklung zugrundeliegenden gesellschaftlichen Kräfte mit in den Blick genommen. Danach ist die heutige Größe und gesellschaftspolitische Einbindung des NPO-Sektors ein Ergebnis historischer Entwicklung. Insofern wurden qualitativ-historische Dynamiken zur Erklärung herangezogen. So beispielsweise:

- Wie mächtig und mobilisierungsfähig waren Arbeiterbewegung und Kirchen und wie konflikthaft war oder ist ihr Verhältnis zum Staat?
- Wurde die Kirche als politischer Einflussfaktor entmachtet oder konnte sie eine starke Position im Staat beibehalten?
- Sind nichtstaatliche Träger sozialer Leistungen durch den Sozialstaatsausbau eher verdrängt, ergänzt oder inkorporiert worden?

Korreliert man den Umfang der staatlichen Sozialausgaben – als leicht messbares Produkt der historischen Entwicklung zum Wohlfahrtsstaat – mit der ökonomischen Bedeutung bzw. dem Volumen des Nonprofit-Sektors pro Land, erhält man ein Bild, das gewisse Parallelen zu den Wohlfahrtsstaatstypologien von Gösta Esping-Andersen aufweist (vgl. Arts/Gelissen 2002).

Der deutsche Nonprofit-Sektor bewegt sich in seinen quantitativen und volkswirtschaftlichen Kennzahlen im internationalen Vergleich im oberen Mittelfeld. Dies ist angesichts seiner Entwicklung nicht überraschend: So sind mit einer starken Arbeiterbewegung und starken religiösen oder weltanschaulichen Milieubindungen in Deutschland historisch idealtypische Bedingungen für die Ausbildung einer vielfältigen Assoziationslandschaft gegeben gewesen. Zugleich besteht ein traditionell stark ausgebauter Wohlfahrtsstaat, der seit seinen frühen Anfängen in beachtlichem Umfang mit NPOs bei der sozialen Dienstleistungserstellung kooperiert hat. D. h. in Deutschland wurden NPOs durch die Entwicklung des Wohlfahrtsstaates nicht verdrängt, sondern im Gegenteil in die wohlfahrtsstaatliche Struktur integriert und sogar insofern mit Privilegien ausgestattet, als eine staatlich-öffentliche Einrichtung nur dann errichtet werden konnte, wenn kein frei-gemeinnütziger Träger bzw. eine NPO zur Verfügung stand.

Deutschland zählt daher zu den Ländern, die sich durch eine intensive sozialstaatliche Tätigkeit auszeichnen und gleichzeitig einen ökonomisch starken Nonprofit-Sektor aufweisen (vgl. Anheier 2005, S. 136). Im Kontrast hierzu weist etwa Schweden, als Land mit ebenfalls hohen Sozialausgaben, aus ökonomischer Sicht einen eher kleinen Nonprofit-Sektor mit vergleichsweise geringer arbeitsmarktpolitischer Bedeutung auf, da der Staat hier viele personalintensive Leistungen – etwa in Pflege und Bildung –übernommen hat.

5 Demokratietheoretische Einordnungen: Zivilgesellschaft und Soziales Kapital

Im Unterschied zu den eher ökonomisch argumentierenden Ansätzen nimmt eine soziologisch zentrierte Forschung vor allem die sozialintegrativen und demokratiebezogenen Wirkungen des NPO-Sektors in den Blick. Diese ergeben sich aus der Qualität des Sektors als staats- und marktferner Raum gesellschaftlicher Selbstorganisation mit ureigener Handlungslogik. „Kitt der Gesellschaft" und „Schule der Demokratie" sind die gängigen Bilder, in denen die Rolle von NPOs in dieser Perspektive beschrieben wird. Neben den klassischen Ansätzen von Alexis de Toqueville, Ferdinand Tönnies und Max Weber sind es in jüngerer Zeit vor allem zwei Konzepte, die die Rolle von NPOs für demokratische Gesellschaften durchaus kontrovers herausstellen. Im Konzept der Zivilgesellschaft finden sowohl neo-marxistische macht-, und hegemonietheoretische als auch „pluralistische" oder „radikal-republikanische" Ansätze ihren Niederschlag[5] Unter dem Ansatz des Sozialkapitals wird die Funktion von „Wahlgemeinschaften" (Strob 1999, Braun 2010, S. 39) als sozial reziproken Beziehungen in Hinblick auf heutige pluralistische oder gar fragmentierte Gesellschaften reformuliert. Theoretisch reflektiert werden dabei zum einen die externen Effekte der Binnenwirkungen von Assoziationen, wie die Ausbildung von Selbstorganisations-, Kommunikations- und Konfliktfähigkeit, sowie zum anderen die Außenwirkungen der NPOs, wie etwa politische Artikulation und Formen der aktiven Einflussnahme auf das Gemeinwesen (vgl. Zimmer 2007, S. 66ff.)

Insgesamt sind Assoziationen in Hinblick auf gesellschaftlichen Zusammenhalt ambivalent zu betrachten: Sie können sowohl sozialintegrativ, emanzipatorisch und demokratieförderlich als auch ausschließend wirken und zur sozialen Schließung beitragen, wie schon Alexis de Toqueville im frühen 19. Jahrhundert in Hinblick auf die amerikanische Gesellschaft herausarbeitete (vgl. Hoffmann 2003).

Als der unorthodoxe Marxist Antonio Gramsci in den 1930er Jahren in den „Gefängnisheften" systematisch den Begriff der „società civile" von der Kategorie der „bürgerlichen Gesellschaft" unterschied, ging es ihm um die Bedingung der Möglichkeiten gewaltfreier Revolutionen. Für ihn ist Zivilgesellschaft die Sphäre der

5 Für eine umfassende Konzept- und Begriffsgeschichte vgl. Klein 2001.

Auseinandersetzung um gesellschaftliche Konsense und politische Deutungshoheit. Gramsci betrachtet Zivilgesellschaft funktional und machtanalytisch als Sphäre der Produktion von „kultureller Hegemonie" oder „Alltagsverstand". Dieser wird entwickelt in Vereinen, aber auch in Medien, Kirchen, Kulturbetrieben und ähnlichen zivilgesellschaftlichen „Produktionsstätten". Für Gramsci verfügt der bürgerlich-kapitalistische Staat in erheblichem Ausmaß über kulturelle Hegemonie, so dass er im historischen Vergleich in geringerem Umfang auf gewaltförmige Herrschaftsweise zurückgreifen muss, um Macht und Herrschaft zu sichern. Doch Zivilgesellschaft, so Gramsci, kann auch eine starke emanzipatorische Wirkungen entfalten und eine kulturelle „Gegenhegemonie" zum bürgerlich-kapitalistischen Staat hervorbringen.

Als das Konzept der Zivilgesellschaft eine Renaissance erlebte, wurden die emanzipatorischen Potentiale herausgestellt, insbesondere in den Reflektionen der „sanften Revolutionen" in Ost- und Mitteleuropa. In der Folge fand eine Neubestimmung des Konzepts statt: Dabei erhielt der Begriff eine starke Ausdifferenzierung und eine normative Aufladung. Die heute geläufigen Bedeutungsdimensionen von Zivilgesellschaft beschreibt Jürgen Kocka (2003, S. 31) treffend als „erstens einen Typus sozialen Handelns, zweitens als Bereich zwischen Wirtschaft, Staat und Privatsphäre und drittens als Kern eines Entwurfs oder Projekts mit immer noch utopischen Zügen". Im aktuellen Diskurs wird der Begriff Zivilgesellschaft jedoch oft eng geführt: Einerseits als bereichslogische Kategorie nahezu synonym mit „Nonprofit-Sektor" und andererseits durch normative Aufladung in demokratietheoretischer Hinsicht. Gerade aufgrund seiner Vielschichtigkeit kann das Konzept analytisch sehr fruchtbar sein. Leider wird es durch unkritische Verwendung, so Volker Heins, leicht zur Worthülse" (2002, S. 7).

Weniger facettenreich erscheint hingegen zunächst der Ansatz des Sozialkapitals[6], der insbesondere durch die Arbeiten von Robert D. Putnam populär wurde: Hinter dieser Vorstellung „steht ein außerordentlich schlichter Gedanke" (Putnam/Goss 2001, S. 20), nämlich dass soziale Netzwerke sowohl aus steuerungs- wie demokratietheoretischer Sicht positive Wirkungen hervorrufen, in dem „generalisiertes Vertrauen" entsteht.

Diese Bestimmung greift die Bedeutung der traditionellen reziproken Mitgliederbeziehung in NPOs unter neuen Gesichtspunkten wieder auf. Ausgehend von Putnams vielbeachteten Band „Making Democracy Work" (1993) wird die Wirkung von freiwilligen Organisationen auf Mitgliedschaft und gesellschaftlichen Kontext entwickelt. Danach entsteht durch Reziprozität und den intensiven Kontakt der Mitglieder untereinander Vertrauen bzw. Sozialkapital, das Mitgliederorganisati-

6 Für eine knappe und umfassende Konzeptgeschichte vgl. Braun 2011.

onen zum Nukleus einer in vielfacher Hinsicht positiven Entwicklung macht: In Vereinen und durch sie werden soziale Netzwerke in der Gesellschaft gestärkt und soziale wie politische Kompetenzen entwickelt. NPOs bzw. Vereine tragen somit zum sozialen Zusammenhalt sowie zur Stabilität von Demokratie bei.

Dieser Ansatz hat eine hohe wissenschaftliche Attraktivität gewonnen, weil er zumindest in Teilen einen Abschied von der „Rational-Choice-Perspektive" markiert. Diese Sichtweise konstituiert den Menschen primär als „homo oeconomicus", der seine Entscheidungen aufgrund rationaler Nützlichkeitserwägungen trifft. Das ist jedoch zur Erklärung vieler gesellschaftliche Phänomene unzureichend, da diese auch in hohem Maße als von Normen und Werten abhängig zu betrachten sind. Im Sozialkapitalansatz scheint jedoch eine Versöhnung des „ökonomischen" und des „sozialen" Menschen möglich: Sozialkapital ist für den Einzelnen von Vorteil, gleichzeitig ergeben sich durch das Vorhandensein von Sozialkapital positive Effekte für Gesellschaft und Gemeinwesen.

Allerdings weist der empirische Nachweis von Sozialkapital große methodische Probleme auf: So weist Sebastian Braun darauf hin, dass sich zwar Einstellungen und Partizipationsverhalten von Vereinsmitgliedern und Nichtmitgliedern messen und vergleichen lassen. Aber ob dies jeweils ein Effekt von Mitgliedschaft und Mitmachen in Vereinen ist, kann nicht geschlussfolgert werden. Die Vereinsmitglieder können das Sozialkapital schon „mitbringen", da freiwillige Vereinigungen auf bestimmte „Bevölkerungsgruppen mit bestimmten Orientierungen besonders anziehend wirken" (Braun 2007, S. 214).

Auch ist eine „politische Leerstelle im Konzept Robert Putnams" (Evers 2002: 59) zu erkennen: So kann soziales Kapital auch negative Effekte zeitigen, in dem es bestehende soziale Spaltungen verstärkt und ausschließend wirkt. In späteren Arbeiten erweiterte Putnam seine Bestimmung von „Sozialkapital", in dem er diese Kritik aufgriff. Freiwillige Vereinigungen können demnach nicht nur „bridging social capital" hervorbringen, sondern auch „bonding social capital" produzieren, das soziale Schließungstendenzen nach sich zieht (vgl. Putnam 2000, Putnam/Goss 2001, S. 29).

Sozialkapital und Zivilgesellschaft beschreiben die gesellschaftliche Funktion des Nonprofit-Sektors jenseits seiner ökonomisch messbaren Produkte zwar unterschiedlich, aber übereinstimmend als ambivalent: Als kulturelle Stütze einer Gesellschaftsordnung einerseits und als möglicher Nährboden gesellschaftlicher Umwälzungen andererseits, als Sphäre der Distinktion und sozialen Abgrenzung einerseits sowie als Ermöglichung des „Brückenbaus" zwischen gesellschaftlichen Milieus und Schichten andererseits; als „Schule der Demokratie" sowie Raum „ziviler" Handlungsorientierungen wie Konsensorientierung oder aber als gesellschaftlicher Bereich, in dem Auseinandersetzungen um Deutungshoheit stattfinden. Nicht abzusprechen ist dennoch beiden Konzepten ein beträchtliches innovatives Potenzial.

Literatur

Alemann U von (1989) Organisierte Interessen in der Bundesrepublik, Opladen: Leske +Budrich

Alscher M, Dathe D, Priller E, Speth R (2009) Bericht zur Lage und zu den Perspektiven des bürgerschaftlichen Engagements in Deutschland. Berlin: Bundesministerium für Familie, Senioren, Frauen und Jugend

Anheier H K (2005) Nonprofit Organizations: Theory, Management and Policy, Routledge, New York/London

Arts W, Gelissen J (2002) Three Worlds of Welfare Capitalism or More? A State-of-the-Art Report. In: Journal of European Social Policy, Vol. 12, No. 2, S. 137-158

Bagfw – Bundesarbeitsgemeinschaft der Freien Wohlfahrtspflege (Hrsg) (2008) Gesamtstatistik der Einrichtungen der freien Wohlfahrtspflege, Bonn

Ben Ner A, Gui B (Hrsg) (1993) The Nonprofit Sector in the Mixed Economy, University of Michigan Press, Ann Arbor

Braun S (2010) Assoziative Lebenswelt, bindendes Sozialkapital und Migrantenvereine in Sport und Gesellschaft. In: Braun S, Nobis T (Hrsg) Migration, Integration und Sport. Zivilgesellschaft vor Ort, VS, Wiesbaden, S. 29-44

Braun S (2007) Freiwillige Vereinigungen als Katalysatoren von Sozialkapital? Ergebnisse einer repräsentativen Bevölkerungsbefragung in Deutschland. In: Lüdicke L, Diewald M (Hrsg) Soziale Netzwerke und soziale Ungleichheit,Wiesbaden: VS Verlag, S. 201-234

Braun S (2011) Sozialkapital. In: Olk T, Hartnuß B (Hrsg) Handbuch bürgerschaftliches Engagement, Beltz Juventa, Weinheim/Basel, S. 53-64

Breuer C, Wicker P (2009) Sportvereine in Deutschland – ein Überblick. In: Breuer C (Hrsg) Sportentwicklungsbericht 2007/2008, Sportverlag Strauss, Köln, S. 26-48

Evers A (2002) Bürgergesellschaft und soziales Kapital. Die politische Leerstelle im Konzept Robert Putnams. In: Haus M (Hrsg) Bürgergesellschaft, soziales Kapital und lokale Politik. Theoretische Analysen und empirische Befunde. Leske+Budrich, Opladen, S. 59-75

Faust H (1977) Geschichte der Genossenschaftsbewegung, 3. Aufl., Knapp, Frankfurt am Main

Frantz C, Martens K (2006) Nichtregierungsorganisationen (NGOs), Wiesbaden: VS Verlag

Franzen A, Botzen K (2011) Vereine in Deutschland und ihr Beitrag zum Wohlstand der Regionen. In: Soziale Welt – Zeitschrift für sozialwissenschaftliche Forschung und Praxis, Jg. 62, H. 4, 2011, S. 391-413

Fritsch S, Klose M, Opfermann R, Rosenski R, Schwarz R, Anheier HK. Spengler N (2011) ZiviZ – Abschlussbericht Modul 1, Download: www.ziviz.info

Hansmann H (1980) The Role of Nonprofit Enterprise. In: Yale Law Journal, 89. Jg., S. 839-901

Hardtwig W (2009) „Genossenschaft" in der deutschen Geschichte. Wirtschafts- und Lebensformen, in: Rösner H J, Schulz-Nieswandt F (Hrsg) Beiträge der genossenschaftlichen Selbsthilfe zur wirtschaftlichen und sozialen Entwicklung, Lit, Münster, S. 27-48

Heinemann K, Horch H D (1988) Strukturbesonderheiten des Sportvereins. In: Digel H (Hrsg) Sport im Verein und Verband, Hofmann, Schorndorf, S. 108-122
Hoffmann SL (2003) Geselligkeit und Demokratie. Vandenhoek & Ruprecht, Göttingen
James E (1987) The Nonprofit Sector in Comparative Perspective. In: Powell WW (Hrsg) The Nonprofit Sector: A Research Handbook, Yale University Press, New Haven, S. 397-415
Klein A (2001) Der Diskurs der Zivilgesellschaft. Politische Hintergründe und demokratietheoretische Folgerungen, Leske&Budrich, Opladen
Krashinsky M (1986) Transaction Costs and a Theory of the Nonprofit Organization. In: Rose-Ackerman S (Hrsg) The Economics of Nonprofit Institutions, Oxford University Press, Oxford/New York
Krimmer H, Priemer J (2013) ZiviZ-Survey 2012. Instrument und erste Ergebnisse. Download: www.ziviz.info
Olson M (1985) Die Logik des kollektiven Handelns, Tübingen: Mohr
Priller E, Alscher M, Droß P J, Paul F, Poldrack C J, Schmeißer C, Waitkus N (2012) Dritte-Sektor-Organisationen heute: Eigene Ansprüche und ökonomische Herausforderungen. Ergebnisse einer Organisationsbefragung, Berlin.
Putnam RD (1993) Making Democracy Work: Civic Traditions in Modern Italy, University Press, Princeton
Putnam RD (2000) Bowling Alone, Simon & Schuster, New York
Putnam RD, Goss, K A (2001) Einleitung. In: Putnam R D (Hrsg.): Gesellschaft und Gemeinsinn. Sozialkapital im internationalen Vergleich, Bertelsmann, Gütersloh, S. 15-43
Rosenski N (2012) Die wirtschaftliche Bedeutung des Dritten Sektors. In: Statistisches Bundesamt, Wirtschaft und Statistik, S. 209-217
Salamon L M, Anheier H K (1992) In Search of the Non-Profit Sector. I: The Question of Definitions. In: VOLUNTAS, 3(2), S. 125-151
Salamon L M, Anheier H K (1998) Der Nonprofit-Sektor: Ein theoretischer Versuch. In: Anheier H K et al. (Hrsg) Der Dritte Sektor in Deutschland, Edition Sigma, Berlin, S. 211-247
Schröder C, Walk H (Hrsg) (2014): Gesnossenschaften und Klimaschutz. Akteure für zukunftsfähige, solidarische Städte, Wiesbaden: Springer VS
Strob B (1999) Der vereins- und verbandsorganisierte Sport: Ein Zusammenschluß von (Wahl)Gemeinschaften? Waxmann, Münster
Weisbrod B (1977) The Voluntary Nonprofit Sector, Lexington Books, Lexington, MA
Wolf A C, Zimmer A (2012) Lokale Engagementförderung, Kritik und Perspektiven, VS, Wiesbaden
Wolf A C, Zimmer A (2010) Besetzung ehrenamtlicher Vereinsvorstände – Vorstände verzweifelt gesucht. In: Verbandsmanagement, Jg. 36, Ausgabe 3, S. 28-37
Zimmer A, Priller E, Anheier HK (2013) Der Nonprofit-Sektor in Deutschland. In: Simsa R, Meyer M, Badelt C (Hrsg) Handbuch der Nonprofit-Organisationen. Strukturen und Management (5. Auflage), Stutgart: Schäffer-Poeschel Verlag, S. 35-36
Zimmer A, Priller E (2007) Gemeinnützige Organisationen im gesellschaftlichen Wandel, VS, Wiesbaden
Zimmer A (2007) Vereine – Zivilgesellschaft konkret, VS, Wiesbaden
Zimmer A (2011) Zivilgesellschaftsorganisationen: eine vernachlässigte Kategorie der Engagementforschung. In: Priller E, Alscher M, Dathe D, Speth R (Hrsg) Zivilengagement: Herausforderungen für Gesellschaft, Politik und Wissenschaft, Münster: Lit Verlag
Zimmer A, Hallmann T (2005) Mit vereinten Kräften. Ergebnisse der Befragung „Vereine in Münster“, Münster: Zentrum für Nonprofit Management

Zimmer A, Priller E (2001) Die zunehmende Bedeutung des Dritten Sektors – Ergebnisse des international vergleichenden Johns-Hopkins-Projektes. In: Jahrbuch für Christliche Sozialwissenschaften, Jg. 42. S. 11-41

Zimmer A, Basic A, Hallmann T (2011) Sport ist im Verein am schönsten? Analysen und Befunde zur Attraktivität des Sports für Ehrenamt und Mitgliedschaft. In: Rauschenbach T, Zimmer A (Hrsg): Bürgerschaftliches Engagement unter Druck? Analysen und Befunde aus den Bereichen Soziales, Kultur und Sport, Opladen: Barbara Budrich, S. 269-385.

I
NPO heißt Veränderung

NPOs fit für die Zukunft halten

Gisela Clausen[1]

Abstract

Der vorliegende Beitrag führt in Prinzipien und Handlungsstrategien des Changemanagements ein. Dabei wird Veränderung als eher langfristig angelegter Entwicklungsprozess einer Organisation verstanden. Es wird auf die grundlegende Bedeutung der Organisationskonzepte hingewiesen, mit denen die Promotoren eines Veränderungsvorhabens an die Arbeit gehen. Berücksichtigen schon die professionellen Konzepte der ChangemanagerInnen und BeraterInnen das besondere soziokulturelle Geschehen von Nonprofit-Organisationen nicht, lenken sie also das Augenmerk der Beteiligten überwiegend auf betriebswirtschaftliche Aspekte, leisten sie dem allgemeinen Ökonomisierungstrend Vorschub. Will man im Veränderungsmanagement nicht einfach dem Trend zur Managerialisierung erliegen, müssen die Beteiligten zunächst die Grundkonzepte von sozialen Systemen kennen und bei der Planung von Veränderungsvorhaben anwenden können.

Keywords

Veränderungsprozess, Organisationsentwicklung, Mentale Modelle von Nonprofit Organisationen, Organisationsmodelle

---

1 clausen@clausenundco.de

1 Einleitung

„Umstrukturierungen oder interne Veränderungsprozesse gehören einfach zu einer lebendigen Organisation", sagt die langjährige Geschäftsführerin von Greenpeace, Brigitte Behrens, in einem Interview mit der Zeitschrift für OrganisationsEntwicklung (Winkler 2012).

Organisationen sind soziale Systeme, die sich mit ihrer Umwelt unablässig verändern: Was in den 60er Jahren des letzten Jahrhunderts revolutionäre Ideen waren, sind heute zum Teil feste Bestandteile von Politik, Wirtschaft und Drittem Sektor. Im Kontext der Globalisierung und der damit verbundenen neuen Anforderungen an Flexibilität ist einmal mehr deutlich geworden, welche entscheidende Rolle den sozialen Dimensionen der Zusammenarbeit in Organisationen zukommt. Das gilt in besonderer Weise für Nonprofit-Organisationen, die in stärkerem Maße als etwa Behörden und Unternehmen sozial eigebettet sind.

Nonprofit-Organisationen sind heute mit einem komplexen Set von Veränderungsbedarfen konfrontiert. Der Staat in Deutschland und die Europäische Union haben in den letzten 20 Jahren mit der Veränderung ihrer Vergabepraktiken Strukturen und Abläufe in Nonprofit-Organisationen in erheblichem Umfang zu Veränderungen veranlasst. Nonprofit-Organisationen haben zudem in vielen Tätigkeitsfeldern maßgeblich Konkurrenz von kommerziellen Anbietern bekommen. Auch dies hat zu nicht erheblichem Veränderungsbedarf geführt. Personal ist auch in NPOs zu einer zunehmend knappen Ressource geworden. Insofern ist auch hier eine Neujustierung und somit Veränderung angesagt. Entsprechendes gilt für die Sicherung der finanziellen Ressourcen, die zunehmend schwieriger einzuwerbenden Spenden und Sponsorengelder sowie auch die Einnahmen durch Mitgliedergebühren.

Spätestens seit Lewin sein Phasenmodell der Veränderung 1958 veröffentlicht hat, bemühen sich SozialwissenschaftlerInnen, Wirtschaftsbetrieben deutlich zu machen und stichhaltig zu belegen, dass mit jeder Veränderung von Organisationsstrukturen – den sog. hard facts – Eingriffe in das soziale System aus Konventionen, persönlichen Beziehungen, Rollen und Umgangsformen – den sog. soft facts – einhergehen. Dabei wird hier mit „Soft Facts" nicht in erster Linie die Entwicklung und Fachkunde einzelner Personen angesprochen, sondern vor allem das kollektive Organisationsgeschehen aus Konventionen, Traditionen, Kultur, Regeln, Rollen, informellen Gesetzen, üblichen Umgangsformen und Arbeitsbeziehungen in Teams und Bereichen.

Sollen Veränderungsprozesse erfolgreich verlaufen, sind möglichst viele zu beteiligen, denn Veränderungen der Organisation betreffen in der Regel auch das Selbstverständnis ihrer Mitglieder. So werden differenzierte Diskussions- und Aushandlungsprozesse nötig, die ein neues Selbstverständnis möglich machen. Dies gilt für alle Organisationen, aber in ganz besonderer Weise für Noprofit-Organisationen. Obgleich NPOs in hohem Maße sozial eingebettet sind und in beachtlichem Umfang auf die Ressource Sozialkapital rekurrieren, werden anders als in der Wirtschaft oder der öffentlichen Verwaltung Veränderungsprozesse häufig gar nicht, viel zu spät und nicht selten mit sehr wenig professionellem Know-how durchgeführt. Die Beiträge des ersten Themenblocks behandeln solche Veränderungsprozesse. Hierbei zeigt sich einerseits, wie schwierig und mühsam Veränderungen sind; andererseits wird aber auch deutlich, dass die Promotoren nicht umhin kommen, mit jeder noch so naheliegenden Veränderung das Soziale System und das Selbstverständnis von Mitgliedern und MitarbeiterInnen verändern. Es sich lohnt sich, in die Zukunftsfähigkeit der NPO nicht nur strukturell zu investieren, sondern die Identität des Vereins mit im Blick zu behalten, indem möglichst viele Organisationsmitglieder beteiligt werden. Dies ist kein einfacher Prozess. Und sicherlich gibt es auch kein „Allheilmittel" oder einen Königsweg, der zum Ziel führt. Dazu sind NPOs zu heterogen und ihre Problemlagen zu unterschiedlich. Gleichwohl lässt sich modellhaft aufzeigen, wie man vorgehen kann und wo Problemfelder liegen.

Ziel des folgenden Beitrags ist es, einen Überblick über einzelne Ansätze, Verfahren und Vorgehensweisen des Changemanagement zu vermitteln. Hierzu werden in einem ersten Schritt zunächst Begrifflichkeiten geklärt. Im zweiten Schritt werden aus der Fülle der aktuell in Praxis und Forschung genutzten Konzepte vier Organisationsmodelle skizziert. Will man im Veränderungsmanagement nicht einfach dem Trend zur Managerialisierung (Simic, Predovic, 2014) erliegen, müssen die Beteiligten zunächst ihre Organisationskonzepte überdenken. Je nachdem, welche – meist impliziten – Vorstellungen die Promotoren eines Veränderungsprozesses von ihrer Organisation haben, werden sie mit jeweils anderen Konzepten an Veränderungsvorhaben herangehen.

Im dritten Abschnitt werden gängige Prozessmodelle – instrumentelle und prozessorientierte Changekonzepte – einander gegenüber gestellt, um zu zeigen, wie die Planung und das Design eines Veränderungsprozesses sowie die Art seiner Steuerung konzipiert sein sollten, um nicht der blanken Ökonomisierung (Zimmer, 2014) des Organisationslebens Vorschub zu leisten. Der Einleitungsbeitrag wird abgerundet durch eine Vorausschau auf die Beiträge des Themenblocks „NPO heißt Veränderung", die – wie der gesamte Band – mehrheitlich aus der Feder von TeilnehmerInnen des Studiengangs Nonprofit Management and Governance der Westfälischen Wilhelms-Universität in Münster stammen.

2 Zu den Voraussetzungen des Changemanagements

2.1 Was heißt Change? Worum geht es?

Da alle Organisationen – einschließlich NPOs – sich evolutionär an eine sich ständig ändernde Umwelt anpassen, findet ein unablässiger Wandel der internen Verhältnisse statt. Mit „Wandel" bezeichnet man die evolutionären Veränderungen, die sich zwar unablässig entwickeln, die aber nicht willentlich und systematisch von den OrganisationsteilnehmerInnen vorangetrieben werden. Der Begriff „Wandel" ist eine Art Sammelbegriff für jede Art von Veränderung.

Verbesserung versus Veränderung

Will die Leitung, also die Geschäftsführung oder der Vorstand einer NPO aktiv und zukunftsorientiert Veränderungen in Gang setzen, spricht man entweder von „kontinuierlichen Verbesserungen" oder von „Veränderungs- bzw. Changemanagement", wobei die Begriffe sich jeweils auf unterschiedliche Reichweite von Veränderung beziehen. Mit dem Begriff der „kontinuierlichen Verbesserung" werden auf Dauer angelegte Optimierungsstrategien bezeichnet, die die Organisation primär nur im operativen Geschäft und meist auch nur einzelne Verfahren betreffen: Z. B. wird eine neue Bereichs-IT installiert, die im Wesentlichen das Gleiche kann wie die bisherige, aber in etlichen Funktionen komfortabler ist. Kontinuierliche Verbesserungen sind begrenzt und tangieren die Kultur der Organisation oder das Selbstverständnis von MitarbeiterInnen und Mitgliedern kaum.

Anders ist es, wenn von Veränderungs- oder Changemanagement die Rede ist (Doppler 2008): Hier geht es um Projekte, die weitreichende Auswirkungen auf alle Ebenen der Organisation haben. Insbesondere verändern sie auch Routinen, Rollen, Arbeitsbeziehungen, informelle Konventionen und formelle Umgangsformen im Zusammenspiel aller Beteiligten. Man spricht dann von „Veränderungs-" oder „Tranformationsprojekten". Anlässe zu solchen geplanten und systematisch vorangetriebenen grundsätzlichen Veränderungen können aus der Umwelt der Organisation oder auf Grund ihres inneren Zustands zustande kommen: Die Spenden gehen zurück, die Mitglieder wandern ab, es will niemand für den Vorstand kandidieren, die Finanzen werden unüberschaubar, zum ersten Mal wird eine hauptamtliche Geschäftsführung eingestellt oder die öffentlichen Geldgeber stellen erhöhte Anforderungen an die Transparenz der organisationalen Abläufe usw.

Werther und Jacobs (2014) weisen noch auf einen weiteren Unterschied hin: Sie unterscheiden Organisationsentwicklung von Changemanagement. Organisationsentwicklungsprojekte sind ihrer Meinung nach eher langfristig angelegte Veränderungsprojekte, die mit sozialwissenschaftlichen Konzepten und Begrifflichkeiten arbeiten, einen ganzheitlichen Ansatz haben und auf Partizipation und organisationales Lernen setzten. Changemanagement dagegen beschreiben die Autoren als einen „Sammelbegriff aus umgangssprachlicher Perspektive für beliebige Veränderungen in Organisationen". Changekonzepten liegt ihrer Meinung nach eher ein technisches Verständnis von Organisation zugrunde. Es geht um Optimierungen wie z. B. Kostensenkung oder Restrukturierung mit kurz- bis mittelfristiger Perspektive und um Verordnung von Veränderung von oben.

Wie man an den genannten Beispielen sieht, benutzen unterschiedliche Autoren die Begriffe unterschiedlich. Es lohnt sich also, in Diskussionen genauer zu definieren, was jeweils gemeint ist. Hier werden die Begriffe „Veränderungsmanagement", „Veränderungsprojekt" und „Changemanagement" oder „Changeprojekt" synonym für weitreichende Veränderungsvorhaben in Organisationen benutzt. Organisationsentwicklung ist ein spezieller nicht sehr genau umschriebener, sozialwissenschaftlich orientierter Ansatz im Feld des Veränderungsmanagement.

Episodischer Change versus kontinuierlicher Change

In vielen Nonprofit-Unternehmen gelten grundsätzliche Veränderungen der Organisation als eine sehr spezielle Phase, in der die anstehenden Fragen diskutiert verhandelt und umgesetzt werden. Vorher und nachher erscheint das Unternehmen allen Beteiligten als eine stabile, in sich ruhende Organisation, die einen festen und verlässlichen Rahmen für das Alltagsgeschäft bietet. Bei einem solchen Konzept geht man davon aus, „dass Ordnung und organisatorische Stabilität die Regel ist" (Schreyögg 2012). In der Praxis der letzten zwanzig Jahre hat sich gezeigt, dass in vielen Nonprofit-Organisationen ebenso wie in Wirtschaftsbetrieben Veränderungen der grundlegenden organisationalen Gegebenheiten kontinuierlich nötig geworden sind. „Das bedeutet zu allererst, dass die Organisationen dynamisch und eben nicht statisch gedacht werden. … Man geht davon aus, dass Wandelprobleme keinen klar definierten Anfang und ebenso kein klar definiertes Ende haben. … Faktisch stellt sich damit die Systemsteuerung als ununterbrochene Folge von Problemlösungen dar" (Schreyögg 2012, S. 209). Mit diesem Wechsel von episodischem zu kontinuierlichem Change ist Changemanagement zu einer Aufgabe jeder Führungskraft geworden. Anders als noch vor 20 Jahren ist das Handwerkszeug des Changemenagement heute ein zentraler Bestandteil der Aus- und Weiterbildung jeder Führungskraft.

3 Organisationskonzepte

Erfolgreiche Changevorhaben dienen neben der ökonomischen Sicherung des Unternehmens und der Professionalisierung des operativen Geschäfts gleichzeitig auch der Verbesserung der internen Kooperationsverhältnisse, der Stärkung der integrativen Kräfte der Organisation und ihrem öffentlichen Ansehen. Viele Organisationen zahlen für ihre zunehmende Professionalisierung auf Grund von zu technokratisch und überwiegend rational konzipierten oder durch Vorgehensweisen, die ausschließlich durch Fachfragen getriebenwerden, einen hohen Preis. Die langfristigen Kosten von Veränderungsprozessen sind nur schwer zu fassen und zeigen sich häufig erst in der Folgezeit in Form von Motivationsverlusten bei Mitgliedern und Mitarbeitern oder in konkreter Abwanderung von engagierten Mitgliedern und qualifizierten Mitarbeitern.

Seit den 40er Jahren des letzten Jahrhunderts haben WissenschaftlerInnen der Human Relations School der Organisationssoziologie, PsychologInnen, PädagogInnen und PraktikerInnen Modelle entwickelt, die helfen, das komplexe Geschehen in Veränderungsprozessen besser zu verstehen. Dabei ist von Modell zu Modell die Komplexität von Organisationen immer deutlicher geworden. Im Folgenden werden vier Konzepte näher vorgestellt, die in der Organisationsberatung und -enwicklung vielfach zum Einsatz kommen:

1. Das Soziotechnische System (Emery, 1965)
2. Die Kulturelle Bindung (Tavistock/Clausen)
3. Das Sechs-Schubladen-Modell (Marvin Weisbord, 1983)
4. Die Lernende Organisation (Peter Senge, 1990)

3.1 Das Soziotechnische System

Das Soziotechnische System ist – historisch betrachtet – ein besonders frühes Konzept. Bereits in den 50er Jahren haben Wissenschaftler des Tavistock Institute[2] of Human Relations in den USA darauf hingewiesen, dass insbesondere das soziale System von Arbeitsgruppen jenseits aller Fachkunde und Technik für den Orga-

---

2 Das Tavistock Institut of Human Relations (TIHR) ist eine Nonprofit-Organisation, die sich mit sozialwissenschaftlicher Forschung befasst und 1947 als Ableger der Tavistock Clinic in London gegründet wurde. GründerInnen des Instituts war eine interdisziplinäre Forschergruppe, die sich mit Fragen der Organisationsentwicklung und des Sozialen Wandels beschäftigte (Wikipedia 2015).

nisationserfolg von erheblicher Bedeutung ist: Man müsse davon ausgehen, dass Arbeitsgruppen flexible, anpassungsfähige Systemeinheiten sind, die wachsende Komplexität, schnelle Veränderungen und Prozessschwankungen durch interne Selbstregulation auffangen können. Im Rahmen dieser damals neuen Betrachtungsweisen entwickelten die Wissenschaftler des Tavistock Instituts das Modell des „Soziotechnischen Systems", um sich und ihren Auftraggebern Geschehen in Organisationen verständlicher zu machen. (Emery/Trist 1965/1997)

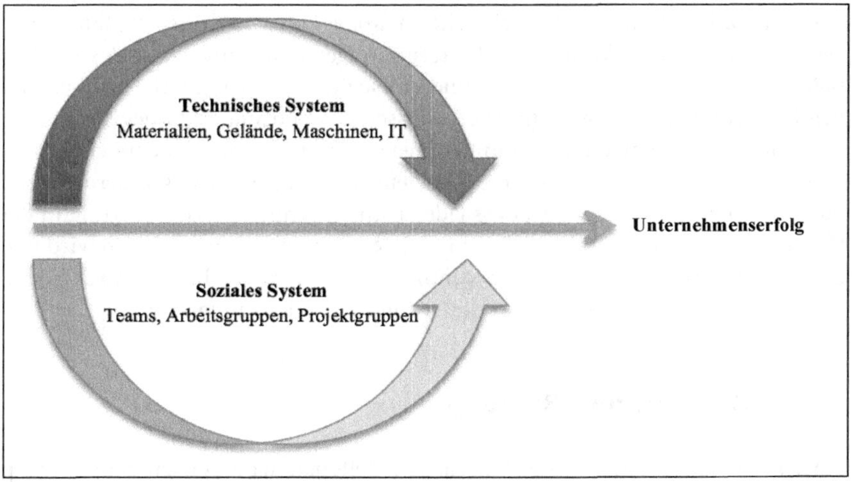

Abb. 1 Soziotechnisches System
Eigene Darstellung

Betrachtet man Organisationen als soziotechnische Systeme, so geht man einerseits von einem sozialen Teilsystem aus: Arbeitsgruppen, Teams, informelle Zirkel, Rollen, Arbeitsbeziehungen, Entscheidungsprozesse, Machverhältnisse, Abhängigkeiten. Andererseits rechnet man mit einem technischen Teilsystem: Dienstleistungen und Produkte, Gebäude, Geräte, Organisationsstrukturen usw. Im sozialen System sind Einigungsprozesse entscheidend. Im technischen System sind technisches und fachliches Know how von zentraler Bedeutung. Beide Subsysteme arbeiten mit unterschiedlichen Regelsystemen und Logiken: Während man den Kauf eines neuen IT-Systems einfach anweisen kann, kann man die Bereitschaft der MitarbeiterInnen, damit zu arbeiten, nicht ohne weiteres anweisen. Während eine Geschäftsführung Arbeitsabläufe in Grafiken am Schreibtisch restrukturieren kann, kann man die

Motivation der MitarbeiterInnen, sich engagiert und selbstorganisiert in diesen Abläufen zu bewegen, nur mit viel Überzeugungsarbeit gewinnen. Das technische System ist in der Regel relativ schnell zu verändern, während das soziale System zur Veränderung mehr Zeit und persönlichen Aufwand benötigt.

Arbeitsfähige Organisationen agieren also immer auf mehreren Ebenen gleichzeitig: Einerseits haben sie ihre Aufgaben zu bearbeiten. Dafür sind Fachkunde, die Organisationsstrukturen und Verfahren ebenso wichtig wie die Technik: eine passende IT, vernünftige Arbeitsplätze (technisches System). Andererseits regeln Führungskräfte und Teammitglieder ihre Arbeitsbeziehungen, die von Sympathien oder Antipathien und von unterschiedlichen Rollenkonzepten, Werten, Einstellungen, Interessen und Zukunftsvorstellungen getragen sein können (soziales System). Beide Subsysteme – das technische und das soziale – tragen gleichermaßen zum Erfolg einer Organisation bei und beeinflussen sich kontinuierlich gegenseitig. Sie sind eng miteinander verwoben und vernetzt: Verändert man in dem einen System etwas, verändern sich auch die Rahmenbedingungen für das andere System. Für Changeprojekte heißt das, dass jede fachlich technische Veränderung in der Organisation auch Veränderungen im sozialen System mit sich bringen wird und umgekehrt. Die Akzeptanz eines Veränderungsvorhabens hängt entscheidend davon ab, wie die Promotoren mit dieser Interdependenz umgehen.

3.2 Die Kulturelle Bindung

Bei der Entwicklung des Soziotechnischen Modells hatten die WissenschaftlerInnen noch nicht die kulturelle Eingebundenheit der Organisationsmitglieder im Blick: Jenseits der aktuellen Arbeitsbeziehungen sind Mitglieder, Gremien, Teams, Führungskräfte und informelle Meinungsmacher kulturell miteinander verbunden. Die Kultur einer Organisation zeigt sich – so das Modell von Edgar Schein – einerseits an oberflächlich ganz leicht zu erkennenden Symbolen und Merkmalen, wie z. B. Kleidungsstil von Mitgliedern und Beschäftigten, an ihren Feiern und Umgangsformen. Sie zeigt sich aber auch an weitgehend unbewussten Normen, impliziten Standards und ungeschriebenen Ge- und Verboten. Und schließlich wird die Organisationskultur durch die kollektiven Basis- oder Grundannahmen ihrer Mitglieder geprägt. Folgt man Edgar Schein, sind Grundannahmen selbstverständliche Orientierungspunkte organisatorischen Handelns, die meist ganz automatisch und ohne dass jemand sie benennen könnte verfolgt werden. Dabei kann es darum gehen, was als wahr oder glaubwürdig gilt, um den üblichen Umgang mit der Zeit oder um gemeinsame Weltbilder und Annahmen über die menschliche Natur. (Schein 1995)

Die Kultur eines Unternehmens besteht aus Grundüberzeugungen, kollektiven mentalen Landkarten, spezifischen Wegen des Denkens und Handelns, bewährten, automatisierten sozialen Praktiken. Es ist ein mehr oder weniger stimmiges Geflecht von kollektiven Orientierungsmustern, die die Wahrnehmungs- Denk- und Handlungsmuster der Organisationsmitglieder prägen. Ist das aktuelle soziale System einer Nonprofit-Organisation mit ihren Teams und Abteilungen, mit ihren Cliquen und Freundeskreisen aus Mitgliedern und MitarbeiterInnen nur langsam zu verändern im Vergleich zum technischen System, so muss man in Changeprojekten damit rechnen, dass das organisationskulturelle Geschehen noch sehr viel langsamer in Bewegung zu setzen ist. Man kann daher das Soziotechnische System um die kulturelle Dimension bzw. das kulturelle System erweitern:

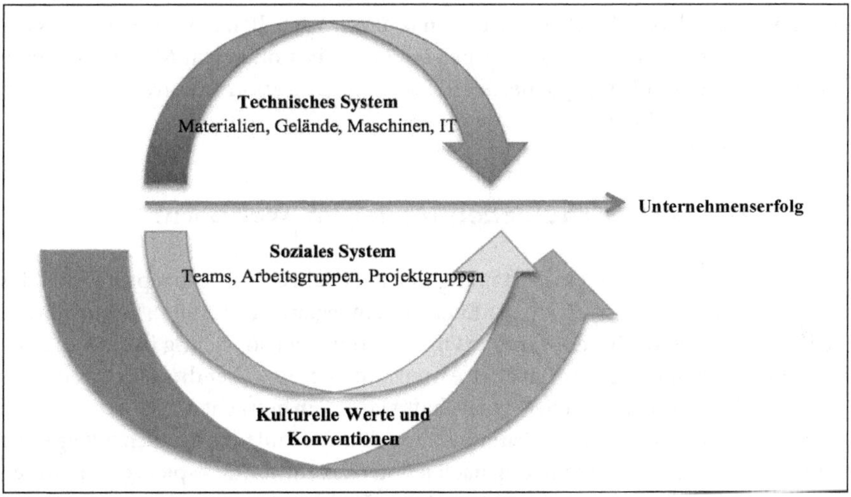

Abb. 2 Soziotechnisches System mit kultureller Bindung
Eigene Darstellung

Der überwiegende Teil unserer Alltagstheorien oder unserer professionellen mentalen Modelle von Führung und Zusammenarbeit speist sich aus kollektivem, kulturell verankertem Know-how. Richtungsweisend waren diesbezüglich die Ergebnisse des Globe-Projektes,[3] dessen Ergebnisse eindrucksvoll zeigten (Brodbeck 2006): Die individuellen Erwartungen und Auffassungen über Führung und Organisation sind in erster Linie durch die Kultur der jeweiligen Gesellschaft geprägt und erst in zweiter Linie durch die Organisations- oder Branchenkultur. Schon in den 70er Jahren hatte der Soziologe Geert Hofstede die kulturelle Prägung von Organisationen herausgestellt (Hofstede 2011). Die kulturelle Bindung sorgt dafür, dass wir uns selbst und die Welt um uns herum nicht ohne weiteres verändern können. Kultur ist, laut Geert Hofstede, das Immunsystem der Gesellschaft, das soziale Stabilität sichert und dementsprechend auf Neuerungen nur langsam reagiert.

Die Bedeutung der Organisationskultur wird seit den 80er Jahren verstärkt diskutiert (Schein 1992). In Nonprofit-Organisationen herrscht schon immer eine Sensibilität für die soziokulturellen Dimensionen ihres Handelns bzw. für das Subsystem Kultur. Die Verbindung zwischen gesellschaftlichen Entwicklungen und dem Innenleben der Organisationen ist dort meist allen Beteiligten bewusster und enger aufeinander bezogen als bei den Organisationen von Markt und Staat. Die folgenden zwei Konzepte berücksichtigen organisationskulturelle Aspekte in unterschiedlicher Weise.

3.3 Das Sechs-Schubladen-Modell (M. Weisbord)

Marvin Weisbord entwickelte Anfang der 80er Jahre sein Konzept, das als das „Sechs-Schubladen-Modell" in die Literatur eingegangen ist (1983). Er ging davon aus, dass das soziale System für eine Organisation ebenso wichtig ist, wie z. B. die Aufbau- und Ablaufstrukturen oder Anreizsysteme, also eher die Aspekte, die der traditionelle Fokus der Betriebswirtschaft waren. Er betrachtet die ökonomische Effizienzorientierung als eine Grundbedingung unter anderen. Für den Erfolg einer Organisation ist seiner Erfahrung nach jedoch das Zusammenspiel von mehreren internen Handlungsfeldern ausschlaggebend. Weisbord ergänzt dementsprechend die rein betriebswirtschaftliche Input-Output-Betrachtung von Organisationen mit ihren Feedbacksystemen um die Betrachtung folgender sechs Gestaltungsräume:

- Visionen, Ziele
- Kooperationsbeziehungen

3 Das Globe-Projekt (Global Learning and Observations to Benefit the Environment) war ein Forschungsverbund von internationalen WissenschaftlerInnen und PraktikerInnen, die die kulturellen Faktoren effektiver Organisation und Führung in mehr als 60 Ländern Ende der 1990er Jahre untersucht haben.

- Arbeitsmittel und -geräte
- Anreizsysteme
- Aufbau- und Ablaufstrukturen
- Führungskonzepte

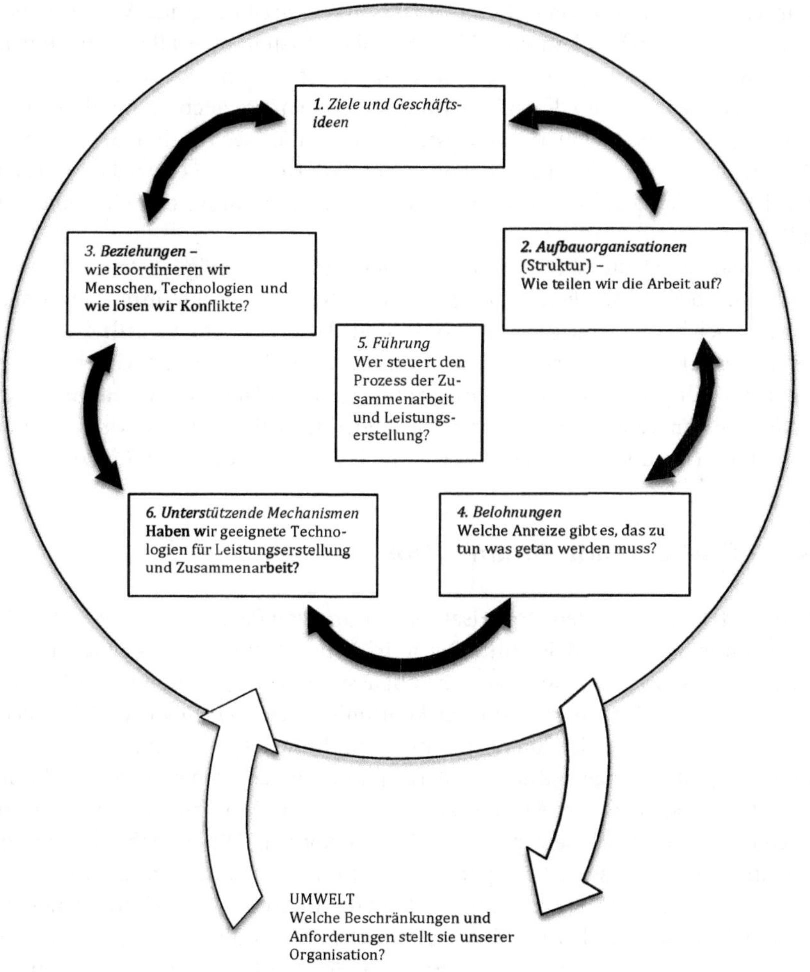

Abb. 3 Das Sechs-Schubladen-Modell

Quelle: Weisbord MF (1983)

Das „Sechs-Schubladen-Modell" hat den Charme, dass es auch für Nichtfachleute sehr plausibel ist und dass man es sich leicht merken kann. Gleichzeitig überschreitet es die traditionelle Grenze zwischen Betriebswirtschaft und Sozialwissenschaft. Das war zu Beginn der 80er Jahre in Deutschland noch sehr ungewöhnlich. Weisbord geht davon aus, dass das Leben und die Produktivität einer Organisation nicht allein mit der Aufbau- und Ablauforganisation oder allein mit ökonomischen Kennwerten oder und Aushandlungsprozessen beschreibbar sind. Wie das Leben eines Menschen nicht allein vom Herz-Kreislauf-System oder allein von seinem Nervensystem oder allein von seinem Immunsystem abhängt, sondern von all diesen Systemen und von deren Zusammenspiel, so hängt auch die Vitalität einer Organisation davon ab, ob alle Subsysteme – d.h. alle „sechs Schubladen" würde Weisbord sagen – gleichermaßen gepflegt und kontinuierlich entwickelt werden. Dabei ist zu bedenken, dass jedes der von ihm genannten Subsysteme einer anderen Logik folgt.

Für Changeprojekte heißt das, dass sie zwar einfach und möglichst unaufwendig sein sollen, aber sie müssen die Komplexität der Subsysteme und ihre Steuerungsmechanismen berücksichtigen. Weisbords Modell und ähnliche Modelle dieser Zeit sind aus der Erkenntnis entstanden, dass Veränderung ein komplexes Geschehen im Kontext vielfältiger Logiken ist: Wenn grundlegende Abläufe oder Arbeitsverfahren geändert werden, verändern sich unter Umständen auch die grundlegenden Ziele und Visionen und in entsprechender Weise, z. B. die Führungskultur der Organisation.

3.4 Die Lernende Organisation

Der Begriff der „Lernenden Organisation" stammt von Peter Senge (1990/2011). Er hat ihn mit seinem Buch „Die fünfte Disziplin" in den 90er Jahren bekannt gemacht: Eine „Lernende Organisation" ist „eine anpassungsfähige, auf äußere und innere Reize reagierende Organisation, die sich kontinuierlich weiter entwickelt. Wandel ist in der Lernenden Organisation nichts außergewöhnliches, sondern der Normalfall und ständig auf der Tagesordnung". „Was wir am dringendsten brauchen", schreibt er, „sind Methoden, mit denen wir erkennen, auf welche Variablen wir uns konzentrieren müssen und welche wir vernachlässigen können. Diese Methoden müssen so beschaffen sein, dass sie Gruppen oder Teams zu gemeinsamen Erkenntnissen verhelfen". (Senge 1996, S. 159) Senge verfolgt das Interesse, Organisationsmodelle zu entwickeln, „die stärker mit der menschlichen Natur übereinstimmen" (Senge 1996, S. 172). Für die Lernende Organisation nennt er fünf „Kerndisziplinen", in denen sich die Mitglieder der Organisation kontinuierlich üben sollten:

- **Personal Mastery:** Geschäftsführung, Führungskräfte, Vorstand und MitarbeiterInnen arbeiten kontinuierlich an sich und entwickeln ihre Kommunikations- und Konfliktbearbeitungskompetenzen kontinuierlich zu einem Zustand der „personal mastery" weiter.
- **Mentale Modelle:** Organisationsmitglieder sind in der Lage, im Alltag explizite und implizite Grundannahmen zu erkennen, sichtbar und diskutierbar zu machen. Für sinnvolle, zukunftsfähige Veränderungen ist die Organisation darauf angewiesen, dass ihre Führungskräfte sich ihrer persönlichen und ihrer kulturell bedingten mentalen Konzepte bewusst sind. Je erfahrener alle Beteiligten in der Kunst sind, implizite Modelle zu erkennen, umso mehr kollektives Know-how entsteht in der Organisation.
- **Gemeinsame Visionen:** Organisationen benötigen vergemeinschaftete Visionen, die intern transportiert werden können und positive Kräfte freisetzen. Gemeinsame Visionen entstehen nur dann, wenn alle Mitglieder einer Organisation die Vision verstehen und verinnerlichen. Dafür sind reflexiv angelegte Kommunikationsprozesse nötig. Persönliche Zukunftsvorstellungen und die gemeinsame Vision für die Organisation sollten dabei einander ergänzen.
- **Team-Lernen:** Teams sind Mikrokosmen der Organisation, d.h. dynamische Einheiten, die aus Erfahrung lernen. Die Qualität ihrer Kommunikationsprozesse bestimmt die innovative Potenz eines Teams. Voraussetzung für produktive Kommunikation und Zusammenarbeit im Team ist, dass es eine Teamleitung hat, die die Selbststeuerungskräfte des Teams stärkt und ihm Gestaltungsräume überträgt.
- **Systemdenken:** Die fünfte Disziplin besteht darin, dass alle vorangegangenen Disziplinen integriert und bespielt werden. Dadurch können kollektive Verhaltenstendenzen und Systemkräfte, die die Organisation ganz grundsätzlich prägen, erkannt und bearbeitet werden. Diese fünfte Disziplin macht aus Organisationen, in denen die ersten vier Disziplinen gut entwickelt sind, Lernende Organisationen.

Mit Peter Senges Modell ist das Bewusstsein dafür gewachsen, dass jeder Veränderungsprozess einer Organisation von kollektiven Lernprozessen auf verschiedenen Ebenen begleitet ist. Mit den Debatten um sein Konzept ist zudem für viele Entscheider in Organisationen klar geworden, dass Changeprozesse nicht singuläre Ereignisse im Organisationsleben sind, sondern dass Changemanagement mit seinem entsprechenden Handwerkszeug zum Standardgeschäft von Führungskräften gehören sollte.

3.5 Gemeinsamkeiten der Organisationsmodelle

Die vorgestellten Organisationsmodelle besitzen eine hohe Plausibilität, sind aber nur unscharf voneinander abgegrenzt und haben Folgendes gemeinsam:

- Sie halten alle das soziale Geschehen – also Aushandlungs-, Verständigungs- und Entwicklungsprozesse zwischen Gruppen und Gruppierungen – für erfolgskritisch in Veränderungsprozessen. Aus diesem Grund sind diese Modelle für Nonprofit-Organisationen besonders geeignet. Mitglieder und Freiwillige können schließlich mit den Füßen abstimmen und sind durch keinerlei Arbeitsvertrag gebunden. Zudem haben MitarbeiterInnen und Mitglieder in NPOs meist weitreichende Ansprüche auf Beteiligung an strategischen Entwicklungen und Entscheidungen. In diesen Organisationen besteht allerdings – gerade auch auf Grund der Semiprofessionalität vieler einflussreicher Mitglieder und MitarbeiterInnen – in Changeprozessen ein sehr viel höherer Kommunikations- und Lernbedarf als in den meisten Wirtschaftsbetrieben oder in der öffentlichen Verwaltung.
- Gemeinsam ist allen dargestellten Modellen auch, dass sie Veränderung nicht für ein triviales oder rein rationales oder technokratisches Geschehen halten. Sie gehen vielmehr von der gemeinsamen Grundannahme aus, dass Veränderung ein komplexes Geschehen ist, das in vielschichtiger, schwer überschaubarer Weise in der Organisation wirksam ist. Changeprojekte sollten so angelegt sein, dass sie die Vielschichtigkeit ihrer Wirkung auch im Verlauf immer wieder neu in Betracht ziehen können.

4 Prozessverläufe und Prozesssteuerung

4.1 Wo steht die Organisation?

Soll ein Veränderungsprozess in einer NPO eingeleitet und ein entsprechendes Veränderungsprojekt konzipiert werden, muss man sich bewusst machen, dass die Organisationen keine statischen Gebilde sind, sondern sich sogar in einer relativ stabilen Umwelt unablässig evolutionär weiterentwickeln würden. Diese interne Dynamik wird in den vergangenen Jahrzehnten noch erheblich von einer sich schnell ändernden Umwelt beschleunigt.

Organisationsentwicklungsmodelle bieten eine erste Orientierung für den Ist-Zustand zu Beginn eines Veränderungsprozesses. Zweifellos macht es einen Unterschied, ob es sich um eine traditionelle und ggf. große Organisation handelt, oder um eine

Organisation, die erst vor kurzem entstanden ist und die sich insofern durch einen geringen Grad an Formalität auszeichnet. Große Organisationen brauchen andere Gremien, Kontrollsysteme, Führungskonzepte und Kooperationspartner als kleine. Greenpeace war vor 40 Jahren eine Initiative von wenigen Engagierten und ist heute eine Internationale NGO, die notgedrungen ganz andere Strukturen für ihre internen Meinungsbildungsprozesse oder für die Verwaltung ihrer Gelder benötigt.

Glasl und Livegoed (1993, S. 101; 2011) haben in den 90er Jahren ein vierphasiges Modell der Entwicklung von Organisationen bzw. Wirtschaftsunternehmen vorgestellt. Sie betrachten – ebenso wie die Autoren der oben beschriebenen Organisationsmodelle – Organisationen als soziale Systeme. Organisationen sind für sie ein Produkt bewussten menschlichen Handelns und gleichzeitig unbewusster oder zumindest weitgehend ungewollter zwischenmenschlicher Dynamiken. Intern stehen in jeder Entwicklungsphase andere Aufgaben zur weiteren Entwicklung der Organisation im Mittelpunkt der Aufmerksamkeit – so die Autoren. Sie gehen zudem davon aus, dass jede systematische Ausrichtung einer Organisation mit der Zeit ungewollte Probleme produziert, die dann in der nächsten Phase bewältigt werden müssen.

Zu Anfang, in der Pionierphase, geht es zunächst darum, überhaupt „das Geschäft" und die zentralen Projekte der Organisation zum Erfolg zu bringen. Das geschieht meist durch eine kleine Gruppe von GründerInnen, die überwiegend informelle, hochflexible Formen der Zusammenarbeit haben. Ist eine solche Organisation langsam einigermaßen mit ihren Aktivitäten etabliert und erfolgreich, wird sie wahrscheinlich auch kontinuierlich gewachsen sein. Keine Organisation kann den Charme der Gründungsphase zeitlich unbegrenzt aufrechterhalten, selbst wenn sie nicht wächst. Mit der Zeit schleifen sich Routinen ein, die nicht allen Beteiligten gefallen. Man kennt sich und ahnt im Voraus, was die KollegInnen und Vorgesetzten, was der Vorstand oder die Mitgliederversammlung zu neuen Ideen sagen werden. Die Beteiligten haben vielleicht keine Lust mehr, die immer gleichen Konflikte bei unterschiedlichen Themen neu auszufechten. So geraten Organisationen in die Gefahr, zu erstarren oder zu versanden.

Je größer die Organisation wird, um so dysfunktionaler werden überwiegend informelle und persönliche Umgangsformen. Zur Bewältigung dieser Probleme werden weitreichende Veränderungen nötig: Es wird also unumgänglich, Rollen, Zuständigkeiten, Verfahren und Entscheidungswege zu systematisieren und von den Personen unabhängig zu definieren. Aus überwiegend informellen Konventionen werden formelle Regeln. Damit ist die Organisation in die Differenzierungsphase eingetreten. Diese Entwicklung gefällt nicht allen GründerInnen, denn für sie ist meist gerade die Leichtigkeit des Anfangs besonders inspirierend und motivierend.

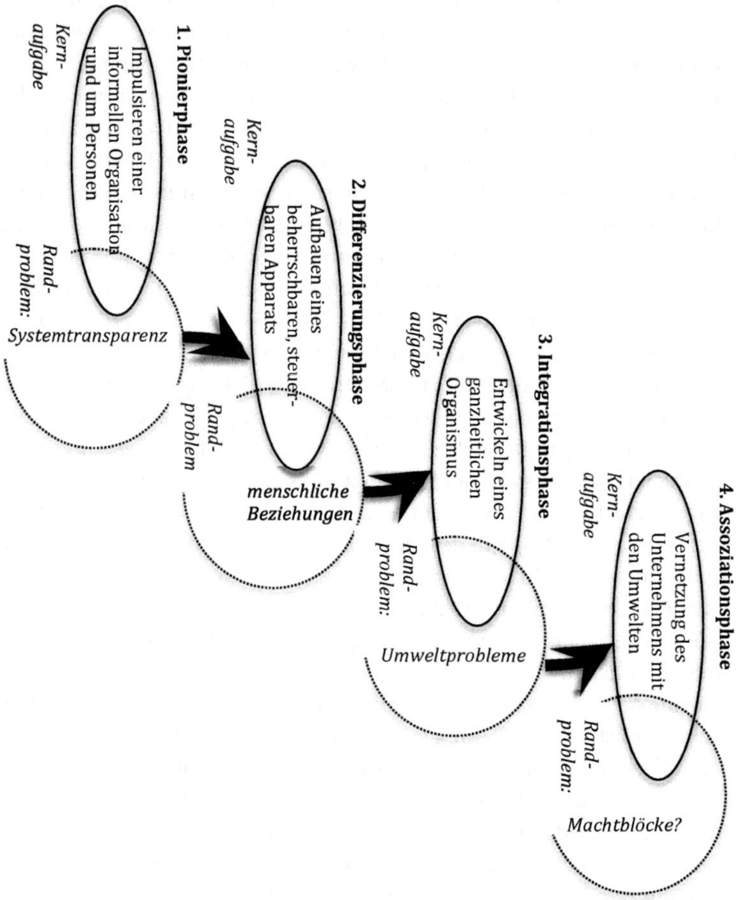

Abb. 4 Das Vier-Phasen-Modell der Organisationsentwicklung
Quelle: Glasl/Livegoed 1993, S. 101

Ist die Differenzierung von Rollen und Abläufen fortgeschritten, zeigt sich, dass unter der zunehmenden Systematisierung von Abläufen und Verfahrensorientierung die Beziehungen zwischen den Beteiligten zunehmend gelitten haben. Es geht also im nächsten Schritt darum, für eine Integration des sozialen Systems und zu sorgen (Integrationsphase). Die persönlichen Arbeitsbeziehungen müssen gestärkt und im Alltag gepflegt werden. Die Qualifizierung der Führungskräfte gewinnt an Bedeutung. Ebenso alle Formen der Personalentwicklung und des Konfliktmanagement. Gewinnt die Personalentwicklung zu sehr an Einfluss oder versanden interne Entscheidungswege zunehmend bei fortschreitender Desintegration der Bereiche, ergibt sich für die Organisation das Problem der ungenügenden Orientierung an ihren Klienten und an ihren Mitgliedern: Es entstehen zunehmend erhebliche Schwierigkeiten mit Zielgruppen und Kooperationspartnern im Umfeld der Organisation. Interne Rivalitäten belegen die Aufmerksamkeit von EntscheiderInnen und MitarbeiterInnen ebenso mit Beschlag wie die Pflege persönlicher Netzwerke. Die Kooperation und Kommunikation zwischen den internen Bereichen lässt nach. Diese schließen sich unter Umständen ganz gegeneinander ab. Die Organisation wird dadurch immer schwerer steuerbar und kann auf Veränderungen im gesellschaftlichen Umfeld nur noch sehr langsam reagieren. In diesem Zustand beginnen Mitglieder und Entscheider von großen Nonprofit-Organisationen entweder neue Vereine zu gründen oder Teile der Organisation als gGmbH zu verselbstständigen (Assoziationsphase).

Mit diesem Modell ist es wie mit allen Phasenmodellen: Nicht alle Organisationen bewegen sich idealtypisch in dieser Art von einer Phase zur anderen. Aber mit den Phasen beschreiben die Autoren besonders typische Zustände von Organisationen. Sie benennen damit die markanten Schwerpunkte für den Ausbau der Organisationen, die auch für die Entwicklung von Nonprofit-Organisationen wichtig sind. Vor allen Dingen ist der Hinweis nützlich, dass jede Neuausrichtung einer Organisation mit der Zeit auch neue Probleme mit sich bringt.

4.2 Konzeption eines Veränderungsprojektes: Keine leichte Aufgabe

Der instrumentelle Zugang

„In der betriebswirtschaftlichen Organisationslehre wurde und wird immer noch zu großen Teilen der organisatorische Wandel als Planungsproblem verstanden. … d. h. das Veränderungsvorhaben wird mit Hilfe individueller Leistungsziele konkretisiert und über die Hierarchie bis zur Handlungsebene heruntergebrochen. … Nach einer gewissen Toleranzzeit wird es allen Mitarbeitern zur Pflicht gemacht, nach den neuen organisatorischen Richtlinien bzw. den festgelegten Zielen zu handeln.“ (Schreyögg 2012, S. 199) Diese Skizze traditioneller Formen der Veränderung beschreibt auch gängige Vorgehensweisen in Nonprofitunternehmen. Ein solches Vorgehen impliziert ein eher statisches Konzept von Organisationen, mit dem der Glauben an die weitgehende Berechenbarkeit und Planbarkeit von organisationalem

Geschehen einhergeht. Es impliziert als vorherrschendes Führungskonzept für Veränderungsprozesse ausschließlich personenzentriertes, autoritäres Handeln. Die Planungsaufgabe liegt bei diesem Vorgehen bei der Leitung. Die Umsetzung ist eine Frage des mehr oder weniger intelligenten Durchregierens.

Meist ist der Ausgangspunkt für solche Veränderungsprojekte ein instrumenteller Zugang: So hat sich z. B. ein Vorstand darauf geeinigt, ein Controllingsystem einzuführen oder mit einer anderen Organisation zu fusionieren. Es soll vielleicht ein neues Marketingkonzept entwickelt oder eine neue Führungskräfteschulung in Gang gesetzt werden. Unter Umständen soll auch eine neue IT angeschafft werden oder die Außendarstellung des Vereins erneuert werden. Solche Veränderungsprojekte, die derart instrumentell daher kommen, sind meist ausschließlich von betriebswirtschaftlichen Fragestellungen getrieben. Ihnen fehlt in der Regel eine eingehende Organisationsdiagnose, die Auskunft darüber gibt, was das Problem ist und warum Geschäftsführung und Vorstand glauben, mit dem jeweiligen Vorgehen die aktuellen Probleme lösen zu können. Die kulturverändernden Aspekte des instrumentellen Vorgehens werden kaum bedacht. Das Projekt steht meist unter enormem Zeit- und Imagedruck. Konflikte und die Verhandlung kontroverser Standpunkte im Verlauf des Vorhabens werden als Zeitverschwendung eingestuft und möglichst vermieden. Da dieser Ansatz viel offenen und verdeckten Widerstand produziert, erfordert er auch besonders viel Überzeugungsarbeit, die von den Führungskräften als lästige und zeitraubende Zusatzbeschäftigung angesehen wird.

Veränderungskonzepte, die ausschließlich betriebswirtschaftliche Gesichtspunkte der Effizienz in den Blick nehmen und in der Umsetzungsphase ausschließlich ad personam führen, werden notgedrungen von unbedachten Eingriffen in das kollektive soziale Geschehen einer Unternehmung begleitet. Solche Vorgehensweisen haben in den vergangenen 15 Jahren in Wirtschaftsbetrieben nachweisbar negative Auswirkungen auf deren Erfolg gehabt (Mintzberg 2005). Für den Nonprofitbereich haben Meyer u. a. auf ähnliche Gefahren des Managens aufmerksam gemacht.

Der prozessorientierte Ansatz

Veränderungsvorhaben, die ganzheitlich angelegt sind, die also das technische, das soziale und das ökonomische Subsystem gleichermaßen in den Blick nehmen, sind keine leichte Aufgabe. Für den Erfolg eines solchen Projekts ist es auch wichtig, darauf zu achten, welche unternehmenskulturellen Veränderungen nötig sein werden. Nach sorgsamen Diagnosen gilt es, den Veränderungsprozess zu initiieren, kontinuierliche Unterstützung dafür zu mobilisieren, Zwischenstopps zur Reflexion der Angemessenheit des Vorgehens einzubauen und schließlich die Veränderung nachhaltig zu etablieren.

Bis in die 70er Jahre des letzten Jahrhunderts gingen die meisten Unternehmen – Wirtschaftsunternehmen wie auch Nonprofit-Organisationen – davon aus, dass es reicht, wenn man den aktuellen Zustand der Organisation gut kennt (IST-Zustand) und sich eine Vorstellung davon machen kann, wohin die Reise gehen soll (SOLL-Konzept), wobei der Weg vom IST- zum SOLL-Konzept für wenig problematisch oder schwierig erachtet wurde. Allerdings ist das Gegenteil der Fall. Der Weg vom IST zum SOLL ist hürdenreich. Lewin hatte ihn bereits Ende der 50er Jahre mit drei typischen Phasen beschrieben (Lewin 1985):

1. Auftauen (unfreezing),
2. Verändern (move),
3. Stabilisieren (refreezing)

Die Auftauphase: In dieser Phase geht es darum, Bereitschaft für Veränderung zu schaffen. Dazu kann Feedback von außen oder innen beitragen: Sinkende Spendenbereitschaft, Geringere Zuwendungen, sinkende Bereitschaft für die Gremienarbeit zu kandidieren, Abwanderung von Mitgliedern. Um zu einem tieferen Verständnis dieser Phänomene zu kommen, sind Gruppendiskussionen und gemeinschaftliche Analysen nützlich. Dabei werden Teile der gemeinsamen Kultur, wie z. B. implizite Werte oder ebenso implizite Organisationskonzepte diskursiv erschlossen und auf Veränderungsbedarf geprüft. In solchen ersten Diskussionen und Analysen geht es auch darum, aus vertrauten Denkmustern und Erklärungsschemata, aus sprachlichen Konventionen und gewohnten mentalen Konzepten auszusteigen, um neue Erklärungen finden zu können. Erst wenn das geschieht, entsteht langsam Lernbereitschaft und die Bereitschaft zu Veränderung.

Veränderungsphase: der Veränderungsprozess erfordert nach Lewin neben den in der Regel angestrebten strukturellen Veränderungen auch Veränderungen der kognitiven Landkarten, der gewohnten Handlungsmuster und der damit verbundenen Emotionen. Neue Handlungsmuster müssen entwickelt und im Alltag so eingesetzt werden, dass sie mit der Zeit in intuitiv routiniertes Handeln übergehen können.

Stabilisierungsphase: Veränderungen bedürfen laut Lewin der Stabilisierung, damit die „Macht der Gewohnheit" bei kleinen Rückschlägen nicht so ohne weiteres die Oberhand gewinnen kann. Am wirksamsten für die Stabilisierung neuer Routinen sind Wertschätzung für neue Verhaltensmuster und manifeste Erfolge.

Dies eingängig formulierte Phasenmodell von Veränderungsprozessen hat sich in der Praxis schnell als zu einfach erwiesen. Für den typischen Verlauf eines Changevorhabens wird heute meist von einer Kurve ausgegangen, die in etwa den hier skizzierten Verlauf hat.

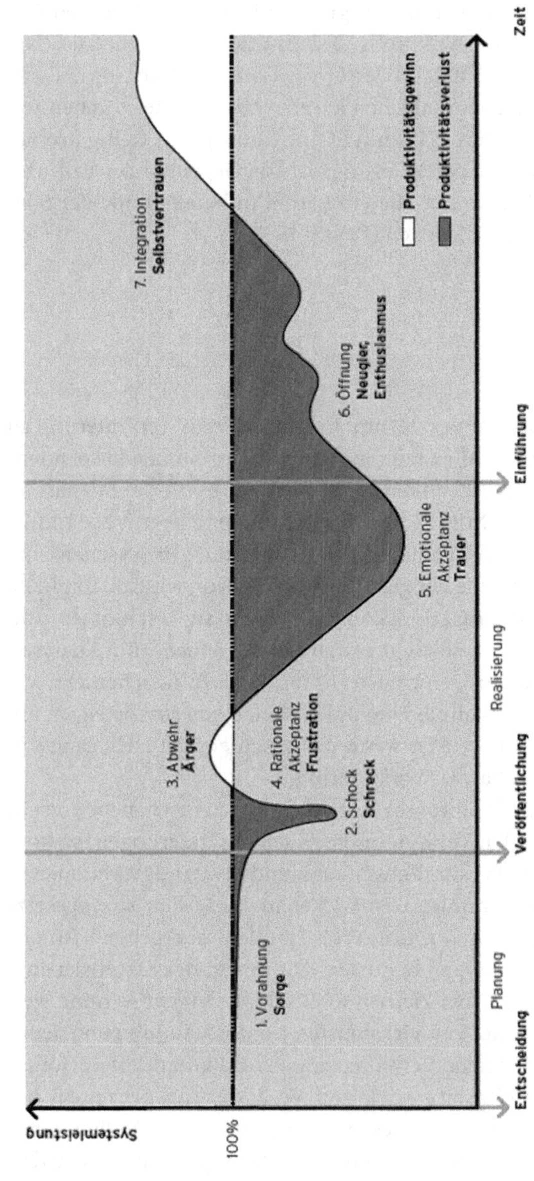

Abb. 5 Phasen des Changeprozesses
Quelle: Roth 2000, S. 16

Die Management Berater Oliver Kohnke und Doris Wieser merken in ihrem Artikel über das Phasenmodell kritisch an, dass diese Kurve ein Phantasieprodukt von Beratern sei. Sie vermuten einen echten Berater-Mythos (Kohnke/Wieser 2012). Tatsächlich sei diese Kurve niemals systematisch auf ihre Gültigkeit untersucht worden. Die Autoren stellen fest, dass eine Vielzahl von entsprechenden Kurven im Umlauf ist und weisen darauf hin, dass trotz der fehlenden empirischen Absicherung der heuristische Wert solcher Kurven ausgesprochen hoch ist. Organisationsentwicklung versteht sich als angewandte „Wissenschaft, die sich praxologisch und normativ versteht" (Freimuth/Barth 2011, S. 7).

Nach wie vor ist aber Lewins Hinweis auf die Phase des „unfreezings" von zentraler Bedeutung: In der Praxis handelt es sich in der Regel allerdings meist nicht um eine fest abgegrenzte Phase sondern um eine geistige Öffnung aller Beteiligten, die im Laufe von Veränderungsprozessen – insbesondere in Nonprofit-Organisationen – kontinuierlich zu pflegen oder von Zeit zu Zeit immer wieder neu herzustellen ist. Anders können die Erfahrungen, die im Verlauf von Veränderungsprojekten gewonnen werden, nicht für Anpassungen des ursprünglichen Prozessdesigns an die tatsächlichen Notwendigkeiten genutzt werden. Mit geistiger Öffnung sind z. B. die Erkenntnis über die Nutzung zu trivialer, aber in der Kultur eines Unternehmens verankerten mentalen Konzepten des Organisationsgeschehens oder die Schärfung der Wahrnehmung für überholte prototypische Vorstellungen vom Wesen des Menschen oder Überzeugungen bezüglich der wahren Eigenschaften einer Führungskraft gemeint. Solche kollektiven Überzeugungen und Wertvorstellungen werden häufig erst im Verlauf des Prozesses sichtbar und diskutierbar. Sie machen sich zunächst meist als Widerstand bemerkbar. Gibt es keinerlei Kommunikation über diese tatsächlich vorhandenen mentalen Konzepte und darüber, in welcher Art sie erweitert oder verändert werden können, bleibt das Projekt leicht im schlichten Durchregieren gegen alle Widerstände stecken. Identitätsstiftende Ideen und Grundüberzeugungen, die implizit dem Veränderungsvorhaben zugrunde liegen, bleiben somit für weite Kreise der Stakeholder und Promotoren unerkennbar und in ihrer Bedeutung kaum verständlich. In vielen Veränderungsprojekten in Nonprofit-Organisationen wird diesem Feld des notwendigen Lernens und der geistigen Öffnung für neue mentale Konzepte zu wenig Aufmerksamkeit geschenkt. In vielen Fällen wird das „unfreezing" zu oberflächlich und mit Hilfe rein rationaler Konzepte und betriebswirtschaftlicher Kennzahlen betrieben.

Projekte, die zwar eine hohe Beteiligung von Stakeholdern einplanen, aber dem „unfreezing" zu wenig Aufmerksamkeit schenken, geraten schnell in die Gefahr, als unglaubwürdig zu gelten. Das Projekt wird als technokratischer Anpassungsprozess an betriebswirtschaftliche Notwendigkeiten wahrgenommen und nicht als systemischer Lern- und Veränderungsprozess des sozialen Systems verstanden, in dem Kommunikations- und Verständigungsprozesse über kollektive mentale Konzepte entscheidende Erfolgsfaktoren darstellen.

Im gesamten Verlauf eines Veränderungsprozesses sind Überzeugungsarbeit und diskursiv erarbeitete Diagnosen die wichtigsten und zugleich aber auch die unsichtbarsten Motoren von Veränderung. Niemand kann vorhersehen, wie die Organisation – d. h. Mitglieder, Gremien und MitarbeiterInnen – auf ein Veränderungsprojekt reagiert. Changevorhaben rühren an langjährig eingefahrene Kooperationsmuster, sie stellen Konventionen und informelle Regeln in Frage. Unter Umständen geraten auch die Grundwerte einer Organisation ins Wanken. Jede grundlegende Erneuerung einer Organisation stellt die vorhandenen Machtverhältnisse in Frage oder labilisiert sie zumindest. Die Bedeutung der Machverhältnisse und ihrer Veränderung im Rahmen von Change wird häufig unterschätzt. In der Regel kann man also nicht mit eindeutiger Sicherheit wissen, wie sich die Betroffenen und die Beteiligten aus dem Umfeld zum Veränderungsvorhaben positionieren werden. Da es sich um ein soziales System handelt, bestehen immer vielfältige Möglichkeiten. So geht es im Laufe von Changeprozessen immer wieder darum, genügend Promotoren für die Fortführung des Projekts zu gewinnen.

Organisationsentwicklung ist eine junge Profession, die sowohl in ihren wissenschaftlichen Grundkonzepten als auch in ihren praktischen Anwendungsweisen noch mit vielen offenen Fragen lebt. In USA gibt es in diesem Feld schon eine sehr viel langjährigere Forschungstradition als in Deutschland. Es gibt aber unter Fachleuten und ForscherInnen gemeinsame Überzeugungen bezüglich erfolgreicher Vorgehensweisen in Veränderungsprojekten. Dazu gehören folgende Punkte (Freimuth/Barth 2011, S. 10):

- Entwicklung der Lernfähigkeit von Organisationen
- Teamentwicklung als Motor für Veränderung
- Kommunikative Führung
- Reflexion der kulturellen Verankerung alltäglichen Handelns
- Solide Feedbackschleifen

Zu ergänzen ist die inzwischen weit verbreitete Überzeugung, dass prozessorientierte Steuerung in Planungs- und Umsetzungsprojekten wichtig ist. Damit sind regelmäßig in den Prozess eingebaute Feedback- und Reflexionsschleifen gemeint, die in der Regel zu Revisionen der ursprünglichen Planung führen. Dem liegt die Überzeugung zugrunde, dass das geistige, soziale, technische und betriebswirtschaftliche Geschehen in Unternehmen angesichts zunehmend turbulenter Umwelten von so hoher Komplexität ist, dass sie nicht mit Hilfe einer einzigen, umfassenden, unter Umständen rein rational betriebswirtschaftlich ausgerichteten Diagnose angemessen zu erfassen sind. Es ist ebensowenig mit herkömmlicher strategischer Planung und anschließender Umsetzung zu verändern. Die Konzepte der Sozial- und Kulturwissenschaften haben BeraterInnen und interne Changemanager zunehmend gelehrt, dass strategische Planung und Changemanagement mit dem Anspruch menschwürdiger, ganzheitlich angelegter Veränderungsprozesse nur ein iterativer Prozess von Diagnose, Planung, Entwicklung von Handlungskonzepten mit Revisionen der ursprünglichen Planung im laufenden Prozess sein kann.

5 Ausblick auf die folgenden Praxisfälle

Alle Praxisfälle sind sehr interessant zu lesen, weil sie spezielle neuralgische Punkte von Veränderungsprozessen deutlich machen:

Pia Winter berichtet über einen Professionalisierungsprozess in der Elterninitiative krebskranker Kinder Oldenburg e. V. Sie beschreibt damit sehr eindrücklich den Wechsel der Organisation von der Gründungsphase zur Differenzierungsphase und die dafür nötige gleichzeitige Bearbeitung von mehreren Themen in Teilprojekten. Der Verein kann am Ende beeindruckende Erfolge verbuchen. Typisch für Veränderungsprozesse an dieser Entwicklungsschwelle ist der hohe Professionalisierungsbedarf, der im ersten Schritt häufig unterschätzt wird. Im Spannungsfeld von knappen finanziellen und zeitlichen Ressourcen der ehrenamtlich tätigen Vereinsmitglieder wird häufig der kulturelle Wandel, der mit der Professionalisierung des operativen Geschäfts einhergeht übersehen und daher nicht genügend bearbeitet. So kommt es typischerweise gerade an dieser Schwelle immer wieder zu dem Phänomen, dass GründerInnen sich aus dem aktiven Vereinsgeschehen zurückziehen, weil sie das Gefühl haben, sich mit der jetzt professionelleren Organisation und ihren Grundwerten nicht mehr identifizieren zu können. Auch die Elterninitiative krebskranker Kinder Oldenburg e. V. – so die Autorin – hatte mit dieser Problematik zu kämpfen.

Johannes Rist beschreibt mit seinem Artikel „Das Pestalozzi Kinder- und Jugenddorf Wahlwies – Von der Dorfgemeinschaft zum sozialen Dienstleister?" einen weitreichenden Professionalisierungsprozess in einer sehr traditionsreichen Organisation. Anlass sind finanzielle Probleme und veränderte Rahmenbedingungen der öffentlichen Geldgeber der Jugendhilfe. Das Pestalozzidorf hat bereits einige Professionalisierungsschritte im vergangenen Jahrzehnt hinter sich gebracht. Im Zentrum der Professionalisierung stand jetzt die Weiterentwicklung der Führungsrollen und der Führungskultur. Der Autor beschreibt deutlich, wieviel Geduld für die damit einhergehenden Aushandlungsprozesse nötig war. Das ist ganz typisch für einen solchen organisationalen Lernprozess, der sich ja nicht nur in den Köpfen der Beteiligten, sondern auch in Verfahren und in den meist hochautomatisierten Routinen der Organisation vollziehen muss. Dabei setzen die Promotoren des Veränderungsprozesses stark auf die Einstellung externer Führungskräfte und hoffen, dass sie sich als starke Promotoren des Veränderungsprozesses erweisen werden. Sie erleben aber, dass einige schnell wieder gehen. Dabei unterschätzen sie die gängigen Machtverhältnisse in langjährig miteinander erfahrenen Teams und Gremien: neue MitarbeiterInnen haben zunächst im informellen System der Organisation weder eine gesicherte Akzeptanz noch eine Hausmacht. Als vereinzelte Personen in traditionsreichen Teams werden sie als Störfaktor empfunden und bekommen die stille aber schmerzliche Ausgrenzungsmacht der miteinander verbundenen Teammehrheit zu spüren. Sie scheitern trotz großem Engagement in der Regel am Immunsystem der Teams bzw. der Organisation. Als Promotoren der Veränderung sind sie somit denkbar schlecht geeignet. Solche Ausgrenzungsprozesse hält niemand lange aus. Der Autor fragt sich zu Recht am Ende, ob es andere Wege gegeben hätte, die Abwanderung der erst vor kurzem von außen eingestellten Führungskräfte zu vermeiden.

Tino Boubaris beschreibt in seinem Beitrag „Von der sozialen Bewegung zum professionellen Bildungsnetzwerk: Der Verein Niedersächsischer Bildungsinitiativen (VNB)“ einen sehr gelungenen organisationalen Lern- und Kommunikationsprozess dieses traditionsreichen Dachverbandes von Bildungsinitiativen und -einrichtungen. Im Zentrum steht ein Qualitätssicherungsprozess mit einer Reihe von Instrumenten, die das Management der Interessenverhandlung im Dachverband unterstützen und die Verhandlungs- und Kommunikationskultur des Vereins lebendig halten. Besonders bemerkenswert ist die deutliche Abgrenzung gegen Qualitätsmanagementprozesse, die „als bloße „Pflichtübung“ zum Nachweis bestimmter vorzuhaltender Qualitätsmerkmale missbraucht werden“. Der hier geschilderte Ansatz würde vielen sozialen Einrichtungen und ihren Trägern gut tun.

Literatur

Brodbeck FC (2006) Navigationshilfe für internationales Change Management: Erkenntnisse aus dem Globe Projekt. In: Organisationsentwicklung 3-06, S. 16-31

Doppler K (2008) Changemanagement. Den Unternehmenswandel gestalten. Frankfurt/Main, Campus Verlag, 12. Auflage

Lewin K (1958) Group decision and social change. In: Maccoby EE/Newcomb TM, Hartley EL (Hrsg.) Reading in Social Psychology, New York, Holt, Rinehart and Winston, S. 197-211

Emery FE, Trist E (1997 (1965)) The Causal Texture of Organisational Environments. In: Trist E, Emery FE, Murray H (Hrsg.) The Social Engagement of Social Science. A Tavistock Anthology, Vol. III, University of Pensylvania Press, S. 53-65
Freimuth J, Barth T (2011) 30 Jahre Organisationsentwicklung, ZOE 4/2011, S. 4-11.
Glasl F, Livegoed B (1993) Dynamische Unternehmensentwicklung. Wie Pionierbetriebe und Bürokratien zu Schlanken Unternehmen werden. Bern, Haupt Verlag
Hofstede G, Hofstede JG, (2011) Lokales Denken, Globales Handeln – Interkulturelle Zusammenarbeit und Globales Management. 5. Aufl., München, dtv
Kohnke O, Wieser D (2012) Die Veränderungskurve – Ein Berater-Mythos? In: ZOE, 1/2012, S. 54-62
Mintzberg H (2005): Manager statt MBAs – eine kritische Analyse. Frankfurt/Main, Campus Verlag
Roth S (2000) Emotionen im Visier: Neue Wege des Change Managements. In: Organisationsentwicklung 02/2000, S. 14-21
Schein E (1995) Unternehmenskultur. Frankfurt/Main, Campus
Senge PM (1996/2011) Die Fünfte Disziplin – Kunst und Praxis der lernenden Organisation. Freiburg, Schäffer-Pöschel, 11. Auflage
Schreyögg G (2012) Grundlagen der Organisation – Basiswissen für Studium und Praxis. Berlin, Springer Gabler
Simic Z, Predovic F (2014) Managerialismus und Hybridisierung von NPOs – Veränderungen und Folgen, In: Zimmer AE, Simsa R (Hrsg.): Forschung zu Zivilgesellschaft, NPOs und Engagement, Springer VS, S. 357-372
Weisbord MF (1983) Organisationsdiagnose – Ein Handbuch mit Theorie und Praxis, Bratt Institut für neues Lernen, Karlsruhe,
Weißbord MF (1978) Organizational Diagnosis: A Workbook Of Theory And Practice, Basic Books.
Weißbrod MF (2012) Productive Workplaces: Dignity, Meaning, and Community in the 21st Century, Pfeiffer, 3. Auflage
Werther S, Jacobs C (2014) Organisationsentwicklung – Freude am Change, Springer, S.47
Winkler B (2012): Taten statt Warten – Gespräch mit Brigitte Behrens, Geschäftsführerin von Greenpeace Deutschland e. V., ZOE, Nr. 3/2012, S. 7-15
Zimmer A (2014) Money makes the World go round! Ökonomisierung und die Folgen für NPOs. In: Zimmer AE, Simsa R (Hrsg.): Forschung zu Zivilgesellschaft, NPOs und Engagement, Springer VS, S. 163-180

Leseempfehlungen

- Doppler K, Lauenburg C (2014) Changemanagement. Frankfurt/Main, Campus, 13. Auflage

Dies ist ein sehr sorgsam geschriebenes Grundlagenwerk, in dem man die ganze Geschichte der Organisationsentwicklung nachlesen kann oder sich Anregungen für die Konzeption des nächsten Changeprojektes holen kann. Klaus Doppler beschreibt auch, wie die Konzepte im Bereich Strategieentwicklung, Führung, Teamentwicklung und der Projektentwicklung in Veränderungsprojekten gegenseitig verstärken oder behindern können. In allen Kapiteln gibt es Hinweise und Instrumente für das konkrete Vorgehen.

- Kahnemann D (2012) Schnelles Denken – Langsames Denken. München, Siedler Verlag

Kahnemann beschreibt anhand von faszinierenden Experimenten, wie unser Denken, unsere Wahrnehmung und unser Handeln funktionieren. Das Buch ist sehr gut lesbar, weil es in einem erzählerischen Duktus geschrieben ist. Wenn man Kahnemanns Erkenntnisse bezüglich unseres Denkens und Handelns kennt, ist es leichter, die üblichen Hürden und unerwarteten Hindernissein in Veränderungsprozessen zu verstehen und geduldig zu bearbeiten.

- Edding D, Schattenhofer K (2012) Einführung in die Teamentwicklung. Augsburg, Auer Verlag

Edding und Schattenhofer beschreiben mit sehr anschaulichen Beispielen die Konzepte der Teamentwicklung und der Konfliktbarbeitung im Team. Sie richten sich mit ihrem kleinen Buch ausdrücklich nicht an Profis sondern an diejenigen, die ihre Teams besser verstehen wollen , um sie besser leiten zu können. Da Teams in Organisationen ein wichtiger Motor von Veränderungsprozessen sind, sind die praxisnahen Erklärungen und Hinweise der AutorInnen auch in diesem Kontext sehr nützlich.

Nonprofit – aber bitte professionell

Die Entwicklung der Elterninitiative krebskranker Kinder Oldenburg e. V. zu einem professionell geführten Verein

Pia Winter[1]

Abstract

Die Anforderungen an Nonprofit-Organisationen haben sich sowohl seitens der externen Stakeholder als auch seitens der rechtlichen Rahmenbedingungen in den letzten Jahren deutlich erhöht. Kleine Organisationen, die bislang hauptsächlich im Ehrenamt geführt wurden, sehen sich einem Professionalisierungsdruck ausgesetzt, der sie vor große Herausforderungen stellt, letztlich aber zu einer positiven Entwicklung der Organisation beitragen und deren Existenz sichern kann. Ein gelungener Change-Prozess muss sich an den gegebenen Rahmenbedingungen orientieren und sollte in kleinen Schritten und möglichst im Einklang mit den internen Stakeholdern erfolgen. Nur so lässt sich die ursprüngliche Identität der Organisation erhalten.

Keywords

Professionalisierung • Changemanagement • Vereinsmanagement

Die Anforderungen an die Führung und Verwaltung einer gemeinnützigen Organisation sind in den vergangenen Jahrzehnten deutlich gestiegen. Als Ursachen hierfür sind neben den rechtlichen Veränderungen und dem damit einhergehenden zusätzlichen Verwaltungsaufwand insbesondere eine gestiegene Erwartungshaltung

---

1 Elterninitiative krebskranker Kinder Oldenburg e. V. info@eltern-kinderkrebs-ol.de

der Öffentlichkeit und nicht zuletzt der SpenderInnen anzusehen. Nicht selten erwarten Unternehmen bei der Zusammenarbeit mit gemeinnützigen Organisationen im Rahmen ihrer Corporate Social Responsibility ähnlich gute Verwaltungs- und Bearbeitungsstrukturen wie im Forprofit-Bereich. Antragstellungen – gerade bei der Vergabe von Geldern der öffentlichen Hand – werden immer komplexer und fachspezifischer. Und auch private Spender möchten über die Verwendung des Geldes informiert werden (vgl. PricewaterhouseCoopers 2008; Timmer 2005).

Ausgelöst durch viele kleinere und größere Skandale bei der Mittelverwendung ist die Skepsis gegenüber dem „guten Zweck" deutlich gestiegen. Forderungen nach mehr Transparenz und einer bindenden Corporate Governance für gemeinnützige Organisationen werden immer deutlicher formuliert (vgl. ebd.). Während insbesondere große Organisationen diese Entwicklungen als Wettbewerbsvorteil auf einem dichter werdenden Spendenmarkt erkennen und das Merkmal Transparenz zur Abgrenzung von MitbewerberInnen nutzen, fühlen sich viele kleine und ehrenamtlich geführte Organisationen von den zunehmenden Anforderungen sowohl zeitlich als auch fachlich überfordert. Ein Anzeichen hierfür ist die mangelnde Bereitschaft von Mitgliedern, verantwortliche Ämter wie Kassenführung oder Vorsitz zu übernehmen. Ebenso scheiden viele engagierte Mitglieder frustriert aus ihrem Amt oder Verein aus und stehen als Freiwillige nicht mehr zur Verfügung.

Zudem scheint der Schritt für bislang ehrenamtlich geführte Organisationen hin zu einer professionellen Führung und Verwaltung schwierig zu sein. Langjährige Mitglieder befürchten eine Veränderung der Vereinsidentität und eine damit möglicherweise einhergehende Verfälschung der Mission. Dabei konnten Droß und Poldrack (2013) feststellen, dass die Orientierung am Gemeinwohl auch bei professionalisierten Organisationen weiterhin im Vordergrund steht. Ein weiterer Hinderungsgrund für eine professionelle Ausrichtung wird in den zusätzlichen Kosten für hauptamtliche MitarbeiterInnen gesehen. Viele ehrenamtlich Tätige sehen darin eine Verschwendung der finanziellen Mittel der Organisation. Dies deckt sich wiederum mit der Forderung der Öffentlichkeit, den Kostenanteil der Verwaltungs- und Öffentlichkeitsarbeit einer Organisation möglichst gering zu halten. Somit scheinen gemeinnützige Organisationen in einem Dilemma zu stecken: Es wird von ihnen eine hohe Professionalität erwartet, diese birgt jedoch die Gefahr, den eigentlichen Charakter der Organisation zu verändern und mindert möglicherweise die für den ideellen Zweck zur Verfügung stehenden Mittel.

Dennoch lässt sich eine Veränderung hin zu einer professionellen Verwaltung insbesondere bei stark wachsenden Organisationen kaum vermeiden. Häufig sind aber erst Notlagen wie das Ausscheiden von Ehrenamtlichen oder finanzielle Probleme Anlass, einen Change-Prozess in die Wege zu leiten. Es obliegt dabei dem

Vorstand, die passende Strategie zu finden, diesen Wechsel möglichst harmonisch in das vorhandene Vereinsleben zu integrieren.

Die Entwicklung der Elterninitiative krebskranker Kinder Oldenburg e. V. in den vergangenen Jahren ist ein Beispiel dafür, wie eine rein ehrenamtliche Initiative den Weg zu einem professionell geführten Verein in kleinen Schritten gehen kann und welche Hindernisse auf diesem Weg auftauchen können. Mit dem folgenden Beitrag sollen auch andere kleine Organisationen, die sich in einer ähnlichen Situation befinden, angeregt werden, den zwar beschwerlichen aber dennoch lohnenswerten Weg der Professionalisierung zu gehen.

Die Organisation

Die Elterninitiative krebskranker Kinder Oldenburg e.V. wurde am 22. November 2001 durch akut betroffene Eltern krebskranker Kinder gegründet. Anlass der Gründung war u.a. die Wiederaufnahme der Behandlung von krebskranken Kindern im Elisabeth-Kinderkrankenhaus am Klinikum Oldenburg. Mittlerweile hat das Klinikum den Status eines Zentrums für Pädiatrische Onkologie, so dass an Krebs erkrankte Kinder und Jugendliche aus der gesamten Weser-Ems Region zur Behandlung an das Klinikum Oldenburg überwiesen werden.

Die onkologische Station umfasst 15 Planbetten sowie einen eigenständigen ambulanten Bereich. Pro Jahr werden zwischen 50 und 60 Neuerkrankungen mit unregelmäßig steigender Tendenz verzeichnet. Hiervon kommen ca. 20 bis 25 % aus der Stadt Oldenburg oder den angrenzenden Landkreisen. Sie werden auf Wunsch durch die Elterninitiative betreut. Für alle weiteren Familien aus der Weser-Ems Region erfolgt die Betreuung durch andere regionale Elternvereine. Die stationäre Betreuung der betroffenen Familien obliegt dabei jedoch ausschließlich dem Oldenburger Verein, so dass ein großer Teil der Angebote von allen Familien genutzt wird.

Organisationsstruktur

Die Elterninitiative weist die klassische Vereinsstruktur mit den zentralen Organen Mitgliederversammlung, Vorstand und Beirat auf. Die Mitgliederversammlung ist für die ideelle, rechtliche und wirtschaftliche Sicherung der Arbeit des Vereins verantwortlich, insbesondere für die Erstellung der Richtlinien für die Geschäftsführung des Vorstandes, für die Mittelvergabe durch den Vorstand sowie für die Erstattung von Auslagen.

Mitglieder des Vereins sind Eltern, Elternteile oder Sorgeberechtigte von an Krebs erkrankten Kindern (ordentliche Mitglieder) und natürliche oder juristische Personen, die die Ziele des Vereins unterstützen (Fördermitglieder). Stimmberechtigt bei möglichen Beschlüssen in der Mitgliederversammlung sind ausschließlich ordentliche Mitglieder sowie Fördermitglieder, die Mitglieder des Vorstands sind. Hierdurch wird gewährleistet, dass sich die Beschlüsse des Vereins in erster Linie an den Bedürfnissen der betroffenen Familien orientieren. Der Vorstand führt die Geschäfte des Vereins und entscheidet über alle Angelegenheiten, die nicht der Beschlussfassung der Mitgliederversammlung obliegen. Die Vorstandssitzungen finden monatlich statt, so dass eine engmaschige Kontrolle der Vereinsgeschäfte gewährleistet wird.

Der Vorstand kann einen Geschäftsführer bestellen, wenn der Umfang der Verwaltungsarbeit durch das ehrenamtliche Engagement des Vorstandes allein nicht mehr zu bewältigen ist. Dabei darf die Vergütung des Geschäftsführers die nachhaltige Erfüllung des Vereinszweckes nicht gefährden.

Der Vorstand wird fachspezifisch durch einen Beirat unterstützt, in dem PflegerInnen, ein psychosoziales Team und die Ärzteschaft der kinderonkologischen Station sowie betroffene Eltern vertreten sind. Seine Mitglieder werden durch den Vorstand berufen.

Vereinszweck und -ziele

Laut Satzung hat der Verein die Ziele, die stationäre und ambulante Betreuung der Kinder zu verbessern, Eltern leukämie- und tumorkranker Kinder zu betreuen und im Falle besonderer Bedürftigkeit finanziell zu unterstützen sowie die Forschung auf diesem Gebiet zu fördern.

Stationäre Betreuung

Die Klinik für Allgemeine Kinderheilkunde, Hämatologie und Onkologie ist als Zentrum für die pädiatrisch-hämato-onkologische Versorgung anerkannt. Sie erfüllt die Richtlinien des Gemeinsamen Bundesauschusses über Maßnahmen zur Qualitätssicherung für die stationäre Versorgung von Kindern und Jugendlichen mit hämato-onkologischen Krankheiten für nach SGB V zugelassene Krankenhäuser. Hierin wird von ihr u.a. eine angemessene psychosoziale Betreuung der Patienten und ihrer Familien gefordert, die mit Hilfe von psychotherapeutischen und sozialpädagogischen Mitarbeitern gewährleistet werden soll. Die Elterninitiative finanziert den Großteil des psychosozialen Teams auf der kinderonkologischen

Station des Klinikum Oldenburg und trägt somit entscheidend zum Fortbestehen des Zentrums und zur Kostenentlastung der Klinik bei.

Derzeit finanziert die Elterninitiative die musik- und kunsttherapeutische Betreuung der erkrankten Kinder sowie die seelsorgerische und sozialrechtliche Begleitung der Familien. Gemeinsam mit den anderen Elternvereinen aus der Weser-Ems Region beteiligt sich die Elterninitiative an den Kosten der heilpädagogischen Begleitung auf der Station und bietet entspannungstherapeutische Maßnahmen für Eltern und Kinder an. Offene Angebote von ehrenamtlichen, ehemals betroffenen Müttern fördern zudem den Kontakt und Austausch der Familien auf der Station.

Außerdem finanziert die Elterninitiative zusätzlich zum Stellenschlüssel der Klinik 1,5 Schwesternstellen auf der Station, die das Pflegeteam entlasten und so eine bessere Versorgung der Familien ermöglichen. Das Pflegepersonal wird zudem durch eine Stationsassistentin unterstützt, die zur weiteren Entlastung beiträgt.

Familienunterstützung

Erkrankt ein Kind an Krebs, erkrankt die ganze Familie. Die neue Situation wirkt sich auf den gesamten Familienalltag aus und erfordert von allen Seiten eine schnelle, unmittelbare Anpassung. Die Elterninitiative möchte mit Hilfe verschiedener Angebote die Familien in dieser ersten Phase sowie während der langen Therapiephase aber auch bei der Rückkehr in den „normalen" Alltag unterstützen. Neben finanziellen Hilfen steht dabei die psychosoziale Beratung der Familien im Vordergrund. Hierfür beschäftigt die Elterninitiative PsychotherapeutInnen sowie eine Sozialberaterin, die den Familien bei Bedarf zur Verfügung stehen. In regelmäßigen Abständen werden die Familien zudem durch Musik- und KunsttherapeutInnen zu Hause besucht. Sie spielen, malen und musizieren mit den betroffenen Kindern und Geschwisterkindern und bieten so Abwechslung im eintönigen Therapiealltag und Entlastung für die Eltern.

Ergänzt wird die familiäre Unterstützung durch das Projekt „Geschwisterzeit". Einmal im Monat treffen sich Geschwisterkinder von Erkrankten in den Räumlichkeiten der Elterninitiative zu einem gemeinsamen Nachmittag mit Spiel, Basteln und Malen. Ganz nebenbei ergeben sich Gespräche über die derzeitige familiäre Situation, die Kinder und Jugendlichen tauschen sich aus und lernen voneinander. Zudem findet drei- bis viermal im Jahr ein Geschwisterseminar statt, bei dem ausgewählte Themen intensiv bearbeitet werden.

Neben den psychotherapeutischen Angeboten veranstaltet die Elterninitiative mehrmals jährlich Freizeitaktivitäten für Kinder, Eltern und Familien.

Forschungsförderung

Die Elterninitiative krebskranker Kinder Oldenburg e.V. unterstützt durch ihren regelmäßigen Mitgliedsbeitrag die Deutsche Leukämieforschungshilfe.

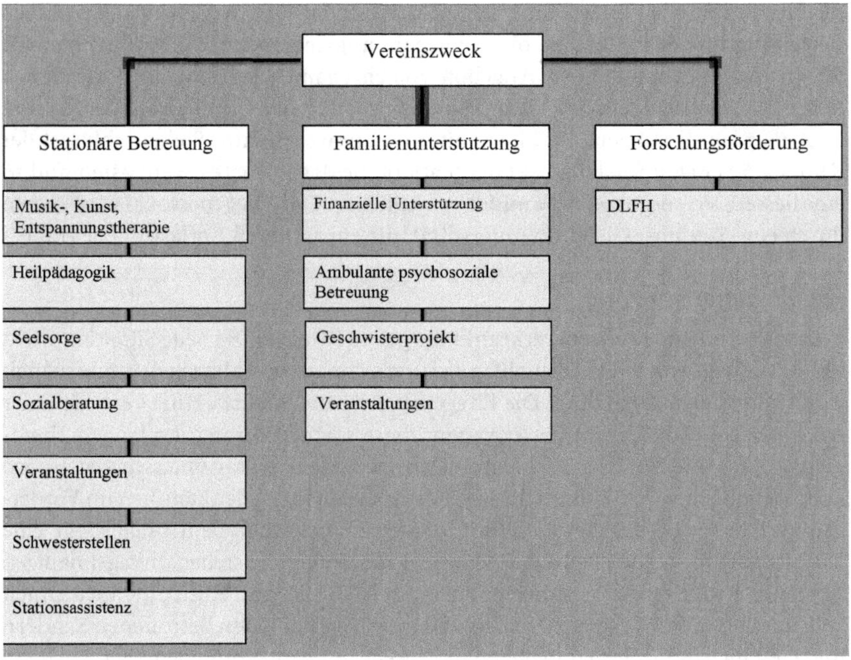

Abb. 1 Vereinsziele und Projekte
Quelle: Eigene Darstellung

Wandel zu einer professionell geführten Organisation

Die Elterninitiative krebskranker Kinder Oldenburg e.V. wurde nach ihrer Gründung im Jahr 2001 zunächst ausschließend ehrenamtlich geführt. Erst 2005 kam es zu einer ersten Vergütung der Verwaltungsarbeit als geringfügige Beschäftigung (400-€-Job). Weite Teile der Verwaltungsarbeit, insbesondere die Betreuung der

Stakeholdergruppen, verblieben jedoch in ehrenamtlicher Hand und wurden fast ausschließlich von Vorstandsmitgliedern erbracht.

Aufgrund des Vereinswachstums nahm der Verwaltungsaufwand in den folgenden Jahren immer weiter zu. Als Reaktion auf die große zeitliche Belastung kam es regelmäßig zu Rücktritten im Vorstand, bis 2010 die zentralen Positionen erster und zweiter Vorsitz neu besetzt wurden. In etwa zeitgleich zeigte sich im Jahresabschluss des vergangenen Geschäftsjahres eine deutlich negative Bilanz. Die Spendeneinnahmen waren zurückgegangen, während die Ausgaben in vielen Bereichen gestiegen waren. Dieses Ergebnis kam für den gesamten Vorstand überraschend, da es zwar monatliche Finanzberichte gab, diese jedoch offenbar bestehende Verbindlichkeiten nicht berücksichtigten. Ebenso stagnierten die Mitgliederzahlen. Insbesondere neu betroffene Familien entschieden sich gegen eine Mitgliedschaft. Dies führte zu einem Mangel an Freiwilligen, weswegen ehrenamtliche Angebote teilweise eingestellt oder reduziert werden mussten. Somit befand sich der Verein nicht nur in einer finanziellen Krise, sondern es drohte sogar die Auflösung.

Aufgrund der prekären Lage des Vereins wurde innerhalb des Vorstandes ein Maßnahmenplan entworfen. Ziel sollte es sein, eine möglichst ökonomische Vereinsverwaltung zu installieren, die unabhängig von Personen die Zukunft des Vereins sichert. Hierzu wurden die folgenden Meilensteine formuliert:

- Überprüfung der Verwaltungsvorgänge – Entwicklung von Ablaufplänen für zentrale Vorgänge
- Überprüfung der formalen Rahmenbedingungen (Satzung, vorhandene Verträge) – Schaffung rechtlicher Sicherheit
- Entwicklung einer Fundraisingstrategie zur finanziellen Absicherung des Vereins
- Entwicklung einer Kommunikationsstrategie zur Bindung von Stakeholdern.

Diese Meilensteine sollten in der nächsten Mitgliederversammlung vorgestellt werden. Ein vorläufiger Zeitplan sollte die zeitliche Dimension der einzelnen Schritte erläutern. Da aufgrund der Neubesetzung noch kein Vertrauensverhältnis zwischen den Mitgliedern und dem Vorstand vorhanden war, war es von besonderer Bedeutung, dass die Pläne möglichst transparent und verständlich dargestellt wurden. Hierzu wurden die Hintergründe für die verschiedenen Veränderungsmaßnahmen erklärt und die Zielsetzungen erläutert. Im Anschluss an die Vorstellung wurden die verschiedenen Meilensteine und formulierten Ziele zur Abstimmung gebracht, um die Rückdeckung der Mitgliederversammlung für geplante Veränderungen zu erhalten.

Nach Zustimmung der Mitgliederversammlung wurden im Vorstand entsprechend der einzelnen Arbeitsbereiche verantwortliche Arbeitsgruppen gebildet, die aus maximal drei Personen bestanden, wobei die hauptamtliche Mitarbeiterin in allen Arbeitsgruppen vertreten war.

Überprüfung der Verwaltungsvorgänge

Der Wechsel innerhalb des Vorstands zeigte deutlich, dass die bisherige Vereinsverwaltung zu sehr an Personen gebunden war. Es gab keinerlei Ablaufpläne für bestimmte Vorgänge. Vielmehr zeigte sich, dass häufig Ad-hoc-Entscheidungen getroffen wurden und keine einheitliche Vorgehensweise vorhanden war.

Die Dringlichkeit einer personenunabhängigen Organisation der Vereinsverwaltung konnte aufgrund des Ausscheidens der bisherigen MitarbeiterInnen und Vorstandsmitglieder innerhalb der Mitgliederversammlung praxisnah dargestellt werden.

Der Mitgliederversammlung wurden die folgenden Arbeitsschritte hin zu einer personenunabhängigen und ökonomischen Vereinsverwaltung dargelegt:

- Analyse der zentralen Verwaltungsvorgänge
- Entwicklung von Ablaufplänen für die zentralen Verwaltungsvorgänge.

Nach dem Votum der Mitgliederversammlung erstellte die hierzu gebildete Arbeitsgruppe zunächst eine Liste der zentralen Verwaltungsvorgänge. Hierzu zählten

- die Verwaltungsablage
- Organisation und Ablauf von Sitzungen der Vereinsorgane
- Kommunikation mit Spendern, Zuwendern und Pro Bono-Partnern
- Kommunikation und Informationsaustausch mit Mitgliedern, Honorarkräften und ehrenamtlichen Helfern
- Organisation von Angeboten der Elterninitiative.

Nach der Analyse der bisherigen Vorgehensweisen wurden für die einzelnen Bereiche Ablaufpläne entwickelt, die ein einheitliches Vorgehen personenunabhängig ermöglichen sollten. Diese Ablaufpläne wurden im Anschluss praktisch umgesetzt und bei eventuell auftretenden Schwachstellen modifiziert.

Erstellung der Einladung

- Dokumentvorlage unter …
  - Gesetzte Tagesordnungspunkte
  - Begrüßung
  - Feststellung der Beschlussfähigkeit
  - Genehmigung des Protokolls der letzten Sitzung
  - Bericht des Kassenwarts
  - Bericht des Vorstands und der Geschäftsführung
  - Termine
  - Sonstiges
- Ergänzung durch aktuelle Tagesordnungspunkte

Versendung der Einladung

- Spätestens drei Wochen vor der Vorstandssitzung
- Versendung als Link zum Server in e-mail an alle Vorstandsmitglieder
- Außerdem als Link Protokoll der letzten Sitzung sowie Finanzplan der ver-gangenen Periode (in der Regel der letzte Monat), mögliche Anhänge für Tagesordnungspunkte
- Bitte um Zusage mit einer Frist von einer Woche vor der Sitzung

Vorbereitung Vorstandssitzung

- Ausdruck der Anwesenheitsliste
- Ausdruck der Tagesordnung, des Finanzplans, möglicher anderer Unterla-gen für Tagesordnungspunkte
- Ausdruck des Protokolls der letzten Sitzung
- Ablage in Ordner Vorstandssitzungen

Vorstandssitzung

- Protokoll nach Genehmigung zur Unterschrift dem 1. Vorsitzenden und der Schriftführerin vorlegen
- Ablage in Ordner Vorstandssitzungen

Nachbereitung Vorstandssitzungen

- Gefasste Beschlüsse gesondert notieren und in Ordner Vorstandssitzungen ablegen
- Mögliche Arbeitsaufträge nochmals zusammenfassen und an betreffende Vorstandsmitglieder oder andere Personen versenden

Abb. 2 Ablaufplan Vorstandssitzung

Die bisherigen Ergebnisse wurden innerhalb der nächsten Mitgliederversammlung vorgestellt. Hier konnten auch weitere Maßnahmen, wie beispielsweise die Anschaffung einer Software für die Stakeholderverwaltung, vorgestellt und zur Abstimmung gebracht werden.

Überprüfung der formalen Rahmenbedingungen

Eine erste Durchsicht der vorliegenden Satzung zeigte, dass widersprüchliche Passagen sowie unklare Formulierungen vorhanden waren. Ebenso zeigte sich bei der Überprüfung der Verwaltungsvorgänge, dass vertragliche Grundlagen mit den Honorarkräften des Vereins sowie mit anderen Institutionen nur teilweise vorlagen, oft veraltet waren und nicht mehr den rechtlichen Ansprüchen genügten.

In der Mitgliederversammlung wurde auf diese Missstände hingewiesen und vorgeschlagen, die Satzung sowie die Verträge durch einen Notar prüfen zu lassen und erforderliche Veränderungen bzw. Neuabschlüsse vorzunehmen. Hierzu wurde seitens der Mitglieder ebenfalls eine Beschlussfassung vorgenommen.

Es zeigte sich, dass eine Neufassung der gesamten Satzung sinnvoll war. Hierin wurden die strittigen Passagen neu formuliert und widersprüchliche Formulierungen eliminiert. Die Veränderungen wurden den Mitgliedern innerhalb einer Synopse aus alter und neuer Satzung vor der Mitgliederversammlung mitgeteilt. Zusätzlich wurden die Änderungen in der Sitzung nochmals vorgestellt und ggf. erläutert. Die Satzungsänderung wurde dann entsprechend alter und neuer Satzung durch die Mitgliederversammlung beschlossen.

Die vorhandenen Verträge mit den Honorarkräften waren größtenteils veraltet. Sie entsprachen zum Teil nicht den rechtlichen Anforderungen und beinhalteten andere Tätigkeitsbeschreibungen sowie Arbeitsumfänge als derzeit tatsächlich umgesetzt wurden. In Gesprächen mit den Honorarkräften wurden zunächst die neuen vertraglichen Rahmenbedingungen festgelegt. Dabei erfolgte sowohl eine Anpassung des Arbeitsumfanges als auch eine Neufassung der Tätigkeitsbeschreibung. Die rechtlichen Anpassungen wurden durch einen Notar vorgenommen.

Hierbei war es von entscheidender Bedeutung, dass die Honorarkräfte nicht unter den Tatbestand der Scheinselbstständigkeit fallen und die Gefahr von Nachforderungen der Deutschen Rentenversicherung bestehen könnte. Deshalb wurden alle Honorarkräfte aufgefordert, eine Statusüberprüfung bei der Clearingstelle der Deutschen Rentenversicherung vorzunehmen und dies bei veränderten Bedingungen zu wiederholen. Dies sollte auch bei neuen Vertragsabschlüssen innerhalb der ersten drei Monate des Auftragsverhältnisses erfolgen.

Auch die Verträge mit anderen Institutionen wurden notariell geprüft und ggf. erneuert. Dabei wurde besonders darauf geachtet, dass bei Finanzierungsverträgen Zahlungstermine und Summen vertraglich vereinbart wurden, um die

Finanz- und Liquiditätsplanung des Vereins – was bislang immer problematisch war – zu erleichtern.

Die Ergebnisse wurden wiederum in der Mitgliederversammlung vorgestellt. Dabei wurde insbesondere über das Problem der Scheinselbstständigkeit sowie die daraus entstehenden Konsequenzen für den Verein berichtet. Die bisherige Praxis des Vereins, den Vereinszweck möglichst nur über Honorarkräfte zu erfüllen, um Lohnnebenkosten sowie verbindliche Arbeitsverhältnisse zu vermeiden, muss zukünftig neu analysiert werden. Möglicherweise sind auch Festanstellungen in Erwägung zu ziehen.

Entwicklung einer Fundraisingstrategie

Die Überprüfung der Finanzlage zeigte, dass die Spendengelder in den vergangenen zwei Jahren zurückgegangen waren. Dabei war auch zu erkennen, dass der Finanzierungsmix sehr einseitig auf Seiten privater (Klein-) SpenderInnen lag. Nur wenige größere Spenden von Unternehmen sowie Zuwendungen anderer Institutionen ergänzten die Einnahmen des Vereins. Dies bedeutete, dass eine Finanzplanung nur sehr eingeschränkt möglich war, da zuverlässige Zahlungseingänge kaum vorhanden waren.

Der Vorstand entschied daraufhin, das Fundraising in zwei Richtungen zu verbessern: Zum einen sollte die Kommunikation mit den SpenderInnen verbessert und intensiviert werden, um diese bereits interessierte Personengruppe enger an den Verein zu binden und möglicherweise DauerspenderInnen zu gewinnen. Auf der anderen Seite sollte der Finanzierungsmix verbessert werden. Hierzu sollten in einer Arbeitsgruppe Konzepte zur Ansprache von regionalen Unternehmen sowie Stiftungen erarbeitet werden.

In der folgenden Mitgliederversammlung wurde zunächst die Entwicklung der Spendeneingänge dargestellt und auf den einseitigen Finanzierungsmix des Vereins hingewiesen. Im Anschluss wurde das beschriebene Vorgehen zur Verbesserung des Fundraising vorgestellt. Ebenso wurde aber auch deutlich gemacht, dass bei gleichbleibend geringem Spendeneingang die Ausgaben entsprechend angepasst werden müssten. Hierzu wurde ein Beschluss zur Reduzierung der Unterstützungsprojekte herbeigeführt, wenn es die finanzielle Lage des Vereins erforderte. Die Arbeitsgruppe setzte sich bei der Konzeptentwicklung die folgenden Ziele:

- Es sollten mindestens zwei Sponsoren gewonnen werden, die ca. 20 % des Gesamtbudgets der Elterninitiative abdecken.
- Es sollte mindestens ein Projekt pro Jahr durch Stiftungsgelder oder Gelder der öffentlichen Hand finanziert werden.

Hierzu entwickelte die Arbeitsgruppe gemeinsam mit den Honorarkräften Beschreibungen der bisher vorhandenen Programme. Ebenso wurden neue Projekte entwickelt, die je nach Voraussetzung der Förderung angeboten werden sollten.

Bereits im ersten Jahre konnte die Elterninitiative einen Sponsoringvertrag mit einem Oldenburger Unternehmen abschließen, der ca. 10 % der Gesamteinnahmen abdeckt. Ebenso konnten verschiedene neue Projekte über Stiftungen und andere Institutionen voll finanziert werden.

Entwicklung eines neuen Corporate Designs

In der Arbeitsgruppe zur Fundraisingstrategie wurde es als problematisch angesehen, dass das mediale Erscheinungsbild des Vereins nicht einheitlich war. Es wurden bislang ganz nach „Laune" des Bearbeiters unterschiedliche Schriften und Farben bei der Gestaltung der Briefe, der Homepage und anderen Veröffentlichungen verwendet. Ebenso wurde darauf hingewiesen, dass die bisherigen Veröffentlichungen in erster Linie so gestaltet waren, dass sie Mitleid beim Betrachter erregten und weniger auf die eigentliche Arbeit des Vereins fokussiert waren.

Der Vorstand entschied sich für die Entwicklung eines einheitlichen Corporate Designs durch eine professionelle Medienagentur. Die zusätzlichen Kosten wurden in einer Mitgliederversammlung begrenzt und genehmigt. Die hierzu gebildete Arbeitsgruppe erarbeitete zunächst ein Konzept, wie sie sich die Elterninitiative in der Außendarstellung zukünftig vorstellte. Das Bild des Vereins sollte positiv sein und weniger das Mitleid des Betrachters ansprechen als vielmehr den Nutzen des Vereins in den Vordergrund stellen. Als Leitsatz wurde hierzu gewählt: „Wir wollen den Kindern ihr Lachen zurückgeben".

Dieses Anforderungsprofil wurde zwei Medienagenturen vorgelegt mit der Bitte, zunächst ein neues Logo sowie ein entsprechendes Corporate Design zu entwickeln bzw. hierfür Vorschläge zu erarbeiten. Dabei stellten beide Agenturen ihre Entwürfe zunächst kostenfrei zur Verfügung, so dass keine Mehrkosten durch die Beauftragung beider Agenturen entstanden. Die Entwürfe wurden dem Vorstand vorgelegt, der sich für einen Entwurf entschied und die gewählte Medienagentur beauftragte, anhand des Entwurfs Briefbögen, Flyer für SpenderInnen und Betroffene, Internetauftritt, Informationsdisplays für Stände, Aufkleber für Spendendosen und Karten zu verschiedenen Anlässen zu erstellen. Die ausgewählte Medienagentur ist danach als Pro-Bono-Partner erhalten geblieben und unterstützt die Elterninitiative in allen Belangen der Außendarstellung.

Die vielen Rückmeldungen der Stakeholder sowie die subjektive Wahrnehmung der Helfer bei öffentlichen Auftritten zeigen deutlich, dass das positive und freundlichere Erscheinungsbild des Vereins besser angenommen wird. Die Hemmschwelle, sich mit dem Thema Krebs bei Kindern und Jugendlichen auseinanderzusetzen, scheint durch die positive Darstellung deutlich herabgesetzt zu werden, und auch den HelferInnen fällt es leichter, mit potenziellen Interessenten in Kontakt zu treten.

Abb. 3 Darstellung des Corporate Design vorher/nachher, hier: Flyer Frontseite mit alter und neuer Bildmarke

Zusammenfassung

Gemeinnützige Organisationen sehen sich zunehmend einem externen Professionalisierungsdruck ausgesetzt. Dabei kommt es in ehrenamtlich geführten Organisationen häufig zu Spannungen, da insbesondere langjährige Mitglieder Veränderungen kritisch gegenüberstehen. Dennoch ist es gerade für wachsende

Organisationen von entscheidender Bedeutung, professionelle Strukturen aufzubauen, um nachhaltig den Vereinszweck verfolgen zu können.

Die Elterninitiative krebskranker Kinder Oldenburg e. V. wurde durch den Wegfall bisheriger ehrenamtlicher Kräfte und durch finanzielle Probleme in die Zwangslage versetzt, den Verein neu aufzustellen. Dies betraf vor allem die Verwaltung, die zukünftig personenunabhängig zu bewältigen sein sollte, sowie das Fundraising und die Außendarstellung.

Innerhalb dieses umfassenden Prozesses kamen sowohl die ehrenamtlichen Vorstandsmitglieder als auch die hauptamtliche Mitarbeiterin schnell an die Grenzen ihrer zeitlichen aber auch fachlichen Belastbarkeit. Die ehrgeizigen Ziele mussten im Laufe des Prozesses immer wieder korrigiert und an die Vereinssituation angepasst werden. Bis heute sind die einzelnen Bereiche noch nicht vollständig bearbeitet bzw. bedürfen aufgrund veränderter Rahmenbedingungen wieder einer Neustrukturierung.

Entscheidend für den Erfolg eines umfangreichen Change-Prozesses ist daher die zeitliche Planung. Einzelne Meilensteine müssen realistisch formuliert und den Gegebenheiten der jeweiligen Organisation angepasst werden. Gerade bislang ehrenamtlich geführte Organisationen verfügen häufig nur über eingeschränkte personelle Ressourcen und sollten, um einer Überforderung der Beteiligten aus dem Weg zu gehen, eher in kleinen Schritten planen.

Ebenso zeigte sich bei der Elterninitiative, dass die aktive und möglichst demokratische Beteiligung der internen Stakeholder von großer Bedeutung ist. Nur so lassen sich die Veränderungen harmonisch und ohne Beeinträchtigung des Vereinslebens und der Vereinsarbeit umsetzen. Dabei gilt es, ein starkes Führungsteam zu installieren, das sowohl strategisch als auch zwischenmenschlich geschickt agiert.

Zugleich zeigte sich, dass insbesondere langjährige Mitglieder mit verschiedenen Veränderungen nicht einverstanden waren und der aus ihrer Sicht eigentliche Charakter einer Elterninitiative nicht mehr zu erkennen war. Teilweise schieden diese Mitglieder ganz aus oder zogen sich zumindest aus ihrer aktiven Mitgliedschaft zurück. Hier gilt es immer wieder kritisch zu hinterfragen, ob die angestrebten Veränderungen nicht tatsächlich zu einer kompletten Veränderung des Vereincharakters führen oder die ursprünglichen Zielsetzungen aus dem Blick geraten.

Jedoch scheinen sich der anfänglich hohe Aufwand und die finanzielle Investition zu lohnen. Im beschriebenen Beispiel der Elterninitiative krebskranker Kinder Oldenburg e. V. konnte letztlich das Image der Elterninitiative sowohl bei den internen als auch externen Stakeholdern verbessert werden. Dies spiegelt sich in den gestiegenen Mitgliederzahlen sowie Spendergeldern in den vergangenen Jahren wider.

Literatur

PricewaterhouseCoopers AG (2008) Informationsbedarf und Vertrauen privater Spender. https://pwcplus.pwc.de/fileserver/RepositoryItem/ Studie_Private%20Spender_2008.pdf? itemId=7873228.

Timmer K (2005) Stiften in Deutschland. Die Ergebnisse der StifterStudie. Bertelsmann Stiftung, Gütersloh

Droß P, Poldrack CJ (2013) Ökonomisierungstrends im Dritten Sektor. Verbreitung und Auswirkungen von Wettbewerb und finanzieller Planungsunsicherheit in gemeinnützigen Organisationen. Discussion Paper SP V 2013–301 2013. Wissenschaftszentrum für Sozialforschung, Berlin

Das Pestalozzi Kinder- und Jugenddorf Wahlwies

Von der Dorfgemeinschaft zum sozialen Dienstleister?

Johannes Rist[1]

Abstract

Das Pestalozzi Kinder- und Jugenddorf e. V. ist eine Einrichtung der Jugendhilfe. Organisationsstruktur und Arbeitsabläufe waren stark von der Tradition einer dörflichen Gemeinschaft geprägt. Interne Veränderungen, neue Anforderungen an die Jugendhilfe und allgemeine gesellschaftliche Entwicklungen stellten das Kinderdorf jedoch vor soziale und wirtschaftliche Herausforderungen. Um diesen zu begegnen und eine akute wirtschaftliche Notlage abzuwenden, wurde 2008 vom Vereinsvorstand und engagierten MitarbeiterInnen eine Organisationsentwicklung ins Leben gerufen. In diesem Aufsatz werden die Auslöser und Ziele der Organisationsentwicklung beschrieben. Es werden Lösungsansätze und besondere Herausforderungen während des Veränderungsprozesses vorgestellt sowie eine Reflexion der Entwicklung versucht.

Keywords

Organisationsentwicklung • soziale Einrichtung • Kinderdorf • Change Management

Man stelle sich eine Gemeinschaft von engagierten Menschen vor, die ihren Lebensinhalt darin sieht, in Not geratenen Kindern zu helfen, ihnen eine neue Heimat und eine Schul- und Berufsausbildung zu geben. Eine Gemeinschaft, die zusammen in einem Dorf lebt und arbeitet, sich und die Kinder gesund durch biologische, selbst angebaute Nahrungsmittel versorgt und sich in basisdemokratischer Weise unter Vermeidung von Hierarchien selbst verwaltet. Eine Gemeinschaft, die mit diesem Lebensentwurf so zufrieden ist, dass als extrinsischer Anreiz nur noch

1 jorist@web.de

ein Taschengeld ausgezahlt werden muss. Eine Gemeinschaft, in der soziales Engagement, umweltbewusstes Handeln und ein demokratisches, gleichberechtigtes Miteinander zusammenfindet.

Man mag meinen, dass es eine solche Gemeinschaft in der Realität nicht geben kann und man mag mit dieser Meinung Recht haben. Aber nichts Geringeres war das Ideal der GründerInnen des Pestalozzi Kinder- und Jugenddorfs Wahlwies. Ein Ideal, das sich auch heute noch im Leitbild des Kinderdorfs wiederfindet, sich in den Vereinsstrukturen widerspiegelt und sicher noch von einigen MitarbeiterInnen vertreten wird. Ein Ideal aber auch, das in den letzten Jahrzehnten in einen immer stärkeren Konflikt mit den internen und externen Entwicklungen geriet. Das sich durch die veränderten Anforderungen der Kostenträger und die daraus folgende Professionalisierung, durch personelles Wachstum und auch durch gesellschaftliche Veränderungen immer weiter von der Wirklichkeit zu entfernen scheint.

Der folgende Beitrag gibt einen Einblick in den Ursprung dieser Gemeinschaft, in ihre Entwicklung und in die Veränderungen, mittels derer sie sich den heutigen Herausforderungen stellt.

Das Pestalozzi Kinder- und Jugenddorf Wahlwies e. V. ist eine Einrichtung der Kinder- und Jugendhilfe. Es ist im Dorf Wahlwies (ca. 2.100 Einwohner) am Bodensee gelegen und beschäftigt ca. 230 MitarbeiterInnen. Ca. 140 Kinder und Jugendliche werden vollstationär betreut, hinzu kommen ca. 60 junge Menschen in Reha-Ausbildung und anderen von der Agentur für Arbeit finanzierten Maßnahmen sowie 50 bis 60 SchülerInnen in der Schule für Erziehungshilfe des Kinderdorfes. Von den MitarbeiterInnen leben ca. 30 bis 40 als „innewohnende" Betreuungsfamilien im Kinderdorf selbst.

Entstehung und Entwicklung des Kinderdorfs

Unter dem Eindruck des gerade zu Ende gegangenen Zweiten Weltkriegs nahmen sich der schweizerische Musikwissenschaftler Dr. Erich Fischer und der schlesische Arzt und Landwirt Adalbert Graf von Keyserlingk vor, einigen der zahlreichen Kriegswaisen und obdachlosen Kindern und Jugendlichen eine neue Heimat zu geben. Es sollte eine Siedlung mit anthroposophischer Prägung entstehen, mit eigenen Betrieben und biologisch-dynamischer Landwirtschaft, um sich in den Nachkriegsjahren selbst versorgen zu können. Verlassene Baracken des Reichsarbeitsdiensts in Wahlwies am Bodensee wurden als passender Ort gefunden und konnten im März 1947 bezogen werden.

Fünf Jahre später wurden mit der ersten Ballonfahrt zur Spendensammlung und der Schulgenehmigung die Grundlagen des Kinderdorfs vervollständigt. Der ganzheitliche Erziehungsansatz mit „Kopf, Herz und Hand“ nach Heinrich Pestalozzi findet sich auch jetzt noch im Kinderdorf mit eigener Schule, Kinderdorffamilien und Selbstversorgungs-Betrieben wieder und wird zu einem großen Teil durch Spendengelder finanziert.

Der Charakter des Kinderdorfs wurde bis ca. 1990 durch die Kinderdorffamilien geprägt. In den Familienhäusern lebten jeweils ein Ehepaar mit seinen leiblichen und sechs weiteren, betreuten Kindern. Dem traditionellen Familienbild folgend war die Mutter für die Betreuung zuständig und der Vater ging seinem erlernten Beruf in einem der Betriebe, der Schule oder der Verwaltung nach. Unterstützt wurden die Familien durch PraktikantInnen und Hauswirtschaftshilfen. Das Gehalt wurde bis auf ein Taschengeld am Ende des Monats wieder an das Kinderdorf gespendet, wie aus der Kinderdorf-Chronik deutlich wird: „1972 – Erhöhung des Taschengeldes für Mitarbeiter auf DM 180,- pro Monat“[2]. Das kann nur funktionieren, weil das Kinderdorf neben Wohnung und Nahrung eine Vielzahl an weiteren Leistungen für die MitarbeiterInnen übernommen hat. Gleichzeitig ist davon auszugehen, dass in diesem sehr auf Autarkie und Gemeinschaft ausgerichteten System Strukturen vorhanden waren, die ausreichend Anreize für Menschen boten, um sich auf diese Bedingungen einzulassen.

Das Kinderdorf ist als Verein organisiert und auch auf der organisatorischen Ebene stark durch die beschriebene Gemeinschaft geprägt. Die Satzung war früher vollständig auf eine Selbstverwaltung ausgerichtet und ist dies zum Teil auch heute noch. Aus der Mitgliederversammlung bildet sich der „Arbeitskreis“ als besonderes Gremium, dem nur MitarbeiterInnen des Kinderdorfs angehören können. Lange war dieser zusätzlich auf die sogenannten „innewohnenden Familien“ beschränkt. Der Arbeitskreis konnte Mitgliederbeschlüsse blockieren, und der Vorstand konnte nur aus seinen Mitgliedern gewählt werden. Auch die Personalauswahl fand in diesem Gremium statt: Bewerberfamilien stellten sich dem Arbeitskreis vor, der dann über die Einstellung der Familie entschied.

Veränderungen des gesellschaftlichen und politischen Umfelds gingen auch am Kinderdorf nicht vorbei. Die Umstellung der Finanzierung in der Jugendhilfe auf Leistungsentgelte zu Beginn der 1990er Jahre und zunehmende Schwierigkeiten, das besondere Entlohnungsmodell mit den Anforderungen des Finanzamtes in Einklang zu bringen, führten dazu, dass 1991 vom Taschengeld auf eine gewöhnliche Vergütung der Familien umgestellt wurde.

---

2 Chronik zum 60jährigen Bestehen des Kinderdorfs. http://www.pestalozzi-kinderdorf.de/media/pdf/Wir-60JahreKinderdorf_Chronikkompl.pdf

Neben der Veränderung der Finanzierung entwickelte sich die Jugendhilfe auch konzeptionell weiter. Damit ging einher, dass die Anforderungen an die Qualifikation und an die Anzahl der BetreuerInnen sowohl von Seite der Kostenträger als auch von der Dorfgemeinschaft aus stiegen. Um die erforderlichen Betreuungsschlüssel zu erreichen, gingen die Väter nicht mehr ihrem Beruf nach, sondern wurden voll in die pädagogische Arbeit integriert. Zusätzlich erhielten die Familiengruppen je eine weitere Fachkraft, und die fachliche Qualifizierung der Hausleitungen wurde verpflichtend. Anstatt von im Kinderdorf wohnenden Hausvätern werden die Betriebe nun von externen Betriebsleitern geführt. Somit führten diese Veränderungen zu einem nicht unerheblichen personellen Wachstum, ohne dass jedoch die Organisationsstrukturen in gleichem Verhältnis angepasst wurden.

Durch diese Veränderungen differenzierten sich auch die Rollen der MitarbeiterInnen aus. Statt einer relativ homogenen Gruppe aus Kinderdorffamilien gab es nun die innewohnenden Familien und die externen pädagogischen Angestellten. MitarbeiterInnen der Betriebe, der Schule und der therapeutischen Angebote waren nicht mehr gleichzeitig in der Betreuung tätig. Defizite in der strategischen und operativen Leitung und durch sinkende Spenden akut gewordene finanzielle Schwierigkeiten stießen 2008 einen Organisationsentwicklungsprozess an. Ab 2010 wurde eine neue Organisationsstruktur umgesetzt und einige verbliebene besondere Einrichtungen für die innewohnenden Familien beendet. Mit der Folge, dass die Kinderdorfeltern sich heute – zugespitzt formuliert – von anderen MitarbeiterInnen nur noch darin unterscheiden, dass sie im Kinderdorf wohnen und einen Arbeitsvertrag außerhalb der üblichen Arbeitszeitordnung haben.

Satzung und Leitbild

Die Pädagogik des Namensgebers Heinrich Pestalozzi beruht auf einem ganzheitlichen Ansatz und spiegelt sich im Vereinszweck wider, der nach Satzung verfolgt wird durch

> „die Erziehung und Pflege von Waisen und anderen hilfsbedürftigen Kindern, Jugendlichen und jungen Menschen im Geiste Pestalozzis mit „Kopf, Herz und Hand" in: Familien und Jugendgruppen durch Schaffung einer „Wohnstube", einer Schule, Handwerkstätten und anderen Ausbildungsbetrieben sowie sonstigen zweckdienlichen Einrichtungen."[3]

3 Satzung des Kinderdorfs zum Stand 16.06.2012: http://www.pestalozzi-kinderdorf.de/media/pdf/Vereinssatzung_2012-06-16.pdf

In der „familien-analogen" Betreuung fließen Arbeit und Privatleben ineinander über. Ein aufgenommenes Kind kann in einer Familie im Kinderdorf leben, dort in den Kindergarten und zur Schule gehen und schließlich seine Ausbildung dort absolvieren.

Wie in der Entstehungsgeschichte schon deutlich wurde, beschränkt sich das Selbstverständnis des Kinderdorfs nicht nur auf die Erziehung und Beheimatung von Kindern und Jugendlichen, auch die Gestaltung der eigenen Dorfgemeinschaft spielt eine wichtige Rolle:

> „Das offene Miteinander und die gegenseitige Wertschätzung sind tragende Elemente unserer sozialen Kultur. Die Entwicklung unserer selbstverwalteten Gemeinschaft und unserer persönlichen als auch fachlichen Kompetenz sehen wir unter dem Aspekt des ständigen Lernens. Das in uns gesetzte Vertrauen, die Hoffnung und Zuversicht zahlreicher Menschen bestätigen und verpflichten uns, auch in Zukunft eine Pädagogik von Kopf, Herz und Hand im Sinne Pestalozzis zu verwirklichen."[4]

Organisationsstruktur

Grundsätzlich setzt sich die Struktur des Pestalozzi Kinderdorfs aus zwei Ebenen zusammen: eine Ebene ist der Verein als Trägerstruktur und die andere, „operative" Ebene ist der eigentliche Geschäftsbetrieb mit seinen pädagogischen und wirtschaftlichen Tätigkeiten.

Die operative Ebene

Ein Zwischenergebnis der Organisationsentwicklung war die Neustrukturierung der operativen Ebene. In einer neuen Aufbauorganisation wurde die Stelle der Geschäftsführung als Gesamtleitung eingeführt und die Tätigkeitsfelder des Kinderdorfs wurden in vier Ressorts gegliedert. Die Ressorts Pädagogik, Schule, Kommunikation/Fundraising und Finanzen (umfasst Verwaltung, Betriebe und interne Dienstleistungen) erhielten jeweils eine Ressortleitung. Mit der neuen Leitungsebene wurde eine Doppelspitze aus Dorfleitung und Geschäftsführung ersetzt.

Das Ressort Pädagogik umfasst fast alle erzieherischen Angebote. Der Kern ist die vollstationäre Betreuung mit 150 Plätzen in den Familienwohngruppen, in den

4 Leitbild: http://www.pestalozzi-kinderdorf.de/ueber-uns/unsere-grundsaetze/leitbild.html

Erziehungsstellen außerhalb des Kinderdorfs und im betreuten Jugendwohnen. Seit 2011 wird das Angebot um eine Inobhutnahmestelle für unbegleitete minderjährige MigrantInnen ergänzt. Zusätzlich zum vollstationären Angebot gibt es eine teilstationäre Betreuung im heilpädagogischen, integrativen Kindergarten und in zwei Tagesgruppen mit 22 Plätzen. Unterstützende Leistungen werden von einem psychologischen Fachdienst mit breitem therapeutischen Angebot bereitgestellt.

Falls es pädagogisch erforderlich ist, können die betreuten Kinder und Jugendlichen die Schule des Kinderdorfs besuchen. Das Angebot des Ressorts Schule umfasst die Schule für Erziehungshilfe und die Sonderberufsfachschule mit insgesamt 76 Plätzen. 2011 kam ein Inklusionsprogramm in einer benachbarten Gemeinde hinzu.

Das Ressort Finanzen fasst vier Bereiche zusammen: Hauptverwaltung, Ausbildung, Selbstversorgung und unterstützende Dienste. In den 10 Betrieben können 60 Auszubildende ihrer Fachwerker- und Vollausbildung nachgehen oder während einer berufsvorbereitenden Bildungsmaßnahme mit 13 Plätzen ihren passenden Beruf finden. Der Sozialdienst Beruf ermöglicht mit der Reha-Ausbildung Jugendlichen mit Lern- und/oder seelischer Behinderung eine Teilhabe am Arbeitsleben. Die Ausbildungsbetriebe ermöglichen den Jugendlichen nicht nur eine Berufsausbildung, sondern versorgen das Kinderdorf auch mit biologischen Nahrungsmitteln, handwerklichen Leistungen und unterstützen es mit hauswirtschaftlichen und technischen Diensten. Dem Ressort Finanzen ist auch die Personal- und Finanzverwaltung zugeordnet.

Das kleinste Ressort ist Kommunikation und Fundraising mit den Aufgaben Öffentlichkeitsarbeit und Einwerbung von Spendenmitteln.

Der Verein

Der Trägerverein ist in folgende Organe und Gremien organisiert:

- Die Mitgliederversammlung wählt und entlastet den Vorstand, wählt den Prüfungsausschuss und den Beirat. Der Verein hat ca. 220 Mitglieder, davon sind ca. 80 hauptamtlich im Kinderdorf beschäftigt[5]. In den Mitgliederversammlungen stellen die MitarbeiterInnen regelmäßig die Mehrheit der anwesenden Vereinsmitglieder.
- Der Vorstand bestellt den Geschäftsführer, entscheidet über die strategischen Ziele und Jahrespläne und berichtet der Mitgliederversammlung. Bemerkenswert

5 Aus dem Jahresbericht 2011: zum 31.12.2011 hat der Verein 218 Mitglieder, davon 83 MitarbeiterInnen

ist, dass sich der Vorstand bis 2012 satzungsgemäß nur aus MitarbeiterInnen des Kinderdorfs besetzt werden konnte und auch seitdem zumindest mehrheitlich aus ihnen besteht. Ursprünglich konnte er nur aus im Kinderdorf wohnenden MitarbeiterInnen gewählt werden.

- Der Beirat besteht aus Persönlichkeiten des öffentlichen Lebens, berät den Vorstand und berichtet der Mitgliederversammlung.
- Der Arbeitskreis besteht aus aktiven Vereinsmitgliedern, die MitarbeiterInnen des Kinderdorfs sind. Seine Aufgabe ist es, mit dem Vorstand die Richtlinien für die Durchführung der Vereinsziele zu erarbeiten. Der Prüfungsausschuss prüft die Vereinsgeschäfte in Absprache mit einem Wirtschaftsprüfer, berichtet der Mitgliederversammlung und empfiehlt in der Regel die Entlastung des Vorstands.

Es gab traditionell eine Reihe weiterer durch MitarbeiterInnen besetzte Ausschüsse und Gremien, auf die viele Aufgaben verteilt wurden, die sonst von Leitungskräften wahrgenommen werden. Diese wurden in der seit 2008 laufenden Umstrukturierung größtenteils aufgelöst.

Finanzierung

Die Finanzierung des Kinderdorfs speist sich hauptsächlich aus drei Quellen. Mit 72% der Gesamteinnahmen besteht der größte Teil aus öffentlichen Mitteln (für Betreuung, Beschulung und Reha-Ausbildung), 18% sind der Erlös aus dem Verkauf von Erzeugnissen und Dienstleistungen der Ausbildungsbetriebe und 7% sind Spenden.[6]

MitarbeiterInnen

Im Kinderdorf arbeiten fast 230 MitarbeiterInnen und über 60 Reha-Auszubildende (Jahresbericht 2012). Diese Zahl ist in den Jahren 2010 bis 2012 um fast 30 Personen gestiegen, u. a. als Folge der Strukturveränderungen, durch die Belegung leerstehender Familienhäuser und durch eine umfangreiche Erweiterung des Gärtnereibetriebs. Viele MitarbeiterInnen sind über die hauptamtliche Arbeit hinaus ehrenamtlich im Kinderdorf engagiert. Dadurch, dass sich bei den im Dorf wohnenden Familien Arbeitsplatz und Wohnort überschneiden, verschwimmt einerseits die Grenze

6 Aus der Finanzübersicht des Jahresberichts von 2010

zwischen Haupt- und Ehrenamt. Andererseits findet sich viel Engagement bei der Organisation jahreszeitlicher Feste und der Arbeit in den Vereinsorganen.

Die Organisationsentwicklung seit 2008

Der Auslöser für die Organisationsentwicklung war die Blockade der Leitungsrunde. In diesem Gremium saßen als VertreterInnen des Vereins der Vorstand sowie Arbeitskreis-Mitglieder und die hauptamtliche Kinderdorf-Leitung (Dorfleiter, Geschäftsführer, Erziehungs- und Schulleitung). Die Vereinsvertreter waren gleichzeitig MitarbeiterInnen des Kinderdorfs. Der Leitungsrunde fiel die strategische Führung des Kinderdorfs zu. Nach Einschätzung zumindest des Vorstands war dieses Gremium aufgrund von Konflikten zwischen den VereinsvertreterInnen und den hauptamtlichen Leitungskräften nicht mehr funktions- und entscheidungsfähig. Die Situation wurde durch eine schwierige wirtschaftliche Lage verschärft und setzte die Leitungsrunde unter Handlungsdruck. Auch die Zusammenarbeit verschiedener Bereiche der Einrichtung und die Arbeit in gemeinsamen Gremien wurden von den Beteiligten als sehr belastend beschrieben.

Als Reaktion auf diesen Zustand initiierten der Vorstand, einige Vereinsmitglieder und der mit externen Persönlichkeiten besetzte Beirat den Veränderungsprozess. Als erster Schritt wurde die Leitungsrunde aufgelöst und eine externe Organisationsberaterin mit der Begleitung des Prozesses beauftragt. Eine Mehrheit der Vereinsmitglieder war davon überzeugt, dass die Situation des Kinderdorfs tiefgreifende Veränderungen erforderlich machte. Die Richtung der Veränderungen war jedoch heftig umstritten. Schließlich wurde der Vorstand in einer Richtungswahl wiedergewählt, womit sein Kurs durch die Mitgliederversammlung bestätigt wurde.

Problemanalyse und Ziele der Veränderungen

Im Wesentlichen standen drei Bereiche im Zentrum des Veränderungsprozesses: Führung und Organisation, Qualität und Angebot sowie Wirtschaftlichkeit.

Führung und Organisation

Ein früh in der Organisationsentwicklung benanntes Problem war die strukturelle Überforderung der Leitungskräfte. Es gab kein mittleres Management mit entsprechenden Personal- und Budgetkompetenzen. Die Dorfleitung und Geschäftsführung waren jeweils weit mehr als 50 Personen direkt vorgesetzt und konnten

Personalentwicklungsinstrumente, wie z. B. jährliche MitarbeiterInnengespräche, nicht einsetzten.

Aufgaben, Kompetenzen und Verantwortlichkeiten insbesondere auf der Leitungsebene waren diffus und informell geregelt. Grundsätzlich hatten die Leitungskräfte eher geringe Kompetenzen. Viel war stattdessen in den Ausschüssen und Gremien angesiedelt. Zwar konnten MitarbeiterInnen über die Gremien Einfluss auf Entscheidungsprozesse ausüben, jedoch war diese Einflussnahme durch unklare Rollen- und Aufgabenbeschreibung wenig konsistent. Das führte dazu, dass Entscheidungen teilweise von einzelnen Persönlichkeiten informell stark beeinflusst wurden und die Einflussnahme ungleich auf verschiedene Gruppen verteilt war. Besonders die innewohnenden MitarbeiterInnen des pädagogischen Bereiches hatten traditionell einen hohen Einfluss. Im Rahmen der Organisationsentwicklung wurde festgestellt, dass Wege und Entscheidungen für die Beteiligten oft nicht transparent und nachvollziehbar waren.

Auch die Aufgabenaufteilung in den Entscheidungsprozessen war nicht klar geregelt: im Zweifelsfall wurden schwierige Entscheidungen zum Vorstand und in die Gremien geschoben. Dort fühlte man sich unter dem Druck, auf die Problemfälle reagieren zu müssen, anstatt die Entscheidungen bei den Verantwortlichen der operativen Ebene zu belassen.

Die Arbeit in den Gremien wurde von den Beteiligten als „Tretmühle" und „Treibsand" erlebt, insbesondere von den Leitungskräften. Auch auf der operativen Ebene war die Funktionsfähigkeit von Gremien und Teams suboptimal. Die Arbeit in Besprechungen und Konferenzen wurde als belastend und die erreichten Ergebnisse als unbefriedigend beschrieben.

Die daraufhin formulierten Ziele der Organisationsentwicklung in Bezug auf „Führung und Organisation" lassen sich umschreiben mit:

- Einrichtung einer Organisationsstruktur, die Aufgaben, Kompetenzen und Verantwortlichkeiten möglichst klar abgrenzt und für die MitarbeiterInnen transparent ist. Die neue Struktur soll die Führungsspanne verkleinern, damit neu eingeführte Leitungsprozesse bewältigt werden können. Die Prozesse der strategischen und wirtschaftlichen Planung, der Mitarbeiterentwicklung und -führung, der Formulierung von Zielvereinbarungen und des Controllings sollen eingeführt und etabliert werden.
- Gremien und Teams werden mit dem Ziel neu gebildet, dass sich alle MitarbeiterInnen fachlich in die fortlaufende Entwicklung des Kinderdorfs einbringen können. Dazu wird ein vertikaler Austausch zwischen den Leitungsebenen eingerichtet sowie die Rollenverteilung und Aufgaben der Teams festgelegt.

Qualität und Angebot

Mit „Qualität“ wird zusammengefasst, inwieweit gemeinsame Standards entwickelt sind. Die eigene Arbeit wird reflektiert, aus ihr wird gelernt und sie wird weiterentwickelt. „Angebot“ umschreibt die Reaktionsfähigkeit der Organisation auf veränderte externe Anforderungen und die Fähigkeit zur entsprechenden Anpassung und Ausweitung des Leistungsangebots.

Aus Sicht des Vorstands waren Controlling und Berichtswesen nicht ausreichend vorhanden, um die Einrichtung professionell zu lenken. Das betraf sowohl den Finanz- als auch den Personalbereich. Durch Schwierigkeiten in der Zuordnung von Erlösen und Kosten waren die wirtschaftlichen Effekte der Leistungsangebote nur schwer durchschaubar. Entsprechend waren strategische und operative Planungsprozesse nur wenig vorhanden. Der (ehrenamtliche) Vorstand sah sich seiner Meinung nach genötigt, sich mangels eines ausreichenden Berichtswesens weiter mit den Details der operativen Geschäftsführung beschäftigen zu müssen. Der Anspruch an das Berichtswesen wuchs in dem Maße, in dem der Vorstand das Tagesgeschäft der neuen Gesamtleitung übergab. Es wurde kritisiert, dass zu wenige Informationen aus dem operativen Bereich geliefert werden und diese nicht ausreichend aufbereitet wurden, um bei Entscheidungen neben politischen Kalkülen auch Sachabwägungen zu berücksichtigen.

MitarbeiterInnengespräche konnten aufgrund der sehr großen Führungsspanne nicht regelmäßig geführt werden. Somit fehlte ein wichtiges Instrument zur Wertschätzung, zur Vereinbarung von Zielen und zur systematischen, bedarfsgerechten Personalentwicklung. Aktive MitarbeiterInnen schätzen zwar die freie Wahl der persönlichen Weiterentwicklung, die weniger aktiven nahmen jedoch keine Angebote war. Hinzu kam, dass in der Organisation teilweise unbekannt war, wer über welche Qualifikationen verfügte.

Eine IT-Infrastruktur war nur in sehr geringem Umfang vorhanden. Entsprechend war die interne Kommunikation aufwändig und Wissen wurde selten ausgetauscht und niedergeschrieben.

Zur Frage des pädagogischen Angebots des Kinderdorfs stellte sich die Situation folgendermaßen dar: Traditionell wurde das Kinderdorf überregional von Jugendämtern belegt, in der jüngeren Vergangenheit fand in der Jugendhilfe jedoch eine Regionalisierung statt. Auf die Bedürfnisse des örtlichen Jugendamts wurde vom Kinderdorf nur begrenzt reagiert und Entwicklungschancen des eigenen Leistungsangebots wurden nicht ergriffen.

Wirtschaftlichkeit

Dieser Problembereich ist eng mit der oben beschriebenen Situation der Führung und Organisation verbunden. Probleme machten sich besonders bemerkbar, wenn für die wirtschaftliche Leistungsfähigkeit eine persönlich zugeordnete Verantwortlichkeit fehlte und die Kompetenzen wiederum in Gremien verortet waren.

Am deutlichsten konnten die wirtschaftlichen Probleme in der Unterbelegung des pädagogischen Bereichs festgemacht werden. Einerseits konnten nicht genug geeignete Betreuungsfamilien gefunden werden, was zur Folge hatte, dass Familienhäuser leer standen. Andererseits waren viele der geöffneten Familiengruppen nicht mit den vorgesehenen sechs Betreuten belegt. Die Vermutungen über die Gründe waren vielfältig: unzureichende MitarbeiterInnen-Akquise, zu wenig Bekanntheit bei den Jugendämtern und damit zu wenig Belegungsanfragen, unzureichende interne Prozesse bei der Anfrage und Aufnahme von Betreuten und nicht zuletzt ein sehr schwer zu greifender Widerstand der innewohnenden Familien gegen eine volle Belegung. Angegebene Gründe hierfür reichten von akuten und situativen Problemlagen in der familiären Situation der innewohnenden Familien über Machtfragen zwischen mittlerem Management und den Familien bis hin zu einem aus der Stimmungslage der Organisation entstandenen Unwillen.

Die unzureichende Auslastung, Anpassung und Ausweitung des Leistungsangebots führte zu einem sich verschlechternden Verhältnis zwischen Erträgen und Aufwendungen. Schließlich drohte eine ernsthafte Liquiditätskrise. In dieser Situation wurden die Dringlichkeit und der Zeitdruck zur Veränderung den Beteiligten sehr deutlich.

Vorhaben und Maßnahmen

Führung, Zusammenarbeit und Organisation

Als Kernziel für „Führung und Organisation“ wurde formuliert, dass Aufgaben, Kompetenzen und Verantwortlichkeiten klar zugeordnet, abgegrenzt und transparent für die MitarbeiterInnen werden sollten. Die neue Struktur sollte eine reduzierte Führungsspanne haben.

Die Umsetzung dieser Ziele wurde mit der Einführung einer neuen Leitungs- und Organisationsstruktur begonnen. Dazu wurden neue Leitungsstellen geschaffen und besetzt. Dorfleitung und Geschäftsführung wurden der Gesamtleitung und den vier Ressortleitungen zugeordnet. Zentral war dabei, Führungskräfte in der neu geschaffenen Struktur zu etablieren. doch dies musste in einer Organisationskultur erfolgen, die sich mit Führungskräften schwer tat. Daher war auch ein kultureller Wandel notwendig.

Durch neu benannte RessortleiterInnen wurde eine stärkere Betonung auf eine hierarchische Staffelung von Verantwortlichkeiten gelegt. Zuvor hatten sich MitarbeiterInnen bei Problemen oft direkt an den Vorstand gewendet. Es musste etabliert und eingeübt werden, dass stattdessen zuerst die vorgesetzte Stelle anzusprechen ist. Die leitenden MitarbeiterInnen sollten ebenfalls Probleme nicht „nach oben" reichen, sondern sich für diese verantwortlich fühlen und selbständig auf Lösungen hinarbeiten. Auf der anderen Seite sollten der Vorstand und auch die Geschäftsführung nicht auf alle Anfragen sofort reagieren, sondern diese an die entsprechende Stelle in der operativen Ebene zurückreichen, oder zumindest erst nach Absprache aktiv werden, um dann gemeinsam mit ihr zu handeln.

Bei der Einstellung der Leitungskräfte wurde keine pädagogische Erfahrung vorausgesetzt. Die Leitungserfahrung hatte höhere Priorität als die Branchenzugehörigkeit. So hatte sowohl die Gesamtleitung als auch die Ressortleitung der Betriebe und Dienstleistungen keine oder nur oberflächliche Kontaktpunkte zu anthroposophisch geprägten, dörflichen Gemeinschaften. Der damit einhergehende Kulturschock (für beide Seiten) wurde mit seinen Risiken in Kauf genommen. Es sollten sehr veränderungsresistente Situationen aufgebrochen und auch praktisches Know-How in die Organisation geholt werden.

Die Team- und Gremienarbeit wurde komplett reorganisiert, ein großer Teil der alten Gremien und Teams wurde aufgelöst und neu zusammengesetzt. Das war einer der wichtigsten Bausteine in der Organisationsentwicklung. Entsprechend wurden große Anstrengungen unternommen, um die Aufgaben und Ziele gemeinsam festzulegen und arbeitsfähige Teams zu bilden. Die Besprechungen wurden so gestaltet, dass jeweils ein konkreter Arbeitsauftrag vorhanden ist und trotzdem genügend Raum für teambildende Maßnahmen bleibt. Die Arbeit mit den Teams und Gremien bildet ein Gegengewicht zur Stärkung der Hierarchien. Ein Erfolg dort schaffte Akzeptanz für den Struktur- und Kulturwandel.

Qualität und Angebot

Gleichzeitig wurde mit der Verbesserung der pädagogischen Qualität begonnen. An den neu eingerichteten Arbeitsgruppen nahmen alle MitarbeiterInnen des Ressorts verpflichtend teil. Ihre Arbeit wurde gemeinsam mit den Besprechungen der Leitungskräfte an ersten Projekten eingeübt. Es dauerte jedoch mehrere Jahre, bis erste größere Projekte realisiert wurden. Umso mehr wurden die Bemühungen belohnt, als entgegen alter Erfahrung neue Methoden zur Einbindung der Betreuten in den Hilfeplanungsprozess und neue Angebote der Sexualpädagogik in der Organisation etabliert werden konnten.

Begleitend begann man auf der organisatorischen Seite mit der Einführung und Anwendung von Organisations- und Personalstandards. Das umfasste die Einführung von Controlling und ein Berichtswesen. Es wurden erste Vorbereitungen für eine systematische und bedarfsgerechte Personalentwicklung getroffen, teilweise werden bereits heute regelmäßige MitarbeiterInnengespräche geführt. Auch die IT-Infrastruktur wurde stark ausgebaut.

Wirtschaftlichkeit

Die Existenzsicherung des Kinderdorfs war die Zielvorgabe des Bereichs „Wirtschaftlichkeit". Die Verbesserung der Wirtschaftlichkeit wurde in strategischen Liquiditäts- und Ergebniszielen ausformuliert. Diese wurden durch die Ressortleitungen auf die einzelnen pädagogischen Angebote und Betriebe heruntergebrochen und hier mit den leitenden MitarbeiterInnen vereinbart. Die Zielerfüllung wurde mit dem neu eingerichteten Berichtswesen nachverfolgt. Insgesamt sollte die strategische Handlungsfähigkeit wieder hergestellt werden.

Ein entscheidender Baustein für eine bessere Wirtschaftlichkeit ist eine höhere Belegungsquote. Tatsächlich konnte diese erst in der späteren Phase der Organisationsentwicklung deutlich erhöht werden. Es schien, als musste zuvor das Team der leitenden MitarbeiterInnen stabil etabliert werden. Ihre neuen Rollen mussten von ihnen wie auch von den anderen MitarbeiterInnen akzeptiert und die neuen Prozesse mussten „gelebt" werden. Erst dann konnte auch ein wirtschaftlich messbarer Erfolg erzielt werden.

Neben der Belegung ist die zweite finanzielle Stellschraube die Höhe der Leistungsentgelte, die das Kinderdorf für die Betreuung erhält. Diese lag deutlich unter dem Durchschnitt vergleichbarer Einrichtungen und konnte relativ schnell erhöht werden. Diese Entwicklung verschaffte Spielräume, um mehr auf die Bedürfnisse von Jugendämtern und regionalen Partnern einzugehen. Neue Leistungen und Angebote rechtfertigten nicht nur die höheren Leistungsentgelte, sondern steigerten auch die Attraktivität der Einrichtung.

Veränderungen auf der Vereinsebene

Eines der zentralen Ziele der Organisationsentwicklung war die vollständige Freistellung des (MitarbeiterInnen)-Vorstands vom operativen Geschäft. Ein Indikator für die erfolgreiche Umsetzung davon war, dass im Vergleich zum Beginn der Organisationsentwicklung die Anzahl der Vorstandssitzungen deutlich (um drei Viertel) gesenkt werden konnte. Ermöglicht wurde das durch die Abgabe von Aufgaben an die Leitungskräfte, durch die Einführung eines umfangreiches Berichtswesens sowie durch das neue Vertrauen gegenüber den Leitungskräften.

Ferner wurde durch eine Satzungsänderung die Vorstandskandidatur auch für Vereinsmitglieder ermöglicht, die nicht MitarbeiterInnen des Kinderdorfs sind. 2012 wurde dann ein Vorstandsmitglied aus dem Beirat gewählt. Wenig überraschend und auch im Sinne des Vorstands engagierten sich MitarbeiterInnen mehr und mehr über die Gremien und Besprechungen der operativen Ebene.

Besondere Herausforderungen während der Organisationsentwicklung

Strukturen und Machtverschiebungen

In der Organisationsentwicklung wurden von den Beteiligten häufig Begriffe wie „strukturieren" und „klären" verwendet und der Wunsch nach mehr Transparenz offen formuliert. Mehr „Transparenz" und „Strukturen" anzustreben kann heißen, dass man darauf abzielt, menschliches Handeln und Verhalten berechenbarer und nachvollziehbarer zu machen.

Während der Organisationsentwicklung wurde kontrovers diskutiert, wie weit das Strukturieren und Standardisieren gehen darf, um für die Gemeinschaft und die einzelnen Familien im Dorf erträglich zu bleiben. Beispiele für so diskutierte Vorhaben waren die Einführung von Stellen- und Prozessbeschreibungen und das Erarbeiten gemeinsamer Standards zur Umsetzung von Kinderrechten. Auch die Einführung von Dienstplänen, bei denen erstmals die innewohnenden MitarbeiterInnen mit berücksichtigt wurden, machte Diskussionen erforderlich. Die Herausforderung war, diese Diskussionen als Chance für die Organisationsentwicklung zu nutzen. Das gelang, wenn die Beteiligten sich einbrachten und ihre Ergebnissen und Anregungen in den Veränderungsprozess mit aufgenommen wurden. Oft war der praktische Nutzen der Veränderung auch in der alltäglichen Arbeit erlebbar: Es konnten Fortschritte gemacht werden.

Die Veränderungen im Kinderdorf lösten Machtverschiebungen aus. Diese wiederum beeinflussten weitere Veränderungen. Machtfragen wurden während der Veränderungsphase von den Beteiligten offen und auch konfrontativ angesprochen.

Eine Linienorganisation wurde eingerichtet und gestärkt. Das bedeutet, dass im neuen Organigramm erstmalig jede Person einer klar benannten Leitungskraft zugeordnet wurde. Infolgedessen waren alle Beteiligten mit den Themen „Führung", „Hierarchie" und „Macht" konfrontiert. Die Herausforderung war, Leitungskräfte zu etablieren und gleichzeitig die Akzeptanz der MitarbeiterInnen für diesen Prozess zu gewinnen, auch wenn mit ihm ein Teilverlust der eigenen Entscheidungshoheiten einhergehen konnte.

Diesen Herausforderungen wurde einerseits durch den Aufbau von neuen und transparenteren Entscheidungsprozessen und andererseits durch eine stärkere Beteiligung der MitarbeiterInnen begegnet. Dabei wurde darauf geachtet, dass die Beteiligung an Gremien Teil der hauptamtlichen Tätigkeit ist und nicht Teil eines Vereinsengagements. Eine zentrale Rolle spielte dabei das Selbstverständnis der Leitungskräfte in der neu eingeführten mittleren Managementebene. Ihnen wurde mehr Verantwortung für die Kommunikation und Umsetzung strategischer Ziele sowie für die Qualitätsentwicklung übertragen. Dies hatte erstens zur Folge, dass etablierte Leitungskräfte ihre Rolle wechseln mussten und zweitens, dass bei der Neueinstellung von Leitungskräften besonders auf deren Führungsverständnis geachtet wurde. Ferner wurden Schlüsselpositionen neubesetzt oder geschaffen, um starke Akteure und VertreterInnen der Organisationsentwicklung als MultiplikatorInnen zu etablieren.

Die größte Herausforderung war sicherlich die Bildung eines stabilen und funktionierenden Teams an Leitungskräften. Es musste die richtige Balance zwischen MitarbeiterInnenentwicklung und Neueinstellungen gefunden werden. Auf der einen Seite sollten sich leitende MitarbeiterInnen weiterentwickeln oder neu in eine leitende Position kommen. Auf der anderen Seite wurden neue Leitungskräfte eingestellt, die bereits ein entsprechendes Führungsverständnis mitbrachten. Es mussten dabei Rückschläge verkraftet werden, beispielsweise wenn es nicht gelang, neu eingestellte Leitungskräfte an die Organisation binden.

Strukturell angelegte Überforderung

Eine weitere Herausforderung war die strukturell angelegte Selbstüberforderung. Begriffe wie Selbstaufopferung, Helfersyndrom und Selbstausbeutung sind in sozialen und gemeinnützigen Organisationen nicht unbekannt, insbesondere wenn starke Wertorientierungen und große Ideale im Spiel sind. In der Jugendhilfe-Arbeit kommt es zu Selbstüberforderung. Das gilt insbesondere für die außergewöhnliche Betreuungsform mit innewohnenden MitarbeiterInnen. Im Folgenden wird nicht auf bewährte Strategien eingegangen, sondern auf Probleme der Organisations- und Vereinsstruktur im Kinderdorf.

Während der Organisationsentwicklung wurden von den Beteiligten Fragen zum Modus der Besetzung von Vorstandsposten mit MitarbeiterInnen gestellt. Es wurde diskutiert, was passiert wenn MitarbeiterInnen in die Rolle Vorstand kommen und dann häufig ihre Rollen zu wechseln haben. Im Alltag sind der MitarbeiterInnen –

verkürzt ausgedrückt – den Vorgesetzten Rechenschaft schuldig. Treten sie jedoch als Vorstand auf, verhält es sich umgekehrt. Beide Seiten äußerten während der Organisationsentwicklung häufig die Belastungen dieser Rollenwechsel. Es war zusätzlich belastend, dass die Leitungskräfte im Veränderungsprozess erweiterte Kompetenzen erhielten. Diese stellten hohe Anforderungen an gegenseitiges Vertrauen. Aus den Herausforderungen wurden Überforderungen, wenn diese nicht immer erfüllt werden konnten.

Die Reaktion auf diese Situation zielte in zwei Richtungen. Die Strukturen wurden verändert und es wurden begleitende Hilfestellungen für den Alltag eingerichtet. Zudem sollte der ehrenamtliche Vorstand auch seine Rolle mehr im Sinne eines Aufsichtsrats wahrnehmen. Durch entsprechende Änderungen, Geschäftsordnungen und Arbeitsverträge wurde der dazu passende formelle Rahmen geschaffen. Der Vorstand wurde schrittweise für eine Besetzung mit Mitgliedern geöffnet, die nicht im Kinderdorf angestellt sind. Diese sind offensichtlich in deutlich geringerem Maße mit den beschriebenen Rollenkonflikten konfrontiert.

Darüber hinaus wurde oft die Rollensituation zwischen Vorstand und Leitungskräften intensiv besprochen. Hierbei konnte Vertrauen für die alltägliche Zusammenarbeit aufgebaut und bestehende Konflikte bearbeitet werden.

In wie weit dadurch die Belastungen geringer wurden, wird sich noch zeigen müssen. Auch ist noch nicht abzuschätzen, ob es sich nachhaltig auswirken wird, dass ein mit Externen besetzter Vorstand keinen direkten Einblick mehr in das Alltagsgeschäft im Kinderdorf hat.

Reflexion und Ausblick

Fehlentscheidungen und Irrwege?

Im Nachhinein ist es schwierig eindeutig zu identifizieren, wann man eine falsche Richtung eingeschlagen hat. Denn die Wege sind in einem Veränderungsprozess oft verschlungen und die Fern- und Nebenwirkungen von Entscheidungen nur schwer vorhersehbar.

Als Beispiel wird ein Vorgehen herausgegriffen, das auch von den EntscheidungsträgerInnen der Organisationsentwicklung intensiv diskutiert wurde. So war die Bildung stabiler Leitungsteams stark problembehaftet. Neu eingestellte Leitungskräfte und MitarbeiterInnen, die gute Arbeit im Sinne der Veränderung leisteten, verließen frühzeitig wieder das Kinderdorf. Hätten diese Kündigungen durch eine andere Vorgehensweise verhindert werden können?

Bei der Veränderung der Organisationsstruktur wurden leitende MitarbeiterInnen für die neu geschaffenen Stellen nur zögerlich eingestellt. Die bestehenden Teams wurden nur vereinzelt um neue Mitglieder ergänzt. So wurde auf der mittleren Leitungsebene des erzieherischen Bereichs erst nach der zweiten Kündigung das Leitungsteam fast vollständig neu besetzt. Für das Ressort Pädagogik hätten Stellen gleichzeitig neu besetzt werden können. Dadurch hätte man schneller eine kritische Masse für die Veränderung erreicht.

Erst im letztendlich erfolgreichen Anlauf der Organisationsentwicklung wurde die Ressortleitung mit einer den Veränderungsprozess aktiv vorantreibenden Mitarbeiterin besetzt und gleichzeitig zwei der drei ErziehungsleiterInnen neu eingestellt. Es ist jedoch schwierig, hieraus eine allgemeingültige Schlussfolgerung zu ziehen. Denn es ist durchaus vorstellbar, dass in der dreijährigen Entwicklungsphase die Vorgänger-Teams jene kritischen Schritte gemacht und Konflikte ausgefochten haben, die schlussendlich die Stabilität des aktuellen Teams ermöglichen.

Zu einzelnen Aspekten lassen sich bessere Folgerungen formulieren. Das Vorgehen von Vorstand und Gesamtleitung war, neu eingestellte MitarbeiterInnen eindeutig damit zu beauftragen, Veränderungsprozesse einzuleiten. Bestehende Stellen wurden u.a. neu zugeschnitten und mit dem Auftrag zur Veränderung versehen.

Es gibt Ansätze, ein solches Vorgehen aktiv zu gestalten. Die MitarbeiterInnen können mit begleitenden Maßnahmen unterstützt werden. Grundsätzlich hilft es, den Befindlichkeiten dieser MitarbeiterInnen besondere Aufmerksamkeit zu widmen, damit schnell und passgenau reagiert werden kann. Es ist erforderlich, dafür die notwendigen Ressourcen bereitzustellen. Es sollte auch der Mut zu weiteren personellen Veränderungen vorhanden sein. Niederschwellige Maßnahmen wie eine besonders intensive Einarbeitung, Coaching und Ähnliches sind wichtig und hilfreich. Es sollte aber auch nicht aus dem Auge verloren werden, dass es tief eingefahrene Team-Konstellationen gibt, die von Neuen kaum zu verändern sind.

Wie Veränderung bewirken?

Im Kinderdorf war die starke Idee der Organisationserneuerung und der Abwendung der wirtschaftlichen Krise Ausgangspunkt des Veränderungsprozesses. Die Führungsstruktur sollte umgebaut werden, Kompetenzen sollten anders verteilt werden. Die Vereinsgremien sollten aus den Entscheidungsprozessen der operativen Ebene entfernt werden. Allgemein sollten alle Besprechungen und Teamsitzungen auf den Prüfstand gestellt und so weiterentwickelt oder auch aufgelöst werden, dass die verbleibenden und neuen Besprechungen funktionsfähig und für die Arbeit im Kinderdorf bedeutsam sind.

Es war entscheidend, Menschen mit Energie für Veränderung aus dem Kinderdorf und von außen zu finden. Die Akteure der Organisationsentwicklung diskutierten oft darüber, welche Menschen der Idee zur Wirklichkeit verhelfen können. Welches sind die fördernden Kräfte, wer sind die MultiplikatorInnen der Veränderung? Wie kann die Energie und das Engagement bei diesen Menschen geweckt werden und wie können sie unterstützt werden, wenn sie zur Tat schreiten?

Man musste sich auch mit der Frage beschäftigen, mit welcher Haltung Menschen begegnet wird, die auf den ersten Blick als hemmende Kräfte auftreten. Bringen sie Energie auf und engagieren sie sich, um die Idee grundsätzlich zu verhindern oder offenbart ein zweiter Blick eine komplexere Interessenlage? Nahm man sich Zeit, um den Ursachen der Ablehnung nachzuspüren, ließen sich wertvolle Erkenntnisse für die Organisationsentwicklung gewinnen, und auch unausgesprochenem Widerstand konnte angemessen begegnet werden.

Schließlich wurde die Haltung gegenüber Menschen erörtert, die sich an der Veränderung scheinbar nicht beteiligen: Wollen sie sich am Veränderungsprozess beteiligen? Wie kann ihnen die Beteiligung ermöglicht werden und können sie für ein aktives Eintreten motiviert werden? Ignoriert man sie eher oder lässt es gar auf eine Konfrontation ankommen, wenn die Veränderung schon weit fortgeschritten ist?

Diese Fragen zu thematisieren und sich für die Beantwortung Zeit zu geben, hat der Organisationsentwicklung im Kinderdorf genutzt. Es konnte ein fester Kern gewonnen werden, der für Veränderung eintrat. Dadurch wurde nicht nur in den Besprechungen, sondern auch in informellen Gesprächen für die Veränderungen geworben. Auch konnte eine gewisse Offenheit gegenüber Kritik gewahrt werden, so dass Entscheidungen pragmatisch angepasst und auch revidiert wurden. Dieses Korrektiv und der Versuch einer breiten Einbindung auch von eher „reservierten" MitarbeiterInnen sorgten für praxisnahe Lösungen. Die erfolgreiche Umsetzung legitimierte die gesamte Organisationsentwicklung

Ausblick

Das Kinderdorf zeichnet sich durch seinen vielfältigen Entwicklungs- und Lebensraum aus. Das liegt auch an der Bereitschaft, Angebote aufrecht zu halten, die nicht von Kostenträgern bezahlt werden und daher ohne Spendeneinnahmen nicht betrieben werden können. Diese Vielfalt aufrecht zu erhalten und weiterzuentwickeln ist nur durch hohes Engagement und viele UnterstützerInnen möglich. Spannende Fragen sind: Wieviel Engagement und intrinsische Motivation kann trotz Professionalisierung und Effizienzsteigerung, trotz langsamer Einschränkung der Selbstverwaltung erhalten werden? Wie viele nicht refinanzierte Angebote bleiben trotz der finanziellen Engpässe erhalten? Wird sich das Kinderdorf in zehn Jahren noch von anderen sozialen Dienstleistern unterscheiden?

Sicherlich werden die Menschen im Kinderdorf weitere tiefgreifende Veränderungen vor sich haben. Sie werden sich ständig mit der Frage auseinandersetzen müssen, wie sich Professionalität gut mit einer Gemeinschaft vereinbaren lässt, die aus einer Tradition kommt, in der Privates und Arbeit gleichgesetzt wird. Die Ergebnisse aus der Organisationsentwicklung, die neuen Menschen, die für das Dorf gewonnen werden konnten, die neue und inspirierende Arbeit in den Teams, die wirtschaftliche Gesundung und die andere Art der Zusammenarbeit bestätigen jedoch den Weg der letzten Jahre.

Von der sozialen Bewegung zum professionellen Bildungsnetzwerk

Der Verein Niedersächsischer Bildungsinitiativen (VNB)

Tino Boubaris[1]

Abstract

Die Bandbreite der Interessen, die es in einem Verband auszugleichen gilt, wächst mit zunehmender Heterogenität seiner Mitgliedsorganisationen. Hier kann ein strategisches Management helfen, die erforderlichen Schritte zum Ausgleich von Interessen vorzunehmen sowie gemeinsame Ziele zu vereinbaren und umzusetzen. Der Verein Niedersächsischer Bildungsinitiativen (VNB) hat sich bereits in einem frühen Stadium seiner Entwicklung an den Prinzipien einer lernenden Organisation ausgerichtet: Er fördert ein aktives, praxisorientiertes Lernen aller haupt- und ehrenamtlich Beschäftigten im Verband und setzt dabei auf Partizipation und Transparenz in der Kommunikation zwischen allen Beteiligten. In diesem Beitrag werden Strategien und Instrumente zur professionellen Verbandsarbeit vorgestellt, mit deren Hilfe sich der VNB in seinem Bildungsnetzwerk für die Zukunft aufgestellt hat.

Keywords

Strategisches Management • Lernende Organisation • Multifunktionalität • Neue soziale Bewegungen • Qualitätsmanagement

1 Verein Niedersächsischer Bildungsinitiativen e. V.; tino.boubaris@vnb.de

„Es gibt keinen Punkt, an dem wir stehen bleiben können und sagen: jetzt haben wir's – so muss es sein; so werden wir es immer machen! Wir sind immer unterwegs."
Ingeborg Bachmann, 1926-1973

„Bildung in Bewegung" – das war über viele Jahre der Leitspruch des Vereins Niedersächsischer Bildungsinitiativen e.V. (VNB). Anfang der 80er Jahre als Bildungswerk der „Neuen sozialen Bewegungen" in Niedersachsen gegründet, ist die Entwicklung des VNB noch heute dadurch geprägt, dass Menschen aus unterschiedlichen gesellschaftlichen Gruppen gemeinsam neue Wege in der Bildungsarbeit beschreiten: Weg von tradierten Formen des Lernens und Lehrens hin zu selbstorganisierten Bildungsansätzen, die sich mit gesellschaftlich relevanten Themen auseinandersetzen.

Seit seiner Gründung vor 30 Jahren entspricht es dem Grundverständnis des VNB, die Bildungsarbeit des Verbandes mit seinen 46 Mitgliedsorganisationen und über 160 Kooperationsgruppen in den Kontext politischer Teilhabe, der Förderung von Eigeninitiative, der Geschlechterdemokratie und der globalen Verantwortung zu stellen und zu reflektieren. Dies geschieht in der Absicht, den gesellschaftspolitischen Anspruch der VNB-Bildungsarbeit für den Verband und seine Mitgliedsorganisationen zu wahren, entsprechend der gemeinsamen Interessen und Ziele weiterzuentwickeln und so letztlich die Zukunftsfähigkeit des Bildungsnetzwerks zu gewährleisten.

Im Folgenden werden zentrale Herausforderungen, die sich bei der Gestaltung der Beziehungen zwischen dem VNB und seinen Mitgliedsorganisationen an den Verband stellen, beschrieben und mit Beispielen erläutert. Das umfasst sowohl die Aufgaben des VNB als Landeseinrichtung der Erwachsenenbildung als auch andere Rollen und Funktionen, die er beispielsweise als Bildungsdienstleister, als intermediärer Finanzier oder als Verband und Lobbyist wahrnimmt. Ausgehend von der Entwicklung, den Zielen und Aufgaben des Verbandes sowie einer Darstellung der Organisationsstrukturen werden Strategien und Lösungsansätze aufgezeigt, die in den vergangenen Jahren im VNB implementiert wurden, um die verbandsinterne Kommunikation zu verbessern, die Qualität der Bildungsarbeit zu sichern sowie die Organisation und Wahrnehmung der Interessen der Mitgliedsorganisationen und des Verbandes zu gewährleisten. Abschließend werden die Erfahrungen mit der Umsetzung dieser Strategien und Ansätze bewertet und es wird ein Ausblick auf zukünftige Herausforderungen gegeben.

Zur Geschichte des VNB

Die Entwicklung des VNB ist eng mit der jüngeren Geschichte der Erwachsenenbildung in Niedersachsen verknüpft. Aus den Erfahrungen des Nationalsozialismus heraus entstand bereits früh der Wunsch nach einer Entkoppelung von Staat und Erwachsenenbildung. Das führte im Jahr 1954 zur Gründung des Niedersächsischen Bundes für freie Erwachsenenbildung (nbeb), in dem sich zunächst der Landesverband der Volkshochschulen, die Bildungsvereinigung Arbeit und Leben sowie die Ländliche Erwachsenenbildung zusammenfanden. Bildungspolitische Ziele waren der Aufbau leistungsfähiger Einrichtungen der Erwachsenenbildung mit pluraler Struktur, die staatliche Anerkennung und Förderung dieser Einrichtungen aufgrund eines Landesgesetzes sowie die Wahrung der Unabhängigkeit der Einrichtungen gegenüber dem Staat.[2]

Ein wichtiger Meilenstein für die langfristige Sicherung einer unabhängigen Erwachsenenbildung war die Verabschiedung des Niedersächsischen Erwachsenenbildungsgesetzes (NEBG) im Januar 1970, in dem die Stellung der Erwachsenenbildung in Niedersachsen und ihre finanzielle Unterstützung durch das Land geregelt wurden. Anerkannte Landeseinrichtungen erhielten demnach ebenso wie die Volkshochschulen und Heimvolkshochschulen Finanzhilfen für Bildungsmaßnahmen, die den formalen und inhaltlichen Voraussetzungen des Gesetzes entsprachen. Unter dem Dach des nbeb hat sich die heutige öffentlich geförderte Erwachsenenbildungslandschaft Niedersachsens mit 60 kommunalen Volkshochschulen, 22 Heimvolkshochschulen und sieben Landeseinrichtungen strukturell und organisatorisch entwickelt. Eine dieser Landeseinrichtungen ist der VNB, der auf dem Weg zu seiner Anerkennung und Etablierung viele Hürden überwinden musste:

Ende der 70er Jahre gab es vielerorts Bestrebungen, die Bearbeitung neuer gesellschaftlicher Themen mit anderen, dezentralen Formen der Bildungsarbeit zu verknüpfen. Hintergrund war die Idee der Bürgerinitiativen, die in der deutschen Gesellschaft zunehmenden Anklang fand. Im Gegensatz zu der außerparlamentarischen Opposition der 68er, die sich als Alternative zum parlamentarischen System in der bestehenden Form verstand, waren die Bürgerinitiativen Sammlungsbewegungen, in denen überwiegend lokale Interessen, aber auch generelle soziale Problemstellungen partei- und institutionsübergreifend geltend gemacht wurden. Als typische Themen sind u. a. die Anti-Atom-Bewegung, die Friedensbewegung, die Frauenbewegung oder Eine-Welt-Gruppen zu nennen.

2 vgl. Geschichte des nbeb, http://www.nbeb.de/index.php/nbeb-stellt-sich-vor/geschichte

Nach Dudeck sind soziale Bewegungen „nicht nur eine kollektive Reaktion auf gesellschaftliche Widersprüche, sondern zugleich ein selbstorganisierter Lernprozess der darin beteiligten Subjekte und Personengruppen“ (1991, S. 316). Um Wissen und Informationen zu den neuen Themengebieten zu sammeln und auszutauschen, entwickelten sich Anfang der 80er Jahre lokale Initiativen, deren Strukturen und Inhalte eng mit den jeweiligen örtlichen Problemstellungen verknüpft waren. Oftmals verbunden mit einem Bedürfnis nach neuen, alternativen Wohn- und Lebensformen entstanden aus diesen Initiativen an vielen Orten in Niedersachsen unabhängige Bildungs- und Tagungshäuser, die sich als dezentralisierte Gegenentwürfe zu etablierten Bildungseinrichtungen verstanden. Zwischen diesen Häusern entwickelte sich ein zunehmender Bedarf an Vernetzung und Austausch um gemeinsam Konzepte für selbstorganisierte Bildungsarbeit zu realisieren. Dies führte letztlich zu der Idee, einen gemeinsamen Dachverband zu organisieren.

Im Jahr 1983 wurde der Verein Niedersächsischer Bildungsinitiativen e. V. (VNB) mit zunächst zwölf Mitgliedsorganisationen, die größtenteils solche Bildungs- und Tagungshäuser betrieben, gegründet. Hauptziele waren die Etablierung einer gemeinsamen politischen Interessenvertretung, die Anerkennung als Träger der Erwachsenenbildung nach dem NEBG sowie die damit verbundene finanzielle Förderung der Bildungsarbeit des VNB und seiner Mitglieder aus Landesmitteln. Neben den oben genannten Zielen diente die Vereinsgründung auch dem Zweck, als juristische Person gemeinsam mit den Grünen Stiftungsgeberin der Stiftung Leben und Umwelt werden zu können. Diese im gleichen Jahr errichtete parteinahe Landesstiftung der Grünen, die heute Teil der bundesweiten Heinrich-Böll-Stiftung der Partei Bündnis 90/Die Grünen ist, hat ihre Wurzeln ebenfalls in den neuen sozialen Bewegungen und verfolgt ähnliche Bildungsziele wie der VNB, indem sie Diskurse über eine Gesellschaftspolitik nach ökologischen, basisdemokratischen und gewaltfreien Grundsätzen initiiert und fördert. Wichtig ist jedoch zu betonen, dass der VNB in seinem Selbstverständnis kein parteipolitisch geprägtes Bildungswerk von Bündnis 90/Die Grünen ist. Der Verband „versteht sich mit seinen Mitgliedsorganisationen als eigenständiger Zusammenschluss, mit eigener Geschichte und Qualität.“ (Dudeck 1991, S. 326)

In den ersten Jahren nach der Gründung des VNB galt das Hauptaugenmerk der Vernetzung von selbstorganisierter Bildungsarbeit sowohl im Verein als auch in der Stiftung Leben und Umwelt. Aufgrund der Besonderheiten der neuen sozialen Bewegungen – dazu zählen nach Raschke u. a. die Abwesenheit einer einheitlichen Ideologie, thematische Vielfalt, ein rascher Issuewechsel und eine hohe Variabilität der Aktionsformen (Raschke 1985, S. 412) – verlief dieser Abschnitt der VNB-Entwicklung nicht geradlinig, sondern kann als Aufbruchphase bezeichnet werden, in der innerhalb des Vereins viel und kontrovers diskutiert wurde, sich Bildungsschwerpunkte entwickelten und nach und nach weitere Mitglieder hinzukamen (1986 waren es bereits 36 Mitgliedsorganisationen, vgl. Dudeck 1991, S. 325), die in diesen Schwerpunkten arbeiteten. In dieser Phase trugen nicht zuletzt die Frauen im VNB mit ihrer landesweit agierenden Arbeitsgemeinschaft zur internen und externen Profilbildung bei: 1988 richtete der VNB als erste Einrichtung der Erwachsenenbildung in Niedersachsen ein eigenes Büro für Frauen- und Lesbenbildung ein.[3]

Ebenfalls im Jahr 1988 scheiterte aus formalen Gründen ein erster Versuch des VNB, die Anerkennung als Landeseinrichtung zu erhalten. Die Anerkennung nach dem NEBG erfolgte dann zum 1. Oktober 1990. Der VNB hatte nun die Möglichkeit, gemeinsam mit seinen überwiegend ehrenamtlich ausgerichteten Mitgliedsorganisationen und mit Kooperationsgruppen (Vereine, Gruppen und Initiativen, die nicht Mitglieder waren oder sind) Bildungsmaßnahmen durchzuführen und die dafür nach dem Gesetz vorgesehene Landesförderung zu erhalten. Der VNB tritt seitdem als intermediäre Institution zwischen dem Staat als Finanzierungsträger der Erwachsenenbildung und den Mitgliedern und Kooperationsgruppen im VNB-Netzwerk als Empfänger staatlicher Mittel für die örtliche Durchführung von VNB-Bildungsmaßnahmen ein. Er trägt zudem die pädagogische Verantwortung für die Bildungsangebote, und zwar durch Gewährleistung der allgemeinen, inhaltlichen, methodischen und organisatorischen Planung der Bildungsarbeit.

Heute ist der VNB mit seinen derzeit 46 Mitgliedsorganisationen und über 160 weiteren Kooperationsgruppen in der niedersächsischen Bildungslandschaft fest verwurzelt. Im Jahr 2012 wurden im VNB landesweit 1.456 Veranstaltungen und Kurse nach dem NEBG mit 12.082 Teilnehmenden durchgeführt. Damit zählt der VNB zu den kleineren Organisationen unter den Landeseinrichtungen der Erwachsenenbildung. Die Hervorhebung der Bedeutung gesellschaftlicher Lernprozesse durch selbstorganisierte Bildungsarbeit ist bis heute eines der wesentlichen Merkmale der Arbeit im VNB und unterscheidet ihn von den Konzepten anderer Landeseinrichtungen.

Das Spektrum der Organisationen, die im Bildungsnetzwerk des VNB vertreten sind, erstreckt sich von Eine-Welt-Initiativen wie der „Informationswerkstatt Eine Welt e. V." Stade über das „Schwule Forum Niedersachsen" zur „Theaterpädagogischen Arbeitsgemeinschaft e. V." in Rhauderfehn, vom „Kinderschutzbund Niedersachsen" über das „Internationale Frauennetz Osnabrück e. V." zur „Freien Altenarbeit Göttingen e. V." und bildet räumlich und inhaltlich einen vielfältigen und facettenreichen Querschnitt durch die selbstorganisierte Bildungsarbeit in

3 vgl. Geschichte des VNB, http://www.vnb.de/menue/ueberuns/geschichte.php

Niedersachsen.[4] Und bis heute sind es Tagungshäuser in ganz Niedersachsen, wie beispielsweise die „Akademie Waldschlösschen“, das „Welthaus Barnstorf“ oder das „Tagungshaus Himbergen“, die als ganzheitlich orientierte Lernorte eine wichtige Basis der VNB-Bildungsarbeit ausmachen: Sie stellen etwa ein Drittel der Mitglieder des Verbandes (vgl. VNB 2012, S. 6).

Der VNB als multifunktionale Organisation

Die Funktionen und Rollen, die der VNB einnimmt, sind vielgestaltig. Als operativ tätiger Verein ist er Anbieter von Bildungsdienstleistungen wie u. a. Fortbildungen, Seminarreihen, Kongressen, Ausstellungen, Beratungskonzepten und Projekten. Er tritt als intermediärer Finanzier für diejenigen Mitgliedsorganisationen und Kooperationsgruppen auf, die die VNB-Veranstaltungen lokal umsetzen und dafür einen Teil der Landesförderung für Erwachsenenbildung in Anspruch nehmen. Als Verband vertritt er die Interessen seiner Mitgliedsorganisationen insbesondere in der Landespolitik und gegenüber den fachlich zuständigen Landesministerien.

Der VNB setzt seine Bildungsziele über eine landesweite Struktur um, in der ca. 50 hauptamtliche PädagogInnen und VerwaltungsmitarbeiterInnen beschäftigt sind. Diese verteilen sich auf eine Landesgeschäftsstelle, drei regionale Geschäftsstellen sowie mehrere Projektbüros. Der Landesgeschäftsstelle obliegen dabei die zentrale Ressourcensteuerung und -verwaltung, das Qualitätsmanagement, die Fortbildung der MitarbeiterInnen des Verbandes und seiner Mitglieder sowie die interne und externe Kommunikation. Dem Vorstand obliegt die strategische Ausrichtung des Verbandes im Interesse der Mitglieder ebenso wie die betriebswirtschaftliche Kontrolle. Der Vorstand war bisher ehrenamtlich besetzt; zurzeit wird anlässlich des bevorstehenden Ruhestands des langjährigen Geschäftsführers die Umstellung auf ein hauptamtliches Vorstandsmodell diskutiert und vorbereitet.

Die Bildungsarbeit wird nach Themenschwerpunkten operativ in den regionalen Geschäftsstellen und Projektbüros umgesetzt, wie das folgende Organigramm des VNB verdeutlicht:

4 Eine vollständige Übersicht der Mitglieder und Kooperationsgruppen befindet sich auf der VNB-Homepage unter http://www.vnb.de/menue/bildungsnetzwerk

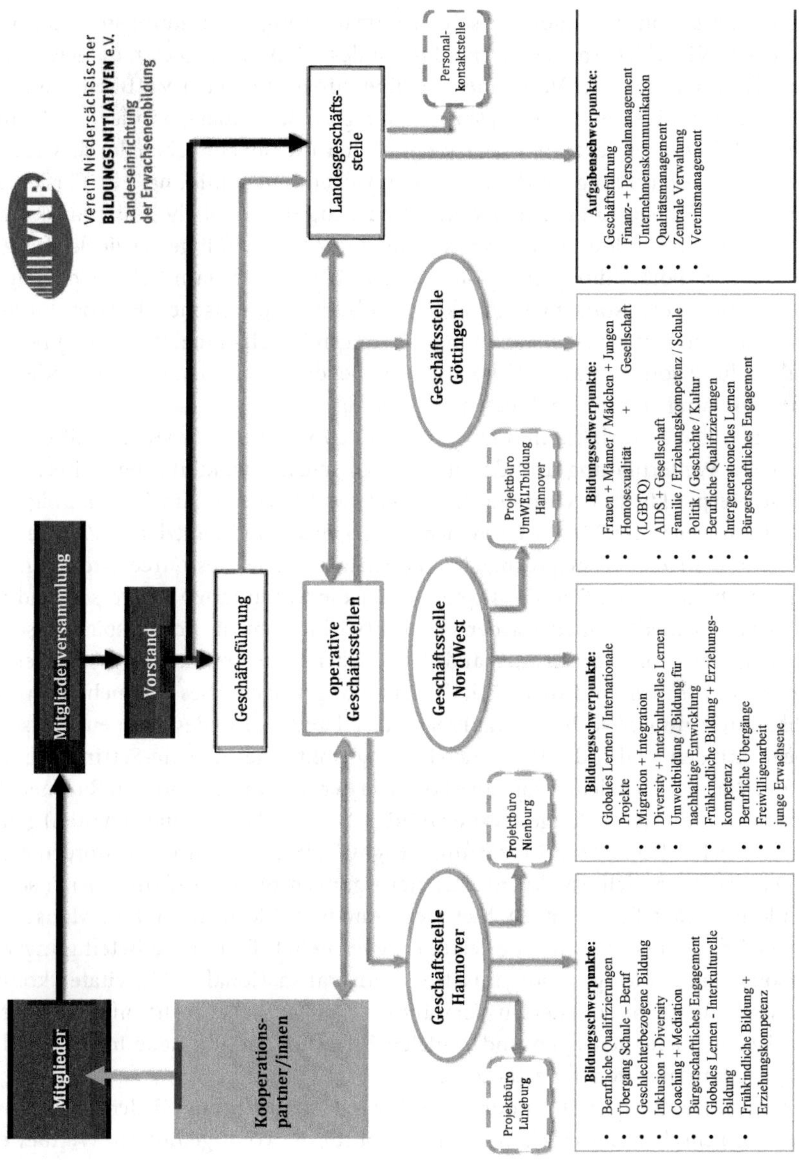

Abb. 1 VNB-Organigramm
Quelle: http://www.vnb.de/menue/service, Stand: 2012

Die Organisation und pädagogische Verantwortung der Bildungsmaßnahmen nach dem NEBG ist eine der Kernaufgaben des VNB und zugleich die wichtigste Finanzierungsquelle des Verbandes. Darüber hinaus führt der VNB selbst oder in Kooperation mit seinen Bildungspartnern regionale, landes-, bundes- und europaweite Bildungsprojekte in unterschiedlichsten Themenbereichen durch, wie z. B. zur politischen Bildung, in der außerschulischen Jugendbildung, zur Förderung bürgerschaftlichen Engagements oder Coaching für weibliche Führungskräfte. Innerhalb seines Bildungsnetzwerks bietet der VNB vielfältige Serviceleistungen an, wie z. B. Fortbildungsangebote für haupt- und ehrenamtlich Beschäftigte, Informationsveranstaltungen zu aktuellen bildungspolitischen Entwicklungen, Beratung und Informationen zu Finanzierungsmöglichkeiten, Begleitung bei der Entwicklung von Projekten, Unterstützung bei der Öffentlichkeitsarbeit oder die Durchführung der Personalkostenabrechnung.

Neben der Erwachsenenbildung sind in den vergangenen Jahren mit der beruflichen Weiterbildung und der außerschulischen Jugendbildung weitere Themenschwerpunkte im VNB-Bildungswerk entstanden. Dies ist zum Teil die Folge von Entwicklungen in den Mitgliedsvereinen, die sich neuen und zusätzlichen Zielgruppen öffnen und mit einem entsprechenden Informations- oder Ressourcenbedarf an den Verband herantreten. Der VNB spiegelt hier die formulierten Interessen und die Aktivitäten seiner Mitglieder wider. Neue Entwicklungen, die sich beispielsweise aus europäischen Programmen oder landespolitischen Schwerpunkten ergeben, werden wiederum vom Verband an die Mitglieder herangetragen. Dies geschieht beispielsweise durch innovative Projekte auf regionaler, Landes-, Bundes- oder europäischer Ebene, mit deren Hilfe der VNB auch bildungspolitisches Agenda-Setting betreibt.

Ein Beispiel für solche Projekte ist das von der EU-Kommission im Rahmen des Programms für Lebenslanges Lernen (GRUNDTVIG-Lernpartnerschaften) geförderte Projekt „TOGETHER for Human Rights“[5]: In dem vom VNB koordinierten zweijährigen Modellprojekt mit Partnerorganisationen aus fünf europäischen Ländern wurden Erfahrungen, Methoden und neue Ideen aus und für Menschenrechtsbildung ausgetauscht, bewertet und verbreitet. Durch die Beteiligung von Personal aus den Mitgliedsorganisationen an transnationalen Aktivitäten konnte der VNB zu einem erweiterten Verständnis von Menschenrechtsbildung auf europäischer Ebene beitragen und zugleich Erfahrungen und neue Ideen mit den Mitgliedsorganisationen austauschen.

Ein anderes Beispiel ist der durch die „Bingo Umweltstiftung Niedersachsen“ und den Evangelischen Entwicklungsdienst „Brot für die Welt“ geförderte Wettbewerb

5 http://www.4humanrights.eu/

„Heute@Morgen".[6] Unter Federführung des VNB wurden Projektideen für nachhaltige Entwicklung ausgezeichnet, die von etablierten Vereinen ebenso wie von selbstorganisierten Jugendgruppen eingereicht werden konnten. Der VNB erhält durch derartige kampagnenartig durchgeführte Bildungsprojekte Impulse für neue Aktivitäten in der außerschulischen Jugendbildungsarbeit und fördert zugleich den Kontakt und die Vernetzung mit neuen bildungsinteressierten Gruppen und Initiativen.

Die Multifunktionalität und das vielfältige Aufgabenportfolio des VNB machen es erforderlich, dass die Beschäftigten über umfangreiche Kompetenzen verfügen und sich kontinuierlich weiterbilden. 1998 hatte sich der VNB im Zuge innerorganisatorischer Diskussionen zu Fragen der Qualitätssicherung als Lernende Organisation definiert. Ziel einer Lernenden Organisation ist es, das Wissenspotential seiner Beschäftigten zu vergrößern, um die Leistungsfähigkeit der Organisation zu steigern. Ein lernendes Unternehmen ist demzufolge „eine Organisation, die das Lernen sämtlicher Organisationsmitglieder ermöglicht und die sich kontinuierlich selbst transformiert." (Pedler et al. 1991, S. 60)

Ein geeignetes Qualitätsmanagementsystem kann der Anlass und die Form organisationalen Lernens sein und als Instrument der Organisationsentwicklung genutzt werden. Seit dem Jahr 2002 wird der VNB nach dem Qualitätsmanagement-System LQW® („Lernerorientierte Qualitätstestierung in der Weiterbildung")[7] testiert. Im Mittelpunkt steht dabei eine von der Organisation als Teil des Leitbilds festzulegende Definition von gelungenem Lernen, an der die Organisation ihr Handeln in allen Qualitätsbereichen ausrichtet. Als gelungenes Lernen wird im VNB die Vermittlung und Entwicklung von Handlungskompetenz sowie die Bereitschaft der Lernenden zur Übernahme von Verantwortung in individuellen und gesellschaftlichen Veränderungsprozessen verstanden.

In diesem Lernbegriff finden sich die ethischen und politischen Leitlinien der VNB-Bildungsarbeit[8] wieder, die in den vergangenen 30 Jahren weder innerhalb des VNB noch bei seinen Mitgliedern an Bedeutung verloren haben. Sie sind auch Grundlage der politischen Lobbyarbeit auf Landesebene. Diese erfolgt zum Teil mittelbar über die Beteiligung des VNB im Vorstand des nbeb, soweit es die Interessen der Landeseinrichtungen insgesamt betrifft. Darüber hinaus verfolgt der VNB die Interessenvertretung seiner Mitglieder durch die Mitarbeit in unterschiedlichsten Gremien und Arbeitsgemeinschaften von der lokalen bis zur europäischen Ebene

6 http://www.heute-morgen.info/

7 LQW-Homepage, im Internet unter http://www.artset-lqw.de

8 Selbstorganisiertes Lernen bei gesellschaftspolitischer Relevanz der Bildungsthemen, orientiert an ethischen Prinzipien der Selbstbestimmung, Emanzipation, Gewaltfreiheit und Solidarität, vgl. VNB 2012, S. 3

und die Mitgliedschaft in Fachverbänden, wie z. B. dem Paritätischen Wohlfahrtsverband Niedersachsen.

Strategien für ein zukunftsfähiges Bildungsnetzwerk

Verbände müssen stets in Kontakt mit den Interessen ihrer Mitglieder sein und diese mit den gesellschaftlichen Entwicklungen rückkoppeln. Für den VNB sind „gesunde Beziehungen" zu seinen Mitgliedsorganisationen von vitaler Bedeutung: Nur durch einen stetigen Austausch von Informationen und ihrer Bewertung kann sichergestellt werden, dass im Verband die Interessen der Mitgliedsorganisationen gewahrt bleiben und die über die Basis formulierten Bildungsansprüche umgesetzt werden. Gleichzeitig müssen Impulse, die sich aus bildungs- und gesellschaftspolitischen Entwicklungen ergeben, aufgenommen und gemeinsam mit den Mitgliedsorganisationen diskutiert werden.

Während viele seiner Mitgliedsorganisationen nach wie vor ehrenamtlich organisiert sind, beschäftigen andere ebenso wie der VNB hauptamtliches Personal. Einige Initiativen sind weiterhin in kleinem Rahmen regional aktiv, während andere sich zu Akteuren mittlerer Größe auf dem Bildungssektor entwickelt haben. Einige Organisationen fühlen sich nach wie vor ausschließlich den Zielen verpflichtet, die sie bereits in der Gründungsphase des Dachverbandes verfolgt haben, andere haben sich zu Bildungsanbietern mit umfangreichen Portfolios entwickelt. Hier gilt es sich auf die jeweiligen Bedürfnisse der Bildungspartner einzustellen, was ein erhebliches und stets aktuelles Wissen über ihre Strukturen und Erwartungen voraussetzt.

Bei der Weitergabe von finanziellen Mitteln nach dem NEBG im Modell der intermediären Bildungsfinanzierung ist der VNB wie oben beschrieben Gewährsträger zwischen dem Land Niedersachsen und den einzelnen Mitgliedern und Kooperationsgruppen als örtlichen Veranstaltern der VNB-Bildungsarbeit. Eine Änderung der öffentlichen Finanzierungsformen würde die Beziehungen zwischen dem Verband und seinen Mitgliedsorganisationen grundlegend beeinflussen. Für die Zukunft ist ein zunehmender Wechsel von der Angebotsfinanzierung hin zur Förderung des individuellen Bildungsbedarfs – z. B. durch Bildungsprämien oder Bildungssparen – denkbar. Ein solcher Wechsel wäre für viele Anbieter in der Erwachsenenbildung mit erheblichen Veränderungen in der Planung und Durchführung von Bildungsangeboten verbunden. Der VNB muss dafür Sorge tragen, dass die Finanzierung und die Tragfähigkeit seines Bildungsnetzwerks auch unter geänderten Voraussetzungen gesichert bleiben. Dabei steht das Interesse der Mitgliedsorganisationen an einer Umsetzung gesellschaftlich relevanter Bildungsangebote an zentraler Stelle.

Die Projektförderung aus Mitteln von Kommunen, des Landes, Bundes und der EU machen mittlerweile 38% des Haushaltsvolumens des VNB aus (vgl. VNB 2012, S. 22). Daraus wird ein erheblicher Teil des Personals im Verband finanziert. Zur Finanzierung eigener Stellen bei den Mitgliedern des VNB reichen die oben beschriebenen Fördermittel nach dem NEBG nicht aus, sodass die Mitgliedsorganisationen, die hauptamtliches Personal beschäftigen, ebenfalls auf die Akquise von Projekten zur Stellenfinanzierung angewiesen sind. Zwischen den Mitgliedern und dem Verband kann es dadurch zu Wettbewerbssituationen bei der Akquise von Drittmitteln kommen. Hier gilt es, die Grenzen des eigenen operativen Handelns zu definieren und einen Ausgleich zwischen Verbands- und Mitgliederinteressen herzustellen, z. B. durch die gemeinsame Durchführung von Kooperationsprojekten.

Die Interessen der Mitgliedsvereine werden formal über die Mitgliederversammlung als höchstem Organ des Verbandes vertreten, die den Vorstand wählt. Die zahlenmäßige Beteiligung der Mitgliedsorganisationen an den Versammlungen ist in den vergangenen Jahren zurückgegangen. Die Gründe dafür sind vielschichtig und reichen von mangelndem Interesse an den jeweiligen Themen über Zeitmangel bis hin zu kommunikativen Besonderheiten im VNB-Bildungsnetzwerk. So bedingt die Organisation von Bildungsveranstaltungen bereits einen hohen Anteil an regelmäßigem aktivem Austausch zwischen den Mitgliedsorganisationen und dem Verband. Die Passivität von Mitgliedern in der Gremienarbeit entspricht zudem einem allgemeinen Trend, der nicht zwangsläufig auf ein geringeres Interesse der Mitglieder an der Verbandsarbeit zurückzuführen ist (vgl. Alscher et al. 2009, S. 65). Hier ist es die Aufgabe des Verbandes, wichtige anstehende Entscheidungsprozesse transparent zu kommunizieren und nach Möglichkeiten zu suchen, unabhängig von den formalen Beteiligungsrechten der Mitglieder ihre Mitwirkung an den Willensbildungsprozessen im Verband sicherzustellen und zu fördern.

Die hier genannten Herausforderungen, denen sich der VNB stellen muss – Informationen bewerten, Impulse geben, Wissen managen, Finanzierung sichern, Interessen ausgleichen, Ziele definieren, Transparenz sichern – sind Ausdruck von Grundanforderungen an Verbände, die sich auch unter den Oberbegriffen Nachhaltigkeitsmanagement oder strategisches Management zusammenfassen lassen. Strategien dienen dazu, die langfristigen Ziele einer Organisation zu erreichen. Dabei bewegt sich nach Gmür das strategische Management von Nonprofit-Organisationen in einem Spannungsfeld zwischen zwei Polen: Auf der einen Seite stehen die Ziele der Stakeholder, auf der anderen die Ziele der Organisation selbst (vgl. Gmür 2009, S. 182). Übersetzt auf die interne Interaktion in Verbänden lässt sich das Spannungsfeld zwischen den Interessen der Mitgliedsorganisationen und des Verbandes wie folgt darstellen:

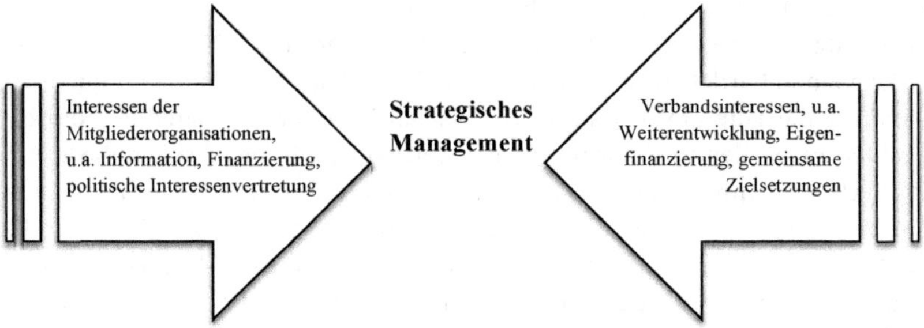

Abb. 2 Strategisches Management zwischen Verbands- und Mitgliedsinteressen

Eines der Hauptziele des strategischen Managements in einem Verband muss es daher sein, einen Ausgleich zwischen Verbands- und Mitgliederinteressen zu schaffen, in dem übereinstimmende Ziele identifiziert und gemeinsam verfolgt werden und dafür Sorge getragen wird, dass divergierende Ziele die gemeinsame Interessenssphäre nicht verletzen.

Viele Aspekte des strategischen Managements sind in den Qualitätsmanagement-Prozessen des VNB abgebildet, in dessen Rahmen regelmäßig sogenannte strategische Entwicklungsziele festgesetzt werden. Sie dienen der Zukunftssicherung, indem sie auf die Verbesserung der internen Kompetenzen des Verbandes abstellen (Innenbezug), und zwar um den Herausforderungen der Organisationsumwelt besser gewachsen zu sein (Außenbezug). Die Entwicklungsziele basieren auf systematischen Umwelt- und Organisationsanalysen. An der Festlegung der Ziele sind die VNB-Mitgliedsorganisationen mittelbar durch den Vorstand beteiligt, der an den obligatorischen Qualitätsworkshops teilnimmt.

Die Instrumente und Lösungsansätze, die im VNB im Innenbezug für die Schaffung eines Interessensausgleichs zur Anwendung kommen, basieren zum Teil auf den im Rahmen des Qualitätsmanagements eingeführten Prozesse und Instrumentarien. Aber auch bewährte Verfahren, die bereits vor der Einführung eines systematischen Qualitätsmanagements angewandt wurden, tragen dazu bei, die Erreichung der strategischen Organisationsziele zu unterstützen. Im Folgenden werden einige Ansätze erläutert, mit denen der VNB in den vergangenen Jahren u. a. versucht hat, die Kommunikation und Zusammenarbeit mit seinen Mitgliedern auch außerhalb der formalen Gremienarbeit lebendig zu gestalten und die Zukunftsfähigkeit des Verbandes nachhaltig zu sichern.

- Für die **Betreuung der Mitgliedsorganisationen und Kooperationsgruppen** werden diesen einzelne pädagogische MitarbeiterInnen des VNB nach regionalen oder thematischen Gesichtspunkten fest zugeordnet. Dadurch sind Vertrauensverhältnisse entstanden, die zum Teil seit Jahrzehnten Bestand haben. Dies ist insbesondere für ehrenamtlich Beschäftigte in kleineren Organisationen von großer Bedeutung. Die zuständigen pädagogischen MitarbeiterInnen des VNB sorgen durch regelmäßige Besuche für eine verlässliche und persönliche Kommunikation, was z. B. bei Fragen zu Planung und Durchführung von Bildungsveranstaltungen oder bei der Unterstützung von Maßnahmen der Personal- und Organisationsentwicklung hilfreich sein kann.
- **Bildungskampagnen** dienen primär der Verbreitung bestimmter Themen und sind oftmals auch mit dem Ziel der Gewinnung neuer Zielgruppen verbunden. Ein Beispiel ist die Kampagne „Politische Bildung macht aktiv“, mit der seit 2010 Impulse für die Zukunft der politischen Bildungsarbeit im VNB entwickelt werden. Im Rahmen dieses Sonderprogramms können VNB-Mitglieder und Kooperationsgruppen beim Verband Fördermittel für Projekte einwerben, die gezielt junge Menschen ansprechen, der Bestimmung politischer Inhalte mit Zukunftscharakter dienen und eine nachhaltige Wirkung entfalten. Primäres Ziel dieser Kampagnen ist die Akquise neuer Zielgruppen zu aktuellen Bildungsthemen. Sekundär werden über die Kampagnen aber auch Mitglieder aktiviert und in aktuelle bildungspolitische Entwicklungen eingebunden. So führt die gemeinsame Verfolgung der Kampagnenziele mittelbar zu einem Austausch von Informationen, Kompetenzen und Methoden zwischen Verband und Mitgliedsorganisationen.
- Ähnliche Effekte lassen sich auch mit anderen **Kooperationsprojekten** erzielen, z. B. bei der gemeinsamen Umsetzung von europäischen Bildungsprojekten zum lebenslangen Lernen, der Bildung für nachhaltige Entwicklung oder bei internationalen Freiwilligendiensten. Einige dieser Aktivitäten wurden an anderer Stelle bereits beschrieben. Wichtig ist, dass die Mitgliedsorganisationen aktiv in die Entwicklung und Umsetzung der Kampagnen und Projekte eingebunden werden und nicht nur als Unterstützungsressource genutzt werden, wie z. B. zur Beschaffung von Teilnehmenden für Veranstaltungen oder als Verbreitungsinstrument.
- Durch **Fortbildungen für haupt- und ehrenamtliche Beschäftigte** zu der Personal- und Organisationsentwicklung des Verbandes und seiner Mitgliedsorganisationen beizutragen, gehört zum Bildungsauftrag der Landeseinrichtungen

der Erwachsenenbildung. Gleichzeitig entspricht die fortlaufende Weiterbildung des Personals dem Anspruch des VNB als „Lernende Organisation". Definitionsgemäß wird Fortbildung im VNB als gemeinsames Lernen auf der Basis geteilter Erfahrungen verstanden. Da sowohl MitarbeiterInnen des Verbandes als auch aus den anderen Organisationen des Bildungsnetzwerks Fortbildungen besuchen, findet hier ein Erfahrungsaustausch zu gemeinsamen Fragestellungen und somit organisationales Lernen statt, das wiederum die Kommunikation zwischen VNB und seinen Mitgliedsorganisationen fördert.

- Seit 2001 finden im VNB regelmäßig **Befragungen der Mitgliedsorganisationen und Kooperationsgruppen** statt. Ein Hauptaugenmerk der Erhebung liegt in der Fragestellung, ob das Potential der Beteiligten im Bildungsnetzwerk optimal durch das aktuelle Angebot des VNB repräsentiert wird oder ob die inhaltliche Ausrichtung der VNB-Landeseinrichtung gegebenenfalls neu justiert werden muss. Die Befragungen umfassen u. a. folgende Themenbereiche: Was leisten die Vereine und Initiativen gemeinsam mit dem VNB in und für Niedersachsen? An wen richtet sich ihr Angebot? Für welche Inhalte stehen sie? Wo sind sie aktiv und mit welchen Ressourcen? Ein zweiter Schwerpunkt der Befragungen befasst sich mit der Beurteilung der Zusammenarbeit aus dem Blickwinkel der VNB-Mitgliedsorganisationen und Kooperationsgruppen. Hier werden unterschiedliche Aspekte wie Service, Kommunikation, Unterstützung und Beratung sowie der Ausbau der Zusammenarbeit evaluiert. Damit wird zugleich ein großer Teil der notwendigen externen Informationen für das Qualitätsmanagement im VNB erhoben. Die Durchführung und Auswertung der Befragungen erfolgt in der Regel durch Studierende, z. B. der Universität Hannover, in der Form eines Praktikums. Durch den Einsatz von Studierenden im Praktikum lassen sich die Befragungen ressourcenschonend und zu beiderseitigem Nutzen realisieren.

Dank der gewonnenen Daten können einzelne Themenbereiche quantitativ betrachtet werden. Darüber hinaus ist es möglich, verschiedene Hypothesen zum VNB-Bildungsnetzwerk – beispielsweise zur Bedeutung verschiedener Finanzierungsquellen für die Mitglieder und Kooperationsgruppen – zu überprüfen. Auf diese Weise können aus validen Primärdaten bildungspolitische Argumentationslinien und überprüfbare Thesen für die zukünftige Bildungsarbeit des VNB gewonnen werden. Die Befragungen finden mindestens in einem Turnus von drei Jahren statt und haben sich zu einem wichtigen Instrument der Zielüberprüfung und Evaluation entwickelt.

Die durchschnittliche Rücklaufquote bei den Befragungen ist mit ca. 75% sehr hoch. Diese hohe Quote kann als Indiz für das Interesse an einer aktiven

Zusammenarbeit und für eine hohe Identifikation der Mitgliedsorganisationen mit dem VNB gewertet werden. Die Befragungen können und sollen die formalen Entscheidungsfindungen in den Vereinsgremien nicht ersetzen, sie tragen jedoch in erheblichem Maße zu einer Entwicklung und Festlegung von tragfähigen strategischen Zielen des Verbandes für die Weiterentwicklung der Beziehungen zu den Mitgliedsorganisationen bei.

Resümee

Je größer die Heterogenität der Strukturen bei den Mitgliedsorganisationen, desto umfangreicher ist auch die Bandbreite der Interessen, die es in einem Verband auszugleichen gilt. Hier kann ein strategisches Management hilfreich sein, in dem die erforderlichen Schritte zum Ausgleich dieser Interessen vorgenommen sowie gemeinsame Ziele vereinbart und umgesetzt werden.

Die hier beispielhaft aufgeführten Maßnahmen und Instrumente haben sich im VNB als geeignet erwiesen, die Beziehungen zwischen Mitgliedsorganisationen und multifunktionalem Dachverband strategisch zu gestalten, mittel- bis langfristige Entwicklungsziele zu formulieren und so die innere Handlungskompetenz des Verbandes ebenso zu stärken wie die Gestaltungsfähigkeit nach außen. Die Beispiele sind dabei nicht an den Bildungssektor gebunden, sondern lassen sich auch auf Verbandsstrukturen in anderen Bereichen übertragen. Voraussetzung für einen Transfer sind organisationales Lernen und ein eingeführtes Qualitätsmanagementsystem.

Problematisch kann eine Operationalisierung von Informations- und Kommunikationswegen durch Methoden und Instrumente des Qualitätsmanagements dann sein, wenn sie die Kreativität des Diskurses zwischen Verband und Mitgliedsorganisationen behindert. Dazu kommt, dass sich „weiche" Kompetenzen wie gegenseitige Wertschätzung und respektvoller Umgang der Beteiligten untereinander kaum formalisieren lassen. Die Instrumente sind daher regelmäßig auf ihre Wirksamkeit zu überprüfen und es ist darauf zu achten, dass die beteiligten Personen mit ihren Kompetenzen und Erfahrungen im Fokus der Aktivitäten bleiben. Das eigene Qualitätsmanagement sollte von den Beteiligten in einer Weise eingeführt und gelebt werden, dass es nicht als bloße „Pflichtübung" zum Nachweis bestimmter vorzuhaltender Qualitätsmerkmale missbraucht wird. Es sollte vielmehr aktiv genutzt werden, um Ziele zu formulieren, Entwicklungen zu dokumentieren und zu bewerten, und gemeinsam die Beziehungen untereinander und in der Umwelt des Verbandes und seiner Mitgliedsorganisationen zu gestalten.

Für zukünftige Herausforderungen gewappnet zu sein, ist eines der Hauptziele strategischen Managementhandelns. Die Beobachtung und Analyse von Veränderungen politischer, wirtschaftlicher und gesellschaftlicher Rahmenbedingungen, Wettbewerbsstrukturen oder Kundenwünschen, aber auch von neuen Anforderungen und Strukturen in den Mitgliedsorganisationen gehört daher zu den zentralen Aufgaben des VNB. Hier ist es hilfreich, durch regelmäßige und systematische Verfahren die Entwicklungen bei den Mitgliedern und im Dachverband zu dokumentieren und gemeinsam zu bewerten. Aus diesen Informationen lassen sich gesicherte Erkenntnisse für zukünftige Herausforderungen ableiten.

Zusätzlich zu einem strategischen Management der Verbandsaktivitäten kann es sinnvoll sein, zentrale Herausforderungen gesondert zu thematisieren und zu bearbeiten, um so zu gemeinsamen Standpunkten zu gelangen. Der VNB führt dazu in größeren Abständen gemeinsam mit Mitgliedsorganisationen, aber auch mit anderen Stakeholdern des Verbandes, Fachkonferenzen durch. Anlass können z. B. strukturelle Weichenstellungen oder wichtige politische und soziale Entwicklungen sein. Ziel solcher Fachkonferenzen ist es, Personen aus verschiedenen Interessensbereichen des VNB an diesen Veränderungsprozessen zu beteiligen, Perspektiven für die Bildungsarbeit in den Folgejahren zu entwickeln und erste Schritte zur Umsetzung einzuleiten. Im Januar 2014 wurde dazu eine verbandsinterne Perspektivkonferenz durchgeführt, in der es u. a. um die Verbandsentwicklung, die Zukunft der Finanzierung der Erwachsenenbildung und die Auswirkungen des demographischen Wandels auf die Bildungsarbeit ging.

Der VNB hat sich bereits in einem frühen Stadium seiner Entwicklung an den Prinzipien einer lernenden Organisation ausgerichtet, fördert mit seinen strategischen Maßnahmen ein aktives, praxisorientiertes Lernen aller haupt- und ehrenamtlich Beschäftigten im Verband und in den Mitgliedsorganisationen und setzt dabei auf Partizipation und Transparenz in der Kommunikation zwischen allen Beteiligten. Mit den hier vorgestellten Strategien und Instrumenten zur professionellen Verbandsarbeit sieht sich der VNB in seinem Bildungsnetzwerk für die Zukunft gut gewappnet.

Literatur

Alscher M, Dathe D, Priller E, Speth R (2009) Bericht zur Lage und zu den Perspektiven des bürgerschaftlichen Engagements in Deutschland. BMFSFJ, Berlin

Argyris C, Schön D (1999) Die lernende Organisation. Klett-Cotta, Stuttgart

Dudeck A (1991) Selbstorganisierte Bildungsarbeit im Wandel. In: Roth R, Rucht D (Hrsg) Neue soziale Bewegungen in der Bundesrepublik Deutschland. Bundeszentrale für politische Bildung, Bonn, S. 316-333

Gmür M (1999) Strategisches Management für Nonprofit-Organisationen. In: Nährlich S, Zimmer A (Hrsg) Management in Nonprofit-Organisationen. Eine praxisorientierte Einführung. Leske + Budrich, Opladen, S. 177-200

NEBG: Niedersächsisches Erwachsenenbildungsgesetz vom 17. Dezember 1999 (Nds. GVBl. S. 430), zuletzt geändert durch Artikel 1 des Gesetzes vom 23. November 2004 (Nds. GVBl. S. 508)

Pedler M, Boydell, T, Burgoyne J (1991) Auf dem Weg zum Lernenden Unternehmen. In: Sattelberger T (Hrsg) Die lernende Organisation – Konzepte für eine neue Qualität der Unternehmensentwicklung. Springer, Wiesbaden, S. 57-65

Raschke J (1985) Soziale Bewegungen. Ein historisch-systematischer Grundriss. Campus, Frankfurt

VNB (2008) VNB-Bildungsinitiativen – 25 Jahre für Niedersachsen: Jubiläumsbroschüre zum 25jährigen Bestehen des VNB. Hannover

VNB (2012) VNB-Geschäftsbericht 2012. Das Ziel ist die Gruppe – Peer Education und Zielgruppenorientierung. Hannover

Zukunftsfähige Strukturen schaffen

Interview mit Anne Dudeck[1]
(Verein Niedersächsischer Bildungsinitiativen)

Der VNB ist ein gemeinnütziger Träger der Erwachsenenbildung nach dem niedersächsischen Erwachsenenbildungsgesetz. Die durch das Land geförderte Bildungsarbeit findet in Zusammenarbeit mit rund 200 Kooperationsgruppen statt, von denen knapp 50 die Mitgliedschaft des VNB bilden. Viele Mitgliedsgruppen bieten auch politische Bildungsarbeit außerhalb des VNB und unabhängig von Landesförderung an. Nach über 30 Jahren seines Bestehens steht der Verein vor einem Führungswechsel: Sowohl die Mitgründerin und Vorsitzende Anne Dudeck als auch der langjährige Geschäftsführer Hans Weinert werden in den kommenden Jahren ihre Ämter aufgeben. Für den Verein stellt sich damit die Frage, ob die gegenwärtige Leitungsstruktur noch den Bedürfnissen und Anforderungen eines landesweit tätigen, hoch professionalisierten Trägers der Erwachsenenbildung entspricht. Im Interview gibt Anne Dudeck Einblicke in die Entwicklung des Vereins und die aktuelle Diskussion um eine zukünftige Leitungsstruktur.

Können Sie kurz umreißen, wie der VNB organisiert ist und wie er arbeitet?

Wir haben eine Landesgeschäftsstelle in Hannover und drei regionale Geschäftsstellen. In den Geschäftsstellen arbeiten zusammen rund 50 Beschäftigte. Es gibt eine Kernbelegschaft, die aus den Landesgeldern für die Erwachsenenbildung finanziert wird. Daneben gibt es MitarbeiterInnen, die in Landes-, Bundes- oder in EU-Projekten tätig sind. Dies sind größtenteils befristete Stellen, da sie von Projektfinanzierung abhängig sind. Aus der Kernbelegschaft ist in jedem Büro mindestens eine Person für die Verwaltung zuständig, teilweise auch mehrere,

1 anne.dudeck@vnb.de

wobei der Verwaltungsaufwand für die Abrechnung der Bildungsarbeit und auch die Personalverwaltung zugenommen hat. Daneben gibt es pädagogisches Personal, das unsere Bildungsangebote organisiert und teilweise auch durchführt.

Die Mitglieder des VNB sind Vereine, da nur juristische Personen Mitglied werden können. Um Kontinuität zu gewährleisten, legen die Vereine Personen fest, die sie auf der Mitgliedsversammlung vertreten. Die Mitgliederversammlung ist das höchste Organ. Neben den hauptamtlich geführten Geschäftsstellen haben wir einen dreiköpfigen Vorstand sowie von Anfang an einen Betriebsrat.

Insgesamt hat die Arbeit eine hohe Kontinuität: Es gibt kaum Austritte und Eintritte. Die Zusammenarbeit läuft stark über die regionalen Geschäftsstellen und findet in direkten Gesprächen mit den Veranstaltern statt.

Es gibt also eine hohe Kontinuität – aber gab es in der Geschichte des Vereins auch schon größere Umbrüche?

Vor etwas mehr als zehn Jahren gab es einen großen Umbruch. Dieser hatte zwei Auslöser: Zum einen bildungs- und finanzpolitische Veränderungen in Niedersachsen seitens der damaligen rot-grünen Landesregierung, die mit dem Stempel der „Finanzautonomie" neue Steuerungsinstrumente und eine andere Form der Finanzierung im Bildungsbereich eingeführt hat. Letztlich bedeutete das, dass wir mit weniger Geld auskommen mussten. Zum zweiten hat relativ zeitgleich unser damaliger Geschäftsführer, der auch den VNB mitaufgebaut hat, sehr kurzfristig aufgehört. Damit war der Vorstand gefordert, den „Laden" aufrecht zu erhalten, obwohl die Vorstandsmitglieder in anderen beruflichen Kontexten vollzeitbeschäftigt waren. Wir haben ein gutes halbes Jahr gesucht, bis wir eine neue Geschäftsführung einstellen konnten, die sehr viel Erfahrung in unterschiedlichen Organisationen hatte und in diesem Bereich geforscht hat.

Wir waren gemeinsam gefordert, den VNB umzustrukturieren, da wir mit der neuen Finanzierung in Form eines Gesamtbudgets unseren Personalstand nicht halten konnten. Das ging praktisch allen Trägern in Niedersachsen so, von der evangelischen Erwachsenbildung bis zu den Volkshochschulen. Wir mussten Personal reduzieren und regionale Büros schließen und – was man im Bildungsbereich nicht gern hört – „unternehmerische Entscheidungen" treffen. Auf der Mitgliederversammlung wurde das sehr kontrovers diskutiert – wir haben die Umstrukturierung vorgenommen, inklusive betriebsbedingter Kündigungen, Sozialplan und rechtlicher Begleitung.

Inwiefern hat sich die Arbeit des Vereins durch das neue Steuerungsmodell auch dauerhaft verändert?

Von Seiten des Landes haben sich nicht nur die Abrechnungsmodi verändert, sondern es ist auch die gesetzliche Auflage eines Qualitätsmanagements dazugekommen. Dadurch wird u. a. gesteuert, welche Formen von Erwachsenenbildung aus Landesmitteln finanziert werden. Wir müssen entsprechend die Angebote der einzelnen Kooperationsgruppen betrachten und überlegen, was sie davon mit dem VNB machen. Hierbei ist wichtig zu wissen, dass die Mitglieder oft aus politischen Kontexten kommen, sei es nun Anti-AKW- oder Frauenbewegung. Unsere Wurzeln sind in der politischen Bildung, die wir nach wie vor als wichtig und notwendig erachten. Inzwischen gibt es Vereinbarungen zwischen den Trägern und dem Ministerium, wie die Mittel verteilt werden – die verschiedenen Formen von Bildungsarbeit werden faktorisiert: Es gibt für die eine Bildungsarbeit pro Unterrichtsstunde mehr als für die andere. In welchem Umfang wir als VNB landesgeförderte Bildungsarbeit machen können und wie sich das auf allgemeine Bildung und politische Bildung und weitere Faktoren verteilt, ist davon abhängig, was seitens der Geschäftsführung auf Landesebene verhandelt werden kann.

Zudem gibt es eine jährliche Überprüfung durch das Land.

Gegenwärtig wird im VNB diskutiert, die Leitungsebene umzustrukturieren. Aus welchen Gründen? Was löst den Veränderungsdruck aus?

Es sind zwei Punkte: Erstens findet ein so genannter Generationenwechsel statt. Unsere Verwaltungsleiterin hat die Möglichkeit des Vorruhestands wahrgenommen, unser Geschäftsführer wird in absehbarer Zeit folgen. Wir haben im Vorstand beschlossen, dass wir die Verwaltungsleitungsstelle in dieser Form nicht mehr brauchen: Sie ist historisch gewachsen, aber nicht zukunftsfähig. Zweitens gibt es schon länger eine Auseinandersetzung, inwieweit die jetzige Struktur noch zeitgemäß ist, wenn der Vorstand im gesamten Land Niedersachsen verteilt ist, aber letztendlich die Entscheidungsvollmacht und nach Vereinsrecht die Haftung hat: Der Geschäftsführer hat zwar Vollmachten, aber letztendlich muss der Vorstand Entscheidungen fällen. Das geht jetzt ganz gut, weil wir ein hohes Vertrauen zueinander haben. Aber eigentlich müssten wir den Vorstand näher an die Entscheidungen bringen.

Also diese Struktur funktioniert bisher eigentlich reibungslos, weil es eine gute Vertrauensbasis gibt. Aber dann kommen neue Leute…

Aber bevor neue Leute kommen, fragen wir: Wollen wir eigentlich diese Struktur? Und wie werden die Strukturen ein bisschen unabhängiger von vertrauensvoller

Zusammenarbeit? Obwohl ich denke: Wenn kein Vertrauensverhältnis da ist, können die Strukturen das nicht einfach auffangen – es hängt immer ab von den Menschen, die darin agieren, aber trotzdem muss man sicherstellen, dass die Strukturen so sind, dass sie den Menschen ermöglichen, miteinander zielorientiert zu kommunizieren. Und der andere Punkt ist, dass der Vorstand eben nach Vereinsrecht haftet, und dass die, die haften, teilweise so weit weg vom operativen Geschäft sind. Es gibt also eine Art strukturelle Distanz zwischen Vorstand und Geschäftsführung und es funktioniert, weil es eine personenbezogene Nähe gibt.

Was sind für den VNB die Alternativen, um dieses Problem anzugehen?

Zunächst: Wir bleiben Verein. Wir haben auch diskutiert, eine gemeinnützige GmbH zu gründen oder Ähnliches. Aber die Rechtsform des Vereins entspricht auch dem, was uns ausmacht. Aber wir werden einen hauptamtlichen geschäftsführenden Vorstand einrichten, der in der Landesgeschäftsstelle kontinuierlich anwesend ist. Wir wollen nur noch höchstens zwei Vorstandsmitglieder. Daneben werden wir einen Aufsichtsrat haben, der zum Teil von den Mitgliedern gewählt wird und der den Vorstand einsetzt.

Ein wichtiger Aspekt ist dabei: Aus der Perspektive der Beschäftigten und insbesondere der Geschäftsleitung ist es sehr verunsichernd, davon abhängig zu sein, wen die Mitgliederversammlung ihnen als Vorstand „vor die Nase setzt", und alle zwei Jahre aufs Neue nicht zu wissen, wer zukünftig über ihr Wohl und Wehe entscheidet. Hier soll die neue Struktur einen Unsicherheitsfaktor minimieren. Der Vorstand wird weiter die Entscheidungen fällen, aber nicht mehr über die Mitgliedsversammlungen gewählt werden, sondern über den Aufsichtsrat eingesetzt werden.

Haben Sie auch andere Modelle diskutiert und was waren deren Stärken und Schwächen?

Wir haben uns bei unterschiedlichsten Nonprofit-Organisationen umgesehen. Aber nachdem klar war, dass wir die Vereinsstruktur belassen, sind wir relativ schnell zu dieser Form gekommen. Wir haben uns eher intensiv damit beschäftigt, was die Stärken und Schwächen unserer bisherigen Struktur sind. Auf einer Klausurtagung sind wir mit den Geschäftsstellenleitungen zu den wesentlichen Punkten gekommen und dann wurde sehr schnell klar, dass wir den Vorstand und das operative Geschäft stärker zusammenbringen müssen. Und es war auch sehr klar, dass wir keine betriebliche Umorganisation machen – wir verändern nur die Vereinsstruktur. Wir machen keine Büros zu. Bei den Beschäftigten verändert sich nichts, nur auf der obersten Ebene der hier Tätigen, zum Beispiel bei den Geschäftsstellenleitungen. Wir werden da mit der neuen Geschäftsordnung der Leitungskonferenz noch ein bisschen hakeln. Dort sitzen die regionalen Geschäftsstellenleitungen zusammen mit dem Geschäftsführer und dem Zuständigen für das Qualitätsmanagement. Die letztendliche Personalverantwortung und andere wichtige Entscheidungen werden aber ganz klar beim Vorstand liegen. Ein wichtiger Aspekt dabei ist: Es gibt immer auch eine strukturelle Konkurrenz zwischen den Geschäftsstellen, vor allem, wenn das Geld knapper wird: Welcher Vertrag wird verlängert? Welche Auszubildende wird übernommen? Wo wird ein Projekt noch weitergeführt? Wo wird eine Stelle entfristet? Daher haben wir gesagt, dass wir nach wie vor ein Modell haben müssen, in dem die drei Geschäftsstellenleitungen eng mit dem hauptamtlichen Vorstand zusammenarbeiten. Die jeweiligen Aufgaben werden derzeit diskutiert und es wird eine neue gemeinsam erarbeitete Geschäftsordnung für dieses Gremium – die Leitungskonferenz – geben.

Gab es denn von irgendeiner Seite Argumente gegen dieses Modell?

Nein. Es ging auf der Betriebsversammlung immer nur um die Frage: Was hat das für Auswirkungen auf mich? Wie werde ich beteiligt? Wir hatten auf der Mitgliederversammlung eine sehr offene und ehrliche Diskussion. Die, die sich an der Diskussion stark beteiligt haben, sind kritisch unterstützend und das war auch sehr hilfreich.

Wenn Sie jemanden beraten sollten, der vor der Aufgabe steht, einen Verband umzustrukturieren: Gibt es Essentials – Dinge, die man unbedingt beachten sollte oder was man auf jeden Fall vermeiden sollte?

Ich finde, wir haben ganz am Anfang einen Fehler gemacht: Wir haben den Begriff „Strukturveränderung" benutzt. Das war einfach falsch, weil das aufgrund unserer Geschichte Unwohlsein hervorgerufen hat. Wir dachten nur: „Strukturentwicklung, Strukturveränderung – super". Da ziehe ich als Konsequenz heraus, vorher zu überlegen, mit welchen Begrifflichkeiten man arbeitet, denn das Wort „Veränderung" löst Ängste aus.

Ein anderer Punkt ist, den Spagat hinzubekommen zwischen dem Informieren des Betriebes und der Vereinsmitglieder und der Notwendigkeit, als Vorstand eigenständig denken und arbeiten zu können, ohne immer alles gleich zu erzählen. Hilfreich war eine Fortbildung zu Changemanagement, die die Vorstandsmitglieder zusammen gemacht haben. Das war sehr zeitaufwendig, aber eine gute Sache, weil wir diese Tage sehr intensiv genutzt haben, um uns auszutauschen und ein Stück weit Klarheit zu kriegen. Gerade in einer Nonprofit-Organisation, die intern hohe Beteiligungswünsche hat, ist es wichtig, auch einmal zu sagen: „Wir nehmen uns diesen Raum und müssen für uns überlegen – wir machen nichts gegen euren Willen, aber lasst uns doch auch mal Ruhe!".

Der dritte Punkt, den ich als Konsequenz daraus ziehe, ist, offen zu sein für die Erfahrung anderer: Wir haben uns über die Erfahrung anderer in vergleichbaren Situationen informiert und sind auch mit anderen in direkte Gespräche getreten, um Erfahrungen auszutauschen.

Und viertens ist eine parallele Rechtsberatung irgendwann sinnvoll: Kannst du das, was du da im Sinn hast, rechtlich überhaupt umsetzen?

Blicken wir zum Abschluss in die Zukunft: Was erhoffen Sie sich, wie der VNB in zehn Jahren aussieht?

Ich wünsche, dass es weiterhin gelingt, die Erwachsenenbildung als eigenständigen Bildungsbereich zu erhalten. Niedersachsen hat immer noch eine Vorbildfunktion – diese Form von Erwachsenenbildungsgesetz hat kein anderes Bundesland. Die Gelder werden knapper – es wäre wichtig, dass die Erwachsenenbildung auch mit ihren vielfältigen Angeboten zwar gute Kooperationen mit anderen Bildungsträgern eingeht, aber ein eigenständiger Bereich bleibt. Der zweite Punkt, den ich mir wünsche, ist, dass gerade wir als VNB auch nach wie vor für politische Bildungsarbeit stehen, die nicht immer unbedingt ins vorgegebene Schema passt.

Interview: Thorsten Hallmann

Die NaturFreunde Häuserverwaltungs GmbH Baden-Württemberg

Bernhard Hametner[1]

Abstract

Viele traditionsreiche Vereine und Verbände stehen heute durch demographische Entwicklungen, durch ein neuartiges Konsum- und Freizeitverhalten und durch veränderte Formen des gesellschaftlichen Engagements vor existentiellen Problemen. Zunehmend haben sie Schwierigkeiten, ausreichend Mitarbeiter für all die Aufgaben zu finden, die früher von den Mitgliedern ehrenamtlich übernommen wurden. Eine besondere Herausforderung ist diese Entwicklung für diejenigen Organisationen, die Immobilien oder vergleichbar arbeitsintensiven Besitz zu verwalten haben. Im Folgenden soll anhand der NaturFreunde Häuserverwaltungs GmbH dargestellt werden, wie eine mögliche Lösung dieses Problems aussehen kann. Diese Gesellschaft wurde gegründet, um die Ehrenamtlichen in der Verwaltung der Naturfreundehäuser in Baden-Württemberg zu unterstützen und die Bewirtschaftung der Häuser zu professionalisieren. Ein Aufsichtsrat aus Verbandsmitgliedern stellt als Kontrollorgan sicher, dass diese neue Betriebsform weiterhin mit den Idealen der Naturfreundebewegung in Einklang steht. Diese Lösung gibt den Mitgliedern Raum, wieder verstärkt die eigentlichen Ziele und Themen des Verbandes in den Fokus ihres Engagements zu rücken.

Keywords

Freizeitvereine • Engagementsentwicklung • demographische Entwicklung • Professionalisierung • Naturfreunde

---

1 von 2010 bis 2012 Jugendbildungsreferent der Naturfreundejugend Württemberg

Wie viele andere Vereine und Verbände des ausgehenden 19. Jahrhunderts gehört die Naturfreunde-Bewegung zu den Vertretern der so genannten „Klassischen Moderne" des Dritten Sektors. Zu den wesentlichen Merkmalen der zu dieser Zeit gegründeten Organisationen gehört, dass sie sich vor allem über ihre Zugehörigkeit zu bestimmten soziologischen Milieus definieren. In diesem Zusammenhang sind die Naturfreunde ein klassisches Beispiel für die politisch links stehenden und sozialdemokratienahen Freizeitvereine des ausgehenden 19. Jahrhunderts (vgl. Tietzen 2011, S. 90ff.). Wie fast alle zu jener Zeit gegründeten Organisationen stehen auch die Naturfreunde heute, in einer Zeit, die durch ein Wegbrechen der klassischen Sozialmilieus und durch zunehmende Individualisierung gekennzeichnet ist, vor der Problematik eines altersbedingten Mitgliederschwundes. Durch das Fehlen der ursprünglich einmal angesprochenen Milieus bleiben auch die Eintritte neuer Mitglieder in die Verbände zunehmend aus (vgl. Backhaus-Maul et al. 2012, S. 5). Für die Vereine stellt sich damit das Problem, die alten Werte und gesellschaftlichen Ideale, aus denen heraus sie einst gegründet wurden, weiterhin zu verfolgen und trotzdem für Menschen attraktiv zu sein, die keine ideologische Nähe zu den historischen Wurzeln der einzelnen Organisationen haben.

Dieses Phänomen ist keinesfalls neu, und viele Vereine haben interessante Lösungen gefunden, diesen Zwiespalt zwischen Mission und Moderne zu überbrücken und die alten Werte mit einem neuen und zukunftsfähigen Konzept zu verbinden. Im Falle der Naturfreunde hat diese Problematik jedoch noch eine zusätzliche Dimension: Um eines seiner zentralen Ziele erreichen zu können, baute der Verband in seiner Blütezeit zahlreiche der bekannten Naturfreundehäuser. Diese waren zumeist in landschaftlich schönen und für den Tourismus attraktiven Gegenden gelegen und sollten Urlaubern, Wanderern und Reisenden einfache und günstige Beherbergungs- und Übernachtungsmöglichkeiten zur Verfügung stellen. Inhaber dieser Häuser, von denen es heute etwa 450 in Deutschland und rund 130 in Baden-Württemberg gibt, sind zumeist die in eigenständigen Vereinen organisierten Ortsgruppen. Bewirtet werden sie häufig von ehrenamtlich aktiven Vereinsmitgliedern, vereinzelt werden sie auch durch festangestellte Teilzeitkräfte oder durch externe Pächter betrieben.

Viele dieser selbstständigen Ortsgruppen sind heute infolge abnehmender Mitgliederzahlen von der Auflösung bedroht. Diese demographische Entwicklung beinhaltet für die Landesverbände als Dachorganisationen ein existentielles Problem: In vielen Vereinssatzungen der Ortsgruppen ist vorgesehen, dass im Falle ihrer Auflösung ihr komplettes Vermögen und damit auch ihr Immobilienbesitz an den jeweiligen Landesverband fällt. Da jedoch viele der Häuser aufgrund ihres Alters, ihrer Lage und des Zustandes ihrer Bausubstanz nicht mehr profitabel zu bewirtschaften sind, haftet der Landesverband mit seinem kompletten Vereinsvermögen für die finanziellen Risiken, die diese Häuser in sich bergen.

Um dieses Haftungsrisiko zu mindern, wurde im März 2013 die mit der Verwaltung von Naturfreundehäusern beauftragte NaturFreunde Häuserverwaltungs GmbH Baden-Württemberg gegründet. Diese GmbH, deren alleinige Gesellschafter der badische und der württembergische Landesverband der Naturfreunde sind, hat die Aufgabe, die Ortsgruppen und Landesverbände in allen Fragen des Betriebes ihrer Naturfreundehäuser zu beraten und bei Bedarf auch die komplette Verwaltung einzelner Häuser zu übernehmen. Die Häuser bleiben im Eigentum des Verbandes, aber der Betrieb wird professionalisiert und falls nötig aus dem ehrenamtlichen Kontext gelöst. Zugleich trägt diese Gesellschaft das betriebswirtschaftliche Risiko, das die Häuser mit sich bringen, und schützt so das Vermögen der beteiligten Landesverbände.

Die Naturfreunde-Bewegung

Die internationale Naturfreunde-Bewegung geht auf eine Initiative des Wiener Lehrers Georg Schmiedl zurück. Dieser schaltete im März 1895 in der sozialdemokratischen Wiener Arbeiterzeitung eine Annonce, in der er „Naturfreunde [...] zur Bildung einer touristischen Gruppe“ (vgl. Naturfreunde Internationale 2005, S. 19) einlud. Wenige Tage später wurde von rund 30 interessierten Personen in einer konstituierenden Sitzung der Verein „Die Naturfreunde“ gegründet.

Schmiedl, ein begeisterter Wanderer und Naturliebhaber, wollte mit seiner Initiative dazu beitragen, den Angehörigen der Arbeiterklasse unter der Wiener Stadtbevölkerung die Natur näher zu bringen. Der Aufenthalt in der Natur zu Freizeitzwecken war bis zu diesem Zeitpunkt eher eine Beschäftigung der gehobenen Gesellschaftsschichten, und auch vergleichbare Touristikvereine waren in ihrer Ausrichtung deutlich bürgerlich geprägt. Den unteren Schichten und insbesondere denjenigen Personen, die politisch der Sozialdemokratie nahestanden, waren diese Vereinigungen zumeist verschlossen. Dieser Mangel an speziell an die Arbeiterklasse gerichteten naturnahen Touristikangeboten, um „gemeinsam nach aller Tageslast und -mühe in frohem Wandern alles Niederdrückende zu vergessen“ (zit. nach SPD-Ortsverein Nürtingen 1989, S. 122), sollte durch die Gründung der Naturfreunde behoben werden.

Die Idee fand schnell auch über die Grenzen Wiens und Österreich-Ungarns hinaus Anklang. Im Jahr 1900 wurde in Graz die zweite Naturfreundegruppe gegründet. 1905 wurde die Bewegung durch lokale Gruppen in Zürich und München international. In den Folgejahren ging die Expansion vor allem im Alpen- und im Balkangebiet weiter. Hatte der Verband am Ende des Gründungsjahres noch 191 Mitglieder, so wuchs diese Zahl bis zum Jahr 1925 auf 138.400 Personen an. Zu dieser Zeit waren die Naturfreunde in den meisten Ländern Europas und in den USA mit Ortsgruppen und Landesverbänden vertreten (vgl. Naturfreunde Internationale 2005, S. 25).

Ebenso schnell wie die Mitgliederzahlen entwickelten sich die Arbeitsbereiche des Verbandes. Als Haupttätigkeitsfelder etablierten sich Skifahren, Bergsteigen und Wandern. Neben diesen Schwerpunkten ist der Verband bis heute in zahlreichen weiteren Feldern aktiv. Ein weiterer Kernbereich wurde die Betreuung der bekannten Naturfreundehäuser, die bis heute den wichtigsten Wiedererkennungswert des Verbandes ausmachen. Bis zum Jahr 1929 wurden weltweit 490 dieser Häuser gebaut. Die Bauherren waren zumeist einzelne Ortsgruppen, in seltenen Fällen auch einzelne Landes- oder Bundesverbände. Oft sind die Naturfreundehäuser in touristisch attraktiven Gegenden gelegen, oder sie dienten den jeweiligen Ortsgruppen als in den Naherholungsgebieten gelegene Vereinsheime. In vielen der Häuser ist es Mitgliedern und Nichtmitgliedern bis heute möglich, relativ kostengünstige Übernachtungsmöglichkeiten in schlichten Mehrbettzimmern in Anspruch zu nehmen. Vor allem in einer Zeit, in der Wander- und Erholungsgebiete noch nicht für jedermann in Tagesausflügen erreichbar waren, leisteten diese Häuser einen wichtigen Beitrag dazu, Menschen einen Aufenthalt in der Natur und in den Bergen zu ermöglichen. Zugleich stellten und stellen die Häuser ein wichtiges integratives Moment für den Verband dar. Hier treffen Mitglieder aus den unterschiedlichen Ortsgruppen aufeinander und können so auch außerhalb der Landeskonferenzen einen kontinuierlichen Kontakt untereinander pflegen und sich über aktuelle Themen austauschen.

Als eine politisch links stehende Organisation wurden die Naturfreunde in Deutschland bereits 1933 verboten. In der weiteren Ausbreitung des nationalsozialistischen Herrschaftsbereiches erstreckte sich dieses Verbot auch auf alle im Kriegsverlauf besetzten oder kollaborierenden Länder Europas. Nach Kriegsende gab es nur noch in der Schweiz und in den USA Landesverbände. Schon 1945 wurden in einzelnen Ländern die alten Kontakte neu belebt und die ersten Landesverbände zum zweiten Mal gegründet. Bis Ende der 1950er Jahre hatten die Naturfreunde weltweit wieder über 180.000 Mitglieder und 500 verbandseigene Häuser. In Europa hatte der Verband zu diesem Zeitpunkt sein Mitglieder- und Aktivitätszenit erreicht, außerhalb Europas ging das Wachstum weiter. Heute haben die Naturfreunde weltweit rund eine halbe Million Mitglieder in 46 Ländern und gehören zu den weltgrößten Umweltschutzverbänden.

Die Naturfreundehäuser als Problemkind

Zur Realisierung des Ziels, der städtischen Arbeiterklasse den Zugang zu unmittelbaren Naturerfahrungen zu ermöglichen, bauten zahlreiche Naturfreundegruppen in Eigenregie und unter einem hohen Arbeits- und Finanzaufwand die bekannten Naturfreundehäuser. Insbesondere in Süddeutschland und Österreich sind sie stark verbreitet. Sie befinden sich zumeist im Eigentum der jeweiligen Ortsgruppen, einige wenige gehören auch den Landes- oder Bundesverbänden. Betrieben werden die Häuser überwiegend von ehrenamtlichen Mitgliedern der jeweiligen Ortsgruppe. Einzelne Häuser werden auch durch hauptamtliche Kräfte oder durch externe Pächter geführt. In allen Fällen ist der Betrieb und der Unterhalt eines solchen Hauses mit einem hohen Arbeitsaufwand oder, im Falle einer Verpachtung, mit einem hohen Bedarf an betriebswirtschaftlichen und rechtlichen Kenntnissen verbunden.

Damit war das Eigentum eines solchen Hauses schon in den Zeiten, als der Verband noch nicht unter der aktuellen Überalterung und dem damit verbundenen Mitgliederschwund litt, eine gewisse Belastung für die jeweiligen Eigentümer. Heute ist für viele Ortsgruppen ein angemessener Betrieb der Häuser fast nicht mehr zu leisten (vgl. NaturFreunde Baden 2012, S. 2). In vielen Fällen sind die Mitglieder an bis zu zwei Wochenenden im Monat mit dem sogenannten Hausdienst beschäftigt. Dieser beinhaltet das komplette Bewirtschaften eines Hauses, von dem morgendlichen Servieren eines Frühstückes an eventuelle Übernachtungsgäste bis zu dem Beherbergen von Abendgesellschaften und Stammtischrunden und der anschließenden Endreinigung. Für diese hohe Arbeitsbelastung lassen sich heute immer weniger Mitglieder finden. Daneben besteht die Gefahr, dass potentielle Neumitglieder durch solche zeitaufwendige Verpflichtungen abgeschreckt werden.

Daneben machen sich in den Naturfreundehäusern die Veränderungen des inländischen Urlaubsverhaltens bemerkbar. Einfache Gruppenunterkünfte werden immer weniger als Übernachtungseinrichtungen von Individualreisenden nachgefragt, wodurch der betriebswirtschaftlich sinnvolle Betrieb von Naturfreundehäusern zunehmend erschwert wird. Heute dienen diese Häuser nicht mehr in erster Linie als Unterkünfte für Touristen, sondern eher als Gaststätten für Tagesausflügler, Spaziergänger und geschlossene Gesellschaften.

Da es sich bei den Häusern um einen Immobilienbesitz handelt, benötigen sie trotz dieser rückläufigen Nachfrage permanente Investitionen in notwendige Instandhaltungsarbeiten, Modernisierungen und Grundsteuern. Insbesondere dieser finanzielle Aspekt ist es, der für die Landesverbände problematisch wird: Fallen die Naturfreundehäuser nach der Auflösung einzelner Ortsgruppen an einen Landesverband, so steht dieser auch in der Pflicht, die anfallenden Kosten zu tragen. Schlimmstenfalls müssen die Verbände mit ihrem kompletten Vermögen für die unfreiwillig übernommenen Häuser haften. Diese Haftungsverpflichtungen stellen ein unkalkulierbares Risiko für das komplette Verbandsvermögen dar und können schon in naher Zukunft die Existenz der Landesverbände bedrohen.

Neben diesen betriebswirtschaftlichen Aspekten birgt der Häuserbesitz derzeit noch ein weiteres Problem, das in vielen Fällen zu einer Lähmung der Ortsgruppen und damit auch der Aktivitäten an der Basis führt. Der hohe Arbeitsaufwand und die damit verbundene permanente Belastung, für die Naturfreundehäuser sorgen zu müssen, haben zur Folge, dass sich in einigen Ortsgruppen nahezu die ganze Arbeit des Vereins um die Hausbewirtschaftung dreht. Dieser Hausbetrieb nimmt in der Arbeit und in dem Gedankenspektrum der Ortsgruppen eine Rolle ein, die er in dieser Prominenz nicht verdient. Dadurch laufen die Ortsgruppen Gefahr, ihr Angebot massiv einzuschränken und die vielfältigen Themenbereiche, in denen die Naturfreunde traditionell aktiv sind, aufgrund mangelnder Ressourcen einzustellen. Auch wenn die Häuser ein wichtiges Identifikationsmerkmal der Naturfreunde sind, so ist der Verband mehr als ein reiner Beherbergungsbetrieb; und ohne eine gewisse Angebotsbreite wird sich die Akquise neuer Mitglieder noch schwieriger gestalten, als dies derzeit schon der Fall ist. Zu dieser erschwerten Mitgliederakquise kommen noch die Belastungen durch eine festgefahrene Arbeitsweise, in der sich aufgrund der zahlreichen aktuellen Schwierigkeiten nur noch schwer, erfreuliche Zukunftsszenarien entwickeln lassen. Der Verband blockiert sich hierdurch selbst.

Für die Landesverbände bedeutet die geschilderte Entwicklung also zweierlei: Zum einen stehen sie als Dachverbände in der Pflicht, ihren Mitgliedern Unterstützung, Beratung und Hilfe zukommen zu lassen. Zum anderen sind sie für langfristige strategische Planungen und Entwicklungen verantwortlich und haben das Überleben und die Zukunft der Naturfreunde in Baden-Württemberg sicherzustellen. Zu dieser Garantie einer dauerhaften Perspektive für die Bewegung gehört es, absehbaren finanziellen Risiken rechtzeitig zu begegnen und entsprechende Konzepte zur Abwendung von Schaden zu entwickeln.

Die NaturFreunde Häuserverwaltungs GmbH als Lösung

Eine Weile wurde versucht, die Verwaltung der bereits den Landesverbänden gehörenden Häuser zu einer Aufgabe der Landesvorstände zu machen und so eine zumindest temporäre Lösung zu finden. Schnell zeigte sich aber, dass die Vorstandsmitglieder mit dieser Aufgabe an ihre Grenzen stießen. Nicht nur, dass ihnen die hierfür notwendigen betriebswirtschaftlichen und juristischen Fachkenntnisse fehlten, wodurch der teure Einsatz externer Berater unumgänglich wurde. Auch hatte die damit verbundene Arbeitsbelastung zusätzlich zur Folge, dass wichtige Aspekte der eigentlichen Vorstandsarbeit unerledigt blieben. Daher war es eine logische Konsequenz, dass der ganze Bereich der Naturfreundehäuser unter der Führung einer extra hierfür zu gründenden Organisation professionalisiert werden musste.

Der erste Schritt in der Frage, wie diese Organisation aussehen soll, bestand in einer umfassenden Risikoanalyse. Zum einen stellte sich die Frage nach den Risiken, die sich aus dem reinen Eigentum an den Häusern ergeben. Hierzu zählen beispielsweise die Kosten für Instandhaltungen, Reparaturen und Modernisierungen. Diese Eigentumsrisiken sind eher allgemeiner Natur und lassen sich durch ein angemessenes Risikomanagement, wie etwa durch den Abschluss geeigneter Versicherungen, hinreichend abfedern. Aus dem reinen Besitz von Naturfreundehäusern können sich daher für die Landesverbände keine nicht zu bewältigenden Probleme ergeben. Danach rückten die Risiken in den Fokus, die mit dem Betrieb der Häuser verbunden sind. Zu diesen gehören etwa alle betriebswirtschaftlichen Unabwägbarkeiten, die mit fest angestelltem Personal und mit der Verpachtung einzelner Häuser verbunden sind. Auch Konjunkturschwankungen und Veränderungen des Verhaltens und der Wünsche der Kunden schlagen sich in Einrichtungen des Hotel- und Gaststättengewerbes sehr schnell nieder und sind zugleich mit hohen Kosten und weitreichenden Auswirkungen verbunden. Da diese Betriebsrisiken sehr stark externen Faktoren unterliegen und sie schon in kurzen Zeiträumen weitreichende Folgen haben können, ist es wesentlich schwieriger, ihnen angemessen zu begegnen, als dies bei den Eigentumsrisiken der Fall ist.

Die Risikoanalyse zeigte also, dass vor allem die Betriebsrisiken große Auswirkungen auf die Landesverbände haben können und der Betrieb der Naturfreundehäuser deshalb aus dem Verbandsalltag ausgegliedert werden sollte. Die Immobilien selbst können ohne große Probleme weiter im Eigentum des Verbandes verbleiben. Dies wurde als willkommenes Zwischenergebnis begrüßt, da die Naturfreundehäuser ein wichtiger Bestandteil des Verbandes und seiner Geschichte sind und nicht ohne Not aus der Hand gegeben werden sollten. Als Lösung der eingangs geschilderten Problematik bietet sich also die Gründung einer reinen Beratungs- und Betriebsgesellschaft in der Rechtsform einer GmbH an. Diese soll Ortsgruppen in der wirtschaftlich rentablen Betreibung ihrer Häuser beraten und als Pächterin der ihrer Verwaltung anvertrauten Immobilien agieren. Durch diese Lösung verbleibt die Kontrolle über die Häuser bei den Landesverbänden und Ortsgruppen.

Um die Handhabung der Gesellschaft praktikabel zu halten und gleichzeitig sicherzustellen, dass sie gemäß den ideellen Zielen der Naturfreundebewegung geführt wird, wurde ein fünfköpfiger Beirat als ein unmittelbar der Geschäftsführung übergeordnetes Gremium eingerichtet. Dieser Beirat ist in seinem Aufgabenbereich mit einem Aufsichtsrat vergleichbar. Seine Aufgabe ist es, die Geschäftsführung der

GmbH zu ernennen, zu beraten, zu kontrollieren und gegebenenfalls zu entlassen. Er genehmigt den Wirtschaftsplan und ist der Geschäftsführung gegenüber weisungsbefugt. Die Geschäftsführung ist dem Beirat gegenüber rechenschaftspflichtig und ist bei manchen Handlungen auf seine explizite Zustimmung angewiesen. Zur Vermeidung einer Organschaft dürfen in diesem Beirat nur zwei Mandatsträger aus den beteiligten Gesellschaftern sitzen. Bei einer Mehrheit von Vertretern aus den Landesvorständen würde die GmbH wie ein unselbstständiger Teil der Landesverbände behandelt werden. Aktuell sind die Vorsitzenden des badischen und des württembergischen Landesverbandes Mitglieder des Beirats. Die anderen drei Posten dieses Gremiums sind mit langjährigen und engagierten Naturfreundemitgliedern besetzt, die eine umfassende Erfahrung mit den Eigenheiten und Arbeitsweisen des Verbandes haben.

Berufen wird der Beirat durch die Gesellschafterversammlung. Diese setzt sich aus vier Personen zusammen, von denen je zwei aus dem badischen und zwei aus dem württembergischen Landesverband stammen. Die Mitglieder dieser Gesellschafterversammlung werden von den jeweiligen Landesvorständen berufen. Die Gesellschafterversammlung besitzt keinerlei interne Weisungsbefugnis. Neben dem Einsetzen der Beiräte gehören vor allem die Genehmigung des Jahresabschlusses und die Entlastung von Geschäftsführung und Beiräten zu ihren Aufgaben.

In der Frage, wie die Gesellschaft ihren im Gesellschaftervertrag formulierten Aufgaben nachkommt, lassen ihr der Beirat und die Gesellschafterversammlung weitgehend freie Hand. Die Bandbreite ihrer Handlungsoptionen reicht von einmaligen Vor-Ort-Beratungen über langfristig durchgeführte Beratungs- und Entwicklungsprozesse hin zu dem Verpachten auf eigene und auf fremde Rechnung und dem eigenständigen Betrieb einzelner Naturfreundehäuser. Durch dieses breite Spektrum an Handlungsmöglichkeiten ist die GmbH in der Lage, für jedes Haus eine ganz individuelle und optimale Lösung zu finden.

Kern der Beratungstätigkeit ist es, einzelnen Ortsgruppen darin zur Seite zu stehen, ideale Geschäftsmodelle für ihre Häuser zu finden, die einen wirtschaftlich sinnvollen Betrieb der Häuser ermöglichen. Neben der Unterstützung bei Marketingaktivitäten besteht die Herausforderung vor allem darin, traditionelle Denkmuster aufzubrechen und das ganze Spektrum an potentiellen Geschäftsmodellen in Betracht zu ziehen. Dies kann sowohl die Weiterführung des etablierten Wanderheim-Modells bedeuten als auch, je nach Lage und Zustand der jeweiligen Häuser, in eine Weiterentwicklung hin zu beispielsweise Familienhotels, Ferienheimen, Jugendfreizeitstätten oder Tagungshäusern münden. Auch zu fachlichen Details, wie etwa in Fragen zu Arbeitsverträgen für hauptamtliche Mitarbeiter oder zu den Ausgestaltungen von Pachtverträgen mit kommerziellen Betreibern, bietet die GmbH den Ortsgruppen ihre Beratung an.

Eine vergleichbare Freiheit besitzt die Verwaltungsgesellschaft in ihren Entscheidungen, wie sie die ihr für den eigenständigen Betrieb überantworteten Naturfreundehäuser bewirtschaften möchte. Bekommt sie solch einen Betreibungsauftrag, steht es ihr frei, die ihres Erachtens nach ideale Betriebsform zu identifizieren und umzusetzen. Der eigenständige Betrieb mit hauptamtlichen Angestellten, die ihre Arbeitsverträge direkt mit der Gesellschaft schließen, ist dabei ebenso denkbar wie das Verpachten des Hauses. In beiden Fällen wird die GmbH einen Teil ihrer Gewinne an die jeweiligen Eigentümer abführen. Allerdings wurde von dem Beirat schon klargestellt, dass nicht jedes Haus in „die Gnade dieser Rettung" durch die GmbH kommen kann; die Gesellschaft hat also das Recht, ihr zum Betrieb übereignete Häuser nach einer Rentabilitätsprüfung abzulehnen. Im Fokus der GmbH stehen ganz klar betriebswirtschaftliche Aspekte. Wenn ein Haus nicht mehr rentabel zu betreiben ist, steht einer Abwicklung und einem Verkauf keine Alternative gegenüber. Dies ist einerseits ein Zugeständnis an die angestrebte Professionalität, andererseits aber auch der langfristigen Arbeitsfähigkeit der GmbH geschuldet. Schließlich sollen weder das Geschäftsmodell der GmbH noch die erbrachte Einlagen gefährdet werden.

Für die Umsetzung dieser Aufgaben wurden zum Zeitpunkt der Gesellschaftsgründung in einem ersten Schritt drei Mitarbeitende als geringfügig Beschäftigte eingestellt. Neben einer Geschäftsführung, die über umfassende betriebswirtschaftliche Kenntnisse und Erfahrungen im Gastgewerbe verfügt und die sich verbandsintern durch ihren Einsatz für ein modernisierungsbedürftiges Naturfreundehaus bereits einen Namen gemacht hatte, umfasst das Personal noch eine Marketingexpertin und eine Bürofachkraft. Es ist beabsichtigt, diesen Stellenumfang schnellstmöglich auszubauen, sobald die hierfür erforderlichen Mittel und Rücklagen erwirtschaftet wurden. Da das eingesetzte Gesellschaftskapital nicht für eine Deckung der Personalkosten aufgebraucht werden soll, stehen die Angestellten in der Pflicht, alle für eine Expansion notwendigen Mittel selber zu erwirtschaften.

Die Finanzierung der Gesellschaft erfolgt in der ersten Zeit ausschließlich über die Gebühren, die für die Beratungstätigkeiten erhoben werden. Für allgemeine Beratungstätigkeiten werden den Ortsgruppen feste Stundensätze in Rechnung gestellt. Für bestimmte fest definierte Unterstützungstätigkeiten, wie etwa für konkrete Marketingaktivitäten, werden festgelegte Pauschalsätze erhoben. Die Erstberatung ist für alle hilfesuchenden Ortsgruppen noch deutlich kostengünstiger als alle darauf aufbauenden Folgeberatungen. Die dabei entstehende Differenz zu einem realistischen Deckungsbeitrag für die erbrachten Leistungen wird von den jeweiligen Landesverbänden getragen. Bei längerfristigen Beratungsprozessen, die für die Auftraggeber zu untragbar hohen Kosten führen würden, ist die Möglichkeit vorgesehen, die Gesellschaft unmittelbar an den Gewinnen der Naturfreundehäuser zu beteiligen. Bislang beschränkt sich das Angebot der Gesellschaft noch auf reine Beratungstätigkeiten. Wenn die hieraus erwirtschafteten Rücklagen ausreichend groß sind, um einen eigenständigen Betrieb einzelner Naturfreundehäuser zu ermöglichen, werden die aus diesem Betrieb erzielten Gewinne die Handlungsmöglichkeiten der Gesellschaft noch deutlich erweitern.

Das Konzept der Gesellschaft sieht vor, alle erzielten Gewinne in den laufenden Betrieb zu reinvestieren, um schnellstmöglich eine finanzielle Konsolidierung zu erreichen. Der Ausbau des Geschäftsmodells zur Unterstützung der Ortsgruppen und Landesverbände hat unbedingte Priorität, eine Ausschüttung der erzielten Gewinne ist nicht vorgesehen. Wenn sich die Gesellschaft eines Tages ausreichend etabliert hat, um langfristig absehbare und einkalkulierbare Gewinne abzuwerfen, ist eine gemäßigte Gewinnausschüttung eine ebenso mögliche Handlungsoption wie die Verwendung dieser Gewinne für ideelle Zwecke und das Anstreben einer Gemeinnützigkeit.

Fazit

Da die NaturFreunde Häuserverwaltungs GmbH zum Zeitpunkt des Verfassens dieses Textes gerade gegründet worden war, kann an dieser Stelle noch kein abschließendes Fazit gezogen werden. Dennoch häufen sich die Indikatoren, dass sich das erarbeitete Konzept zu einem Erfolg für den Verband entwickeln wird. Darauf deuten sowohl die Nachfrage nach den angebotenen Dienstleistungen als auch die Reaktionen der Mitglieder hin.

Schon jetzt besteht eine deutlich größere Nachfrage nach den Angeboten der Gesellschaft, als diese mit ihren momentanen Ressourcen leisten kann. Derzeit werden vier Naturfreundehäuser in einem umfassenden Modernisierungsprozess begleitet, zahlreiche weitere stehen bereits auf der Warteliste. Auch sind schon Ortsgruppen an die Gesellschaft herangetreten, die ihre Häuser gerne komplett durch diese verwaltet und betrieben wissen möchten. Die Gesellschaft erfährt aus den Reihen der beiden Landesverbände also ein großes Maß an Sympathie und an Zustimmung. Als Grund für die breite Unterstützung ist sicherlich mit anzuführen, dass die Interessen der Mitglieder von Anfang berücksichtigt wurden. Entsprechend ihrer Satzungen wären die Vorstände der Landesverbände durchaus berechtigt gewesen, die Entscheidung über die Gründung der GmbH eigenmächtig zu treffen. Doch mit Blick auf die Mitgliedschaft wurde von dem Landesverband Württemberg eine außerordentliche Mitgliederversammlung einberufen, um das Konzept der GmbH-Gründung zu diskutieren und sich der Zustimmung der Basis zu versichern. Diese äußerst gut besuchte Veranstaltung zeugte von dem regen Interesse der Basis, das für sie drängende Problem der Zukunft ihrer Häuser anzugehen und einer Lösung zuzuführen. Dementsprechend traf das von der Vorstandsebene ausgearbeitet Konzept auf nahezu hundertprozentige Zustimmung. Lediglich bei einzelnen Detailfragen herrschte Klärungsbedarf.

Angesichts der kurzen bisherigen Arbeitsdauer der Gesellschaft lassen sich bislang noch keine spürbaren betriebswirtschaftlichen Verbesserungen in dem Betrieb der beratenen Naturfreundehäuser ausmachen. Deutliche Auswirkungen hat die Gründung der GmbH jedoch in der subjektiven Entlastung, die sich in den Reihen der Mitglieder bemerkbar macht. Schon allein die Aussicht, den durch den Immobilienbesitz entstehenden Druck in naher Zukunft loswerden zu können, wirkt sich in einer gesteigerten Motivation bei den Ehrenamtlichen aus. In einer Phase der Verbandsgeschichte, die durch ein Fehlen von optimistisch stimmenden Zukunftsaussichten und Mut machenden Visionen geprägt ist, signalisiert die Gesellschaft, dass abseits der traditionellen Arbeitsweisen neue und innovative Lösungen der aktuellen Probleme denkbar sind. Allein die Signalwirkung dieses dringend benötigten Erfolges darf nicht unterschätzt werden. Diese Lösung eines drängenden Problems gibt den Mitgliedern wieder den Blick auf die umfangreichen Potentiale und die erfolgreiche Vergangenheit des Verbandes frei. Der daraus resultierende Motivationsschub macht sich in den Ortsgruppen in Form von einer gesteigerten Energie der Ehrenamtlichen für die Planung und Umsetzung neuer und umfangreicher Aktivitäten bemerkbar.

Eine ähnliche Wirkung hatte die Gründung der GmbH auf die Vorstände der beiden beteiligten Landesverbände, denen seither wesentlich mehr Raum für die strategische Steuerung des Verbandes zur Verfügung steht. Waren bislang die Häuser ein Thema, das sich als Querschnittsproblem durch alle Vorstandssitzungen gezogen hat, so können heute wieder die Mitglieder und die Ehrenamtlichen in den Fokus genommen werden. Dadurch werden die Vorstände in die Lage versetzt, sich wieder um ihre eigentlichen Aufgaben kümmern zu können (vgl. Langnickel 2000, S. 149ff.), statt sich wie in der Vergangenheit vorrangig mit Verwaltungsaufgaben befassen zu müssen. Diese Entwicklung wird nicht zuletzt deshalb begrüßt, weil die Vorstände angesichts der aktuellen Tendenzen im Nonprofit-Sektor, der an einem kontinuierlichen Rückgang an langfristig engagierten Freiwilligen leidet, in der Betreuung und Pflege der Mitglieder ihre vorrangige Aufgabe sehen.

Der ganze Prozess, der der Gründung der Gesellschaft vorausging, zeigte aber auch, wie unerlässlich eine kontinuierliche Kommunikation mit allen Verbandsmitgliedern für die Umsetzung umfassender Veränderungsprozesse ist. Dies ist umso mehr der Fall, wenn die angestrebten Veränderungen einen Bruch mit den bisherigen traditionellen Arbeitsweisen eines Verbandes darstellen. In diesem

Beispiel vergingen einige Jahre des Planens, Koordinierens und Absprechens, bis die beabsichtigte Arbeitsweise der GmbH hinreichend gut an die Basis vermittelt und von dieser auch richtig verstanden wurde. Hier wurde die Absicht, die Verwaltung der Naturfreundehäuser zu professionalisieren, teilweise als Verrat an den alten Traditionen und Arbeitsweisen verstanden, die die Mitglieder nicht aufgeben wollten. In anderen Fällen wurde das Angebot, die Verwaltung der Naturfreundehäuser abgeben zu können, als ein Dekret der Landesverbände verstanden, mit dem sich diese Dachorganisationen das Eigentum an den Häusern sichern wollte. Abwehrreaktionen und emotional geführte Widerreden waren die logische Folge. Die Überzeugung der Basis, dass solch eine Professionalisierung notwendig ist und keinen Bruch mit den Idealen und Werten des Verbandes darstellt, erforderte eine permanente Überzeugungsarbeit und einen langen Atem. Die damit verbundenen Mühen wurden aber durch die erzielten Ergebnisse und die unmittelbaren Folgen dieser Gesellschaftsgründung mehr als wettgemacht.

Literatur

Anheier HK (2005) Theoretical Approaches. In: Anheier HK (Hrsg) Nonprofit Organizations. Theory, Management, Policy. Routledge, Abingdon, S. 113-138

Backhaus-Maul H, Nährlich S, Speth R (2012) Denkschrift Bürgergesellschaft. Berlin. http://www.aktive-buergerschaft.de/fp_files/Denkschrift_Buergergesellschaft_2012.pdf. Zugegriffen: 09. Januar 2012

Langnickel H (2000) Ehrenamtliche Vorstandsarbeit – eine Frage der Qualität. In: Nährlich S, Zimmer A (Hrsg) Management in Nonprofit-Organisationen. Eine praxisorientierte Einführung. Leske und Budrich, Opladen

NaturFreunde Baden (Hrsg) (2012) Der Grüne Aufstieg 02-2012. http://www.naturfreunde-wuerttemberg.de/downloads/gruener-aufstieg/doc_download/252-2012-2-gruener-aufstieg. Zugegriffen: 25. Juli 2013

Naturfreunde Internationale (Hrsg) (2005) Berg frei – Mensch frei – Welt frei. Eine Chronik der internationalen Naturfreundebewegung von den Anfängen der Arbeiterbewegung bis zum Zeitalter der Globalisierung (1895 – 2005). Naturfreunde Internationale, Wien

Pfaffenzeller H (2003) Die Governance von Nonprofit-Organisationen. Ein institutionenökonomischer Ansatz. Wien. http://epub.wu.ac.at/1945/1/document.pdf. Zugegriffen: 16. Januar 2013

Salomon L, Anheier HK (1998) Der Nonprofit-Sektor: Ein theoretischer Vergleich. In: Anheier HK, Priller E, Seibel W, Zimmer A (Hrsg) Der Dritte Sektor in Deutschland. Edition Sigma, Berlin

SPD-Ortsverein Nürtingen (Hrsg) (1989) Das andere Nürtingen. Ein heimatgeschichtlicher Beitrag zum 100. Geburtstag der Nürtinger SPD. Senner-Druck, Nürtingen

Tietzen R (2011) Nürtingen 1918 – 1950. Weimarer Republik, Nationalsozialismus, Nachkriegszeit. Verlag Sindlinger-Burchartz, Frickenhausen

Zimmer A, Hallmann T (2005) Nonprofit-Sektor, Zivilgesellschaft und Sozialkapital. In: Hopt K, von Hippel T, Walz WR (Hrsg) Nonprofit-Organisationen in Recht, Wirtschaft und Gesellschaft. Mohr Siebeck, Tübingen, S. 103-126

Zimmer A, Priller E (2004) Gemeinnützige Organisationen im gesellschaftlichen Wandel. VS Verlag, Wiesbaden, Kapitel 1-3

Zimmer A, Gärtner J, Priller E, Rawert P, Sachße C, Strachwitz RG, Walz R (2004) The Legacy of Subsidiarity. The Nonprofit Sector in Germany. In: Zimmer A, Priller E (Hrsg) Future of Civil Society: Making Central European Nonprofit Organizations Work. VS Verlag, Wiesbaden, S. 681-712

NaturFreunde auf neuen Wegen

Interview mit Andreas Linsmeier[1]
(NaturFreunde Landesverband Württemberg)

Die internationale Naturfreunde-Bewegung ist ein Kind der Arbeiterbewegung des späten 19. und frühen 20. Jahrhunderts. Ehrenamtliches Engagement in den vielen Ortsgruppen ist nach wie vor die tragende Säule des Verbandes, doch gehen die Mitgliederzahlen zurück und die Ehrenamtlichen werden älter – eine zentrale Herausforderung für den Verband. Unser Gesprächspartner Andreas Linsmeier ist Vorsitzender des Landesverbandes Württemberg. Er ist seit 14 Jahren Mitglied der NaturFreunde und seit 2007 Vorstandsmitglied.

Wie und warum sind Sie zum ehrenamtlichen Engagement bei den NaturFreunden gekommen?

Ich bin da hereingekommen, weil ich vorhatte, mich für Natur- und Umweltschutz, aber auch für Tourismus zu engagieren. Ich bin dann in den Verband eingetreten, der mir politisch auch am nächsten war. Ich habe davor schon Jugendarbeit gemacht bei der katholischen Kirche, ich habe eigentlich immer Gremienarbeit gemacht. Ich bin außerdem in einer Partei, die den NaturFreunden sehr nahesteht, und habe dort Ämter und Mandate innegehabt. Ein solches Ehrenamt war mir also nichts Fremdes und Verbände nehmen natürlich gerne solche Leute, die Erfahrungen in dem Zusammenhang mitbringen.

---

1 info@naturfreunde-wuerttemberg.de

Als Landesvorsitzender sind Sie ehrenamtlich tätig. Wie ist der Landesverband organisiert und was sind Ihre Aufgaben?

Der Landesverband wird getragen von den Ortsgruppen der NaturFreunde. Die Ortsgruppen sind relativ selbstständig, zumeist selbst eingetragene Vereine. Das große Verbandsgebiet ist dann noch einmal strukturiert in Bezirke, die vom Landesverband festgelegt werden und in denen die Ortsgruppen dann auf regionaler Ebene agieren. Wir haben eine Geschäftsstelle, die im Erwachsenenbereich mit 1,8 Stellen arbeitet und im Jugendbereich mit 1,15. Wir sind also hauptamtlich nicht besonders stark aufgestellt. Es gibt ein paar Gruppierungen, die sich Hauptamt leisten – das ist im Wesentlichen der Bezirk Stuttgart. Die Aufgabe des Landesverbandes ist es, über Bezirkskonferenzen die Nähe zur Basis zu organisieren. Daneben betreiben wir – wie viele Ortsgruppen – auch Naturfreundehäuser. Allerdings ist es die Hauptaufgabe des Landesverbandes, den Willen der Ortsgruppen, Fachgruppen und Fachbereiche auf Landesebene zu formulieren und nach außen zu tragen. Die Fachgruppen arbeiten dabei im sportlichen Bereich – Wandern, Klettern, Nordic Walking – aber auch im Bereich Umwelt, Kultur und Gesellschaft.

Ich arbeite z. B. für Naturschutzthemen. Wir haben Positionspapiere herausgebracht, die sich gegen Agrosprit wenden. Wir beschäftigen uns auch international mit Themen, da es uns nicht nur in Deutschland und Europa gibt, z. B. Fracking. Wasser war ebenfalls Thema, als es um die Liberalisierung der Wasserversorgung in der EU ging. Darüber hinaus haben wir uns zu Windkraft positioniert und zu politisch heiklen Themen wie Stuttgart 21[2]. Wir gehörten zu den Kritikern des Projektes. Sie sehen also, wir engagieren uns durchaus auch politisch. Diese Arbeit wird dann vom Landesverband koordiniert und nach außen getragen.

Hat sich das thematische Spektrum des Verbandes in den letzten 20 Jahren vergrößert?

Vor 20 Jahren waren wir schon ähnlich thematisch breit aufgestellt wie heute. Wir sind wie viele andere Verbände auch ein Gemischtwarenladen. Allerdings sind wir hier in Württemberg keiner von den ganz großen Verbänden und unsere Wahrnehmbarkeit ist dadurch begrenzt.

Die Naturfreunde bieten Freizeitdienstleistungen an, sprechen aber Menschen auch politisch an. Hat sich der Verband durch die Konzentration auf Freizeitdienstleistungen entpolitisiert?

2 http://www.bahnprojekt-stuttgart-ulm.de

Ich kann jetzt nicht für jede Ortsgruppe die Hand ins Feuer legen, ob da noch die politischen Gedanken mitgetragen werden. Aber wir als Verband sehen immer das Politische und wir haben große Ortsgruppen, die das auch so sehen – wie Stuttgart. Das sind politisch denkende Leute und die bringen auch viel Input in unsere Bewegung. Das ist historisch bedingt: Wir sind ja ein Verband, der von Nichtprivilegierten gegründet worden ist, aus der Arbeiterbewegung kommend, 1895 in Wien. Das heißt, wir haben die Sachen immer politisch gesehen, weil wir etwas ändern wollten in der Gesellschaft und das geht eben nur, wenn man politisch denkt. Das unterscheidet uns natürlich von anderen Verbänden, die viel stärker auf den Freizeitaspekt fokussiert sind.

Die Aufgabenerweiterung eines Verbandes hat oft zum Ziel, alle Bevölkerungsgruppen zu erreichen, und nicht mehr nur das angestammte Milieu. Ist das bei Ihnen auch so?

Natürlich. Wir haben auf Bundesebene eine Diskussionsgruppe „Milieu oder Markt". Bei „Milieus" haben wir natürlich unsere eigenen, aus denen wir immer wieder Mitglieder rekrutieren. Das kann man nicht so einfach ignorieren. Aber wir haben auch Natursportangebote und da versuchen wir jetzt unser Profil zu schärfen. Dort müssen wir auch Menschen ansprechen, die nicht bei uns sind, weil sie politisch gleich denken, sondern die wegen unserer Häuser oder unserer kulturellen oder sportlichen Angebote kommen.

Kommen wir zu der zentralen Frage: Was ist aus Ihrer Sicht die zentrale Herausforderung?

Ich habe es gleich nach meiner Wahl gesagt: Wir müssen jünger und weiblicher werden. In der Mitgliedschaft haben wir eigentlich weitgehend Geschlechterparität erreicht, nur in den Führungsämtern eben noch nicht. Was die Verjüngung betrifft: Wir als Naturfreunde in Deutschland rennen der demographischen Entwicklung ca. zehn Jahre voraus. Wir sind ein Verband mit einem Altersproblem. Die NaturFreunde – das liegt vielleicht auch an ihrer dezentralen Organisation – haben es vielerorts verpasst, ständig Mitgliederzuwachs zu organisieren und sind infolgedessen kleiner und älter geworden. Das hemmt uns momentan in unseren Aktivitäten und den Möglichkeiten, Angebote bereitzustellen. Da müssen wir – und deswegen diese Sache mit Milieu oder Markt – uns der Frage widmen, wie wir uns nach außen als attraktiver Verband darstellen, der auch politisch nachdenkt. Dies muss passieren, um in der Konkurrenz zu anderen Verbänden, aber auch zu professionellen Angeboten bestehen zu können. Wenn man zu klein wird, wird man nicht mehr wahrgenommen. Wir stellen bei Gesprächen immer wieder fest, dass man gleich gefragt wird, wie viele Mitglieder man denn habe. Wir haben zwar weltweit 500.000 Mitglieder, aber das ist natürlich nicht die ganze Wahrheit. In Deutschland sind wir insgesamt nur noch 70.000. Wir waren mal 120.000.

Wie werden die Herausforderungen jetzt angegangen?

Da spiegelt sich auch die Vielfalt der NaturFreunde in Deutschland wider. Die Bundesgruppe versucht jetzt über zentral gesteuerte Angebote die Außendarstellung der Naturfreunde in ganz Deutschland auszurichten, als Verband, der viele attraktive und qualifizierte Angebote hat – z. B. Natursport. Wir haben besonders gut ausgebildete Teams und können dementsprechend auch sagen: Bei uns sind die guten Kanulehrer etc. Das ist das eine, das andere sind unsere Häuser. Das ist das, mit dem wir als Landesverband werben. Wir haben einen Zukunftsfonds eingerichtet hier in Württemberg. In diesem Zukunftsfonds wollen wir zusammen mit den Ortsgruppen bespielhafte Leuchtturmprojekte anstoßen. Projekte, die zum Nachahmen geeignet sind, um anderen Ortsgruppen zu zeigen: Wie kann ich eine Jugendarbeit organisieren, auch wenn es im Verein und der Ortsgruppe selbst niemanden gibt, der so eine Jugendarbeit macht? Wir können dabei auf unsere Landeskinder- und Jugendleitung zurückgreifen und haben noch ein zweites Mittel geschaffen: Die Abenteuerschule Württemberg, eine professionelle Einrichtung, in der ausgebildete und engagierte Pädagogen arbeiten. Über den Zukunftsfonds erarbeiten wir solche Konzepte und bezuschussen Projekte. Die Ortsgruppen müssen selbst auch etwas erbringen, aber wir können das über diesen Fonds anstoßen – natürlich immer mit dem Hintergedanken, dass dies irgendwann von alleine laufen sollte. Aber man muss eben auch die Ideen unter das Volk oder unter die Mitglieder bringen und manchmal braucht man auch einen Anschub. Auch Projekte, die uns zeigen, wie wir auch in Zukunft weiterbestehen können, können durch den Fond gefördert werden. Allerdings gibt es diesen erst seit Kurzem, deshalb können wir noch keine Ergebnisse oder Evaluationen vorweisen. Aber wir haben uns parallel ein professionelles Element – die Abenteuerschule – geschaffen, wo wir auch einen hohen Grad an Qualifikation haben. Und es gibt auch Transfer aus den Ortsgruppen auf unsere Ebene. Da möchte ich die Ortsgruppe Tübingen als Beispiel nehmen, dort wurden die „Nature-Kids“ gegründet, wo eine Kraft professionell Kinder- und Jugendarbeit anbietet. Und das läuft momentan sehr gut.

Sie suchen gezielt Engagierte sowie Personal mit Qualifikation, so dass in den lokalen Gruppen ein Transfer von Know-how stattfindet, aber gleichzeitig auch eine Attraktivitätssteigerung verbucht werden kann?

Genau so muss es sein. Ziel ist ja, letzten Endes die Kinder – und ihre Eltern – so zu begeistern, dass sie eventuell Mitglieder werden oder uns zumindest so gut in

Erinnerung behalten, dass sie in einer anderen Phase ihres Lebens, wenn sie etwas festere Strukturen benötigen, wieder zu uns kommen. Ich kenne das Dilemma, dass Jugendliche spätestens mit Studieneintritt von der Vereinsbildfläche verschwinden, weil sie ihren Lebensmittelpunkt woanders haben und ganz andere Dinge vorhaben. Aber ich weiß auch, dass diese Leute irgendwann in eine andere Phase ihres Lebens kommen, wo sie etwas sesshafter werden, Familien gründen und sich in ihrem Umfeld umschauen, ob es Möglichkeiten des Engagements gibt. Wenn die sich dann an uns erinnern, suchen sie vielleicht wieder Kontakt. Es wäre natürlich unsinnig zu glauben, dass wir alle, die wir mal im Jugendalter gewonnen haben, auch immer werden halten können.

Gibt es eine Tendenz, sich stärker auch für Nichtmitglieder zu öffnen, in der Hoffnung, dass diese irgendwann auch zu Mitgliedern werden?

Das ist bei den NaturFreunden eigentlich Tradition. Es war schon immer so, dass viele, die jahrelang „mitgelaufen" sind, sich dann irgendwann dazu entschieden haben, auch beizutreten. Wobei es natürlich in der heutigen Gesellschaft nicht unbedingt en vogue ist, in irgendeinem Verein Mitglied zu werden. Wir müssen uns natürlich auch über andere Formen der Mitgliedschaft Gedanken machen. Wir haben Beispiele für „Häusermitgliedschaften". Häuser können durchaus attraktiv sein für Menschen, die gerne dort sind und die NaturFreunde Spitze finden und dann deswegen eintreten. Wenn man denen aber sagt, ihr müsst jetzt auch Mitglied in einer Ortsgruppe werden, dann hat man sie gleich abgeschreckt.

Gibt der Landesverband den Ortsgruppen Hilfestellung in Krisensituationen oder beim Anwerben neuer Mitglieder?

Das ist alles im Aufbau. Natürlich suchen wir in Krisensituationen unsere Ortsgruppen auf. Aber wir müssen auch Kompetenzen hereinbringen, um den Ortsgruppen erfolgreich und zielführend zur Seite stehen zu können. Das reicht dann von „Was kann man für Aktivitäten organisieren?" bis hin zu „Wie kann man Leute dafür begeistern, sich zu engagieren?". Da gibt es bestimmt viele Ideen und Möglichkeiten, die aber nicht in einem Naturfreundehandbuch zusammengeschrieben sind. Diese Ideen und Möglichkeiten müssen jetzt ausgelotet werden.

Entwickelt der Landesverband auch selbst Konzepte und qualifiziert sich, um diese Herausforderung zu bewältigen?

Ja klar. Das ist ein Prozess, der organisiert werden muss, und es muss ein Bewusstsein hierfür beim Landesverband herbeigeführt werden. Vor sechs Jahren wären wir wahrscheinlich noch komisch angeschaut worden, frei nach dem Motto: „Was mischt ihr euch eigentlich in die Angelegenheiten der Ortsgruppen ein?"

Das heißt, der Landesverband hat jetzt schon eine aktivere Rolle entwickelt, als es noch vor ein paar Jahren der Fall war?

Richtig. Man kann ja nicht neben dem Elend stehen – zumal dies einen ohnehin einholt – und nichts tun. Da muss man aktiv werden und sich gegebenenfalls auch einmal in eine Ortsgruppe einmischen, Leute ansprechen und den Prozess moderieren, wenn es heiß hergeht. Vor ein paar Jahren wäre das aufgrund der Selbständigkeit der Ortsgruppen noch undenkbar gewesen. Aber Selbständigkeit ist ja nicht mit Vollkommenheit gleichzusetzen.

Können Sie sagen, wo Ihre Ideen und Ansätze herkommen?

Das ist einerseits die praktische Erfahrung vor Ort. Es gibt im Landesvorstand fünf Ortsgruppenvorsitzende und die haben natürlich ihre Erfahrungen. Andererseits leben sie natürlich nicht nur als NaturFreunde. Diese Menschen – und das ist der Vorteil in unserem Milieu – sind oft gewerkschaftlich oder in einer Partei aktiv und haben in diesem Zusammenhang ein Gespür dafür, strukturiert an solche Aufgaben heranzugehen. Einfaches analytisches Denken oder auch Prozess- und Zieldefinition helfen in dieser Hinsicht manchmal schon sehr viel und ich kann durchweg auf Leute zurückgreifen, die solche Erfahrungen mitbringen. Ich weiß nicht, wie es früher war, aber wir haben in unseren Sitzungen strukturierte Diskussionen. Wir wissen aber auch, wann wir aufhören müssen, wenn gewisse Konfliktlinien erreicht sind. Da müssen sich dann diejenigen, die im Konflikt liegen, zusammensetzen und etwas ausarbeiten, damit die gesamte Diskussion weitergeführt werden kann. Es gibt keine Akademie, die solche Kompetenzen vermittelt, deshalb helfen uns in diesem Zusammenhang vor allem unsere Erfahrungen weiter. Solche Leute müssen aber auch unbedingt in den Vorstand gezogen werden.

Haben Sie noch ein Fazit?

Ja: Die Arbeit macht unheimlich Spaß, weil man auch etwas bewegen kann.

Interview: Thorsten Hallmann

„Nah dran"
Der Aufbau der Stiftung Polytechnische Gesellschaft Frankfurt am Main seit 2005

Roland Kaehlbrandt[1]

Foto: Jérôme Gravenstein

Abstract

Die Polytechnische Gesellschaft, eine traditionsreiche Frankfurter Bürgervereinigung, die sich seit ihrer Gründung im Jahre 1816 den Fortschritt durch Bildung, Wissenschaft, Technik und Kultur auf die Fahnen geschrieben hatte, brachte im Jahre 2005 den Ertrag des Verkaufs der von ihr gegründeten Frankfurter Sparkasse 1822 in eine neue, große Stiftung ein: in die Stiftung Polytechnische Gesellschaft. Diese steht in der Tradition der polytechnischen Ideen, die sich, aus dem Geist der Aufklärung kommend, auf die vielfältige Förderung von Bildung und Verantwortung in enger Verbindung von Theorie und praktischer Nützlichkeit richten. Der Beitrag beschreibt, wie die junge Stiftung als eine Mehrspartenstiftung mit Fokussierung auf die Bürgerstadt Frankfurt am Main Schritt für Schritt aus diesem geistigen Erbe aufgebaut wurde.

Keywords

Bürgernähe • Organisationsentwicklung • örtliche Fokussierung • Kooperation

Im Jahr 1816 schlossen sich in Frankfurt engagierte BürgerInnen zusammen, um Beiträge zum Fortschritt ihrer Stadt zu leisten. Vom Geist der Aufklärung beseelt, wollten sie Frankfurt, aber auch Deutschland, durch Bildung, Wissenschaft

1 Stiftung Polytechnische Gesellschaft Frankfurt am Main; kaehlbrandt@sptg.de.

und Technik voranbringen. Die GründerInnen der Polytechnischen Gesellschaft waren HandwerksmeisterInnen, BuchhändlerInnen, GymnasialprofessorInnen – Angehörige des aufstrebenden liberalen Stadtbürgertums. 1817 gründeten sie die Samstagsschule für Handwerker, die sich rasch zu einer wichtigen Bildungseinrichtung in Frankfurt weiterentwickelte. 1822 folgte die Gründung der Frankfurter Sparkasse. Zunächst ehrenamtlich geführt, wurde sie im Laufe des 19. Jahrhunderts zu einem zentralen Kreditinstitut in der Stadt und in der Region. Im Laufe des 19. Jahrhunderts wuchs die Polytechnische Gesellschaft auf rund 700 Mitglieder an. Die Gesellschaft initiierte des Weiteren im Laufe ihrer nun fast 200jährigen Geschichte an die 50 Institutionen: Museen, Schulen, Stiftungen. Der Begriff Polytechnik erinnert an die École Polytechnique, eine französische Kaderschmiede für den jungen bürgerlichen Staat, die vielseitig bilden und ausbilden sollte und damit ganz im Geist der Aufklärung stand. Vielseitige Bildung im umfassenden Sinne, Anwendungsfähigkeit des Wissens zum Nutzen des Gemeinwesens, Verbindung von Bildung und eigener Verantwortungsbereitschaft: So kann man in einer Kurzform die Tradition des polytechnischen Gedankenguts auf den Begriff bringen.

Knapp 190 Jahre nach der Gründung entschied sich die Mitgliederschaft der Polytechnischen Gesellschaft im Jahr 2005, ihre Anteile an der Frankfurter Sparkasse an die Hessische Landesbank zu veräußern. Aus dem Verkauf floss der Gesellschaft ein Betrag von 435 Millionen Euro zu. Er versetzte sie in die Lage, in ganz anderem Ausmaß als zuvor gemeinnützig tätig zu sein und damit verstärkt an die Tradition ihrer Gründungszeit anzuknüpfen. Die Mitglieder beschlossen, den überwiegenden Teil dieses Betrages, nämlich 397 Millionen Euro, in eine neue Stiftung einzubringen, die im November 2005 vom Regierungspräsidium Darmstadt genehmigt wurde. Gleichzeitig wurde die Muttergesellschaft durch ein beträchtliches Vereinsvermögen in die Lage versetzt, ihre anderen sechs Tochterinstitute besser auszustatten als bislang.

Wie wurde die neue Stiftung auf den Weg gebracht? Wie hat sie sich im Laufe ihrer ersten Jahre entwickelt? Welche Entwicklungsschritte sind erkennbar? Wie hat sie die historische Prägung durch eine traditionsreiche Bürgervereinigung mit einem Start von Null an in Deutschlands kleinster globaler Stadt – Frankfurt am Main – verbunden? Diesen Fragen geht der vorliegende Beitrag nach.

Konzepte und Stationen der Aufbauphase

Die Mitglieder der Polytechnischen Gesellschaft wurden mit der Gründung der neuen Stiftung Mitglieder der Stifterversammlung. Laut Verfassung der Stiftung wählt diese einen Stiftungsrat, dem der/die PräsidentIn der Gesellschaft sowie seine StellvertreterIn qua Amtes angehören. Weitere drei Mitglieder werden von der Mitgliederschaft gewählt, weitere zwei werden vom Stiftungsrat kooptiert. Der Stiftungsrat ernennt den Vorstand, überwacht ihn und legt nach Abstimmung mit dem Vorstand die Stiftungsstrategie fest. Auf diese Weise ist die Stiftung eng mit der Polytechnischen Gesellschaft, ihrer Stifterin, verbunden. Im Unterschied zu vielen großen Privatstiftungen ist die Polytechnische Stiftung im Grunde wie eine Aktiengesellschaft strukturiert. Vorstand und Stiftungsrat treten einmal pro Jahr vor die Mitgliederversammlung, der sie Bericht erstatten und die die Entlastung ausspricht. Die Verfassung der Stiftung legt fest, dass die gemeinnützige Stiftungstätigkeit mit Fokus auf Frankfurt am Main in drei Themengebieten erfolgen soll: Bildung, Wissenschaft und Technik; Kunst, Kultur sowie Bewahrung des kulturellen Erbes und Soziales, Humanitäres, Karitatives. Die Stiftung ist operativ und fördernd tätig, kann also eigene Projekte auflegen und Projekte Dritter fördern.

Ende 2005 wurde vom Stiftungsrat ein dreiköpfiger Stiftungsvorstand berufen. Den Vorsitz hatte für die ersten drei Jahre der Präsident der Polytechnischen Gesellschaft, Professor Dr. Klaus Ring, inne, der zugleich der entscheidende Impulsgeber und Wegbereiter der Stiftungsgründung war. Planmäßig wurde im Dezember 2008 der Vorstand dann auf zwei Mitglieder verkleinert, jeweils einer für die Bereiche Inhalte, Projekte, Kommunikation (Vorsitz) und einer für die Bereiche Finanzen, Organisation und Personal.

Präzisierungen des Selbstverständnisses der Stiftung

Anfang August 2006 präsentierte der zu diesem Zeitpunkt seit wenigen Tagen vollständige Vorstand der einberufenen Stifterversammlung die Grundzüge seiner praktischen Arbeit. Er legte ein Strategiepapier mit Leitlinien, strategischen Aussagen sowie Handlungsfeldern, eine Richtlinie zur Förderung von Projekten Dritter sowie ein erstes Projektportfolio und ein Erscheinungsbild vor. Das Selbstverständnis der Stiftung war über die Verfassung hinaus durch das Strategiepapier umfassend bestimmt. Einige zentrale Wegweisungen aus dem Strategiepapier seien genannt: Beiträge der Stiftung zur Modellhaftigkeit Frankfurts als moderne, bürgernahe Stadtgesellschaft, insbesondere zu Standortfaktoren wie Bildung, Kultur, Soziales und Wissenschaft; Beiträge zur Innovationsfähigkeit; vorschulische, schulische und berufliche Bildung als wichtige gesellschaftliche Bereiche; fördernde Begleitung bis zum Berufseintritt; ästhetische Bildung; Förderung neuer Ansätze in der Kunst sowie die Förderung herausragender Objekte im Bereich des kulturellen Erbes. Die zentralen arbeitsmethodischen Leitlinien des Strategiepapiers lauteten: Breiten- und Spitzenförderung; operative und fördernde Tätigkeit; Unabhängigkeit von politischer Einflussnahme; weder Beteiligung an Pflichtaufgaben der öffentlichen Hand noch institutionelle Förderung; Einbindung der Stiftung auch bei Förderprojekten; Einbeziehung von Fachleuten; Zusammenarbeit mit Partnern; Evaluation und Kommunikation; Anregung von Spenden und Zustiftungen.

Die Überlegungen zum praktischen Aufbau der Projekt- und Kommunikationsarbeit lauteten: Die Stiftung sollte als eigenständiger und zugleich kooperativer Akteur eingeführt werden. Dies sollte vor allem durch erste eigene Projekte, aber auch durch Förderprojekte, geschehen. Die Stiftung sollte durch Projekte in allen drei Themenfeldern eine „eigene Handschrift" entwickeln. Gleichzeitig sollten Anzahl und Mischung der Vorhaben durch eine schlanke Personalstruktur zu bewältigen sein. Schließlich wurde die Aufgabe formuliert, sichtbare Leistungen der aufzubauenden Projekte mit verständlichen Aussagen zu verbinden: „nah am Bürger" und inmitten der Stadtgesellschaft.

Stiftung
Polytechnische Gesellschaft
Frankfurt am Main

Abb. 1 Das Logo der Stiftung (links), abgeleitet aus dem traditionsreichen Bienenkorbmotiv der Polytechnischen Gesellschaft (rechts)

Für das Selbstverständnis der Stiftung war auch die Klärung des Begriffs „polytechnisch" wichtig. Der Vorstand schlug, abgeleitet aus den Bildungsidealen der Aufklärung und übertragen auf unsere Zeit, eine Auffächerung des Begriffs in fünf grundlegende „Fähigkeiten" vor. Sie spiegeln sich zugleich in der Projektarbeit der Stiftung wider: Bindungsfähigkeit in der Familie, Sprachfähigkeit, ästhetisches Ausdrucksvermögen, wissenschaftlich-technischer Forschergeist sowie Bürgerkompetenz.

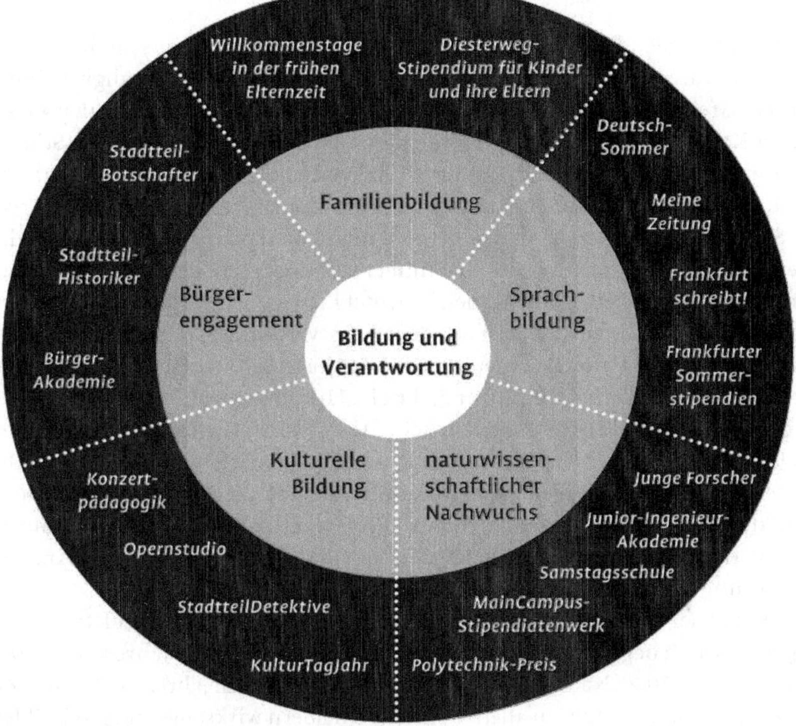

Abb. 2 Der Markenkranz der Stiftung

Die Arbeit am Begriff war bewusst auch eine Arbeit an der Kräftigung der polytechnischen Tradition. Die Stiftung war von Anfang an bemüht, die Verbindung zu den historischen Wurzeln der Polytechnischen Gesellschaft zu festigen und dies in ihrer inhaltlichen Arbeit und in der Kommunikationstätigkeit zum Ausdruck zu bringen. Dies bot sich gerade deshalb an, weil die Polytechnische Gesellschaft im Geiste der Aufklärung gegründet worden war. Die Aufklärung aber hält mit ihrer Orientierung an Bildung, Wissenschaft, Kultur wichtige Begründungen auch für unsere Zeit bereit, insbesondere ihr Verständnis des Zusammenhangs von Bildung und Verantwortung. Die historischen Wurzeln wurden also zur Schärfung des Profils der Stiftung genutzt.

„Fundament und Erdgeschoss" – die Aufbauphase im Zeitraffer

Die Erwartungen, die sich aus verschiedenen Zielgruppen heraus an die Stiftung richteten, waren ebenso groß wie diffus. Deshalb waren Eigenständigkeit, Nützlichkeit, Greifbarkeit und Klarheit der Projekttätigkeit in Verbindung mit professioneller Kommunikation von Anfang an besonders wichtig. Hätte sich die Stiftung in dieser Lage auch abwartend und zurückhaltend zeigen sollen oder können? Eher nicht, denn innen wie außen wurde eine professionelle und strukturierte Arbeit der Stiftung erwartet. Es ging daher von Anfang an darum, zugleich in den drei Themenfeldern tätig zu sein, dies aber immer verbunden mit der deutlichen Bemühung um Kompaktheit. Kompaktheit bedeutet hier, dass die Projekte zunächst gut begründet sein müssen, und zwar aus dem Selbstverständnis der Stiftung, aus den gesellschaftlichen Anforderungen und aus der Lage der Stadtgesellschaft heraus. Ferner müssen sie durch die Stiftung, durch „Hilfspersonen" oder durch Partnerorganisationen praktisch umsetzbar sein. Außerdem, sollen sie zur Kooperation taugen und damit auch die Chance zur späteren Ausweitung in sich bergen. Und schließlich sollen die Projekte einen Zusammenhang zu anderen, auch späteren Projekten der Stiftung herstellen, sodass „Projektketten" entstehen, deren Glieder gegenseitigen Nutzen entfalten und im Sinne des bildungsbiographischen Ansatzes der Stiftung wirken.

Der Aufbau folgte dann auch Schwerpunktsetzungen, die nicht zuletzt arbeitsorganisatorisch begründet waren: Bildung und Soziales in den Jahren 2006/2007; Kultur im Jahr 2008; Naturwissenschaft und Technik in den Jahren 2008/2009. Ziel war es, bis zum Ende 2008 in allen drei Themenfeldern wirksame und profilbildende Projekte aufzulegen und damit ein Fundament und ein Erdgeschoss zu bauen.

Erfahrungsgemäß ist das Profil, die „Handschrift" einer Stiftung, durch ihre Themen, Taten und Personen zu vermitteln. Einen Nerv treffen – das hieß im Fall der Stiftung Polytechnische Gesellschaft, greifbare Modell-Lösungen zu entwickeln und eine klare Sprache dafür zu verwenden. Deshalb wurde z. B. im Falle eines Sprachförderprojekts auch nicht die Bezeichnung „Summer Camp" verwendet, sondern „DeutschSommer". Aus demselben Grund wurde für ein Freiwilligenstipendium nicht der Begriff „City Ambassadors" gebraucht, sondern der längere, aber verständlichere, „Stadtteilbotschafter".

Bei der Entwicklung profilbildender Projekte spielten auch Profil und Angebote anderer Stiftungen eine Rolle, wobei die Stiftung durch ihre Besonderheiten eine markenunterstützende *differentia specifica* mitbrachte: Historisch gegründet in der Tradition der Polytechnischen Gesellschaft, deshalb bürgernah; thematisch breit aufgestellt, aber im Aktionsradius auf Frankfurt begrenzt; und quer zu ihren Themenfeldern das Oberthema „moderne Stadtgesellschaft".

Im Jahr 2006 nahm die Stiftung mit einem kleinen Team umgehend die Vorbereitung erster profilbildender und modellhafter eigener Projekte auf. Drei Entscheidungskriterien waren für die ausgewählten Projekte bzw. für deren Anbahnung entscheidend: (1) Es sollten mit den Projekten drängende Probleme der Stadtgesellschaft angepackt werden; (2) Mithilfe der Projekte sollten erkennbare Verbesserungen erreichbar sein; (3) Die Stiftung sollte in ihrer Projektarbeit ihre Stärken als eine unabhängige, flexible und schnell lernende Organisation einsetzen können. Dementsprechend wurde in Zusammenarbeit mit den Familienbildungsstätten ein Projekt zur Förderung sozial belasteter Familien ab Geburt angebahnt, die „Willkommenstage in der frühen Elternzeit". Sie wurden nach sorgfältiger Vorbereitung 2008 gestartet. Des Weiteren wurde mit der Stadt Frankfurt und vier Frankfurter Stiftungen bereits im Herbst 2006 ein großes Sprachförderprogramm für GrundschülerInnen mit unzureichenden Deutschkenntnissen vorbereitet. Der „DeutschSommer" wurde bereits 2007 zum ersten Mal mit mehr als 150 Kindern, überwiegend ausländischer Herkunft, durchgeführt. Ebenfalls in dem für den Bildungserfolg so entscheidenden Bereich der Sprachförderung wurde gemeinsam mit der Frankfurter Allgemeinen Zeitung (FAZ) ein Leseförderprojekt „Meine Zeitung – Frankfurter Schüler lesen die FAZ" auf den Weg gebracht. Mit dem in der Stiftung konzipierten Freiwilligenstipendium „StadtteilBotschafter" gelang es, von Anfang an einen engen Kontakt zu wichtigen Akteuren in den Stadtteilen herzustellen, von Vereinen bis zu Quartiersmanagern. Darüber hinaus gelang es, das Signal auszusenden, dass die Stiftung mitten in der Stadtgesellschaft aktiv sein würde – vor der Haustür der BürgerInnen. Die jungen StipendiatInnen konnten in ihrem Stadtteil eine eigene gemeinnützige Idee umsetzen und erhielten dabei organisatorische und finanzielle Unterstützung von der Stiftung. Die erste Generation an Stipendiaten startete noch im Frühjahr 2007, ausgewählt und begleitet von erfahrenen Mitgliedern der Polytechnischen Gesellschaft. Im kulturellen Bereich beschloss die Stiftung eine standortpolitisch wichtige Förderung der museologischen Erneuerung der Historischen Villa Metzler am Museum für Angewandte Kunst, welches selbst auf die Polytechnische Gesellschaft zurückgeht.

Auf diese Weise war die Stiftung von Anfang an in allen drei Themenfeldern tätig, jedoch mit einer überschaubaren Anzahl von Projekten, die durch den schlanken Betrieb auch zu „packen" waren. Ein Schwerpunkt lag zunächst im Bildungs- und im sozialen Bereich, da hier drängende Probleme (Elternbildung, Sprach- und Leseförderung für Kinder, Nachwuchs für das Bürgerengagement) angegangen werden konnten. Die Förderung der museologischen Erneuerung der Historischen Villa Metzler verdeutlichte zugleich das Engagement der Stiftung zugunsten des kulturellen Erbes der Stadt. Weitere Projekte befanden sich für den zweiten Schritt vorsorglich im Planungshorizont, insbesondere ein Stipendiatenwerk zur Förderung des wissenschaftlichen Nachwuchses in Frankfurt. Außerdem wurde die Förderung Dritter, gestützt auf die Förderrichtlinie in einem abgestuften, klar geordneten Beratungs- und Entscheidungsverfahren aufgenommen.

Auf der Grundlage dieser konzeptionellen Klarheit führten Vorstand und erste MitarbeiterInnen in wenigen Monaten zugleich hunderte von Informationsgesprächen in der Stadtgesellschaft, um zusätzlich zu den bisherigen Kenntnissen den Einblick in das vorhandene Angebot und in mögliche Lücken zu vertiefen. Dies war zeitlich aufwändig, führte aber – zusätzlich zu einer detailreicheren Kenntnis vor Ort – auch zu einem noch besseren Kontaktnetz, nicht zuletzt mit Blick auf ExpertInnen und KooperationspartnerInnen. Die Stiftung unterstrich außerdem ihre Haltung der Offenheit, geistigen Neugier und Gesprächsbereitschaft, zeigte sich jedoch auch klar in ihren Aufgaben und ihren Vorstellungen über die ersten Schritte. Der Projektaufwand betrug im Jahr 2006 1,5 Mio. Euro, erwirtschaftet von einem professionellen Vermögensmanagement. 8 Mio. Euro flossen zur Substanzerhaltung in die Rücklage. Gemäß Stiftungsrecht hätte die Stiftung in den ersten drei Jahren ihre Erträgnisse vollständig zurücklegen können. Der Vorstand entschied sich aber dafür, von Anfang an die Projekttätigkeit aufzunehmen.

Im Jahr 2007 – dem ersten vollen Jahr der Geschäftstätigkeit der Stiftung – wurden die ersten großen Bildungs- und Verantwortungsprojekte an den Start gebracht. Es war eine Herausforderung und eine erhebliche Anstrengung für das junge und auch schlanke Team, so zügig große operative Projekte umzusetzen. Andererseits konnte die Stiftung mit ihrem jungen Team, das in den ersten zwei Jahren auf 10 MitarbeiterInnen anwuchs, in kurzer Zeit auch tiefgehende praktische Erfahrungen sammeln und auf diese Weise gemeinsame professionelle Standards in der Projektbearbeitung verankern. Die auf Kooperation angelegten Projekte („DeutschSommer", „Meine Zeitung", „Stadtteilbotschafter") verhalfen der Stiftung außerdem zu engen Kontakten in Schulen, Familienbildungsstätten, Vereinen – zusätzlich zu bereits bestehenden Kontakten im Bereich der Funktionseliten. Die öffentliche Wirkung der Projekte war umfangreich und positiv. Sie gab der Stiftung ein „Gesicht". Zugleich stieg die Stiftung mit einigen Förderprojekten in die Hinführung zu Naturwissenschaft und Technik ein. Im kulturellen Bereich wurde die systematische Förderung der Konzertpädagogik für jährlich rund 4000 Kinder vorbereitet und aufgenommen. Mit Blick auf das kulturelle Erbe wurde ein weiteres Ehrenamtsstipendium, die „StadtteilHistoriker", entwickelt und begonnen, in Zusammenarbeit mit den Heimat- und Geschichtsvereinen sowie mit der Frankfurter Neuen Presse und der Gerda Henkel-Stiftung. Damit hatte die Stiftung bereits zwei Freiwilligen-Stipendien – eines für junge Leute und eines für überwiegend ältere – auf den Weg gebracht und wuchs rasch in die Stadtteile hinein. Parallel wurde ein Konzept für die wissenschaftliche Nachwuchsförderung entwickelt. Auf diese Weise war die Stiftung Ende 2007 zusätzlich zu den Bereichen Bildung und Soziales nun auch in den Bereichen Wissenschaft und Kultur vorangekommen und hatte in ihren eigenen Pilotprojekten bereits erste Erfahrungen gesammelt und Ergebnisse erzielt.

Eine allgemeinverständliche Kommunikationsarbeit war der Stiftung von Anfang an wichtig. Eine bürgernahe Organisation muss eine lesbare Handschrift haben. Mit 300 Presseberichten im Jahr 2007 – alleine in Frankfurt – verdoppelte die Stiftung ihr Medienecho gegenüber 2006. Dabei gab es zahlreiche umfangreiche Beiträge und zustimmende Kommentare zur Projekttätigkeit, aber auch zu den handelnden Personen der Stiftung. Die stiftungseigene Zeitschrift „Polytechnik“ vermittelt seit 2007 des Weiteren zweimal jährlich einen Eindruck von der Tätigkeit der Stiftung. Eine umfangreiche und klar gegliederte Homepage begleitet die Arbeit der Stiftung seit Anbeginn. Im ersten vollen Jahr ihrer Tätigkeit wendete die Stiftung 2,7 Mio. Euro auf. Das bedeutete gegenüber dem Vorjahr eine Steigerung um mehr als die Hälfte.

Das Jahr 2008 war das zweite volle Jahr der Projekttätigkeit der Stiftung und gewissermaßen der „Endspurt“ für die Aufbauphase 2006 bis 2008. Der Vorstand hatte sich das Ziel gesetzt, bis zum Jahresende vier weitere Leuchtturmprojekte umzusetzen, die das durch die Satzung beschriebene Förderspektrum wirksam bestücken. Zudem sollten erste Projektketten etabliert werden. In Zusammenarbeit mit dem hessischen Kultusministerium und der Stadt Frankfurt wurde im März 2008 das „Diesterweg-Stipendium für Kinder und ihre Eltern“ aus der Taufe gehoben. Es war das erste Bildungsstipendium für bildungsferne Familien in Deutschland. Ziel des Projekts ist es, nicht nur die Kinder auf ihrem Bildungsweg zu fördern, sondern die ganze Familie mitzunehmen. Dass dies ein vielversprechender Ansatz ist, zeigen die Ableitungen aus mehreren großen Bildungsstudien: Wenn die Familie einen Einfluss von ca. 60 Prozent auf den Bildungsverlauf der Kinder hat, dann ist es gerade richtig, die Familien selbst für die Bildungsbegleitung ihrer Kinder zu stärken. Genau das war die Ursprungsidee des Diesterweg-Stipendiums, welches übrigens letztlich aus einem Gespräch des Vorstands mit einer Frankfurter Schulleiterin entstand. „Tun Sie nicht nur etwas für die Kinder“, hatte die Pädagogin gesagt. „Die Familien entgleiten uns. Wir brauchen attraktive Angebote für die vielen bildungsunerfahrenen Familien“. Dementsprechend wurde das Diesterweg-Stipendium als Bildungsstipendium konzipiert, das die Familien durch Akademietage, Hausbesuche, Sprechstunden, Ferienkurse und einen kleinen Bildungsfonds beim Übergang von der vierten Grundschulklasse in die weiterführende Schule begleitet. Für die Projektleitung wurde eine erfahrene Grundschulpädagogin vom Hessischen

Kultusministerium an die Stiftung abgeordnet. Damit war zugleich der Zugang zu den Schulen gesichert; außerdem war auf diese Weise der Erfahrungstransfer des Projekts organisatorisch verankert – gute Voraussetzungen für weitere Entwicklungen. Schließlich positionierte sich die Stiftung mit einem zweiten Projekt zur Familienbildung (zusätzlich zu den „Willkommenstagen in der frühen Elternzeit") in einem wichtigen gesellschaftlichen Aufgabenfeld. Ein weiterer Vorzug des neuen Projekts bestand darin, dass es die Förderlogik der Stiftung deutlich machte. Denn es schloss bildungsbiographisch an den „DeutschSommer" an.

Im naturwissenschaftlichen Bereich wurde die Förderung des 'Goethe Schülerlabors Physik und Chemie' auf den Weg gebracht, welches über 1000 SchülerInnen pro Jahr als außerschulischer Lernort zur Verfügung stand. Im Januar 2008 begann die Stiftung außerdem mit dem Aufbau ihres 'Stipendiatenwerks MainCampus' zur Förderung des wissenschaftlichen Spitzennachwuchses, mit besonderem Schwerpunkt auf den naturwissenschaftlich-technischen Fächern. Im November 2008 wurde in Zusammenarbeit mit drei Frankfurter Hochschulen die erste Generation von 24 StipendiatInnen aufgenommen. Damit war die Stiftung sowohl in der Förderung sozial belasteter BürgerInnen, wie auch in der Eliteförderung aktiv – ein wichtiges Bekenntnis zu Breiten- und Spitzenförderung. Sie wurden verbunden mit den Freiwilligenstipendien in den Stadtteilen, die der Stärkung der/des Einzelnen durch Bildung und Verantwortungsübernahme ein Gesicht geben.

Im Rahmen der Hinführung zu musisch-ästhetischer Bildung setzte sich die Stiftung für die Verbreitung der Konzertpädagogik für Kindergarten- und Grundschulkinder ein. Die Breitenförderung wurde durch eine Spitzenförderung abgerundet: Gemeinsam mit der Deutsche Bank Stiftung ermöglichte die Stiftung das „Opernstudio", eine Spitzenausbildung für NachwuchssängerInnen an der Frankfurter Oper.

Unter den bereits angelaufenen Projekten wurde der „DeutschSommer" von einem Projekt zu einem Programm weiterentwickelt (mit LehrerInnenfortbildung und zusätzlicher Sprachförderung in den Weihnachtsferien). Die erste Generation der EhrenamtsstipendiatInnen schloss ihre Tätigkeit ab. Das Antragswesen wurde weiter verfeinert und präzisiert.

Die Medienresonanz verdoppelte sich auf 600 Pressebeiträge im Jahr 2008. Auch das Internet verzeichnete eine Verdoppelung der Nachfrage.

Im Jahr 2008 konnte die Stiftung ihre Projektausgaben trotz der Finanzkrise, durch die sie mit Schrammen, aber immer noch vergleichsweise glimpflich hindurch kam, auf 3,6 Mio. Euro steigern. Seit Beginn ihrer Tätigkeit hatte sie bereits 7,8 Mio. Euro für die Erfüllung des Stiftungszwecks aufgewendet. Zwei wichtige Erfahrungen des Jahres 2008 seien hier noch erwähnt:

1. Die Modellprojekte (wohl auch die handelnden Personen) führten der Stiftung, in Verbindung mit aktiver Öffentlichkeitsarbeit, KooperationspartnerInnen und auch SpenderInnen zu.
2. Der Bezug einer Reihe von Projekten zueinander sorgte für Zusammenhänge und Übergänge (z. B. MainCampus-StipendiatInnen und StadtteilbotschafterInnen helfen im Diesterweg-Stipendium). Die örtliche Beschränkung der Stiftungsaktivitäten ermöglichte und erleichterte dies erheblich.

Insgesamt waren die Jahre 2007 und 2008 von intensiver Aufbauarbeit gekennzeichnet. Bei diesem Vorhaben war klar, dass im Jahr 2009 auf der Grundlage des bisher Erarbeiteten, eine Konsolidierung und Reifung der Projekttätigkeit einsetzen sollte und dass vorerst nur noch wenige neue Projekte lanciert werden würden.

Vertiefung und umsichtige Ergänzung

Im Jahr 2009 standen Vertiefung und leichte Ergänzung an. Die entwickelten „Leitprojekte" sollten zur Modellreife weiterentwickelt werden. Das „Feilen" an den Pilotprojekten ist ja nur in der praktischen Durchführung möglich. Diese Durchführung muss durch Überprüfung der erreichten Ergebnisse und ggf. durch die eine oder andere Kurskorrektur gekennzeichnet sein. Auf diesem Wege wird das Projekt verbessert und perfektioniert. Im Jahr 2009 wurde nur ein kleineres neues Projekt der Hinführung zu Naturwissenschaften und Technik gestartet: die Samstagsschule für begabte HandwerkerInnen, unter Anknüpfung an ein ähnliches Projekt der Polytechnischen Gesellschaft aus dem Jahr 1817. Hiermit machte die Stiftung zweierlei deutlich: Erstens, dass ihr die Förderung beruflicher Talente ein Anliegen war, und zweitens, dass sie sich ihrer polytechnischen Tradition bewusst war und diese aktiv nutzte.

Im Bereich der Hinführung zu Naturwissenschaften und Technik wurde das wissenschaftliche StipendiatInnenwerk MainCampus um weitere 29 Stipendien auf nun 53 Stipendien mit Schwerpunkt auf den Naturwissenschaften vergrößert. Inzwischen war in diesem Bereich eine „Projektkette" geschaffen worden, die von der Förderung des Schülerlabors Physik und Chemie über die Junior-Ingenieur-Akademie für SchülerInnen der Sekundarstufe I über die Samstagsschule für begabte HandwerkerInnen bis hin zum Stipendiatenwerk MainCampus reichte.

Mit ihren inzwischen drei aufeinander aufbauenden Ehrenamtsstipendien – den „StadtteilBotschaftern", den „StadtteilHistorikern" und den „BürgerAkademikern" (einem Fortbildungsprojekt für die besten Ehrenamtler aus den großen Freiwilligenorganisationen Frankfurts, in Zusammenarbeit mit der Herbert Quandt-Stiftung) beschritt die Stiftung neue Wege in der Anerkennung, Qualifizierung und Vernetzung bereits engagierter BürgerInnen oder solcher, die zum ersten Mal eine ehrenamtliche Aufgabe übernehmen wollen. Die „BürgerAkademie" führt besonders ideenreiche und tatkräftige Ehrenamtler aus 24 Frankfurter Ehrenamtsorganisationen zusammen und ermöglicht ihnen damit einen gemeinsamen strategischen Blick auf das Bürgerengagement. Die im Mai 2009 inaugurierte „Internationale Alfred Grosser-Gastprofessur für Bürgergesellschaftsforschung" an der Goethe-Universität rundete dieses Arbeitsfeld der Stiftung wissenschaftlich ab.

Inzwischen war die Stiftung mit 13 Leitprojekten aktiv. Dabei konnte sie ihre lokale Konzentration für den Aufbau von Projektketten nutzen. Als Mehrspartenstiftung will die Stiftung in dem, was sie tut, keinen Flickenteppich hinterlassen, sondern ein geordnetes, kompaktes Portfolio von Projekten schaffen, die sich aufeinander beziehen. Projektketten – also die biographische und thematische Verbindung von Projekten – werden dabei allerdings nicht als um jeden Preis einzuhaltendes Prinzip verstanden, das alles davon Abweichende ausschlösse, sondern als eine Leitidee. Projektketten hatte die Stiftung 2009 bereits in folgenden Arbeitsfeldern aufgebaut: Familienbildung, Sprach- und Persönlichkeitsförderung, Hinführung zu Naturwissenschaften und Technik, Konzertpädagogik, Bürgerengagement, Stadtteilarbeit.

Der Anspruch an das Projektportfolio war unverändert durch drei Merkmale gekennzeichnet: (1) Eine überschaubare Anzahl von „starken" Themen und Projekten; (2) Projekte, die sich aufeinander beziehen; (3) Modellprojekte, die in Frankfurt prägend sind und die über Frankfurt hinaus wirken können.

Die Stiftung konnte ihre Projektausgaben im Jahr 2009 von 3,6 Mio. Euro auf 4,7 Mio. Euro steigern – also 30 Prozent mehr als im Vorjahr. Außerdem konnte eine Immobilie in zentraler Lage für den Stiftungssitz erworben werden.

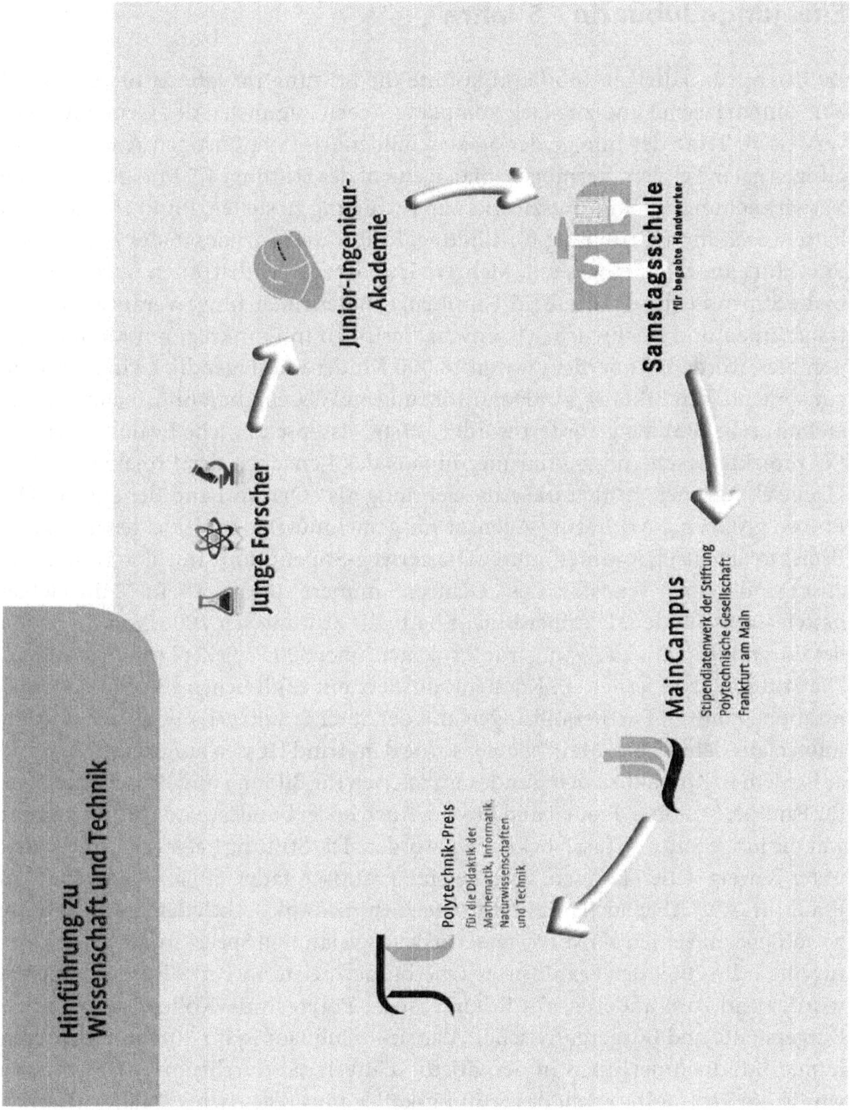

Abb. 3 Die Projektkette im Bereich Naturwissenschaften und Technik

Eine junge Jubilarin – 5 Jahre

Zu ihrem fünfjährigen Jubiläum konnte die Stiftung im Jahr 2010 bereits auf eine umfangreiche und zugleich kompakte Arbeit zugunsten des Gemeinwesens verweisen. Trotz der infolge der Staatsschuldenkrise ungünstigen Anlagebedingungen gelang es dem Vermögensmanagement der Stiftung, 4,5 Mio. Euro für die Verwirklichung des Stiftungszwecks zur Verfügung zu stellen. Rund 17 Mio. Euro hatte sie seit ihrer Gründung für Bildung, Kultur und Soziales in der Bürgerstadt Frankfurt am Main eingesetzt. Mehrere Hundert StipendiatInnen waren seither in die Stipendienprogramme für Familien, SchülerInnen, junge VerantwortungsträgerInnen und NachwuchswissenschaftlerInnen in Frankfurt am Main aufgenommen worden. Außerdem waren 18.000 Kinder und Jugendliche in Projekten zur sprachlichen Bildung, zur Heranführung an Wissenschaft und Technik sowie an kulturelle Bildung gefördert worden. Erste wissenschaftliche Evaluationen der Leitprojekte bescheinigten darüber hinaus das Erreichen der Projektziele. Der „DeutschSommer“ erhielt die Auszeichnung als „Ort im Land der Ideen“. Die Phineo gAG, eine Art Rating-Agentur für gemeinnützige Projekte, bewertete die Projekte „DeutschSommer“ und „Diesterweg-Stipendium“ mit der Note „herausragend“. Erste Transfers des „DeutschSommers“ in das Rhein-Main-Gebiet hatten stattgefunden. Darüber hinaus hatte die Stiftung seit 2006, von Projekten der Bürgerkultur bis zu Avantgarde-Projekten, über 300 Projekte Dritter gefördert. Die Stiftung hatte ferner ein Kooperationsnetz mit zahlreichen Freiwilligenorganisationen, mit 13 Partnerstiftungen, mit der Stadt Frankfurt, mit weiteren Kommunen aus dem Rhein-Main-Gebiet sowie dem Land Hessen aufgebaut. Sie stand außerdem in Kontakt zu den Bundesministerien für Bildung und Forschung sowie für Familie, Senioren, Frauen und Jugend. Auch in der bundesweiten Stiftungsszene war die junge Stiftung rasch bekannt geworden. Die Stiftung hatte mit ihrer Arbeit unter Beweis stellen können, dass sie eine praktisch tätige „Reformwerkstatt“ in Frankfurt war. Aber auch mit vereinzelten „Think-Tank“-Aktivitäten war sie aktiv geworden, zum einen als Mitverfasserin der sogenannten Speer-Studie „Frankfurt für alle“, die 2009 der Frankfurter Oberbürgermeisterin Petra Roth übergeben wurde, und zum anderen mit ihrem ersten „Polytechnik-Kolleg“ zum Thema Bürgerstädte und Bürgergesellschaft, das sie im Jubiläumsjahr 2010 mit mehreren hundert TeilnehmerInnen in der Goethe-Universität durchführte. Im Übrigen wurde die Vortragstätigkeit des Stiftungskollegiums rege nachgefragt. Anlässlich des fünfjährigen Jubiläums gab die Stiftung einen „Wirkungsbericht“ heraus, der die bisherigen Evaluationsergebnisse zusammenfasste. Der Bericht war in der Stiftungsszene insofern eine Neuheit, als er kein Tätigkeitsbericht im klassischen

Sinne war, also nicht die Frage stellte „was haben wir getan?“, sondern sich ganz auf die Beantwortung der Frage „was haben wir erreicht?“ konzentrierte.

„Vom Projekt zum Programm“. Die Stiftung bis 2014

Im Jahr 2011 konnte die Stiftung erstmals seit ihrem Bestehen 5,1 Mio. Euro für die gemeinnützigen Aufgaben einsetzen. Im Jahr 2012 konnte der Betrag noch auf 5,9 Mio. Euro gesteigert werden, sodass die Stiftung seit Gründung rund 28 Mio. Euro bereitgestellt hat. Im Februar 2011 bezog die Stiftung ein eigenes Haus an der Untermainanlage im Herzen Frankfurts. Seit Februar 2011 arbeitet das 20-köpfige Stiftungsteam im neuen „Polytechniker-Haus“, das von PartnerInnen, StipendiatInnen und interessierten BürgerInnen gern und häufig aufgesucht wird. Die Stiftung ist mit dem Umzug mitten in Frankfurt angekommen. Ihren Jahresbericht 2012 überschrieb die Stiftung mit dem Motto „Nah dran“. Das ist für die Stiftung in der Stadtgesellschaft in der Tat das wichtigste: nah dran zu sein. Nah dran an denjenigen, die für die Stadt und ihre Entwicklung so wichtig sind: an Menschen, an BürgerInnen, an jungen BürgerInnen, die Potenzial haben, die etwas erreichen wollen, für sich selbst, aber auch für die Stadtgesellschaft. Mit bisher über 600 StipendiatInnen ist die Stiftung gut verankert, auch in den Stadtteilen, vor Ort, aber auch nah dran an den wichtigen Themen: Prävention, Integration, Ansprache bildungsungewohnter Milieus und Familien, Hinführung zur Bürgerverantwortung, Hinführung zu Naturwissenschaft und Technik. Die Stiftung ist nah dran an Zuwandererkindern, an jungen Leuten, die Verantwortung übernehmen wollen, und nah dran an den jungen wissenschaftlichen Nachwuchskräften, die in Frankfurt im Rahmen des MainCampus-Stipendiatenwerks gefördert werden.

Wie haben sich inzwischen die Leitprojekte entwickelt? Im Bereich Familienbildung konnten bildungsunerfahrene Familien in Frankfurt für Erziehungs- und Bildungsaufgaben gestärkt werden. Das Präventionsprojekt „Willkommenstage in der frühen Elternzeit“ kann nun, dank der Unterstützung eines Mäzens und in Kooperation mit vier Familienbildungsstätten, für alle Geburtsjahrgänge in Frankfurt angeboten werden. 50 Familien mit weit über 100 Personen können jährlich aufgenommen werden. Es gibt beeindruckende Erfolge. Aus dem Projekt heraus wurde ein Kontaktnetzwerk im Bereich der Frühen Hilfen von 160 Personen in Frankfurt aufgebaut. Das Flaggschiff in diesem Bereich ist das „Diesterweg-Stipendium für Kinder und ihre Eltern“. 355 Personen wurden bislang in dem Programm erfolgreich gefördert. Das Projekt erhielt 2012 die Auszeichnung „Idee für die Bildungsrepublik“ des Bundesministeriums für Bildung und Forschung und der Vodafone-Stiftung. Das Projekt ist inzwischen auf dem Weg zum Programm, einschließlich einer neuen Lehrerfortbildung für Frankfurter Schulen. Im September 2012 wurde es nach Hannover zudem in Hamburg eingeführt. Im Jahr 2013 konnte es nach Darmstadt und nach Kirn in Rheinland-Pfalz transferiert werden. In Dortmund wird das Projekt Ende 2014 gestartet. .

Im Jahr 2013 konnte die Stiftung das 1000. „DeutschSommer"-Kind aufnehmen und eine Elternsprechstunde im Frankfurter Römer durchführen. Die Grundschulen bescheinigten einen deutlichen Lernzuwachs der Kinder. Zur Förderung der deutschen Sprachkultur wurde ein neues Projekt, der Diktatwettbewerb „Frankfurt schreibt", aufgebaut, den die Stiftung gemeinsam mit dem Staatlichen Schulamt für die Stadt Frankfurt am Main, der Deutschen Akademie für Sprache und Dichtung, der Frankfurter Allgemeinen Zeitung, dem Hessischen Rundfunk, dem Duden und der Dr. Marschner-Stiftung veranstaltet. Am Finale des sportlichen, heiteren und lehrreichen Wettbewerbs im Frühjahr 2013 nahmen rund 300 SchülerInnen, Eltern und LehrerInnen von 14 Frankfurter Oberstufen teil. Erstmals traten Oberstufen aus ganz Hessen als Herausforderer gegen die besten aus Frankfurt an. Im Jahr 2014 äußerten Stiftungen aus Hamburg und Osnabrück ihr Interesse an einem Transfer des Projekts, der gegenwärtig vorbereitet wird. Das Projekt trifft einen Nerv. Es antwortet auf die deutlich nachlassenden Rechtschreibkenntnisse von Jugendlichen als Folge neuer spontan genutzter Medien wie Facebook oder SMS. Die große öffentliche Resonanz und zahlreiche Anfragen aus der Republik lassen erkennen, dass der Wettbewerb gute Chancen hat, sich zu verankern. In der Hinführung zu Naturwissenschaften und Technik hat die Stiftung zu den preisgekrönten Unterrichtskonzepten, die aus ihrem 2011 erstmals und 2013 erneut ausgeschriebenen „Polytechnik-Preis zur Didaktik der Naturwissenschaften" hervorgingen, mehrere Hundert Lehrkräfte erreicht und damit die Projektkette zu den Schulen hin geschlossen.

In der kulturellen Bildung wurde erstmals in Zusammenarbeit mit der Aventis Foundation eine thematische Ausschreibung zur Förderung des kulturellen Erbes Frankfurts lanciert, mit dem Titel „Jazz in die Schule!", um die sich 21 Frankfurter Schulen bewarben. Grundidee ist es, das Erbe der früheren Jazzhauptstadt Deutschlands an junge Menschen, also an SchülerInnen, heranzutragen und ein neues Interesse an dieser vielgestaltigen Musikrichtung zu wecken. Die Ausschreibung kombiniert die klassische Förderung Dritter mit einem Rahmenthema, das die Stiftung setzt. Zehn Schulen erhielten eine Förderzusage. 400 SchülerInnen beteiligten sich an den schulischen Jazz-Projekten. In den Stadtteilen sind die Ehrenamts-StipendiatInnen der Stiftung, „StadtteilHistoriker" und „StadtteilBotschafter", überaus rege und erreichten viele Menschen vor Ort. Die Projekte sind stadtbekannt.

Mit der Marga Coing-Stiftung steht eine Stiftung in der treuhänderischen Verwaltung der Stiftung Polytechnische Gesellschaft.

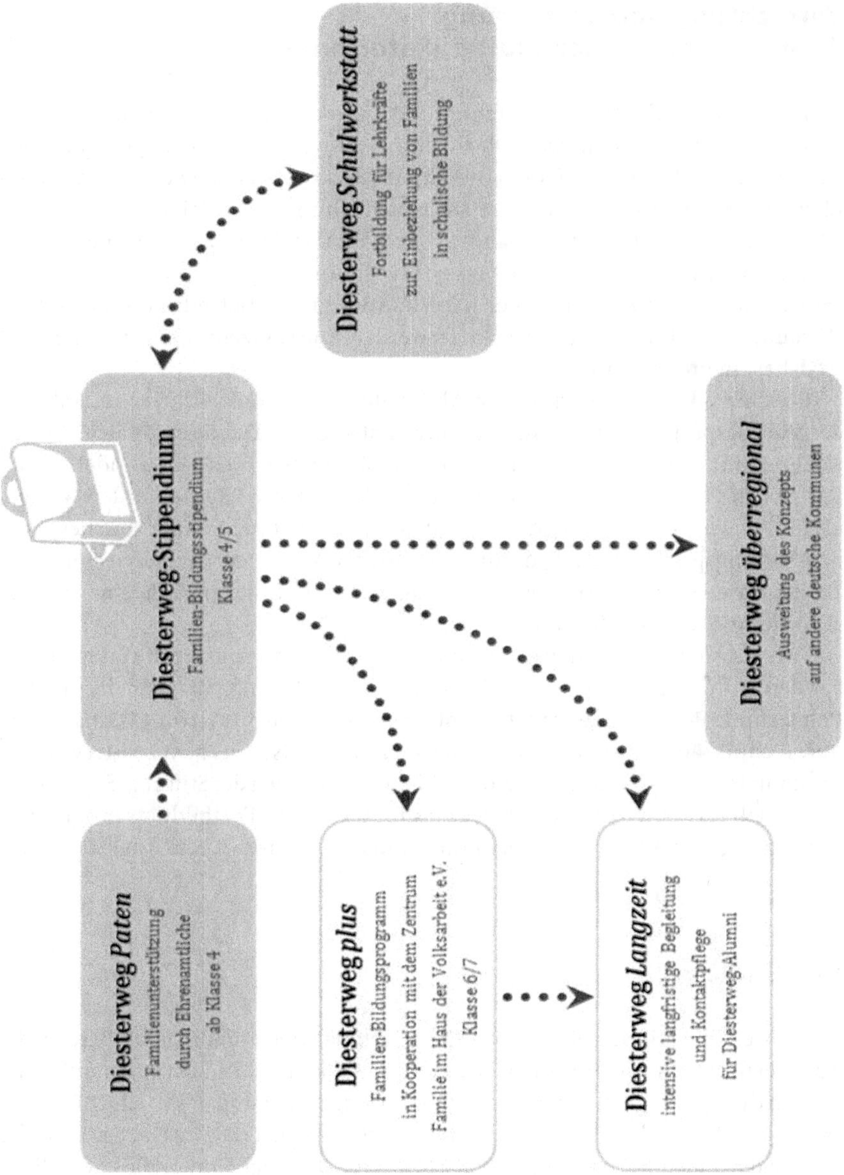

Abb. 4 Vom Projekt zum Programm: Das Diesterweg-Stipendium für Kinder und Eltern

Verdichtung und Vernetzung: Alumni, Ehrenamtler, MultiplikatorInnen

Nun stehen nachhaltige Vernetzung und Verdichtung sowie Weiterentwicklung der Projektarbeit an. Deshalb wurde im Jahr 2012 mit einer systematischen Alumni-Arbeit begonnen. Durch ihr Alumni-Netzwerk ist die Stiftung mit ihren Ehemaligen weiterhin im Kontakt. Die ersten Alumni- und StipendiatInnentage 2012 und 2014 zentral für eine langfristige Kontaktpflege. Zu dieser tragen auch die StipendiatInnen selbst bei, indem sie etwa Kamingespräche oder Konzerte organisieren. Von der Alumni-Arbeit kann künftig eine vertiefende und erweiternde Wirkung der Stiftungstätigkeit erwartet werden. Die Konzentration auf Frankfurt ist dabei ein großer Vorteil.

Gleiches gilt für die wachsenden Aktivitäten von Ehrenamtlichen im Rahmen der Stiftungsprojekte. Neu ist hier das Ehrenamtsprojekt „Diesterweg-Paten". Bereits 37 ehrenamtliche BetreuerInnen haben sich bislang bereit erklärt, Kinder, die im Rahmen des Diesterweg-Stipendiums für Kinder und ihre Eltern gefördert werden, als individuelle Bildungspaten zu begleiten. Rund 100 Ehrenamtler sind bereits in den Stiftungsprojekten aktiv, darunter zahlreiche Mitglieder der Polytechnischen Gesellschaft. Fortbildung und Anerkennungskultur für Ehrenamtliche sind wichtige aktuelle Aufgaben der Stiftung.

Drittens sind Fortbildungen für MultiplikatorInnen zu nennen, die Erkenntnisse aus den Stiftungsprojekten in die Breite tragen: Dies betrifft vor allem die mit dem Polytechnik-Preis ausgezeichneten Unterrichtskonzepte für Naturwissenschaften und Technik, aber auch die Vermittlung der Erkenntnisse aus dem Diesterweg-Stipendium sowie aus den anderen großen Bildungsprojekten der Stiftung. So markiert denn auch das Jahr 2014 den Start eines umfassenden Fortbildungsprogramms der Stiftung für pädagogische Fachkräfte und Lehrkräfte mit dem Titel „Impulse".

Vier Säulen

Damit steht die Stiftung ein Jahr vor ihrem zehnjährigen Jubiläum im Bereich der Zweckerfüllung auf vier Säulen: Die erste Säule ist die „Projektwerkstatt". Hier werden drängende gesellschaftliche Probleme angepackt und praktische Lösungen entwickelt. Sie ist das Herzstück der inhaltlichen Arbeit. Die zweite Säule ist das inzwischen entstandene Netzwerk der Stiftung. Das sind einmal die ehemaligen und aktuellen StipendiatInnen, ferner die inzwischen rund 120 Ehrenamtler, darunter Mitglieder der Polytechnischen Gesellschaft. Die dritte Säule ist der

Transfer. Hier geht es um die Weitergabe des praktischen Wissens der Stiftung an MultiplikatorInnen und andere Standorte. Die vierte Säule heißt Dialog und Reflexion. Hier wird nachgedacht, diskutiert, auch in die Zukunft geblickt. Dazu gehören das Polytechnik-Kolleg, der Diesterweg-Kreis sowie ein neues Projekt „Frankfurt und Europa“.

Fazit

Zum Nutzen der Frankfurter Stadtgesellschaft betreibt die Stiftung inzwischen insgesamt 18 Leitprojekte. Diese Projekte sind „nicht von der Stange“, sondern wurden in Frankfurt aus den Bedürfnissen der Praxis heraus entwickelt. Die Projekte sind inzwischen gut verankert und leistungsfähig. Einige von ihnen sind auf dem Weg dahin, zum „Klassiker“ zu werden.

Trotz anlagetechnisch ungünstiger Rahmenbedingungen durch zwei Finanzkrisen seit 2005 hat sich die Stiftung durch umsichtiges Vermögensmanagement als verlässlicher Förderer in der Stadtgesellschaft gezeigt. So wurden bis 2013 rund 33 Mio. Euro für gemeinnützige Projekte aufgewendet.

Mit derzeit 21 Stellen hat die Stiftung ihre Sollstärke erreicht. Das Stiftungsteam ist jung, dennoch bereits sehr erfahren. Das Kooperationsnetz der Stiftung ist darüber hinaus gut etabliert. Allein 20 Stiftungen gehören zu den Partnern – abgesehen von Partnern im öffentlichen Bereich. Mit ihren Geförderten, ihren Ehrenamtlern und ihren MultiplikatorInnen hat die Stiftung gute Chancen, ein wichtiger Impulsgeber zu bleiben. Insgesamt hat sie daher ihre „Reiseflughöhe“ erreicht.

Es wird eine ständige Aufgabe bleiben, die „Marke“ der Stiftung weiter zu festigen. Deshalb wird es wichtig sein, den Bezug zur polytechnischen Tradition, die Arbeitsmethoden der Stiftung, die Praxisorientierung und die gesellschaftliche Relevanz ihrer Leitprojekte, ihre Kooperationskultur und ihre aktive Kommunikationsarbeit im Auge zu behalten.

Literatur

Stiftung Polytechnische Gesellschaft (2013) Vom Projekt zum Programm. Tätigkeitsbericht 2013. Frankfurt am Main

Stiftung Polytechnische Gesellschaft (2012) Nah dran. Tätigkeitsbericht 2012. Frankfurt am Main

Stiftung Polytechnische Gesellschaft (2011) Brücken Bauen. Tätigkeitsbericht 2011. Frankfurt am Main

Stiftung Polytechnische Gesellschaft (2010) Wirkungen. Frankfurt am Main

Stiftung Polytechnische Gesellschaft Verfassung (2009) Werkbank in der Stadtgesellschaft. Tätigkeitsbericht 2009. Frankfurt am Main

Stiftung Polytechnische Gesellschaft Verfassung (2008) Impulse für die moderne Bürgerstadt. Tätigkeitsbericht 2008. Frankfurt am Main

Stiftung Polytechnische Gesellschaft Verfassung (2007) Bildung und Verantwortung vor Ort. Tätigkeitsbericht 2009. Frankfurt am Main

II

Involvieren und mobilisieren – Freiwillige gewinnen

Zivilgesellschaftliches Engagement

Eine Aufgabe für jede Nonprofit-Organisation und die Gesellschaft

Eckhard Priller[1]

Abstract

Die Formen des freiwilligen Engagements sind so vielfältig wie die Herausforderungen, denen NPOs mit Blick auf die Gewinnung von Freiwilligen gegenüberstehen. Die empirische Engagementforschung zeigt dabei zwei gegensätzlich erscheinende Phänomene: Einerseits sind Engagement und die Bereitschaft dazu in der deutschen Gesellschaft konstant hoch, andererseits klagen NPOs zahlreich über Schwierigkeiten, Freiwillige besonders für langfristige und Leitungsfunktionen zu gewinnen. Zugleich stehen gestiegene Anforderungen an Freiwillige hinsichtlich Professionalität und Zeiteinsatz einem zunehmend zeitlich begrenzten, projektbezogenen Willen zum Engagement entgegen. Der Beitrag gibt einen Überblick zur Entwicklung und zum Stand des freiwilligen Engagements in Deutschland und zeigt aktuelle Trends sowie Lösungsansätze auf.

Keywords

Freiwillige, Bürgerschaftliches Engagement, Professionalisierung, Engagementförderung

---

1 eckhard.priller@wzb.eu

1 Engagement gefragt und unterschiedlich bewertet

Zumindest seit Mitte der 1990er Jahre findet die Engagementthematik in Deutschland verstärkte Aufmerksamkeit. Sowohl im wissenschaftlichen als auch im politischen Sprachgebrauch finden Begriffe wie bürgerschaftliches Engagement, politische Partizipation, Freiwilligenarbeit, freiwilliges Engagement und Ehrenamt Verwendung (Priller 2010).

Übereinstimmend wird allgemein unter Engagement ein individuelles Handeln verstanden, das sich durch Freiwilligkeit, fehlende persönliche materielle Gewinnabsicht und eine Ausrichtung auf das Gemeinwohl auszeichnet (vgl. United Nations 1999: 2; Heinze/Olk 2001; Beher et al. 2000; Zimmer/Nährlich 2000; Klages/Gensicke 1997; Alscher et al. 2009a). Betont wird darüber hinaus das Stattfinden dieser Tätigkeit im öffentlichen Raum, vor allem um Teilhabe, Transparenz, Verantwortung und Dialog durch Öffentlichkeit zu sichern (vgl. Enquete-Kommission 2002: 57). Die Gemeinwohlorientierung schließt einen individuellen Nutzen in Form der Aneignung von Wissen und Kompetenz, das Knüpfen und die Pflege sozialer Beziehungen oder andere ideelle Erträge nicht aus. Wesentliches Merkmal des Engagements ist, dass es durch gesellschaftliche Verantwortung mit unterschiedlicher Reichweite – vom internationalen humanitären Einsatz bis hin zu alltäglichen Unterstützungs- und Hilfeleistungen im lokalen Raum – geprägt wird.

Neben einer breiten Öffentlichkeit beschäftigen sich Politik und Wissenschaft, vor allem aber die Nonprofit-Organisationen, mit der Frage nach dem Umfang und der Entwicklung des Engagements, seinen Motiven, Ausprägungen und Wirkungen. Während politisch zumeist auf einen weiteren Aufschwung im freiwilligen Engagement und die dort angeblich noch schlummernden Potenziale verwiesen wird, mahnt die Wissenschaft zumindest partiell eine differenzierte Betrachtung an, die durchaus Grenzen und künftige einschränkende Bedingungen eines weiteren Engagementausbaus signalisiert (vgl. Alscher et al. 2009b; Anheier et al. 2011, Ammann 2011). Im Bereich der Nonprofit-Organisationen wird in diesem Sinne sogar häufig auf einen dort spürbaren Rückgang des Engagements und auf ein Nachlassen der Engagementbereitschaft hingewiesen. Es wird nach Einschätzung von Organisationen immer schwieriger, Menschen gerade für die ehrenamtliche Besetzung von Leitungs- und anderen Gremien zu gewinnen. Während beispielsweise im Sport mehr als jeder zehnte Verein durch das Fehlen ehrenamtlicher Funktionäre in seiner Existenz gefährdet ist (vgl. Breuer 2009), haben insgesamt 80 Prozent der Vereine Probleme, Engagierte zu finden (vgl. Priller et al. 2012, S. 23). Zimmer et al. (2010, S. 31) zeigen in einer Vereinsstudie in Münster und Halle/Saale, dass fast jeder zweite Verein (48%) Schwierigkeiten bei der Besetzung frei werdender Ämter im Vorstand hat. Den Angaben aus der Organisationsperspektive stehen damit

Angaben aus dem Freiwilligensurvey als umfassender Datenbasis zur Erfassung des Engagements auf individueller Ebene gegenüber. Nach diesen Angaben ist relativ konstant über die Jahre ein Drittel der Bevölkerung in Deutschland engagiert und ein weiteres Drittel für ein Engagement bereit (vgl. Gensicke/Geiss 2010).

Zur Erklärung der unterschiedlichen Bewertungen lassen sich verschiedene Faktoren heranziehen. So steigt die Nachfrage nach Engagierten an, da die Zahl der Organisationen laufend zunimmt. Allein bei den Vereinen tragen sich in Deutschland jährlich rund 10.000 Vereine neu in die Vereinsregister ein. Mit der weiter zunehmenden Zahl der Organisationen verschärft sich selbstredend die Konkurrenz um Engagierte. Hinzu kommt, dass das Engagement für eine Organisation und den oder die Einzelne/n hinsichtlich der Aktivität etwas Unterschiedliches bedeuten kann. Bei den Organisationen ist ein Engagement gefragt, das möglichst regelmäßig mit einem gewissen Zeitumfang erfolgt und die Organisation in leitungsstruktureller Hinsicht oder bei der Lösung wichtiger Aufgaben unterstützt. Diese Perspektive stellt sich beim einzelnen Bürger bzw. der einzelnen Bürgerin anders dar. Für sie können bereits einmalige oder weniger häufiger ausgeübte Tätigkeiten als Engagement gelten. Neben diesen bereits aus der methodischen Herangehensweise begründeten erheblichen divergierenden Einschätzungen der Engagementsituation bestehen Unterschiede zwischen einzelnen Tätigkeitsbereichen und Einsatzfeldern von Engagierten. Außerdem bestehen Besonderheiten bei Engagementaktivitäten in verschiedenen Altersgruppen oder in regionaler Hinsicht (vgl. Gensicke/Geiss 2010).

Insofern kann nicht, sondern muss sogar ein Freiwilligenmanagement in einzelnen Organisationen sehr unterschiedlich ausfallen. Dies belegen die folgenden Beispiele in diesem Band sehr eindrucksvoll. Sie zeigen, dass das traditionsreiche Konzept der lokalen Verankerung des Engagements weiterhin wirksam ist. Zugleich kommen neue Themen und Inhalte hinzu, die die Formen des Engagements und seine Ausprägungen erweitern. Ob in einer Organisation wie der Bürgerbusgenossenschaft Sauerland-Hellweg, in den 47 Oxfam-Shops, in der Freiwilligenagentur tatkräftig e. V. in Hamburg, im Förderkreis Rommersdorf e. V. und in der Abtei Rommersdorf-Stiftung oder im Heimatverein Asbeck e. V. – stets erfüllen dabei die Engagierten Aufgaben, die für die Tätigkeit der NPOs unverzichtbar sind. Und dies gilt nicht nur in den vorgestellten Organisationen – nach Angaben einer Organisationsbefragung sichern Engagierte in 89 Prozent der Vereine, 84 Prozent der Genossenschaften, 75 Prozent der Stiftungen und 40 Prozent der gemeinnützigen GmbHs deren Existenz (vgl. Priller et al. 2012, S. 23).

2 Heterogen, dynamisch und zugleich traditionsverhaftet

Bei den Angaben zum bürgerschaftlichen Engagement bzw. zur ehrenamtlichen Arbeit oder zum Zivilengagement in Deutschland liegen aus verschiedenen Untersuchungen unterschiedliche Ergebnisse vor (vgl. Priller 2011). Während ein Teil der Untersuchungen eher von einer geringen Bereitschaft der Deutschen zum Engagement ausgeht, kommt der Freiwilligensurvey mit einem breiten Engagementbegriff zu dem Ergebnis, dass sich recht stabil zumindest mehr als jede/r dritte Deutsche ehrenamtlich engagiert (Gensicke/Geiss 2010). Untersuchungen, die sich auf das Engagement in NPOs konzentrieren und den Aspekt des regelmäßigen und für die Organisationen auch spürbaren Zeiteinsatzes betonen, kommen zu geringeren Engagementquoten.

Mit seinen bislang vier Erhebungszeitpunkten 1999, 2004, 2009 und 2014 mit jeweils mindestens 15.000 bis 25.000 per Telefon geführten Interviews ist der Freiwilligensurvey eine umfassende, nach vielen sozialstrukturellen Gesichtspunkten differenzierte Datenbasis. Während 1999 die Zahl der freiwillig Engagierten bei 34% lag, erhöhte sich deren Anteil 2004 leicht auf 36% und blieb 2009 auf diesem Niveau (vgl. Tabelle 1).

Hinter der hohen Stabilität in der allgemeinen Engagementbeteiligung lassen sich eine Reihe von gruppenbezogenen Unterschieden und gegenläufigen Tendenzen ausmachen. Sie werden bereits sichtbar, wenn die Entwicklung des Engagements nach Altersgruppen näher betrachtet wird. Während in einigen Gruppen die Engagementquote über den Betrachtungszeitraum weiter ansteigt, ist sie in anderen rückläufig.

So sind Jugendliche zwar eine zivilgesellschaftlich aktive Gruppe, ihr Engagement fiel jedoch langsam, aber kontinuierlich ab. Zu den Ursachen zählen eine gestiegene räumliche Mobilität und die Verringerung der zeitlichen Freiräume durch Veränderungen im Zeitregime von Schule und Studium (z. B. durch Ganztagsschule). In der mittleren Altersgruppe (30 bis 59 Jahre) ist das Engagement hingegen angestiegen. Eine Ursache besteht darin, dass das Engagement für Familien mit Kindern immer wichtiger wird. Eltern werden in Bereichen aktiv, denen sie besondere Bedeutung für ihren Nachwuchs beimessen, in denen sie aber unzufrieden mit den vorhandenen Zuständen sind. Schwerpunkte sind deshalb Engagementaktivitäten in den Bereichen Kindergarten und Schule, Sport, Kultur und Musik, aber auch in der Kirche und der Jugendarbeit. Bei den älteren Menschen gab es die deutlichste und kontinuierlichste Steigerung des Engagements.

Tab. 1 Zivilengagement

	1999	2004	2009
Insgesamt	34	36	36
Geschlecht			
Männer	38	39	40
Frauen	30	33	32
Alter			
14 bis 29 Jahre	35	35	35
30 bis 59 Jahre	38	40	40
60 und älter	26	30	31
Erwerbsstatus			
Erwerbstätige	38	40	40
Arbeitslose	24	27	26
Schülerinnen/Azubis/ Studentinnen	37	38	38
Hausfrauen und -Männer	38	37	36
Rentner-innen/Pensionäre	25	28	30
Bildungsniveau1			
Einfaches Bildungsniveau	25	26	23
Mittleres Bildungsniveau	37	37	37
Hohes Bildungsniveau	41	43	45
Region			
Ost	28	31	30
West	36	37	37

1) Einfaches Niveau: kein bzw. Volks-oder Hauptschulabschluss, Abschluss 8. Klasse; mittleres Niveau: mittlere und Fachhochschulreife, Abschluss 10. Klasse; hohes Niveau: Abitur/ Hochschulreife bzw. abgeschlossenes Hochschulstudium.

Datenbasis: Freiwilligensurvey 1999, 2004, 2009, eigene Berechnungen

Faktoren wie ein höherer Bildungsabschluss oder die vorhandene Erwerbstätigkeit, jedoch auch die enge kirchliche Bindung, das Vorhandensein von Kindern im Haushalt sowie eine gute wirtschaftlich Situation sind noch immer wichtige Faktoren, die als förderlich für das Engagement auszumachen sind.

Nach den Angaben des Freiwilligensurvey ist nicht nur die Engagementbeteiligung allgemein stabil geblieben, sondern auch hinsichtlich der Aktivitäten in den Engagementbereichen hat es in den letzten Jahren keine grundlegenden sondern nur leichte Veränderungen gegeben: Sport und Bewegung liegen in der Beliebtheitsskala an der Spitze, gefolgt von Schule und Kindergarten, Kirche und Religion und dem sozialen Bereich (vgl. Abbildung 1).

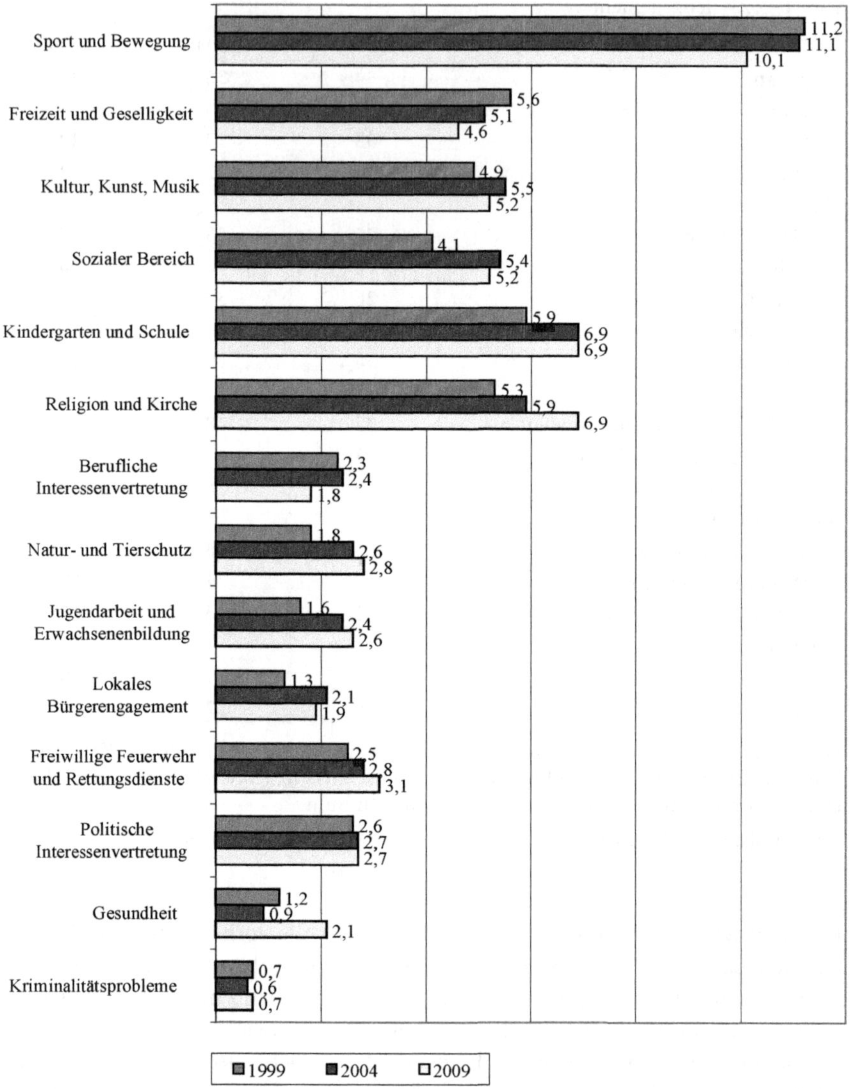

Abb. 1 Engagement nach Bereichen (Mehrfachnennungen möglich)
Quelle: Freiwilligensurveys 1999, 2004, 2009.

Im Bereich des bürgerschaftlichen Engagements sind Männer gegenüber Frauen noch immer häufiger engagiert. Dies erklärt sich in einem hohen Maße dadurch, dass Männer eher in den Bereichen Sport und Freizeit tätig sind, Frauen eher in karitativen Einrichtungen. Männer besetzen zudem häufiger die repräsentativen ehrenamtlichen Positionen wie etwa in den Vereinsvorständen. Frauen engagieren sich hingegen stärker in den sozialen-karitativen und kirchlich-religiösen Einrichtungen sowie in der Schule und im Kindergarten.

Die Angaben des Freiwilligensurveys zeigen, dass für die Engagementaktivität die wirtschaftliche Basis, das Umfeld und die soziale Einbindung zentrale Größen sind. Insofern ist beim Engagement ein Mittelstandsbias auszumachen. Wirtschaftlich gut situierte Personen, die vielseitig sozial integriert sind, die über einen großen Bekanntenkreis verfügen und viele Freunde haben sowie religiösen Gemeinschaften angehören und über eine entsprechende enge Bindung verfügen, gehören in einem hohen Maße zu den Engagaierten.

Während Unterschiede in den Einschätzungen zum Engagement sich häufig auf eine diverse Begriffsverwendung beschränken, ist die Kluft zwischen dem Engagementverständnis in der Politik und Öffentlichkeit auf der einen Seite sowie in der Praxis in den Nonprofit-Organisationen auf der anderen Seite beachtlich. Politik und Öffentlichkeit haben zumeist bei Engagierten das Bild des freiwilligen Helfers im Auge, dem in bestimmten Notlagen und in anderen gesellschaftlichen oder gemeinschaftlichen Situationen Aufgaben zugewiesen werden. Der Beitrag für ein funktionierendes Gemeinwesen erfolgt dabei freiwillig und unentgeltlich. In den Organisationen ist das Spektrum der Tätigkeiten und des Einsatzes von Engagierten jedoch wesentlich breiter. In zahlreichen Organisationen nehmen Engagierte Schlüsselpositionen der Leitung und der anderen Gremien ein und lenken aus diesen Positionen die Geschicke der Organisationen (vgl. Beher et al. 2008). In anderen ergänzen sie hingegen die Tätigkeiten der Hauptamtlichen oder sind nur „schmückendes Beiwerk". Teilweise funktionieren Organisationen nur über das Engagement – sowohl in den leitenden Positionen als auch im Rahmen der anderen Aktivitäten.

Insofern besteht eine sehr unterschiedliche Situation, die allgemeingültige Rezepte für ein sinnvolles Maß und einen einheitlichen Umgang der NPOs mit dem Engagement schwierig machen. Gleichwohl besteht eine Reihe von gemeinsamen Tendenzen, einheitlichen Problemlagen und Ansätzen ihrer künftigen Lösung.

Dem gegenwärtigen Engagement werden allgemein eine starke Heterogenität und hohe Dynamik bescheinigt (vgl. Alscher et al. 2009a; Gensicke et al. 2006; Kistler et al. 2002; Heinze/Olk 2001; Beher et al. 2000). Heterogen ist das Engagement insofern, als es in allen gesellschaftlichen Bereichen – vom Sport über den sozialen Bereich, Bildung, Religion bis zu Gesundheit, Umwelt oder Familie – in unterschiedlichen Facetten zu finden ist. Hervorzuheben sind des Weiteren die unterschiedlichen Formen, Ausprägungen, Intensitäten und organisatorischen Bindungen. Dynamisch ist es, da es sich ständig in Bewegung, Veränderung und Entwicklung befindet. Dies spiegelt sich u. a. in dem unterschiedlichen Zuspruch wider, den einzelne Engagementfelder erhalten: Während manche Gebiete wie der Kulturbereich eine starke Kontinuität in der Engagementbeteiligung aufweisen, haben andere, z. B. die Umwelt, vor einigen Jahren eine starke Konjunktur erfahren und sind heute im Engagement weniger gefragt. Verstärkter Zuspruch, Aufwärtstrends und neue Wachstumsfelder des Engagements zeichnen sich offenbar immer dort ab, wo besondere aktuelle gesellschaftliche Problemlagen vorliegen und innovative Lösungen erforderlich sind (vgl. Beher et al. 2000; Walk 2010).

Neben den bereichsbezogenen Veränderungen vollziehen sich bestimmte Entwicklungen hinsichtlich der Ansprüche und Erwartungen von Engagierten sowie der Engagementformen. Engagement wird einerseits häufig in der Verantwortungsübernahme, der erforderlichen Regelmäßigkeit und Qualifikation immer anspruchsvoller und der Erwerbsarbeit immer ähnlicher; andererseits wird es durch die Präferenz der Engagierten auf zeitlich begrenzte Aktivitäten und Projektbezogenheit immer weniger verlässlich und beständig. Diese Veränderungen berühren die Tätigkeit der Organisationen in starkem Maße. Entgrenzungstendenzen sind jedoch nicht nur zur Erwerbsarbeit auszumachen (vgl. Hildebrandt/Priller 2008). Im organisationalen Kontext ist zugleich zu klären, inwiefern sich informelle Tätigkeiten in der Nachbarschaftshilfe von jenen des Engagements im Rahmen von fest etablierten Organisationen unterscheiden und inwieweit die Grenzen zwischen formellem und informellem Bereich verwischt werden.

Vernachlässigt werden darf auch nicht, dass das Engagement noch immer zu einem großen Teil sehr traditionsverhaftet ist (vgl. Zimmer/Vilain 2005, S. 8). Auf die Frage, warum sich BürgerInnen in NPOs engagieren, obwohl das offensichtlich auf Kosten ihrer Freizeit geht und ihre privaten Ressourcen schmälert, muss heute die Antwort lauten: Tradition, individuelle Nutzenorientierung und altruistische Motive sind gleichermaßen von Bedeutung und lassen sich zumeist nicht trennen. Individuelles Nutzenkalkül und Altruismus als Gegensätze schließen sich offensichtlich nur theoretisch aus. Die Bereitschaft, sich in und für Gemeinschaften zu engagieren, ist in einem hohen Maße traditionell verankert. Sie bekommt durch zunehmende Individualisierung und gesellschaftliche Zwänge zur Selbstorganisation in Folge des Rückzugs staatlicher Verantwortung sowie zunehmender individueller Ansprüche in der Motivation einen neuen Stimulierungsschub.

Dies reflektiert eine deutlich höhere Engagementbeteiligung in ländlichen Regionen. Fehlende öffentliche und privat organisierte Angebote im Freizeit-, Kultur- und Sozialbereich bedürfen hier stärker der Eigeninitiative der BürgerInnen (vgl. Priller et al. 2013, S. 39). Gerade im ländlichen Raum bestehen Vereine, die auf das Engagement setzen, bereits über Jahrzehnte. Hier gehört die aktive Beteiligung zur Integration und ist Zeichen der Bereitschaft, sich in die lokale Gemeinschaft einzubringen. Erfahrungen dieser Beteiligung und aktiven Übernahme von Verantwortung werden in einigen dieser Organisationen noch immer von Generation zu Generation übertragen. Solange damit nicht Innovationen und ein zeitgemäßes Agieren der Organisationen verhindert werden sowie eine Überalterung im Engagement eintritt, kann diese Kontinuität durchaus funktional sein. Nicht unwesentlich erscheint, dass die Engagierten im lokalen Raum zumeist eine besondere Achtung und Anerkennung erfahren.

Neben den Funktionen, die das Engagement bei der Interessenvermittlung hat, ist seine bedeutende Rolle bei der individuellen Identitätsbildung bzw. der Ausbildung einer bürgerschaftlichen Gesinnung und eines Zugehörigkeits- und Selbstwertgefühls hervorzuheben. Engagement besitzt demzufolge spezielle Fähigkeiten, um die im Zuge von Modernisierungsprozessen zunehmende Individualisierung und die damit häufig entstehenden Bindungsverluste zu traditionellen Bereichen wie Familie und Arbeit aufzufangen und auszugleichen (vgl. Beck 1996: 206); es ist Produzent des sozialen Kitts bzw. sozialen Zusammenhalts (vgl. Kistler et al. 2002). Engagement und die zivilgesellschaftlichen Organisationen nehmen somit eine zentrale Position im gesellschaftlichen Integrationsmechanismus ein.

3 Was können Organisationen zur Engagementförderung tun?

Insgesamt hat das Engagement der BürgerInnen aus unterschiedlichen Gründen noch immer einen hohen, wenn nicht sogar wachsenden Stellenwert. Dazu trägt bei, dass die Politik verstärkt auf Engagierte als Ausfallbürgen für gewisse Leistungen setzt, die durch zunehmende gesellschaftliche Problemlagen (z. B. Integration, Bildungsmisere, Armut, Pflegenotstand) und den begrenzten Einsatz finanzieller Mittel nicht mehr durch öffentliche Einrichtungen und Institutionen zu erbringen sind. Für die Organisationen selbst erfüllt das Engagement wichtige Funktionen im Prozess ihrer demokratischen Entstehung, der Willensbildung, bei der Verankerung in der Gesellschaft und bei der funktionalen Sicherung der Arbeitsweise. Außerdem erfüllt es eine zunehmende ökonomische Funktion. Ohne das Engagement tragen sich bestimmte Aktivitäten der Organisationen nicht oder sie sind für die Sicherung der Qualität entscheidend.

Doch nicht nur das Engagement verändert sich in seiner Ausrichtung, seinen Formen und seiner Funktionalität – auch bei den Engagierten kommt es zu Verschiebungen im Stellenwert ihrer Aktivitäten bei der freiwilligen Übernahme von Aufgaben. Zunehmender Leistungsdruck, Erfordernisse einer höheren Flexibilität im Berufsleben, Zeitknappheit oder die Bedürfnisse gerade der Jüngeren, durch das Engagement messbare Qualifikationsnachweise zu erlangen, wirken allgemein der Engagementbereitschaft entgegen oder stellen an das Engagement neue und höhere Anforderungen. Insofern ist es erforderlich, für die Gewinnung von Engagierten und deren Bindung an das Engagement nach Wegen und Mitteln zu suchen, die den veränderten Bedingungen gerecht werden. Letztlich kann dies mit dem „Abschneiden alter Zöpfe" verbunden sein. Ist der Ausbau einer allgemeinen Infrastruktur (vgl. Wolf/Zimmer 2012) zur Engagementförderung noch zeitgemäß, wenn ein großer Teil der Organisationen dies nicht als entscheidend für die Gewinnung ihrer Organisationen ansieht? Muss bei der Engagementthematik im Unterschied zur bisherigen Individuumszentriertheit nicht die Rolle der NPOs stärker in den Blick genommen werden? Sind die Engagierten nicht mehr nur als „helfende Hand", sondern stärker als jene, die in den Organisationen das Sagen haben und deren Geschicke bestimmen, zu betrachten? Muss den Motiven der Suche nach Gemeinschaft im Engagement durch Berücksichtigung sozialstruktureller und sozialpsychologischer Verträglichkeit bei der Zusammenarbeit von Engagierten mehr Aufmerksamkeit geschenkt werden? Die Suche nach Antworten auf diese Fragen kann dazu beitragen, die Arbeit der Organisationen mit Freiwilligen auf eine neue, zeitgemäße Grundlage zu stellen.

Wenn bisher vorliegende Befunde zur Entwicklung des Engagements uneinheitlich sind – wenn einige empirische Untersuchungen ein weiteres Wachstum oder Kontinuität des Engagements diagnostizieren, zivilgesellschaftliche Organisationen aber von Stagnation oder zurückgehender Engagementbereitschaft berichten – muss das nicht unbedingt den Schluss eines rückläufigen individuellen Engagements nahelegen. Es kann hingegen Ausdruck für ein geringeres Interesse für bestimmte Engagementtätigkeiten oder für verschiedene Engagementbereiche sein. Insofern kommt den Organisationen eine entscheidende Rolle zu. Sie müssen sich stärker nach den Erwartungen der Engagierten und Engagementbereiten richten, ihren Wünschen entsprechen. Zu berücksichtigen ist u. a., dass es bei einer großen Zahl von Vereinen und anderen zivilgesellschaftlichen Organisationen zu einer Gleichförmigkeit in der sozialen Zusammensetzung kommen kann. In den Organisationen sind dann nur noch Personen in der gleichen Altersgruppe, einer ähnlichen wirtschaftlichen Situation und einem gleichartigen familiären Status zu finden. Eine damit einhergehende soziale Segmentierung und strukturelle Verfestigung stellt zumeist keinen Anreiz für neu Hinzukommende dar. Für junge Menschen haben u. a. ein hoher Anteil älterer Mitglieder, Engagierter und des ehrenamtlich tätigen Leitungspersonals wenig Anziehungskraft und Attraktivität. Jüngere möchten eher mit Gleichaltrigen zusammenkommen und entsprechend ihrer gemeinsamen Interessen aktiv sein. Die NPOs müssen sich durchaus entstehenden Herausforderungen stellen.

Sie müssen künftig besonders offen sein für soziale Gruppen – Frauen, Menschen mit Migrationshintergrund, junge Menschen –, die bisher in den Organisationen eher eine geringere Rolle spielten und zu wenig Aufmerksamkeit als Zielgruppen in der Engagementwerbung erfahren haben. Die Organisationen sollten gleichzeitig den sich verändernden Rahmenbedingungen der Menschen für ein Engagement Rechnung tragen. Zeitlich anspruchsvolle Leitungs- oder Gremienfunktionen können mit mehreren Personen besetzt werden, die sich die Aufgaben teilen. Die Durchführung der Leitungs- und Gremienarbeit ist in Zeiten zu sichern, die von allen zu nutzen sind. Zu berücksichtigen ist beispielsweise, dass junge Eltern durch die Kinderbetreuung in der freien zeitlichen Verfügbarkeit oft eingeschränkt sind. Die Organisationen sollten auch noch stärker als bisher den Bedürfnissen nach Weiterbildung, Qualifizierung und Zertifizierung des Engagements entgegenkommen. Falls die Organisationen bei der Schaffung entsprechender Angebote überfordert sind, können sie Kooperationen mit anderen Organisationen suchen.

4 Perspektiven

In den letzten Jahren vorgelegte Forschungsergebnisse zur Engagementthematik zeigen beachtliche Fortschritte auf. Empirische Angaben, wie sie vor allem der Freiwilligensurvey liefert, vermitteln ein differenziertes Bild vom Umfang, von der Ausrichtung und den Entwicklungen des Engagements. Gleichzeitig wird aber deutlich, dass gegenwärtig noch beträchtliche Wissenslücken und Datendefizite hinsichtlich der Funktionsweise und Wirkung von verschiedenen Einflussfaktoren bestehen (vgl. Alscher et al. 2009b). Eine in sich geschlossene, theoretisch fundierte und empirisch gesicherte Engagementforschung, die interdisziplinär arbeitet und die einzelnen Forschungsstränge integriert, gibt es zurzeit noch nicht. Es ist daher eine Aufgabe, diese zu schaffen und sie stärker theoretisch und empirisch zu fundieren. Die Einbeziehung von Praxiserfahrungen besitzt dabei einen besonders hohen Stellenwert.

Gleichwohl muss man sich in Wissenschaft, Politik und in den NPOs von einer Betrachtung des Engagements lösen, dessen Umfang und Intensität ständig zu steigern ist. Es sind das Verhältnis von Angebot und Nachfrage von Engagementleistungen sowie gleichzeitig die Grenzen der Leistungsfähigkeit des Engagements in den Blick zu nehmen.

Die in diesem Band vorgestellten Fallstudien zum Engagement helfen durch ihre Konkretheit, eine wesentliche Lücke zu schließen. Gerade durch die Perspektive der Organisationen wird ein Blick auf das Engagement gerichtet, der neben den Potenzialen die Schwierigkeiten, Probleme und Schranken aufzeigt. Eine solche differenzierte Betrachtung des Engagements ist besonders angebracht, um es zukunftsfähig zu gestalten.

Literatur

Alscher M, Dathe D, Priller E, Speth R (2009a) Bericht zur Lage und zu den Perspektiven des bürgerschaftlichen Engagements in Deutschland. Hrsg vom Bundesministerium für Familie, Senioren, Frauen und Jugend. Berlin

Alscher M, Dathe D, Priller E, Speth R (2009b) Nationaler und internationaler Stand der Engagementforschung. Monitor Engagement, Nr. 1. Hrsg vom Bundesministerium für Familie, Senioren, Frauen und Jugend. Berlin

Ammann H (2011) Forschung Freiwilligkeit in der Schweiz – ein nationaler Sonderweg mit internationaler Resonanz? In: Priller E, Alscher M, Dathe D, Speth R (Hrsg) Zivilengagement. Herausforderungen für Gesellschaft, Politik und Wissenschaft. Münster, LIT Verlag, S. 227-248

Anheier HK, Kehl K, Mildenberger G, Spengler N (2011) Zivilgesellschafts- und Engagentforschung: Bilanz, Forschungsagenden und Perspektiven. In: Priller E, Alscher M, Dathe D, Speth R (Hrsg) Zivilengagement. Herausforderungen für Gesellschaft, Politik und Wissenschaft. Münster, LIT Verlag, S. 119-133

Beck U (1996) Das Zeitalter der Nebenfolgen und die Politisierung der Moderne. In: Beck U, v Giddens A, Lash S (Hrsg) Reflexive Modernisierung. Eine Kontroverse. Frankfurt/Main, Suhrkamp, S. 19-112

Beher K, Liebig R, Rauschenbach T (2000) Strukturwandel des Ehrenamts. Gemeinwohlorientierung im Modernisierungsprozess. Weinheim, Juventa

Beher K, Krimmer H, Rauschenbach T, Zimmer A (2008) Die vergessene Elite. Führungskräfte in gemeinnützigen Organisationen. Weinheim, Juventa

Breuer C (Hrsg) (2009) Sportentwicklungsbericht 2007/2008. Analyse zur Situation der Sportvereine in Deutschland. Köln, Sportverlag Strauß

Enquete-Kommission „Zukunft des Bürgerschaftlichen Engagements" des Deutschen Bundestages (2002) Bericht. Bürgerschaftliches Engagement: Auf dem Weg in eine zukunftsfähige Bürgergesellschaft. Schriftenreihe, Bd. 4. Opladen, Leske + Budrich

Gensicke T, Picot S, Geiss S (2006) Freiwilliges Engagement in Deutschland 1999-2004. Wiesbaden, VS Verlag

Gensicke T, Geiss S (2010) Hauptbericht des Freiwilligensurveys 2009. München.

Heinze RG, Olk T (2001) Bürgerengagement in Deutschland – Zum Stand der wissenschaftlichen und politischen Diskussion. In: Heinze RG, Olk T (Hrsg) Bürgerengagement in Deutschland, Bestandsaufnahmen und Perspektiven. Opladen, Leske + Budrich, S.11-26

Hildebrandt E, Priller E (2008) Entgrenzung von Bürgerschaftlichem Engagement und Erwerbsarbeit. In: Bürsch M (Hrsg) Mut zur Verantwortung – Mut zur Einmischung. Bürgerschaftliches Engagement in Deutschland. Bonn, Dietz Verlag S. 123-131

Kistler E, Noll H, Priller E (Hrsg) (2002) Perspektiven gesellschaftlichen Zusammenhalts. Empirische Befunde, Praxiserfahrungen, Meßkonzepte. Berlin, edition sigma.

Klages H, Gensicke T (1997) Wertewandel und bürgerschaftliches Engagement in Deutschland. Aktuelle Ergebnisse aus der empirischen Sozialforschung. Bochum

Priller E (2010) Vom Ehrenamt zum zivilgesellschaftlichen Engagement. In: Zeitschrift für Erziehungswissenschaft, 2/2010, S. 195-213

Priller E, Alscher M, Droß PJ, Paul F, Poldrack CJ, Schmeißer C, Waitkus N (2012) Dritte-Sektor-Organisationen heute: Eigene Ansprüche und ökonomische Herausforderungen. Ergebnisse einer Organisationsbefragung, Discussion Paper SP IV 2012-402. Berlin, Wissenschaftszentrum Berlin für Sozialforschung

Priller E, Alscher M, Droß PJ, Paul F, Poldrack CJ, Schmeißer C (2013): Zur Situation, zu den Leistungen und sozialen Effekten von Dritte-Sektor-Organisationen im Land Brandenburg. Discussion Paper SP V 2013-303. Berlin, Wissenschaftszentrum Berlin für Sozialforschung

United Nations (1999) International Year of the Volunteer 2001. Background Note. Bonn.

Walk H (2010) Umweltengagement: Im Spannungsfeld zwischen nachhaltiger Entwicklung und ökologischer Modernisierung. In: Olk T, Klein A, Hartnuß B (Hrsg) Engagementpolitik. Die Entwicklung der Zivilgesellschaft als politische Aufgabe. Wiesbaden, VS Verlag, S. 592-608

Wolf AC, Zimmer A (2012) Lokale Engagementförderung. Kritik und Perspektiven. Wiesbaden, Springer VS

Zimmer A, Nährlich S (2000) Zur Standortbestimmung bürgerschaftlichen Engagements. In: Zimmer A, Nährlich S (Hrsg) Engagierte Bürgerschaft. Traditionen und Perspektiven. Opladen, Leske + Budrich

Zimmer A, Vilain M (2005) Bürgerschaftliches Engagement heute. Ibbenbühren, Ibbenbührener Vereinsdruckerei

Zimmer A, Frey B, Gebauer N, Hallmann T, Wolf AC (2010) Vereine ohne Vorstand? Münster: Zentrum für Nonprofit-Management gGmbH

Ehrenamt entlasten – Verwaltung professionalisieren

Eine Genossenschaft als Unterstützung für Vereine

Interview mit Michael Breier[1]
(Bürgerbusverbund Sauerland-Hellweg eG)

Bürgerbusse sind heute vor allem in Kleinstädten ein fest etablierter Bestandteil des öffentlichen Nahverkehrs. Sie ergänzen und verdichten das ÖPNV-Angebot durch eine kleinräumige Anbindung von innerstädtischen Wohngebieten sowie gering besiedelter ländlicher Räume an die Kernstadt und sorgen so für Zwischenorts-Verbindungen, auf denen nur eine geringe Nachfrage zu erwarten ist. Bürgerbusse sind also in aller Regel ein Transportmittel für kurze Strecken. Mobilitätseingeschränkte Personen machen einen beträchtlichen Teil der Fahrgäste aus. Bürgerbusse werden stets von Vereinen getragen. Sie arbeiten mit ehrenamtlichen Fahrerinnen und Fahrern sowie mit speziell auf diesen Zweck ausgerichteten Kleinbussen, die in der Regel acht Fahrgäste befördern können und daher nicht erfordern, dass das Fahrpersonal einen Busführerschein besitzt. Finanziert wird der Betrieb durch Fahrgeldeinnahmen und -umlagen sowie durch Sponsoring. Das Land NRW gewährt Zuschüsse für die Anschaffung der Fahrzeuge sowie eine jährliche Verwaltungspauschale von 5.000€. Die Kommune bürgt jedoch meist für möglicherweise auftretende Verluste.[2] Derzeit existieren bundesweit etwa 200 Bürgerbusse. Der erste verkehrt seit 1985 zwischen Heek und Legden. NRW ist das Bundesland mit der größten Verbreitung von Bürgerbussen. Hier engagieren sich in über 100 Vereinen etwa 2000 ehrenamtliche Bürgerbus-FahrerInnen, die jedes Jahr rund 900.000 Fahrgäste befördern.[3]

---

1 michael.breier@buergerbusverbund-sauerland-hellweg.de.

2 Zu den rechtlichen und finanziellen Rahmenbedingungen von Bürgerbussen vgl. http://www.pro-buergerbus-nrw.de/index.php?id=12.

3 vgl. http://busse-und-bahnen.nrw.de/initiativen-technik/initiativen/buergerbus/.

Im Hochsauerlandkreis nahm 1998 der erste Bürgerbus in Sundern den Betrieb auf. Der Pionier wurde zu einem Erfolgsmodell, unter anderem im Bereich des Sponsorengewinns: So können in Sundern SparkassenkundInnen beide Bürgerbusse kostenlos benutzen. Für andere KundInnen übernehmen Gewerbetreibende, die mit dem Bürgerbusverein kooperieren, den Fahrpreis. Von inzwischen acht Bürgerbus-Projekten im Kreisgebiet orientieren sich viele in der Fahrplangestaltung eng am Sunderaner Konzept, das stündliche Verkehre an sechs Tagen vormittags und an ausgewählten Wochentagen nachmittags beinhaltet. Der Bürgerbus Sundern wurde 2012 über 15.000mal benutzt und übertrifft damit die (vorliegenden) Zahlen der übrigen Bürgerbusse im Hochsauerlandkreis um ein mehrfaches.

Für einen ehrenamtlich betriebenen Verein ist die Aufgabe, einen Bürgerbus zu betreiben, administrativ und ökonomisch eine große Herausforderung: Es erfordert in der Planungsphase die enge Kooperation mit den Verkehrsunternehmen und der Kommune hinsichtlich der Fahrplangestaltung, der Anlage der Haltestellen sowie der Beschaffung des Fahrzeugs. Zudem müssen kontinuierlich Ehrenamtliche gewonnen und eingewiesen werden. Der Bürgerbusbetrieb wird nicht als gemeinnützig anerkannt, so dass die steuerlichen Anforderungen dem eines gewerblichen Unternehmens entsprechen. Diese Arbeit zu professionalisieren ist für einen einzelnen Verein in der Regel kaum zu leisten. Als Alternativen bleiben daher oft nur die kostenträchtige Auslagerung der Verwaltung oder qualifizierte personelle Unterstützung durch die Kommune.

Michael Breier ist Mitinitiator der Bürgerbusgenossenschaft Sauerland-Hellweg eG und geht damit neue Wege: Durch den Zusammenschluss von neun Vereinen wurden eine Geschäftsstelle, eine professionelle Geschäftsführung und die Nutzung von Erfahrungen, Ressourcen und Kompetenzen über Vereinsgrenzen hinweg realisiert. Damit entlastet die Genossenschaft die ehrenamtlichen Vorstände und entkoppelt die Vereine von der Notwendigkeit, selbst eine fachlich qualifizierte Geschäftsführung stellen zu müssen. Michael Breier ist zugleich Angestellter der Genossenschaft und Geschäftsführer der angeschlossenen Vereine.

Seit den 1990er Jahren beschäftigen Sie sich mit dem Thema „Bürgerbus". Wenn Sie an den Anfang zurückdenken, wie viele Stunden nahm die organisatorische Arbeit in Anspruch?

Der Aufwand ganz am Anfang ist enorm: Sie müssen erst einmal Linienorganisation machen, Werbung betreiben, Fahrpläne entwickeln und auch das Haltestellensystem aufbauen. Das ist eine Menge Arbeit. Da müssen Sie schon täglich mehrere Stunden der Freizeit investieren, um da etwas zu organisieren. Was danach kommt, war natürlich in meinem Bereich als Geschäftsführer ebenfalls ein hoher Aufwand. So müssen Sie die Finanzen machen, die Fahrgeldeinnahmen verbuchen und darüber hinaus die Rechnungen organisieren und verbuchen. Sie sollten also schon einen kaufmännischen Hintergrund haben. Ohne den kommen Sie nicht weiter.

Dazu kommt natürlich auch, dass Sie für die Fahrereinsatzplanung zuständig sind. Wenn einer morgens um acht sagt, dass er keine Zeit habe, ist das ein Problem: Man hat Ehrenamtliche und um neun Uhr muss der Bus laufen. Es kommt ja auch vor, dass der/die FahrerIn am Nachmittag anruft und sagt, am Fahrzeug sei was defekt oder es gab einen Unfall. Irgendwie muss das organisiert werden. Das Problem am Anfang war, dass wir es nebenbei machen mussten: Haltestellen aufstellen, sich um das Fahrzeug kümmern und sich gleichzeitig um Werbung kümmern. Diese Zeit können Sie nach meinem Dafürhalten heute kaum noch einem Ehrenamtlichen aufbürden. Zur Geschäftsführung kommt noch die Arbeit der Vorsitzenden und StellvertreterInnen, die enorm ist. Wir bekommen 5000 Euro für Organisationskosten pro Jahr vom Land, müssen aber alles an Betriebskosten, Versicherung, Werbung und Fahrgeldeinnahmen im Griff haben. Sie müssen des Weiteren auch noch für die Öffentlichkeit zur Verfügung stehen, wenn es um Fahrplanauskünfte oder ähnliches geht, was Sie ehrenamtlich niemandem „aufdrücken" können. Gerade am Anfang ist es sehr wichtig, dass die Struktur so geschaffen wird, dass sie nicht gleich Ehrenamtliche abschreckt. Sie brauchen schon jede Menge an FahrerInnen. Da muss auch der Vorstand ran. Wenn Sie einem Teil der ehrenamtlichen FahrerInnen sagen, sie sollen auch noch Bürokratie machen, dann sind Sie bald an dem Punkt angekommen – das ist ein Originalzitat eines Vorsitzenden –, wo „der Reaktor auf 120 Prozent läuft" und das können Sie nicht lange durchstehen.

Was macht das Tagesgeschäft und die Geschäftsführung eines Bürgerbusvereins schwierig?

Die Bürokratie ist in den letzten Jahren immer mehr geworden. Bürgerbusvereine sind zu 99 Prozent nicht als gemeinnützig anerkannt. Das heißt, in den ersten zwei Jahren muss jeden Monat eine Umsatzsteuervoranmeldung gemacht werden. Wenn Sie das nicht gelernt haben und nicht das passende Programm haben, dann gehen Sie im Zickzack. Dazu kommen Statistiken, die erhoben werden müssen, etwa die Zählung von schwerbehinderten Fahrgästen. Wenn da ein/e Ehrenamtliche/r anfängt, darf er sich ein Wochenende nehmen und Schwerbehindertenbögen auswerten und nebenbei noch die anderen statistischen Werte erfassen: Sie müssen die FahrkundInnen in verschiedenste Kategorien einordnen. Gleichzeitig nimmt die Erstattung dafür, vor allem die Schwerbehindertenbeiträge, immer weiter ab. Das heißt auch, dass wir zum Teil überlegen, ob wir das überhaupt noch machen.

Wir arbeiten im Jahr pro Verein vier bis acht Stunden an den Beiträgen – und das sind wir, andere sitzen vielleicht wesentlich länger dran – und bekommen dafür 130 bis 150 Euro Erstattung. Wir müssen davon noch Steuern bezahlen. Es wird grenzwertig. Sie müssen auch genau nachweisen, was das Fahrzeug gemacht hat. Das müssen Sie den Verkehrsbetrieben bestätigen, weil das zum Zoll geht. Das sind alles Aufgaben, die nach unten verlagert werden, was dann immer mehr dem eigentlichen Ziel, Bürgerbus als Ehrenamt zu fahren, im Wege steht. Da wird den Vereinen schon eine ganze Menge aufgezwungen.

Sie brauchen also am besten ehrenamtliche BuchhalterInnen, ehrenamtliche SteuerberaterInnen, ehrenamtliche BetriebsleiterInnen. Oder es müssen Vollzeitehrenamtliche da sein. Die gibt es aber oft nicht. Wenn Sie aufgrund der vielen Verwaltungsarbeit wesentliche andere Aufgaben wie die Werbung oder die sonstige Vereinsarbeit vernachlässigen, macht der Verein eine Rolle rückwärts. Wenn Sie Ihren Fahrplan nicht bewerben, wenn Sie sich nicht regelmäßig fragen, ob der Fahrplan angeglichen werden muss, wenn Sie nicht regelmäßig Infostände machen und nicht die FahrerInnen vom Betriebsarzt bis zum Straßenverkehrsamt begleiten – wenn Sie das nicht alles intensiv machen, dann kriegen Sie keine neuen FahrerInnen, müssen Linien einstellen und haben weniger Fahrgäste. Und wenn weniger Fahrgäste auf der Linie sind, sagt der Fahrer: „Wofür fahre ich denn hier noch?".

Sie haben nun eine Genossenschaft gegründet, die den Vereinen die Verwaltungsarbeit abnimmt. Warum eine Genossenschaft?

Die Vereine sind meist irgendwo angedockt, entweder an die Stadtverwaltungen oder an die Verkehrsbetriebe. Wenn die Verkehrsbetriebe die Organisation machen, kostet das die Vereine Geld. Dann gehen sie vielleicht ins Defizit und die Kommune muss einspringen. Macht die Stadt das selbst, muss sie eine Mitarbeiterin oder einen Mitarbeiter freistellen oder zumindest halb freistellen. Freistellen wollte man in Sundern nicht. Man hat uns gesagt: „O.K., ihr kriegt zwar eine Bürgschaft von uns, aber bitte nehmt sie nicht in Anspruch". Dann haben wir das jahrelang eher nebenbei gemacht, und dann kamen peu à peu von den anderen Kommunen auch Interessierte: „Wir können uns den Bürgerbus auch vorstellen, haben aber keine Ahnung. Könnt ihr uns mal helfen?". Das kann man dann vielleicht für einen Verein noch nebenbei machen, aber dann kamen schnell zwei, drei, vier dazu. Da mussten wir etwas verändern: Eine lange Zeit haben wir diese Arbeit als Bürgerbusverbund Sauerland finanziell und rechtlich an den Bürgerbusverein Sundern angedockt. Doch mit der Einstellung von MitarbeiterInnen wäre es schwierig geworden. Wir sind dann relativ schnell zu dem Ergebnis gekommen, dass eine Genossenschaft die fähigste Rechtsform wäre.

Wir wollten die Verwaltung hauptamtlich organisieren und vor Ort eigenständig bleiben: Wenn wir entscheiden, wird die Genossenschaft alles Weitere ausführen. Das ist die grobe Struktur: Die Entscheidungen bleiben vor Ort bei den Vorständen. Die Vereine oder die Vorstände sind so eine Art Aufsichtsrat. Sie sagen, wo es lang geht. Sie machen weiterhin die klassische Vereinsarbeit, wir übernehmen die Verwaltung, die Finanzen, die Buchhaltung, die Steuervorbereitung und so weiter.

Die Genossenschaft macht inzwischen die Verwaltung für acht Vereine. Sie haben eine Geschäftsstelle, die täglich besetzt ist. Gibt es neben Ihnen weitere Hauptamtliche?

Wir haben im Moment 1,5 Stellen. Dazu noch eine ehrenamtliche Kollegin und PraktikantInnen. Wir haben einen ehemaligen Praktikanten, der jetzt in der Ausbildung ist, aber ehrenamtlich bei uns weitermacht. Wir sind in der Startphase. Wenn wir irgendwann mal zwölf Vereine sind – das ist die erste Schwelle, die wir uns gesetzt haben –, wollen wir zweieinhalb bezahlte Stellen haben. Damit verbunden eine gewisse Kernzeit im Büro und eine Fahrleitung, die per Handy auch am Wochenende besetzt ist.

Wie finanziert sich die Genossenschaft?

Jeder Verein trägt seinen Teil bei. Es ist eine Verwaltungsgenossenschaft, jeder Verein zahlt eine Verwaltungspauschale. Des Weiteren zahlt jeder Verein 250 Euro als Einlage.

Und wie finanzieren sich die Vereine?

Die Einnahmen kommen aus den Fahrgeldern, aus Spenden, Werbeeinahmen und der Verwaltungspauschale vom Land. Die wichtigsten Punkte sind aber im Grunde die Werbung auf der einen Seite und die Fahrgelder auf der anderen. In Sundern haben wir die kostenlose Fahrkarte für KundInnen des größten Sponsors. Großer Vorteil davon ist: Die Werbeeinnahmen sind ein Fixum, die Fahrgelder sind variabel.

Warum unterstützen SponsorInnen Bürgerbusse?

Alle Bürgerbussysteme machen Werbung auf dem Bus. Und jeder Sportverein fährt so ein Fahrzeug, das auch Werbeträger ist. Das heißt, wir müssen unserem Werbepartner natürlich einen gewissen Synergieeffekt deutlich machen. Für uns beide muss sich die Partnerschaft lohnen. Werbung aus reiner Sympathie haben Sie sicherlich im Startbereich. Aber wenn der Bus dann mal fünf bis sechs Jahre läuft, dann wird das mit der Sympathie schon weniger. Sie müssen also deutlich machen, warum Sie die- oder denjenigen ansprechen. Die Synergieeffekte waren ganz klar. Die KundInnen des Großsponsors haben den Vorteil, dass sie bei uns kostenlos mitfahren. Dadurch haben wir mehr Fahrgäste und das Bussystem wird deutlich besser ausgenutzt. Und ich habe auch einen Festbetrag in meinem Finanzsystem. Darum ist das eine Art strategische Partnerschaft, die wir in vielen Kommunen eingegangen sind mit der Industrie, dem Handwerk, aber auch der Gastronomie. Mit dem System können wir unsere KundInnen gemeinsam ansprechen.

Viele Vereine klagen über Personalmangel im Ehrenamt. Ist das auch bei Ihnen ein Thema?

Ja, nur sicherlich anders strukturiert. Ich habe den tollen Vorteil, sagen zu können: „Ihr könnt kostenlos Auto fahren". Ich nenne mal ein paar Beispiele: Einem Außenhandelsvertreter, der im Jahr 70.000, 80.000 Kilometer gefahren ist und von heute auf morgen mit 58 Jahren entlassen wurde, fiel am Anfang die Decke auf den Kopf. Er hat die ersten zwei Monate der kompletten Straße das Holz gehackt und den Schnee geschoben. Der kam irgendwann zu uns. Es sind vielfach Leute, die in der Arbeitswelt nicht mehr gebraucht werden oder nicht mehr gewollt sind. Wir haben viele Hausfrauen, die sagen: „O.K., mein Mann ist morgens bei der Arbeit, meine Kinder sind unterwegs. Ich fahre morgens den Bürgerbus ein- bis zweimal die Woche, um auch wieder Kontakt mit anderen Menschen zu kriegen". Wir haben viele, die in der Woche arbeiten und sagen: „Ich fahre samstags oder sonntags". Wir haben einen, der ist technischer Zeichner in der Kommune. Der arbeitet seine 43 Stunden in der Woche und geht dann auf den Bürgerbus, um Abwechslung zu haben. Aber Sie müssen im Werbekreislauf bleiben. Nur wenn Sie regelmäßig die FahrerInnen ansprechen, regelmäßig etwas organisieren und auch in der Presse präsent sind, sind Sie ausreichend bekannt und bekommen auch Leute.

Welche Bedeutung haben in Ihren Augen andere Faktoren wie politische Motive oder auch der Faktor „Geselligkeit"?

Am Anfang ist es sicherlich auch politisch, ganz klar. Da ist jede Partei dabei und sagt: „Wir wollen natürlich mitfahren und das Ganze unterstützen". Aber die Bürgerbusse sind neutral. Da legen wir Wert drauf. Nach der Startphase ziehen sich Politik und Verwaltung meistens zurück.

Die Bedeutung der Geselligkeit ist immens. Es gibt sicherlich auch Vereine, die sich nur zwei bis drei Mal im Jahr treffen und das auf ein Minimum beschränken. Aber die FahrerInnen müssen Anerkennung und Unterstützung bekommen. Sie können nicht einfach sagen: „Hier hast du einen Schlüssel. Da ist der Bus. Die Linie kennst du und jetzt fahr!". Für die Arbeit mit Ehrenamtlichen gibt es aber auch kein

Handbuch und kein Schema F. Die sprichwörtliche „Vereinsmeierei“ ist da einfach nötig. Tut man das nicht, dann machen die Vereine die genannte Rolle rückwärts.

Die meisten Bürgerbusse im Sauerland haben ähnliche Fahrpläne. Warum?

Wenn Sie sich die Struktur anschauen, sehen Sie: Das ist ein Fahrplan, der dem der Verkehrsgesellschaften sehr ähnlich ist. Das heißt, ich versuche, dem KundInnenwunsch eines regelmäßigen Taktverkehrs entgegenzukommen. Ich finde es immer ganz schlimm, wenn man einen Fahrplan aufstellt und die Kundin, der Kunde an der Haltestelle steht und sagt: „Wann kommt denn jetzt der Bürgerbus?“. 9:13, 17:04, 18:03…

Wie viele FahrerInnen brauchen Sie für einen solchen Fahrplan?

Die Busse fahren sechs Vormittage pro Woche plus zwei Nachmittage. Eine Person fährt vormittags, eine fährt nachmittags. Also acht Schichten pro Woche. So viele FahrerInnen sollten Sie haben plus zwei, drei als Reserve. Dann starten Sie. Viele schauen erst einmal, wie sich das Ganze entwickelt. Ein Beispiel ist Meschede: Hier sind wir das erste Jahr am Limit gefahren. Die Fahrerdecke war sehr dünn. Nach einem Jahr gab es den Aha-Effekt: Acht FahrerInnen kamen dazu, und inzwischen läuft es sehr gut. Wichtig ist, dass Sie auch den FahrerInnen die Möglichkeit geben, das System zu durchblicken, ihnen also einen Rundkurs oder einen festen Linienweg geben und das Ganze am besten im System verzahnen. Ich betrachte uns als einen Baustein im übrigen ÖPNV.

Wenn Sie so ein System aufbauen, sind Sie meistens schon sehr erfolgreich. Die Kundin, der Kunde nimmt es an. Dabei ist auch wieder wichtig, dass Sie die FahrerInnen entlasten. Wenn wir den FahrerInnen das Fahrkartenangebot von einem großen Bus geben und sagen: „Du hast 36 Fahrkarten mit XY Ausnahmen und Beförderungsrichtlinien drin“, dann sagen die Ihnen nach zwei Stunden Schulung: „Danke, Ehrenamt beendet“. Man darf Bürgerbusse auch nicht überfrachten. Wer meint, Bürgerbusse wären ein Ersatz für den großen ÖPNV, der ist sicherlich falsch gepolt.

Anerkennung und Betreuung sind also wichtig. Gibt es weitere Faktoren, damit Freiwillige bei der Stange bleiben?

Die FahrerInnen sind hochmotiviert und helfen in jeder Art und Weise, aber nur dann, wenn auch Fahrgäste im Bus sind. Wenn die Oma draußen steht und mal Hilfe braucht beim Einsteigen, wird selbstverständlich geholfen. Aber ist die Oma nicht da und fährt der Bus leer, dann ist die Demotivation schnell sehr groß.

Ist es in den letzten Jahren schwieriger geworden, Freiwillige zu gewinnen?

Das Denken hat sich in den letzten Jahren verändert. Wir haben immer mehr die Tendenz: „Naja gut, wenn ich kein Geld kriege, dann gehe ich zum Taxiunternehmen und fahre da. Ich kann auf 400-Euro-Basis arbeiten und meine Rente aufstocken". Das ist die Tendenz nicht nur bei Bürgerbussen. Das haben Sie bei allen Vereinen.

Und wie sieht es mit der Übernahme von Verantwortung aus, zum Beispiel im Vereinsvorstand?

Auch da wird es schwieriger. Deswegen haben wir in den letzten Jahren auch schon unsere Vorstände angepasst und zum Teil Ämter im Vorstand zusammengelegt. Ein wichtiger Punkt ist natürlich, auch junge Leute zu finden, die das übernehmen und die Bereitschaft haben, so etwas auch unter Umständen langfristig zu machen. Also nicht zwei Jahre und dann Feierabend.

Gibt es im Verein dazu eine Strategiediskussion?

Die Strategie muss es in den nächsten Jahren sein, die, die wir als neue FahrerInnen gewonnen haben, auch an die Vereinsarbeiten heranzuführen. Das heißt natürlich, sie für das System Bürgerbus zu begeistern und zu gewinnen. Da sind wir vorausschauend dabei: Wen können wir von den neuen FahrerInnen auch für eine solche Aufgabe gewinnen?

Es gibt sicherlich auch über die Städte und Gemeinden Impulse. Die sagen, wir müssen das Ehrenamt unterstützen, z. B. durch Ehrenamtsbörsen. Da bin ich aber ein bisschen skeptisch. Sie kriegen die ehrenamtlichen FahrerInnen zu 85 Prozent nur durch persönliche Ansprache. Ansonsten ist es schwierig, Leute zu finden. Die wenigsten gehen irgendwo hin und sagen: „Ich möchte aber mal. Was kann ich tun?". Ich bin natürlich dankbar, dass ich hier und da in gewisser Art Prominente habe. Es gibt z. B. in Brilon Dirk Wiese, der in den neuen Bundestag eingezogen ist. Der ist seit mehreren Jahren schon ehrenamtlich bei uns Busfahrer. Ich denke, der wird zwar unregelmäßiger, aber, wenn er in seinem Wahlkreis ist, doch hin und wieder mal Bürgerbus fahren. Es ist wichtig, dass man die Leute über verschiedenste Kanäle anspricht. Es gibt aber nicht die eine Strategie. Sie müssen auf mehreren Gleisen fahren, um ans Ziel zu kommen.

Zum Schluss möchte ich auf die Genossenschaftsgründung zurückkommen: Hatten Sie dafür ein Vorbild?

Nein, das gab es noch nirgendwo anders. Es gibt keinen Verbund, keinen Zusammenschluss unter den Bürgerbussen in NRW. Jeder macht das für sich. Es gab aber auch gar keine Alternative. Wir mussten eine neue Rechtstruktur finden und die Verwaltung, ExpertInnen und JuristInnen haben uns gesagt: „O.K., bei dem, was ihr vorhabt, ist die Genossenschaft ganz klar alternativlos".

Ich muss dazu sagen, wir hatten uns an sich vorgestellt, dass wir so zwei bis drei Monate von der Prüfung bis zur Eintragung brauchen. Am Ende ist es knapp ein Jahr geworden. Das Genossenschaftssystem ist sicherlich bewährt und passt. Aber man muss unterscheiden zwischen Großgenossenschaften und Kleingenossenschaften. Das ist hier die kleine Variante. Wir haben keinen Aufsichtsrat, dafür gibt es einen von der Mitgliederversammlung gewählten Bevollmächtigten. Kompliziert sind die zur Gründung erforderlichen Unterlagen. Obwohl wir einen Genossenschaftsverband hatten, der gut geholfen hat. Da wird eine sehr hohe, zum Teil nicht nachvollziehbare Hürde gesetzt. Zum Beispiel musste selbst der Kassenprüfer, im Genossenschaftsrecht Revisor genannt, der das bei uns ehrenamtlich macht, einen Lebenslauf und eine Bewerbung vorlegen. Der Bevollmächtigte brauchte auch einen Lebenslauf. Es wurde geprüft, ob der geeignet dafür ist. Dass ich als hauptamtlicher Geschäftsführer einen Lebenslauf abgeben muss, ist klar. Aber meine Stellvertreterin macht das auch ehrenamtlich. Da wäre eine feinere Unterscheidung sicherlich angebracht.

Dass auch die Kleinstgenossenschaften alle zwei Jahre einer Prüfung unterzogen werden, die uns 2.500 bis 3.000 Euro kostet, halte ich für in Art und Umfang leicht übertrieben. Aber ich denke, für die Zukunft ist es für Vereine sicherlich eine Lösung, um die Ehrenamtlichen zu entlasten. Ich glaube, das gilt generell. Ehrenamtliche binden sich heute nicht mehr so lange. Das ist bewiesen. Dass jemand 25 Jahre in einem Verein bleibt, wird immer seltener.

Können Sie das Genossenschaftsmodell auch für andere Bereiche empfehlen?

Ich komme aus dem Fußball, bin auch selbst Fußballtrainer. Ich sehe gerade im Jugendbereich ganz massiv, dass Vereine sich zusammenschließen. Da gibt es teilweise Jugendspielgemeinschaften, die kriegt man schon gar nicht mehr auf den Meldebogen. Auch Fusionen kleiner Vereine werden immer intensiver diskutiert. Ich denke, das hat nicht nur mit dem zurückgehenden Anteil an Jugendspielern zu tun, sondern auch damit, dass in den nächsten Jahren der Oberbau wegfallen wird. Die Genossenschaftsform gibt es inzwischen auch beim Stadtmarketing. Wir haben in Sundern Handwerkerverein und Gewerbeverein zusammengeschlossen zur Stadtmarketing eG, die auch sehr erfolgreich fährt. Also ich denke, wir werden in den nächsten Jahren häufig sehen, dass Organisationen sich zusammenschließen, um die Aufgaben noch meistern zu können.

Machen Sie auch Wissenstransfer für andere Vereine?

Ich hatte vor kurzem den Verkehrsminister zu Besuch. Es gibt eine Expertenkommission auf Landesebene, wo wir die Probleme besprechen wollen. Die bayrische Staatsregierung ist interessiert. Und ich bin zu einem Forum eingeladen worden, wo ich das ganze Genossenschaftssystem noch einmal vorstellen soll. Ich denke, dass es auch in naher Zukunft expansionsfähig ist!

Interview: Thorsten Hallmann

Lokales Engagement für globale Gerechtigkeit

Interview mit Marion Lieser
(Oxfam Deutschland e. V.)[1]

Oxfam Deutschland e. V. ist Mitglied des internationalen Verbunds Oxfam mit 17 Mitgliedern weltweit. Der Verein wurde im Jahr 1995 gegründet und gehört damit zu den jüngeren Oxfam Organisationen. Die älteste und namensgebende Organisation wurde 1942 in Großbritannien gegründet. Oxfam versteht sich „als Teil einer globalen Bewegung für eine gerechte Welt ohne Armut“ und arbeitet mit rund 3000 Organisationen in 90 Ländern zusammen. Nothilfe und Entwicklungsprojekte einerseits sowie Kampagnenarbeit andererseits gehören im Selbstverständnis von Oxfam zusammen, wie unsere Gesprächspartnerin Marion Lieser, Geschäftsführerin von Oxfam Deutschland e. V., betont. Wie viele andere international organisierte NGOs verzichtet Oxfam Deutschland e. V. auf die Einbindung einer großen Zahl von Mitgliedern, vielmehr ist deren Zahl in der Satzung auf maximal 30 begrenzt. Der Vorstand des Vereins wird ehrenamtlich aus diesem Kreis besetzt. Aufgabe des Vereins ist es, die auf internationaler Ebene beschlossene Strategie in Deutschland umzusetzen. Wesentliches Kriterium für die Aufnahme in den Verein und die Übernahme eines Ehrenamts in den Vereinsgremien ist neben der inhaltlichen Überzeugung die fachliche Qualifikation in Themenfeldern wie Entwicklungszusammenarbeit, Ökonomie oder Öffentlichkeitsarbeit. Neben dem Verein gibt es die Oxfam Deutschland Shops GmbH, die ein hundertprozentiges Tochterunternehmen des gemeinnützigen Vereins ist. Verein und GmbH werden klar getrennt voneinander geführt. Die GmbH betreibt die Oxfam Shops, die einen wesentlichen Finanzierungsbeitrag für die Arbeit des Vereins leisten. Wenngleich Oxfam Deutschland– sowohl hinsichtlich der Entwicklungs-, Nothilfe- und Kampagnenarbeit als

1 Oxfam Deutschland e. V., info@oxfam.de

auch im Sinne einer notwendig auf betriebswirtschaftliche Effizienzerfordernisse ausgerichteten Arbeitsweise der GmbH – als hochprofessionalisierte Organisation zu charakterisieren ist, wird die Präsenz vor Ort in Deutschland dennoch ganz wesentlich durch freiwilliges Engagement bestimmt: Mehrere tausend Freiwillige arbeiten in den bundesweit 47 Oxfam Shops oder begleiten Konzerte für Oxfam werbender Musiker wie „Coldplay" oder „Die Toten Hosen" mit Informationsständen. Die Ladenlokale tragen wesentlich zur Finanzierung der Aktivitäten bei und sind zugleich das lokale Aushängeschild der Organisation. Hier werden ihre Kampagnen und Hilfsprojekte vorgestellt.

Wie würden Sie die Essentials und die Philosophie von Oxfam umreißen?

Oxfam ist eine Rechte-basierte Nothilfe- und Entwicklungsorganisation, die Projekt- und Kampagnenarbeit umsetzt. Nothilfe ist dabei sehr wichtig, weil jeder Mensch zuallererst ein Recht auf ein Leben in Sicherheit hat. Darüber hinaus hat jeder Mensch ein Recht auf eine gesicherte Existenzgrundlage sowie auf den Zugang zu grundlegenden sozialen Diensten, wie Gesundheitsfürsorge und Bildung. Des Weiteren spielt in unserer Arbeit das Recht auf politische Teilhabe und die Entfaltung der eigenen Persönlichkeit, wozu beispielsweise auch Geschlechtergerechtigkeit gehört, eine große Rolle. Wir entwickeln gemeinsam mit unseren PartnerInnen in armen Ländern Strategien, damit diese Rechte für alle Menschen erreicht werden. Uns geht es nicht darum, nur punktuell Hilfe zu leisten. Uns geht es maßgeblich darum, an die Strukturen, an die Systeme heranzugehen und so dafür zu sorgen, dass Ungerechtigkeiten und Ungleichheiten abgeschafft werden. Deshalb die politische Kampagnenarbeit, die einen ganz wichtigen Bestandteil unserer Arbeit ausmacht, um in der Welt von heute Dinge so zu verändern, dass wirklich jeder die eben genannten Rechte für sich wahrnehmen kann.

Wie kommen bei Oxfam Entscheidungen zustande, etwa für Kampagnen?

Oxfam ist nicht basisdemokratisch organisiert und hat keine operativ mitwirkende Mitgliederstruktur. Wir sind eine Konföderation von 17 Oxfam Organisationen (‚Affiliates'), die gemeinsam in Abstimmung mit ExpertInnen und auf Grundlage fachlicher Analysen die Themen festlegt, die für unsere Arbeit wichtig sind. Wir haben Oxfam-Organisationen nicht nur im Norden, sondern auch im Süden, z.B. in Mexiko und Indien. In den nächsten Jahren werden weitere Süd-Affiliates folgen, womit wir den Süd-PartnerInnen eine starke Stimme geben und unsere Vorstellung von gleichberechtigter Zusammenarbeit abbilden. Oxfam Deutschland ist integraler Bestandteil dieser Konföderation und bestimmt damit maßgeblich mit, um welche Themen es geht. Wir arbeiten konsensbasiert, das heißt, wir streben auf Affiliate- sowie auf Konföderationsebene immer eine Einigung an. Unsere aktuelle Hauptkampagne heißt „Mahlzeit". Zur „Mahlzeit"-Kampagne gehören u. a. die Themen Landgrabbing, also Landraub, Ernährungssicherheit, Nahrungsmittelspekulation und Klimawandel. Dies ist für fünf Jahre der Schwerpunkt unserer politischen Arbeit, der auf unterschiedlichen Ebenen von den einzelnen Affiliates mit verschiedenen Inhalten ausgefüllt wird. Natürlich gibt es von Zeit zu Zeit auch kritische interne Diskussionen, wie solch ein Rahmenthema zu füllen ist. Beispielsweise unterschiedliche Vorstellungen, wie man der Herausforderung der Nahrungsmittelsicherheit in armen Ländern begegnen sollte. Aber gerade das ist interessant, um verschiedene Perspektiven auf ein Thema zu erhalten und zusammenzufügen.

Oxfam hat eine klare politischere Positionierung. Ist das im Hinblick auf die Gewinnung von Unterstützung eine Stärke oder eine Schwäche?

Wir positionieren uns ganz gezielt so. Diese Kombination aus Nothilfe, Entwicklungs- und Kampagnenarbeit ist Bestandteil unseres Alleinstellungsmerkmals. Auch der Fokus auf das Thema Armut, das ja sehr facettenreich ist, hebt uns von anderen Organisationen ab. Die Schwierigkeit für eine Organisation wie Oxfam ist allerdings, dass man nicht sofort aus dem Namen erkennt, wofür wir stehen. Meist müssen wir erläutern, worum es bei Oxfam inhaltlich geht. Das macht es auf dem Spendenmarkt, der stetig enger wird, nicht einfacher. Bekanntere Organisationen wie das Rote Kreuz oder die Kindernothilfe, aus deren Namen bereits erkennbar wird, welche Themen sie bearbeiten, haben es in dieser Hinsicht einfacher, da sie bereits über ihren Namen eine Aussage zu ihrer Arbeit machen. Aber wir arbeiten daran, auch in Deutschland bekannter zu werden.

Wie machen Sie das?

Wir führen unter anderem öffentlichkeitswirksame Aktionen und Kampagnen durch. 2013 haben wir beispielsweise im Frankfurter Bankenviertel eine Absperraktion gegen Nahrungsmittelspekulation umgesetzt. Und 2014 haben wir mit Promi-KöchInnen gegen große, von der Bundesregierung geförderte, Agrarprojekte in Afrika demonstriert, die dort Kleinbäuerinnen und -bauern verdrängen. Wir versuchen aufzufallen. Wir sind politisch, aber wir sind nicht parteipolitisch. Wir stehen mit allen demokratischen Parteien im Austausch, und häufig ist es wichtiger, auf die Parteien zuzugehen, die den Inhalten und Zielen unserer Arbeit weniger nahestehen.

Wie wichtig ist die Kampagnenarbeit für die Gewinnung von Spenden?

Es gibt einige, die genau für das spenden, was wir auf politischer Ebene an Veränderung herbeiführen wollen. Das ist wichtig, denn diese langfristig angelegte Arbeit kostet viel Mühe und auch Mittel. Dabei ist es weniger kostenintensiv, eine konkret sichtbare Aktion umzusetzen und die Presse einzuladen. Aber die Recherchen im Vorfeld, die vorbereitenden Studien und Analysen, die kosten Zeit und Geld. Dabei ist es fundamental wichtig, diese Vorarbeiten nachvollziehbar und seriös abzuschließen, um nicht angreifbar zu sein. Man muss in der Lage sein, zu einer öffentlichen Versammlung wichtiger EntscheidungsträgerInnen zu gehen, dort zu sprechen und sich sicher zu sein, dass man nicht am nächsten Tag wegen der Aufstellung falscher Behauptungen Ärger bekommt. Das wäre das Schlimmste, was einer Nichtregierungsorganisation passieren kann. Deshalb arbeitet Oxfam extrem solide und achtet darauf, dass die gute Reputation über akkurate und seriöse Arbeitsweisen erhalten bleibt. Um jedoch so arbeiten zu können, ist es wichtig, dass Menschen uns auch finanziell unterstützen. Wobei das Potenzial von Spenden für unsere politischen Kampagnen sicher noch nicht ausgeschöpft ist und wir hierzu noch stärker an die Öffentlichkeit treten könnten, um deutlich zu machen, wie wichtig die gesicherte Finanzierung von politischer Kampagnenarbeit ist.

Wie kann man sich bei Oxfam abgesehen vom Spenden freiwillig engagieren?

Ganz wichtig sind unsere 47 Oxfam Shops. Die Shops werden maßgeblich von 2900 freiwilligen MitarbeiterInnen betrieben, die sich in einem festen Zeitplan wöchentlich etwa fünf Stunden engagieren. Sie sortieren, bepreisen und verkaufen gespendete Kleidung, Bücher und Haushaltswaren. Sie gestalten die Schaufenster oder informieren über Oxfams Kampagnen. Die Möglichkeiten des freiwilligen Engagements im Oxfam Shop sind vielfältig.

Es gibt also keine Hauptamtlichen, die speziell für einen Shop zuständig sind?

Doch, es gibt in Berlin und Frankfurt Oxfam-Büros, die die Shops betreuen. Dort arbeiten hauptamtliche MitarbeiterInnen, die gemeinsam mit den Shop-Teams dafür sorgen, dass ‚der Laden läuft'. Sie achten zudem darauf, dass das Branding stimmt und dass die Kommunikation über Oxfams Projekte und Kampagnen in den Shops funktioniert. Die freiwilligen MitarbeiterInnen erhalten Trainings und Schulungen. Das muss natürlich alles koordiniert werden und das ist auf freiwilliger Basis nicht möglich. Aber der eigentliche Shop-Betrieb vor Ort wird tatsächlich ausschließlich von Ehrenamtlichen sichergestellt. Ich finde es toll, dass unsere Freiwilligen sich auf diese Weise engagieren und es mit ganz viel Motivation machen. Viele sind seit zehn oder mehr Jahren dabei.

Wie finden Sie Freiwillige, wenn Sie einen neuen Shop eröffnen wollen?

Vor einer Eröffnung gewinnen wir die meisten Freiwilligen über lokale Pressearbeit und Aushänge im künftigen Ladenlokal. In bereits bestehenden Oxfam Shops läuft der Kontakt oft über Mundpropaganda und über Ansprache im Shop.

Bei regelmäßigen Informationstreffen vor Ort wird genauer besprochen, in welchem Umfang sich Interessierte einbringen können. Wenn dies alles geklärt ist, erhalten sie Schulungen und werden mit unseren Leitlinien vertraut gemacht. Wir legen Wert auf eine professionelle Vorbereitung und sind auch darauf angewiesen, dass unsere Freiwilligen den richtigen Ton finden, um unsere Botschaft „Eine Welt ohne Armut“ richtig zu kommunizieren.

Wie sieht der oder die typische Freiwillige aus?

Die ‚typische Freiwillige‘ im Oxfam Shop ist weiblich, gebildet und im Rentenalter. Insgesamt haben wir jedoch eine heterogene Gruppe von Ehrenamtlichen. Der Frauenanteil liegt bei 92 Prozent, das Durchschnittsalter beträgt 63 Jahre. Es engagieren sich aber auch SchülerInnen, StudentInnen und Berufstätige regelmäßig in den Oxfam Shops. Viele Freiwillige freuen sich, nach der aktiven Berufsphase noch einmal etwas zu schaffen und dabei „Gutes zu tun“. Perspektivisch würden wir gerne mehr jüngere Menschen für diese Arbeit gewinnen. Wie, das ist eine wichtige Herausforderung für die Zukunft.

Wie ist Ihre Einschätzung – wird es schwieriger, Freiwillige zu gewinnen?

Das hängt sehr von den einzelnen Standorten ab und lässt sich nicht generalisieren. Tendenziell ist es in großen Städten einfacher. Auch in Städten, in denen es bereits Oxfam Shops gibt, ist es weniger aufwändig. Um einen Oxfam Shop betreiben zu können, benötigen wir etwa 40 bis 50 ehrenamtliche MitarbeiterInnen. Erfreulicherweise finden sich vor einer Eröffnung meistens genügend Interessierte.

Wie sieht das bei den Älteren aus?

Ich habe den Eindruck, die Menschen, die aus dem Berufsleben ausscheiden, sind heute wesentlich ausgelaugter als früher. Auch Statistiken belegen, dass Berufstätige im Alltag häufig unter Stresssymptomen leiden. Sie können oder wollen dann einfach nicht mehr in einer zu starren Struktur sein. Wir sind zwar in den Oxfam Shops auf feste Strukturen und einheitliche Abläufe angewiesen, bieten den Engagierten aber auch viel Freiraum für Kreativität und Eigeninitiative.

Findet man auch über Freiwilligenagenturen zu Ihnen?

Wir treten zwar in allen neuen Städten auch immer in Kontakt mit den lokalen Freiwilligenagenturen. Die Resonanz hält sich dabei, offen gesagt, aber eher in Grenzen.

Warum engagieren sich Menschen gerade bei Oxfam?

Vielen ist es wichtig, konkret Verantwortung zu übernehmen, gemeinsam für ein Ziel zu arbeiten und dabei Gutes zu tun. Auch der soziale Aspekt spielt eine große Rolle. Unter den Freiwilligen bilden sich Freundschaften. Man trifft sich auch außerhalb des Engagements im Shop und kümmert sich umeinander. Auch der Spaß-Faktor kommt dabei nicht zu kurz.

Wichtig ist auch der professionelle Auftritt der Oxfam Shops. Es ist kein 0815-Shop in einer C-Lage am Stadtrand. Man hat die Informationen zu den Projekten, es ist hell, es ist grün, es ist ansprechend gestaltet. Viele Freiwillige identifizieren sich sehr mit ‚ihrem' Oxfam Shop und sind auch ein wenig stolz auf den Erfolg vor Ort.

Und nicht zuletzt: Wir gewährleisten den Freiwilligen die notwendige Unterstützung. Unsere Hauptamtlichen suchen regelmäßig den Austausch, bieten Trainings an und sorgen für den nötigen Informationsfluss.

Gibt es so etwas wie Belohnungen?

Ja, langjährige ehrenamtliche MitarbeiterInnen werden von uns mit einer Urkunde und einem kleinen Präsent geehrt. Wir laden alle Shop-Teams einmal im Jahr zum gemeinsamen Essen ein. Zudem erstatten wir die Fahrtkosten. Mehrere verdiente Shop-MitarbeiterInnen haben – auf unsere Initiative hin – bereits die Verdienstmedaille der Bundesrepublik erhalten. Diesen Bereich der Anerkennungskultur möchten wir in den nächsten Jahren verstärkt weiterentwickeln.

Campino von den Toten Hosen sagt bei jedem Konzert, unsere FreundInnen von Oxfam sind dabei. Das ist eine schöne Kooperation, bei der sich auch unsere freiwilligen KonzerthelferInnen sehr stark wertgeschätzt fühlen.

Wir pflegen aber durchaus auch einen kritischen Austausch. Wir freuen uns, wenn Freiwillige uns Anregungen geben oder auf Probleme in den Shops aufmerksam machen. Das hilft, die Dinge fortwährend zu verbessern.

Gibt es typische Konflikte?

Nein, das ist sehr unterschiedlich. Wo unterschiedliche Menschen im Team zusammenarbeiten, geht es nicht ohne gelegentliche Konflikte und Reibung ab. Das gilt genauso auch für die ehrenamtlichen Shop-Teams.

Sehen Sie sich mit Ihrem Engagementangebot auf dem „Markt der guten Zwecke" in verstärkter Konkurrenz zu anderen Hilfsorganisationen?

Es gibt sicherlich heute mehr Konkurrenz als früher. In Großbritannien gibt es ein tief verwurzeltes Verständnis gegenüber Wohltätigkeitsorganisationen und dem Geben. Dort findet man seit Jahrzehnten einen Charity Shop neben dem anderen. Hier in Deutschland beobachten wir erst langsam einen ähnlichen Trend. Auch das DRK, die Malteser sowie weitere Organisationen positionieren sich inzwischen mit Secondhand-Shops auf dem deutschen Markt. Mit unserer langjährigen Erfahrung und unserem erprobten Shop-Konzept fühlen wir uns allerdings nach wie vor gut aufgestellt.

Worin sehen Sie die zentrale Herausforderung für die Zukunft von Oxfam?

Armut verändert sich und Macht verändert sich. Darauf müssen wir reagieren. Oxfam ist immer noch eine sehr stark vom Norden gesteuerte Organisation. Es ist die Herausforderung der nächsten Jahre, dies zu ändern. Wir wollen unserer Vision des Miteinanders von Nord und Süd auf Augenhöhe auch innerhalb unserer Organisation gerecht werden. Das ist eine Herausforderung für unsere internen Strukturen, aber auch für die Kommunikation auf der politischen Ebene, etwa unseren Geldgebern in den Ministerien gegenüber.

Werden diese Punkte auch global in einer Art Strategiediskussion behandelt?

Genau, die führen wir derzeit. Am Ende dieses Weges soll eine wirklich globale Organisation stehen, die Lösungen anbietet für die Probleme unserer Zeit.

Und worum geht es hierbei?

Ich gebe Ihnen ein Beispiel: Wirtschaftliche Macht ist nicht mehr ausschließlich im so genannten Norden konzentriert. Die Weiterentwicklung der G7 zu den G20 zeugt davon. Es wird deshalb künftig nicht mehr ausreichen, sich ganz klassisch für politische Veränderungen im Norden einzusetzen, sondern es wird auch darum gehen, die aufstrebenden politischen Ökonomien im Süden, die Emerging Economies, direkt zu adressieren. Wie macht man das als NGO? Sicherlich nicht, indem wir als Oxfam Deutschland nach Kenia gehen und den dortigen PolitikerInnen erklären, was sie zu tun haben. Man kann aber die Zivilgesellschaft vor Ort stärken, Kapazitäten aufbauen und sie in die Lage versetzen, ihre Rechte einzufordern. Ich denke, das sollte der Weg der Zukunft sein.

Wie, denken Sie, sieht Oxfam in etwa 10 Jahren aus?

Ich denke, dass Oxfam wachsen wird, allerdings nicht im Norden, sondern im Süden. Wir wollen unsere PartnerInnen als echte PartnerInnen empfinden und nicht als EmpfängerInnen von Geldern. Das wird eine Herausforderung sein, auch in der Kommunikation. Wenn ich noch 20, 30 Jahre weiter denke, würde ich mir wünschen, dass Oxfam im Norden sich langsam anfängt überflüssig zu machen, weil wir es erreicht haben, die Welt gerecht zu gestalten und Armut auf ein Minimum zu reduzieren.

Interview: Thorsten Hallman

Potenziale für freiwilliges Engagement freisetzen

Interview mit Miriam Schwartz[1]
(tatkräftig e. V.)

Jüngere Menschen an soziales Engagement heranzuführen und gemeinnützige Einrichtungen dabei zu unterstützen, Menschen für ein Engagement zu gewinnen – auch die jenseits ihres eigenen Mitglieder- und Unterstützerkreises – das ist die Mission des Vereins tatkräftig e. V. in Hamburg. tatkräftig ist die bundesweit erste Freiwilligenagentur, die sich auf die Vermittlung von eintägigen Einsätzen für Gruppen spezialisiert hat. Die Gründerinnen und Gründer, zu dieser Zeit StudentInnen oder BerufsanfängerInnen, waren selber in der Situation vieler ihrer jetzigen „KundInnen“:

> „Wir alle hatten wenig Zeit, wollten uns aber gern gemeinsam in Hamburg engagieren. Vielen unserer Freunde ging es ähnlich. Wir stellten fest, dass es zwar vielfältige Möglichkeiten gibt, sich in Hamburg zu engagieren, dass es sich dabei aber meist um zeitintensive oder nur für einzelne Personen geeignete Aufgaben handelt. Also setzten wir uns ein Ziel: Ein hamburgweites Angebot zu schaffen, das es Menschen ermöglicht, auch mit wenig Zeit für andere aktiv zu werden.“ (tatkräftig e. V., Jahresbericht 2012)

Um diese Engagementpotenziale freizulegen, lag es nahe, ein maßgeschneidertes Angebot für jüngere Menschen in dieser Lebenssituation zu schaffen, denn:

> „Aus dem Freiwilligensurvey des Bundesministeriums für Familie, Senioren, Frauen und Jugend (2009) geht hervor, dass mehr als 30% der 14- bis 30-Jährigen sich für das Gemeinwohl engagieren möchten, es aber aktuell (noch) nicht tun. Viele Menschen, vor allem junge Berufsanfänger, müssen immer wieder feststellen: Es bleibt kaum Zeit für ein regelmäßiges Ehrenamt. Neu Zugezogene stehen zudem oft vor dem Problem,

1 miriam.schwartz@tatkraeftig.org

dass sie nicht wissen, wo sie sich engagieren. Was bleibt, ist der Wunsch, etwas zu verändern." (tatkräftig e. V., Infoblatt 2013)

Ein Vorbild fand die Initiative in den Niederlanden in der Organisation „Stichting Present". Dieses Konzept sollte auf die Gegebenheiten in Hamburg angepasst werden. Im Sommer 2011 wurde die Freiwilligeninitiative „tatkräftig – Hände für Hamburg" gegründet. Eine organisatorische Heimat bot zunächst die Kirchengemeinde Hamburgprojekt, die das Team von Anfang an begleitete und kostenlos Büroräume zur Verfügung stellte. Zudem gelang es einem Gemeindemitglied, ein Unternehmen zu gewinnen, das ab 2011 die erste 400-Euro-Stelle finanzierte, so dass Miriam Schwartz als erste bezahlte Arbeitskraft eingestellt werden konnte. Seit September 2012 ist tatkräftig als gemeinnütziger Verein anerkannt, im Mai 2013 erfolgte der Umzug ins erste eigene Vereinsbüro.

Typische Aktivitäten, die tatkräftig vermittelt, sind praktische Tätigkeiten wie Renovierungsarbeiten, Umzüge oder Gartenarbeit, aber auch betreuende Projekte, in denen die Freiwilligen in Kontakt mit der „Zielgruppe" der Organisation kommen, wie Ausflüge und Bastel-, Spiel-, Koch- oder Backaktionen. Jedes Projekt wird seitens des Vereins von einem ehrenamtlichen Projektbegleiter oder einer ehrenamtlichen Projektbegleiterin begleitet. Spezialisiert hat sich tatkräftig auf eintägige Engagementangebote für Freundeskreise und Firmenbelegschaften, überwiegend sind sie auf Gruppen von drei bis fünfzehn Personen zugeschnitten. Engagement soll zum Gruppenevent und einer sinnvollen Alternative zu anderen gemeinsamen Freizeitaktivitäten werden. Bei der Konzeption der Arbeitseinsätze orientiert sich der tatkräftig e. V. an den Wünschen und Möglichkeiten konkret interessierter Freiwilliger und fragt auf dieser Basis die jeweiligen Projektpartner an. Die Vorstellung, dass mit solchen Angeboten gerade eine jüngere Zielgruppe angesprochen werden kann und diese Konzeption eine sinnvolle Ergänzung zu anderen Freiwilligenagenturen ist, hat sich bewahrheitet: 50 Prozent der TeilnehmerInnen sind unter 30 Jahren alt und 80 Prozent unter 45 Jahren.

Ende 2013 arbeiten im Verein drei bezahlte Kräfte: Neben der Leitungsstelle mit 30 Wochenstunden gibt es eine 450-Euro-Stelle und eine weitere geringfügig beschäftigte Arbeitskraft für die Buchhaltung. Daneben übernehmen zwei Ehrenamtliche Leitungsfunktionen. Zum erweiterten Leitungsteam gehören die unbezahlt arbeitenden Projektbegleiter. Der Verein finanziert sich überwiegend durch regelmäßige private Spenden und Fördermitgliedschaften, eine monatliche Kollekte der Kirchengemeinde und Firmenspenden. Ein kleinerer Anteil der Finanzierung wird durch Stiftungsgelder und öffentliche Zuschüsse bestritten.

Unsere Gesprächspartnerin Miriam Schwartz ist hauptamtliche Leiterin des Vereins und hat ihre Abschlussarbeit im Studiengang „Nonprofit-Management and Governance" zu Engagementförderung im Jugendbereich geschrieben.

Warum braucht es einen Verein wie tatkräftig? Warum finden viele Leute, die an sich dazu bereit sind, in der Praxis nicht zum Engagement?

Es gibt sicherlich oft einen Informationsmangel, gepaart mit Zeitmangel und Mobilitätssteigerung. Das sind die Hauptgründe dafür, dass zumindest langfristiges Ehrenamt abnimmt und Brüche im Engagement entstehen. Mir ist aufgefallen, dass sich viele in ihrer Jugend für etwas engagiert haben – vielleicht in einem örtlichen Verein – dann aber wegziehen zum Studieren, anfangen zu arbeiten und dann erst einmal nichts mehr passiert. Wenn sie dann eine eigene Familie haben und vielleicht auch Kinder, die dann z. B. in die Kita kommen, kommt wieder das Interesse auf, sich zu engagieren. Die Jahre dazwischen werden aber selten fürs Engagement genutzt, was sehr schade ist: Gerade die Jahre zwischen 20 und 35 sind ja die, wo man viele Ideen hat.

Genau an dem Punkt waren wir auch, als wir mit tatkräftig angefangen haben. Wir haben festgestellt: Wir haben wenig Zeit, wir kennen uns nicht aus und wir wollen uns auch nicht ewig binden, denn: Wer weiß, wann wir wieder weg sind? Außerdem möchte man sich ja erstmal einen Überblick verschaffen und dazu alleine in eine Einrichtung zu gehen, stellt für viele eine große Hemmschwelle dar. Also am besten mit Freunden! So kamen wir auf das Format von tatkräftig. Ich will nicht sagen, dass das das Geheimrezept für alles ist, aber das ist ein Einstiegsmodell, das eine sehr geringe Hemmschwelle hat. Und wenn man eine Einrichtung kennengelernt und gemerkt hat, wie viel Spaß das macht, geht man vielleicht noch einmal in die Einrichtung. Wenn man früher im Dorf groß geworden ist, war recht schnell klar: Entweder das oder gar nichts. Man hat keine andere Wahl gehabt und ist einfach so hereingewachsen. Heutzutage und gerade in der Großstadt funktioniert dieses Hereinwachsen nicht mehr so, also muss man andere Formen finden.

Wie läuft ein typisches Projekt von tatkräftig in der Praxis ab?

Bevor das eigentliche Projekt losgeht, stellen die ProjektbegleiterInnen den Verein tatkräftig den TeilnehmerInnen vor. Danach stellt sich die Organisation vor, mit der das Projekt durchgeführt wird. Die Organisationen, für die die Freiwilligen tätig werden, werden von tatkräftig aufgefordert, den Einsatztag als Bühne für sich zu nutzen: Sie können den Freiwilligen zu Beginn des Projekts einen Einblick in ihre Arbeit geben und ihnen erläutern, in welchen Bereichen aktuell ehrenamtliche Unterstützung gesucht wird.

Nachdem sich alle vorgestellt haben, holt sich tatkräftig noch die Erlaubnis von den HelferInnen sowie von der Organisation ein, dass Fotos gemacht und veröffentlicht werden dürfen. Jetzt kann die eigentliche Projektarbeit losgehen. Die ProjektteilnehmerInnen werden von den MitarbeiterInnen der Organisation in ihre Aufgaben eingewiesen, die diese dann selbstständig durchführen. Für die Materialien, die für das Projekt benötigt werden, ist in der Regel die Organisation zuständig – zum Beispiel Malerutensilien für Renovierungsarbeiten. Während der Projektdurchführung werden von dem tatkräftig-Projektbegleiter Fotos gemacht, um sie unter anderem im tatkräftig-Blog veröffentlichen zu können.

Um tatkräftig weiter verbessern zu können, findet am Ende eines Projektes eine Feedbackrunde statt. Dort wird das Projekt von den einzelnen Freiwilligen, den tatkräftig-ProjektbegleiterInnen und den MitarbeiterInnen der Organisation anhand von Evaluationsbögen bewertet. Diese werden dann von uns ausgewertet und es werden Verbesserungsstrategien entwickelt. Nach der Feedbackrunde erhalten alle TeilnehmerInnen einen tatkräftig-Flyer, Informationen zu Spendenmöglichkeiten und Infomaterial der unterstützten Organisation, wenn vorhanden. Sind die Feedbackbögen ausgewertet und die Fotos aufbereitet, erhalten alle Beteiligten noch einmal eine Dankesmail, in der Bezug auf das Projekt genommen wird mit einem Download-Link zu den Fotos.

Wie sieht eine typische Gruppe aus, die sich bei tatkräftig für einen solchen Arbeitseinsatz meldet?

Ganz unterschiedlich. Zum einen sind es private Gruppen – da kann man unterscheiden zwischen wirklichen Freundeskreisen, Studierendengruppen, die das gerne zusammen in ihrer Freizeit machen wollen, und auch Kirchengemeinden. Bei Gruppen aus dem kirchlichen Bereich kann man davon ausgehen, dass sich einige auch vorher schon engagiert haben. Aber es sind oft auch einige dabei, die sich zum ersten Mal engagieren. Daneben gibt es die Firmen: Einige machen eine Art alternativen Betriebsausflug mit uns, gestalten also zum Beispiel statt in den Kletterpark zu fahren ein Außengelände einer Kita neu. Andere machen eine Art Social Day, einen sozialen Tag, für den die Angestellten frei bekommen. Und es gibt Firmen, die eine Regelung haben, dass sich Angestellte pro Jahr ein oder zwei Tage für ehrenamtliches Engagement freinehmen können. Da finden sich dann einige als Team zusammen und kommen auf uns zu.

Was motiviert Firmen, mit tatkräftig zusammenzuarbeiten? Ist tatkräftig mehr als nur eine Vermittlungsagentur?

Das Schwierige ist genau, dass wir als tatkräftig oft nur als Vermittler wahrgenommen werden und dass die Unternehmen sich eher damit brüsten, dass sie zum Beispiel im Kinderhospiz oder in einer Behinderteneinrichtung waren, aber tatkräftig wird kaum erwähnt. Wir wollen eigentlich, dass unsere Rolle noch deutlicher wahrgenommen wird im Zusammenspiel mit Unternehmen. Was wir aber interessant finden: Man könnte ja meinen, die Firmen machen das nur, um ihren Ruf irgendwie zu verbessern – das ist aber gar nicht das erste Ziel. Bisher hat das noch keiner groß nach außen bekannt gemacht. Der eigentliche Zweck ist, so unsere Erfahrung, eher die MitarbeiterInnenbindung nach innen oder das Teambuilding: Man wächst zusammen, hat Zeit zum Quatschen, sich zu unterhalten, isst gemeinsam und schafft gemeinsam etwas.

Warum wendet man sich an tatkräftig? Gibt es ein gemeinsames Motiv?

Am deutlichsten sind wirklich das Alter und die Lebenssituation – entweder Studierende, BerufsanfängerInnen oder junge Familien mit kleinen Kindern. Sie sind meistens gut ausgebildet. Ich denke, viele suchen einen Ausgleich zum Büroalltag. Gerade bei den Freiwilligengruppen aus dem privaten Bereich, und aus einer Kirche sowieso, ist „Gutes tun" oder „Menschen dienen" auch ein wichtiger Aspekt. Und den Leuten ist natürlich auch wichtig, dass sie Spaß und Gemeinschaft haben, dass man es mit Freunden macht und nicht alleine.

Gibt es „Wiederholungstäter", also Gruppen, die öfter wiederkommen?

Ja, mittlerweile schon. Wir gehen jetzt ins dritte Jahr. Wir haben bestimmte private Gruppen, die sich immer wieder melden, etwa im Einjahresturnus, manche auch öfter, und selbst bei Firmen haben wir beobachtet, dass sie sich jedes Jahr wieder melden. Eine Firma macht sogar jedes Jahr zwei Projekte mit uns und bei einer Firma gibt es so etwas wie einen Domino-Effekt: Da hat das eine Team es dem nächsten erzählt und das wiederum dem nächsten, so dass wir letztes Jahr innerhalb von einem Jahr sieben verschiedene Teams aus demselben Unternehmen hatten. Und wir haben zwei Freiwillige, die nun regelmäßig in der Organisation, in der ihr Projekt stattfand, engagiert sind. Die sind jetzt jede Woche dort aktiv, haben also offenbar „ihr Ding" gefunden.

Als Ursache für zurückgehendes Engagement in den klassischen Mitgliederorganisationen wird auch angeführt, dass die Milieubindungen zurückgehen. Haben Sie diesen Eindruck auch?

Das kriegen wir auch zu spüren. Wir haben Kooperationen mit Sozialverbänden und dem NABU[2], die Probleme haben, ihre eigenen Einrichtungen mit Freiwilligen zu versorgen. Deshalb greifen die jetzt auf uns zurück, um zumindest mit Ein-Tages-Projekten noch Dinge in Gang bringen zu können. Der NABU zum Beispiel hat Bachaktionstage, wo Gewässerschutz stattfindet. Die kämpfen damit, dass einfach oft nicht genug TeilnehmerInnen da sind. Die haben diese Termine einfach mal durchgegeben, damit wir in unserem Verteiler dafür Werbung machen. Ganz ähnlich bei der AWO: Die betreiben hier in Hamburg ganz viele Kitas und auch dort fehlt es immer wieder an Leuten, die bei Veranstaltungen helfen, den Sand in der Sandkiste tauschen oder Gartenarbeit machen.

Was könnte ein solcher Verband Ihrer Meinung nach machen, um dieser Misere entgegenzuwirken? Haben Sie gute Beispiele?

Ich habe mit ziemlich vielen Organisationen zu tun und beobachte auch immer vor Ort, wie diese organisiert sind. Viele größere haben eine/n feste/n AnsprechpartnerIn für freiwillig Engagierte. Aber wie gut das läuft, hängt stark von der Persönlichkeit ab – also wie verbindlich der Mensch seine Rolle erfüllt. Vor allem gute Information und viel Anerkennung sind wichtig. Ein positives Beispiel ist der NABU: Die haben diese Entwicklung schon vor zehn Jahren wahrgenommen oder vielleicht auch schon länger. Sie haben viele Aktionsgruppen und diese Aktionsgruppen werden kleiner und älter, weil die Leute nicht mehr in den Verein eintreten und dann mit einer hohen Verantwortung in den Aktionsgruppen arbeiten. Deshalb haben sie jetzt parallel zu diesen Aktionsgruppen begonnen, Projekte anzubieten, wo man sich für einen Tag engagieren kann, zum Beispiel diese Bachaktionstage. Demnächst gibt es auch Stadtaktionstage, wo man sich dann um städtische Parks kümmert. Dabei wird auch die Nachbarschaft einbezogen. Wenn irgendwo ein Gewässer gereinigt wird, werden in alle Briefkästen in den umliegenden Straßen Flyer eingeworfen, so dass die Leute informiert sind und mitmachen können. Das ist wohl ganz erfolgreich und ich sehe das als einen sehr fortschrittlichen Ansatz.

Der Charme von Ein-Tages-Projekten, wie sie auch tatkräftig e. V. anbietet, ist ja: Das langfristige Engagement verläuft eher so ein bisschen im Sande: Du bist jede Woche da, weißt aber gar nicht, was du am Ende getan hast. Bei den kleinen Projekten hat man ein Ergebnis am Ende, und das macht durchaus glücklich.

---

2 Naturschutzbund Deutschland e. V.

Es ist also wichtig, dass man neue Wege und neue Formate schafft. Das muss aber nicht heißen, dass man am Ende alles projektorientiert machen muss. Ein Portfolio aus langfristigen und kurzfristigen Engagementangeboten zu entwickeln wäre meiner Meinung nach hilfreich.

Was sollten Organisationen tun, um längerfristig Engagierte zu binden, die dann auch die Organisation tragen?

Es gibt viele Organisationen – nicht unbedingt die großen Verbände, sondern einzelne Organisationen –, die sich gerade neu ausrichten und die merken, dass sie ihre Freiwilligen nicht mehr für die Positionen kriegen, wo sie diese eigentlich bräuchten. Was die Organisation da tun könnte, ist gar nicht so einfach zu beantworten.

Ich kann sagen, wie das bei tatkräftig geht: Wir haben ja zunächst diese Projekte, die einen Tag dauern. Wer dort mitmacht, bekommt einen Feedback-Bogen und kann zum Beispiel ankreuzen, dass er oder sie einmal im Monat weitere Einsatzmöglichkeiten zugeschickt bekommen möchte. Das ist ganz unverbindlich – man wird einfach nur regelmäßig informiert. Alternativ kann man ankreuzen, ProjektbegleiterIn werden zu wollen. Das ist dann schon eine Stufe verbindlicher. Wenn man ProjektbegleiterIn werden möchte, muss man an einem einstündigen Workshop teilnehmen. Dort wird noch einmal genau erklärt, was tatkräftig ist, was die Aufgaben der Projektbegleitung sind und was ein typischer Tagesablauf ist. Das ist der erste Teil dieser Miniausbildung. Der zweite Schritt ist, dass man bei einem Projekt hospitiert. Wer dann weiterhin Interesse hat, ist im ProjektbegleiterInnenpool und dadurch auch mehrmals im Jahr verbindlich zum Einsatz vorgesehen. Wer darüber hinaus merkt, dass er tatkräftig total cool findet und noch mehr machen möchte, kann ins Leitungsteam kommen. Das ergibt sich meistens auf persönlicher Ebene.

Das sind bei uns die drei Stufen: Das ProjektbegleiterInnenamt ist eine Sache zwischen lang- und kurzfristigem Einsatz und sehr flexibel, weil man sich die Termine aussuchen kann, an denen man begleiten möchte. Auf der ProjektbegleiterInnenebene merkt man aber schon, dass die Leute für tatkräftig brennen. Was wir jetzt vorantreiben wollen ist, dass die ProjektbegleiterInnen noch viel sichtbarer werden. Bisher sind die eher im Hintergrund.

Und wie steht es mit den Jugendlichen? Was würden Sie Organisationen raten, die Jugendliche an den Verein binden wollen?

Das Problem mit der jungen Zielgruppe und wie man diese erreichen kann, ist in erster Linie ein Großstadtproblem. Im ländlichen Bereich wissen die Leute in der Regel, wo sie sich engagieren können, wenn sie es denn wollen. Ich habe den Eindruck gewonnen, dass man den Jugendlichen einfach Raum lassen muss, das eigene Projekt umzusetzen: Man schafft als Organisation die Strukturen dafür, lässt die Jugendliche aber erst einmal alleine „ihr Ding durchziehen" und unterstützt vielleicht mit kleinen Beratungsgesprächen oder auch mit ein wenig Geld. Wenn man dann den Spagat hinbekommt, dass die Jugendlichen sich trotzdem mit der Organisation identifizieren, weil sie sich unterstützt fühlen und ein tolles Klima herrscht, steigt das Interesse, weiter etwas für die Organisation zu machen. Ich glaube es ist sehr wichtig, diese Freiräume zu schaffen. Zumindest für diejenigen kreativen Kräfte, die auch selbst so etwas ins Leben rufen können. Es gibt aber auch diejenigen, die überfordert damit sind, etwas Eigenes auf die Beine zu stellen. Für die muss man vielleicht bessere Strukturen bieten, in die sie sich leicht eingliedern können.

Können die traditionellen Vereine Jugendliche heute noch erreichen und einbinden, auch wenn diese keine guten erzieherischen Voraussetzungen haben?

Ich weiß es nicht genau. Bei meiner Masterarbeit kam heraus, dass Sportvereine oder andere Organisationen, in denen Jugendliche Zeit verbringen, sich tendenziell immer aus demselben Milieu rekrutieren. Die Organisationen gehen gar nicht auf die Jugendlichen zu, die aus schlechteren Verhältnissen kommen. Deshalb kommen diese dort gar nicht erst herein. Vielleicht würden die Jugendlichen sich dort sogar wohlfühlen. Aber sie wissen überhaupt nicht, dass es diese Vereine gibt und dass sie dort gewollt sind. Das ist eine Sache der Werbung bzw. der Ansprache. Was auch herauskam war, dass Jugendliche aus schwierigeren Verhältnissen viel mehr Anleitung brauchen und sich dies im Gegensatz zu Jugendlichen aus guten Verhältnissen auch wünschen.

Ich glaube auch, dass gerade bei Jugendlichen, die in einer Selbstfindungsphase sind und noch gar nicht so genau wissen, was ihre Identität ausmacht, Engagement ganz wichtig ist. Weil man dadurch merkt, dass man gebraucht wird und dass man etwas beitragen kann.

Wäre das auch ein mögliches Betätigungsfeld für tatkräftig?

Ich würde es spannend finden, wenn wir tatkräftig für Jugendgruppen anbieten würden. Dann würden die Jugendlichen auch einmal ihr Umfeld verlassen, in ganz andere Einrichtungen und Stadtteile gehen und auch andere Menschen kennenlernen. Das wäre eine unglaubliche Horizonterweiterung. Es hätte einen Lerneffekt, auf Menschen zu treffen, denen man sonst nicht begegnet, und dadurch auch die eigene Welt noch einmal anders zu reflektieren. Ich glaube, dass dies zurückwirkt, weil Jugendliche, wenn sie so ein Projekt mitmachen und sehen, wie das läuft, auch neue Energie bekommen, sich vor Ort in ihren Jugendclubs oder wo auch immer stärker einzubringen.

Was könnten Sie sich noch für Entwicklungsperspektiven für tatkräftig vorstellen?

Also eigentlich gibt es drei Möglichkeiten für uns, weiterzuwachsen und uns weiterzuentwickeln. Wir könnten unsere Zielgruppe, die wir hier in Hamburg „beackern", noch stärker erreichen. Wir könnten neue Felder entwickeln, also uns zum Beispiel auf Jugendliche oder auf Menschen mit Migrationshintergrund konzentrieren, zumal wir auch schon einige Anfragen hatten von Schulen, die etwas machen wollen. Die dritte Möglichkeit wäre, dass wir neue Standorte aufbauen. Dazu wäre es wichtig, unsere Prozesse zu verschriftlichen, Einführungsworkshops zu konzipieren und sich zu überlegen, wie man unsere Idee auch anderen Leuten nahebringen kann.

Interview: Thorsten Hallmann

Fördererkreis Rommersdorf e. V. und Abtei Rommersdorf-Stiftung

Eine Erfolgsgeschichte bürgerschaftlichen Engagements

Christiane Wilke[1]

Abstract

Eine Gruppe von Neuwieder BürgerInnen gründete 1972 eine Initiative, um den Erhalt und die schrittweise Restaurierung einer historisch wertvollen Klosterruine in einem Neuwieder Stadtteil auf den Weg zu bringen. Trotz geringen Startkapitals gelang es im Laufe der Jahre, die Anlage so wieder herzustellen, dass das ehemalige Kloster heute als anerkanntes Baudenkmal und Ort kultureller Begegnung eine Bereicherung für die Stadt und Umgebung darstellt. Begeisterung, Eigenverantwortlichkeit und das Einbringen von individuellen Fähigkeiten und Sachverstand schufen Vertrauen und führten zu breiter öffentlicher Aufmerksamkeit und Unterstützung. Die Vorgehensweise mit Vereins- und Stiftungsgründung, der Umgang mit staatlichen Stellen sowie ein stetiger ehrenamtlicher Einsatz stehen exemplarisch für bürgerschaftliches Engagement.

Keywords

Eigenverantwortlichkeit • Baudenkmal • Kloster Rommersdorf • Bürgerschaftliches Engagement

1 Stiftungsberatung Christiane Wilke, christiane-wilke@t-online.de

Eine Bürgerinitiative war im Jahr 1972 der Ausgangspunkt für ein Projekt, die historischen Gebäude der Abtei Rommersdorf zu restaurieren und für Veranstaltungen nutzbar zu machen. Sie hat ihr Ziel erreicht und ist noch heute, 40 Jahre später, unabhängig, lebendig und eine Bereicherung für die Menschen und ihre Stadt. Die folgende Darstellung möchte aufzeigen, wie es BürgerInnen trotz anfänglich sehr bescheidener finanzieller Voraussetzungen gelingen kann, sich im Rahmen der Gestaltungsspielräume des gemeinnützigen Sektors erfolgreich für eine Idee einzusetzen. Es wird deutlich, dass die Verbindung von zielgerichtetem Handeln und mutiger, teilweise unkonventioneller Vorgehensweise im Ergebnis staatlichen Lösungswegen überlegen sein kann. Wenn dies, wie im Fall der beschriebenen Stiftung geschehen, auch von staatlicher Seite erkannt und unterstützt wird, können Ergebnisse erzielt werden, die die Vielfalt unserer Gesellschaft eindrücklich abbilden und bereichern. Die beständige und fruchtbare Arbeit der Abtei Rommersdorf-Stiftung über fast vier Jahrzehnte soll hierfür ein Beispiel sein.

1 Ein Ort mit bewegter Geschichte

Unweit der erst 350 Jahre alten Stadt Neuwied am Rhein entstand im Jahre 1117 nahe Heimbach-Weis, heute einem Stadtteil Neuwieds, das Kloster Rommersdorf. Reginbold de Rumersdorp, aus dem Geschlecht der Edelherren von Rommersdorf (späteren Grafen von Isenburg) erstellte die Anlage und lud Benediktiner ein, sic hier anzusiedeln. Prämonstratenser Regularkanoniker übernahmen das Kloster nach wenigen Jahren in 1135 und lebten dort auf der Grundlage der Augustinusregel in ihrer Gemeinschaft mit bis zu 36 Chorherren. Vor allem die Grundherren, allen voran die Grafen zu Isenburg, statteten das Kloster mit Vermögen aus, so dass eine solide wirtschaftliche Basis für das Wirken über fast 670 Jahre möglich war (vgl. Lahr 1985, S. 5). Die Größe der Anlage gibt Zeugnis von ihrer Bedeutung und dem Wirken der Chorherren für die kulturelle und geistige Entwicklung des mittelrheinischen Raumes. Mit der Säkularisation wurde 1803 aus dem Kloster das „Gut" Rommersdorf. Der Übertragung an den Fürsten von Nassau-Usingen folgten im Laufe des folgenden Jahrhunderts verschiedene Besitzerwechsel. Wertvolle Ausstattung ging verloren, Teile der Gebäude wurden abgerissen und das Gewölbe der Kirche stürzte nach einem Brand 1912 ein.

1925 ging das Gut Rommersdorf in den Besitz der heutigen Rheinischen Bodenverwaltung AG in Düsseldorf über. Es wurde verpachtet und diente der Land- und Viehwirtschaft sowie der Pferdezucht. Diese Nutzung des Gutes Rommersdorf war für den Erhalt der kunsthistorischen Bauten mit ihren wertvollen Elementen nicht förderlich. So hinterließ beispielsweise das Betreiben einer Schnapsbrennerei hässliche Spuren (vgl. Felgenheier in Stelz et al. 1985, S. 47) und große Landmaschinen parkten auf, wie später erkannt wurde, wertvollen Mosaikböden im Kapitelsaal. Die bauliche Besonderheit der Anlage, trotz aller Verluste der vorangegangenen 170 Jahre, liegt in ihrer Geschlossenheit, wie es sie in Rheinland-Pfalz ansonsten nur in Maria-Laach und Himmelrod zu sehen gibt. Das Aufeinandertreffen romanischer, gotischer und barocker Bauelemente ist einmalig (vgl. Lahr 1985, S. 19).

In Folge der Gemeindereformen in Rheinland-Pfalz im Jahr 1970 wurden u. a. Engers und Heimbach-Weis der neuen Stadt Neuwied zugeordnet. Aus dieser Konstellation erwuchs der Gedanke einer BürgerInnengruppe, die Restaurierung der Abtei Rommersdorf im Stadtteil Heimbach-Weis durch ein gemeinsames, verbindendes Projekt in die Hand zu nehmen, als „Kristallisationspunkt für bürgerschaftliches Zusammenarbeiten aller Stadtteile“ (Gaddum o. J.). Die Initiative war die erste dieser Art im Bereich Denkmalschutz in Rheinland-Pfalz. Sie verfolgte das Ziel, das Kloster in seiner baulichen Besonderheit neu erstehen zu lassen – nicht, um es als Kloster nutzbar zu machen, sondern um den Menschen ein über 850 Jahre altes Juwel in ihrer Heimat zugänglich zu machen.

1972 suchte die Eigentümerin des Gutes, die Rheinische Bodenverwaltung AG, eine Verwendungsmöglichkeit, vor allem für die historischen Bauten und die Gartenanlagen. Der Pachtvertrag für landwirtschaftliche Nutzung auf dem 200 ha großen Rommersdorfer Gelände würde mit Beginn der 1970er Jahre auslaufen, und kein/e neue/r PächterIn war an den Klostergebäuden und den darauf lastenden Auflagen der Denkmalschutzbehörde interessiert. Eine Schenkung in staatliche Hände kam für die Bodenverwaltung AG nicht in Betracht, wohingegen sie sich eine Übertragung in eine Stiftung vorstellen konnte. Vor diesem Hintergrund entstand der Plan der GründerInnen des Fördererkreises Rommersdorf, mit der Eigentümerin hinsichtlich einer Schenkung der historischen Gebäude und Gartenanlagen an eine noch zu errichtende Stiftung zu verhandeln und Rommersdorf zu einem Projekt bürgerschaftlichen Engagements zu machen.

2 Von der Idee zur Organisation

18 BürgerInnen aus Neuwied und Heimbach-Weis machten im Februar 1972 mit der Gründung des Fördervereins Rommersdorf den ersten Schritt zur Verwirklichung ihres Zieles: der Erhaltung und Pflege der alten Abtei. Die gemeinnützige Organisation sollte ohne Einflussnahme staatlicher Stellen das Kloster vor dem endgültigen Verfall bewahren und entsprechend der finanziellen Möglichkeiten

schrittweise restaurieren. Es bestand und wuchs eine große Bereitschaft, sich ehrenamtlich aktiv einzubringen und unbürokratisch das gemeinsame Ziel zu verfolgen. Die Gruppe der Gründungsmitglieder setzte sich aus Persönlichkeiten des öffentlichen Lebens, UnternehmerInnen und kunstsinnigen und heimatverbundenen BürgerInnen zusammen. Nicht nur Rommersdorf-FreundInnen im Neuwieder Umfeld begrüßten das Ziel. Der Einladung zur Gründungsversammlung des Vereins folgten u. a. auch ein ehemaliger Abt eines Prämonstratenser-Klosters und ein Rommersdorf-Forscher aus Wiesbaden. Das Prämonstratenser-Motto „Ad omne bonum opus parati", abgewandelt in „Zu jedem guten Werk bereit", wurde zum Leitspruch der Initiative. Nach ersten Verhandlungen in 1972 zeichnete sich ab, dass gute Aussichten auf eine Schenkung der historischen Teile Rommersdorfs und der Parkanlagen durch die Rheinische Bodenverwaltung AG an eine „Abtei-Rommersdorf-Stiftung" bestanden.

2.1 Der Fördererkreis Rommersdorf e. V.

Laut Satzung des Vereins liegt der Zweck des gemeinnützigen Vereins darin,

> „die Abtei Rommersdorf in ihrer geschichtlichen Bedeutung zu erhalten und der Allgemeinheit das Kunstdenkmal durch kulturelle Veranstaltungen nahe zu bringen… weiterhin die Begründung einer Stiftung zum Zwecke des Erwerbs der Abtei mit Hilfe von Land, Kreis, Stadt und privaten Spendern von Stiftungsgeldern. Die Überschüsse des Vereins aus Beiträgen, Spenden und Zuschüssen werden nach einem entsprechenden Beschluss der Stiftung zugewendet."[2]

Als Organe wurden der Vorstand (Vorsitzende/r, StellvertreterIn, GeschäftsführerIn und Beauftragte/r für Öffentlichkeitsarbeit) und die Mitgliederversammlung festgelegt. Die Mitglieder der ersten Stunde stammten ausnahmslos aus der vergrößerten Stadt Neuwied, unter ihnen ArchitektInnen, FinanzexpertInnen und JuristInnen, PolitikerInnen, HandwerkerInnen und UnternehmerInnen. Die Vereinsarbeit bestand zunächst darin, Verhandlungen mit der Rheinischen Bodenverwaltung AG zu führen, und im Kontakt mit der Genehmigungsbehörde, der Bezirksregierung Koblenz, eine Stiftungssatzung zu entwerfen. Über die Vorstandsmitglieder waren Verbindungen zu den staatlichen Stellen und juristische Kompetenz vorhanden, was diese ersten Schritte erleichterte.

Der Öffentlichkeitsarbeit wurde besonderes Gewicht beigemessen, was auch mit der Bestimmung eines Beauftragten für Öffentlichkeitsarbeit in der Satzung zum

2 Satzung des Vereins „Fördererkreis Rommersdorf"

Ausdruck kommt. Es galt, die Mission bekannt zu machen und Mitglieder sowie finanzielle Unterstützung für den Verein zu gewinnen. Als ehemaliger Redakteur der Rhein-Zeitung gewährleistete ein Vorstandsmitglied Professionalität und Vernetzung an dieser Stelle.

Durch Bürgerversammlungen in Heimbach-Weis (vgl. Stelz et al. 1985, S. 52), VHS-Vorträge in Neuwied und Führungen von kundigen Vereinsmitgliedern über die Anlage wurde die Bevölkerung über das Projekt und die laufende Planung informiert. Der Zuspruch der Menschen vor Ort gab dem Stiftungsprojekt Rückenwind. Ehrenamtliche Mitarbeit spielte in der Folge, als die Restaurierungsarbeiten begannen, eine zunehmend große Rolle. Das Werben um neue Mitglieder führte bis zur Stiftungsgründung in 1976 zu einem Stand von 60 Ehrenamtlichen.

Wöchentlich traf sich der „harte Kern" aktiver und engagierter Mitglieder im „Stüffje", im kleinen Turm der Abtei. Dieser wöchentliche „jour fixe" ist noch heute Dreh- und Angelpunkt des Vereins- und Stiftungslebens.

2.2 Hürden

Bis zur Genehmigung der Stiftung waren noch Hürden zu überwinden: Das Stiftungsvermögen mit nur 5.500 DM war laut zuständigen Stellen des Landesinnenministeriums nicht dazu geeignet, dauerhaft die Erfüllung des Stiftungszwecks zu gewährleisten. Es wurden schließlich jährliche Zuwendungen von jeweils 3.000 DM vom Kreis und einer diesbezüglich sehr zögerlichen Stadt zugesagt. Hinzu kamen noch Einkünfte aus der Vermietung des Herrenhauses ab 1973, sodass die Behörden, großzügig und auf das Projekt vertrauend, ihr Einverständnis gaben.

Weitere zwei Jahre vergingen, bis die Schenkung der historischen Gebäude (Kirchenruine, Kapitelsaal, die beiden erhaltenen Kreuzgänge mit Innenhof, Gäste- und Konventshaus, Teile des Englischen und des Französischen Gartens) mit dem 1,6 ha großen Gelände durch die Rheinische Bodenverwaltung AG Gewissheit wurde. Es traten steuerliche Probleme auf: Eine Entnahme des historischen Teils von Rommersdorf aus dem Gesamtgelände und damit aus dem Betriebsvermögen der Rheinischen Bodenverwaltung AG hatte zur Folge, dass die stillen Reserven, die in diesem Zuge auf die Stiftung übertragen wurden, der Körperschaftsteuer und der Gewerbeertragssteuer unterlagen. Das Düsseldorfer Unternehmen beabsichtigte nicht, diese Kosten zusätzlich zu der Schenkung zu tragen. Letztendlich gelang es auf Ministerialebene, eine Billigkeitsregelung mit dem Land NRW bezüglich der Körperschaftssteuer herbei zu führen, das nun auf diese Steuer verzichtete. Ein ähnliches Verfahren mit der Gewerbesteuer sollte zu einem späteren Zeitpunkt mit der Stadt Düsseldorf verhandelt werden. Zur Absicherung des Risikos verpflichtete sich die Stiftung gegenüber der Rheinischen Bodenverwaltung AG, notfalls für anfallende Gewerbesteuer einzustehen.[3]

Im März 1976 beschloss die Mitgliederversammlung des Fördervereins offiziell und einstimmig die Stiftungsgründung, für die am 29. März 1976 die Genehmigung von der Bezirksregierung Koblenz erteilt wurde. Die Schenkung erfolgte zwei Monate später. Die Rheinische Bodenverwaltung wollte nicht als Stifterin auftreten, sondern bestätigte nur in einer Erklärung ihr Einverständnis, das Gut Rommersdorf der Stiftung unentgeltlich zu überlassen, so dass nun die Mitglieder des Förderervereins mit ihren Spareinlagen als StifterInnen galten.

An dem Bestehen des Fördererkreises sollte auch in der Zukunft festgehalten werden. Er bindet als Mitgliederorganisation eine steigende Anzahl einsatzbereiter BürgerInnen. Seine werbende Funktion und die Mitgliederbeiträge sind für die Stiftung unverzichtbar.

2.3 Die Abtei Rommersdorf-Stiftung

Die Stiftung entstand gemäß einem Grußwort des 1. Vorsitzenden in der Festschrift 1985 „aus Freude und Liebe zu der uns selbst gestellten Aufgabe, einen Dienst für die Gemeinschaft leisten zu wollen".

Die Abtei Rommersdorf-Stiftung ist eine öffentliche Stiftung des Bürgerlichen Rechts und hat die Rechte einer juristischen Person. Ihr gemeinnütziger Zweck liegt in der ausschließlichen und unmittelbaren Erhaltung der Abtei Rommersdorf als kulturgeschichtliches Denkmal.[4] Das Vermögen der Stiftung besteht laut Satzung u.a. aus „Grundstücken des historischen Teils des Gutsbezirks Rommersdorf, dem Archiv, einem Sparguthaben sowie privaten und öffentlichen Zuwendungen."

Die Satzung sieht ein 25-köpfiges Kuratorium vor, das von den Mitgliedern des Förderervereins benannt wird. Vorstand und Beirat des Vereins gehören zugleich dem Stiftungs-Kuratorium an. Das Kuratorium wählt den Vorstand aus seiner Mitte: den ersten und den stellvertretenden Vorsitzenden, den Schriftführer, den Kassenwart und einen wissenschaftlich befähigten Beisitzer sowie einen weiteren Beisitzer aus dem Kuratorium. Der Vorstand wird für die Dauer von zwei Jahren gewählt. Eine Satzungsänderung im Jahre 2005 hat den Handlungsspielraum für Vorstand und Geschäftsführer erweitert.

---

3 Finanzministerium des Landes Rheinland-Pfalz: Aktenvermerk, Vetzberger.

4 Satzung der Abtei Rommersdorf-Stiftung.

2.4 Erste Maßnahmen und Meilensteine

Die knappe Kassenlage stellte in der ersten Zeit auch ein Risiko dar. „Was hätten wir gemacht, wenn der Blitz in dieser Zeit in die alten Gemäuer eingeschlagen hätte…?“, fragt sich heute der damalige Vorsitzende. Man verständigte sich zunächst darauf, nach dem Prinzip „Sicherheit vor Schönheit“ zu verfahren und als erste bauliche Maßnahmen Zimmerer- und Dachdeckerarbeiten vorzunehmen[5] sowie die Herstellung und Pflege der Gartenanlagen in Angriff zu nehmen. Ansonsten ging es in dieser Anfangsphase um eine bauliche Bestandsaufnahme.

Spendenaufrufe erfolgten in unterschiedlicher Form:

- Eine von den Mitgliedern der Stiftung verfasste Faltbroschüre mit Hintergrundinformationen zu Geschichte und Kunsthistorie rief zur Rettung des „Juwels der Baukunst“ auf. Auch die lokale Pfarrei war bereit, die Werbung weiterzugeben.
- Seit 1977 finden an Wochenenden regelmäßig kundige Führungen durch die Vereinsmitglieder statt. So konnten im Sommer 1977 an elf aufeinander folgenden Wochenenden je 150 Besucher gezählt werden.
- Die Kontaktaufnahme zu ortsansässigen Unternehmen, verbunden mit der Bitte um Spenden, trug Früchte. Durch Spenden der einheimischen Industrie, von Vereinen und von BürgerInnen konnte die Stiftung beachtliche Eigenmittel in die Maßnahmen fließen lassen.
- Die Anzahl der Vereinsmitglieder wuchs auf 203.
- Bausteinaktionen mit Reproduktionen eines Gemäldes wurden zum Kauf angeboten.
- Die Öffentlichkeit folgte zahlreich der Einladung zu einem Chor- und Blaskonzert im Englischen Garten mit Fotoausstellung im Kreuzgang.

Zwei Architekten, ein Gartenmeister und viele freiwillige HelferInnen, die „in mehreren tausend Arbeitsstunden versuchten die Gärten als Aushängeschild der Anlage darzustellen“, (vgl. Lahr 1989) brachten sich ehrenamtlich ein. So beteiligten sich sowohl eine Studierendengruppe als auch Vereinsmitglieder an Ausräumungsarbeiten in der Kirchenruine – Ehrenamtlichkeit war oberstes Prinzip. Die Gestaltung der Außenanlagen der Abtei mit Englischem und Französischem Garten sowie des Kräutergartens im Kreuzgang war für die Gewinnung der Engagierten sehr wichtig.

5 Protokoll der Mitgliederversammlung des Fördererkreises vom 12. März 1976.

3 Von bescheidenen Anfängen zu einem nachhaltigen Finanzierungsmix

Die Stiftung verfügte zu Beginn ihrer Tätigkeit über 5.500 DM, bescheidene Mieteinnahmen und Fördermitteln aus Stadt und Kreis und war daher auf Spenden angewiesen, die sich dank erfolgreicher Öffentlichkeitsarbeit auch einstellten.

3.1 „Der warme Regen" (Stelz et al. 1985, S. 55)

1976 erfolgte eine erste Förderung durch das Landesamt für Denkmalpflege, die nach Besuch und Besichtigung durch den Landeskonservator auch weiterhin in Aussicht gestellt wurde. Man wollte Rommersdorf „mit aller Energie unterstützen" (Stelz et al. 1985, S. 54). Mit diesen Fördergeldern wurden die ersten Reparaturmaßnahmen unterstützt. Bis 2012 sollten sich die Fördergelder, allein durch diese Institution, auf immerhin 1,2 Mio. Euro[6] belaufen.

1977 machte die Stiftung einen bedeutenden Schritt nach vorne. Die Anerkennung durch das Bundesinnenministerium als „Kulturdenkmal mit besonderer nationaler Bedeutung" wurde als „kleines Wunder" freudig begrüßt. Die damit verbundene Förderung im Rahmen eines Sonderprogramms des Bundes und der Länder bescherte über mehrere Jahre auf 20 % Eigenleistung jeweils 40 % Förderung von Bund und vom Land. An dieser Stelle bewährte sich der professionell arbeitende Vorstand, dem es in kürzester Zeit gelang, entsprechend der öffentlichen Auflagen ein großes Bauprogramm professionell auszuarbeiten. Der Haushalt 1977 konnte mit Einnahmen und Ausgaben von 214.000 DM abgeschlossen werden.

Ab 1978 wurden durch die Zusage regelmäßiger Förderung durch das Land Rheinland-Pfalz, die Stadt und den Landkreis größere Restaurationsarbeiten ermöglicht. So konnten die Kirchenruine freigelegt und Restaurierungsarbeiten im Kreuzgang und im Kapitelsaal vorgenommen werden. Von 1978 bis 1980 folgte die Restaurierung des Sommerrefektoriums im Stil des italienischen Barock unter Betreuung des Landeskonservators.

Im Jahre 1980 mietete das Land Rheinland-Pfalz 1.000 qm Gebäudefläche an, um dort, nach zweckentsprechenden Umbaumaßnahmen, eine Außenstelle des Landeshauptarchivs Koblenz einzurichten. Eine Mietvorauszahlung von 750.000 DM, die über 35 Jahre verzinst und getilgt wird, bedeutete für die Stiftung in dieser Anfangsphase eine wertvolle Unterstützung und finanzielle Absicherung.

6 inkl. der Mietvorauszahlungen aus 1980 von 750.000 DM zum Ausbau des Archivs, aus: „Zuschüsse Land".

Eine Dissertation hatte 1983 die Baugeschichte der Abtei zum Thema. 1984 bis 1985 wurden Malereien im Winterrefektorium freigelegt, darunter wertvolle Bandelwerkbemalungen. Seit 1985 standen weitgehende Restaurierungen in den Kreuzgängen, dem Kapitelsaal, der Abtskapelle und an den Außenfassaden an.

Ein Meilenstein der Stiftungsarbeit war das Jubiläumsjahr 1985: Zur Erinnerung an den Beginn des Wirkens der Prämonstratenser in der Abtei Rommersdorf entstand eine umfangreiche Festschrift. In Text und Bildern von Mitgliedern der Stiftung erstellt, von Unternehmen aus Neuwied und der Umgebung finanziell mitgetragen, gab diese Schrift ein eindrückliches Beispiel für großes gemeinnütziges Engagement. Die Schirmherrschaft übernahm Ministerpräsident Bernhard Vogel, der schon anlässlich eines Besuchs 1980 mit dem gesamten Mainzer Kabinett einen Eindruck von dem Projekt gewonnen hatte. Festveranstaltungen, Presse- und Öffentlichkeitsarbeit brachten der Stiftung vermehrt Spendeneingänge und den Beitritt neuer Mitglieder.

3.2 Ein vielfältiges Nutzungskonzept

Dem erklärten Ziel, die Räume in Rommersdorf so herzurichten, dass sie nicht nur als Denkmal, sondern darüber hinaus auch für kulturelle Ereignisse genutzt werden konnten, war man so wesentlich näher gekommen. 1980 konnte die Mitgliederversammlung im renovierten Sommerrefektorium abgehalten und ein Vier-Jahres-Haushalt über 900.000 DM verabschiedet werden. 1982 fanden in Rommersdorf erstmalig im Rahmen des Kultursommers von Neuwied Kreuzgang-Konzerte und Ausstellungen statt. Im Englischen Garten und in der ehemaligen Abteikirche gehörten Freilichtfestspiele bald zu einem festen sommerlichen Kulturangebot, das bis heute weiter ausgebaut worden ist. Örtlichen Gesangvereinen, einzelnen KünstlerInnen oder Theaterensembles stellt die Stiftung die Räumlichkeiten bis heute auf Spendenbasis zur Verfügung.

Somit ist die Abtei Rommersdorf zu einer beliebten Kulisse für vielfältige Veranstaltungen in Neuwied geworden: Neben Lesungen, Konzerten, einem Weihnachtsmarkt, vielfältigen städtischen Veranstaltungen und auch privaten Feiern mit Catering, die in Rommersdorf stattfinden, dient die Abtei ebenfalls als Ausflugsziel für Gäste Neuwieds in Verbindung mit dem Besuch des Restaurants „Orangerie", das seit 2011 nach entsprechenden Umbaumaßnahmen ein gastronomisches Angebot vorhält. 2011 war das Kloster außerdem Außenstelle der Bundesgartenschau.

3.3 Ein solider Haushalt

Bis Ende 2012 wurden in den Erhalt der Klosteranlage und in die Schaffung einer Grundlage zur weiteren Nutzung der Stiftung fast 4,3 Mio. Euro investiert.[7]

Ein Ziel der GründerInnen, nämlich die Sicherung und Freilegung der Anlage, ist erreicht, die Restauration ist sehr weit fortgeschritten. Die Einnahmen aus der Nutzung, aus Führungen und aus Vermietungen sind heute ein solides wirtschaftliches Standbein und sichern die künftige Zweckerfüllung. Die für die Umbaumaßnahmen aufgenommenen Darlehen wurden 2013 getilgt. Der Stiftung ist daran gelegen, keine langfristigen finanziellen Verpflichtungen einzugehen.

Der Haushalt der Rommersdorf-Stiftung nach 37-jährigem Bestehen verdeutlicht, dass die Einnahmen aus Mitgliedsbeiträgen, privaten Spenden, öffentlichen Zuschüssen und auch aus Vermietungen genügend Spielraum geben für die laufenden Tilgungen und die ständigen bauerhaltenden Maßnahmen. Allein das Aufkommen aus Spenden und Mitgliederbeiträgen des Fördervereins, die der Stiftung satzungsgemäß zufließen, beträgt 20 % der Einnahmen, die staatlichen Zuschüsse 15 %, und die Mieteinnahmen sind mit über 65 % ein stabiler Faktor. Die Ausgaben betreffen nur zu 20 % die Verwaltung mit Personal, Versicherungen und Energiekosten. Die übrigen Mittel gehen unmittelbar in Restaurierungs- und Instandhaltungsmaßnamen. Für geplante größere Maßnahmen werden Rückstellungen gebildet.

4 Erfolgsfaktoren und Herausforderungen

Das Ziel, das sich die GründerInnen in 1972 gesetzt hatten, ist in einer Weise erreicht worden, wie sie es sich selbst nicht hätten träumen lassen. Dazu haben engagierte Menschen und auch glückliche Umstände beigetragen. Sicherlich gibt es aber auch Vorgehensweisen, die für eine Nonprofit-Organisation beispielhaft sind und an dieser Stelle als Erfolgsfaktoren genannt werden sollten – doch stellt sich auch die Herausforderung, sich weiterzuentwickeln, um das Erreichte für die Zukunft zu bewahren.

7 Lahr, Korrespondenz AAD in Abtei Rommersdorf-Stiftung: Investitionen seit 1976, 26.9.12.

4.1 Eine günstige Konstellation der VereinsgründerInnen

Schon bei Gründung des Vereins 1972 ergab sich aus der Zusammensetzung der Gründungsmitglieder eine natürliche Verteilung der Zuständigkeiten. So waren die Bereiche Finanzen und Denkmalschutz, Politik und Journalismus, Justiz, Architektur, Gartenbau und verschiedenste Gewerke in den eigenen Reihen kompetent vertreten. Professionalität wurde dem Verein ehrenamtlich zur Verfügung gestellt. Auch in den folgenden Jahren, mit ansteigender Mitgliederzahl und zunehmender Vernetzung, konnte auf viel Sachverstand zurückgegriffen werden. Die Zeitspenden trugen in erheblichem Maße zum Erfolg bei. Das 25-köpfige Kuratorium ist auch 36 Jahre nach Stiftungsgründung nach dem Prinzip der aktiven Mithilfe und der hilfreichen Vernetzung in allen relevanten Anspruchsgruppen besetzt.

Es gelang, den Funken der Begeisterung überspringen zu lassen. Die Öffentlichkeitsarbeit war sicherlich besonders erfolgreich, weil die Idee überzeugend nach außen getragen wurde. Der Einsatz der GründerInnen wirkte vertrauenswürdig und mitreißend. Alle stellten sich hinter die gemeinsame Sache. Der kontinuierliche Mitgliederzuwachs (heute sind es 560 Mitglieder) belegt diese Wirkung. Von Beginn an wurde ein wöchentliches Treffen des aktiven Kerns eingeführt, das noch heute aufrechterhalten wird. Der permanente Austausch treibt die Vereins- und Stiftungsarbeit nach vorne und stärkt die Gemeinschaft. Die offene Diskussion aller Angelegenheiten unterstützt die Identifikation der Engagierten mit der Organisation.

4.2 Öffentliche Förderung und dennoch Unabhängigkeit

Die Zusage von Fördermitteln der Stadt und des Kreises waren schon allein notwendig, um das für die Genehmigung der Stiftung erforderliche Stiftungsvermögen nachzuweisen. Besonders in der Anfangsphase waren diese Mittel wichtig. Die Fördermittel der Denkmalschutzbehörden flossen umso besser, je mehr Eigenengagement die Stiftung aufbringen konnte und je deutlicher die Professionalität wurde. Da direkt in den ersten Jahren sichtbare Fortschritte erzielt wurden, konnten auch erfolgreich weitere Spenden akquiriert werden. Für Sponsoren war das absehbar erfolgreiche Projekt werbewirksam und wird noch heute gerne unterstützt. So wirkt sich öffentliche und private Wertschätzung unmittelbar aus.

Den GründerInnen lag von Beginn an die Unabhängigkeit der Stiftung von staatlicher Einflussnahme am Herzen. Sie waren davon überzeugt, mit der Gruppe von Experten, Begeisterten und Querdenkern eher das Ziel erreichen zu können, als es eine staatliche Behörde, wenn überhaupt, je vermocht hätte. Die Durchführung von Maßnahmen ist wesentlich schwieriger, wenn eine Stiftung in ihren Entscheidungen von Stadt oder Land abhängig ist. Sehr bewusst wurden und werden in der Abtei Rommersdorf-Stiftung EntscheidungsträgerInnen der Lokalpolitik in den Führungsgremien eingebunden, allerdings ohne dass sie bestimmendes Gewicht haben.

In einem Grußwort in der Festschrift zur 850-Jahr-Feier der Abtei (Stelz et al. 1985, S. 13) dankte der Stiftungs- und Vereinsvorsitzende Johann Wilhelm Gaddum u. a. für die wertvolle Unterstützung von Bund, Land, Kreis und Stadt, betonte aber auch, wie wichtig es sei, dass die Eigenständigkeit der Stiftung respektiert werde. Staatliche Unterstützung und bürgerschaftliches Engagement in gelungener Form zusammen zu bringen ist ein wesentlicher Erfolgsfaktor dieses Modells.

4.3 Eine klare Vision und eine partizipationsoffene Struktur

Das lokale Thema sprach die Menschen an und brachte sie in ihrem Umfeld zusammen. Das Projekt „Abtei Rommersdorf-Stiftung“ ist vielen auch heute noch ein Anliegen. Der Lokalpatriotismus rief ein begeistertes Echo hervor und motivierte viele Menschen zur Mithilfe. Stolz auf ihr „Kulturdenkmal mit besonderer nationaler Bedeutung“ fanden und finden sich Menschen, unabhängig von sonstigen Zugehörigkeiten, hinter diesem Projekt zusammen. Ein wesentlicher Schlüssel hierfür war die von Beginn an vorhandene klare Vision der späteren Nutzung:

- als Baudenkmal für die Öffentlichkeit
- als kultureller, belebter Raum
- als eine reizvolle landschaftliche Oase
- als Kulisse für repräsentative Veranstaltungen
- als ein gemeinsames Heimatprojekt

Von vorneherein war geplant, aus Rommersdorf kein Museum zu machen, sondern es zugänglich zu machen und zu beleben. Die vielfache Nutzung heute zeigt, dass dieses Konzept aufgeht und Menschen aus unterschiedlichen Motiven dort zusammenführt. Ehrenamtlich Engagierte wird die Stiftung auch in Zukunft nur gewinnen können, wenn sie als lebendige Einrichtung wahrgenommen wird.

Eine Kombination aus Förderverein und Stiftung in Neuwied ermöglichte es Gleichgesinnten, sich zunächst im Verein für das gesetzte Ziel zu organisieren und weitere interessierte BürgerInnen zum Mitgestalten einzuladen. Über den jährlichen Mitgliedsbeitrag hinaus ging es in erster Linie um Einsatz, Sachverstand und Begeisterung möglichst vieler Menschen. Die Hürde zum Mitmachen war nicht hoch, und die Beteiligung an einem lokalen Projekt in der Heimat erfüllt gleichsam eine Katalysator- und Integrationsfunktion.

Die Stiftung nahm die Schenkung entgegen und garantiert Dauerhaftigkeit. Gerade im Bereich des Denkmalschutzes ist dies eine naheliegende Organisationsform. Der Fördererkreis Rommersdorf, als Gründer der Stiftung, ist eng mit ihr verwoben: die Wahl des 25-köpfigen Stiftungs-Kuratoriums erfolgt durch die Vereinsmitglieder, der Vereinsvorstand findet sich im Kuratorium wieder. Es hat sich über die Jahre bewährt, mit einem großen Kuratorium als Pool von Kompetenz und Verbindungen zu arbeiten.

Seit 1996 kennt man in Deutschland die Bürgerstiftungen als eine Organisationsform, die Ressourcen im Umfeld mobilisiert und einer eigenverantwortlichen Bürgergemeinschaft die Gestaltung ihres Umfelds ermöglicht. Einige sehr charakteristische Merkmale dieser heute so populären Stiftungsform finden sich auch schon in dem beschriebenen Modell der Abtei Rommersdorf in den siebziger Jahren wieder. Beiden Modellen liegt die Überzeugung zu Grunde, dass eigenverantwortliche BürgerInnen mit ihren individuellen Fähigkeiten und gemeinsamer Begeisterung dem Gemeinwohl unmittelbar und effizient dienen können, ja dem Staat sogar darin überlegen sind. Ihm obliegt es, gemäß dem Prinzip der Subsidiarität durch Förderung die erforderlichen Gestaltungsfreiräume und Rahmenbedingungen zu schaffen. Gegenüber einer Bürgerstiftung, die eine Vielzahl von Zwecken verfolgt, hat die Abtei Rommersdorf-Stiftung allerdings ein einziges gemeinsames Ziel und damit ein eindeutiges Profil.

5 Ausblick: Die Herausforderung Engagement zu binden

Die Mühen der ersten Jahre, aber auch die „Goldgräberstimmung" sind vorüber, die erste Generation der GründerInnen größtenteils abgelöst. „Heute wirkt vieles so selbstverständlich, als ob es schon immer so war, ist in Mauern und Boden versteckt, was einst kaum zu leisten und zu finanzieren möglich schien" (Stelz et al. 1985, S. 51), bemerkten die GründerInnen schon im Jubiläumsjahr 1985. Der Verein Rommersdorf zählt heute ca. 600 zahlende Mitglieder, eine Zahl, die allerdings aufgrund der Altersstruktur rückläufig ist. Das Alter der „Rommersdorfer" liegt im Durchschnitt bei ca. 60 Jahren. Zum wöchentlichen Austausch treffen sich 15 bis 20 „Rommersdorfer", von denen sechs Aktive darüber hinaus die laufende Vereinsarbeit wahrnehmen. Turnusmäßig stehen 30 Mitglieder an den Wochenenden als Abtei-FührerInnen zur Verfügung.

Die Anforderungen heute bestehen in der Koordinierung der unterschiedlichen Nutzungskonzepte, der Kooperation mit der Gastronomie sowie der Abstimmung von Führungs- und Veranstaltungsterminen. Heute gilt der Pflege des Erreichten große Aufmerksamkeit. Das gilt für die Anlage als Denkmal und ihren baulichen und technischen Zustand, aber auch für den großen Kreis der Mitglieder und schließlich für die vielen Anspruchsgruppen. Das Bewusstsein für das Erreichte wachzuhalten gelingt insbesondere durch die sinnvolle Nutzung der Anlage, die für die Stadt und ihre Menschen zu einer geschichtsträchtigen „guten Stube" geworden ist. Doch das „bei der Stange halten" und Gewinnen von Ehrenamtlichen ist ein wichtiger und nicht mehr so einfacher Prozess geworden, nachdem die spektakuläre Pionierphase abgeschlossen ist, und es ist schwierig, jüngere Mitglieder zu gewinnen, die sich über punktuelle Mithilfe hinaus auch dauerhaft zur Mitarbeit verpflichten.

Literatur

Gaddum JW (o. J.) Zur Entstehung des Fördererkreises und der Stiftung Rommersdorf

Lahr R (1985) Die ehemalige Prämonstratenser-Abtei Rommersdorf – Führer zur Besichtigung des Klosterbezirks. 2. Aufl. Abtei Rommersdorf-Stiftung, Neuwied

Lahr R (1989) Vorgeschichte zur Restaurierung der ehemaligen Prämonstratenser-Abtei Rommersdorf. Burgen Schlösser/Kurztexte zur Denkmalpflege. http://www.baufachinformation.de/denkmalpflege/Vorgeschichte-zur-Restaurierung-der-ehemaligen-Prämonstatenser-Abtei-Rommersdorf/1988017120863. Zugegriffen: 23. Juni 2014

Stelz F, Lahr R, Felgenheier F, Hoberg G (1985) 850 Jahre Abtei Rommersdorf. Festschrift. Abtei Rommersdorf-Stiftung, Neuwied

Dokumente

Abtei Rommersdorf-Stiftung, Haushalt für 2013

Abtei Rommersdorf-Stiftung, Haushalt für 2012

Abtei Rommersdorf-Stiftung, Satzung der Abtei Rommersdorf-Stiftung, 1976

Abtei Rommersdorf-Stiftung, Investitionen seit 1976, 26.9.12

Abtei Rommersdorf-Stiftung, Zuschüsse Land (Landesamt für Denkmalpflege) seit 1982

Finanzministerium Rheinland-Pfalz, Aktenvermerk Vetzberger, Oktober 1975

Fördererkreis Rommersdorf, Vereinssatzung, 1972

Fördererkreis Rommersdorf, Protokoll der Mitgliederversammlung des Fördererkreises vom 12. März 1976

„Da brauchen wir keine Angst zu haben“

Interview mit Reinhard Lahr
(Abtei Rommersdorf-Stiftung)[1]

In der ehemaligen Abtei Rommersdorf hat eine rein durch freiwilliges Engagement getragene Initiative in beharrlicher Arbeit Herausragendes erreicht: Mit hohem Arbeitseinsatz wurden die verfallene Klosteranlage denkmalgerecht instandgesetzt und eine nachhaltige Finanzierung durch Vermietung und Verpachtung sowie eine kulturelle Nutzung sichergestellt. Bis heute wird sie ehrenamtlich durch eine Stiftung getragen und das historische Erbe durch das Engagement einer Vielzahl Freiwilliger lebendig gehalten; lediglich die gastronomische Nutzung der Räume ist einem privaten Pächter übertragen und trägt zur Attraktivität des Ortes bei. In gewisser Weise ist also die „Mission“ der ersten Generation der Förderer erfüllt. Dr. Reinhard Lahr ist seit 2009 Geschäftsführer der Abtei Rommersdorf-Stiftung. Im Hauptberuf ist er der Denkmalschützer der Kreisverwaltung Neuwied (Untere Denkmalschutzbehörde). Mit dem Kloster Rommersdorf verbunden ist er bereits durch seinen familiären Hintergrund: Sein Vater gehörte zu den Gründern des Fördererkreises und hatte 23 Jahre die Funktion des Geschäftsführers der Stiftung inne.

Wie sieht die freiwillige und ehrenamtliche Arbeit in Kloster Rommersdorf in der Praxis aus?

Ich habe im Frühjahr 2009 mit der Auflage hier angefangen, dass die Aufgaben des Geschäftsführers besser verteilt werden, sprich auf mehrere Schultern. Eine Person sollte die Führungen koordinieren, eine zweite die Büroverwaltung und die Vermietung, und die baulichen Aktivitäten, die Aufsicht der Bauarbeiten, die Instruierung des Architekten, die Abrechnung der vermietbaren Räume und die Nebenkostenabrechnung sollten in einer dritten Hand gebündelt werden. Daneben

1 Abtei Rommersdorf-Stiftung, abtei-rommersdorf@t-online.de

assistiert mir mein Vorgänger im Amt, der die Fixtermine für Zählerablesungen und Abrechnungen bestens im Blick hat.

Neben der Stiftung gibt es den Fördererkreis. In der Höchstphase hatte er 700 Mitglieder, inzwischen sind es deutlich weniger. Die Stiftung sorgt dafür, dass die Mitgliedsbeträge des Fördererkreises ordentlich verwendet werden. Es gibt eine Vollversammlung im Frühjahr, dem vorausgeschaltet sind eine oder mehrere Vorstandssitzungen und eine Kuratoriumssitzung. Der Stiftung ist ein Kuratorium von 25 Personen zur Seite gestellt, die davon unterrichtet werden, was an Baumaßnahmen im Jahresverlauf ansteht und die dann Tipps, ggf. Einwände vorbringen können, gemeinhin aber ihr allgemeines Placet erteilen. Das letzte Großprojekt, das wir hatten, war die Etablierung einer Gastronomie, das haben wir jetzt soweit abgeschlossen.

Wie hoch ist der Arbeitsaufwand für die Geschäftsführung und die sonstige ehrenamtliche Arbeit?

Von den vier Personen werden zusammen mindestens zehn Stunden in der Woche aufgebracht, also von jedem ungefähr zweieinhalb bis drei Stunden. Dazu kommen die regelmäßigen Einsätze des Fördererkreises: Am Wochenende finden Führungen statt, da brauchen wir jemanden, der die Kasse verwaltet und jemanden, der führt. Dafür müssen wir einen Pool von etwa 20-25 Personen haben. Dann gibt es noch Sonderführungen, da bedarf es der Nachfrage im kleineren Kreis, also aus einem Pool von ungefähr zehn Personen, die zur Verfügung stehen. Dienstags haben wir einen Jour Fixe, das ist die „Dienstagsrunde“, in der diskutiert wird, wer diese Führungen übernimmt.

Der Fördererkreis besteht bereits seit etwa 40 Jahren. Wie sah die Arbeit demgegenüber in der Anfangszeit aus und was hat sich verändert?

In den 70er Jahren war Rommersdorf in weiten Teilen heruntergekommen. Die erste Generation hat sehr viele Steine aus dem Weg geräumt, sehr viel Engagement gezeigt und den Zustand, den wir jetzt haben, herbeigeführt. 1990 waren die wichtigen Positionen der Instandsetzung abgeschlossen. Die Gastronomie gibt es erst seit Juni 2011.

Damals, bevor die Instandsetzung abgeschlossen war, waren Arbeitseinsätze gang und gäbe. Sie sind mittlerweile ganz weggefallen. Die Manpower, die damals zur Schuttbeseitigung erforderlich war, ist heute nicht mehr nötig. Die erste Generation ist das auch anders angegangen. Sie hat Bustouren unternommen und die Leute von einer anderen Seite mobilisiert, also ihnen was geboten. Wir versuchen das auch: Es gibt zwischen den Jahren ein Dankeschön-Essen für die FührerInnen und wir machen ab und zu Ausflüge mit der Dienstagsrunde. Die Aktiven werden schon belohnt, aber die Begeisterung ist abgeflacht.

Haben die Engagierten der „zweiten Generation" in Kloster Rommersdorf eine andere Motivation? Ist denen vielleicht das konkrete Arbeitsergebnis oder die konkrete Tätigkeit wichtiger als das Gemeinschaftsgefühl?

Eher umgekehrt. In der ersten Generation gab es beispielsweise einen Architekten, der war mit Herzblut dabei, handwerklich total versiert und hat einige Kräfte zu binden gewusst. Leute, die auch selber Ideen entwickeln, fehlen uns heute. Heute wird in der Dienstagsrunde viel über Führungen oder Bauvorhaben gesprochen, aber nur Wenigen obliegt dann die Umsetzung. Die anderen interessieren sich für Rommersdorf insgesamt, mögen die Geselligkeit dort oder bringen sich gelegentlich bei Führungen ein. Wenn man zwischendurch mal zur Mitarbeit animiert, sind spontan einige dazu bereit. Es muss jedoch konkrete Projekte geben, wie jüngst z. B. das Einrichten einer neuen Ausstellungseinheit zur Geschichte der Abtei, das Wegräumen und Überwintern von Stühlen in best. Räumen oder ein Frühjahrsputz der Einheiten, die ab Ostern für BesucherInnen geöffnet sind.

Warum ist es jetzt nicht so leicht, neue Freiwillige zu finden oder die Mitglieder für eine Arbeit zu motivieren?

Die Leute sind eher im Sportverein engagiert oder kümmern sich um ihre Kinder oder deren Aktivitäten. Man muss sagen, dass die jüngere Generation eine solche Tätigkeit im kulturellen Bereich kaum wahrnimmt. Bei uns gibt es einige wenige Jüngere, die sich engagieren, die gerne Führungen machen und die selber historisch interessiert sind. Es gibt parallel dazu eine Sonderführung von einem Schauspieler, „Der letzte Mönch", für ein anderes Publikum, das eher auf das Schauspiel schaut. Es ist aber keine Notwendigkeit mehr da, viel Kraft aufzubringen, um irgendwelche Gebäude vor dem absoluten Zerfall zu retten oder weil Rommersdorf kurz vor dem Abgrund steht. Was mir vorschwebt ist, das äußere Erscheinungsbild der Abtei dem der historischen Wahrheit im 18. Jahrhundert oder davor anzupassen. Das würde vielleicht noch Leute anlocken.

Sind Sie denn optimistisch, auch Nachfolger für die Führungs- und Verwaltungsaufgaben zu finden?

Ich denke, da brauchen wir keine Angst zu haben. Es reichen vier bis fünf Personen, die können wir aus unserer Mannschaft rekrutieren.

Und was hält aktuell Leute davon ab, sich stärker zu engagieren?

Es ist klar, dass einer, der bei der Sparkasse arbeitet, nicht unbedingt noch Führungen koordinieren kann. Ich wurde von meinem Dienstherrn, dem Landrat, freigestellt, wenn Not am Mann wäre schnell nach Rommersdorf fahren zu können. Das ist eine Ausnahme, die man von anderen nicht erwarten kann. Und viele meiner FreundInnen sind so familiär gebunden, die können das gar nicht leisten. Ich will sie auch nicht dahin drängen. Ich mache ihnen die Sache schmackhaft und wenn sie Interesse hätten, dann kämen sie. Die Aura in Kloster Rommersdorf ist sehr ansprechend, das Ambiente ist sehr schön. Aber wenn die Anerkennung fehlt, wenn man ständig kritisiert wird, kann man die schöne Aura nicht mehr genießen. Die Ärgernisse kriegen nur zwei oder drei Personen mit. Leute, die sich einbringen, wollen anerkannt werden für die Arbeit, die sie tun. Aber wenn man selber der Prellbock ist, kann man anderen nicht immer nur sagen, dass sie das gut gemacht haben.

Schauen Sie sich um nach neuen Ideen, etwa, um das Engagement attraktiver zu machen, oder gehen Sie auch gezielt auf die Suche nach Freiwilligen, die gewisse Voraussetzungen – etwa architektonisches oder kunsthistorisches Interesse – mitbringen?

Wir haben kein Konzept, das machen wir alles spontan. Wir suchen auch nicht ständig, sondern es ergibt sich durch Zufall. Was die Zukunft bringt, wissen wir alle nicht, und wenn da Einbrüche kommen sollten, werden wir das gemeinsam lösen. Wenn es um große Aufträge geht, müssen wir uns natürlich professioneller Hilfe bedienen. Aber ansonsten machen wir alles aus uns heraus, selbst die Architektur. Und ich denke, das reicht auch.

Interview: Thorsten Hallmann

Heimatvereine auf Innovationskurs

Beate Balsliemke[1]

Abstract

Heimatvereine gelten oft als wenig innvotationsträchtig, männlich dominiert und überaltert. Doch es geht auch anders: Am Beispiel des Heimatvereins Asbeck im Münsterland wird gezeigt, wie Innovationspotenziale freigesetzt und neue Zielgruppen wie junge Familien gewonnen werden können. Besonders wichtige Faktoren sind hierbei die Offenheit eines Vereins insbesondere für Zugezogene, das Anbieten konkreter Aktivitäten, die Gemeinschaft erzeugen und Mitglieder binden und ein Gespür für Veränderungen und Bedarfe vor Ort.

Keywords

Heimatvereine • Innovation • Verjüngung • Mitgliedergewinnung • Familien • Gemeinschaft

1 Peter-August-Böckstiegel-Stiftung, b.balsliemke@boeckstiegel-haus.de

> *„Vorsitz vakant", „Mister Dorfgemeinschaft geht", „Führungskrise im Heimatverein" – so und ähnlich lauten die Schlagzeilen in der Lokalpresse – und Deutschland blättert in der* Landlust.

„Heimat" ist in, Heimatvereine sind mega-out? Man kann seit etwa Mitte der 2000er Jahre den Eindruck haben, Heimat liege im Trend: Sowohl die Werbung als auch die Politik haben Heimat für sich entdeckt. Folglich erleben ganz sicher auch die Heimatvereine einen Mitgliederboom? Wohl nicht, wie Aussagen des Bundes Heimat und Umwelt (BHU)[2] belegen. Dort ist eher „Stagnation oder Rücklauf zu beobachten."[3] und Heimatvereine haben ihre Probleme. Der vorliegende Beitrag widmet sich der Frage, wie Heimatvereine sich trotz demografischen Wandels und einer Überalterung von Mitgliedschaft und Vorständen weiter entwickeln können. Wie sichern sie ihre Zukunft? Wie finden sie Menschen, die mitmachen? Wie füllen sie ihre Rolle in der Zivilgesellschaft im ländlichen Raum? Dazu wurde 2012/13 im Rahmen einer Masterarbeit[4] eine explorative Fallstudie im Münsterland durchgeführt. Hierin wurden fünf Vereine und ihr jeweiliges Umfeld betrachtet. Im ExpertInneninterview wurden die Vorsitzenden zum Image, zu Kooperationen und zu Öffnungsbereitschaft befragt. Die Angebotspalette des jeweiligen Vereins wurde beschrieben. Im Fokus stand ferner die Binnenstruktur: das Alter der Mitglieder, das Geschlechterverhältnis und die innere Organisation. Betrachtungen zu Führung und Leitung sowie den Außenbeziehungen des Vereins ergänzen die Fallstudie. Im Mittelpunkt dieses Beitrags steht nun ein Verein, der innerhalb der Studie positiv aufgefallen ist: der Heimatverein Asbeck. Nach einer kurzen Einführung zu Heimatvereinen wird im Folgenden die Ausgangslage des Heimatvereins Asbeck samt Umfeld und Tätigkeiten beschrieben. Im Weiteren werden aktuelle Herausforderungen und die Reaktionen des Vereins dargestellt. Am Ende stehen Erfahrungen, die vielleicht für andere Vereine hilfreich sein könnten.

1 Was machen Heimatvereine?

Innerhalb ihres Gebietes sind Heimatvereine ein wichtiger Kulturträger, besonders im ländlichen Raum. Heimatvereine als Mitgliederorganisationen des Nonprofit-Sektors

2 BHU, Dachverband der Heimat- und Bürgervereine in Deutschland.

3 Dr. Inge Gotzmann, Geschäftsführerin des BHU.

4 Balsliemke, Beate: Heimatvereine auf Innovationkurs. Fallstudien im ländlichen Raum innerhalb der Kulisse Regionale 2016. Münster. Masterarbeit Nonprofit-Management and Governance. 2013.

binden Mitglieder ins soziale Leben ein, vertreten anwaltschaftlich Interessen und bieten Dienstleistungen an. Obwohl der Verein als Rechtsform weiterhin beliebt ist, zeigt sich zugleich, dass viele Vereine zunehmend Schwierigkeiten bei der Besetzung ehrenamtlicher Vorstandspositionen haben. Die Gründe liegen unter anderem in einem als umfangreich empfundenen Zeit- und Arbeitsaufwand, einer wachsenden Verantwortung und einem hohen Haftungsrisiko von Vereinsvorständen. Hinzu kommen ein zunehmend negativ wahrgenommenes Image, ein wenig professionelles Management der Vorstandsarbeit sowie eine fehlende systematische Personalentwicklung für Vereinsvorstände (vgl. Wolf/Zimmer 2010, S. 28 ff.).

Während die Situation in städtischen Vereinslandschaften zwar noch nicht umfassend, aber dennoch bereits beispielhaft untersucht wurde (vgl. Beher et al. 2008; Zimmer/Hallmann 2005), ist bisher weitgehend unbekannt, wie sich die Lage von Vereinen und Vereinsvorständen im ländlichen Raum darstellt. Gerade im ländlichen Raum spielt das vereinsgebundene Engagement eine große Rolle und ist Basis für gemeinschaftliches Leben sowie für soziale und kulturelle Angebote im Dorf und in der Region. Allerdings wird es auch hier immer schwieriger, den Balanceakt – die Vereinbarkeit von Familie, Beruf und ehrenamtlicher Vorstandstätigkeit – zu bewältigen. Somit sind auch Vereine im ländlichen Raum gefährdet, mit ihnen das lokale Vereinsleben und damit das soziale und kulturelle Angebot in Dorf und Region.

Heimatvereine sind dem Typus nach stark mitgliederorientierte Vereine (vgl. Zimmer/Hallmann 2005, S. 35). Dennoch wird eine Multifunktionalität deutlich. Sie agieren als Multiplikatoren, die über Ausstellungen, Führungen, Aktionstage und Vorträge vielfältige Themen, wie beispielsweise Biodiversität, Nachhaltigkeit, Kulturlandschaft, regionale Baukultur, Denkmalschutz, Brauchtum und Esskultur transportieren. Sie kümmern sich um Sammlung, Aufarbeitung und Weitergabe von Wissen und stehen in ihrer Tätigkeit lokal bis regional in einem engen Beziehungsgeflecht zu staatlichen oder halbstaatlichen Organisationen.

Idealvereine[5] sind stark wertebasiert und nicht primär an der Produktion eines ökonomischen Mehrwerts interessiert. Oft besteht die Arbeit darin, gegen Beliebigkeit zu agieren, um den regionaltypischen Charakter, den Charme und die

5 Der sogenannte Idealverein ist die häufigste und typische Form eines Vereins: „Ein ideeller Zweck ist ein Zweck, der nicht auf eine wirtschaftliche Betätigung und damit auf Gewinnerzielung ausgerichtet ist. Die möglichen ideellen Zwecke sind vielfältig. Das zeigt die bunte Vereinslandschaft in Deutschland: Vereinigungen zur Förderung des Sports, der Kultur, von Natur und Umwelt oder karitativer Zwecke sind überwiegend als Idealvereine organisiert. Allerdings können auch Idealvereine wirtschaftlich tätig sein, nämlich dann, wenn diese Tätigkeit dem ideellen Hauptzweck eindeutig untergeordnet ist." Vgl. Bundesministerium für Justiz: Leitfaden zum Vereinsrecht: http://www.bmj.

Attraktivität einer Region zu erhalten (vgl. BHU 2010, S. 5). So tragen Heimatvereine beispielsweise dazu bei, dass mit einer gewissen Zurückhaltung und unter Beachtung historischer Bezüge gebaut wird, ohne dabei gleich vergangenheitsverklärend zu werden. Sie treten ein gegen Beliebigkeit: Bei der Wahl von Baumaterialwahl, bei der Auswahl von Pflanzen im öffentlichen und privaten Freiraum oder bei Bräuchen (Oktoberfeste, Halloween).

Dabei agiert ein Heimatverein in einem Umfeld, in dem weder Markt noch Staat die Leistung erbringen wollen oder können. Auch hier bestehen Ansprüche von Individuen oder Anspruchsgruppen. Ein Heimatverein will aber nicht etwa verteilungsfähige Überschüsse erzielen, sondern Leistungen für die Mitglieder, für Dritte, für ein Kollektiv oder für ein öffentliches Gut erbringen. Zudem ist das Handlungsfeld meistens sehr lokal. Der Verein kann damit dazu beitragen, den Prozess des Strukturwandels im ländlichen Raum positiv zu begleiten.

2 Das Fallbeispiel: Der Heimatverein Asbeck in seinem Umfeld

Abb. 1
Quelle: Beate Balsliemke

Die heutige Gemeinde Legden (6.800 Einwohner, Kreis Borken) entstand 1969 durch Zusammenschluss der bis dahin selbstständigen Gemeinden Legden und Asbeck[6]. Bekannt ist der Ort, der sich auch das Dahliendorf im Westmünsterland nennt, durch das „Dorf Münsterland“, einem Betrieb der Freizeit- und Erlebnisgastronomie. Die bis Mitte der 1980er Jahre vorherrschende Möbelindustrie ist heute einem Branchenmix aus Betrieben der Ver- und Entsorgung, der Kunststoffindustrie, der Metallverarbeitung und des Baugewerbes gewichen. Die Kommune wirbt für ihren hohen Freizeitwert, unter anderem mit den Sehenswürdigkeiten im Stiftsdorf Asbeck,

de/SharedDocs/Downloads/DE/Broschueren/DE/Leitfaden_Vereinsrecht.pdf?__blob=publicationFile, abgerufen am 13. August 2014.

6 vgl. Internetauftritt der Gemeinde Legden: http://www.gemeinde-legden.de/cgi-bin/baseportal.pl?htx=/home. Zugegriffen: 13. Januar 2013.

die vom Heimatverein für die Öffentlichkeit zugänglich gemacht werden.[7] In der Gemeinde gibt es 72 Vereine (18 allein für den Ortsteil Asbeck).[8] Viele NeubürgerInnen haben die Vorzüge des Wohnens auf dem Lande bei gleichzeitiger guter Verkehrsanbindung über die A 31 erkannt und sind in eines der Neubaugebiete der Gemeinde gezogen. Die Kommune wirbt mit dem Slogan „Ihr Ziel im Münsterland".

Die Gründung des Heimatvereins Asbeck fand 1969 im Zuge der kommunalen Neuordnung statt. Aus Sorge um Identitätsverlust bei der Eingemeindung gründete sich der Verein im Dorf. Der Schwesterverein, der Heimatverein Legden (gegr. 1901), entstammt einer Gründungswelle in den ersten beiden Dekaden des 20. Jahrhunderts.[9]

Der Heimatverein betreibt zwei Museen im Ort: das Stiftsmuseum Asbeck und das Feuerstättenmuseum. Im Stiftsmuseum wird in 150 Führungen pro Jahr die Geschichte Münsterländer Damenstifte erlebbar gemacht. BesucherInnen – auch Schulkinder – begegnen mittelalterlichen liturgischen Geräten sowie Gegenständen aus dem Alltagsleben der adeligen Damen. Im Feuerstättenmuseum lassen sich unter dem Titel „Faszination Feuer" Geschichte(n) des Feuers erleben. Dort ist inhaltlich ein neuer Schwerpunkt geplant, nämlich der stärkere Fokus auf Energieeffizienz.

Ein Meilenstein im Jahreskalender des Vereins ist der „Schnadgang" jeweils am 1. Mai. Er ist als historisches Brauchtumsfest angelegt und zieht von weither Schaulustige an, die einen unterhaltsamen Maitag erleben möchten. Im September findet im Rahmen der Pflaumenkirmes ein Kinderschützenfest statt.

Der Heimatverein fühlt sich laut aktueller Satzung folgenden Zielen verpflichtet:

1. Erstellung und Ergänzung der Asbecker Geschichte in einer Dorfchronik
2. Erhaltung alter Wahrzeichen
3. Gestaltung des Dorfbildes
4. Schaffung von Wanderwegen
5. Pflege der plattdeutschen Sprache
6. Pflege der Volkslieder
7. Denkmalpflege

Den Zielen zu 3. und 7. folgend hat der Heimatverein eine Baugestaltungssatzung zur Sicherung des historischen Dorfkerns initiiert. Im Themenfeld Ökologie und Grüngestaltung sorgt der Verein für Gestaltung und Pflege eines Dorfteiches, den

7 Damenstift, Dormitorium [ältester romanischer Profanbau der Region], Stiftsmuseum.

8 vgl. Internetauftritt der Gemeinde Legden.

9 Anm. d. Verf.: Gründung Deutscher Heimatbund: 1904, Westfälischer Heimatbund: 1915.

Erhalt der sagenumwobenen Wolfskuhle und die Renaturierung eines Biotops. Baumpflanzungen, Obstwiesen und Fassadengrün im Ort sind ebenfalls Dinge, die der Verein als seine Aufgabe ansieht.

Hervorzuheben ist, dass die Asbecker HeimatmacherInnen die Zielgruppe „Junge Familien“ für sich erkannt haben und sie mit speziellen Veranstaltungen bedienen. Durch geänderte Mitgliedsregularien, insbesondere durch Familienmitgliedschaften, finden Familien zum Verein. Im Projekt „Leonore“ ging es um Klassische Musik für Kinder, beim Thema Sandstein für Kinder schufen die TeilnehmerInnen im Hof des Dormitoriums Plastiken. Der Heimatverein stellt der Musikschule mietfrei im Dormitorium[10] einen Übungsraum zur Verfügung. Seitdem kommt der Musiklehrer ins Dorf. Der Nachwuchs muss nicht mehr ins zwölf Kilometer entfernte Ahaus gefahren werden, was als infrastrukturelle Erleichterung besonders für berufstätige Mütter gesehen werden darf. Im Gegenzug wird Musik gemacht, wenn der Heimatverein Musik braucht. Großveranstaltungen wie der Schnadgang und das Pflaumenfest sind als Familienveranstaltungen konzipiert. Der Heimatverein hat es ermöglicht, dass Jugendliche aus Asbeck an einer Ski- und einer Sommerfreizeit teilnehmen können. Dadurch erleben die Familien den Heimatverein. Partnerschaften, die von Schulen mit jeweils drei europäischen Ländern geknüpft werden, unterstützt der Heimatverein durch Begleitung der Fahrten. Der in die Jahre gekommene Dorfteich soll umgestaltet werden: „Wir wollen eine ganz schöne Wasserstrecke machen, so dass Kinder das Wasser auch erleben können.“ Die Zielgruppe junge Familien wie auch die Gruppe der jungen Alten hat der Verein im Blick, wenn er sich für einen Wohnmobilstellplatz vor den Toren Asbecks einsetzt. Der Bedarf wurde offensichtlich, da an Wochenenden oft der Raum vor dem Kindergarten durch Campierende zugeparkt war. Der Heimatverein stellte einen Antrag an die Gemeinde, am alten Klärwerk einen Stellplatz zu schaffen und diesen über einen attraktiven Wanderweg mit dem Ortskern zu verbinden. Hiervon profitiert auch die Gastronomie.[11] In Asbeck widmet sich der Heimatverein den Themen Wohnungsfehlbelegung und Leerstandsmanagement. Es werden Führungen durch das Dormitorium organisiert und Trauungen werden auch samstags möglich gemacht. Auffällig ist, dass der Verein recht rasch Bedarf oder Missstände im Ort erkennt und sie zum Thema macht. So wird deutlich, dass aus der Zivilgesellschaft heraus immer wieder Bestrebungen angestoßen werden, für die Erhaltung der eigenen Lebensqualität im Dorf selbst zu sorgen.

---

10 Schlafraum im Damenstift.

11 Gespräche mit der Vorsitzenden am 22.10.2012 und am 25.11.2012.

3 Herausforderungen

Wenn der Kontakt zu jungen Zielgruppen abgerissen ist, die Stammkundschaft ausstirbt und Vorstandsposten schwer zu besetzen sind, drängt sich eine Frage auf: Sind Heimatvereine noch fit für die Zukunft? Was könnten Schlüsselelemente zukünftiger Entwicklung von Heimatvereinen sein? Auf den ersten Blick sind sie nicht gerade innovationsverdächtig. Es gilt, neue Antworten auf Fragen und Problemstellungen zu finden, die sich schon heute abzeichnen und deren Relevanz weiter zunehmen wird. Wie wird ein soziales und kulturelles Angebot im ländlichen Raum aufrechterhalten, auch wenn die Gesellschaft altert und schrumpft? Wie gelingt die Integration von MigrantInnen? Wie erreichen wir eine inklusive Gesellschaft auch im Vereinsleben? Wie entwickeln wir unsere Kulturlandschaft? Was machen wir mit Denkmälern vor dem Hintergrund leerer öffentlicher Kassen? Wie sieht Vereinsmitgliedschaft aus, wenn sich die Gegebenheiten in der Arbeitswelt weiter verändern? Die Antworten, die auf diese Fragen gegeben werden, sind von der Gestaltungsbereitschaft der Mitglieder und Engagierten abhängig. Dazu gehört auch, bei der Lösung neuer Probleme nicht in alte Denkmuster zu verfallen. Der althergebrachte Heimatverein wird es sich künftig nicht mehr erlauben können, so weiterzumachen wie immer.

4 Reaktionen

4.1 Von der Einzel- zur Familienmitgliedschaft

Im Heimatverein Asbeck waren bis 2002 nur Einzelmitgliedschaften natürlicher Personen möglich. Dies führte dazu, dass die Ehemänner eintraten, die Ehefrauen zwar viele Veranstaltungen besuchten, aber als Nicht-Mitglieder kein Stimmrecht hatten und folglich auch zu den entscheidenden Sitzungen nicht erschienen. So brachten sie sich um ihr aktives und passives Wahlrecht. Infolgedessen wurde der Verein mehr und mehr zur Männerdomäne. Zur Vermeidung des Phänomens „nur alte Männer“[12] initiierte die Vereinsvorsitzende die Familienmitgliedschaft.

Die Mitgliederzahl stieg an und – was dem Verein viel wichtiger ist – das Gesicht des Vereins veränderte sich. Dies ist vor allem wichtig, weil Menschen motiviert sind, sich einer Gruppe anzuschießen, wenn sie dort auf Gleichgesinnte treffen können. Jugendliche gewinnen leicht neue Jugendliche, junge Frauen gewinnen

12 vgl. Gespräch am 22.10.2012 mit der Vorsitzenden.

andere junge Frauen, und wo viele Familien dabei sind, machen gern weitere Familien mit. So weist die Vereinsvorsitzende darauf hin: „Zugezogene treten ein, um dazuzugehören." Eine Familienmitgliedschaft kostet 10 Euro pro Jahr, 6,50 Euro eine Einzelmitgliedschaft. Dieser Beitrag ist sehr günstig. Es kann folglich kaum an den Kosten liegen, sich gegen eine Mitgliedschaft zu entscheiden. Für die Gewinnung von neuen Mitgliedern hält die Vorsitzende die persönliche Ansprache für besonders wichtig und pflegt diese. Zeitlich begrenzte Mitgliedschaften sind nicht üblich. Ein Formular zur Aufnahme ist jederzeit im Heimathaus zu bekommen. Man kann sich auch per E-Mail bei einem der Vorstandsmitglieder anmelden. Das Programm des Vereins wird allen Haushalten im Ort unabhängig von der Mitgliedschaft zugestellt. Hier zeigt sich der Verein offen für Neulinge: Man exkludiert nicht, sondern senkt die Hemmschwelle zur Kontaktaufnahme.

Durch die Umstellung der Mitgliedschaftsregularien von der Einzelmitgliedschaft hin zur Möglichkeit, als Familie Mitglied zu werden, hat sich ein Mitgliederzuwachs ergeben, der auch weiterhin anhält. Seit 2005 sind die Einzelmitgliedschaften mit ca. 115 konstant geblieben, die Familienmitgliedschaften aber stark angestiegen von 85 auf 104 (vgl. Abbildung 2). Hier wird ein Bedarf an dieser Form der Mitgliedschaft deutlich.

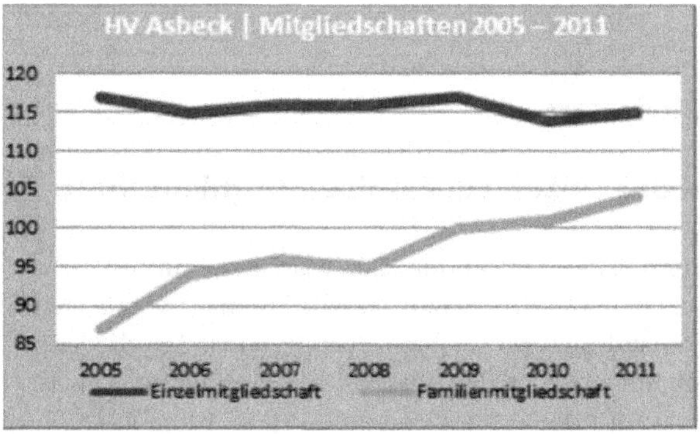

Abb. 2 Mitgliedschaften im Heimatverein Asbeck nach Einzel-/Familienmitgliedschaft (2005-2011)

Auch in der Verteilung der Altersgruppen schlagen sich die geänderten Mitgliedsregularien nieder: Während in anderen Vereinen die Alterskohorten unterhalb der vierzig Jahre nahezu oder sogar gänzlich fehlen, kommen die Mitglieder in Asbeck aus allen Altersgruppen (vgl. Abbildung 3).

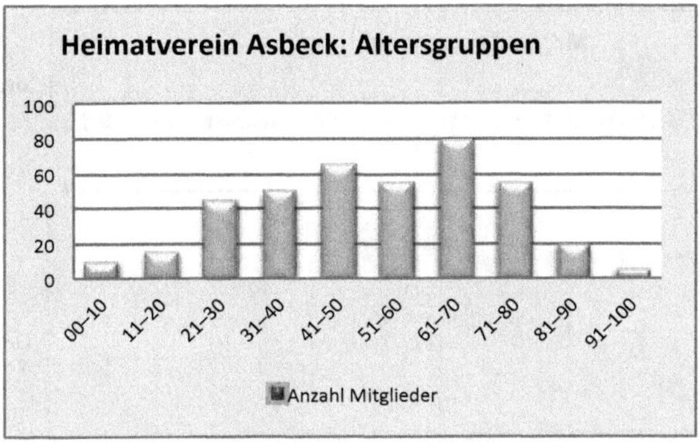

Abb. 3 Altersgruppen im Heimatverein Asbeck (Stand 2011)

Die Gruppe der 61–70-Jährigen ist zwar am stärksten vertreten, doch Mitglieder unter 50 Jahren machen fast die Hälfte aller Vereinsangehörigen aus. Der Altersdurchschnitt lag im Jahr 2011 bei 45 Jahren.

4.2 Frauen und Männer im Verein

Im Heimatverein Asbeck überwiegen die Frauen in der Mitgliedschaft (55 Prozent) und bei den Engagierten (2:1). Den Vorstand dominieren hingegen die Männer im Verhältnis 2:1. Den Vorsitz hat eine Frau.

Die Organe dieses größeren Vereins sind ‚Mitgliederversammlung' und ‚Vorstand'. Der Vorstand wird für die Dauer eines Jahres gewählt. Satzungsgemäß besteht der Vorstand aus den Posten: 1. und 2. Vorsitz, Schriftführung, Kassenführung, Leitung der Stiftsdokumentation und Stiftskoch/-köchin. Dazu kommen aus den jeweiligen Fachgebieten die Sachausschussvorsitzenden. So ergibt sich infolge der Binnendifferenzierung die Größe des Vorstands. Die kurzen Wahlperioden erleichtern es Freiwilligen, sich für ein Vorstandsamt zu entscheiden. Aus der ausgeprägten Binnendifferenzierung ist ersichtlich, wie bemüht der Verein ist, einerseits Fachkompetenzen optimal zu nutzen und andererseits die Arbeit auf viele Schultern zu verteilen.

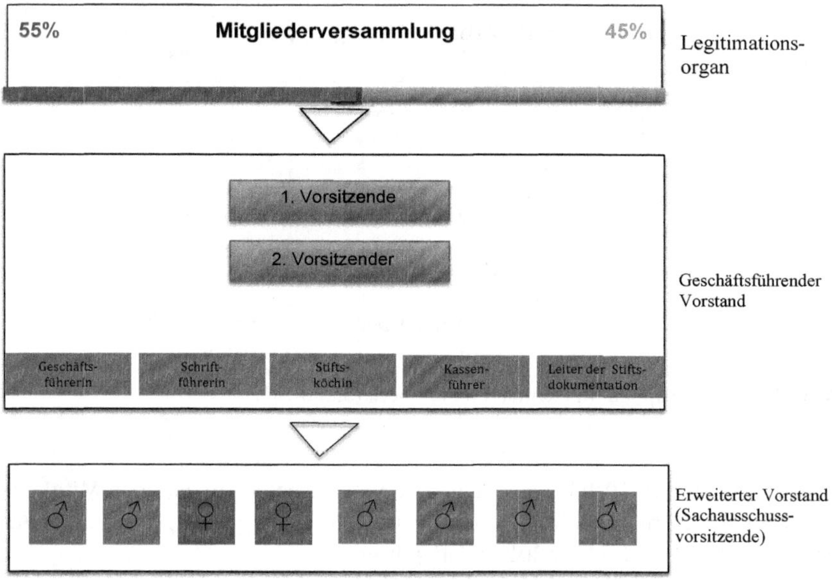

Abb. 4 Organigramm des Heimatvereins Asbeck. (Stand: 03/2013)
Quelle: Eigene Darstellung

4.3 Verjüngung auf den Weg bringen

Die Vereinsvorsitzende hat die Herausforderungen des demografischen Wandels erkannt und sieht die Notwendigkeit, darauf zu reagieren: „Wir müssen auch den Vorstand verjüngen. Wir sind zwar einer der jüngsten Vorstände hier im Kreis Borken […]". Eine selbstkritische Sicht nimmt sie ein, wenn sie betont, dass man irgendwann seine Position aufgeben und junge Leute rein lassen muss. Dies dürften Heimatvereine nicht vergessen, da solle man sich auch selber an die Brust klopfen. Auch die Verjüngung der Mitgliedschaft ist ihr ein Anliegen: „Ziel ist es eben, junge Familien und junge Menschen zu erreichen."[13]

13 vgl. Gespräch am 22.10.2012 mit der Vorsitzenden.

4.4 Die Bedeutung eines eigenen Gebäudes

Ein weiterer Aspekt, der im Rahmen der hier dargestellten Untersuchung deutlich wurde, ist die Bedeutung einer Verortung für den Verein. Besonders in der Asbecker Fallstudie zeigt sich eine Tendenz: „Heimat" braucht eine Heimat. Die Vorsitzende aus Asbeck bewertet den Neuaufbau des Dormitoriums mit doppelstöckigem Kreuzgang: „Das war die eigentlich große Aufgabe, wo wir uns als Verein positioniert haben." Auch andere untersuchte Heimatvereine betonen, dass der Verein im Zusammenhang mit einem eigenen Haus einen Aufschwung erfahren habe. Erwerb, Bau, Umnutzung oder Sanierung eines Gebäudes sind nicht nur der Identität, sondern auch der Mitgliederentwicklung dienlich. Die Bauphase ist mit viel Eigenleistung verbunden. Diese Arbeitseinsätze binden, da Freiwillige leicht dazukommen können und in der Regel schon am Ende des Tages ein Erfolgserlebnis haben.

4.5 Innovationspotenzial freisetzen

Lebensqualität ist von gesellschaftlicher Innovationskraft abhängig. Vor dem Hintergrund des demografischen Wandels im ländlichen Raum wird es immer wichtiger, gesellschaftliche Veränderungen zu antizipieren und zu gestalten. Dass Heimatvereine ein Gespür für Bedarfe und Themen haben, die die Lebensqualität im Ort verbessern, ist ein großer Vorteil. Das Innovationspotenzial im Asbecker Verein fällt besonders auf: Mit der Weiterentwicklung des Feuerstätten-Museums wird Nachhaltigkeit an einem außerschulischen Lernort eingeübt. Als „Themenpionier" (Bruhn 2012, S. 183) setzt der Verein auf die Kombination von alten Öfen und Energieeffizienz. Das Innovationspotenzial der Organisation, kombiniert mit einem förderlichen Innovationsklima, bringt hier Neuerungen auf den Weg, wie an zahlreichen Beispielen deutlich wird (Ferienfreizeiten, Wohnmobilstellplatz, Wasserspielplatz in Asbeck).

Aussagen, es gehöre zum guten Ton oder es sei schick, im Heimatverein zu sein, sind Indizien für ein positives Image dieses Vereins. Die Ergebnisse der Studie zeigen, dass eine enge Verbindung zwischen einem positiven Image und der Besetzung zukunftsweisender Themen besteht. Die verstärkte Einbindung von Frauen in Mitgliedschaft und Vorstand wirkt sich ebenfalls positiv aufs Image aus.

Aus den Aussagen der Vereinsvorsitzenden wird an verschiedenen Stellen deutlich, dass es zwei gegenläufige Trends in Heimatvereinen gibt: Bewahren und Bewegen, Antiquiertheit und Modernität. Vereine, die etwas bewegen wollen, kein Museum, sondern Begegnungsstätte sein wollen, haben sich längst auf den Weg gemacht.

Dass Heimatvereine auf Veränderungen im gesellschaftlichen und politischen Kontext nachhaltig reagieren, wird von der Vereinsumwelt positiv bewertet. Am Beispiel des Asbecker Heimatvereins wird deutlich, dass jüngere, weiblicher geprägte Vereine mit brennenden Themen tendenziell attraktiver erscheinen.

Modernität zeigt sich auch in zeitgemäßer Kommunikation. Technische Neuerungen werden zunehmend mit sozialen Aspekten verknüpft. Der Verein präsentiert sich und seine Arbeit im Internet.[14] In anderen Vereinen hat auch die Öffnung für Social Media begonnen, also die Nutzung neuer Kommunikationskanäle, die auf einen Dialog mit den Nutzern zielen.

5 Fazit

Der Heimatverein Asbeck ist als positives Beispiel erfolgreicher Vereinsentwicklung zu sehen. Es ist gelungen, neue Mitglieder durch die Einführung der Familienmitgliedschaft zu binden. Dadurch hat sich das Gesicht des Vereins verändert. Aus einer ehemaligen Männerdomäne ist ein Familienverein geworden, in dem sich junge Frauen wohlfühlen, die ihrerseits Kinder an den Verein heranführen. Der Verein besetzt Themen, die zukunftsträchtig sind, einerseits weil sie die Lebensqualität der Menschen im Ort verbessern, andererseits weil sie in besonderer Weise Traditionen bewahren. Beispielsweise werden nicht lediglich alte Öfen im Museum präsentiert: Man verknüpft diese Exponate mit den Themen Energieeffizienz und Bildung im Dienste einer nachhaltigen Entwicklung. Dabei ist auch an Kooperationen mit Hochschulen gedacht. So macht der Heimatverein das globale Thema Klimawandel zum lokalen Thema – und sich selbst zum Themenanwalt für das Allmende-Gut Klimaschutz.

Heimatvereine sollten in Zukunft verstärkt zielgruppenspezifische Angebote erstellen: Sie könnten die Ressourcen der jungen Alten, das heißt aktiver SeniorInnen gezielt einsetzen, um bestehende Angebote zu sichern oder neue zu schaffen. Besondere Bedeutung kommt auch den Bildungs- und Betreuungsangeboten für Kinder zu (vgl. Zimmer/Vilain 2005, S. 104ff.). Es ist wichtig, Kinder und Jugendliche an zivilgesellschaftliches Engagement heranzuführen und Interesse zur Übernahme von Verantwortung für ihr Umfeld zu wecken. Die Sozialwissenschaftlerin Beher misst den frühen Sozialisationsagenturen wie Familie und

14 Reichart und Wagner (2012 a/b) empfehlen, speziell auf bestimmte Zielgruppen zugeschnittene Angebote zu entwickeln und durch gezielte Öffentlichkeitsarbeit zu begleiten. Dazu gehöre auch ein ansprechender Auftritt im Internet und den sozialen Netzwerken.

Freundeskreis, Jugendverband, Ausbildung und Studium eine hohe Bedeutung für die Engagementbereitschaft zu: „Unter den verschiedenen Sozialisationsagenturen bildet das Elternhaus die erste relevante Station im Lebenslauf." (2008, S. 121). Das gilt es zu nutzen. In der Kindergarten- und Grundschulzeit sind Kinder und ihre Eltern besonders zugänglich für Familienangebote. Zunächst sind die Kinder überwiegend Rezipienten. Doch dabei entsteht eine Bindung an den Verein, auf die in späteren Lebensphasen aufgebaut werden kann. Nicht nur in Asbeck wird betont, dass gerade die Zugezogenen eine engagierte Gruppe sind. Engagement setzt sich offenbar trotz Wohnortwechsel fort. Fehl am Platz ist die mentale Haltung, man bilde junge Leute heran, die dann doch fortziehen und dem Verein mit Ausbildung oder Studium verloren gehen. Vielmehr lautet die Aufgabe, die gut ausgebildeten jungen Erwachsenen, die als „Zugezogene" in den Ort kommen, entsprechend zu binden und an das Engagement heranzuführen.

Besonders deutlich wird am Beispiel des Asbecker Vereins, dass der Verein als lokal organisierte Solidargemeinschaft in der Lage ist, zwischen den individuellen Bedürfnissen der Einzelnen und den sozialpolitischen Zielen der Gemeinde zu vermitteln. Das wird sichtbar, wenn sich der Verein des Themas Wohnungsfehlbelegung oder „Leerstandsmanagement" annimmt. Wenn er dafür sorgt, dass im Dorf Asbeck auch samstags geheiratet werden kann, reicht die Dienstleistung deutlich über die eigene Mitgliedschaft hinaus. Beachtenswert ist auch die hohe Zahl an Führungen, in denen das Dormitorium für Auswärtige erlebbar gemacht wird. Mit Anlässen, die in hohem Maße der Sozialintegration dienen (Schnadgang, Pflaumenkirmes, weitere kleinere gesellige Anlässe) schafft der Verein immer wieder ein Forum für die Menschen im Ort. Gerade der Mix aus diesen Funktionen macht den Verein attraktiv. Es unterscheidet ihn von Vereinen, bei denen das rein Gesellige oder die Folklore im Vordergrund stehen. Es hebt ihn heraus aus der Menge an Vereinen, die sich überwiegend um die eigene Mitgliedschaft kümmern. Der Verein vermittelt durch sein Tun und Handeln, dass Heimatarbeit ein aktiver Prozess des Gestaltens ist. Das wird aber bislang nicht immer deutlich. Zur Unscheinbarkeit sind Heimatvereine keineswegs verurteilt. Sie können und sollen Heimat machen, indem sie sie aktiv gestalten!

Literatur

Beher K, Krimmer H, Rauschenbach T, Zimmer A (2008) Die vergessene Elite. Führungskräfte in gemeinnützigen Organisationen. Juventa, Weinheim

Bruhn M (2012) Marketing für Nonprofit-Organisationen. Grundlagen – Konzepte- Instrumente. Kohlhammer, Stuttgart

Bund Heimat und Umwelt (2010) Regionale Baukultur als Beitrag zur Erhaltung von Kulturlandschaften. Bonn

Reichart S, Wagner S (2012a) 57. Westfalentag in Geseke. Arbeitskreis: Praktische Fragen der Heimatarbeit und Darstellung der Ergebnisse des Projekts „Förderung der ehrenamtlichen Jugendarbeit in Heimatvereinen". Heimatpflege in Westfalen 25(3): 15-16

Reichart S, Wagner S (2012b) Ehrenamtliche Jugendarbeit in den Heimatvereinen Westfalens: Eine Untersuchung der FH Bielefeld. Heimatpflege in Westfalen 25(4): 6-12

Wolf A, Zimmer A (2010) Besetzung ehrenamtlicher Vereinsvorstände-Vorstände verzweifelt gesucht. Verbands-Management 3: 28-37

Zimmer A, Hallmann T (2005) Mit vereinten Kräften. Ergebnisse der Befragung „Vereine in Münster". npm-Zentrum für Nonprofit-Management, Münster

Zimmer A, Vilain M (2005) Bürgerschaftliches Engagement heute. IVD, Ibbenbürener Vereinsdruckerei, Ibbenbüren

„Es sind häufig die Zugezogenen"

Interview mit Beate Balsliemke
(Heimatverein Verl)

Was interessiert Sie an Heimatvereinen? Sind sie heute überhaupt noch von gesellschaftlicher Bedeutung?

Meine Sozialisation hat im ländlichen Raum stattgefunden, im Heimatverein und in Naturschutzgruppen. Die Themen, die ich da erlebt habe, sind heute wieder aktuell und heißen „Entwicklung im ländlichen Raum" oder „Kulturlandschaft". Eine Frau, die heute mit 32 in einen Heimatverein geht, wird sich rechtfertigen müssen, wenn sie nicht gar schräg angeguckt wird. Das Klischee ist sehr traditionell, von muffig bis sogar braun angehaucht, deswegen muss man sich rechtfertigen. Nichts von dem muss sein: Heimatvereine gelten nicht gerade als innovationsverdächtig, dabei sind sie ein wichtiger Akteur im Ort. Des Weiteren hat der Heimatverein eine große Nähe zu Themen von Kultur und Landschaft, Ernährung und Daseinsvorsorge und Bildung. Von daher ist er ein wichtiger Akteur.

In Ihrem Beitrag stellen Sie den Heimatverein Legden-Asbeck vor, der den satzungsgemäßen Zweck der Heimatpflege relativ weit auslegt. Ist das typisch für die aktuelle Entwicklung von Heimatvereinen?

Ein Verein, der sich zurückzieht auf die reine Geselligkeit, Folklore und Brauchtum, wird es schwer haben. Die Vereine, die aktuelle Themen besetzen, sind da besser dran. Naturschutz und Kulturlandschaftspflege waren eigentlich schon immer Themen von Heimatvereinen, und die Arbeit mit Schülern halte ich für sehr wichtig. Hier wird Wissen zwischen den Generationen tradiert, weitergegeben und vermittelt.

Klagen die Vereine darüber, dass es immer schwieriger wird, gerade an jüngere Leute heranzukommen?

Ja, ihnen fehlen die jungen Zielgruppen, so unterhalb der 40 Jahre reißt das dann oft ab. Manche Vereine klagen darüber, andere packen das Thema beim Schopf. Sie haben eingesehen, dass sie selber den Kontakt zu jungen Leuten schon verloren haben und versuchen dann z. B. über Kooperationen mit Jugendgruppen wieder an diese Zielgruppe heranzukommen. Wenn dann die Hemmschwelle erst einmal weg ist, kann das ganz gut funktionieren. Das können auch Träger der freien Jugendarbeit sein, mit denen da zusammengearbeitet wird. Es könnte aber auch genauso gut die Kirche sein oder es könnte auch in Naturschutzprojekten mit Schulen laufen, auch das ist denkbar. In Olfen[1] zum Beispiel ist der Heimatverein in eine Kooperation mit der Jugendgruppe „Auszeit" eingetreten und jetzt wird dort zusammen Plattdeutsch gemacht. Heimatvereine sollten sich einstellen auf die Schulsysteme und dort stärker den Nachmittagsbereich nutzen, weil viele SchülerInnen ja gar nicht mehr am Nachmittag Zeit haben, noch in die Vereine zu gehen, seien es Sportvereine oder andere Vereine.

Was sind Ihrer Einschätzung nach die wichtigsten Aspekte, die den Verein attraktiv machen und die Leute zum Engagement motivieren?

Die Engagementmotive werden immer ähnlich geäußert: „Wir haben gemeinsam Spaß, wir tun was gemeinsam in der Gruppe, wir bewegen was, wir gestalten gemeinsam unseren Ort". Das sind die Aussagen, die immer wieder kommen. Geselligkeit ist ein wichtiger Teil. Es wird natürlich auch Lobbyarbeit gemacht und es werden Dienstleistungen erbracht. Es werden aber auch schwere Themen angepackt, wie zum Beispiel die Aufarbeitung eines braunen Kapitels der Geschichte oder die Pflege von Spartakistengräbern. Da stehen sicherlich nicht der Spaß und die Geselligkeit im Vordergrund, aber sie machen es trotzdem. Das ist vielleicht auch eine gefühlte Verpflichtung.

Wenn man den modernen Heimatverein betrachtet, einen multidimensionalen Verein mit einer ganzen Menge von Aufgaben: Wer sind diejenigen, die die Leitungsaufgaben in diesen Vereine übernehmen?

Die Vorsitzenden sind durchweg sehr engagierte Menschen gewesen, die eine hohe Kompetenz eingebracht haben und aus unterschiedlichen Tätigkeitsfeldern kamen. Sie sind oft gut versiert in der Öffentlichkeitsarbeit und haben einen guten Draht

1 http://www.heimatverein-olfen.de/angebote/plattdeutsch-sprechen/

zu den Lokalzeitungen. Sie kommen häufig erst im mittleren Alter zum Verein, das heißt, sie bringen schon viele Kompetenzen aus dem Berufsleben und aus der Familienarbeit mit, steigen dann da ein und bauen mit ihrer Truppe was auf.

Also das sind nicht unbedingt Leute, die schon von Kindesbeinen an in dem Verein sind?

Nein, es sind sogar häufig die Zugezogenen, die zunächst erst mal Kontakt suchen, mitgemacht haben und irgendwann den Vorsitz übernehmen. Die Zugezogenen werden als sehr aktive Gruppe beschrieben, denn wer zuzieht, bindet sich ja irgendwie an den Ort, entwickelt eine gewisse Sesshaftigkeit und häufig ist das auch gekoppelt mit Familiengründung. Das ist eigentlich ein Moment, wo der Verein eine ganz große Chance hat, Leute an sich zu binden. Die wollen was tun, die wollen dazu gehören. Die sind dem Discoalter entwachsen, da wird der Radius ein anderer. Bindung kann man gut mit Veranstaltungen erreichen, die als Zielgruppe junge Familien haben, wo also Eltern mit kleinen Kindern was machen – beispielweise Natur erleben. Man muss nur offen genug sein und auf die Menschen zugehen.

Wie kann man sich einen weiteren Vorstandskreis vorstellen? Offenbar ist das ja nicht der Klüngel, der schon immer da war?

Ich habe leider nicht die Frage gestellt, wer ist zugezogen und wer ist Paohlbürger [Alteingesessener]. Früher war traditionell der Pfarrer drin, der Lehrer, Frauen fast gar nicht, vielleicht noch der Bürgermeister oder jemand vom Amt. Ja, und heutzutage hat man die Zugezogenen, aber auch Paohlbürger, und die Kompetenzen sind sehr gemischt: HandwerkerInnen, AkademikerInnen, Verwaltungsleute, häufig Leute aus dem Sparkassenbereich, und dann so „Sonderkompetenzen" wie zum Beispiel ein Volkskundler.

Würden Sie sagen, der Verein reflektiert die soziale Schichtung des gesamten Dorfes?

Ja, es ist bei Heimatvereinen häufig so, dass auch verschiedene politische Meinungen in einem Verein vertreten sind. Dadurch hat die Stimme eines Heimatvereins natürlich auch entsprechend Gewicht, weil eine gewisse Neutralität gegeben ist. Wenn der Heimatverein sich dann zu Wort meldet in irgendwelchen Planungsprozessen, dann hat das schon Gewicht.

Wenn man dann das weite Aktivitätsspektrum berücksichtigt, ist es klar, dass man in Heimatvereinen möglicherweise auch politisch unbequem sein muss…

Ja, Heimatvereine sind eigentlich immer unbequem, schon weil sie den Denkmalschutz als Satzungszweck haben – da gibt es ständig Konflikte. Dann sind Heimatvereine auch Vereine, die sich zur Naturschutzplanung äußern – da ist auch immer Konfliktpotential gegeben. Auch in der jüngsten Welle der Bürgerpartizipation nehmen bei Planungsvorhaben Heimatvereine häufig teil, auch nicht ganz konfliktfrei.

Eine der heiß diskutierten Fragen ist, ob das Ehrenamt in der Krise ist. Würden Sie sagen, dass Heimatvereine tendenziell große Probleme haben, Ehrenamtliche zu finden, Leute nachzuziehen in die verantwortlichen Positionen?

Ja, haben sie, weil sie so eine hohe Altersstruktur haben. Erstens ist ein Heimatverein ein Verein, in den man reingeht, wenn man schon ein bisschen älter ist. In einen Sportverein gehe ich mit sechs rein, das ist im Heimatverein nicht so. Der Eintrittszeitpunkt ist häufig bei Familiengründung, und es sind die jungen Alten, wenn sie aus dem Beruf ausscheiden. Die bringen hohe Kompetenzen aus dem Berufsleben mit, sie suchen neue Betätigungsfelder. Das könnten Vereine auch gezielt nutzen. Sehr schwierig ist die Zielgruppe Jugendliche, weil Jugendliche sehr stark ihre Peer-Group brauchen und unter sich sein wollen. Ich finde das auch gar nicht so schlimm.

Was sind die problematischen Punkte, mit denen die Vereine bei der Besetzung der Ehrenämter zu kämpfen haben?

Ehrenamtliche brauchen fluidere Strukturen für ihr Tun. Es will ja niemand der Vereinsesel sein, dem immer noch was obendrauf gepackt wird. Man muss auch mal Nein sagen dürfen im Verein. Ganz schwierig ist diese Haltung: „Haste einmal mitgemacht, dann biste dran für die nächsten 25 Jahre“. Das muss absolut vermieden werden. Klar umrissene Engagements werden gerne angenommen. Auf der Führungsebene würde ich sagen: Ein Element, das hemmend ist, ist bürokratischer Aufwand. Unbeliebt ist das Thema EU-Anträge schreiben. Das schreit wiederum nach so einem Back Office, nach Hilfe von Verbandsseite für die Vereine, diese Kompetenz kann ja nicht jeder haben. Abschreckend ist auch ein muffiges Image, wenn die Flyer schon so altertümlich aussehen, wenn die Sprache wenig kreativ ist, wenn alles so in engen, herkömmlichen Bahnen läuft. Da, wo man merkt, da ist Kreativität, da ist junges Engagement, da wird was auf die Beine gestellt, da gehen die Leute auch hin. Abtötend sind Innovationsblockaden, auch mentale Konzepte.

Eins, das zitiert wurde: „Dat hab wi ümma so maket“ [Das haben wir immer so gemacht]. Daneben hat auch die Belohnungskultur ein gewisses Gewicht: Wichtig ist nicht die Ehrennadel im hohen Alter, sondern das zeitnah geäußerte Dankeschön.

Eine Frage noch zur Bürokratie: Ist das mehr geworden?

Ich habe den Eindruck: Ja, wenn man an Geld rankommen will, weil die Kommune ja nicht mehr so viel geben kann. Vielleicht haben die Vereine früher die Quellen auf höherer Ebene gar nicht erschlossen.

Es ist also durchaus gang und gäbe, dass sich in Heimatvereinen Leute hinsetzen und Anträge an den EU-Topf stellen?

Ja, das machen sie dann häufig im Verbund mit der Kommune oder der Bezirksregierung, das machen sie nicht ganz alleine, sondern wenn Strukturen da sind.

Wenn Sie nun die eher „erfolgreichen“ Vereine betrachten: Wie gewinnen diese neue Freiwillige und Ehrenamtliche? Kann man sagen, dass es gute Rezepte gibt?

Das Patentrezept ist noch immer – und das wird es auch ewig bleiben – die persönliche Ansprache. Es ist gut, eine große Offenheit nach außen zu zeigen, da gehen manche Vereine den Weg, dass sie zum Beispiel das Jahresprogramm dem ganzen Ort zur Verfügung stellen und nicht nur den Mitgliedern in den Postkasten werfen. Allerdings ist die persönliche Ansprache immer das, was besonders wirkt.

Was würden Sie Vereinen ganz konkret raten, wenn sie sich in einer Krisensituation befinden? Wie zieht man also den Kopf aus der Schlinge und was sollte man besser lassen?

Ich würde dazu raten, durchaus professionelle Hilfe anzunehmen. Da wird dann wahrscheinlich erst mal gezuckt werden, weil das ja Geld kostet, wenn man sich eine Beraterin, einen Berater ins Haus kommen lässt. Deshalb wäre es gut, wenn auch die Verbandsebene solche Hilfe anbieten würde. Insgesamt gehen die Vereine die Vorstandsentwicklung zu wenig strategisch an. Unter strategischem Vorgehen stelle ich mir vor, dass man guckt: Welche Kompetenzen haben wir, welche Kompetenzen fehlen uns, wo kann man die herkriegen oder wie kann man Leute weiterqualifizieren, dass sie diese Kompetenz in den Vorstand einbringen? Weiterqualifizierung von vorhandenen Vorstandsmitgliedern ist kein großes Thema. Das sollte viel strategischer betrieben werden. Gerade bei den Heimatvereinen, die im Zuge der kommunalen Neuordnung gegründet worden sind, wäre auch Fusion ein wichtiges Thema. Das werden die aber allein nicht auf die Beine stellen, weil ja auch Animositäten bestehen, gerade bei den älteren Leuten. Und die Jüngeren, die diese Animositäten nicht so spüren, sind ja schon gar nicht mehr im Verein. Das heißt, auch da könnte externe Hilfe gut sein, um Vereine zusammenzuführen. Vielleicht erst im Abteilungsmodell, damit man dann nachher zu einem leistungsfähigen Verein kommt. Das kann auch zu einer Differenzierung führen, dass der Ortsteil X mehr mit Streuobstwiesen macht und der Ortsteil Y mehr mit Denkmalschutz, weil das sich historisch so ergeben hat. Das kann für die Leistungstiefe des Vereins sehr von Vorteil sein.

Interview: Thorsten Hallmann

III
Interessenvertretung durch NPOs

Interessenvertretung durch NPOs

Interessenvertretung durch NPOs: Vom Mitgliederverband zur professionellen Advocacy?

Rudolf Speth[1]

Abstract

NPOs sind vielgestaltig und decken ein breites Spektrum gesellschaftlicher Interessen ab. Im Laufe der Zeit haben sich zahlreiche Formen und Varianten der Interessenvertretung von NPOs herausgebildet. NPOs können unterschieden werden nach Alter, dem Bereich und der politischen Ebene, auf der sie tätig sind. Viele NPOs sind erst in den letzten 40 Jahren entstanden. Ihr Bezugspunkt ist die sich entwickelnde Zivilgesellschaft und sie verstehen sich vielfach als Public Interest Groups. Gegenwärtig vollzieht sich ein Gestaltwandel der Interessenvertretung. Nach wie vor sind viele NPOs mitgliederbasiert, doch es gibt immer mehr solche ohne Mitglieder. Diese haben auch ein anderes Organisationsmodell. Die Veränderungsprozesse haben mit zunehmender Professionalisierung, Medienkommunikation, Campaigning, Lobbying und mit den neuen Themen, die NPOs vertreten (Umwelt, Menschenrechte, Tierschutz, Ernährung, Folgen der Globalisierung, Minderheiten etc.) zu tun.

Keywords

Zivilgesellschaft, Vereine, Public Interests Groups, Campaining, Bewegungsorganisationen. Lobbying, Think Tanks.

---

1 rudolf.speth@web.de

1 Einleitung

Die Vertretung von Interessen ist für Nonprofit-Organisationen (NPO) ein zentraler Tätigkeitsbereich. Viele NPOs wurden mit dem Ziel gegründet, bestimmte Interessen, die keine Stimme in der Gesellschaft und gegenüber der Politik hatten, zur Geltung zu bringen. Dies trifft gerade auch für solche NPOs zu, die heute schwerpunktmäßig Dienstleistungen für die allgemeine Öffentlichkeit oder ihre Mitglieder erstellen. Andere NPOs, wie etwa die international tätigen NGOs, verstehen sich dagegen nach wie vor in erster Linie als Interessenvertreter, auch wenn sie mittlerweile auch in die Dienstleistungserstellung eingebunden sind (Zimmer 2007). Doch mit Ausnahme dieser Nonprofits ist das Thema Interessenvertretung durch NPOs bislang in der Wissenschaft eher wenig beachtet worden. Wenn es aufgerufen wurde, dann wurde primär auf die Dachorganisationen bzw. die Verbände – in der Regel auf die Wohlfahrtsverbände und den Deutschen Olympischen Sportbund – fokussiert (Schmidt/Mansour 2007; Zimmer et al 2011). Aber auch hier handelt es sich eher um ein „Nischenthema". Traditionell steht für die Sozialwissenschaften in punkto Interessenvertretung der Bereich der Wirtschaft im Mittelpunkt der Aufmerksamkeit. Zuständig dafür ist vor allem die politikwissenschaftliche Verbändeforschung, die über lange Jahre ein begriffliches Instrumentarium entwickelt hat, um die Tätigkeit der Verbände auch in ihrer historischen Tiefendimension zu untersuchen (Zimmer/Speth 2009; Kleinfeld 2007). Primärer Arbeitsbereich der Verbändeforschung waren und sind daher nach wie vor Wirtschafts- und Arbeitgeberverbände und als ihr Gegenüber die Gewerkschaften (Schroeder/Weßels 2010).

Die Gründe für die weitgehende Vernachlässigung des Themas Interessenvertretung durch NPOs sind vielfältig. Zum einen handelt es sich bei der Mehrheit der NPOs um eher kleinere Organisationen, die sich um die Vertretung und Umsetzung von Mitgliederinteressen, wie etwa im Sport oder im Bereich Bildung und Erziehung, vor Ort engagieren. Sie sind daher klein im Blickfeld „der großen Politik". Auch ist Interessenvertretung und Lobbying in der Regel nicht das Haupttätigkeitsfeld lokaler NPOs, die als multifunktionale Organisationen sowohl Dienstleistungen erstellen und ihre Mitgliedschaft in den lokalen Kontext integrieren als eben auch spezifische Interessen vertreten. Ferner geht es bei NPOs eben nicht um die Vertretung ökonomischer Interessen. Genau das Gegenteil ist der Fall: Viele NPOs sind gerade entstanden, um die nachteiligen Folgen der Industrialisierung im 19. Jahrhundert abzufedern. Aktuell werden NPOs wie etwa Attac gründet, um auf die nachteiligen Effekte der wirtschaftlichen Globalisierung aufmerksam zu machen. Zum anderen hat man gerade in der sozialwissenschaftlichen Forschung lange nicht gesehen - oder sehen wollen - dass es neben den wirtschaftlichen Interessen auch andere, nicht-ökonomische Interessen gibt. Doch das Besondere in der Interessenvertretung von NPOs liegt gerade in der Art ihrer Interessen. NPOs sind zwar auch in Wirtschaftsprozesse eingebunden, doch wirtschaftliche Anliegen sind für sie nicht zentral: Ihre Themen kommen aus den Bereichen Bildung, Kultur, Soziales, Menschenrechte, Religion, Gender, Umwelt- und Naturschutz und Bürgerrechte. In der Interessenvertretung versuchen sie daher diese nicht-ökonomischen oder moralischen Interessen gegenüber Politik und Gesellschaft zu Geltung zu bringen. Es sind Interessen mit einem breiteren, meist öffentlichen Anspruch. Daher werden diese in der sozialwissenschaftlichen Forschung häufig als „public interests" gegenüber den „private interests" bezeichnet und diese Interessen vertretenden NPOs als Public Interest Groups (siehe dazu: Sebaldt/Straßner 2004, S. 128). Leider steht die Vertretung von „public interest" von Ausnahmen abgesehen (Baringhorst et al 2010) nach wie vor nicht im Zentrum der Aufmerksamkeit. Insofern hat die sozialwissenschaftliche Forschung noch Terrain zu erschließen. Zumal viele der neuen Formen der Interessenvertretung, z. B. mittels Kampagnen, zunächst von NPOs entwickelt und angewandt wurden, bevor sie auch für die Vertretung wirtschaftlicher Interessen entdeckt und aufgegriffen wurden (Speth/Leif 2006).

In den nachfolgenden Beiträgen und Interviews des dritten Abschnitts dieses Buches wird deutlich, wie Interessenvertretung von NPOs in den verschiedenen Bereichen erfolgt und umgesetzt wird. Das Spektrum reicht hierbei von der beinahe klassischen Interessenvertretung durch eine Dachorganisation – den Verband Deutscher Privatschulen NRW e. V. (VDP) – bis hin zur Interessenvertretung im lokalen Umfeld im Dienst der Bereitstellung einer Dienstleistung im Bereich musische Bildung.

Im Beitrag von Eva Lingen zum Verband Deutscher Privatschulen NRW e. V. (VDP), der bereits mehr als 100 Jahre alt – geht es um die Vertretung bildungspolitischer Interessen auf der landespolitischen Entscheidungsebene und gegenüber der staatlichen Schulverwaltung in Nordrhein-Westfalen. Vor allem im Interview erläutert die Geschäftsführerin des Verbandes, wie Lobbyarbeit konkret gestaltet und umgesetzt wird. Deutlich wird, dass die Kommunikation mit den angeschlossenen Mitgliederorganisationen des Verbandes ebenso wichtig ist für eine Interessenvertretung wie Lobbying „nach außen" in Richtung Verwaltung und politische Akteure.

Den Verein der Freunde und Förderer der Carl-Stamitz-Musikschule e. V. (VFF), den Beate Glombek in ihrem Beitrag vorstellt, gibt es schon seit annähernd 40 Jahren in Köln. Er ist zu einem unverzichtbaren Element der Local Governance geworden. Als zivilgesellschaftliche Gründung und als NPO vertritt er die Interessen und Forderung der Eltern und ihrer Kinder nach musischer Bildung. Das Besondere des VFF besteht in seiner Anpassungs- und Wandlungsfähigkeit. Die Leistung des VFF besteht darin, dass er das lokale Netzwerk fördert, mit dem die Bildungs- und Musikinteressen zur Geltung gebracht werden.

Im Interview mit Regine Rapp-Engels, Präsidentin des Deutschen Ärztinnenbundes, wird die Positionierung dieses Verbandes in einem wichtigen Politikfeld dargestellt: die Belange der Frauen und Ärztinnen im Gesundheitssystem und in den gesundheitspolitischen Gremien. Rapp-Engels betont, dass es bei der Lobbyarbeit des Ärztinnenbundes vor allem darauf ankommen, zu wissen wie die Gesetzgebung funktioniert. Denn nur unter dieser Voraussetzung können die spezifischen frauenpolitischen Interessen gezielt eingebracht werden. Dazu notwendig sind aber wiederum verlässliche Netzwerke. Im Vergleich zu anderen Akteuren im Gesundheitssystem verfügt der Deutsche Ärztinnenbund über wenige Ressourcen, was sich bei seinen Möglichkeiten des Lobbying – so Rapp-Engels – nachteilig bemerkbar macht.

In den Interviews mit Volker Maria Hügel von der Gemeinnützigen Gesellschaft zur Unterstützung Asylsuchender e.V. (GGUA) und Fatih Yıldız vom Bündnis islamischer Gemeinden in Norddeutschland (BIG) kommt deutlich die Relevanz von NPO-Interessenvertretung als Einsatz für Menschen- und Bürgerrechte zum Ausdruck. In der Flüchtlingspolitik erfolgt dies mittels einer Mischung aus öffentlichkeitswirksamen Aktionen und politischen Gesprächen. In die Arbeit der GGUA sind mehr als 100 Ehrenamtliche eingebunden, die konkret helfen, aber auch als Interessenvertreter und Multiplikatoren unterwegs sind. Beim BIG sind es Interessen von Muslimen, die im sozialen und Bildungsbereich zur Geltung gebracht werden: z.B. beim islamischen Religionsunterricht in den Schulen und bei der Gründung eines islamischen Wohlfahrtsverbandes.

Dass sich Interessenvertretung von NPOs derart vielfältig gestaltet, ist zum einen bedingt durch den Entstehungskontext der Organisationen. Gerade Formen und Verfahren der Interessenvertretung sind zeittypisch geprägt. Während ältere NPOs wie die Gewerkschaften oder die Wohlfahrtsverbände nach wie vor neo-korporatistisch in das politische System eingebunden sind, trifft dies für jüngere NPOs, etwa aus den Bereichen Umwelt, Menschen- und Bürgerrechte, Tierschutz und Gender, nicht in gleicher Weise zu. Diese NPOs haben daher auch andere Formen der Interessenpolitik entwickelt. Nach einem Rückblick auf die Geschichte der Interessenvertretung durch NPOs im Folgenden wird auf diese Veränderungen und auf neuere Entwicklungen im dritten Kapitel eingegangen. Denn ab Mitte der 1960er Jahre hat sich ein zivilgesellschaftlicher Aufbruch ereignet, durch den auch zahlreiche NPOs entstanden sind, die neue Formen der Interessenpolitik praktizieren. Im vierten Kapitel wird die heutige Situation der Interessenvertretung der NPOs diskutiert: Es hat sich ein breites Spektrum von NPOs entwickelt, das beinahe alle Lebensbereiche der Gesellschaft abdeckt. Dies spiegelt sich auch in der Interessenvertretung von NPOs wieder. Im fünften Kapitel wird speziell auf Formen und Vorgehensweisen der Interessenvertretung von NPOs eingegangen.

Hier zeigt sich, dass verbandlich organisierte NPOs traditionelle Lobbyingmethoden der Politikbeeinflussung stärker nutzen als jüngere NPOs, die ihre Themen verstärkt mit den Methoden des Campainings und des politischen Marketings in die medialisierte Öffentlichkeit bringen.

2 Zur Geschichte der Interessenvertretung durch NPOs

Ein historisch informierter Blick zeigt, dass Interessenvertretung durch NPOs weit in das 19. Jahrhundert zurückreicht. Interessenvertretung durch NPOs hat daher eine lange Entwicklungsgeschichte und kann nicht auf die Bundesrepublik reduziert werden. Bei genauerer Analyse zeigen sich mehrere Phasen der Gründung und Tätigkeit von NPOs in den letzten 200 Jahren. Von der sozialwissenschaftlichen Forschung wird hierbei meist das Verhältnis der Dachorganisationen der NPOs – sprich der jeweiligen Verbände – zum Staat bzw. zum sich damals herausbildenden National- und in der Folge Wohlfahrtsstaat in den Mittelpunkt gestellt (siehe dazu Kleinfeld 2007).

In der ersten Phase, die bis zur Reichsgründung 1870/71 datiert werden kann, erfolgte die Gründung zahlreicher Vereine mit sozialen, bildungsbürgerlichen, kulturellen, polytechnischen, religiösen und politischen Zielsetzungen. Kleinfeld spricht von einer „ersten Welle der Vereinsgründung" (2007, S. 52) in Westeuropa nach 1800. Die Bildung von Gewerkschaften als frühe Form von NPOs war ein Prozess, bei dem erst die Koalitionsfreiheit erkämpft werden musste. In dieser Phase des Frühkapitalismus waren es die Handels- und Kapitalinteressen, die sich schnell organisieren konnten und die zudem Organisationshilfen durch den sich bildenden modernen Anstaltsstaat bekamen.

In der zweiten Phase nach der Reichsgründung bis zum Ende des Ersten Weltkriegs formierten sich Parteien, Gewerkschaften und Wohlfahrtsverbände. Auch diese waren zunächst primär lokal tätig, entwickelten jedoch parallel zum sich ausbildenden Verwaltungsstaat schon bald föderale Strukturen. In dieser zweiten Phase bildete sich auch die Anfänge des Parteiensystems heraus und die Parteien waren – wie das katholische Zentrum und die SPD – mit sozialen Milieus verbunden. In der Literatur wird mit Bezug auf die sozialen Milieus häufig auf sog. Vorfeldorganisationen Bezug genommen. Gemeint ist hiermit, dass der vorparlamentarische Raum damals in Form von ideologisch-normativ orientierten NPOs durchstrukturiert war. So gab es „konservative" und „linke" Sportvereine vor Ort, die wiederum Mitglied bei entsprechenden Dachorganisationen – Verbänden – waren. Auch die im sozialen Bereich tätigen NPOs waren normativ-ideologisch orientiert. In diese Zeit fällt der Zusammenschluss der dem Katholismus sowie dem Protestantismus nahestehenden lokalen Wohltätigkeitsorganisationen zu Dachverbänden, nämlich zur Caritas und Diakonie. Das Spektrum der heutigen Wohlfahrtsverbände - Caritas, Diakonie, Arbeiterwohlfahrt, Deutsches Rotes Kreuz, Paritätischer Wohlfahrtsverband - ist während des Kaiserreichs und in der Folge des Ersten Weltkrieges entstanden. Damit wurde eine wichtige Basis subsidiärer Wohlfahrtspflege geschaffen und gleichzeitig eine Form der sozialpolitischen Interessenvertretung gegenüber dem sich entwickelnden Nationalstaat (Sachße 1995; Boeßenecker/Vilain 2013).

Am Endes des Kaiserreiches und während der Weimarer Republik gab es mehrere Aspekte, die für Entwicklung der NPOs bedeutsam sind. In dieser Zeit hat sich in Deutschland eine besondere Form der Staat-Verbände-Beziehungen entfaltet (Kleinfeld 2007, S. 61-69), die den Verbänden als Dachorganisationen meist lokal tätiger NPOs ein wesentliches Mitsprache- und Mitgestaltungsrecht in der Politik einräumt. Hierbei handelt es sich insofern um eine privilegierte Beziehung, als nur mit bestimmten Verbänden, die entweder viele Mitglieder vertreten (Gewerkschaften) oder aber bestimmte gesellschaftliche Gruppen oder Milieus repräsentieren (z.B. Caritas), auf allen politischen Ebene sowie sowohl bei der Entwicklung wie der Umsetzung von Politik zusammengearbeitet wird (Zimmer/Speth 2009). Der Begriff des Neo-Korporatismus kennzeichnet dieses spezifische Zusammenwirken von Staat und Verbänden. In diese Phase – teilweise auch schon im Kaiserreich - fällt ferner das Auftreten erster sozialer Bewegungen (Arbeiter-, Frauen-, Lebensreformbewegung), die mit ihren Aktionen der Interessenvertretung verändernd auf die Gesellschaft einwirken wollten. Zu den sozialen Bewegungen müssen auch die vaterländischen Vereine und die Anfänge des Nationalsozialismus gezählt werden, deren Ziel es war, die Demokratie zu zerstören und die gesellschaftliche Ordnung zu verändern (siehe dazu Wehler 2003).

An die Tradition der Einbindung der Dachorganisationen der NPOs in die Politikgestaltung und -umsetzung (Neo-Korporatimus) wurde in der Nachkriegszeit wiederangeknüpft. Dies trifft im Besonderen für die Wohlfahrtsverbände sowie auch für den Sport zu (Heinze/Olk 1981; Zimmer et al 2011). In der Geschichte der Bundesrepublik erfolgte mit der Liberalisierung in den 1960er Jahren aber ein tiefgreifender Umbruch der Gesellschaft, der einen Gründungsboom zivilgesellschaftlicher Organisationen hervorbrachte. Seit dieser Zeit hat sich die Zahl der Vereine von ca. 86.000 (1960) auf 554.000 (2008) erhöht (Alscher et al. 2009, S. 69). Die sich dynamisch entwickelnde Zivilgesellschaft hat den Raum für ein Vielzahl von NPOs eröffnet, deren Wirken sich sowohl auf die Entscheidungsebene des politischen Systems richtete wie auch auf die Gesellschaft. Hier ging es jetzt darum, neue Themen zu setzen und Anliegen vorzubringen, die bislang in der konservativen deutschen Gesellschaft der Nachkriegszeit keinen Raum hatten. Dabei wurden von NPOs auch traditionelle Themen der sozialen Bewegungen aus dem Kaiserreich und der Weimarer Republik, wie etwa Anliegen der Frauenbewegung, wieder aufgegriffen und es wurden neue Themen in den politischen und gesellschaftlichen Raum gebracht: insbesondere Ökologie, aber auch Ernährung/Lebensmittel, Verbraucherschutz, Tierschutz, Klima, Menschenrechte, Geschlechterpolitik. Die verstärkte Formierung gerade nicht-wirtschaftlicher Interessen lässt sich auch anhand der Eintragungen in die Lobbyliste des Deutschen Bundestages verfolgen. Für den Zeitraum zwischen 1974 und 2004 zeigt sich im Vergleich zur Frühphase der Bundesrepublik ein deutlich langsamerer Anstieg der Eintragungen bei den Wirtschaftsverbänden (siehe: Sokolowski 2005; Sebaldt 1997, S. 83), während die Public Interest Groups seit den 1960er Jahren deutlich zulegten.

3 Neuere Entwicklungen

Die Entwicklung der NPOs als Interessenvertreter ist in den letzten beiden Jahrzehnten nicht stehen geblieben, sondern hat sich eher noch beschleunigt. Zahlreiche Prozesse sind zu beobachten: Aus den sozialen Bewegungen haben sich sog. Bewegungsorganisationen – sprich NPOs – gegründet. Viele gerade dieser NPOs haben sich professionalisiert und sind gegenüber der sich entwickelnden Mediengesellschaft affiner geworden. Viele der aus sozialen Bewegungen hervorgegangenen NPOs haben sich auch internationalisiert bzw. wurden gleich als transnationale Organisationen gegründet. Der Mitgliederschwund vieler Großorganisationen, wie etwa der Kirchen, hat auch vor den NPOs nicht Halt gemacht. Zudem haben sich in den letzten Jahren verstärkt NPOs gegründet, die ohne vollwertige Mitglieder auskommen. D. h. diese Organisationen sind nicht mehr wie die traditionellen Dachorganisationen – Verbände – föderal und von unten nach oben mittels eines Delegiertensystems organisiert. Vielmehr handelt es sich um professionelle Zentralen, die mittels Medienpräsenz, Kampagnen und Internetauftritt UnterstützerInnen ihrer Anliegen bzw. Sympathisanten an sich binden und sich auch nicht mehr über Mitgliedergebühren, sondern über Spenden sowie den Verkauf von Merchandise Produkten finanzieren. Zu den NPOs, die ohne Mitglieder im klassischen Sinne auskommen und auch nicht mehr wie die klassischen NPOs föderal von der Mitgliederbasis ausgehend organisiert sind, zählen z. B. Greenpeace, Deutschen Umwelthilfe, World Wildlife Fund und Foodwatch. Insgesamt lassen sich somit für NPOs fundamentale Veränderungen feststellen, die Auswirkungen auf die Art und Weise ihrer Interessenvertretung haben.

Schon seit dem Aufkommen der neuen sozialen Bewegungen in den 1960er Jahren ist zu beobachten, wie aus diesen Bewegungen Organisationen hervorgegangen sind, mit deren Hilfe die Bewegungen stabilisiert und auf Dauer gestellt werden. In der Regel sind diese Bewegungsorganisationen überwiegend professionalisiert (Zimmer/Speth 2015). Nach dem Ressourcenmobilisierungsansatz von McCarthy/Zald (1977) können Bewegungsorganisationen eine personelle, ideelle und strukturelle Kontinuität von sozialen Bewegungen gewährleisten, und zwar gerade in Zeiten, in denen die Mobilisierung und die öffentliche Aufmerksamkeit für die Anliegen und Themen der speziellen Bewegung nachlässt. Beispiele für solche Bewegungsorganisationen sind z. B. für die Anti-Atombewegung die Bürgerinitiativen wie die „Bürgerinitiative Umweltschutz Lüchow-Dannenberg e. V.", oder für die Umweltbewegung das Öko-Institut in Freiburg sowie das Wuppertaler Institut für Klima, Umwelt, Energie. Für die globalisierungskritische Bewegung ist es sicher Attac, und für die Neue Frauenbewegung sind es die zahlreichen Fraueninitiativen, in denen Anliegen der Frauenbewegung weiter getragen werden. Bewegungsorganisationen sorgen nicht nur für die Kontinuität der sozialen Bewegungen, sondern artikulieren auch deren Interessen gegenüber Medien, allgemeiner Öffentlichkeit sowie letztlich auch gegenüber den politischen Entscheidungsebenen. Vieler dieser Bewegungsorganisationen sind aber mittlerweile nicht nur in der Interessenvertretung tätig, sondern finanzieren sich inzwischen z. T. auch über die Erstellung von Dienstleistungen, wie etwa Expertisen. Oder sie unterhalten eine Gastronomie oder betreiben einen Verlag oder Buchladen, wie einige Organisationen der Frauenbewegung. Auch die Frauenhäuser mit ihrem spezifischen Profil sind eine Errungenschaft und Ausgründung aus der Bewegungsszene. Ein Charakteristikum dieser NPOs besteht darin, dass sie überwiegend mit bezahlten Kräften arbeiten.

Professionalisierung als Trend bedeutet aber nicht nur, dass ehrenamtliches Personal und freiwillige MitarbeiterInnen durch bezahle Kräfte bei den NPOs ersetzt werden. Vielmehr erstreckt sich Professionalisierung auf das Handeln von NPOs in der gesamten Breite. Grundlage des generellen Professionalisierungstrends sind Veränderungen in der Umwelt von NPOs (vgl. Speth/Zimmer 2015). Die Übernahme von Management- und Organisationstechniken aus dem Bereich der Wirtschaft zählen hier ebenso dazu wie die Professionalisierung der Kommunikation und der zunehmende Rekurs auf digitale Medien und Kommunikationsformen. Der Trend zur Professionalisierung der Interessenvertretung gerade der neueren NPOs wird weiter dadurch forciert, dass inzwischen an Universitäten moderne Politikmanagementmethoden gelehrt werden und sich diese über NPO-MitarbeiterInnen in den Organisationen verbreiten. Zur Professionalisierung zählt daher auch die Anwendung von Lobbyingtechniken, die erlernt werden können und mit denen die Interessenvertretung von NPOs systematisiert wird. Ein weiterer sehr wesentlicher Aspekt ist ferner die professionalisierte Medienkommunikation, die zunehmend Einzug gerade bei den neueren NPOs gehalten hat. NPOs tragen heute dem Umstand Rechnung, dass sie in einer Mediengesellschaft handeln. Die Gesetzmäßigkeiten der Medienlogik müssen berücksichtigt werden (siehe dazu Marcinkowski 2015). Dank der neuen Medien ist auch eine zunehmende Internationalisierung der Interessenvertretung vieler NPOs festzustellen. Sie vernetzen sich verstärkt transnational oder gründen sich gleich als transnationale NPO. Dazu zählen Organisationen aus dem Bereich des Umweltschutzes, der Menschenrechte und Globalisierungskritik. Doch auch viele NPOs aus vermeintlich traditionellen Bereichen haben die transnationale Dimension ihres Handelns entdeckt, wie z. B. Caritas International. Zunehmend professionalisiert ist inzwischen auch die Kommunikation mit Mitgliedern, die trotz neuerer Tendenzen für viele NPOs nach wie vor eine unersetzliche Ressource sowie wichtige Quelle der Legitimation ihrer Interessenvertretung darstellen. Der Umgang mit Mitgliedern entspricht deshalb zunehmend auch professionellen Standards der Kommunikation und wird als Dienstleistung gegenüber der Mitgliedschaft verstanden.

4 Situation heute

Als Ergebnis eines langen, sich in Schüben vollziehenden Entwicklungsprozesses hat sich somit ein breites Spektrum von NPOs und damit auch der NPO-Interessenvertretung ausdifferenziert, das über die traditionellen Dachorganisationen der Verbände im Sozialen Bereich, im Sport und der Vertretung von Arbeitnehmerinteressen über die vielen kleinen Mitgliederorganisationen vor Ort bis hin zu den Bewegungsorganisationen und den zunehmend international wie transnational tätigen und weitgehend voll-professionalisierten NGOs reicht. Um die Vielfalt von Interessenvertretung von NPOs heute gut zu erfassen, ist es jedoch wichtig, den Blick weg vom Staat und in Richtung Zivilgesellschaft zu lenken. Denn im Unterschied zu den Verbänden aus dem Profit-Bereich, die vor allem ökonomische Akteure und Themen vertreten und auf den Staat orientiert sind, ist der zentrale Resonanzboden der NPOs die Zivilgesellschaft. Für die Perspektive der Interessenvertretung ist es wichtig, NPOs in erster Linie als zivilgesellschaftliche Organisationen zu verstehen.

Doch das Spektrum der NPOs ist so breit und so vielfältig wie die Zivilgesellschaft selbst. NPOs und ihre Interessenvertretung können differenziert werden nach Größe, Alter, Konzept und zivilgesellschaftlichem Bereich. Die Wohlfahrtsverbände mit ihren zahlreichen Mitgliedsorganisationen sind gleichzeitig die größten und neben den Stiftungen die ältesten NPOs in Deutschland. Sie waren als soziale Dienstleister und Vertreter sozialer Interessen lange Zeit umfassend korporatistisch in den Wohlfahrtsstaat integriert. Hier ist es allerdings in den letzten Jahren zu einem „sozialpolitischen Paradigmenwechsel" (Boeßenecker/Vilain 2013, S. 25) gekommen. Dieser hat zur Folge, dass sich die Mitgliederorganisationen der Verbände, die Dienstleister vor Ort, zunehmend zu Marktakteuren entwickelt und sich für New-Public-Management-Strategien geöffnet haben. Für die Interessenvertretung der Wohlfahrtsverbände hat dies gravierende Auswirkungen. Die Interessenvertretung kann nur noch bedingt vor Ort durch das „gute Beispiel" und somit durch die soziale Dienstleistungserstellung erfolgen. Vielmehr ist Interessenvertretung zunehmend zum alleinigen Aufgabenbereich der Dachverbände geworden. Diese sehen sich aber gleichzeitig einem Legitimationsdilemma ausgesetzt, weil die angeschlossenen NPO-Mitgliederorganisationen sich kaum noch von der Konkurrenz der kommerziellen sozialen Dienstleister unterscheiden.

Gleichwohl ist die Interessenvertretung der Wohlfahrtsverbände auf der Bundesebene nach wie vor gut organisiert und wird bislang auch durch öffentliche Mittel unterstützt. Sie ist gebündelt in der Bundesarbeitsgemeinschaft der Freien Wohlfahrtspflege (BAGFW). Ihr Adressat ist primär die staatliche Ebene und die Arenen der sozialpolitischen Entscheidungen im Bund. Boeßenecker und Vilain sprechen hier von einem „ideellen Gesamtlobbyisten" (2013, S. 44). Hinzu kommt aber, und dies ist für den besonderen Charakter der Interessenvertretung von NPOs wichtiger, die Präsenz der einzelnen Wohlfahrtsverbände bei spezifischen Themen. Der Paritätische Wohlfahrtsverband hat das Thema Armut und gesellschaftliche Ungleichheit seit einigen Jahren in den Mittelpunkt gestellt; andere Wohlfahrtsverbände thematisieren die Interessen von Menschen, die an den Rand der Gesellschaft gedrängt werden (Flüchtlinge, Migranten, Kinder, Behinderte, soziale Schwache, Bildungsschwache) (Strünck 2010). Diese Form der sozialpolitischen Interessenvertretung richtet sich in erster Linie an die Gesellschaft und die Medien und erst in zweiter Linie an die Politik.

Nach wie vor gibt es auch viele kirchliche Gruppen, die sozial- und gesellschaftspolitische Interessen vertreten. Gerade die Interessenvertretung von NPOs aus dem Bereich der Religion ist in den letzten Jahren vielfältiger geworden, weil sich auf der einen Seite die Kirchenbindung gelockert hat und auf der anderen Seite neue religiösen Gruppen hinzu gekommen sind.

Dies führt zu einer weiteren Charakteristik der Situation der NPOs heute: viele NPOs sind - im Vergleich zu den Wohlfahrtsverbänden und Gewerkschaften - junge Organisationen. Sie sind erst in den letzten 40 Jahren der Bundesrepublik im Gefolge des großen gesellschaftlichen Umbruchs seit Mitte der 1960er Jahre entstanden. Dies führte auf zu einer Ausweitung und Stärkung der Zivilgesellschaft und - was hier im Mittelpunkt steht - der Interessenvertretung durch NPOs. Seit dieser Zeit hat sich eine Vielfalt von NPOs entwickelt. Einer der wichtigsten Bereiche ist die Umwelt- und Klimapolitik, in dem NPOs heute eine zentrale Position als Interessenvertreter einnehmen. Im Bereich der Umweltpolitik hat die Mischung aus Umweltbewegung (zu der auch die Anti-Atombewegung zählt), eher traditionellen Umweltverbänden (wie der NABU), Think Tanks (wie das Wuppertal Institut und das Freiburger Öko-Institut), die Partei Bündnis 90/Die Grünen und zahlreichen Bürgerinitiativen und Interessengruppen zu einer zunehmenden Akzeptanz und positiven Besetzung des Themas Umwelt in der Gesellschaft geführt. Erst aufgrund dessen war der Ausstieg aus Atomenergie möglich.

Neben Umwelt-NPOs sind in den letzten vierzig Jahren neue Themenfelder der Interessenvertretung durch NPOs in den Bereichen Menschenrechte, Krieg/Frieden, Entwicklungspolitik, Geschlechter/sexuelle Identität, Migration und Globalisierung besetzt worden. Charakteristisch für NPOs in diesen Bereichen ist, dass sie sich in ihrer Tätigkeit von den ökonomischen Akteuren klar unterscheiden. Die Interessenvertretung richtet sich nicht primär auf den Staat und die Entscheidungsebene des politischen Systems - zu dem heute auch die EU gehört - sondern an die Gesellschaft bzw. die allgemeine Öffentlichkeit sowie an nicht-staatliche Institutionen der transnationalen Regulierung.

5 Formen der Interessenvertretung und -vermittlung

Die Vielfalt der NPOs und ihrer unterschiedlichen Entstehungskontexte wirkt sich auch auf die jeweiligen Formen der Interessenvertretung und Vermittlung aus. Auch gibt es keinen spezifischen Typ der Interessenvertretung, der nur NPOs kennzeichnen würde. Vielmehr bedienen sich NPOs Formen und Methoden der Interessenvertretung, die auch bei der Interessenvertretung von Profitorganisationen zu finden sind. Es sind nicht die Formen, sondern die Anliegen, die die Interessenvertretung von NPOs auszeichnen und die für sie spezifisch sind. Die Interessenvertretung von NPOs als solche ist daher eine Mischung aus traditionellen und neuen Formen.

Die alten Formen der Interessenvertretung sind bei den klassischen NPOs anzutreffen. Sie wurden häufig schon vor mehr als 100 Jahren gegründet und sind inzwischen zu wesentlichen Bestandteilen des politischen Systems geworden. Wenn die Interessenvertretung von Wohlfahrtsverbänden, Gewerkschaften, aber auch von Sportverbänden näher charakterisiert werden soll, dann wird häufig der Begriff des Korporatismus benutzt (siehe dazu Schmitter 1974). Damit wird zum einen eine bestimmte Form der verbandlichen Organisation über Dachverbände und große Mitgliederzahlen sowie Abdeckungsbereiche bezeichnet. Zum anderen wird damit auch eine Form der Beteiligung und Nähe zur politischen Entscheidungsebene beschrieben, die es nicht nötig machte, lobbyistisch vorzugehen, da diesen Organisationen von der Politik ein privilegierter Zugang zu den politischen Entscheidungsarenen zugesichert war. Obwohl die Nähe zur Politik bei den großen NPO-Dachorganisationen immer noch festzustellen ist und ihre korpratistische Einbindung weiter besteht, hat diese doch in den letzten Jahrzehnten deutlich an Bedeutung verloren. Diese Form der Interessenvertretung von NPOs hat daher wenig Zukunft. Dies hat mehrere Gründe: die personalen Verbindungslinien zwischen korporatistischen Organisationen und dem politischen System (Parteien, Ministerien) lassen nach; es gibt Konkurrenzorganisationen (z. B. Berufsgewerkschaften); im Bereich der Wohlfahrtsverbände gründen sich immer mehr Unternehmen in den Bereichen der sozialen Dienstleistung; viele politische Entscheidungen werden inzwischen in Brüssel getroffen. Dort gibt es diese spezifischen korporatistische Politikform nicht oder nur bedingt.

NPOs sind aber nicht nur große und alte Organisationen. Auf der lokalen Ebene findet sich eine Vielzahl von Vereinen in den Bereichen Sport, Kultur, Soziales, Wohnen und Freizeit die versuchen, auf kommunalen Entscheidungen Einfluss auszuüben. Die Interessenvertretung dieser meist lokalen NPOs ist aufgrund fehlender Ressourcen nicht oder nur bedingt professionalisiert. Vielfach erfolgt die Interessenvertretung auf einer ehrenamtlichen Basis über gute Kontakte von Vereinsmitgliedern in die Politik oder zu den lokalen Medien. Bedeutsam sind hier die lokalen (Eliten-)Netzwerke, die für die Akteure der NPOs ein wichtiges Einflussfeld darstellen. Auch hier zeigt sich, dass es ohne eine intime Kenntnis des politischen Prozesses und der kommunalen Institutionen nicht geht. Dies liegt an der relativ starken Verrechtlichung und Institutionalisierung des politischen Prozesses in Deutschland. Auch auf der lokalen Ebene wird deutlich, dass die Interessenvertretung von NPOs geprägt ist durch präzise ökonomische, juristische und politische Kenntnisse des jeweiligen Gegenstandes, wie es auch in den folgenden Beiträgen zur Interessenvertretung von NPOs deutlich wird.

Im breiten Spektrum von NPOs stechen Organisationen hervor, die sehr jung sind, sich auf ein Thema konzentrieren, kaum mehr oder keine Mitglieder haben und die für die Interessenvertretung häufig die Möglichkeiten des Internet nutzen. Diese NPOs zeichnen sich dadurch aus, dass sie sich sehr stark professionalisiert haben und die neuesten digitalen Techniken der Interessenvertretung nutzen. Beispiele für diesen neuen Typ hochprofessioneller Organisationen sind Greepeace, Foodwatch, die Deutsche Umwelthilfe, campact und transnational tätige NPOs.

Solche neuen Organisationen können sehr flexibel reagieren und sind schnell handlungsfähig, da sie nicht die langen Wege über Mitglieder- und Delegiertenversammlungen zur Legitimation ihrer Aktionen in Kauf nehmen müssen. Doch die meisten NPOs sind noch mitgliederbasiert und beziehen diese auch in die Willensbildung der Gesamtorganisation – Verband und angeschlossene Mitgliederorganisationen – mit ein. Dies nimmt Zeit in Anspruch und das Ergebnis ist in der Regel ein Kompromiss. Die neueren, nicht mehr mitgliederbasierten Organisationen haben einen anderen Führungsstil entwickelt, der sich somit auch direkt auf die Art und Weise der Interessenvertretung auswirkt.

Häufig anzutreffen ist bei diesen (neuen) NPOs eine ausgeprägte Kampagnenorientierung. Dies ist gut an Greenpeace zu beobachten. Die Organisation konzentriert sich auf ein bestimmtes Thema und entwirft eine Kampagnenstrategie, mit der das vorher definierte Ziel erreicht werden soll. Diese Kampagnen sind Teil einer strategischen Orientierung der NPO, die auch auf die Interessenvertretung übertragen wird, bzw. die Kampagne selbst ist eine bestimmte Form der Interessenvertretung. Diese ist vom klassischen Lobbying, das sich auf die Gesetzgebung richtet, zu unterscheiden, denn Kampagnen adressieren vorrangig die Öffentlichkeit über die Medien und erst in der Folge bzw. in der Langzeitwirkung Politik und Gesetzgebung.

Die Medienorientierung der neueren NPOs ist insofern sehr ausgeprägt, als vielfach für die Interessenvertretung vorrangig der Weg über die Medien genutzt wird. Dieses Vorgehen ist jedoch gleichzeitig sehr voraussetzungsreich und meist nur hochprofessionalisierten NPOs mit sehr guten Kenntnissen der Medienlogik und Zugängen zu den Medien möglich. Mit erfolgreichen Kampagnen können Themen auf der politischen Agenda platziert werden. Darüber wird dann Druck auf das politische Handeln ausgeübt. Die Kampagnen zu gentechnisch veränderten Pflanzen und zum transatlantischen Handelsabkommen TTIP sind Beispiele für solche Strategien der Interessenvertretung über Kampagnen.

Zur kampagnenorientierten Interessenvertretung zählt auch die Vorgehensweise von Campact. Campact und andere vergleichbar arbeitende NPOs (avaaz, MoveOn, change.org) verstehen sich als Public Interest Groups und Mobilisierungsagenturen, die zu ausgewählten Themen über das Internet mit Hilfe von Emaillisten mobilisieren. Nach eigenen Angaben kann Campact mittels einer Mailinglist auf mehr als 1,3 Mio. Unterstützer zurückgreifen, die zu bestimmten Kampagnenthemen kontaktiert werden (siehe dazu das Interview mit Felix Kolb in: Speth/Zimmer 2015). Um den Forderungen Nachdruck zu verleihen, werden politischen EntscheiderInnen namentliche Listen der UnterstützerInnen eines spezifischen Anliegen bzw. Interesses überreicht. Grassroots-Campaigning ist eine weitere Form, Mitglieder und UnterstützerInnen für die Interessenvertretung der NPO zu gewinnen (dazu Speth 2013). Bei dieser Art der Interessenvertretung werden Mitglieder der betreffenden NPO gebeten, in ihrem eigenen Namen für ein festgelegtes Thema bei den politischen Inne, meist Abgeordneten, aktiv zu werden.

Die Interessenvertretung mit Hilfe von Stiftungen und Think Tanks stellt eine weitere neuere Entwicklung dar. Eine Reihe von Stiftungen finanzieren entweder Think Tanks oder betreiben selbst deren Arbeit: Es werden wissenschaftliche Gutachten in Auftrag gegeben, Rankings gemacht, Best Practices gesammelt, um ein Thema in der Öffentlichkeit und im politischen Betrieb zu verankern. Stiftungen und Think Tanks reagieren in ihrer Arbeit darauf, dass politische Entscheidungen zunehmend von Expertise und speziellen Kenntnissen abhängig werden. Stiftungen und als NPO geführte Think Tanks liefern den Akteuren im politischen System Expertise durch Gutachten, Umfragen, Erhebungen und andere wissenschaftlichen Formen und prägen damit die Wahrnehmung eines Sachverhaltes. Vielfach wird damit auch schon ein möglicher Lösungs- und Entscheidungsweg vorgezeichnet. Die Interessenvertretung erfolgt daher zum einen in Form von Agenda-Setting, der Platzierung eines Themas, sowie zum anderen hinsichtlich der Offerte bestimmter Lösungsvorschläge und damit der Formierung bzw. des Framings der Politik. Allerdings ist hierbei anzumerken, dass die Mehrheit der Stiftungen aufgrund der dafür erforderlichen erheblichen Ressourcen und auch zeitlichen Planungsräume gar nicht zu dieser Form der Interessenvertretung von langer Hand in der Lage ist. Es sind mehrheitlich die großen und finanzstarken Stiftungen, die sich in jüngster Zeit verstärkt als Interessenvertreter einbringen (vgl. Schuler 2015).

6 Resümee

NPOs sind vielgestaltig und decken ein breites Spektrum gesellschaftlicher Interessen ab. Zudem haben sich im Lauf der letzten 200 Jahre NPOs in mehreren Wellen herausgebildet, so dass wir NPOs mit einem stattlichen Alter und ganz junge NPOs gleichzeitig haben. Dies alles hat Auswirkungen auf die Formen und Varianten der Interessenvertretung von NPOs. Es finden sich klassische Formen, die – wie bei den Gewerkschaften und den Wohlfahrtsverbänden – sehr eng mit dem politischen System verbunden sind. Hier erfolgt eine klassische Interessenvertretung mittels Verbänden. Jüngere und z. T. stark professionalisierte NPOs vertreten keine Mitgliederinteressen mehr, sondern verstehen sich als Public Interest oder Advocacy Groups und treten für allgemeine Interessen, wie etwa eine intakte Umwelt und ökologische Anliegen ein. Diese NPOs zeichnet in ihrer Interessenvertretung häufig eine sehr ausgeprägte Ausrichtung auf die Mediengesellschaft aus. Vielfach arbeiten diese NPOs ähnlich wie Public-Affairs-Agenturen und vor allem zunehmend mit Hilfe des Internets. Solche NPOs sind Mobilisierungsagenturen für die Interessen der und interpretieren zivilgesellschaftliche Imperative von Partizipation und Deliberation neu im Sinne der ideellen wie finanziellen Unterstützung ihrer Arbeit bzw. Interessenvertretung. Auch bewegen sich diese NPOs zunehmend in transnationalen gesellschaftlichen und politischen Arenen.

Insgesamt kann festgestellt werden, dass Interessenvertretung aktuell einen Gestaltwandel durchlebt. War klassischerweise Interessenvertretung Sache von Dachorganisationen bzw. Verbänden, die primär politische Entscheidungsträger adressierten bzw. z. T. auch direkt in politische Entscheidungsfindungsprozesse miteingebunden waren, so erfolgt Interessenvertretung heute eher „von langer Hand" mit beachtlichem Zeithorizont, strategischer Ausrichtung und medienvermittelt über die Adressierung der allgemeinen Öffentlichkeit in Form von Kampagnen oder aber gezielt durch die internetbasierte Mobilisierung von UnterstützerInnen und SympathisantInnen. Gerade jüngere und transnational agierende NPOs nutzen die neuen Formen sehr stark und bewegen sich damit in Richtung von Public Affairs als eine Form der kontinuierlichen und strategisch ausgerichteten Beeinflussung von Öffentlichkeit, wobei traditionelles, primär auf die politische Entscheidungsebene abzielendes Lobbying sich mit Campaigning als breit angelegte Mobilisierung von Unterstützung für das jeweils spezifische Anliegen bzw. Interesse verbindet. Allerdings darf trotz allen Gestaltungswandels nicht vergessen werden, dass bei der Mehrheit der Vereine bzw. primär lokal tätigen NPOs Interessenvertretung immer noch mehrheitlich auf guten Kontakten zur Politik, zu den Lokalmedien und zu den örtlichen Honoratioren und (Eliten-)Netzwerken basiert. Nicht zuletzt ist das Thema Interessenvertretung von NPOs gerade auch deshalb so interessant, da neue und alte Formen der Vertretung und Vermittlung gleichberechtig weiter bestehen und sich das gesamte Feld darüber hinaus stetig in Entwicklung befindet und vielfältige Innovationen in punkto Interessenvermittlung und -vertretung – wie jüngst internetgestützte Kampagnen – hervorbringt.

Literatur

Alscher M, Dathe D, Priller E, Speth R (2009) Bericht zur Lage und zu den Perspektiven des bürgerschaftlichen Engagements.Hrsg vom Bundesministerium für Familie, Senioren, Frauen und Jugend, Berlin

Baringhorst S, Kneip V, März A, Niesyto J (2010) Unternehmenskritische Kampagnen. Politischer Protest im Zeichen digitaler Kommunikation. Wiesbaden, VS-Verlag

Benz A, Lütz S, Schimank U, Simonis G (Hrsg) (2007) Handbuch Governance. Theoretische Grundlagen und empirische Anwendungsfelder. Wiesbaden, VS Verlag

Boeßenecker KH, Vilain M (2013) Spitzenverbände der Freien Wohlfahrtspflege. Eine Einführung in Organisationsstrukturen und Handlungsfelder sozialwirtschaftlicher Akteure in Deutschland. 2. Auflage, Weinheim, Beltz Juventa

Heinze RG, Olk T (1981) Die Wohlfahrtsverbände im System sozialer Dienstleistungsproduktion. In: Kölner Zeitschrift für Soziologie und Sozialsychologie, 33, S. 94-114

Kleinfeld R (2007) Die historische Entwicklung der Interessenverbände in Deutschland. In: Willems U, von Winter T, Interessenverbände in Deutschland, S. 51-83, Wiesbaden: VS Verlag

McCarthy JD, Zald MN (1977) Ressource Mobilization and Social Movements: A Partial Theory. In: The American Journal of Sociology, Vol. 82, N. 6, S. 1212-1241

Marcinkowski F (2015) Die „Medialisierung" der Politik. Veränderte Bedingungen der Interessenvermittlung. In: Speth R, Zimmer A (Hrsg) Lobby Work: Interessenvertretung als Politikgestaltung. Wiesbaden, Springer VS, S. 71-96

Sabatier PA (1993) Advocay-Koalitionen, Policy-Wandel und Policy-Lernen: Eine Alternative zur Phasenheuristik. In: Héretier A (Hrsg) Policy-Analyse. Kritik und Neuorientierung. Politische Vierteljahresschrift, Sonderheft 24. Opladen, Westdeutscher Verlag, S. 116-148

Sachße C (1995) Verein, Verband und Wohlfahrtsstaat. Entstehung und Entwicklung der dualen Wohlfahrtspflege. In: Rauschenbach T, Olk T, Sachße C (Hrsg) Von der Wertgemeinschaft zum Dienstleistungsunternehmen. Frankfurt/Main, Suhrkamp taschenbuch, S. 123-149

Schmidt J, Mansour JI (2007) Wohlfahrtsverbände. Interesse und Dienstleistung. In: Winter T, Willems U (Hrsg) Interessenverbände in Deutschland. Wiesbaden, VS-Verlag, S. 244-270

Schmitter P (1974) Still the Century of Corporatism? In: The Review of Politics XXVI, S. 85-131

Schroeder W, Weßels B (Hrsg) (2010) Handbuch Arbeitgeber- und Wirtschaftsverbände in Deutschland. Wiesbaden, VS Verlag

Schuler T (2015) Politikgestaltung von langer Hand: Die Bertelsmann-Stiftung und die Hartz Reformen. In: Speth R, Zimmer A (Hrsg) Lobby Work: Interessenvertretung als Politikgestaltung. Wiesbaden, Springer VS, S. 276-284

Sebaldt M (1997) Organisierter Pluralismus. Kräftefeld, Selbstverständnis und politische Arbeit deutscher Interessengruppen. Opladen, Westdeutscher Verlag

Sebaldt M, Straßner A (2004) Verbände in der Bundesrepublik Deutschland. Eine Einführung. Wiesbaden, VS Verlag

Speth R, Leif T (2006) Lobbying und PR am Beispiel der Initiative Soziale Marktwirtschaft. In: Leif T, Speth R (Hrsg) Die fünfte Gewalt. Lobbyismus in Deutschland. Wiesbaden, VS Verlag

Speth R (Hrsg) (2013) Grassroots-Campaigning. Wiesbaden, VS Verlag.

Speth R, Zimmer A (Hrsg) (2015) Lobby Work: Interessenvertretung als Politikgestaltung. Wiesbaden, Springer VS

Strück C (2010) Contested Solidarity? Emerging Markets for Social Services in Germany and the Changing Role of Third Sector Organizations. In: Evers A, Zimmer A (Hrsg) Third Sector Organizations Facing Turbulent Environments: Sports, Culture and Social Services in Five European Countries. Baden-Baden, Nomos, S. 55-69

Sokolowski B (2005) Einflussverlust oder neue Handlungsoptionen? Anforderungen an organisierte Interessenvertretung am Beispiel deutscher Wirtschaftsverbände. Magisterarbeit der Sozialwissenschaftlichen Fakultät der Universität Potsdam

Wehler HU (1987-2003) Deutsche Gesellschaftsgeschichte, 4 Bde. München, C.H. Beck

Willems U, Winter T (2007) Interessenverbände als intermediäre Organisationen. Zum Wandel ihrer Strukturen, Funktionen, Strategien und Effekte in einer veränderten Umwelt. In: Willens U, Winter T (Hrsg) Interessenverbände in Deutschland. Wiesbaden, VS-Verlag, S. 13-50

Zimmer A (2007) Verbände als Dienstleister öffentlicher Aufgaben. In: Winter T, Willems U (Hrsg) Interessenverbände in Deutschland. Wiesbaden, VS-Verlag, S. 393-412

Zimmer A, Basic A, Hallmann T (2011) Sport ist im Verein am schönsten? Analysen und Befunde zur Attraktivität des Sports für Ehrenamt und Mitgliedschaft. In: Rauschenbach T, Zimmer A (Hrsg) Bürgerschaftliches Engagement unter Druck? Gemeinnützige Organisationen in den Bereichen Soziales, Kultur und Sport im politischen und gesellschaftlichen Wandel. Opladen, Barbara Budrich, S. 269-385

Zimmer A, Speth R (2009) Verbändeforschung. In: Kaina, V/ Römmele, A (Hrsg) Politische Soziologie. Ein Studienbuch. Wiesbaden, VS-Verlag, S. 267-309

Zimmer A, Speth R (2015) Von der Hierarchie zum Markt. Zur Koordination von Interessenvertretung heute. In: Speth R, Zimmer A (Hrsg) Lobby Work. Interessenvertretung als Politikgestaltung. Wiesbaden, Springer, S. 22-40

Interessenvertretung für Vielfalt im Bildungssystem

Der VDP Verband Deutscher Privatschulen NRW e. V.

Eva Lingen[1]

Abstract

Die organisierte Interessensvertretung im Bereich der freien Bildung am Beispiel des VDP Verband Deutscher Privatschulen NRW e. V. ist Gegenstand dieses Beitrags. Die Darstellung zeigt, dass es trotz der seit Jahrzehnten feststehenden Absage an ein staatliches Bildungsmonopol heute noch der Verteidigung der verfassungsrechtlich verbürgten Privatschulfreiheit bedarf. Im anschließenden Interview wird die Arbeit des VDP als Interessenvertretung genauer betrachtet.

Keywords

Privatschulfreiheit • VDP • Organisierte Interessensvertretung

Der VDP Verband Deutscher Privatschulen NRW e. V. ist der einzige weltanschaulich und konfessionell ungebundene Interessensvertreter für Schulen und Bildungseinrichtungen in freier Trägerschaft. Er versteht sich als Sprachrohr für die Belange dieser Bildungseinrichtungen, die im Bereich der allgemeinbildenden Schulen einen Verbreitungsgrad von 8-10% und im berufsbildenden Bereich von rund 30% der Schulen haben.

Seine Mitglieder sind Bildungseinrichtungen und Schulträger in privater Trägerschaft. Das Spektrum der Mitglieder im Landesverband ist sehr heterogen. Es

1 Eva Lingen, MLE, VDP Verband Deutscher Privatschulen NRW e. V., gf@vdpnrw.de

reicht von allgemeinbildenden Schulen, Sprachschulen, Trägern der Erwachsenenbildung, Bildungsträgern der Arbeitsmarktdienstleistungen sowie Akademien und Fachhochschulen/Hochschulen bis zu Schulen im Gesundheitswesen sowie anderen freien Bildungseinrichtungen. Auch Kindertageseinrichtungen zählt der Verband zu seinen Mitgliedern, aus der Überzeugung heraus, dass auch diese Bildungseinrichtungen sind. Die satzungsmäßigen Aufgaben des VDP NRW sind:

- Sicherung und Weiterentwicklung der im Grundgesetz und in der Landesverfassung Nordrhein-Westfalens verankerten Stellung der Bildungseinrichtungen in freier Trägerschaft,
- allgemeine Interessenvertretung der Bildungseinrichtungen in freier Trägerschaft gegenüber Gesetzgebung, Behörden und sonstigen privaten oder öffentlichen Einrichtungen,
- sonstige Vertretung der allgemeinen ideellen und wirtschaftlichen Interessen der Bildungseinrichtungen in freier Trägerschaft, die aus ihren beruflichen oder unternehmerischen Tätigkeiten erwachsen
- Konzipierung und Durchführung von Veranstaltungen wissenschaftlicher oder belehrender Art (i. S. von § 4 Nr. 22 a UStG) für Bildungseinrichtungen in freier Trägerschaft.

Die Haupttätigkeitsbereiche des VDP NRW liegen im Bereich der politischen Interessensvertretung, der rechtlichen Interessensvertretung im Rahmen von Anhörungsverfahren des Gesetz- und Verordnungsgebers, der Öffentlichkeitsarbeit gegenüber Medien, Presse und Fachöffentlichkeit, der intensiven Kontaktpflege mit VertreterInnen von Politik und Verwaltung, im Informationsmanagement nach innen und außen sowie im Veranstaltungsmanagement. Gerade mit seinen Veranstaltungen ist der Verband bestrebt, Impulse für die Bildungspolitik zu setzen. Der Verband unterhält intensiven Kontakt zu Behörden, Parteien, PolitikerInnen und MedienvertreterInnen des Landes Nordrhein-Westfalen. Darüber hinaus wird der VDP im Rahmen von behördlichen Genehmigungsverfahren als Vertreter öffentlichen Interesses angehört und erhält Gelegenheit Stellung zu nehmen. Seinen Sitz hat er in der Landeshauptstadt Düsseldorf. Organisatorisch ist der Verband Deutscher Privatschulen NRW e. V. eingebunden in eine Dachverbandsstruktur mit dem VDP Verband Deutscher Privatschulverbände e. V. in Berlin und den übrigen Landesverbänden im Bundesgebiet.

Privatschulen im deutschen Rechtssystem

Zum Verständnis seiner Ziele, seinem Zweck und zur Standortbestimmung in der Zivilgesellschaft und im „Konzert" mit anderen Trägerverbänden bedarf es zunächst einer kurzen verfassungsrechtlichen Einführung zum freien Schulwesen. Denn dem Verband geht es bei der Wahrnehmung seiner Aufgaben um nichts Geringeres als die Verteidigung eines Freiheitsrechts.

Wie so oft „erleichtert ein Blick ins Gesetz die Rechtsfindung" und dann überrascht es sogar, dass der Politikbereich rund um das Thema Schule und Bildung weiterhin so ideologiegeprägt ist. Denn die oft in der öffentlichen Meinungsbildung und politischen Diskussion gestellte Frage: „Wozu braucht der Staat Privatschulen" beantwortet sich im Grunde einfach mit Art. 7 Abs. 4 Grundgesetz (GG): „Weil es die Verfassungsväter so wollten". In der Tat sieht Art. 7 Abs. 4 GG mit seiner Privatschulfreiheit eine sog. Institutsgarantie für die Errichtung von Privatschulen und ihren Betrieb vor. Nach Art. 7 Abs. 1 GG steht zwar das gesamte Schulwesen unter der Aufsicht des Staates. Hieraus folgt, dass der Staat einen Bildungs- und Erziehungsauftrag hat (vgl. Zippelius und Würtenberger 2011, S. 312ff.). Nach der ständigen Rechtsprechung des Bundesverfassungsgerichts verfolgt die Regelung des Art. 7 Abs. 1 GG den Zweck, ein Schulsystem zu schaffen, das allen jungen BürgerInnen Bildungsmöglichkeiten eröffnet, die ihren Fähigkeiten angemessen und auf die Bedingungen des heutigen gesellschaftlichen Lebens abgestimmt sind (vgl. BVerfGE 93,1,21).

Dem Staat – und damit nicht nur den Eltern – obliegt ein Bildungs- und Erziehungsauftrag, der dazu verpflichtet, SchülerInnen zu selbstverantwortlichen Mitgliedern der Gesellschaft zu erziehen. Der Staat erhält hierfür die Befugnis zur Planung und Organisation des Schulwesens. Die nähere Ausgestaltung des allgemeinen Schulwesens überlässt das GG der ausschließlichen Zuständigkeit der Länder, Art. 30,70 GG (vgl. Zippelius und Würtenberger 2011, S. 312ff.).

Art. 7 Abs. 4 GG gewährleistet darüber hinaus unter den dort genannten Voraussetzungen jedermann die Freiheit, Privatschulen zu errichten, und zwar mit dem Ziel, einer Monopolstellung des Staates im Schulbereich entgegen zu wirken (vgl. z. B. Pieroth 2011, S. 17). Im Wortlaut heißt es hier:

> „Das Recht zur Errichtung von privaten Schulen wird gewährleistet. Private Schulen als Ersatz für öffentliche Schulen bedürfen der Genehmigung des Staates und unterstehen den Landesgesetzen. Die Genehmigung ist zu erteilen, wenn die privaten Schulen in ihren Lehrzielen und Einrichtungen sowie in der wissenschaftlichen Ausbildung ihrer Lehrkräfte nicht hinter den öffentlichen Schulen zurückstehen und eine Sonderung der Schüler nach den Besitzverhältnissen der Eltern nicht gefördert wird…"

Private Schulen werden damit grundgesetzlich besonders geschützt (vgl. Pieroth 2011, S. 18f.). Gleichzeitig steht die Errichtung unter einem sog. Genehmigungsvorbehalt, d. h. private Ersatzschulen (= als Ersatz für das staatliche Schulwesen) dürfen in ihren Lehrzielen und Einrichtungen sowie in den weiter genannten Voraussetzungen nicht hinter staatlichen Schulen zurückstehen. Ohne näher auf die hiermit einhergehende Beschränkung der Freiheit im eigentlichen Sinne eingehen zu wollen, ist festzuhalten, dass ein öffentlich-rechtlicher Anspruch auf Erteilung einer Genehmigung besteht, sobald die Voraussetzungen erfüllt sind. Dieser Anspruch erstreckt sich nach der ständigen Rechtsprechung des Bundesverfassungsgerichts sogar auf die finanzielle Ausstattung der Schulen. Dies bedeutet, dass der Landesgesetzgeber dazu verpflichtet ist, die Ersatzschulen so auszustatten, dass sie ihren Bildungsauftrag erfüllen können.

Kennzeichnend für die Privatschule ist ein Unterricht eigener Prägung, insbesondere im Hinblick auf die Erziehungsziele, die weltanschauliche Orientierung, die Lehrmethode und die Lehrinhalte (vgl. BVerfGE 93,195 [200f.]). Die Privatschulfreiheit ist dabei auch im Hinblick auf das Bekenntnis des Grundgesetzes zur freien Entfaltung der Persönlichkeit (Art. 2 Abs. 1 GG), zur Religions- und Gewissensfreiheit (Art. 4 GG), zur religiösen und weltanschaulichen Neutralität des Staates und zum natürlichen Elternrecht (Art. 6 Abs. 2 Satz 1 GG) zu würdigen. Diesen Prinzipien entspricht die Offenheit für die Vielfalt der Erziehungsziele und Bildungsinhalte und das Bedürfnis der BürgerInnen. in der ihnen gemäßen Form die eigene Persönlichkeit sowie die ihrer Kinder im Erziehungsbereich der Schule zu entfalten. Dem trägt die Verbürgung der Institution Privatschule in Art. 7 Abs. 4 Satz 1 GG Rechnung (vgl. BVerfGE 75,40 [61ff.]).

Auch die historische Betrachtung ist in diesem Zusammenhang bemerkenswert: Art. 7 Abs. 4 GG ist keineswegs eine „Erfindung" der verfassungsgebenden Versammlung von 1949, sondern blickt zurück auf eine lange Tradition des freien Schulwesens bis zum Preußischen Allgemeinen Landrecht von 1794 (PreußALR). Erst mit der Einführung einer allgemeinen Schulpflicht durch §1 II 12 PreußALR und der Einbeziehung des bereits existierenden kirchlichen Schulwesens durch §4 erfolgte eine klare Anerkennung beider Schulformen nebeneinander. Art. 147 der Weimarer Reichsverfassung (WRV) lautete:

> „Private Schulen als Ersatz für öffentliche Schulen bedürfen der Genehmigung des Staates und unterstehen den Landesgesetzen. Die Genehmigung ist zu erteilen, wenn die Privatschulen in ihren Lehrzielen und Einrichtungen sowie in der wissenschaftlichen Ausbildung ihrer Lehrkräfte nicht hinter den öffentlichen Schulen zurückstehen und eine Sonderung der Schüler nach den Besitzverhältnissen der Eltern nicht gefördert wird…"

Das Grundgesetz übernahm in Art. 7 Abs. 4 bis 6 GG mit gewissen Abweichungen die Bestimmungen der WRV über die Zulassung von Privatschulen. Die heute geltende Verfassungslage mit der verbürgten Institutsgarantie hat nach 1949 eine Zunahme an Schulgründungen begünstigt. Dies differiert je nach der Ausgestaltung der landesspezifischen Ersatzschulfinanzierung in den Bundesländern. Aktuellen Erhebungen zufolge geht man bundesweit von einer Verbreitung von rund 8 bis 10% allgemeinbildenden Privatschulen aus (vgl. Klein 2011; Pieroth 2011, S. 11ff.), Tendenz steigend.[2]

Die wohl bekanntesten Schulgründungen noch vor der WRV waren die noch heute bestehenden Internatsschulen (namentlich die Landerziehungsheime) und die Schulen, die Ausdruck damaliger reformpädagogischer Entwicklungen waren, wie Waldorf- und Montessorischulen.[3] Die durch die WRV seinerzeit begünstigten Privatschulgründungen erfuhren allerdings in der Zeit der nationalsozialistischen Diktatur einen Einbruch. Durch die oben skizzierte verfassungsrechtliche Institutsgarantie wurde 1949 die noch heute geltende verfassungsrechtlich abgesicherte Position geschaffen. Das Privatschulwesen in Deutschland blickt damit zurück auf eine lange Geschichte. Umso mehr verwundert es, dass Privatschulen in ihrer Existenzberechtigung immer wieder in Frage gestellt werden (vgl. Weiß 2011; Avenarius 2011).

Der VDP Verband Deutscher Privatschulen hat im Laufe dieser Verfassungsgeschichte keine unbedeutende Rolle gespielt, worauf im Folgenden eingegangen

2 vgl. auch Statistisches Bundesamt: „In den letzten Jahren ist das Interesse an Privatschulen deutlich angestiegen. Das Privatschulwesen in Deutschland hat faktisch eine angestammte und keineswegs unbedeutende Rolle, und zwar vor allem als Kompensation für Lücken im staatlichen Angebot und als Ausgleich für subjektiv empfundene Strukturmängel der öffentlichen Schulen". Und „Im Schuljahr 2011/12 gab es 5 467 allgemeinbildende und berufliche Privatschulen in Deutschland, das sind 69% mehr als im Schuljahr 1992/93." (https://www.destatis.de/DE/Publikationen/Thematisch/BildungForschungKultur/Schulen/PrivateSchulen2110110127004.pdf?__blob=publicationFile, S. 13). Zu den Gründen zusammengefasst: Kompensation für Lücken im staatlichen Angebot; Ausgleich für subjektiv empfundene Strukturmängel (insbesondere nach PISA); Aufholbedarf der neuen Bundesländer; Gesundheitsschulen traditionell in freier Trägerschaft (70 %) – durch Ausbau im Gesundheitswesen steigt der Anteil weiter.

3 Die ersten Internate entstanden bereits im Mittelalter als Dom-oder Klosterschulen zur Vorbereitung auf eine Priesterlaufbahn. Eines der ältesten nicht klerikalen Internate Deutschland ist m. E. Institut Lucius, das seit über 200 Jahre (1809) in Trägerschaft der Familie Lucius geführt wird. Rudolf Steiner gründete seine erste Waldorfschule 1919 als Betriebsschule für die Kinder der Arbeiter und Angestellten der gleichnamigen Waldorf-Astoria-Zigarettenfabrik in Stuttgart; zu den Montessori-Schulen: Die erste wurde 1924 bzw. 1926 (laut Montessori-Verband) in Deutschland gegründet (in Italien 1907); das erste Landerziehungsheim wurde von Hermann Lietz 1898 in Ilsenburg gegrüdet; noch heute bestehen z. B. das 1904 gegründete LEH Haubinda, Grovesmühle (1914) Schloss Salem (1920), allesamt VDP-Mitglieder.

werden soll. Er blickt – wie das Privatschulwesen – auf eine lange Geschichte zurück, in der der Verband das freie Schulwesen z. T. maßgeblich mitgestaltet hat.

Die Geschichte des Verbandes

Angesichts der langen Verfassungstradition des Privatschulwesens verwundert es nicht, dass der VDP bereits im Jahre 1901 gegründet wurde. Die Entstehungsgeschichte des organisierten Privatschulwesens geht zurück auf einen Zusammenschluss privater Handelsschulen im Jahre 1901 – teils auch entstanden aus sog. Werkkunstschulen – die ihre Position gegenüber dem staatlichen Schulwesen bestimmen und behaupten wollten. Unter ihnen finden sich traditionsreiche Schulen wie die Handelsschule Grone oder die Rakkow-Schule, die beide noch heute existieren. Daneben gab es weitere regionale Zusammenschlüsse wie den „Verband Deutscher Handelslehrer". Letzterem ist es zu verdanken, dass sich der Reichstag im Jahre 1914 mit der Gleichbehandlung der privaten mit staatlichen und städtischen Handelsschulen zu befassen hatte.

Im Jahre 1919 gründeten sich zunächst regionale Privatschulvereinigungen aller Fachrichtungen, die als „schlagkräftige Organisation Überrumpelung, ja sogar Vergewaltigung oder doch überstürzte Entschließungen und Bestimmungen" verhindern wollten und bald schon einen „Reichsverband" forderten als „Schutzverband der privaten Unterrichts- und Erziehungsanstalten" (vgl. Böttcher et al. 1984). Im Mai 1919 kam es zur geforderten Gründung des „Reichsverbands deutscher Privatschulen" in Berlin, der enge Beziehungen zu den Zentralstellen der Regierung und zu den Parlamenten pflegen und Einfluss auf die Tageszeitung und damit die öffentliche Meinung gewinnen sollte. Zu einer damals schon möglichen Eintragung ins Vereinsregister (das BGB galt seit 1900) kam es aus formalen Gründen zunächst nicht und so lautete die offizielle Bezeichnung seinerzeit „Reichsverband Deutscher Privatschulen i. E. (= in Entwicklung). Im November 1919 kam es dann schließlich zu einem Zusammenschluss der vorgenannten Organisationen zum „Reichsverband Deutscher Freier (Privater) Unterrichts- und Erziehungsanstalten" mit Sitz in Magdeburg, später Berlin.

Bemerkenswert ist der gesellschaftspolitische Auftrag, den sich der Reichsverband selbst gab. In seiner Mitteilung an das Reichsamt des Inneren teilte der damalige erste Vorsitzende mit:

> „Euer Exzellenz beehren wir uns ehrerbietigst zu berichten, dass am 19. und 20. November 1919 die … sich zu einem Reichsverband der deutschen Privatschulen

deutscher freier Unterrichtsanstalten zusammengeschlossen haben... Entsprechend den Idealen, die seit je in den Privatschulen wirksam waren und sie zu einer Quelle wertvollster Bildungskräfte werden ließen, vertreten sie aus innerster Überzeugung und reinem sozialen und nationalen Empfinden heraus den Standpunkt, dass neben der öffentlichen auch der freien Bildung im Interesse unseres Volkstum genügend Spielraum zur Entfaltung ihres Wesens gelassen werden muss."

Der Reichsverband bringt hierin nach Auffassung der Verfasserin schon früh ein bildungspolitisches und gesellschaftliches Anliegen zum Ausdruck, und dies zu einer Zeit hoher gesellschaftlicher Umbrüche. Sein Anliegen der Schaffung eines Privatschulgesetzes mündete in der oben skizzierten Norm in der WRV, womit Privatschulen Verfassungsrang eingeräumt wurde. Die Zeitschrift des Reichsverbandes „Freie Bildung und Erziehung" (FBuE) wird noch heute vom VDP herausgegeben. Der Reichsverband vereinigte in sich mehrere Landesverbände.

Mit dem Gleichschaltungsgesetz vom 23. März 1935 wurden alle Verbände zum 31. März 1935 aufgelöst. Die Interessen der Privatschulen wurden von da an durch die bisherigen Vorsitzenden und Geschäftsführer im neu eingerichteten Referat I „Reichsgemeinschaft der Deutschen Privatschulen" vertreten. Die Zeitschrift FBuE wurde zensiert. Nach 1945 und ersten zögerlichen Genehmigungen privater Schulen durch die Militärregierungen fand im Jahr 1948 die erste Versammlung deutscher Privatschulträger statt, die die Gründung des „Verbands Deutscher Privatschulen" mit Landesabteilungen und Fachabteilungen beschloss. Des Weiteren war die Versammlung in die Beratungen zum Art. 7 Abs. 4 GG einbezogen (vgl. ebd.). Seit dieser Zeit wuchs der VDP stetig an. Mit der zunehmenden Zahl von Schulneugründungen konnte der Verband im Jahre 2008 rund 800 – 1000 Mitgliedseinrichtungen in sich vereinigen. Die Landesverbände selbst blieben unselbstständig und hatten keine eigenen Mitglieder. Der Verband war als Bundesverband organisiert, die Schulen Mitglied im Bundesverband.

Aufgrund der verfassungsrechtlichen Besserstellung der Privatschulen nahm die Zahl an Schulneugründungen nach 1949 zu. Damit änderte sich im Verhältnis zu seiner Entstehung auch die Mitgliederstruktur im VDP hin zu mehr allgemein bildenden Schulen. Hinzu kam, dass sich aufgrund der föderalen Struktur der Bundesrepublik in den Jahrzehnten nach 1949 abzeichnete, dass die politische Interessensvertretung zielgenauer in den Landesverbänden gewährleistet werden konnte. In diesem Zusammenhang kam es zur wohl größten Strukturveränderung, die der Verband in seiner über 100-jährigen Geschichte erfahren hat. Aus dem Bundesverband mit einzelnen Schulen, Schulträgern und privaten Bildungseinrichtungen wurde ein Dachverband mit selbstständigen Landesverbänden als Mitgliedern. Diese im Jahre 2006 beschlossene sog. Umschaltung ist in den einzelnen Landesverbänden wirksam. Neben Nordrhein-Westfalen gibt es folgende selbstständige

Landesverbände: Sachsen-Thüringen, Sachsen-Anhalt, Mecklenburg-Vorpommern/Hamburg/Schleswig-Holstein, Bayern, Baden-Württemberg, Berlin/Brandenburg und Hessen/Rheinland-Pfalz/Saarland. Noch nicht umgeschaltet und damit noch unselbstständig, aber mit dem Recht, eigene Mitglieder aufzunehmen ist der Landesverband Niedersachsen/Bremen. Der Dachverband firmiert seitdem als VDP Verband Deutscher Privatschulverbände e. V. und hat seinen Sitz in Berlin.

Der VDP Verband Deutscher Privatschulen NRW e. V. wurde im Februar 2009 im Vereinsregister des Amtsgerichts Düsseldorf eingetragen. Der Verband hat seinen Sitz in Düsseldorf und führt – wie oben erwähnt – inzwischen rund 100 Mitglieder aus allen Bereichen des Bildungswesens. Seine „Mission" steht in der Tradition des Reichsverbands und späteren VDP. In der Präambel der Satzung zur Gründung des VDP Verband Deutscher Privatschulverbände e. V. (Dachverband) wurde festgelegt, dass

> „...der Verband Deutscher Privatschulverbände (im Folgenden VDP) eine allgemeine Vertretung des freien Bildungswesens bei den Bundesländern, in der Bundesrepublik Deutschland und in Europa wahrnimmt."

Der VDP Verband Deutscher Privatschulen NRW e. V. geht darüber hinaus und legt in seiner Satzung fest, dass er als konfessionell, politisch und weltanschaulich neutraler Verband

> „...dem Zweck dient, das freie Bildungswesen – insbesondere in Nordrhein-Westfalen – zu fördern sowie dem gesamten Schulwesen und der Erwachsenenbildung Impulse zu vermitteln."

Ganz im Sinne innovativer pädagogischer Inhalte versteht sich der VDP Verband Deutscher Privatschulen NRW e. V. damit als Motor des Bildungswesens. Er ist eingebunden in die sog. Arbeitsgemeinschaft freier Schulen (AGFS), die neben den großen kirchlichen Trägern Vertreter der Waldorfschulen und Montessorischulen und anderer Bekenntnisschulen vereinigt. Von der Politik wird der VDP NRW als Bestandteil der „Zivilgesellschaft" wahrgenommen und ist als solcher beteiligt an Willensbildungsprozessen der Politik – so zum Beispiel in der Bildungskonferenz NRW oder im Fachbeirat Inklusion des Landes NRW, der sich mit der Umsetzung der UN-Behindertenrechtskonvention in das deutsche Regelschulsystem befasst.

Der Landesverband und seine Mitglieder

Bei den rund 100 Mitgliedern des VDP NRW handelt es sich um sog. Trägermitgliedschaften: D. h. die Mitgliedschaft kann von Bildungs- und Schulträgern erworben werden, wobei ein Schulträger mehrere Schulen oder Bildungseinrichtungen betreiben kann. De facto beläuft sich die Mitgliedschaft damit auf etwas weniger als 200 Schulen und Bildungseinrichtungen. Eine Einzelmitgliedschaft natürlicher Personen ist satzungsmäßig beschränkt auf Personen, die dem freien Bildungswesen langjährig zugetan sind und als Fördermitglied weiterhin die satzungsmäßigen Ziele unterstützen wollen. Das Spektrum an Mitgliedern im Landesverband ist von einer großen Heterogenität geprägt. Die Mitglieder können sich in der sog. Fachgruppenarbeit engagieren und Arbeitsaufträge an die Geschäftsstelle formulieren.

Die Mitglieder selbst sind zum Teil eingetragene Vereine, gemeinnützige GmbHs oder GmbHs im Weiterbildungsbereich. Daneben gibt es Fördermitglieder, die die Ziele des Verbandes durch einen geringen Betrag unterstützen. Hierbei handelt es sich um Banken und Versicherungen.

Die Vollmitglieder bilden das satzungsmäßige Organ der Mitgliederversammlung, die alle vier Jahre einen Vorstand wählt. Dieser vertritt den Verband nach außen, so wie es die vereinsrechtlichen Bestimmungen der §§21 ff. BGB vorsehen. Bei seiner Arbeit wird der Vorstand beratend durch ein Kuratorium unterstützt, das sich aus dem freien Bildungswesen zugetanen Experten zusammensetzt. Ein weiteres Aufsichtsgremium besteht nicht. Die Finanz- und Haushaltskontrolle erfolgt durch einen Kassenprüfer, der alle zwei Jahre von der Mitgliederversammlung berufen wird, alljährlich die Prüfungen vornimmt und der Mitgliederversammlung berichtet. Der Verband unterhält darüber hinaus eine Geschäftsstelle, die mit drei hauptamtlichen Beschäftigten besetzt ist. Die Struktur des VDP stellt sich wie folgt dar:

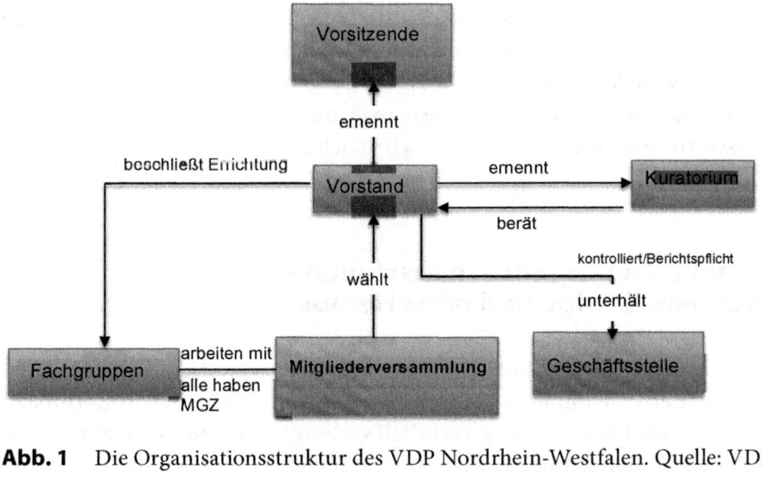

Abb. 1 Die Organisationsstruktur des VDP Nordrhein-Westfalen. Quelle: VDP NRW

Der VDP finanziert sich ausschließlich über Mitglieds- und Förderbeiträge sowie Beiträge für Seminare im wirtschaftlichen Geschäftsbetrieb. Der Vorstand ist mit den in einem Verein üblichen Funktionen ausgestattet und mit fünf Mitgliedern besetzt, die jeweils eine der großen Fachrichtungen im Verband repräsentieren. Dies dient dem Zweck, trotz hoher Heterogenität eine vollständige Interessensvertretung aller Fachbereiche zu gewährleisten. Der Vorstand tagt einmal im Quartal zur Beratung über die den Verband betreffenden Themen und einmal jährlich im Rahmen einer Klausurtagung zur Beratung über strategische Fragestellungen.

Die Fachgruppen setzen sich wiederum zusammen aus Mitgliedern der jeweiligen Fachrichtung. Ihre Mitglieder werden nicht gewählt, sondern kraft ihrer Fachrichtung bei Interesse eingeladen, mitzuwirken. Die Fachgruppen folgen in ihrer Arbeit weniger formalen als inhaltlichen Kriterien. Die Sitzungen erfolgen bei Bedarf und dienen dem Erfahrungsaustausch und der Erarbeitung von Lösungsvorschlägen entweder an den Vorstand oder von Arbeitsaufträgen an die Geschäftsstelle. Der Austausch ist von hoher Kollegialität geprägt. Den Vorsitz einer Fachgruppe führt ein Vorstandsmitglied, dessen Fachrichtung der Fachgruppe zuzuordnen ist. Durch diese Art der internen Interessensvertretung und Interessensabbildung kann erreicht werden, dass ein hohes Maß an fachlicher Kompetenz in die Arbeit der Geschäftsstelle eingebracht wird. Auch ist hierdurch eine Nähe zu den Bedarfen der Mitglieder, also letztlich des „Marktes“, gegeben, wodurch schnell und unmittelbar Herausforderungen und Notwendigkeiten politischen Handelns erkannt werden können. Die unmittelbare Kommunikation mit den Mitgliedern in der Fachgruppenarbeit ermöglicht schnelles Handeln. Neben der Fachgruppenarbeit profitieren die Mitglieder von einem umfangreichen Informationsmanagement durch Newsletter, Presseschauen und Mailings sowie einer Mitgestaltung an der politischen Interessensvertretung. Eine Mitgliederumfrage im Jahre 2012, an der sich mit 30% vergleichsweise viele Mitglieder beteiligt haben, ergab, dass die Zufriedenheit der Mitglieder gerade durch das Informationsmanagement, die Beratung, die politische Interessensvertretung und die Seminare sehr hoch ist.

Interessenvertretung für Privatschulen – Bedingungen, Erfolge und neue Herausforderungen

Wenn auch die Verfassungslage seit 1949 in Bezug auf die Privatschulfreiheit unverändert ist, so ist der VDP immer wieder gefordert, an dieses Grundrecht zu erinnern. Wohl kaum ein Bereich verfassungsrechtlich verbürgter Grundrechte wird in der öffentlichen Diskussion so mit Argwohn betrachtet wie der der Privatschulfreiheit.

Immer wieder scheint vergessen zu werden, dass das Bundesverfassungsgericht in ständiger Rechtsprechung einem staatlichen Bildungsmonopol eine Absage erteilt hat. Während in vielen anderen Bereichen der staatlichen Daseinsvorsorge die Erbringung durch Private inzwischen als selbstverständlich gilt, ist der Bereich Schule in der öffentlichen und politischen Meinung immer noch zuvorderst dem Staat zugeordnet. Dass die Verfassungsväter mit der Schaffung der Privatschulfreiheit die Grundlage für Vielfalt im Bildungswesen geschaffen haben, dass unser heutiges Schulsystem ohne die innovativen Ansätze z. B. der ReformpädagogInnen der Waldorf- und Montessorischulen, aber auch der Inklusionspädagogik anders aussähe, wird dabei oft vergessen. Auch im berufsbildenden Bereich sind viele Berufe ohne das freie Schulwesen undenkbar, wenn man z. B. die Gesundheitsfachberufe, die IT-Technik oder Designerberufe betrachtet. Schulen in freier Trägerschaft sind nach herrschender Rechtsprechung und Lehre nicht wegzudenkender Bestandteil des öffentlich verantworteten Bildungswesens, die sich ihrer gesamtgesellschaftlichen Aufgabe sehr bewusst sind, diese mit innovativen Schulmodellen wahrnehmen und hierdurch eine wichtige Rolle im öffentlichen Bildungswesen spielen. Dennoch haben Sie in der politischen Landschaft und gegenüber der Gesetzgebung in den Ländern immer wieder mit Kürzungen zu leben, die jedoch häufig verfassungsgerichtlichen Überprüfungen nicht standhalten, wie die jüngere Judikatur belegt (SächsVerfGH, Urteil vom 15. 11. 2013 – Vf. 25-II-12; ThürVerfGH, Urteil vom 21.05.2014 – VerfGH 13/11.)

Der Verband bewegt sich damit im Spannungsfeld zwischen Bildung als öffentlicher Aufgabe und privater Erbringung. Staatlicher Bildungsauftrag wird gerne verwechselt mit einem staatlichen Bildungsmonopol. Obwohl der Gesetzgeber den klaren Auftrag hat, Schulen in freier Trägerschaft so auszustatten, dass sie ihren Schulbetrieb aufrechterhalten können, werden freie Schulen durch finanzielle Unterdeckung und verwaltungstechnische Erschwernisse an den Rand gedrängt. Ein gesunder Wettbewerb zwischen staatlichen und privaten Schulen im öffentlichen Bildungswesen kann so nicht stattfinden. In diesem Spannungsfeld betrachtet es der Verband als seine Aufgabe, die besonderen Verdienste der Schulen in freier Trägerschaft hervorzuheben und diesen, mehr noch als dies bislang der Fall ist, zu einem selbstverständlichen Bestandteil des öffentlich verantworteten Bildungssystems zu verhelfen. Aus den jetzigen 8%-10% der allgemein bildenden Schulen sollen in Zukunft, wie von Eltern gewünscht, 30% werden. Dies setzt voraus, dass Bildung – mehr noch als heute – als gesamtgesellschaftliche Verantwortung in der Gesellschaft ankommt, die jeden angeht und nicht nur den Staat.

Um dieses Ziel zu erreichen, nutzt der Verband alle ihm rechtlich und politisch zustehenden Möglichkeiten. Als Sachverständiger nach §77 SchulG bringt er sich ein in Gesetz- und Verordnungsgebungsverfahren, indem er durch entsprechende

Stellungnahmen auf die Einhaltung der verfassungsrechtlichen Vorgaben und die Belange von Schulen in freier Trägerschaft aufmerksam macht. Im Vorfeld zu Gesetzgebungsverfahren nutzt er darüber hinaus die Möglichkeit, Gespräche mit Verantwortlichen zu führen und gemeinsam mit der Arbeitsgemeinschaft der freien Schulen NRW (AGFS) die Positionen zur Privatschulfreiheit zu vertreten. Er arbeitet in den bestehenden Arbeitskreisen in Verwaltung und Politik mit. Eines der besonderen Highlights in den vergangenen Jahren war sicher die von der rot-grünen Landesregierung ins Leben gerufene *Bildungskonferenz NRW*, in der die Zivilgesellschaft aufgerufen war, die Zukunftsfähigkeit des nordrhein-westfälischen Schulsystems mitzugestalten. Auch die Mitarbeit im *Fachbeirat Inklusion* ist einer der Meilensteine der Mitgestaltung am Bildungssystem in NRW. Letzterer befasst sich mit der *Umsetzung der UN-Behindertenkonvention in das deutsche Regelschulsystem*. Daneben unterhält der Verband ein Netzwerk an guten Kontakten zur Politik und führt regelmäßig Gespräche mit den Verantwortlichen im Landtag, um stets auf die Belange der Schulen in freier Trägerschaft aufmerksam zu machen.

Auch die Kontakte zur Medienöffentlichkeit sind intensiv. Der VDP hat sich als ernstzunehmender Ansprechpartner zu allen das freie Schulwesen betreffenden Fragen entwickelt. Dies liegt nicht zuletzt daran, dass der VDP sich selbst als Qualitätsgemeinschaft versteht und in erster Linie ideelle Ziele verfolgt. Seine Mitglieder unterziehen sich einer Qualitätsprüfung, was ihnen letztlich eine gute, ihrem qualitativen und pädagogischen Anspruch entsprechende Glaubwürdigkeit sichert.

Schließlich arbeitet der Verband eng zusammen mit wissenschaftlichen Instituten und Universitäten und erhält hierdurch seriöse Informationen als Grundlage für die eigene Arbeit. So liefert das Institut der deutschen Wirtschaft (IW) in Köln regelmäßig Daten über die Kosten von Schulen in freier Trägerschaft. Exemplarisch sei an dieser Stelle die Studie aus dem Jahre 2011 erwähnt, mit der das IW Köln belegt hat, dass Schulen in freier Trägerschaft für den Staat eine Kostenersparnis bedeutensdfootnote4sym (vgl. Klein 2011).

Nordrhein-Westfalen kann sich zu Recht als eines der privatschulfreundlicheren Bundesländer bezeichnen, mit einer ausdifferenzierten Regelung zur Ersatzschulfinanzierung seit der Schulgesetznovellierung im Jahre 2005. Die Höhe der staatlichen Refinanzierung ist im gesamten Bundesgebiet die höchste. An der jetzt bestehenden schulrechtlichen Situation mit ihrer Ersatzschulverordnung (ESchVO), die die Regelungen zur staatlichen Refinanzierung enthält und ihrer Verordnung zur Finanzierung von Ersatzschulen (FESchVO) war der VDP maßgeblich beteiligt. Hiernach refinanziert der Staat 85-94% der Kosten für den Betrieb einer Ersatzschule.

Hierin liegt zugleich die besondere Herausforderung der nächsten Jahre: Seit 2005 verzeichnet das Land NRW einen spürbaren Anstieg an Schulneugründungen mit entsprechenden hohen Kosten für das Land NRW. Der Landesrechnungshof hat dies in seinem Bericht 2012 gerügt und der Regierung aufgegeben, dies zu überprüfen. Hier ist nicht ausgeschlossen, dass über eine Reduzierung der Refinanzierung nachgedacht wird. Der VDP nimmt die Möglichkeit wahr, sich hier einzubringen: Es gilt zu berücksichtigen, dass dem Staat durch den Zuwachs an freien Schulen insgesamt weniger und nicht mehr Kosten entstehen. Jeder Schüler, der statt zur privaten Schule weiter zu einer staatlichen Schule geht, müsste zu 100% vollfinanziert getragen werden. Für SchülerInnen an freien Schulen dagegen zieht der Staat den sog. Eigenanteil (bis zu 15%) ab.

Eine weitere zentrale Herausforderung für die freien Schulen im Besonderen und für das Schulsystem im Allgemeinen ist die demografische Entwicklung und der Rückgang der SchülerInnenzahlen. Gerade in ländlichen Regionen drohen zahlreiche Schulschließungen, was für die betroffenen SchülerInnen und Eltern, aber auch für die Kommunen negative Auswirkungen haben wird. Für das freie Schulwesen besteht hier die historische (oftmals nötige) Chance einer wirklichen Zusammenarbeit mit Kommunen. Dies kann erstmals in der Geschichte des Bildungswesens in Deutschland zu einem Umdenken im Bereich der Zusammenarbeit und der gemeinsamen Gestaltung führen. So ist zu erwarten, dass von Schulschließungen bedrohte Kommunen gerade in strukturschwachen Regionen in NRW verstärkt freie Träger als Partner suchen werden, um das schulische Angebot zu erfüllen. Das Schulgesetz NRW bietet diese Möglichkeiten. Der Verband möchte hier im Gespräch mit den kommunalen Spitzenverbänden einen Änderungsprozess in Gang bringen, um weiterhin wohnortnahe Bildungsmöglichkeiten zu gewährleisten. Schließlich stellt auch die Inklusion für den Verband eine gesellschaftliche Herausforderung dar, der er sich bereits im frühen Stadium des Umsetzungsprozesses angenommen hat und den Blick für die Verdienste freier Schulen in diesem Bereich geöffnet hat.

Fazit

Der VDP zeichnet sich als ältester Privatschulverband durch eine lange Tradition und Beständigkeit aus. Die Darstellung hat gezeigt, dass der Verband mit Stolz auf eine für das freie Schulwesen bedeutende Geschichte zurückblicken darf. Eine Besinnung hierauf kann als Ausgangspunkt gesehen werden, sich auch weiterhin aktiv in gesellschaftliche Wandlungsprozesse einzubringen. Dies ist wichtig, um sich der geschilderten aktuellen Herausforderungen des Bildungssystems anzunehmen und diese für ein gut gestaltetes Bildungswesen zu meistern. In jedem Fall sind die Schaffung der Privatschulfreiheit mit Verfassungsrang sowie die besondere Finanzierungssituation in NRW durch das Schulgesetz und die hier geschaffene

Gleichwertigkeit kraft Gesetz die wichtigsten Errungenschaften für das freie Schulwesen. In der öffentlichen Wahrnehmung dürfte die wichtigste Errungenschaft der letzten Jahre sein, dass eine Schule in freier Trägerschaft nicht mehr etwas für „bestimmte gesellschaftliche Kreise" ist, sondern von 30% der Eltern favorisiert wird. Damit ist das freie Schulwesen in der Mitte der Gesellschaft angekommen. Die Erfahrung – mag sie auch lange zurück liegen – könnte genutzt werden, die Vision zu verfolgen, das Schulsystem mit einem Subsidiaritätsprinzip – Bildung mehr als gesellschaftliche Aufgabe, denn als staatliche zu sehen – zu versehen und wie in anderen Bereichen Bildung zunächst von der Zivilgesellschaft tragen zu lassen, wenn gleichzeitig ein Grundrecht auf Bildung geschaffen würde. Erste – wenn auch wenige – Ansätze gibt essdfootnote5sym (vgl. Richter 2009).

Literatur

Avenarius H (2011) Die Herausforderungen des öffentlichen Schulwesens durch private Schulen. Aktuelle Rechtsfragen in einer angespannten Beziehung. Rechtsgutachten im Auftrag der Max-Traeger-Stiftung. Gewerkschaft Erziehung und Wissenschaft, Frankfurt/Main

Boettcher J, Buechler K, Lucas C (1984) Deutsche Privatschulen im Bundesverband in Freier Trägerschaft. Wirtschaftsverlag GmbH, Wiesbaden

Klein HE (2011) Privatschulen im Kalkül staatlicher Unterfinanzierung. Studie IW – Köln

Pieroth, B (2011) Die Freien Schulen in der Standortkonkurrenz. Resource document. Verband Deutscher Privatschulen Baden-Würtemberg e. V.. http://www.vdp-bw.de/images/stories/PDF/01122011_gutachten_pieroth_privatschule_endfassung.pdf. Zugegriffen: 30. November 2013

Richter I (2009) Das Grundgesetz – Eine gute Verfassung für Familie, Kultur und Bildung?. Berliner Wissenschafts-Verlag, Berlin

Weiß M (2011) Allgemeinbildende Privatschulen in Deutschland. Bereicherung oder Gefährdung des öffentlichen Schulwesens? Schriftenreihe Netzwerk Bildung der Friedrich-Ebert-Stiftung, Berlin

Zippelius R, Würtenberger T (2005) Deutsches Staatsrecht. 31. Aufl. Beck, München

Lobbyarbeit für Privatschulen in Nordrhein-Westfalen

Interview mit Eva Lingen
(VDP Verband Deutscher Privatschulen NRW e. V.)

Wie ist die Lobbyarbeit Ihres Verbandes organisiert?

Die Lobbyarbeit wird gesteuert durch das Hauptamt in der Geschäftsstelle. Darüber hinaus gibt es den Vorstand, der die Heterogenität der Mitglieder abbildet und auch Expertise aus den verschiedenen Bereichen, wie den allgemeinbildenden und den berufsbildenden Schulen in den Verband bringt. Die Lobbyarbeit beruht auf zwei Grundpfeilern: Kommunikation sowie Netzwerkpflege nach innen und außen. Unser Verband ist mit rund 100 Mitgliedern – die jeweils Träger von einer oder mehreren Schulen sind – von überschaubarer Größe. Dadurch können wir komfortabel engen Kontakt nach innen pflegen. Als Geschäftsführerin muss ich die Belange der Mitglieder kennen, um sie auch nach außen zu formulieren. Wir vertreten u. a. Schulen in freier Trägerschaft, die zu mehr als 85 Prozent aus öffentlichen Mitteln finanziert werden. Dieser Bereich ist eine Wissenschaft für sich, in die man sich gründlich einarbeiten muss. Ohne die Kenntnis dieser spezifischen Materie kann man schlicht keine Interessen vertreten, deshalb ist die Leitidee der engen Kommunikation eine Notwendigkeit.

Sie sind von Haus aus Rechtsanwältin. Ist Ihr beruflicher Hintergrund wichtig für Ihre jetzige Tätigkeit?

Juristische Expertise ist unerlässlich, um die spezifische Thematik der Ersatzschulfinanzierung und des Bildungsrechts zu verstehen. Für die Kommunikation und Netzwerkpflege muss man nicht zwingend Anwalt sein, aber der Anwalt hat gelernt, Interessenvertreter zu sein. Die Kommunikation als solche ist eine besondere Kunst, die man sich zusätzlich aneignen muss.

Wie transportieren Sie die Interessenlagen Ihrer Mitglieder?

Da ist zunächst einmal eine enge Kontaktpflege zur Politik. Das bedeutet, es werden regelmäßige Gespräche geführt – z. B. mit allen im Landtag vertretenen Parteien, und zwar mit dem Ziel, ad hoc immer eine Gesprächsbasis zu haben, auf die man zurückgreifen kann. Darüber hinaus pflegt der Verband enge Kontakte zu den im Bundestag vertretenen Abgeordneten aus NRW. Diese engen Kontakte nutzt der Verband dann, wenn bei „den Mitgliedern der Schuh drückt“ und Interessen auf Bundesebene durchgesetzt werden müssen. Da ist der gute persönliche Kontakt hilfreich, um Ziele auf einfachem Wege durchzusetzen. Daneben arbeitet der Verband mit in den vom Land eingerichteten Gremien, wie der Bildungskonferenz NRW oder dem Fachbeirat Inklusion, sowie mit den vom Ministerium eingerichteten Arbeitsgruppen, wie z. B. der Arbeitsgruppe Verwaltungsvereinfachung. Im Übrigen ist der Verband Mitglied in der Arbeitsgemeinschaft der Freien Schulen und kann über dieses Sprachrohr ebenfalls die Interessen der Mitglieder formulieren. Die Methoden des Lobbyings umfassen die klassische Klaviatur der Lobbyarbeit: kleine Anfragen, Medienkampagnen, die Mobilisierung anderer Netzwerkpartner wie die Arbeitsgemeinschaft der freien Schulen oder die Freien Waldorfschulen.

Betrachten wir einmal die Landesebene in NRW, also das Lobbying für die allgemeinbildenden Schulen. Wer steht da in etwa für was?

Wir haben aktuell eine grüne Schulministerin. Tendenziell stehen die Grünen für bürgerschaftliches Engagement und vertreten die Position, dass freie Schulen auch Ausdruck bürgerschaftlichen Engagements sind. Aber es gibt daneben Zwänge finanzieller Natur und daran kann auch eine grüne Schulministerin nicht vorbei. Wir haben einen sozialdemokratischen Finanzminister, das ist eine Herausforderung. Die sozialdemokratische Politik betrachtet Bildung als Bestandteil der öffentlichen Daseinsvorsorge und ihre Erbringung als eine staatliche Aufgabe, die Perspektive von privaten Schulen als Ausdruck freiheitlichen Engagements ist für die SPD daher eher wesensfremd.

Und wie sieht es mit den Oppositionsparteien aus?

Die FDP verfolgt traditionell eine privatschulfreundliche Politik. Da bestehen enge Kontakte, von denen man profitieren kann. Die CDU ist traditionell auch eher privatschulfreundlich – die letzte CDU-Regierung hat die Ersatzschule in das neue Schulgesetz als gleichwertig aufgenommen. Das ist in anderen Bundesländern noch lange nicht der Fall.

Schulpolitisch ist in NRW einiges in Bewegung. Wie gehen Sie mit der Situation um? Was sind jetzt die naheliegenden Schritte?

Wir haben eine komfortable Situation, da wir ein verfassungsrechtlich verbürgtes Freiheitsrecht haben, eine eher privatschulfreundliche Schulministerin und eine ebenfalls privatschulfreundliche Opposition. Eigentlich ein guter Nährboden für die Expansion von freien Schulen. Aber das Bildungssystem ist insgesamt im Umbruch. Durch die demographische Entwicklung entsteht eine Konkurrenzsituation, die den freien Schulen das Leben schwer machen könnte, weil staatliche Schulen in bestimmten Regionen um ihre Existenz kämpfen, während im freien Schulwesen die SchülerInnenzahlen steigen. Die Politik ist noch nicht so weit, im freien Schulwesen eine Chance zu sehen, der angespannten Haushaltslage und dem Rückgang an SchülerInnenzahlen durch Zusammenarbeit mit freien Trägern zu begegnen.

Was heißt das konkret?

Eine Kommune, die davor steht, eine Schule zu schließen, hat die Möglichkeit, mit freien Trägern zu kooperieren, spart damit Geld und hat den Schulstandort gesichert. Damit entsteht eine Situation, in der hier plötzlich eine vermeintlich öffentliche Aufgabe der Daseinsvorsorge von Privaten erbracht wird. Da treten Ängste auf, denen man begegnen muss mit dem Ziel, die historische Chance zu ergreifen, ein völlig neues Bildungssystem zu schaffen. So wie in den Niederlanden möglicherweise mit 70 Prozent freien Schulen.

Hierfür muss man Denkblockaden überwinden. Aber man benötigt eben auch die Bereitschaft, über die finanzielle Situation anders zu denken oder Aufgaben anders zu verteilen. Aber in erster Linie geht es darum, Ängste zu überwinden. Das ist die Herausforderung, vor der sich der Verband derzeit befindet.

Könnten Sie genauer beschreiben, was Sie in dieser Situation tun, wo Ihr ganz konkreter Ansatzpunkt ist?

Das bewegt sich derzeit auf vielen Ebenen. Sie können in einem solchen historischen Umbruch nicht eingleisig denken. Zunächst kommt der Druck von unten. Zunehmend suchen Kommunen den Kontakt zu unserem Verband und zeigen Beratungsbedarf. Da sich diese Entwicklung nicht erst seit heute ankündigt, hat der Verband immer Gespräche mit den kommunalen Spitzenverbänden gesucht. So haben wir am Rande des Kommunalwahlkampfes in NRW im Mai 2014 mit einer Veranstaltung offensiv das Thema aufgegriffen und alle Beteiligten – Politik, Verwaltung, Wissenschaft, Vertreter der kommunalen Spitzenverbände, Schulträger, Verbände – zum Austausch eingeladen. Die Veranstaltung hatte großen Anklang.

Und wie steht es mit der Interessenvertretung für einzelne Schulen?

Ja, da kann ich gerne ein Beispiel nennen, auch wieder ein sehr spezifisches Thema: das der allgemeinbildenden Ergänzungsschulen. Wir haben es hier mit Schulen zu tun, die sich frei finanzieren und an bestimmte pädagogische Vorgaben nicht gebunden sind. Diese Schulen führen viele SchülerInnen mit den Mitteln der sogenannten Eingliederungshilfe nach dem SGB VIII zum Abschluss: SchülerInnen mit Förderbedarfen oder ADHS, SchülerInnen, die durch staatliche Raster durchgefallen sind und – wie man so schön sagt – „abgeschult wurden". Ein entscheidender Punkt ist: Diese Schulen bereiten auf einen externen Abschluss vor – die SchülerInnen machen also die Prüfungen an einer anderen Schule. Die Prüfungsordnung dafür sollte vor einigen Jahren novelliert werden. Eine der versteckten Unannehmlichkeiten, die in die Prüfungsordnung eingeführt werden sollte, war das sogenannte Wohnsitzprinzip. Das heißt: Die SchülerInnen sollten dort ihre Prüfung ablegen, wo sie ihren ersten Wohnsitz haben. Aber die SchülerInnen, die mit Eingliederungshilfe – etwa 1000€ im Monat – diese Schulen besuchen, haben ihren Wohnsitz meist gar nicht an diesem Ort, sondern zum Beispiel bei ihren Eltern, vielleicht sogar in einem anderen Bundesland. Andere SchülerInnen kommen gar aus dem benachbarten Ausland, den Niederlanden oder Belgien.

Das Wohnsitzprinzip hätte dazu geführt, dass diese SchülerInnen nicht mehr im Klassenverband hätten geprüft werden können. Für die Prüfung hätten sie an eine Schule in ihrem Erstwohnsitz zurückgehen müssen, oder sie hätten ihren Wohnsitz zum Ort der Schule verlegen müssen. Zudem wären sie in einem anderen Bundesland ggf. mit völlig anderen Prüfungsanforderungen konfrontiert worden. Hinzu kommt, dass die Eingliederungshilfe eine Leistung ist, die nach SGB VIII von der jeweiligen Kommune gezahlt wird. Wenn Sie dann in einer Kommune hundertfünfzig SchülerInnen auf solch einer Schule haben, können Sie sich ausrechnen, dass das eine große Belastung für die betroffene Kommune gewesen wäre, wenn die SchülerInnen sämtlich ihre Wohnsitze gewechselt hätten.

Was haben Sie in dieser Situation getan?

Diese unzumutbare Änderung war bereits in den Vorgesprächen zur Verbändeanhörung erkennbar. Das Ministerium hat uns dreimal zu Gesprächen eingeladen. Wir konnten dreimal unsere Bedenken vortragen. Das Ganze zog sich über einen Zeitraum von neun bis zehn Monaten. Aber es war keinerlei Bewegung zu spüren beim Ministerium, kein noch so sachliches Argument fand Gehör. Wir liefen vor die Wand. Was konnten wir tun? Wir hätten jetzt natürlich das normale Anhörungsverfahren abwarten können. Wir werden in diesem Rahmen als Sachverständige gehört, geben unsere Stellungnahmen ab und dann geht das in den

Abstimmungsprozess. Dann hätten wir allerdings nicht die Gewissheit gehabt, dass es uns gelingt, die Einführung des Wohnsitzprinzips in die Prüfungsordnung aufzuhalten. So sahen wir uns gezwungen, die gesamte „Klaviatur" abzuspielen. Wir haben unsere Mitglieder mobilisiert, indem wir sie mit den Kontaktdaten für die jeweiligen Abgeordneten vor Ort versorgt haben, damit vor Ort mobil gemacht werden konnte. Wir haben mit der Opposition Gespräche geführt und hatten die FDP für eine kleine Anfrage gewinnen können. Dann haben wir noch die Folgen dieses Wohnsitzprinzips auf informeller Basis an den Schulausschuss kommuniziert. Wir haben seinerzeit von einem Abgeordneten das Lob bekommen, da hätten wir aber als kleiner Verband eine ganz schöne Welle gemacht. Es ist uns tatsächlich gelungen, dieses Wohnsitzprinzip zu verhindern. Ich bin nun nicht sicher, welche der verschiedenen Methoden, die wir da angewendet haben, gezogen hat. Vielleicht war es letzten Endes die Intervention an die Abgeordneten mit ihren Wahlkreisbüros, weil die eine oder andere Kommune ganz schlimm betroffen gewesen wäre. Im Ergebnis würde ich aber in aller Bescheidenheit sagen, das war ein schöner Erfolg von aktiver Lobbyarbeit.

Abschließend möchte ich fragen, wie sich der Verband strategisch fortentwickelt. Wie bereiten Sie sich auf kommende Herausforderungen vor?

Zunächst einmal bedarf es für die Entwicklung neuer Strategien eines wachen Auges. Ich selber nehme an vielen Veranstaltungen teil. Darüber hinaus bin ich sehr aktiv in allen möglichen Gremien. Diesen Input verarbeite ich zunächst mal für mich, aber ich mobilisiere auch immer wieder die Expertise innerhalb der Mitgliedschaft. Ich präsentiere Ideen dem Vorstand, der dann entsprechende Beschlüsse fasst. Das ist meine Aufgabe als Geschäftsführung. Der Verband bekommt Input aus verschiedenen Instituten, von denen wir mit Zahlen versorgt werden, zum Beispiel vom Institut der deutschen Wirtschaft. Verbandsintern haben wir eine recht gut funktionierende Gremienstruktur in sogenannten Fachgruppen. Mitglieder sind auch selbst aktiv in diesen Fachgruppen und entwickeln Konzepte und Ideen, die den Verband nach vorne bringen. Dort werden ehrenamtlich die Positionen erarbeitet, die dann über Geschäftsstelle und Vorstand nach außen gehen. Wir haben also ein hohes Maß an ehrenamtlichem Engagement – das mag ungewöhnlich klingen, aber es ist vielleicht auch einfach zu erklären aus dem Selbstverständnis von freier Schule: Jemand, der freie Schule macht, hat einen besonderen Anspruch an seine Profession oder einen gewissen missionarischen Eifer. Diesen Impetus macht sich der Verband zu Nutze.

Vielleicht haben Sie noch ein Schlusswort, das Sie den Lesern mitgeben möchten?

Grundvoraussetzung für die erfolgreiche organisierte Interessensvertretung im VDP durch Lobbying ist die regelmäßige und intensive Netzwerkpflege nach innen und außen. Dies gewährleistet ein hohes Maß an Know how. Netzwerkpflege ist nach außen die wesentliche Basis, die im „Notfall" aktiviert werden kann.

Interview: Thorsten Hallmann

Interessenvertretung für Muslime

Das Bündnis der Islamischen Gemeinden in Norddeutschland e. V.

Interview mit Fatih Yıldız[1]
(Bündnis der Islamischen Gemeinden in Norddeutschland)

Das Bündnis der Islamischen Gemeinden in Norddeutschland e. V. (BIG e. V.) ist 1984 als Dachverband türkisch-islamischer Gemeinden entstanden. Derzeit umfasst es 17 Moscheegemeinden – zwei in Niedersachen, sechs in Schleswig-Holstein und neun in Hamburg. Darüber hinaus sind ihm weitere Vereine angeschlossen, wie zum Beispiel der Islamische Jugendbund (IJB e. V.), die Muslimische Frauengemeinschaft in Norddeutschland (MFG e. V.) und eine Reihe von Fußball- und Elternvereinen.

Das Bündnis ist föderativ aufgebaut, was bedeutet, dass die Mitgliedsvereine unabhängig sind und von ihren eigenen Vorständen geleitet werden. Bei der Wahl des BIG-Vorstandes sind sie gleichberechtigte Stimmpartner. Letzterer besteht aus 22, zumeist ehrenamtlichen Personen, die in unterschiedlichen Aufgabenbereichen, so unter anderem der Jugend- oder Öffentlichkeitsarbeit und der Organisationsentwicklung, tätig sind und sich wöchentlich treffen.

Das Ziel des Zusammenschlusses stellt zunächst „[...] die Förderung der islamischen Religion und Kultur", (Satzung des BIG e. V.) dar, welche sich zum Beispiel in der Beschäftigung von Imamen oder im Erwerb von Gebetsstätten ausdrückt. Weiterhin bietet das Bündnis soziale Dienstleistungen für seine Mitglieder an. Hierbei ist es zu einem hohen Maße auf ehrenamtliches Engagement angewiesen.

Das BIG ist Mitglied im Islamrat für die Bundesrepublik Deutschland, einem der muslimischen Spitzenverbände. Auf Länderebene sind die jeweiligen Vereine zudem in der Schura[2] Niedersachsen, der Schura Schleswig-Holstein und der Schura Hamburg organisiert. Vor diesem Hintergrund hat das Bündnis die Verhandlungen

---

1 f.yildiz@big-nord.de

2 Die Schura ist der Rat der Islamischen Gemeinschaften

um einen Staatsvertrag in Hamburg begleitet, der die Beziehung der Stadt zu den drei islamischen Verbänden DITIB, Schura und VIKZ (Verband der islamischen Kulturzentren) regeln soll. Die konkreten Vereinbarungen beziehen sich unter anderem auf Fragen des muslimischen Religionsunterrichts.[3]

Unser Gesprächspartner Fatih Yıldız ist Vorstandsmitglied für Organisationsentwicklung und -management im BIG e. V.[4]

Warum ist das Bündnis der Islamischen Gemeinden in Norddeutschland e. V. entstanden?

Man hat schon vor dem 11. September, aber vor allem auch danach gemerkt, dass man eine Struktur braucht, die alle Kräfte mobilisiert und bündelt, damit man an die deutsche Öffentlichkeit herantreten und die eigenen Interessen vertreten kann. Sie müssen sich das so vorstellen, dass jede einzelne Gemeinde strukturell und personell nicht in der Lage ist, diese Öffentlichkeitsarbeit, aber auch innerstrukturelle Arbeit selber zu schaffen. Deswegen hat man gesagt, es wäre gut, wenn man eine Dachorganisation hätte, die alle Mittel bündelt und für alle spricht. Also: Man ist auf Veränderungen in der Organisation aufmerksam geworden, das heißt, die Struktur hat sich geändert, die Belange haben sich geändert, auch was die Öffentlichkeitsarbeit und die politische Vertretung betrifft. Die Anforderungen sind gewachsen, und das kann eine Moscheegemeinde, die ausschließlich mit ehrenamtlichen Mitarbeitern arbeitet, nicht schaffen. Deswegen hat man gesagt: „Wählen wir unter uns Leute, die bestimmte Qualifikationen mitbringen und diese Arbeit dann auch machen können".

Es gibt verschiedener Dachverbände.. Warum gibt es keine übergreifende Interessenvertretung für den Islam, sondern eher kleinteilige Strukturen?

Sie müssen wissen, dass sich das in den letzten 10 Jahren geändert hat. Wenn Sie das Beispiel Hamburg und Schleswig-Holstein nehmen, ist es so, dass Staatsvertragsverhandlungen geführt worden sind, in deren Rahmen die drei großen Dachverbände, also Schura, VIKZ und DITIB, in Hamburg 10 Jahre lang sehr eng zusammengearbeitet und die Interessen der Muslime im Allgemeinen vertreten haben. Das heißt, da hat sich eine Änderung vollzogen, in der Gestalt, dass man gesagt hat: „Jeder hat das Recht, seinen eigenen Dachverband zu haben und nach seiner Kultur oder

3 vgl. http://www.hamburg.de/pressearchiv-fhh/3551764/2012-08-14-sk-vertrag/. Zugriff: 10.12.2014.

4 Der Einleitungstext basiert auf einer von Fatih Yıldız verfassten Hausarbeit.

nach seiner historischen Gegebenheit bestimmte Sachen zu entwickeln, aber im Fall der Vertretung der Muslime vor allem gegenüber der Öffentlichkeit und gegenüber dem Senat, ist es bedeutender, wenn man zusammenkommt und die Geschicke in diesen Verhandlungen zusammen lenkt".

Können Sie darstellen, was Ihre Agenda ist?

Was jetzt konkret ansteht ist, aufgrund der Staatsverträge, der Religionsunterricht in deutschen Schulen in deutscher Sprache, begleitet von den islamischen Religionsgemeinschaften. Das bedeutet, dass Muslime Religionsunterricht geben können und sollen. Auch in die Ausarbeitung der Inhalte sind sie involviert. Das ist eine große Herausforderung. In diesem Bereich kooperiert man mit der evangelischen Kirche, denn in Hamburg betreut die evangelische Kirche den Religionsunterricht. Alle Religionsgemeinschaften arbeiten zusammen, um den „Religionsunterricht 2.0", also Religionsunterricht von allen für alle, mitzugestalten. Das ist ein riesengroßer Schritt für die Muslime, einerseits hinsichtlich ihrer Anerkennung und andererseits dadurch, dass sie partizipieren können. Ein weiterer Aspekt, der noch diskutiert wird, ist die Seelsorge. Die Frage ist: Wie soll sich Seelsorge für Muslime in Hamburg gestalten? Und: Wie kann man in diesem Punkt mit den staatlichen Stellen oder mit den kirchlichen Stellen arbeiten? Beispiele wären die Seelsorge im Krankenhaus oder in Haftanstalten.

In den kommenden zwei bis drei Jahren wird es wahrscheinlich ein ganz großes Thema sein, ob und unter welchen Voraussetzungen es einen muslimischen Wohlfahrtsverband geben kann.

Ganz wichtig ist bei alledem, dass die Öffentlichkeit in Hamburg einen Ansprechpartner in Form von drei Religionsgemeinschaften hat, die sich zusammengeschlossen haben und gemeinsam agieren, wenn es um Fragen der Muslime in Hamburg geht, wenn es um die Sicherheit der Gesellschaft geht und wenn es um soziale Themen geht.

Was sind die zentralen Hürden für BIG oder die islamischen Verbände im Hamburg, wenn sie etwas erreichen wollen?

Was wir merken ist, dass es eine Asymmetrie der Erfahrungen und der Möglichkeiten gibt. Auf der einen Seite haben Sie mit dem Senat eine hochprofessionelle Einrichtung, die diese Arbeit seit Jahrzehnten auf einem hohen Niveau macht und gewohnt ist, sie relativ zügig zu machen. Auf der anderen Seite haben Sie Verbände, die personell und strukturell eigentlich noch nicht in der Lage sind, das auf Augenhöhe zu meistern. Wenn Sie mit Ehrenamtlichen arbeiten, müssen Sie davon ausgehen, dass sie nicht immer zeitlich flexibel oder geschult in Fragen des Rechts oder der Wohlfahrt sind. Sie müssen sich dann mühsam vorbereiten. Man ist in den Verhandlungen, man versucht, diese Verhandlungen Tag für Tag mit Leben zu füllen, ist in den verschiedenen Gremien unterwegs, merkt aber, dass man viel mehr Expertise bräuchte. Das ist glaube ich einer der wichtigsten Punkte, den wir in den kommenden Jahren aufarbeiten und bearbeiten müssen.

Bezogen auf die konkreten Staatsvertragsverhandlungen: Wer waren die Haupt-Bündnispartner, wer waren die Haupt-Gegner?

Erst mal waren einige Parteien gegen einen Staatsvertrag, nicht, weil sie gegen Muslime sind, sondern weil sie generell einen Staatsvertrag mit Kirchen oder religiösen Einrichtungen in Frage stellen. Die FDP hat zum Beispiel gesagt, sie habe nichts gegen Muslime, aber sie fände die Idee eines Staatsvertrages nicht in Ordnung, der Staat dürfe sich in religiöse Fragen nicht einmischen. Das war eine parteiideologische Argumentation. Auf der anderen Seite gab es natürlich auch Parteien – namentlich SPD und CDU -, die Bedenken geäußert haben bzw. bei den Verhandlungen bestimmte Punkte mit eingebracht sehen wollten, was wir aber für ganz normal halten. Es ist ja ein Verhandlungsprozess, wo jeder seine Idee oder Kritikpunkte, die er einbringen möchte, einbringt. Wir sehen eigentlich alle politischen Kräfte oder sozialen Kräfte in der Gesellschaft als Verhandlungspartner an, das ist sehr wichtig. Ein Beispiel: es gibt in Hamburg ein Bündnis gegen die Radikalisierung von Jugendlichen, das von dem Senat, der Schulbehörde und anderen sozialen Einrichtungen und den muslimischen Verbänden zusammen gemacht worden ist. Das zeigt, dass die islamischen Gemeinden bzw. Dachverbände aktiv an der Lösung von gesellschaftlichen Problemen arbeiten können und wollen und sich als Partner anbieten.

Gibt es innerhalb der Gemeinden diesbezüglich unterschiedliche Positionen? Wird zum Beispiel vertreten, dass der Islam ganz autonom handeln und sich nicht vom deutschen Staat in Strukturen einbetten lassen sollte?

Das ist eigentlich ein Punkt, aber wir sehen ihn in dieser Art und Weise in Hamburg nicht. Es gibt ja seit 30 Jahren die Arbeit mit den islamischen Gemeinden. Natürlich gibt es Leute, die sagen: „Für uns liegt das Augenmerk auf der Arbeit vor Ort". Sie möchten weniger Politik machen als vielmehr Dienstleistungen anbieten, weil sie sich auch manchmal überfordert fühlen. Sollen sie die Kräfte, die sie haben, in die Öffentlichkeitsarbeit investieren, oder sollen sie ihre Kräfte für die eigene Verbands- oder Vereinsarbeit aufwenden? Aber grundsätzlich sind alle Entscheidungen bezüglich der Verhandlungen mit dem Staat über einen Staatsvertrag in Mitgliederversammlungen einstimmig so mitgetragen worden.

Würden Sie sagen, dass es den islamischen Verbänden gelingt, das Bild des Islam in der Öffentlichkeit positiv zu beeinflussen?

Ja, ich bin fest davon überzeugt, und das haben wir auch bei den letzten Veranstaltungen gesehen. Eine davon ist ja der „Tag der offenen Moschee". Darüber hinaus gibt es ganz viele einzelne öffentlichkeitswirksame Veranstaltungen der Vereine bzw. Dachverbände. Man hat gesehen, dass man in Strukturen und Öffentlichkeitsarbeit investieren muss, und zwar professionell. Das heißt, man braucht geschulte Leute, die sich dafür engagieren, man braucht Strukturen und man muss es immer wieder bearbeiten. Früher hat man gesagt, es ist getan, wenn man einfach eine Pressemitteilung auf der Internetseite veröffentlicht, aber man hat sehr schnell gemerkt, dass das nicht ausreicht. Man braucht ein Netzwerk mit Partnern, auch nicht-muslimischen Partnern, in der Politik, in der Gesellschaft, im sozialen Bereich, auf das man immer wieder zurückgreifen kann, um auch die Entwicklung mitzugestalten oder ihr entgegenzuwirken, je nachdem, was für eine Entwicklung es ist. Das wird in den kommenden Jahren weiter ausgebaut werden, denn wenn Sie eine gute Arbeit leisten und eine gute Struktur haben, müssen Sie gewährleisten, dass das in der Wahrnehmung der Öffentlichkeit richtig ankommt und auch wertgeschätzt wird. Das bedeutet, dass man mehr in Public Affairs und Öffentlichkeitsarbeit investieren muss.

Eine Herausforderung ist die wachsende Heterogenität der Lebensperspektiven und -bedingungen von Muslimen in Deutschland. Wie äußert sie sich?

Eine Frage ist zum Beispiel: Wie gestalte ich die Arbeit in der Gemeinde, wenn mehr als die Hälfte der Gemeindemitglieder in Deutschland geboren ist und vielleicht andere soziale oder gesellschaftliche Interessen hat? Wie gestaltet man den Gottesdienst, wie gestaltet man die Predigt, wie gestaltet man das Gemeindeleben? Muss es noch so sein wie vor 30 Jahren, dass man, wenn man eine türkische Gemeinde ist, das nur auf das Türkische reduziert, oder öffnet man sich für andere Sprachen? Wir müssen wissen, dass die Strukturen nicht mehr so sind wie vor 30 Jahren, als es noch homogene Mitgliederstrukturen gab. Wir haben sowohl verschiedene Generationen als auch deutsche Muslime und nicht-deutsche Muslime, die kommen. Die erwarten natürlich von einer weltoffenen Gemeinde, dass die Arbeit dementsprechend geändert wird, dass nicht nur auf Türkisch gepredigt wird oder dass die sozialen Dienstleistungen, die angeboten werden, für alle offen sind und nicht nur für eine Gruppe. Das sind zum Beispiel Herausforderungen. Und dass man nicht sagt: „Wir sind alleine im Stadtteil, wir sind nur für uns da", sondern dass man sich im Stadtteil selber öffnet für zivilgesellschaftliche Prozesse, in Gremien aktiv ist. Das ist also nicht nur eine innere Veränderung, sondern Sie müssen sich auch gewahr werden, dass Sie sich den Bedingungen der Gesamtgesellschaft anpassen müssen und Ihren Teil dazu beitragen müssen. Das ist eine Kulturveränderung, und die muss dementsprechend behutsam vonstattengehen. Man muss die Leute überzeugen, dass das vielleicht die letzten 20 Jahre richtig war, wir aber jetzt eine veränderte Situation haben und uns dem stellen und dementsprechend Änderungen vornehmen müssen. Wir müssen die Gemeinden fit machen, dass sie sich nicht mehr von allen Außenstehenden abschotten, sondern offene Strukturen anbieten für alle, die von diesen Gemeinden profitieren wollen. In den meisten Gemeinden glückt das, aber in manchen Gemeinden braucht man eben etwas Zeit, um die Strukturen zu ändern. Wenn Sie als muslimische Gemeinde beachtet und geschätzt werden möchten, dann müssen Sie auch mitmachen bei dem, was die Gesellschaft interessiert. Sie können sich also nicht aus der Verantwortung stehlen und sagen: „Wir sind eine Religionsgemeinschaft, alles andere interessiert uns nicht". Das ist nicht logisch und für die weitere Entwicklung der Gemeinden in Deutschland die falsche Richtung.

Gibt es aufgrund der Heterogenität vermehrt Konflikte innerhalb der Gemeinden oder Fragmentierungsprozesse?

Ich sehe diese Entwicklung im Bündnis der Islamischen Gemeinden und in anderen Verbänden nicht. Es mag sein, dass es hier und dort Gemeinden gibt, die das anders sehen, aber das sind nicht unsere Mitglieder. Wir haben schon immer versucht, das was im Interesse der Gemeinde und im Interesse der Gesamtgesellschaft ist, früh zu artikulieren und dementsprechend auch zu fördern. So gesehen gibt es in den Verbänden, auch in dem Verband, in dem ich arbeite, dieses Problem nicht. 80 Prozent der Moscheen in Deutschland sind in den drei oder vier großen Verbänden organisiert. Sie alle verfolgen dieselbe Politik, dass sie ihre Gemeinden öffnen und dementsprechend versuchen, die Strukturen und Inhalte so zu ändern, dass sie in der Gesellschaft wirken und partizipieren können. Es ist natürlich die freie Entscheidung der restlichen 20 Prozent, wie sie im Rahmen der geltenden Gesetze ihre Religiosität ausleben. Es wäre jetzt vermessen, sie zu bewerten oder zu sagen, das ist richtig oder falsch.

Welche Herausforderungen sehen Sie für die Zukunft des Verbandes?

Wir kommen nicht voran als religiöse bzw. islamische Gemeinschaft, wenn wir unsere Arbeit nicht professionalisieren. Das ist die große Herausforderung, denn da braucht man Manpower, da braucht man finanzielle Möglichkeiten, die alle eingeschränkt sind. Es wird jetzt sehr viel erwartet: man muss sich einbringen im interreligiösen bzw. interkulturellen Dialog, man muss in der Gesamtgesellschaft präsent sein, man muss zivilgesellschaftliches Engagement leisten. All das ist natürlich eine sehr große Belastung. Deswegen müssen wir uns überlegen, wie wir es eigentlich schaffen können, dass wir die bestehenden Verhältnisse so verbessern, dass effektiver und effizienter gearbeitet werden kann. Das ist die größte Herausforderung, diesen Sprung von dem einfachen Verein zu einem Institut zu machen. Wenn wir das hinbekommen, werden wir sehr vieles verändern können.

Was verstehen Sie unter Professionalisierung?

Nicht gleich Verberuflichung. Das wäre etwas, über das wir vielleicht in 5 bis 10 Jahren sprechen können, wenn wir andere finanzielle Quellen haben. Aber erst mal geht es darum, schon bestehende Instrumente, die sich bewährt haben im Non-Profit-Management oder auch im Profit-Management, anzuwenden. Also, wie arbeitet man effektiv und effizient? Wie gestaltet man die Arbeit? Wie macht man Öffentlichkeitsarbeit mit wenigen Mitteln attraktiv? Wie kann ich meine ehrenamtlichen MitarbeiterInnen weiter- und fortbilden? Was muss ich strukturell verändern, damit es besser klappt? Das sind die zentralen Fragen, die wir haben. Natürlich gibt es Leute, die darauf warten, aber es gibt auch Leute, die dem skeptisch gegenüber stehen. Das hat mit Religion nichts zu tun, das werden Sie in allen Non-Profit-Organisationen haben, wenn man die Instrumente, die bereits im Profit-Bereich angewendet werden, als etwas aus dem Profit-Bereich ansieht und dementsprechend ein schlechtes Gefühl hat. Prozessoptimierung, Professionalisierung oder Personalmanagement, damit können manche nichts anfangen, damit verbinden sie mehr Bürokratie, aber auch viel mehr Macht. In einer Organisation, die ehrenamtlich arbeitet und Wohlfahrts- oder religiöse Arbeit leistet, ist es schwierig, viele Menschen unter einen Hut zu bekommen. Auch da müssen Sie eine vermittelnde Tätigkeit ausüben und sie auch dementsprechend heranführen. Aber das ist nicht religiös bewegt, sondern Unkenntnissen über den Sachstand geschuldet.

Ist es schwierig, motivierte Leute zu finden, die diese ehrenamtliche Arbeit machen möchten?

Nein, das ist nicht das Problem. Wir haben ganz viele motivierte Menschen. Das Problem ist, dass sie alle in ihrer Ausbildung, ihrem Alter, ihren Erfahrungswerten sehr unterschiedlich sind. Wenn Sie jetzt in einem Vorstand auf der einen Seite einen Industrieschlosser oder einen Bauarbeiter haben, und auf der anderen Seite einen gelernten Betriebswirt, wird es sehr schwer sein, diese mit in ein Boot zu bekommen. In der islamischen Gemeinde können und dürfen sich alle Mitglieder per Satzung beteiligen, und ihnen ein Rüstzeug zu geben für eine strukturierte und erfolgreiche Arbeit innerhalb der Einrichtung, ist natürlich nicht so einfach. In der

Verbandsarbeit versucht man, Leute zu nehmen, die sich in Deutschland sozialisiert haben, eine Ausbildung genossen haben, denen man nicht erklären muss, was kulturell und historisch hier in Deutschland los ist, wie man sich artikuliert und welche Arbeitsstandards es gibt. Da nimmt man Leute, die schon ein Grundgerüst mitbringen, auf dem man aufbauen kann.

Interview: Thorsten Hallmann

„Natürlich eckt man an"

Interessenvertretung für Frauen im Gesundheitsbereich

Interview mit Regine Rapp-Engels[1]
(Deutscher Ärztinnenbund)

Der Deutsche Ärztinnenbund e. V. versteht sich als politisch unabhängiger Berufsverband von Ärztinnen und Zahnärztinnen. 1924 gegründet, hat er heute etwa 2000 Mitglieder. Er sieht sich als Plattform des Austauschs, der gegenseitigen Unterstützung und der Vernetzung von Ärztinnen. Gleichzeitig ist er Interessenverband, der sich auf gesellschafts- und gesundheitspolitischer Ebene für die Chancengleichheit von Frauen und für eine Gesundheitsforschung und -versorgung einsetzt, „die nach Geschlecht im Sinne von Sex als biologischer und Gender als sozialer Kategorie differenziert."[2] Ein wichtiges Ziel der Interessenvertretung ist die Verbesserung der Vereinbarkeit von Familie und Beruf. Dieses Anliegen betrifft nicht nur Medizinerinnen: „Wir setzen uns für Rahmenbedingungen im Arztberuf ein, bei denen sich Beruf und Privatleben für Frauen und Männer in einer ausgewogenen Balance befinden."[3]

Dabei ist die gegenwärtige Situation im Arztberuf weiterhin von einem klaren Geschlechter-Ungleichgewicht gekennzeichnet: Zwar sind 45% der praktizierenden MedizinerInnen in Deutschland und die Mehrheit der Studierenden weiblich. Doch sind Frauen in Leitungsfunktionen und in Gremien der Ärztekammern deutlich unterrepräsentiert: Bei den Habilitationen sind Frauen noch mit 20 Prozent vertreten, bei den W3- und C4-Professuren nur noch mit etwa 6% und auf der Leitungsebene der Krankenhäuser liegt der Anteil der Chefärztinnen geschätzt bei acht bis zehn Prozent.

1 regine.rapp-engels@drv-bw.de
2 http://www.aerztinnenbund.de/Willkommen.0.102.1.html
3 http://www.aerztinnenbund.de/Willkommen.0.102.1.html

Der Deutsche Ärztinnenbund beschäftigt eine hauptamtliche Mitarbeiterin in der Geschäftsstelle sowie eine Honorarkraft als Pressereferentin. Die Interessenvertretung in Gremien sowie im gesetzesvorbereitenden Prozess liegt daher fast ausschließlich in den Händen von Freiwilligen und Ehrenamtlichen, die diese Aufgabe neben ihrer Berufstätigkeit als Ärztin wahrnehmen. Die Vernetzung und gegenseitige Unterstützung der Mitglieder findet vor Ort in Regionalgruppen sowie überregional im „Jungen Forum“ (Studentinnen und Ärztinnen bis 40 Jahre), dem „Forum 40plus“, dem „Forum 60plus“ sowie bei wissenschaftlichen Kongressen statt. Ferner besteht ein Mentorinnennetzwerk zur Unterstützung von Medizinstudentinnen und jungen Ärztinnen im Hinblick auf Berufseinstieg, berufliche (Neu-) Orientierung, wissenschaftliche Arbeit, Karriereplanung und berufspolitisches Engagement. Mit dem Verein „Frauen fördern die Gesundheit e. V.“ unterstützt der Verband gemeinnützige Zwecke im Gesundheitswesen. Sowohl zur Projektförderung als auch zur Unterstützung von Ärztinnen in schwierigen Lebenslagen kann der Verband auf die Stiftung Dr. Edith Grünheit zurückgreifen.[4] 2001 wurde die gemeinnützige „Stiftung Wissenschaftspreis des Deutschen Ärztinnenbundes“ gegründet, die durch Zustiftungen unterstützt werden kann.

Unsere Gesprächspartnerin Regine Rapp-Engels ist derzeit Präsidentin des Deutschen Ärztinnenbund e. V.

Warum wurde der Verband gegründet und was sind die aktuellen Themen?

Unsere Themen und unser Engagement sind dem Spektrum anderer ärztlicher Verbände ähnlich, wir nehmen dabei aber die weibliche Perspektive und die nach Geschlecht differenzierende Sichtweise ein. Historisch war es so, dass die Gründerinnen 1924 vor allem sozialfürsorgerisch gedacht haben: Sie wollten sich um Kinder kümmern und aus kollegialer Sicht um die älteren Ärztinnen, die damals keine soziale Absicherung hatten. Der Ärztinnenberuf war noch nicht lange etabliert: Frauen durften in Deutschland erst ab 1904 in Baden und ab 1909 in Preußen Medizin studieren. Diese Ärztinnen waren zuallererst froh, dass sie überhaupt Ärztinnen werden durften. Nach der Gleichschaltung im Dritten Reich und der Neugründung 1950 hat sich ein anderer Aspekt entwickelt: Das Engagement in den Gremien der Ärzteschaft, also den Ärztekammern, den kassenärztlichen Vereinigungen, den Berufsverbänden und an anderen Stellen – und damit auch die politische Interessenvertretung. Zudem war es so, dass Ärztinnen kämpfen mussten, um an adäquate Positionen zu kommen und um überhaupt ernst genommen zu werden.

4 http://www.aerztinnenbund.de/Stiftung-Dr-Edith-Gr-nheit-des-Deutschen.820.0.2.html

Ist das heute auch noch der Fall?

Das zieht sich im Prinzip bis heute durch. Obwohl wir jetzt viele Frauen in der Medizin sind, haben wir immer noch nicht im gleichen Maße die Führungs- und Entscheidungspositionen inne. In den Landesärztekammern, das ist quasi das Parlament der Ärzte, sitzen nach wie vor um die 30 Prozent Frauen, in manchen Kammern sogar mit eher abnehmender Tendenz. Wir sind inzwischen aus strategischen Überlegungen auch für eine Frauenquote, weil wir denken: Anders kommen wir nicht weiter. In den Heilberufsgesetzen, die länderspezifisch organisiert sind, steht zum Teil, dass die Ärztinnen oder andere Gruppen in den Kammern entsprechend ihrem Anteil an der Bevölkerung zu berücksichtigen sind. Aber das erfolgt nach wie vor nicht. Bei den Kammerwahlen sind meiner Einschätzung nach 80 Prozent der Kandidaten männlich. Wir haben hier in Baden-Württemberg jetzt zum ersten Mal eine Liste mit paritätisch verteilten Listenplätzen. Beispielsweise in Hessen, Nordrhein oder Baden-Württemberg gibt es seit Jahren eine erfolgreiche Frauenliste. Es wurde erreicht, dass auch Frauen in die Kammern und Gremien hereinkommen. Man kann aber hier nicht Schluss machen: Der Kammervorstand ist die eigentlich entscheidende Ebene. Hier gibt es häufig das klassische Gruppenbild mit Dame. Eine Vorzeige-Frau ist da, aber ansonsten wird einfach gnadenlos blockiert.

Wenn es um Interessenvertretung geht, sind die Kammern wichtig für uns, zum Beispiel weil die Weiterbildung Kammersache ist. Es war schon ein großer Erfolg, dass die Frauen durchgesetzt haben, dass Weiterbildung in Teilzeit erfolgen kann. Teilzeit ist offenbar nach wie vor ein „weibliches" Thema, obwohl es in der jetzigen Generation auch verstärkt für Männer von Interesse ist. Das macht uns die Interessenvertretung und die Lobby-Arbeit natürlich leichter, denn die männlichen Ärzte haben heute auch andere Lebensplanungen als früher, und wollen folglich nicht mehr die 70-Stunden-Woche plus Rund-um-die-Uhr-Erreichbarkeit. Also Weiterbildung in Teilzeit, aber auch Führung in Teilzeit – was bisher undenkbar ist in unserem Medizinsystem– sind bisher „weibliche" Themen, obwohl sie nicht genuin weiblich sind, aber aufgrund der Rollenzuschreibung als solche angesehen werden.

Warum ist es so schwer, in den Kammern Positionen für Ärztinnen durchzusetzen?

Das ist im Grunde nicht anders als in anderen Bereichen: Frauen werden anders beurteilt, anders bewertet. In einem Ärzteblatt habe ich einmal ein Foto von weiblichen Waden gesehen. Darunter stand: „Es gab auch erfreuliche Ausblicke beim Ärztetag". Diesbezüglich sind die Ärzte inzwischen sensibilisiert. So etwas kommt nicht mehr vor, weil ein Aufschrei sicher wäre. Aber solche Dinge waren durchaus an der Tagesordnung, und die dahinter liegende Geisteshaltung bemerkt man immer noch. Es ist schwer zu fassen, aber es geht da oft um Macht, um Klüngel, um

Seilschaften und um die Posten, die gut bezahlt sind. In der Kammer ist es nicht so extrem wie in der kassenärztlichen Vereinigung, wo es wirklich gut bezahlte „Pöstchen" gibt. Um diese gibt es einen harten Konkurrenzkampf, und als Frau hat man da nach wie vor schlechtere Karten. Es gibt auch eine gewisse Angst vor den Frauen. Die Ärzteschaft ist eine eher konservative Gruppe, und die Ängste sind auch nach wie vor wahrzunehmen. Man versucht, die Frauen außen vor zu lassen, damit man unter sich bleibt. Hier greifen ganz banale Mechanismen wie auch in anderen Arbeitsverhältnissen und Institutionen, spezifisch für das deutsche Gesundheitswesen ist aber noch das ausgeprägte Hierarchiedenken.

Wenn es um konkrete Themen geht, wie zum Beispiel Weiterbildung in Teilzeit, sind Sie dort in den letzten Jahren weitergekommen?

Ja, in diesen Themen sind wir weitergekommen, wobei ich dazu sagen muss, dass das sicherlich auch dem drohenden oder dem bereits existierenden Ärztemangel geschuldet ist. Wenn dieser äußere Druck nicht wäre, würden die heutigen Diskussionen um Flexibilisierung der Weiterbildung weniger befördert werden. Heute ist man froh über jeden und jede, die oder der ärztlich tätig ist. Auch wenn Fortschritte manchmal nicht dauerhaft sind – die Aufgeschlossenheit ist auf jeden Fall gewachsen, aber „aus der Not geboren". Man nennt es so schön „Generation Y", die ja auch die Männer einschließt: Auch die stellen andere Anforderungen. In Zeiten der „Ärzteschwemme" hatte man überhaupt keine Chance, Forderungen zu stellen – da war man froh, überhaupt arbeiten zu dürfen. Heutzutage ist die Position der jungen Ärztinnen und Ärzte viel stärker. Selbst verkrustete Verbände widmen sich jetzt diesen Themen. Aber ich muss auch wieder dazu sagen: Optisch sind immer die Männer präsent, und es amüsiert mich immer, wenn ältere Männer über die Bedürfnisse von jungen Ärztinnen reden.

Sie haben vorhin gesagt, das Engagement der Frauen sei sogar rückläufig. Woran liegt das?

Für die jungen Kolleginnen gibt es zwischen Klinik, Nacht- und Wochenenddiensten, Habilitation, FreundInnen und der Frage der „Familienplanung" kaum Platz mehr. Im Grunde ist keine Zeit für solche Sachen. Und es kostet unglaublich viel Zeit, wenn man zum Beispiel versucht, sich in Gesetzgebungsverfahren einzubringen. Wenn man nicht eine Geschäftsstelle mit fünf hauptamtlichen MitarbeiterInnen hat, was wir im Ärztinnenbund nicht haben, dann muss man sich viel Zeit nehmen. Jede Anhörung, zu der man fährt, kostet nicht nur Geld, sondern auch Freizeit – und da wird es schwierig.

Der Ärztinnenbund versucht auch gesetzliche Rahmenbedingungen zu beeinflussen. Was sind hier die aktuellen Themen?

Zum Beispiel bei den Gesundheitsreformen gibt es durchaus Aspekte, durch die Frauen benachteiligt werden. Dafür muss man aber genau hinschauen, und dafür haben wir über die Jahre den Blick geschult, so dass uns schneller etwas auffällt. Wir werden uns jetzt zum Beispiel beim so genannten „social freezing“, also dem Einfrieren von Eizellen einsetzen. Ich denke: es ist unsäglich, wie das verharmlost wird. Hier sind wir als Frauen und als Ärztinnen gefordert, den Frauen zu sagen: „Lasst euch nicht instrumentalisieren!“ Und vor allem ist „social freezing“ auch medizinisch nicht so problemlos, wie es die Firmen darstellen. Das ist aber aktuell kein Gegenstand der Gesetzgebung, sondern da wirken wir jetzt erst mal auf die politische Meinungsbildung ein.

Welche Möglichkeiten haben Sie, im Vorfeld der Gesetzgebung Einfluss zu nehmen?

Selbstverständlich durch Öffentlichkeitsarbeit: Wir versuchen, Positionen öffentlich zu platzieren, zum Beispiel durch Pressemitteilungen. Die Pressemitteilungen schicken wir an die Bundestagsabgeordneten, die in den entsprechenden Ausschüssen sitzen. Wir arbeiten auch mit anderen Frauenverbänden zusammen, namentlich mit dem Deutschen Frauenrat. Ich selbst war lange dort im Vorstand. In dieser Funktion war ich beim Gesundheitsausschuss des Bundestags als vor einigen Jahren das große Gesundheitsreformgesetz diskutiert wurde. Es gab und gibt da Netzwerke. Mit einer Abgeordneten war z. B. besprochen, welche Fragen sie mir zukommen ließ: Transparenz beim Mittelfluss war ein wichtiges Thema in diesem Reformpaket, das wir auch aus der Genderperspektive beleuchtet wissen wollten.

Trifft der Verband in bestimmten Parteien eher auf Verständnis als in anderen?

Ja, das ist so. Da sind SPD und Grüne, mit denen wir eigentlich ganz gut zusammengearbeitet haben oder arbeiten. Aber das liegt natürlich daran, dass es frauenspezifische Themen sind. Für gesundheitspolitische Themen sind die anderen Parteien natürlich auch offen. Aber sie interessieren sich nicht für den geschlechtsspezifischen Blick. Als vor zehn Jahren das Mammographie-Screening eingeführt wurde, haben wir uns für das Konzept „informierte Entscheidung“ stark gemacht, das Frauen ermöglicht, Vorteile und Risiken der Teilnahme an dem Programm gut informiert abzuwägen. Das ist eigentlich ein gesamtgesellschaftliches Thema, das alle interessieren müsste. Ich habe auch versucht, die Liberalen dafür zu begeistern, weil ich dachte, das ist doch ein urliberales Thema. Aber das schien irgendwie nicht so gewünscht zu sein.

Trifft dies generell zu, dass der Ärztinnenbund zunehmend anstelle von Frauenförderung eher genderspezifischen Aspekte berücksichtigt?

Es ist eine Erweiterung, würde ich sagen. Wir agierten zunächst aus dem Blickwinkel der Frauengesundheitsbewegung Ende der 90er Jahre, weil Frauen in der klinischen Forschung nicht berücksichtigt wurden, und haben das jetzt dahingehend erweitert, dass man immer Frauen und Männer im Blick haben muss. Früher ging es um Frauengesundheit, inzwischen geht es um geschlechtsspezifische Gesundheitsversorgung. Wobei wir früher die Männer auch im Blick hatten, aber wir wollten vor allem für die Frauen etwas verbessern. Hier war und ist einfach viel nachzuholen, denn der auf Männer fokussierte, androzentrische Forschungsblick brachte Ergebnisse für männliche Wesen, die dann allenfalls gewichtsadjustiert auf Frauen übertragen wurden. Jetzt gleicht sich das schon ein bisschen an, weil man sieht, dass auch Männer an vielen Stellen nicht adäquat behandelt werden. Ein Beispiel sind Depressionen: Das ist ein schwarzes Loch. Man hatte immer nur die weibliche Seele vor Augen. Es ist uns zu verdanken, dass solche blinden Flecken in der Männergesundheit entdeckt wurden. Es gibt seit Kurzem auch eine Männergesundheitsbewegung. „Informierte Entscheidung“ ist inzwischen nicht nur ein weibliches, sondern ein gesamtgesellschaftliches Thema. Im Fall des Mammographie-Screening wurde es zwar eher als ein „weibliches“ Thema gesehen, aber eigentlich ging es nicht um das Verfahren sondern um die informierte Entscheidung von PatientInnen. Uns ist es wichtig, zu vermitteln, dass wir auf beide Seiten schauen. Wir sagen also nicht „Hier ist etwas nachzuholen“ oder „Da ist was schlecht“, sondern „Dort sind blinde Flecken.“ Wenn wir die Perspektive um den geschlechtsspezifischen Blick erweitern, profitieren alle davon: Frauen, Männer und die Gesellschaft insgesamt.

Der Ärztinnenbund steht für eine geschlechterberücksichtigende oder -differenzierende Position. Wie lässt sich so etwas kommunizieren?

Es ist insofern leicht, als der Verband nicht sofort in irgendeine Ecke gestellt und mit irgendwelchen negativen Stempeln à la Alice Schwarzer versehen wird. Wenn es aber um Positionen oder um Macht geht, ist es natürlich immer noch schwierig. Natürlich eckt man dann an. Es gibt aber auch Männer, die ganz locker damit umgehen, auch in höheren Positionen. Aber die Mehrzahl derer, die in den Gremien sitzen, sind schon noch diese traditionellen, meistens über 60-jährigen Männer, die wissen, „was Frauen wünschen“. Und die es gar nicht gut haben können, wenn jemand eigene Ideen hat und widerspricht, und schon gar nicht eine Frau.

Wenn man sich im politischen Raum bewegt – was ist da das Handwerkszeug, mit dem man etwas erreichen kann?

Meiner Erfahrung nach ist es erst einmal wichtig zu wissen, wie Gesetzgebung funktioniert. Also wie von vielen Seiten gezerrt wird, und wann man dort eingrätschen kann, z. B. beim Referentenentwurf. Das ist das eine. Das andere ist, dass persönliche Kontakte nach wie vor sehr wichtig sind. Es ist auf jeden Fall gut, dass ich zwei Abgeordnete habe, die ich auch mal anrufen und fragen kann, wie weit das Verfahren ist. Oder ich bekomme auch schon mal eine Mail, wenn umgekehrt eine fachliche und sachliche Position vom Ärztinnenbund gebraucht wird. Ich bin ansonsten sehr verhalten: Politische Einflussnahme ist ein zähes Geschäft und teilweise auch sehr frustrierend. Weil Input oft nicht gewünscht ist und selbst wichtige Anliegen irgendwelchen Interessen geopfert werden im Sinne von: „Gibst du mir, geb ich dir". Wenn wir von Ressourcen reden: Es gibt Verbände, die festangestellte ReferentInnen haben. Eine Vollzeitkraft, die akademisch gebildet ist, wäre natürlich eine solche Ressource. Es sind in der Regel JuristInnen gefragt, die auch in der Lage sind, so einen Gesetzesentwurf richtig zu lesen; und sie müssen auch anderweitig gebildet sein, um uns Nichtjuristinnen dann das Exzerpt vorlegen zu können. Die Bundesärztekammer und viele andere haben das ja auch. Wenn ein Referentenentwurf kommt, liest man am nächsten Tag schon Stellungnahmen von der Deutschen Krankenhausgesellschaft und von der Bundesärztekammer. Einen solchen Apparat haben wir aber leider nicht.

Ein weiterer wichtiger Aspekt des Ärztinnenbundes ist die gegenseitige Unterstützung von Medizinerinnen. Wie geschieht das in der Praxis?

Wir haben Regionalgruppen, in denen sich die Ärztinnen vor Ort treffen, wo man sich kennt und austauscht oder Tipps gibt, zum Beispiel bei der Stellensuche oder der Habilitation. Wenn sich jemand auf eine Professur bewirbt, kann man sich schon gegenseitig stützen. Ein Beispiel ist hier die erste Frau, die einen chirurgischen Lehrstuhl bekommen hat, in Ulm. Damals war sie auf Platz 1 der Liste der Berufungskommission und dann sollte das Verfahren neu ausgeschrieben werden. Das sind diese beliebten Tricks, um eine Berufung zu verhindern, das passiert Männern wahrscheinlich auch. Es war insofern ein Präzedenzfall, als es die erste Ordinaria für Chirurgie war, und da hat der Ärztinnenbund mit anderen zusammen interveniert. Ich glaube, das ist bis zu einer Petition an den Landtag gegangen. Es ist also viel gelaufen und es konnte verhindert werden, dass das ganze Habilitationsverfahren nochmal neu aufgerollt wurde. Das ist Solidarität, die unbezahlbar ist. Natürlich kann man sich nicht immer in diesem großen Stil einsetzen, aber man kann es auch im Kleinen machen. Das ist ein wichtiger Punkt, auch wenn es manchmal nur ein „Ausheulen" ist, weil viele Ärztinnen ähnliche Probleme haben, gerade bei der Vereinbarkeit von Familie und Beruf. Das ist immer noch ein „Haupt-Frauenthema“: Es wird den Frauen unterstellt, dass es „nur“ an der Vereinbarkeit liegt. Wir haben aber auch viele Ärztinnen, die keine Kinder haben und trotzdem nicht weiterkommen. Dennoch: Wenn man die Vereinbarkeit leben muss – und das war ja lange Zeit noch viel schwieriger als jetzt – kann man sich natürlich auch gegenseitig helfen.

Warum wird man Mitglied im Ärztinnenbund?

Ich glaube – das ist aber ein Bauchgefühl – dass Solidarität und Unterstützung Frauen eher zu einem Frauenverband hinzieht. Denn das Politische kann man auch woanders haben. Bei uns ist das Politische interessant durch die geschlechtsspezifische Perspektive – das ist das, was uns von anderen unterscheidet. Wenn es jetzt darum geht, ganz allgemein gesundheitspolitisch zu intervenieren, sind natürlich andere Verbände viel effektiver. Deshalb halten wir uns da in der Regel auch weitgehend raus, wenn keine geschlechtsspezifischen Aspekte sichtbar sind.

Wie steht es mit der aktiven Verbandsarbeit – gibt es hier Probleme?

Wichtig ist, dass ich neben den Ehrenamtlichen Kolleginnen finde, die punktuell zu ihren jeweiligen Spezialthemen arbeiten. Wenn es irgendeine Neuerung gibt, die z. B. HausärztInnen betrifft, habe ich beispielsweise zwei oder drei Hausärztinnen, die ich anschreibe und die mir innerhalb kürzester Zeit eine Einschätzung liefern. Dann höre ich möglicherweise wieder ein Jahr nichts von ihnen. Ich glaube, dass das weiterhin gut möglich ist. Allerdings kann ein Verband so nicht auf Dauer arbeiten. Wir werden um eine Aufwandsentschädigung nicht umhinkommen. Um Kolleginnen jetzt für den Vorstand zu gewinnen, muss ich sie beknien. Wir haben diesen Schritt – die Einführung einer Aufwandsentschädigung – mit einem Grundsatzbeschluss vorbereitet, aber es war eine heiße Diskussion. Nächstes Jahr werden wir bei der Mitgliederversammlung einen konkreten Antrag stellen, auch über die Aufwandshöhe. Es ist natürlich ein schwieriges Thema, weil auch Kolleginnen im Vorstand sind, die sich weniger engagieren. Aufwandsentschädigung ist wichtig, auch wenn es nur eine symbolische Anerkennung ist. Ich denke: Was nichts kostet, ist auch nichts wert.

Interview: Thorsten Hallmann

„Menschenrechte sind ein ganz schwieriges Thema"

Interessenvertretung in der Flüchtlingspolitik

Interview mit Volker Maria Hügel[1]
(GGUA Flüchtlingshilfe)

Copyright: Stadtgeflüster

Die GGUA Flüchtlingshilfe wurde 1979 als Gemeinnützige Gesellschaft zur Unterstützung Asylsuchender e. V. unter dem Motto „Beratung, Begegnung und Politik" in Münster gegründet. Sie bietet Beratung an, unter anderem zum Aufenthaltsrecht, zum Asylverfahren und zur Integration von MigrantInnen in den Arbeitsmarkt und stellt spezielle Angebote für Flüchtlingsfrauen bereit. Sie koordiniert Integrationsangebote wie das „FrauenQuasselcafé" oder das „Projekt Schlauberger", bei dem Ehrenamtliche Flüchtlingskindern Hausaufgaben- und Nachhilfe geben, und versucht, durch Öffentlichkeitsarbeit und Mitarbeit in unterschiedlichen Gremien auf die Flüchtlingspolitik einzuwirken.

Angefangen mit wenigen Ehrenamtlichen, hat sich die GGUA zu einer – in Relation zu anderen lokal oder regional tätig Flüchtlingsberatungsorganisationen –großen und auch bundesweit bekannten Organisation mit über 200 ehrenamtlichen und inzwischen mehr als 18 hauptamtlichen MitarbeiterInnen entwickelt. Sie ist als eingetragener Verein mit derzeit knapp über 100 Mitgliedern organisiert, dessen geschäftsführender Vorstand aus hauptamtlichen MitarbeiterInnen gebildet wird. Wesentliche Finanzierungsquellen sind ein Leistungsvertrag mit der Stadt Münster für die Beratungsangebote, Projektgelder aus EU-, Bundes- und Landesmitteln sowie Stiftungsmittel und Einzelzuwendungen. Die GGUA betreibt eine Beratungs- und Geschäftsstelle in Münster, die Beratungsstelle in der Erstaufnahmeeinrichtung Schöppingen und ist Partner und Koordinationsstelle im Netzwerk MAMBA (Münsters Aktionsprogramm zur Arbeitsmarktintegration für MigrantInnen &Bleibeberechtigte in Münster & im Münsterland).

---

1 GGUA Flüchtlingshilfe, vmh@ggua.de

Die GGUA ist lokal durch die Zusammenarbeit mit anderen Organisationen im Ausländer- und Flüchtlingsbereich sowie durch die Mitarbeit in städtischen Gremien gut vernetzt. Auf Landes- und Bundesebene besteht die Vernetzung durch den „Flüchtlingsrat NRW“[2], die Flüchtlingsräte anderer Bundesländer sowie die bundesweite Organisation Pro Asyl.

Unser Gesprächspartner Volker Maria Hügel ist Gründungsmitglied der GGUA und langjähriger Hauptamtlicher im „Projekt Q“, das die Qualifizierung der Flüchtlingsarbeit bundesweit durch Seminare und Workshops sowie individuelle Beratung von KollegInnen in konkreten Rechtsfragen zum Gegenstand hat. Er ist Mitglied in der Härtefallkommission des Landes NRW und gehört dem Vorstand von PRO ASYL an.

Inwiefern versteht sich die GGUA als Interessenvertretung?

Das Gründungsmotto der GGUA war BBP – Beratung, Begegnung, Politik. Beratung wurde verstanden im Sinne einer Serviceeinrichtung für Flüchtlinge. Begegnung hieß, Einheimische und Flüchtlinge in Kontakt zu bringen – dabei hilft natürlich Öffentlichkeitsarbeit: Wir hatten dafür einen guten Aufhänger, weil das Wohnheim für Flüchtlinge, für das ich eine Zeit lang zuständig war, im Winter nicht beheizbar war. Das war ein wunderbarer Aufhänger, um Pressearbeit zu leisten. Der dritte Bereich, Politik, beinhaltete nicht nur Öffentlichkeitsarbeit in Bezug auf das, was wir an Bedingungen vorfanden, sondern auch das Aufdecken von dahinterstehenden Mechanismen, die Auseinandersetzung mit den Gesetzen und der öffentlichen Meinung, die hinter Gesetzen steht.

Wir haben damals die Notwendigkeit gesehen, gesellschaftliche und materielle Verhältnisse, denen bestimmte Personengruppen ausgesetzt sind, zu verändern. Unser erstes Interesse, weswegen es die GGUA auch gibt, ist deshalb: „Das ist mein Land und ich finde das nicht in Ordnung, wenn in meinem Land so mit Menschen umgegangen wird. Dagegen muss man etwas tun!“ Und es wird im Asyl- und Flüchtlingsbereich an allen Ecken gegen Menschenrechte verstoßen – das muss man in dieser Deutlichkeit sagen. Wenn keiner hinguckt, wird die Qualität in der Unterbringung schlechter, dann spart man sich die vollen Leistungen nach dem

2 Der Flüchtlingsrat Nordrhein-Westfalen e. V. ist ein gemeinnütziger Verein, der sich für die Belange von Flüchtlingen im Bundesland einsetzt. Zu den Aufgaben gehören Vernetzung von lokalen Organisationen, Mitarbeit in Gremien wie der Härtefallkommission, Bildungsarbeit sowie Presse- und Öffentlichkeitsarbeit. Siehe www.frnrw.de

Asylbewerberleistungsgesetz[3], man lässt die eine oder andere Krankenbehandlung nicht zu, man beendet den Aufenthalt, wo man vielleicht auch einen Aufenthaltstitel aus humanitären Gründen hätte gewähren können, man überstellt Asylbewerber in einen EU-Staat, der kein funktionierendes Asylsystem hat, und Weiteres. Man muss ständig wach sein!

Und ich glaube, dass wir auch deshalb eine so gute Interessensvertretung sind, weil die KollegInnen in der Einzelfallberatung so oft an den realen Bedingungen scheitern müssen. Das, was die Flüchtlinge von uns erwarten, können wir in den meisten Fällen ja gar nicht positiv umsetzen. Das Scheitern zu begleiten ist eine unglaublich schwere Aufgabe. Ich war lange Zeit der einzige hauptamtliche Berater bei uns, deshalb weiß ich, wovon ich rede. Das motiviert aber natürlich auch immer wieder, sich für Bleiberechtsregelungen einzusetzen. Da sind die verschiedensten Wege: Kommunal zum Beispiel dadurch, dass wir einen Ratsbeschluss zu initiieren versuchen. Wir haben es bisher zweimal geschafft, dass der Rat dann gegenüber dem Städtetag und gegenüber der Landes- und Bundesregierung tätig geworden ist.

Sind Sie ein Lobbyist für die Anliegen von Flüchtlingen?

Ich bin kein Interessenvertreter von Flüchtlingen, weil ich nicht zu 100 Prozent weiß, was ein Flüchtling überhaupt will. Ich differenziere da: Meine Vorstellung davon, wie eine Gesellschaft mit Flüchtlingen umzugehen hat, ist das Interesse, das ich vertrete. Wir erfahren natürlich dadurch, dass wir so viele Kontakte haben, wo es klemmt. Aber ich bin kein Lobbyist für Flüchtlinge. Wir versuchen, Flüchtlingen eine Stimme zu geben. Wir räumen Platz dafür ein, dass Flüchtlinge selber was sagen können. Aber ich bin nicht der Sprecher für Flüchtlinge. Ich spreche für eine Flüchtlingsorganisation, die ein bestimmtes politisches Ziel hat. Dass vieles, was wir erreichen wollen, Flüchtlingen zugutekommt, glaube ich schon. Aber ich kann mich auch einmal irren. Und natürlich gibt es auch ein weiteres Eigeninteresse: Wenn du eine professionelle Arbeit machst, willst du auch einen Arbeitsplatz dafür haben. Das heißt: Wir haben uns quasi auch die Jobs selbst geschaffen, und das ist auch ein Interesse.

---

3 Das Asylbewerberleistungsgesetz wurde im Jahr 1993 eingeführt. Es setzte für Flüchtlinge und Asylbewerber den Anspruch auf materielle und medizinische Leistungen auf deutlich niedrigerem Niveau als die damalige Sozialhilfe fest. Zudem ist hierin das Sachleistungsprinzip verankert, wobei, von einem geringen Barbetrag abgesehen, Leistungen auch in Form von Lebensmittelpaketen, Gutscheinen o. ä. erbraucht werden dürfen. Eine Anpassung der Leistungen an die Preisentwicklung fand nicht statt, was im Jahre 2012 vom BVerfG für verfassungswidrig erklärt wurde.. Im Dezember 2014 trat eine Neufassung des Gesetzes in Kraft.

Welche Methoden nutzt die GGUA, um Einfluss auf lokale Akteure auszuüben?

Wir machen Interessenvertretung vor Ort – wir protestieren zum Beispiel, wenn Abschiebungen stattfinden. Unser bestes Ergebnis in den letzten Jahren war die Aktion 302, da ging es um die Roma aus dem Kosovo: Nachdem das Rückübernahmeabkommen zwischen der Bundesrepublik Deutschland und dem 2008 gegründeten Staat Kosovo umgesetzt werden konnte, drohte die Abschiebung von 302 Roma aus dem Kosovo. Daraufhin haben wir sehr viele öffentlichkeitswirksame Aktionen gemacht, und im Ergebnis sind alle noch da. Die meisten haben mittlerweile eine Aufenthaltserlaubnis. Eine der Aktionen waren die Schnappschüsse für Bleiberecht, da haben sich MünsteranerInnen abbilden lassen, entweder mit betroffenen Roma oder nur mit dem Schild „Aktion 302 – Bleiberecht für Roma". Da war unter anderem der Bundestagsabgeordnete Ruprecht Polenz dabei, Christoph Strässer als Bundestagsabgeordneter, die spätere Landesministerin Svenja Schulze, und andere wichtige Leute aus Politik, Verwaltung und Kultur. Daraus haben wir eine Broschüre gemacht, die wir dem Oberbürgermeister überreicht haben. Wir haben dadurch auch in der Verwaltung Sensibilität erzeugt. Man braucht immer ein Gegenüber, das bereit ist, auch mal andere Wege zu gehen. Aber das funktioniert eben ohne öffentlichen Druck nicht. Das heißt: Man braucht immer die öffentlichkeitswirksame Aktion, um anschließend die entsprechenden Gespräche zu führen.

Wie geht das konkret?

Natürlich haben wir Kontakte zu allen Parteien und in die Verwaltung hinein, zu den Kirchen und zu anderen Wohlfahrtsverbänden. Hier in Münster haben wir zum Beispiel einen guten Austausch mit Frau Benning, der CDU-Bundestagsabgeordneten, und ihrer Mitarbeiterin, die selber in der Jugendhilfe tätig ist und sich auch stark für den Schutz Jugendlicher einsetzt.

Eine weitere Strategie der GGUA ist: Präsent sein! Wenn irgendwas los ist: Gesicht zeigen, da sein, nicht hoffen, dass man uns schon mitdenkt. Wenn Veranstaltungen sind: Wenn möglich einen Infostand machen, sei es beim ASV-Sommerfest oder beim interkulturellen Fest im Rathaus; wenn der Integrationsrat tagt: Anwesend sein, auch wenn man nichts sagen darf, wenn Parteifeste sind: Hingehen, mit den Leuten sprechen, antichambrieren, freundlich sein.

Wenn wir zum Beispiel beim „Runden Tisch für ein humanitäres Bleiberecht"[4], an dem in Münster zahlreiche Personen des öffentlichen Lebens teilnehmen, präsent

4 Der Runde Tisch „Münster für ein humanitäres Bleiberecht" wurde durch einen Ratsbeschluss der Stadt Münster 2013 eingesetzt und setzt sich aus Persönlichkeiten vieler Bereiche der Stadtgesellschaft zusammen. Vertreten sind unter anderem

sind, fragt auch die Gewerkschaft nochmal nach: „Könnt ihr bei uns einen Vortrag machen?“ Ähnliches aus Richtung der Kirchengemeinden: Wenn die Pfarrverantwortlichen davon gehört haben, rufen sie anschließend an, wenn beispielsweise Mitgliedern ihrer Gemeinde die Abschiebung droht. Das sensibilisiert, es gibt Leute in den Gemeinden, die sagen: „Das kann doch wohl nicht wahr sein!“ Und die haben natürlich auch alle wiederum ihre Bezüge: Die kennen vielleicht jemanden, der im Rat sitzt, oder jemanden, der Dezernent bei der Stadt ist.

Ein etwas älteres Beispiel: Als die Flüchtlingsunterkunft im Stadtteil Hoppengarten eröffnet werden sollte, gab es die Initiative „Rettet den Hoppengarten“ – eine deutlich rechte Initiative, in der unter anderem ein Münsteraner CDU-Mitglied aktiv war. Und unter den Freiwilligen, die mit den Flüchtlingskindern gespielt haben und Hausaufgaben gemacht haben, war die Ehefrau eines wichtigen Mannes aus der CDU. Die ist auf ihn zugegangen und hat sinngemäß gesagt: „Kannst du da nicht mal was machen?“ Daraufhin haben sie das CDU-Mitglied in der Initiative „Rettet den Hoppengarten“ aus der CDU ausgeschlossen und öffentlich für positive Akzeptanz geworben, zum Beispiel mit uns gemeinsam Veranstaltungen gemacht. Es sind die einzelnen Personen, die dann plötzlich ein kleines Türchen öffnen können.

Ein wichtiger Einflusskanal sind also Personen, die aus konkreten Situationen heraus auch auf die Barrikaden gehen?

Ja, aber nicht nur. Es gibt ganz verschiedene Ebenen: Wir schreiben auch Presseerklärungen. Manchmal wird unsere Sendung Radio Fluchtpunkt[5] gehört, wo natürlich Standpunkt bezogen wird. Ferner gibt es inhaltliche Veranstaltungen, Gesprächskreise, oder es geschieht durch Funktionen, die man innehat. Beispielsweise bin ich Mitglied des Beirates des kommunalen Integrationszentrums[6], ich war für viele Jahre sachkundiger Bürger im Ausländerbeirat. Und natürlich sind auch Leute von uns in Parteien. Und wir gehen auch auf Parteien zu und sagen: „Wir würden gerne eine Veranstaltung mit Ihnen zum Thema X machen“.

Wohlfahrtsverbände, Handwerkskammer, Gewerkschaften, Hochschulen, Kirchen, Kulturszene, Flüchtlingsorganisationen, Integrationsrat und Stadtverwaltung. Seine Aufgabe besteht darin, ein gesichertes Bleiberecht für langjährig in Münster lebende Flüchtlinge mit ungesichertem Aufenthalt zu erwirken. (Quelle: http://www.muenster.de/stadt/presseservice/custom/news/show/871320)

5 http://www.ggua.de/Radio-Fluchtpunkt.129.0.html

6 Das Kommunale Integrationszentrum Münster ist eine Fachstelle des Stabstellendezernates für Migration und Interkulturelle Angelegenheiten. Es berät, qualifiziert und vernetzt in der Integrationsarbeit tätige Einrichtungen und MultiplikatorInnen in Münster. (http://www.muenster.de/stadt/zuwanderung/kommunales-integrationszentrum.html

Sind lokale Projekte der GGUA, wie MAMBA oder Die Schlauberger, ein wichtiger Punkt, um öffentlichen Einfluss zu nehmen?

Wir haben über 100 Ehrenamtliche in diesen Projekten – das sind alles Botschafter fürs Thema. Spätestens dann, wenn es ihrem Schützling an den Kragen geht, gehen die auf die Barrikaden. Das ist ja eine Binsenweisheit: Auch wenn jemand gegen Ausländer was hat – den, den er kennt und den er nett findet, dem darf nichts passieren. Im Flüchtlingsbereich ist das ja noch ein bisschen spannender. Denn da geht es eben ans Eingemachte, wenn es um aufenthaltsrechtliche Fragen geht. Je mehr Leute mit dem Thema konfrontiert werden, desto mehr Unterstützung gibt es. Wir machen viele Projekte, etwa bei Projektwochen in Schulen, wir machen Filmarbeit, und wir haben unsere langfristigen Integrationsprojekte wie die Schlauberger oder „Teil Sein – Teilhaben"[7].

Daneben haben wir in Münster ein ganz hervorragendes Projekt: MAMBA, Münsters Aktionsprogramm zur Arbeitsmarktintegration für MigrantInnen und Bleibeberechtigte. Das gibt es seit 2008. Dafür haben wir mehrere Millionen Euro nach Münster geholt und wir kämpfen gerade dafür, dass es verlängert wird. Daran hängen einige Arbeitsplätze: drei Stellen bei uns, zwei beim Jobcenter, zwei beim Jungendausbildungszentrum, eine Stelle bei der Geba (Gesellschaft für Berufsförderung und Ausbildung), und zwei beim Handwerkskammerbildungszentrum. Das Projekt ist erfolgreich und wichtig. Die Sicherung des eigenen Lebensunterhalts ist ja oft Voraussetzung für einen humanitären Aufenthaltstitel, und das funktioniert ohne Erwerbstätigkeit nicht. Diese Integrationsprojekte bringen ganz viel Unterstützung, und zwar vor allem im ideologischen Bereich. Freiwillige werden zu Botschaftern für eine ordentliche Flüchtlingspolitik, denn sie kriegen ja die Defizite mit. Und wenn sie dann versuchen, Flüchtlinge zu unterstützen, zum Beispiel mit zum Sozialamt oder zum Jobcenter gehen und dort die Atmosphäre spüren, dann sind sie wütend und werden möglicherweise aktiv, etwa über die Kirchengemeinde. Und das hilft enorm! Wenn „neutrale" Leute, also nicht die bekannten Gesichter von der GGUA, mit anderen Menschen oder Vereinen sprechen und die überzeugen können, dann das ist Gold wert. Gerade Freiwilligenprojekte bestehen ja aus vielen Leuten, wobei das nicht alles Studierende im Alter zwischen 23 und 31 sind,

7 „Teil sein – Teilhaben. Zukunft aktiv gestalten" ist ein Integrationsprojekt der GGUA Flüchtlingshilfe e. V., das im unmittelbaren Umfeld der Gemeinschaftsgrundschule Berg Fidel in Münster angesiedelt ist und einen Beitrag zur sprachlichen und kulturellen Integration der dort lebenden Familien mit Migrationshintergrund leistet, indem es Hausaufgabenbetreuung für Kinder, Deutschunterricht für Mütter und Alltagsbegleitung für die ganze Familie miteinander kombiniert. Die Projektlaufzeit beträgt drei Jahre und erstreckt sich von 2012 bis 2015.

sondern ein Riesenspektrum zwischen 18 und 70. Dadurch sprechen sich unsere Inhalte herum. Das funktioniert nicht auf Bundesebene, aber auf lokaler Ebene.

Wenn wir nun die lokale Ebene verlassen: Wie verhärtet erscheinen Ihnen die Fronten in der Flüchtlingspolitik in Bezug auf politische Lager oder Parteien?

Ich glaube, die Trennlinie ist nicht die Partei, sondern die jeweilige themenbezogene Sichtweise: Wir haben sehr gute Kontakte in die CDU, wenn es um Fragen von Kinder- und Familienrechten geht, was auch MigrantInnen umfasst, während die Innen- und RechtspolitikerInnen der SPD daran überhaupt kein Interesse haben und einzig eine rechtsstaatliche Sicht vertreten. Auch bei der FDP habe ich immer wieder die Erfahrung gemacht, dass es einfach von den Personen abhängt: Da gibt es tolle Leute, die wirklich gute migrationspolitische Vorstellungen haben, und es gibt solche, wo du das Gefühl hast, da schlägt dir der Rassismus entgegen. Aber die findest du eben auch in der SPD. Und in der CDU gibt es auch Leute wie Ruprecht Polenz, der die Aufnahme syrischer Flüchtlinge gefordert hat und die Türkei in der EU sehen will. Also ganz klar: Es ist keine Frage der Partei. Es ist auch stark eine Frage des Themenbereichs, in dem die Leute arbeiten und zu dem sie sich äußern.

Menschenrechte zum Beispiel sind ein ganz schwieriges Feld, quer durch alle Parteien: Ich rede jetzt weniger von der Opposition, ich rede von Parteien, die haushalterische Verantwortung haben. Die nicken bei allem, was Humanitäts- und Menschenrechtsfragen angeht, setzen es aber nicht richtig um. Egal ob in NRW oder in Baden-Württemberg: Rot-Grün ist kein Garant für eine gute Flüchtlingspolitik, das haben wir auch auf Bundesebene erlebt. Wir erleben bei Regierungen ganz gleich welcher Couleur, dass es Positiventwicklungen gibt, die Geld kosten, und natürlich auch Negativentwicklungen. Ein aktuelles Beispiel ist die Entscheidung, die so genannte Liste der sicheren Herkunftsländer um die drei Westbalkanstaaten Bosnien-Herzegowina, Serbien und ehemalige jugoslawische Republik Mazedonien zu ergänzen. Da muss die SPD den Koalitionsvertrag verteidigen und die Staaten werden schön geredet! Oder was die Regierung nach dem Verfassungsgerichtsurteil beim Asylbewerberleistungsgesetz vorhat: Anstatt zu sagen: „Abschaffen – wer bedürftig ist kriegt Leistungen nach dem Sozialgesetzbuch", halten sie daran fest. Das ist aber eine bloße ideologische Schranke, die sie im Kopf haben, und damit kommen wir zum eigentlichen Punkt der Politik: Sie haben nach wie vor Angst vor der Sogwirkung. Die glauben fest daran: Wenn wir hier das Arbeitsverbot abgeschafft haben und alle Hartz IV bekommen, dann sitzen die Verwandten in Afghanistan und sagen: „Jetzt muss ich mich aber aufmachen nach Deutschland, weil die haben endlich die Gesetze so gemacht, dass ich mich dort wohlfühlen werde". Was für ein Quatsch.

Diese klaren politischen Lager, denen ich eigentlich in vielen gesellschaftlichen Bereichen die Parteien zuordnen würde, kann ich im Flüchtlings- und Migrationsbereich nicht erkennen. Man kann eben leider nicht sagen, die Roten sind gut, die Grünen sind gut, die Piraten sind besser und die CDU ist doof.

Wie arbeitet die GGUA auf Landes- und Bundesebene? Wie wird dort Interessenvertretung gemacht??

Unsere Arbeit auf Bundesebene läuft über verschiedene Wege: Zum einen nehmen wir über den Paritätischen Wohlfahrtsverband direkten Einfluss. Wenn ein neuer Gesetzesentwurf kommt, dann kriegt man den und es heißt: „Sag mal was, worauf müssen wir achten?“. Durch die Vorstandsarbeit bei Pro Asyl haben wir natürlich die Möglichkeit, sowohl Themen zu setzen als auch zu reagieren. Wir haben dort Fachleute, die man mit „anzapfen“ kann. Wir als Vorstand von Pro Asyl haben natürlich auch die politische Möglichkeit, dann sozusagen die Richtung vorzugeben, wozu man jetzt arbeiten sollte oder wofür jetzt das Geld ausgegeben wird.

Auch auf Landesebene sind wir gut vernetzt: Ich bin selbst Mitglied in der Härtefallkommission beim Innenministerium NRW, ich kriege also Informationen aus dem Innenministerium. Auch über das Ministerium für Arbeit, Integration und Soziales kommen Informationen. Über den Flüchtlingsrat NRW ebenfalls, wo eine Kollegin auch im Vorstand ist.

Viele von unseren Erkenntnissen gehen natürlich auch über Mailverteiler. Die haben wir auf Landesebene über den Flüchtlingsrat NRW und auf Bundesebene über die Flüchtlingsräte und über Pro Asyl. Viele Erkenntnisse, die in der Kommune gewonnen werden, werden zugespitzt auf Bundesebene aufgearbeitet. Pro Asyl macht ja fast nichts anderes als jeden Tag Presseerklärungen, Öffentlichkeitsarbeit, Dokumentieren, Gutachten in Auftrag geben und Ähnliches.

Auf Bundesebene beziehen wir sehr schnell Stellung zu geplanten Gesetzesänderungen und dazu, wie wir uns zukünftige Gesetze vorstellen. Ein Beispiel ist die UN-Kinderrechtskonvention. Wir haben auf Bundesebene ungefähr 20 Jahre dafür gekämpft, dass der ausländerrechtliche Vorbehalt wegfällt und somit das Kindeswohl Vorrang erhält. Das ist dann auch zum Juli 2010 passiert. Daraufhin haben wir uns mit KollegInnen aus der Jugendhilfe zusammengesetzt und die ausländerrechtlichen und jugendhilferechtlichen Details angeschaut. Wir haben aufgelistet, was man im Land und in der Kommune tun kann. In der Zwischenzeit waren wir im Jugendausschuss des Landtages und haben die Antwort der Landesregierung gehört und dazu Stellung genommen. Das sind alles kleine Schritte.

Zum Thema Unbegleitete Minderjährige Flüchtlinge haben wir gemeinsam mit anderen eine Handreichung erstellt, die von zwei Ministerien herausgegeben worden ist. Das ist schon wegweisend, da sagen andere Bundesländer, das ist toll. Aber diese Handreichung ist noch die Theorie, denn gelebt und umgesetzt werden muss es natürlich vor Ort.

Was sind aus Ihrer Sicht die wesentlichen Mittel, um flüchtlingspolitische Interessen gegenüber der Politik auf Bundes- und Landesebene zu vertreten?

Das sind die verschiedenen gesellschaftlich relevanten Gruppen, wenn die sich einig sind. Da ist die Liga der Wohlfahrtsverbände, da sind die Kirchen, die auch bei Pro Asyl mitarbeiten.

Wenn man zu einem gemeinsamen Schluss kommt – immer nur themenbezogen – dann wird auf allen Ebenen auch gebaggert: Bundes- und Landesministerien, Parteien im Bundestag, Landtagsabgeordnete, und wir baggern auch die hiesigen Bundestagsabgeordneten an, sie sollen etwas auf Bundesebene tun.

Wie ist das Verhältnis zur Verwaltung? Wie ist da die Herangehensweise der GGUA?

Die Sensibilisierung der Verwaltung funktioniert ohne öffentlichen Druck nicht. Das heißt, man braucht immer die öffentlichkeitswirksame Aktion, um anschließend die entsprechenden Gespräche führen zu können.

Wir machen seit 25 Jahren im Rheinland eine sogenannte Behördentagung. Da geht es darum, dass MitarbeiterInnen in Ausländerbehörden zusammenkommen mit AnwältInnen und KollgeInnen aus Beratungsstellen. Da werden immer zu bestimmten Themen Fachvorträge gehalten und dann gibt es am Nachmittag Arbeitsgruppen, wo man miteinander ins Gespräch kommen soll. Wir machen das seit 25 Jahren. Ich bin fast immer da gewesen, auch fast immer als Referent, und ich weiß noch sehr genau, dass ich ganz häufig als aus Wolkenkuckucksheim kommend angesehen worden bin, wenn wir bestimmte Rechtspositionen vertreten haben, beispielsweise zu Art.8 der Europäischen Menschenrechtskonvention – dem Schutz des Familien- und Privatlebens. Da haben wir gesagt, darauf könne sich im Prinzip jeder berufen. Damals war die Rechtsposition, das könne man nur, wenn man einen rechtmäßigen Aufenthalt hat, obwohl davon in der europäischen Menschenrechtskonvention überhaupt nicht die Rede ist – das hat hier die Rechtsprechung so festgelegt. In der Zwischenzeit ist für alle klar, selbst der Illegale kann sich auf Art. 8 berufen. Das ist ein radikaler Wandel.

Ein großer Fehler in der Vergangenheit war, dass wir uns ausschließlich an den Innen- und RechtspolitikerInnen abgearbeitet haben, anstatt die Familien- und SozialpolitikerInnen mit ins Boot zu holen. Genau das hat sich aber als positiv erwiesen, denn die schauen ganz einfach anders.

Ein zentraler Punkt bei der Zusammenarbeit mit Behörden ist auch die Organisation der Verwaltung. Die Frage ist zum Beispiel: Wo ist die Ausländerbehörde angesiedelt? In Münster ist sie ein eigenes Amt und im Sozialdezernat verortet. In den meisten Kommunen ist sie in der Abteilung des Ordnungsamtes und im Ordnungs- und Rechtsdezernat. Die gucken anders! Natürlich kriegen wir nicht alles durch, was wir wollen, aber der Sozialdezernent in Münster hat zumindest ein offenes Ohr und ist auch in der Lage, das Gute vom Schlechten zu trennen. Ohne sein Mitwirken hätte es auch den „Runden Tisch Humanitäres Bleiberecht" in Münster nicht gegeben. Und wir hatten die ganze Zeit einen Integrationsrat, der sich auch mit dem Thema Flüchtlinge auseinandergesetzt hat, was in vielen Städten, z. B. im Ruhrgebiet, bis vor kurzem überhaupt nicht der Fall war. Und es hängt natürlich auch an den entscheidenden Personen. Man muss an bestimmte Leute heran, die an bestimmten Stellen sitzen, und diese überzeugen.

Kann man das auch überlokal genauer verorten? Welche Institutionen sind eher offen für partnerschaftliche Arbeit, welche eher nicht?

Ja. Die Innenministerien musst du zur Partnerschaftlichkeit fast immer tragen. Sie sind in der Regel beratungsresistent. Auf Bundesebene ist es egal, wer Innenminister ist. Wir hatten zweimal Schäuble, wir hatten Schily, wir hatten Friedrich und jetzt zum zweiten Mal de Maizière. Es war immer schlecht. Zumal die vielen tausend SachbearbeiterInnen nicht mit jeder neuen Bundesregierung auswechselt werden.

Wollen oder können die nicht?

Nein, nein, für die ist das Thema lästig. Sie holen sich quasi von außen die Linie, wie humanitär oder rechtsstaatlich es ausgerichtet sein soll. Und Schäuble fragt „Was kostet das?". Wenn es Veränderungen gibt, resultieren die zudem oft aus der Umsetzung von Vorgaben der europäischen Ebene.

Die GGUA kämpft einerseits gegen die aktuelle Politik , andererseits ist die öffentliche Hand ihr größter Geldgeber. Müssen Sie da überlegen, wie man Dinge angeht oder was Sie sagen?

Ich bin alles andere als ein Diplomat und ich hab mir öfter schon böse Kritik eingehandelt, aber ich sag es eigentlich fast immer, wie ich es denke. Natürlich bemühe ich mich, wenn ich öffentlich auftrete, nicht von „A....löchern" oder so zu reden, aber das ist eigentlich nur eine Frage der guten Erziehung und weniger der politischen Schere im Kopf. Das, was ich für richtig halte, vertrete ich auch. Wenn ich mich geirrt habe, habe ich kein Problem dann zu sagen, das war nicht richtig.

In der Öffentlichkeitsarbeit haben wir eine ganze Zeit lang Flüchtlinge zu halben Heiligen hochgeredet, das hab ich aufgegeben.

Nur: Man muss die Dinge, die wir für richtig halten, nicht verschweigen. Man muss natürlich nicht an allen Stellen alles sagen, sondern es empfiehlt sich immer, eine thematische Eingrenzung zu machen. Und was man immer machen muss, wenn man eine Botschaft hat: Sie auf wenige Punkte reduzieren und die dann anständig begründen. Das würde aber auch gelten, wenn ich für schwer erziehbare Kinder eine Beratungsstelle hätte oder für die Unterstützung psychisch Kranker oder für welchen sozialen Bereich auch immer. Man kommt letztlich immer zur gleichen Struktur: In dem Moment, wo eine kapitalistische Struktur herrscht, geht es auch um Nützlichkeit. Und dem versuchen wir uns zu widersetzen. Wir agieren nicht in Bezug auf Nützlichkeit, sondern wir agieren in Bezug auf die Notwendigkeit, die entweder aus normalen menschlichen Bedürfnissen herauskommt oder aus der Wahrung der Menschenrechte. Und diese feine Zäsur, die wird ja sehr häufig verdeckt dadurch, dass zum Beispiel eine Bleiberechtsregelung kommt. Da muss man dann genau gucken: Wer wird denn davon profitieren? Deswegen bin ich nicht gegen die Regelung – ich nehme das natürlich für diejenigen, die davon profitieren, als positiv an. Ich bleibe aber dabei, dass ein vernünftiges humanitäres Aufenthaltsrecht mehr bringt als eine punktuelle Bleiberechtsregelung. Das hat etwas Subversives: Ich sage „Danke prima!" und dann kämpfen wir wieder dafür, dass wir eine neue Regelung brauchen. Da gibt es immer ein weinendes und ein lachendes Auge. Ich glaube eben daran, dass man die dahinterstehenden Mechanismen und Thematiken entlarven muss – aber manchmal darf man es auch nicht sagen, wie man es sagen möchte.

Aber es gibt durchaus auch Grenzen, was die GeldgebeInnenr an eigener inhaltlicher Positionierung tolerieren?

Doch, die gibt es. Zum Beispiel haben wir das Rückkehrberatungsprojekt vom Bundesamt für Migration und Flüchtlinge aus dem Europäischen Rückkehrfonds nicht verlängert bekommen – wir sind herausgefallen, weil wir uns fürs Bleiberecht einsetzen. Es können immer einzelne Projekte wegfallen, was bedauerlich ist. Aber so leicht kann man uns nicht kaputt machen, schließlich werden wir gebraucht!

Interview: Thorsten Hallmann, Paula Hoffmeyer-Zlotnik

Der Verein der Freunde und Förderer der Carl-Stamitz-Musikschule e. V.

Vom Provisorium zur Public Private Partnership

Beate Glombek[1]

Abstract

Der Beitrag stellt den Weg einer Bürgerinitiative aus dem Musikschulumfeld von der informell durch die Kommune geduldeten Übergangslösung zur Public Private Partnership dar und zeigt auf, welche Faktoren zum dauerhaften Erfolg eines Local Governance Arrangements beitragen können. Augenmerk gilt dabei auch zwei Krisen, die durch wechselnde Rahmenbedingungen im Arbeitsrecht und im kommunalen Haushalt ausgelöst wurden und aus denen heraus sich die Public Private Partnership in ihrer aktuellen Form entwickelte.

Keywords

Local Governance • Interessenvertretung • bürgerschaftliches Engagement • Musikschule

1 VFF der Carl-Stamitz-Musikschule Köln-Porz e. V.; beate-glombek@stamitz-musikschule.de

„Das Provisorium lebt“[2] titelte der Kölner Stadtanzeiger 2001 anlässlich des 25jährigen Jubiläums des Vereins der Freunde und Förderer der Carl-Stamitz-Musikschule e. V. (VFF). Mittlerweile erfüllt der Verein seine Aufgaben bald 40 Jahre und ist zu einer feststehenden, mit der Carl-Stamitz-Musikschule[3] (CSM) in Köln-Porz untrennbar verzahnten Institution geworden. Sein Fortbestehen illustriert zugleich, wie eine Interessengruppe auf lokaler Ebene beharrlich die Erhaltung eines kommunalen Angebotes aus dem Bereich der Daseinsfürsorge verfolgt. Das Problem, für welches bei seiner Gründung eine Lösung gesucht wurde, ist heute so aktuell wie damals: Öffentliche Musikschulen sind zwar aus der deutschen Bildungslandschaft nicht wegzudenken, sie fallen aber in die Rubrik der freiwilligen kommunalen Leistungen und werden deshalb teils drastischen Einsparungen ausgesetzt oder sogar ganz geschlossen.

Die betroffenen Musikschulen begegnen der Kürzung von kommunalen Zuschüssen schwerpunktmäßig mit Gebührenerhöhungen, außerdem mit der Steigerung des Anteils von Gruppenunterricht, da dieser höhere Einnahmen als Einzelunterricht erwirtschaften kann, und mit dem Abbau von TVöD-Verträgen zugunsten des Einsatzes von preiswerteren Honorarkräften. All dies sorgt seit langem im Musikschul-Umfeld für Unmut. Viele Eltern können sich die hohen Gebühren kaum leisten, MusikschullehrerInnen unterrichten häufig zu niedrigsten Honoraren und kämpfen um die wenigen Angestellten-Verträge. Je nach Maßnahme sind die Reaktionen vielfältig und reichen von Elternprotesten gegen Gebührenerhöhungen bis hin zu Neugründungen in der Rechtsform eines Vereins. Aus einer Notlage heraus entstand mit dem 1975 in Köln-Porz gegründeten VFF über mehrere Entwicklungsphasen hinweg ein anderes Lösungsmodell, das schließlich 2009 durch Abschluss eines Kooperationsvertrages auch formal als Public Private Partnership[4] zwischen kommunalem und zivilgesellschaftlichem Akteur bestätigt wurde.

Als sich 1975 abzeichnete, dass die Stadt Köln einen Großteil des Musikschulangebotes in ihrer Regionalschule Köln-Porz nicht mehr finanzieren konnte, formierte sich schnell eine Bürgerinitiative, welche die Interessen der Eltern und MusikschullehrerInnen vertrat. Ende 1975 gründete sie einen Förderverein mit dem Ziel, dieses Angebot vorübergehend zu ersetzen, bis die Kommune in der Lage wäre,

2 Kölner Stadtanzeiger, 29.11.2001

3 1974 nach einem Mannheimer Komponisten (1745-1801) benannt

4 Als Public Private Partnership (PPP) werden verschiedene Formen des Leistungsaustausches zwischen privaten und öffentlichen Akteuren bezeichnet. Zur Erfüllung einer öffentlichen Aufgabe kooperieren diese freiwillig, bringen unterschiedliche Ressourcen ein und bleiben dabei organisatorisch unabhängig. Im Gegensatz zu einer vergleichbaren Kooperation unterliegt eine PPP jedoch einer Steuerungsabsicht (vgl. Schwalb 2011, S. 249).

diese Aufgabe wieder zu übernehmen. Nach einigen Jahren aber zeigte sich, dass dies Utopie bleiben würde, und gleichzeitig entstand zunehmend Regelungsbedarf für dieses informelle Governance-Arrangement. So mündete diese erste Phase 1982 in eine von der Kommune anerkannte Zusammenarbeit, wobei der Verein das Unterrichtsangebot der Regionalschule ergänzte. Die Kooperation unter einem Dach war nun zwar durch eine Verwaltungsanweisung formalisiert, jedoch für die Stadt nicht bindend, da sie jederzeit einseitig aufhebbar war.

Bis zur Ablösung des halbformellen Governance-Arrangements 2009 durchlebte der Verein zwei existenzielle Krisen: Zunächst führte das Ungleichgewicht zwischen tariflicher und Honorarvergütung von städtischen und VereinslehrerInnen bei identischen Leistungen zu wachsender Unzufriedenheit bis hin zu einer arbeitsrechtlichen Klagewelle gegen die Stadt Köln und den Verein und brachte diesen nahe an eine Auflösung. Die Abmilderung dieses Ungleichgewichts und die notwendige Anpassung an veränderte arbeitsrechtliche Rahmenbedingungen konnte 1991 durch eine Neufassung der Satzung geleistet werden. Ab dem Jahr 2000 entwickelte sich durch den Konsolidierungsdruck, der auf der Rheinischen Musikschule bzw. der Stadt Köln insgesamt lastete, als zweite Krise ein Konflikt um den Sonderstatus der Porzer Regionalstelle. Eingebettet in den generellen Strukturumbau sollte dieser abgeschafft werden und sowohl der städtische Regionalschulteil als auch der Verein sollten zur Erhöhung des Kostendeckungsgrades der gesamten Musikschule beitragen. Die Maßnahmen, welche die Stadt dafür angedacht hatte, waren für den VFF jedoch existenzbedrohend. Die Interessen des bürgerschaftlichen Engagements und die der kommunalen Verwaltung schienen in Porz immer weiter auseinander zu driften, bis sich beide Seiten schließlich 2009 nach erneuten Verhandlungen auf eine Kooperationsgrundlage einigen konnten. Diese über Jahrzehnte hinweg erfolgreiche, aus der Perspektive von Local Governance[5] sich immer wieder neuen Steuerungsmodi anpassende Interessenvertretung von Musikschul-Anspruchsgruppen wird nun im Folgenden detailliert dargestellt.

5 Das Local Governance-Konzept erweitert die klassische Steuerungstheorie, welche auf kommunaler Ebene nur Bürgermeister, Rat und Verwaltung in das Zentrum der Forschung stellt. Es bezieht zusätzlich private, privatwirtschaftliche und zivilgesellschaftliche Akteure mit ein, weist ihnen maßgeblichen Einfluss auf den Regierungsprozess zu und untersucht die daraus neu erwachsenden Steuerungsmodi und Koordinationsmechanismen (vgl. Schwalb 2007, S. 285).

Die Entwicklung des VFF

Öffentliche Musikschulen begegnen uns in unterschiedlichsten Größen und Trägermodellen. In Nordrhein-Westfalen verfügt z. B. die kleinste Musikschule über ca. 50 SchülerInnen und die größte über ca. 8000. Neben rein kommunalen Einrichtungen existieren kommunal geförderte vereinsgetragene Musikschulen und seltener auch kommunal geförderte gemeinnützige GmbHs und sogar GbRs. In Köln-Porz entstand jedoch ein ganz individuelles Konstrukt: Ein Verein, der das Angebot der Zweigstelle einer städtischen Einrichtung quantitativ und qualitativ ergänzt.

1. Phase: Informelles Governance-Arrangement (1976-1982)

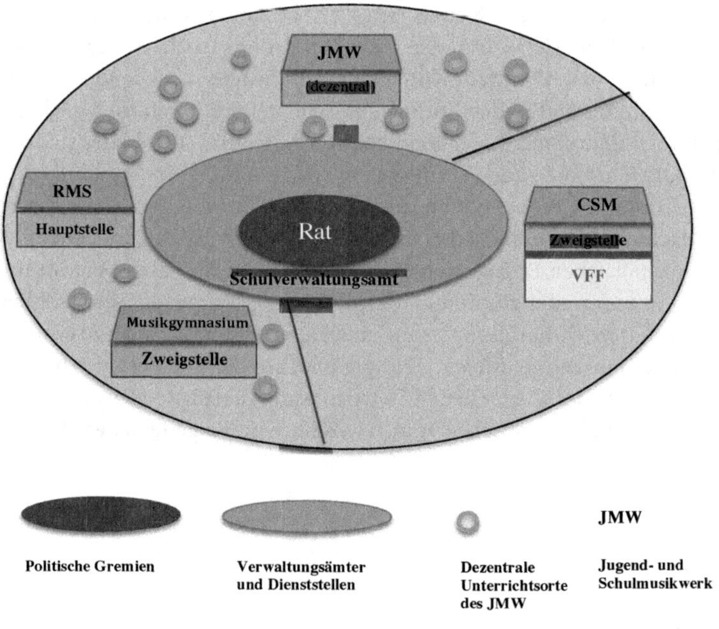

Abb. 1 Die Situation ab 1976
Eigene Darstellung.

Die seit 1951 selbständige Stadt Porz warb zu Beginn der siebziger Jahre verstärkt um neue EinwohnerInnen. Dies wirkte sich auch auf ihre im April 1952 als Abteilung der Volkshochschule (VHS) gegründete Musikschule aus. Durch den starken Zuzug von jungen, kinderreichen Familien stieg die SchülerInnenzahl der Musikschule bis 1975 auf knapp 3000 mit rund 770 erteilten Wochenstunden, eine Anzahl, die für eine Stadt dieser Größe überdurchschnittlich hoch war. Ca. 90.000 Einwohner waren jedoch zu wenig, um der Eingemeindung in die benachbarte Stadt Köln im Zuge der Gebietsreform zu entgehen. Die Stadt Köln verpflichtete sich im Gebietsänderungsvertrag von 1975 Bibliothek, Stadtarchiv, Volkshochschule und Musikschule in vollem Umfang zu übernehmen und weiter zu entwickeln.[6] Die Musikschule war erst 1973 aus der VHS ausgegliedert worden und wurde nun unter der bisherigen Porzer Leitung in die Rheinische Musikschule Köln (RMS) integriert. Im Laufe des Jahres geriet die Stadt jedoch zunehmend in finanzielle Schwierigkeiten und sah sich zu Sparmaßnahmen gezwungen, darunter auch die Kürzung des Etats der RMS. So wurde zu Ende 1975 allen Lehrbeauftragten der RMS gekündigt mit dem Ziel, die Gesamtzahl der Unterrichtsstunden zu reduzieren. Für die Carl-Stamitz-Musikschule (CSM) wurde eine Reduktion auf 450 Wochenstunden vorgegeben, was zugleich bedeutete, dass rund 1000 SchülerInnen keinen Musikunterricht mehr über die Musikschule erhielten. Nicht nur die Eltern, sondern auch der Großteil der Porzer Bürgerschaft, welche der Eingemeindung ohnehin ablehnend gegenüberstand, waren empört. Denn während heut die Differenz der Kosten von Privat- und Musikschulunterricht in der Regel nicht so gravierend ist, wurden die Gebühren damals noch erheblich subventioniert.

Bereits im Juli 1975 gründete deshalb eine Elterninitiative die „Interessengemeinschaft CSM". Als abzusehen war, dass Proteste nichts ändern würden, begannen die in der Interessengemeinschaft engagierten Eltern zusammen mit der Leiterin der CSM nach einer Übergangslösung zu suchen. Alle Beteiligten, auch das Schulverwaltungsamt Köln, dem die RMS unterstand, glaubten, dass diese Phase nach einem gewissen Zeitraum enden würde und dann wieder der Unterricht wie zuvor durchgeführt werden könnte. So entstand die Idee, einen Förderverein zu gründen, der vorübergehend eine ergänzende Organisation des Musikunterrichts übernimmt und zusätzlich bzw. nach Rückkehr zum alten Status vorwiegend die Carl-Stamitz-Musikschule fördert. Mit diesem Ziel wurde die erste Satzung verfasst und am 06.11.1975 in der Gründungsversammlung verabschiedet.

Zweck des Vereins ist bis heute die ideelle und materielle Förderung musikalischer Bildungsaufgaben an der Carl-Stamitz-Musikschule. Entscheidend für die Praxis der nächsten 15 Jahre war, dass die Leitung der CSM mit Billigung des Schulverwaltungs-

6 VFF, Rede zum 25jährigen Jubiläum des VFF, Rudolf Unterhansberg, 1. Vorsitzender

amtes zugleich Mitglied des VFF-Vorstands war. In ihrer Doppelfunktion führte sie nach wie vor die gesamte Unterrichtszuteilung durch. Waren alle städtischen Plätze vergeben, unterrichteten LehrerInnen kostenfrei in den Räumlichkeiten der Musikschule oder in allgemeinbildenden Schulen über den Verein, wurden „Stadtstunden" frei, konnten SchülerInnen wieder zur Musikschule wechseln.

Das zweite geborene Mitglied[7] im Vorstand war eine vom Kollegium gewählte Vertretung der LehrerInnen. Dies war notwendig, denn sie waren die Hauptleidtragenden. Da auch die Stadt Köln davon ausging, dass es sich bei der Unterrichtserteilung über den VFF um ein Provisorium handelte, bestand das Schulverwaltungsamt darauf, dass die SchülerInnenbeiträge identisch blieben.[8] Die DozentInnen schlossen mit dem VFF halbjährlich und später jährlich Honorarverträge ab, erhielten aber nur die Beiträge als Honorar und mussten damit empfindliche finanzielle Einbußen hinnehmen – ein Problem, das erhebliche Folgen haben sollte. Für die LehrerInnen wurde deshalb eine möglichst faire und sozialverträgliche Aufteilung von „Stadtstunden" und VFF-Unterrichtsstunden gesucht und gemeinsam mit ihnen nach und nach das Verwaltungs- und Abrechnungsmodell des VFF entwickelt. Um ihre Einbußen nicht noch zu vergrößern, leistete die Bürokraft der Carl-Stamitz-Musikschule weiterhin übergreifend die Verwaltungsarbeit für Schule und Verein. Dies war sinnvoll, da das Schulverwaltungsamt wünschte, dass der VFF das musikpädagogische Konzept der CSM übernehmen und beide Organisationen nach außen geschlossen auftreten sollten.[9] Nur der finanzielle Part wurde bis 1990 von zwei Vereinsmitgliedern ehrenamtlich für die VFF-LehrerInnen betreut.

Die Auseinandersetzungen um den Status der CSM innerhalb der RMS begannen noch im Jahr der Eingemeindung. Die Rheinische Musikschule, seit ihrer Gründung 1845 mit Unterbrechungen das Konservatorium der Stadt Köln, vereinte 1975 unter ihrem Dach verschiedene Abteilungen sowie angeschlossene Institute und Seminare. Neben den Abteilungen Musikgymnasium und dem erst 1972 angegliederten Jugend- und Schulmusikwerk (JMW) bildete aber die Hauptabteilung mit ihrem „konservatorialen Ausbildungsauftrag" (vgl. Capitaine et al. 1975, S. 38) den Schwerpunkt der RMS. Zugang zu dieser Hauptabteilung erlangten SchülerInnen nur nach Bestehen einer Aufnahmeprüfung. Das JMW dagegen bot mit Hilfe einer „sozial beispielhaften Gebührenordnung" (Lachmund 1975, S. 57) jedem Kölner Kind bzw. Jugendlichen die Möglichkeit, maximal drei Jahre Instrumentalunterricht

7 „Geborenes Mitglied" ist eine Bezeichnung für Mitglieder eines ansonsten gewählten Gremiums, die aufgrund einer anderen Funktion automatisch dem Gremium angehören.

8 Niederschrift über die Zusammenkunft des Vorstandes des Vereins am 27.11.1975, Punkt 1

9 Freundliche Auskunft von Dr. Gisela Blees. Leiterin der Carl-Stamitz-Musikschule bis 2009

in Kleingruppen ab zwei SchülerInnen zu erhalten. Die Hauptabteilung und das Jugend- und Schulmusikwerk, das 1975 rund 8000 Jugendliche umfasste, bildeten damit zugleich zwei Gegenpole: zum einen den elitären, künstlerisch ausgerichteten Ausbildungsweg mit regelmäßigen Prüfungen, zum anderen die frei zugängliche Breitenmusikalisierung der Jugend ohne Leistungsnachweis. Bei der Eingemeindung wurde nun die Musikschule Porz als Abteilung des JMW deklariert, was Widerstand hervorrief. Die CSM hatte erst 1974 ein eigenes pädagogisches Konzept verabschiedet und wollte sich daher keinem dieser Ansätze anschließen. Leitfaden der CSM war und ist die individuelle Förderung eines jeden Schülers jeden Alters ohne Zugangsbeschränkung, ohne Einschränkung der Verweildauer und mit Schwerpunkt auf der Musikpflege. Dieses Konzept entspricht damit zugleich der Sozialstruktur von Porz. Denn es richtet sich sowohl an die schon immer dort ansässige bürgerliche Mittelschicht als auch an später angesiedelte MigrantInnen sowie an den stetig zunehmenden Bevölkerungsanteil mit niedrigem Bildungsgrad, den der wachsende Dienstleistungssektor mit Niedriglöhnen nach Porz führt. Schließlich wurde der CSM die Beibehaltung dieses Konzepts vom Schulausschuss zugestanden und die Musikschule wurde als „Zweigstelle“ geführt[10].

Die weiteren Verhandlungen über die Sonderrolle der CSM in Verbindung mit ihrem Förderverein zogen sich noch über fast sieben Jahre hinweg bis Ende 1982 und fanden schließlich ihren Niederschlag in einem Schreiben zur „Regelung für die Carl-Stamitz-Musikschule“ des Schulverwaltungsamtes an den damaligen 1. Vorsitzenden des VFF.[11] In diesem Schriftstück wurde bestätigt, dass die CSM ein musikpädagogisches Erziehungsbild mit individuellem Maßstab umsetzt und der VFF dieses Erziehungsbild teilt und unterstützt. Die Berechtigung, diesbezüglich von der geltenden Satzung der RMS abzuweichen, wurde erstaunlicherweise aus der ergänzenden Arbeit des VFF und seiner starken Verschränkung mit der CSM abgeleitet, einer Verzahnung, die doch letztlich auf den Vorgaben des Amtes beruhte. Das Schulprofil bildete zugleich die Grundlage für weitere Eigenständigkeit, die sich in Sonderrechten der Porzer Zweigstellenleitung äußerte, so z. B. dem Vorschlagsrecht für städtische Lehrkräfte, die an der CSM unterrichten sollten.

Ein Besprechungsbericht vom 26.10.1982[12] illustriert, wie viel weitgehender die Wünsche des VFF-Vorstands waren. Wenn auch nie verwirklicht, aber durchaus

10 Regierungspräsident Köln, Schreiben an die Carl-Stamitz-Musikschule zum Status Zweigstelle vom 06.08.1976

11 Stadt Köln, Schreiben zur Regelung für die Carl-Stamitz-Musikschule Köln-Porz vom 09.12.1982

12 VFF, Besprechungsbericht vom 26.10.1982 zur Regelung für die Carl-Stamitz-Musikschule Köln-Porz

vom damaligen Direktor der RMS erwogen, forderte man eine große konzeptionelle Eigenständigkeit aller Zweigstellen bis hin zu einer eigenen Satzung, was letztlich zur Bildung von regionalen Zentren mit ganz eigenem Profil geführt hätte. Der Bericht veranschaulicht gleichzeitig, dass zu dieser Zeit keiner mehr ernsthaft daran dachte, die Übergangslösung zu beenden, denn er führt einen Punkt auf, wonach zur reibungslosen Weiterführung der Arbeit des VFF ein Vertrag mit der Stadt Köln geschlossen werden sollte.[13] Die finanzielle Situation der Stadt hatte sich nicht verbessert und so verhandelte man nicht über Pläne, wie man die immer noch rund 1000 SchülerInnen, die über den Verein unterrichtet wurden, wieder in die RMS zurückführen konnte, sondern über eine Festschreibung des aktuellen Status.

2. Phase: Halbformelles Governance-Arrangement (1982-2008)

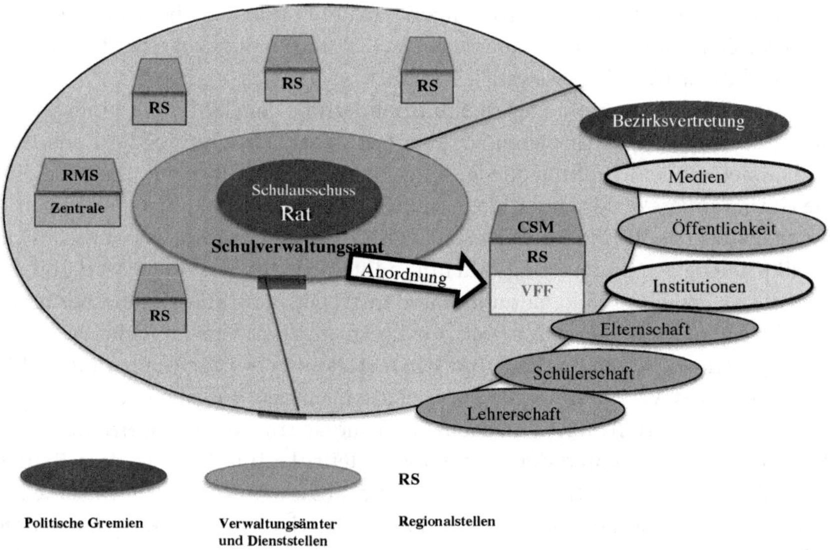

Abb. 2 Die Situation ab 1982
Eigene Darstellung.

13 VFF, ebenda

Gefährdung

In den Jahren nach 1982 schien in Porz die musikpädagogische Arbeit im Vordergrund zu stehen. Musikalische Früherziehung und Grundausbildung wurden ebenso wie der vielfältige Instrumentalunterricht weiter entwickelt und fortgesetzt. Es fanden Wochenendseminare, Workshops oder Kurse zu unterschiedlichen Themen statt. Neue Ensembles wurden ins Leben gerufen, Musiktheater-Aufführungen, Konzerte, Klassenvorspiele gehörten zum jährlichen Spektrum und die CSM beteiligte sich am Rheinischen Musikfest 1987. Der sogenannte „Ausbildungszweig für behinderte Menschen" war so gefragt, dass engagierte VFF-Mitglieder 1987 den Verein „Bolero 87" ausgründeten, um diese Arbeit gesondert zu organisieren und durch Spenden zu unterstützen. Immer noch war das Wochenstundenvolumen der CSM im Vergleich zu den übrigen Regionalschulen deutlich umfangreicher. Eine Aufstellung aus dem Jahre 1992 beziffert die Wochenstunden der CSM für 1991 auf 408 und die des VFF auf 400. Insgesamt stand den 808 Wochenstunden für den Stadtteil Porz mit rund 100.000 EinwohnerInnen eine Gesamtwochenstundenzahl der übrigen Regionalschulen von 1823 für die ca. 900.000 weiteren Einwohner Kölns gegenüber.[14]

Hinter diesem erfolgreichen Musikleben wuchs jedoch die Unzufriedenheit der VFF-LehrerInnen. Immer deutlicher wurde, dass der VFF kein Provisorium war. Immer größer wurde die Kluft zwischen VFF-Honorierung und städtischem BAT-Einkommen, das laut LehrervertreterInnen 1990 fast doppelt so hoch war. Für die DozentInnen sahen die Arbeitsbedingungen gleich aus. Zwar waren sie nicht weisungsgebunden, doch de facto kamen sie den gleichen (städtischen) Pflichten nach. Im Jahre 1990 unterrichteten 40 VFF-LehrerInnen gleichzeitig mit unterschiedlich kleinen Kontingenten in Teilzeit für die RMS. Stärker als in dieser Personalunion konnte sich die Verflechtung von beiden Institutionen kaum manifestieren.[15] Die Position der Porzer Regionalschulleitung erschien ihnen übermächtig, da sie die Entscheidungsbefugnis hatte, frei werdende Stadtstunden zu vergeben. So machte die VFF-Lehrerschaft einen neuen Anlauf, diesen Missstand zu beheben, hoffte auf Unterstützung zunächst beim VFF-Vorstand und zog später auch GewerkschaftsvertreterInnen zu Rat. Alle Beteiligten suchten nach Lösungswegen. Man bat z. B. von Seiten der VFF-Dozentinnen darum, entgegen der städtischen Vorgabe nun doch die SchülerInnenbeiträge zu erhöhen. Schließlich wurde die Lage von vielen LehrerInnen als so ausweglos beurteilt, dass elf VFF-DozentInnen im Sommer

14 Stadt Köln, Carl-Stamitz-Musikschule, Organisationsbeschreibung der Carl-Stamitz-Musikschule vom 21.09.1992

15 Carl-Stamitz-Musikschule, Bericht des provisorischen Arbeitsgremiums der Carl-Stamitz-Musikschule vom 25.04.1990

1990 gegen die Stadt Köln und später auch gegen den VFF Klage auf Anstellung erhoben. Die Stadt Köln war sich keineswegs sicher, die Prozesse zu gewinnen, und setzte deshalb den VFF-Vorstand massiv unter Druck. Man drohte den Vorstand regresspflichtig zu machen, wenn dieser während des schwebenden Verfahrens Verpflichtungen eingehe, die zu Lasten Dritter, mithin der Stadt gehen könnten, und erwog eine mögliche persönliche Haftung.[16]

Angesichts dieser Drohung beschloss der Vorstand, von SchülerInnen gekündigte Unterrichtsstunden nicht nachzubesetzen und informierte alle Beteiligten, dass die allesamt auf ein Jahr befristeten Honorarverträge der DozentInnen Ende 1990 nicht mehr verlängert werden könnten. Die SchülerInnenzahlen sanken stark. Im Herbst standen bereits 320 SchülerInnen auf der Warteliste, wodurch zugleich die Existenzgrundlage vieler VFF-LehrerInnen beeinträchtigt wurde. Wieder begannen sich Eltern zu engagieren, es entstand die „Elterninitiative Musikschule", welche ebenfalls das Ziel verfolgte, dass die Stadt Köln die VFF-LehrerInnen und damit auch die VFF-SchülerInnen übernahm. Die Auseinandersetzungen belasteten den amtierenden Vorstand schwer. Mit Bezug auf die Ankündigung der Unterrichtseinstellung verfassten GewerkschaftsvertreterInnen sogar ein Flugblatt gegen den Vorstand. Schrittweise gaben alle bisherigen Mitglieder ihr Amt auf und auch die ehrenamtliche Verwaltungsarbeit wurde niedergelegt.

Satzungsneufassung

In dieser bedrohlichen Situation trat dem Vorstand ein kompetenter Jurist bei. Unter seiner Führung wurde die neue, bis heute nur unwesentlich geänderte Satzung entwickelt. Das Hauptproblem, die bisherige Praxis der Honorarverträge zwischen VFF-Vorstand und DozentInnen, wurde elegant gelöst, indem Verträge nur noch auf der Ebene der Mitglieder geschlossen werden: „Der Verein fördert durch organisatorische Unterstützung musikpädagogische Aktivitäten und Musikunterricht seiner Mitglieder untereinander, der entsprechend den hierfür erarbeiteten Richtlinien erteilt wird."[17] Mit Hilfe dieses neuen Satzungskerns war zugleich die Gefahr des wirtschaftlichen Geschäftsbetriebs gebannt, die offensichtlich zuvor niemand bemerkt hatte. Es wurde erreicht, dass die Vereinstätigkeit wieder eindeutig als Zweckbetrieb eingestuft werden konnte. Der Abschluss von Unterrichtsverträgen zwischen Mitgliedern ließ außerdem keinen Zweifel mehr an der freiberuflichen Tätigkeit der VFF-DozentInnen. Überdies wurden nun Honorare als Richtwerte empfohlen, die nicht mehr an die Gebühren der Stadt gekoppelt waren und diese deutlich überschritten. Die Prozesse endeten schließlich weitgehend zugunsten der

16 VFF, Schreiben zur Zusammenarbeit des VFF-CSM mit der Stadt Köln vom 29.09.1990

17 Satzung des VFF von 2006

Stadt Köln. Nur eine VFF-Lehrkraft gewann und erhielt einen Teilzeitvertrag über vier Stunden. Um weiteren Klagen gegen die Stadt Köln vorzubeugen, war es beiden Organisationen wichtig, dass in Zukunft eine klare Abgrenzung von Verein und städtischer Regionalschule nach außen hin erkennbar war. Der Satz „Die Durchführung der Aufgaben erfolgt in enger Zusammenarbeit mit der Schulleitung"[18] wurde deshalb aus der Satzung gestrichen und die geborene Vorstandsmitgliedschaft für Schulleitung und LehrervertreterInnen abgeschafft. Stattdessen wurde in Verbindung mit dem 2. Vorsitz die Funktion des musikpädagogischen Koordinators eingeführt, der möglichst eine Lehrkraft aus dem Kollegium sein soll. Schließlich richtete man in den Räumen der CSM eine Geschäftsstelle ein und besetzte diese mit zunächst acht Stunden pro Woche.

Nach über 15 Jahren hob die Stadt Köln damit alle ursprünglichen Vorgaben auf und legte jetzt Wert auf eine deutliche Abgrenzung zwischen städtischer Musikschule und Verein. Die nun gültigen Grundlagen wurden in einer Besprechungsnotiz vom 09.11.1991 dokumentiert, die gleichzeitig das Schreiben von 1982 außer Kraft setzte.[19] Erstmals wurde hier auch das Verfahren verschriftlicht, demzufolge zuerst frei werdende Unterrichtsstunden bei der Stadt besetzt werden müssen und nur nachrangig weitere Unterrichtsanfragen durch den VFF bedient werden. Wenn auch das Ziel, den Unterricht wieder ganz über die Stadt anzubieten und zu organisieren, nicht erreicht wurde, war der Großteil der VFF-LehrerInnen durch die Erhöhung der Honorare deutlich zufriedener. Die SchülerInnenzahlen, die am 1. März 1991 in einer Notiz mit 331 wiedergegeben wurden,[20] waren allerdings dramatisch gesunken und erreichten erst 2012 wieder den Wert von 900-1000 SchülerInnen.

Konsolidierung

Während der VFF das Unterrichtsvolumen wieder behutsam steigerte, die Wartelisten abbaute und weitere Instrumente in das ergänzende Angebot aufnahm, bedeutete Konsolidierung für die RMS und damit für ihre Regionalstelle Porz das Gegenteil. Der Haushalt der Stadt Köln geriet immer mehr in Bedrängnis und die RMS erhielt ein sogenanntes Sonderbudget mit der Vorgabe, den jährlichen kommunalen Zuschuss schrittweise zu reduzieren. Die Folgen waren einschneidend. Mehrfach wurden die RMS-Unterrichtsgebühren erhöht, die Förderung von SchülerInnen

18 Satzung des VFF vom 20.02.1976, §2,2

19 Stadt Köln, Besprechungsniederschrift zur Zusammenarbeit zwischen der Stadt Köln und dem Verein der Freunde und Förderer der Carl-Stamitz-Musikschule Köln-Porz e.V. vom 12.11.1991

20 VFF, handschriftliche Notiz zur Schülerzahl des VFF vom 01.03.1991 in: Handakte Herr Gottschalk bzgl. Statistik Schüler, Dozenten

gestrichen oder eingeschränkt.[21] Ab 1996 wurden nur noch in Ausnahmefällen BAT-Stellen nachbesetzt oder neu eingerichtet. Nachdem die CSM lange Zeit in Bezug auf das Stundenvolumen zu den größten Regionalschulen gehörte, verfügte sie 2004 nur noch über rund 220 BAT-Wochenstunden.[22] Mit dem Stellenabbau begann zugleich der wachsende Einsatz von Honorarkräften. Diese wurden im Schnitt so niedrig bezahlt, dass Unterrichtserteilung durch sie im Gegensatz zu den BAT-LehrerInnen kostendeckend war. Wie auch an den übrigen Musikschulen entstand an der RMS ein Zweiklassensystem: schlecht bezahlte Honorarkräfte arbeiten neben LehrerInnen mit TVöD-Stellen. Allerdings erhalten die VFF-DozentInnen inzwischen deutlich bessere Honorarsätze und nehmen damit eine Zwischenposition ein. Als Honorarkraft an anderen Regionalstellen oder Musikschulen zu unterrichten, ist für sie nur selten attraktiv, eine TVöD-Stelle immer. Die Ergänzung des stetig abnehmenden städtischen Unterrichtsangebotes an der CSM durch den VFF, dessen Angebot in gleichem Umfang wuchs, verhinderte aber weitgehend, dass in Porz HonorarlehrerInnen unterrichteten. In dem Maße, in dem sich jedoch über ihren kostendeckenden Einsatz hinaus im Großgruppenunterricht Einnahmen generieren ließen, wurde die Arbeit des VFF von der Leitung der RMS zunehmend kritisch gesehen. Durch die mehrmalige Erhöhung lagen die Gebühren der RMS nun über den Richtwerten des VFF. Die Differenzen, die seit langem zwischen Gesamt- und Porzer Regionalschulleitung bestanden, wuchsen und weiteten sich immer mehr auf den VFF aus, da der Beitrag der CSM zur Haushaltskonsolidierung aus städtischer Sicht viel zu gering war.

21 Stadt Köln, Beschlussvorlage zur Haushaltskonsolidierung 1997 vom 04.02.1997

22 VFF, Protokoll der Mitgliederversammlung vom 17.11.2004, S. 1

3. Phase: Public Private Partnership (seit 2009)

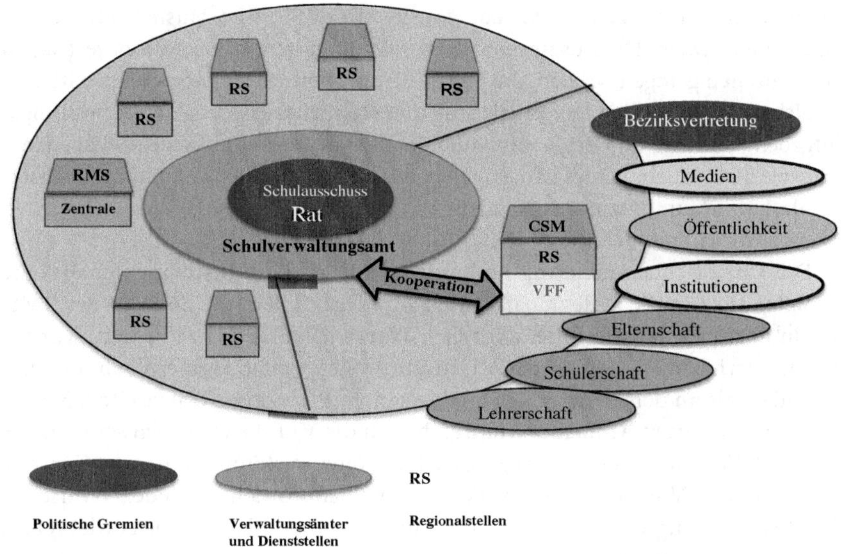

Abb. 3 Die Situation seit 2009
Eigene Darstellung

Kooperation

Im Zuge der fortgesetzten Bemühungen um das Haushaltssicherungskonzept richtete der Oberstadtdirektor um die Jahrtausendwende die Stabsstelle zur Durchführung einer methodischen, zentralen Aufgabenanalyse ein. Dieser musste sich nach und nach jedes Amt unterziehen, 2003 auch die RMS mit dem Ergebnis jahrelanger Diskussionen zwischen den Ratsfraktionen und entsprechend variierender Beschlussvorlagen im Schulausschuss. Nicht nur interne Reformen kamen dabei zur Sprache, bereits 2000 wurde vorgeschlagen die Rheinische Musikschule (RMS) aus der städtischen Trägerschaft herauszulösen und nach dem Beispiel des VFF in einen kommunal geförderten e. V. umzuwandeln.[23] Zur weiteren Erhöhung des Kostendeckungsgrades empfahl man diverse Maßnahmen,[24] aus denen z. B. der

23 Stadt Köln, Zeitschrift RATHAUS Nr. 130, 11/00, S. 10

24 Stadt Köln, Ergebnis der Prüfungen im Rahmen der methodischen zentralen Aufgabenanalyse bei der Stadt Köln, Kurzfassung, S. 5-7, von 2005

massive Abbau des Einzelunterrichts herausragte. Weit gravierender aber waren für Porz die Vorschläge, die die Struktur der RMS betrafen, denn sie bedeuteten das Ende der bisherigen Koexistenz von Verein (VFF) und Musikschule (CSM) unter einem Dach. Die Zusammenarbeit sollte in einem Kooperationsvertrag zu Bedingungen geregelt werden, die dem VFF eine neue Rolle zugewiesen hätten.[25]

Neben der generellen Zentralisierung und Neustrukturierung der Verwaltungsaufgaben von Fach- und Regionalschulleitungen sah die methodische Aufgabenanalyse vor: die Aufhebung des pädagogischen Sonderstatus der Carl-Stamitz Musikschule, hohe Raumnutzungsentgelte für VFF-DozentInnen sowie den unbegrenzten Einsatz von Honorarkräften.

Die Unterrichtsanmeldung und -zuweisung und die Instrumentenausleihe erfolgten für sämtliche Regionalschulen vorwiegend über die Zentrale der RMS, nur in Porz geschah dies direkt vor Ort. Waren alle Stadtplätze besetzt, wurden hier Unterrichtsanfragen an das VFF-Büro weitergeleitet. Insofern gab und gibt es, anders als an den übrigen Regionalstellen, in Porz kaum Wartezeiten. Mit einem zentralisierten Anmeldeverfahren hätten die VFF-LehrerInnen schrittweise ihren SchülerInnennachwuchs verloren: Jede Neuanmeldung wäre in der Zentrale an städtische TVöD- oder Honorarkräfte vergeben worden. Nach den Wünschen der RMS-Leitung wäre der VFF allmählich in einen klassischen Förderverein umgewandelt worden.

Einmal mehr kam die starke lokale Verankerung und Vernetzung des Vereins zum Tragen. Mit einer Petition, für die innerhalb von kürzester Zeit 5000 Unterschriften gesammelt wurden, wandte sich die Elternschaft an die Bezirksvertretung Porz. Diese beauftragte 2005 die Verwaltung, ein neues Gesamtkonzept zur Sicherstellung des musikpädagogischen Angebotes der Carl-Stamitz-Musikschule und ihres Fördervereins zu erarbeiten. Ein Vertreter der CDU-Fraktion verwies aus diesem Anlass in seiner Rede vor der Bezirksvertretung auf die hohe Zufriedenheit der Bevölkerung. Er führte an, dass das Verhältnis von SchülerInnen zur Bevölkerung in Porz bei 1,1%, in den übrigen Stadtteilen dagegen bei 0,5% liege. Ebenso betrage der Verbleib der TeilnehmerInnen in der Musikschule nach Beendigung des Grundstufenunterrichts 90%, in den anderen Regionalschulen nur 30%.[26] Gleichwohl unterschied sich das von der Verwaltung überarbeitete Konzept nur wenig von den Empfehlungen der Aufgabenanalyse.[27] In der Folge kam es immer

25 Stadt Köln, Mitteilung der Verwaltung an den Ausschuss Schule und Weiterbildung, Unterlage zur Sitzung im öffentlichen Teil am 01.12.2003

26 CDU-Fraktion in der Bezirksvertretung Köln-Porz, 06.09.2005

27 Stadt Köln, Organisationsamt, Konzept zur zukünftigen Struktur und musikpädagogischen Ausrichtung der Regionalschule Porz (Carl-Stamitz-Musikschule) von Juni 2008

wieder zu Protesten von Eltern, LehrerInnen, Regionalschulleitung, VFF-Vorstand und Bezirksvertretung bei Schulausschussmitgliedern. Schließlich nahm Ende 2008 die Schulverwaltung direkt mit dem VFF Kooperationsverhandlungen auf. Diese fanden im Sommer 2009 ihren Abschluss und sicherten das Fortbestehen der Zusammenarbeit von CSM und Förderverein.

Zu den Kernpunkten des Kooperationsvertrags[28] gehört der Bestandsschutz für den Förderverein in seiner bisherigen Größe. Darüber hinaus kann die RMS in Abstimmung mit dem VFF Honorarkräfte einsetzen. VFF-DozentInnen zahlen jetzt pro Zeitstunde eine Raumnutzungsgebühr. Vertraglich verankert wurde erneut die Nachrangigkeit des VFF. Der pädagogische Sonderstatus fiel ohne weiteres Aufheben weg. Das dezentrale Anmeldeverfahren wurde beibehalten, aber um eine Dokumentationspflicht bei der Porzer Schulleitung ergänzt. Beide Parteien hatten damit erhebliche Zugeständnisse gemacht und dennoch die für sie jeweils zentralen Punkte durchgesetzt.

Professionalisierung

Das Jahr 2009 brachte nicht nur den Abschluss der Kooperationsvereinbarung, auch die Leiterin der Porzer Regionalschule ging nach 36 Jahren in Pension. Damit fielen sämtliche an ihre Person gebundenen Privilegien fort. Ihre Nachfolge, die zunächst nur kommissarisch besetzt wurde, musste nun die gleiche Verwaltungsarbeit mit einem Drittel des bisherigen Verfügungsstundendeputats bewältigen und dies außerdem ohne Unterstützung vor Ort, denn die Bürokraft war schon 2006 im Zuge ihrer Verrentung eingespart worden. Der VFF bemühte sich daher, die Prozesse klarer zu strukturieren. Für die inhaltlich-musikpädagogische Arbeit wurden VFF-CSM-übergreifende Gremien gebildet: Auf der mittleren Ebene für alle Fachbereiche und diesen übergeordnet das sogenannte Kernteam. Vertreter der Fachbereiche, die Regionalschulleitung und die musikpädagogische Koordinatorin des Vereins koordinieren hier die Planung.

Im Vorstandsvorsitz des VFF hatte es schon 2006 einen Generationenwechsel gegeben. Der neue Vorstand begann nun, die Verwaltung des Vereins den gewachsenen Anforderungen anzupassen. Man schaffte ein geeignetes Verwaltungsprogramm an, das fortlaufend an die Bedürfnisse des VFF angepasst wird, sodass viele Verwaltungsvorgänge bereits ganz oder teilweise automatisiert sind. Auch wurde die Geschäftsstelle ausgebaut, die nun über zwei Mitarbeiterinnen auf 400-Euro-Basis verfügt und von einer Sachbearbeiterin mit halber Stelle geleitet wird. Die Geschäftsstelle dient in erster Linie der Betreuung des Vertragswesens, unterstützt aber auch in erheblichem Maße die Regionalschulleitung. So nehmen

28 Stadt Köln/VFF, Kooperationsvertrag vom 24.06.2009

die VFF-Mitarbeiterinnen den Großteil der Unterrichtsfragen an und leiten diese an die Schulleitung weiter. Auch die Instrumentenausleihe ist in Obhut der Geschäftsstelle, denn der VFF stellt seinen großen Instrumentenbestand allen SchülerInnen der Carl-Stamitz-Musikschule zur Verfügung. Schließlich läuft nahezu das gesamte Eigenveranstaltungsmanagement der CSM über das VFF-Büro.

Fazit

Der Verein der Freunde und Förderer der Carl-Stamitz-Musikschule e. V. demonstriert, wie bürgerschaftliches Engagement auf einen kommunalen Engpass reagiert und ein einmal erfolgreich entwickeltes Modell mit breiter, lokaler Verankerung über die Jahrzehnte wechselnden Rahmenbedingungen anpasst und lebendig hält.

Betrachtet man die Entwicklung des VFF, so ziehen sich wie ein roter Faden seit seiner Gründung durch die Geschichte des Vereins mehrere Faktoren, welche zu seinem Fortbestehen beitrugen:

- ***Ein Bündnis der Anspruchsgruppen:*** Zunächst sind SchülerInnen- bzw. Eltern- und LehrerInnenschaft Vereinsmitglieder. Damit sind die beiden Anspruchsgruppen, denen am meisten an der Arbeit der Carl-Stamitz-Musikschule liegt, in einer Organisation verbunden. Die Kommunikationswege sind kurz und aus beiden Gruppen steht ein sich immer wieder erneuernder Kern zur Verfügung, der bei Bedarf schnell weitere Mitglieder und über diese die Bevölkerung mobilisieren kann.
- ***Eine große Nähe zur Bevölkerung:*** Seit seiner Gründung legte der VFF Wert auf dezentrale und nachfrageorientierte, für Neuerungen stets offene Arbeit. Impulse aus der Bürgerschaft erreichen die Regionalstelle auf diese Weise ohne Umwege und können unbürokratisch und direkt umgesetzt werden.
- ***Eine starke Vernetzung im Stadtviertel:*** Von Beginn an kooperierte der VFF mit einer ständig wachsenden Anzahl von Institutionen. Mittlerweile sind dies sämtliche Grundschulen in Köln-Porz, viele weitere allgemeinbildende Schulen, diverse Kindergärten und Kitas, Bürgerzentren, Senioreneinrichtungen und eine Kölner Stiftung. Bei Veranstaltungen aller Art gestalten Musikschulensembles den musikalischen Rahmen und durch die kontinuierliche Öffentlichkeitsarbeit, die auch immer wieder Bezug auf den Gründungsanlass nimmt, bleiben der Bekanntheitsgrad und die Wertschätzung für dieses umfangreiche Musikschulangebot in Porz besonders hoch.

- ***Eine laute Stimme für ein gutes Bildungs- und Kulturangebot:*** Eltern aller Bildungs- und Einkommensschichten möchten ihren Kindern in der Regel mehr bieten als nur eine allgemeine Schulbildung und legen deshalb großen Wert auf bezahlbare kulturelle Vielfalt vor Ort. Kommunale Verwaltungs- und Politikgremien sind sich dessen bewusst und reagieren deshalb auf Forderungen dieses Gesellschaftsteils – spätestens, wenn sie öffentlichkeitswirksam werden.
- ***Eine kontinuierliche Wahrung interner Wandlungsfähigkeit:*** Die stetige Bereitschaft der internen Gremien, den Verein sich wandelnden juristischen oder wirtschaftlichen Anforderungen anzupassen, zeichnet sich besonders deutlich sowohl in der ersten Krise und ihrer Lösung durch eine Neufassung der Satzung ab, als auch in den Professionalisierungsmaßnahmen nach Abschluss des Kooperationsvertrags.

Wie die Darstellung zeigt, bedarf es nur selten außerordentlicher Einzelleistungen, um einen Verein, der auf lokaler Ebene agiert, sicher durch das Geflecht von kommunaler Politik und Verwaltung sowie Forprofit- und Nonprofit-Akteuren zu leiten. Unverzichtbar für die Vereinsführung ist dagegen eine stets aufmerksame „Strategie der kleinen Schritte“, welche alle aufgeführten Punkte verinnerlicht und im Tagesgeschäft lebt. Sie bildet die Basis für die Interessenvertretung der Musikschul-Anspruchsgruppen. Sie erhält das lokale Netzwerk lebendig und ausbaufähig und bewahrt Aufgeschlossenheit und Reaktionsfähigkeit gegenüber kulturellem und sozialem Wandel. Vor allem zielt sie darauf, dass Kommune und Verein im ständigen Dialog bleiben und nicht die Bereitschaft verlieren aufeinander zuzugehen. Dies ermöglicht es beiden Partnern, immer wieder Kompromisse zwischen dem jeweils Gewünschten und Möglichen zu finden und so das am Ende eines langen Weges erreichte Local Governance Arrangement, die Public Private Partnership, erfolgreich fortzusetzen.

Literatur

Bogumil J, Grohs S, Kuhlmann S (2006) Ergebnisse und Wirkungen kommunaler Verwaltungsmodernisierung in Deutschland – Eine Evaluation nach 10 Jahren Praxiserfahrungen. In: Bogumil J, Jann W, Nullmeier F (Hrsg) Politik und Verwaltung. Politische Vierteljahresschrift. Sonderheft 37. VS Verlag für Sozialwissenschaften, Wiesbaden, S. 151-184

Capitaine DBv (1975) Chronik der Rheinischen Musikschule von 1925 bis 1975. In: Lindlar H (Hrsg) 130 Jahre Rheinische Musikschule Köln. Erbe und Auftrag. Rheinische Musikschule, Köln: 28-39

Eickelberg A, Herrenbrück E, Lachmund P (o. J.) Historie der Rheinischen Musikschule Köln Teil 2. Die Entwicklung der Rheinischen Musikschule Köln von 1925-1972. http://www.stadt-koeln.de/mediaasset/content/pdf4004/7.pdf. Zugegriffen: 16. Juni 2014
Glombek B (2012) Vereinsgetragene öffentliche Musikschulen in NRW. Public Private Partnerships mit Tradition und Zukunft? Kulturpolitische Mitteilungen. Zeitschrift für Kulturpolitik der Kulturpolitischen Gesellschaft Nr. 138 (III/2012): 66-67
Lachmund P (1975) Das Jugend- und Schulmusikwerk. In: Lindlar H (Hrsg) 130 Jahre Rheinische Musikschule Köln. Erbe und Auftrag. Rheinische Musikschule, Köln: 57-63
Lachmund P (o. J.) Die Entwicklung der Rheinischen Musikschule Köln von 1972-1995. http://www.stadt-koeln.de/mediaasset/content/pdf4004/7.pdf. Zugegriffen: 14. Juni 2014
Schwalb L (2007) Public Private Partnerships und Local Governance in der Kulturfinanzierung. In: Schwalb L, Walk H (Hrsg) Local Governance – mehr Transparenz und Bürgernähe? VS Verlag für Sozialwissenschaften, Wiesbaden, S. 278-299
Schwalb L (2011) Kreative Governance? Public Private Partnerships in der lokalpolitischen Steuerung. VS Verlag für Sozialwissenschaften, Wiesbaden

Dokumente in chronologischer Reihenfolge

Die Dokumente befinden sich im Archiv des Vereins der Freunde und Förderer der Carl-Stamitz-Musikschule Köln-Porz e. V.

VFF, Niederschrift über die Zusammenkunft des Vorstandes des Vereins vom 27.11.1975.
VFF, Satzung des Vereins der Freunde und Förderer der Carl-Stamitz-Musikschule e. V. in Köln-Porz vom 20.02.1976.
Regierungspräsident Köln, Schreiben an die Carl-Stamitz-Musikschule zum Status Zweigstelle vom 06.08.1976.
VFF, Besprechungsbericht vom 26.10.1982 zur Regelung für die Carl-Stamitz-Musikschule Köln-Porz, Rudolf Unterhansberg, 1. Vorsitzender.
Stadt Köln, Schreiben vom 09.12.1982 zur Regelung für die Carl-Stamitz-Musikschule Köln-Porz, Dr. Wolfgang Leirich, Beigeordneter, Schulverwaltungsamt.
Rheinische Musikschule der Stadt Köln, Einrichtung von Regionalschulen/RMS1 Dokument vom 11.11.1985, Peter Lachmund, Direktor.
Rheinische Musikschule der Stadt Köln, Schreiben zum Regionalschulkonzept vom 10.04.1986, Peter Lachmund, Direktor.
Rheinische Musikschule der Stadt Köln, Schreiben zur Bildung der Regionalschulen vom 23.06.1986, Peter Lachmund, Direktor.
Rheinische Musikschule der Stadt Köln, Auszug vom 12.05.1987 aus „Regionalisierung der Rheinischen Musikschule gem. § 7 der Satzung der RMS vom 22.03.1983".
VFF, Protokoll der Vorstandssitzung des VFF-CSM am 14.05.1990, Rudolf Unterhansberg, 1. Vorsitzender.
Carl-Stamitz-Musikschule, Bericht des provisorischen Arbeitsgremiums der Carl-Stamitz-Musikschule vom 25.04.1990, Erhard Knies, Lehrervertreter.
Stadt Köln, Schreiben zur Sitzung der Bezirksvertretung Porz am 21.08.1990 vom 20.08.1990, Hans Werner Neulen, Leiter des Schulverwaltungsamtes.

Rechtsanwälte Dr. Küttner&Partner, Schreiben zur Arbeitsrechtsangelegenheit Musikpädagogen ./. Verein der Freunde und Förderer der Carl-Stamitz-Musikschule e. V. vom 12.09.1990.

VFF, Schreiben zur Zusammenarbeit des VFF-CSM mit der Stadt Köln vom 29.09.1990, Rudolf Unterhansberg, 1. Vorsitzender.

VFF, handschriftliche Notiz zur Schülerzahl des VFF vom 01.03.1991 in: Handakte Herr Gottschalk bzgl. Statistik Schüler, Dozenten.

VFF, Protokoll der außerordentlichen Mitgliederversammlung des Vereins der Freunde und Förderer der Carl-Stamitz-Musikschule e. V. vom 16.09.1991, Dr. Ernst Rätz, Schatzmeister.

Stadt Köln, Besprechungsniederschrift zur Zusammenarbeit zwischen der Stadt Köln und dem Verein der Freunde und Förderer der Carl-Stamitz-Musikschule Köln-Porz e. V. vom 12.11.1991, Hans Werner Neulen, Leiter des Schulverwaltungsamtes.

Rheinische Musikschule der Stadt Köln, Schreiben zur Transparenz des Unterrichts von Regionalschule Porz und Verein der Freunde und Förderer der Carl-Stamitz-Musikschule vom 06.12.1991, Erika Herrenbrück, Direktorin.

Stadt Köln, Carl-Stamitz-Musikschule, Organisationsbeschreibung der Carl-Stamitz-Musikschule vom 21.09.1992, Dr. Gisela Blees, Regionalschulleiterin.

Stadt Köln, Beschwerdeausschuss, Beschlussvorlage zum Bürgerantrag der Frau Barbara Held, des Vereins Bolero 87 und weitere Unterzeichner zur Sicherung der pädagogischen und organisatorischen Selbständigkeit der Carl-Stamitz-Musikschule vom 01.11.1993.

Stadt Köln, Anschreiben und Verfügung zum Profil der Carl-Stamitz-Musikschule (Regionalschule Porz) und ihrer Verankerung innerhalb der Stadtverwaltung vom 12.08.1993, Hans Werner Neulen, Leiter des Schulverwaltungsamtes.

Stadt Köln, Beschlussvorlage zur Haushaltskonsolidierung 1997, Fortschreibung der Mittelfristigen Finanzplanung und des Haushaltskonsolidierungskonzeptes der Rheinischen Musikschule (Hpl.-UA 33_51) für die Haushaltsjahre 1997-2000 vom 04.02.1997.

Stadt Köln, RATHAUS Nr. 130, 11/00, S. 10, Zukunft der Rheinischen Musikschule, Sabine Uhlke, Mitglied des Schulausschusses für Bündnis 90/Die Grünen.

VFF, Rede zum 25jährigen Jubiläum des VFF am 25.11.2001, Rudolf Unterhansberg, 1. Vorsitzender von 1979 bis 1990.

Kölner Stadtanzeiger, Das Provisorium lebt, Artikel vom 29.11.2001, Roland Schriefer.

Stadt Köln, Ergebnis der Prüfungen im Rahmen der methodischen zentralen Aufgabenanalyse bei der Stadt Köln, Kurzfassung, S. 5-7, von 2005.

Stadt Köln, Mitteilung der Verwaltung an den Ausschuss Schule und Weiterbildung, Unterlage zur Sitzung im öffentlichen Teil am 01.12.2003.

VFF, Protokoll der Mitgliederversammlung vom 17.11.2004.

CDU-Fraktion in der Bezirksvertretung Köln-Porz, Rede von Heinz R. Steinmetz zum TOP 7.2.1 Resolution zur Carl-Stamitz-Musikschule (CSM) in der 5. Sitzung der Bezirksvertretung Köln-Porz am 06.09.2005.

Bündnis 90/Die Grünen, Kommentare und Fragen zur RMS-Aufgabenanalyse, Ina Philippsen-Schmidt, vom 18.09.2005, Mitglied des Schulausschusses als sachkundige Bürgerin.

VFF, Satzung des „Verein der Freunde und Förderer der Carl-Stamitz-Musikschule Köln-Porz e. V." von 2006.

Stadt Köln, Organisationsamt, Konzept zur zukünftigen Struktur und musikpädagogischen Ausrichtung der Regionalschule Porz (Carl-Stamitz-Musikschule) von Juni 2008.

Stadt Köln/ VFF, Kooperationsvertrag vom 24.06.2009.

IV
Neue Wege der Mittelbeschaffung

Finanzierung von Nonprofit-Organisationen im Wandel

Michael Vilain[1]

Abstract

Die Finanzierung von Nonprofit-Organisationen befindet sich in einem Wandel, der mit atemberaubender Geschwindigkeit existenzielle Risiken und Chancen für Vereine und Verbände produziert. Die Kenntnis möglicher Finanzierungsoptionen und ihre Gestaltung wird so immer mehr zu einer zentralen Managementkompetenz. Aufgrund der Heterogenität des Dritten Sektors lassen sich zugleich kaum generalisierbare Aussagen für alle im Feld tätigen Organisationen treffen. Der nachfolgende Beitrag untersucht die Auswirkung allgemeiner gesellschaftspolitischer Entwicklungen auf die Rahmenbedingungen von NPOs und deren Konsequenzen für die Finanzierung. Auf diese Weise rahmt er die nachfolgenden Beiträge und erlaubt zugleich einen Überblick über aktuelle Tendenzen und zu erwartenden Entwicklungen.

Keywords

Finanzierung; Financial Management; Finanzmanagement; Zuwendungsmanagement; Fundraising; Kreditmanagement; Digital Financing; Investment

---

1 in@efh-darmstadt.de

1 Einleitung

Die Finanzierung von Nonprofit-Organisationen (NPO) ist in der Bundesrepublik traditionell stark durch eine hohe Abhängigkeit vom Staat bestimmt.[2] Darüber hinaus spielen je nach Tätigkeitsfeld auch Spenden, Erträge aus dem Verkauf von Waren und Dienstleistungen sowie aus Vermögensverwaltung – dies insbesondere für Stiftungen – eine Rolle. Betrachtet man die Finanzierungsstrukturen von NPOs genauer, so sieht man, dass nur selten eine einzige Finanzierungsart gewählt wird. Vielmehr kommt es zu einer Mischung verschiedener Finanzierungsformen, die auch als „Finanzierungs-Mix“ oder „Finanzierungsportfolio“ bezeichnet wird. Jede Finanzierungsart bringt dabei eine eigene, typische Konstellation von Stakeholdern, Instrumenten und Prozessen mit und konstituiert so eine eigene „Finanzarena“.[3] Verbinden sich mehrere dieser Arenen im Finanzierungs-Mix einer NPO, wachsen die Anforderungen an das Management und die Komplexität nimmt rasch zu. Dabei spielen die Umweltbedingungen der jeweiligen Arenen eine zentrale Rolle. Waren diese für das Finanzmanagement gemeinnütziger Organisationen über mehrere Jahrzehnte relativ stabil, haben sich in den letzten Jahren dramatische Veränderungen vollzogen. Es überrascht daher nicht, dass Finanzierungsfragen angesichts ihrer hohen Entwicklungsdynamik zunehmend Aufmerksamkeit in Theorie und Praxis erfahren.

Kapitel IV dieses Bandes nimmt einige der geschilderten Entwicklungen auf und eröffnet so aktuelle Einsichten in die Finanzierung gemeinnütziger Organisationen sowie ihrer Implikationen für das Management in Stiftungen, Vereinen und Verbänden. Dabei wird in diesem Beitrag das Augenmerk zunächst auf gesellschaftspolitische Veränderungen gelegt, die auch Impulse auf die Finanzierung gemeinnütziger Organisationen haben (Abschnitt 2). Dazu zählt vor allem die weltweit festzustellende Tendenz einer Umstrukturierung von Staat und Gesellschaft

---

2 Genau genommen ist der Sektor eher zweigeteilt. Er lässt sich in einen staatsnahen Bereich unterteilen mit einem hohen Anteil an staatlicher Finanzierung und in einen staatsfernen Bereich, der seine Ressourcen eher aus Spenden und Mitgliedsbeiträgen bezieht. Während ersterer vor allem den Gesundheits- und Sozialsektor sowie Wissenschaft und Forschung umfasst, zählen zu letzterem der Sport- und Freizeit- sowie teilweise auch der Umweltsektor. Vgl. dazu Anheier, Helmut K. (1998), S. 29ff. sowie etwas unklarer aufgrund einer veränderten Systematik und aufbauend auf den Ergebnissen des ZiviZ-Survey aktuell Priemer, Jana (2015), S. 185 ff.

3 Solche Finanzarenen sind Bereiche der Finanzierung, die jeweils einer eigenen Strukturlogik folgen. Dazu zählen: Selbsterwirtschaftete Mittel, Zuwendungen, Spenden, Kredite sowie Vermögensverwaltung. Vgl. Vilain (2006), S. 315.

hin zu einer politisch gewollten Proliferation marktlicher Handlungslogiken in bisher marktfremde Bereiche unserer Gesellschaft (Abschnitt 2.1).

In Wechselwirkung mit diesem globalen Phänomen steht die räumliche Schließung der Erde in Form sich verdichtender Netzwerke. Hochgradig miteinander verwobene Transport-, Energie- und Informationsnetze verbinden weite Teile der Welt miteinander und lassen eine neue Qualität der Interdependenz entstehen. Damit gelangen nicht nur Waren und Menschen schneller über Landesgrenzen, sondern auch Ideen und Konzepte.[4] Wesentlich dabei ist die zunehmende Vernetzung verschiedenster Lebensbereiche durch neue Informationstechnologien, die unter anderem dazu führt, dass Informationen ubiquitär verfügbar sind. Im Zuge der daraus resultierenden Komplexitätszunahme entziehen sich gesellschaftliche Probleme zusehends einfachen Lösungen durch einzelne Akteure. Gefragt sind Formen der Kollaboration, die helfen, arbeitsteilige Lösungsbeiträge zu verbinden sowie dazu passende Formen der Finanzierung.

Der Forderung nach Zusammenarbeit stehen seit längerem erkennbare Tendenzen einer Individualisierung durch den Wegfall traditioneller Großmilieus, durch die Erosion von Familienstrukturen und die Ausdifferenzierung von Biographien sowie gestiegene Mobilitätserfordernissen in Teilen entgegen. Immer weniger fühlen sich Menschen durch die seitens der Großorganisationen wie Kirchen, Wohlfahrtsverbände oder Gewerkschaften vertretenen Positionen repräsentiert. Immer häufiger behaupten sich dagegen kleine Organisationen handlungs- und kommunikationsstarker Gruppen mit bisweilen ausgewiesenen Protestpositionen im Konzert der Interessenvertretungen. Damit erodiert auch in der Bundesrepublik das Fundament der bisher typischen Form der Interessenaggregation in einem korporatistisch geprägten System der Sozialen Marktwirtschaft (Abschnitt 2.3).

Was aber bedeutet diese Entwicklungen für die Finanzierung gemeinnütziger Organisationen? In einem ersten Schritt sollen zwei Tendenzen mit grundlegender Bedeutung für die Finanzierung von Nonprofit-Organisationen herausgegriffen und skizziert werden (Abschnitt 3). So steht zu vermuten, dass vor allem die erwähnte Vernetzung und Verdichtung zu Finanzierungsformen führen wird, die mehrdimensionale Wertschöpfungsprozesse mit unterschiedlichen Beteiligten abbilden können (Abschnitt 3.1). Im Zuge einer solchen Hybridisierung muss sich Management ganz allgemein und Finanzierung im Besonderen über alle Finanzarenen hinweg stärker an den Zielen kollaborativer Arbeitsprozesse orientieren. Dabei werden sich selbst organisierende Netzwerke wachsende Bedeutung bekommen (müssen) und zentrale staatliche Steuerung immer wieder in Frage stellen. Mit der Ausweitung des Internets und den Möglichkeiten der Digitalisierung von

---

4 Dies gilt allerdings auch für Krankheiten, Kriminalität oder Terrorismus.

Daten werden neue Finanzierungsinstrumente möglich. Der Bedeutungswandel erstreckt sich ebenfalls über alle Finanzarenen und führt zu einer Veränderung bereits bekannter Finanzierungsinstrumente und zur Entstehung neuer. Die enorme Bandbreite dieser Entwicklung wird unter dem Schlagwort „Digital Finance" kurz erörtert (Abschnitt 3.2).

Im zweiten Schritt werden wesentliche Entwicklungen in den einzelnen Finanzarenen in den Blick genommen (Abschnitt 4). Dazu zählen die Besonderheiten der Leistungserbringung in staatlich gesteuerten Quasi-Märkten (Abschnitt 4.1) wie auch die Bedeutungszunahme marktgängiger Instrumente mit zweckrationalen Kalkülen wie sie durch den Begriff des „Sponsoring" und insbesondere der „Investition" verkörpert werden (Abschnitt 4.2). Im Hinblick auf das Zuwendungsmanagement soll ein in der Praxis häufig angesprochenes Problemfeld in den Blick genommen werden. Im Kern geht es dabei um die mangelnde Berücksichtigung von Verwaltungs- bzw. Overheadkosten im Rahmen von Projektfinanzierung, die zu einer schleichenden Auszehrung der Infrastruktur in NPOs führen (Abschnitt 4.3). Abschließend werden die Aussichten und möglichen Entwicklungsperspektiven erörtert (Abschnitt 5). Abbildung 1 fasst die Zusammenhänge zwischen den durch exogene Einflüsse verursachten veränderten Rahmenbedingungen für das Management zusammen und nennt zentrale Konsequenzen für das Finanzmanagement, wie sie in diesem ersten Beitrag des Kapitels 4 diskutiert werden.

Derart gerahmt richtet sich der Blick der nachfolgenden AutorInnen auf aktuell diskutierte Fragestellungen und Instrumente der Finanzierung. Dabei wird deutlich, wie sehr die beschriebenen gesellschaftlichen und technischen Rahmenbedingen bereits heute Einfluss auf die Arbeit nehmen:

Die Bedeutung der Arbeit in kollaborativen Netzwerken für eine zeitgemäße Finanzierung wird in besondere Weise durch den Beitrag und das Interview von Hildegard Debertin verdeutlicht. Am Beispiel eines Programms zur Gesundheitsbildung in Kindertagesstätten wird gezeigt, wie aus einem Pilotprojekt der Stiftung Kindergesundheit dank einer Kooperation mit Wirtschaft, staatlichen Stellen und Sozialversicherungsträgern ein nachhaltiges Programm wurde, das deutschlandweit den Kampf gegen Übergewicht und Bewegungsmangel aufgenommen hat. Dabei zeigt sich, wie sehr es für eine erfolgreiche Ausweitung der Aktivitäten auf Beziehungsmanagement einerseits, aber auch auf die Bearbeitung weiterer Finanzmanagementarenen jenseits des Fundraisings ankommt.

Einen veränderten Blick auf die Finanzierungsfragen im Gesundheitswesen gewährt Martina Klein. Im Interview mit der Fundraiserin des Klinikums Dortmund wird deutlich, wie sehr sich die Rahmenbedingungen in einer regelfinanzierten Großeinrichtung von denen einer Stiftung unterscheiden. So verfügen bisher nur die wenigsten Kliniken über einen eigenen Fundraiser oder gar eine Fundraising-

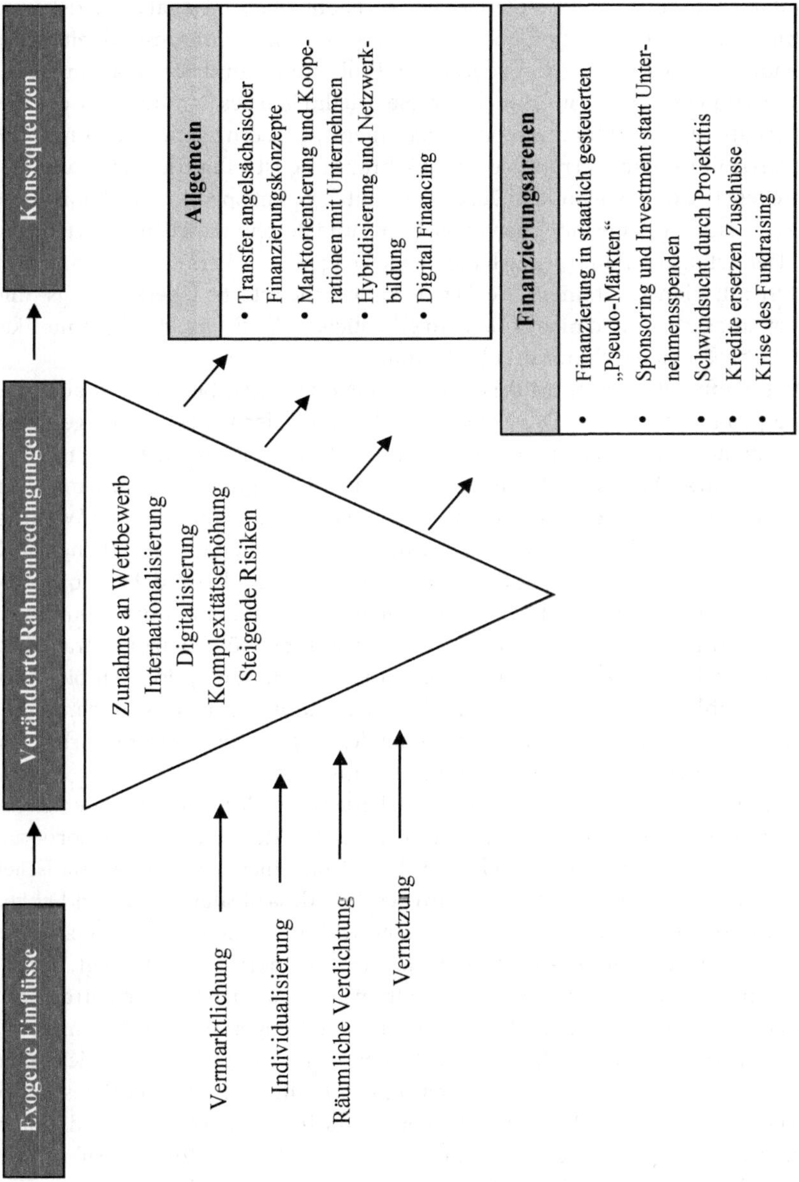

Abb. 1 Exogene Einflüsse, veränderte Rahmenbedingungen und Konsequenzen für die Finanzierung. Eigene Darstellung

Abteilung. FundraiserInnen, sofern es sie überhaupt gibt, sind oft als „Einzelkämpferinnen“ in der Organisation unterwegs. Diese – nicht nur im Gesundheitswesen zu findende – mangelnde konzeptionelle Einbindung in das Management der Organisationen verweist auf aktuelle Problemstellungen des Fundraisings, das sich weniger als Teil eines Organisationsmanagements, sondern vielmehr als unabhängige Disziplin versteht. Trotz dieser Einschränkung ist es mittlerweile durchaus verbreitete Praxis von Krankenhäusern, sich intensiv um Spenden und Sponsoring zur Verbesserung der technischen Einrichtung und Betreuungsleistungen zu bemühen. Der Erfolg des Fundraising hängt jedoch eng mit der Verankerung innerhalb der Organisation zusammen. Die dazu erforderliche interne Überzeugungs- und Vernetzungsarbeit wird nicht zuletzt in erheblichem Maße von den kommunikativen Fähigkeiten der Fundraiser bestimmt.

Mit Kooperationen in Multistakeholder-Netzwerken befasst sich auch der Beitrag von Sira Saccani. Der Fokus liegt dabei auf der konzeptionell gefassten Zusammenarbeit zwischen Unternehmen und Nonprofit-Organisationen. Diese übernehmen, so ihre These, durch unterschiedliche strategische Allianzen mit jenen eine zunehmend aktive Rolle in der Gestaltung des sozioökonomischen Wandels. Das Konzept, das Unternehmen jenseits der ökonomischen und rechtlichen auch eine ethische Verantwortung für ihr Handeln zuweist, heißt dabei Corporate Social Responsibility (CSR). Dieses wird jenseits der Debatten um „Blue- oder Greenwashing“ zum Türöffner und Integrationsrahmen für neuartige, strategisch angelegte Allianzen zwischen den beiden in ihren Handlungslogiken bisweilen widersprüchlichen Sektoren Markt und Dritter Sektor. Der Beitrag beschreibt die Voraussetzungen und Fähigkeiten für eine derart gefasste Zusammenarbeit auf Seiten der Unternehmen und Nonprofit-Organisationen.

Noch spezifischer ist der Beitrag von Melanie Beyer, der sich mit Strategien der Corporate Social Responsibility im Kulturbereich – der sogenannten Corporate Cultural Responsibilty – befasst und dabei das Beispiel einer nordrhein-westfälischen Region untersucht. In ihrer Analyse wird deutlich, dass Idealbild und Wirklichkeit der Zusammenarbeit von Unternehmen und Kulturschaffenden oft voneinander abweichen und das kurzfristige finanzielle Engagement (noch) überwiegt. Gleichzeitig wird die Verzahnung von Wirtschaft und Kultur auch kritisch betrachtet.

Geht es in diesen Beiträgen des Kapitels eher um Kooperation und Finanzierung in der analogen Welt, wenden sich die beiden ersten Artikel den Möglichkeiten der digitalen Finanzierung zu. Der Beitrag von Radha Dilip Banhatti beschreibt dabei einen konzeptionellen Rahmen, der unterschiedliche Formen der digitalen Finanzierung integriert, die gemeinhin unter dem Begriff Crowdfunding subsumiert werden. Das Spektrum reicht dabei heute bereits von einer reinen internetbasierten Spendensammlung über Zuschüsse gegen symbolische Gegenleistungen bis hin zu eher darlehensartigen Finanzierungsformen und richtiggehenden Beteiligungsmodellen auf Eigenkapitalbasis. Die Tatsache, dass es sich dabei um ganz unterschiedliche Finanzierungsarenen mit den ihnen eigenen Logiken handelt, problematisiert bereits die inhaltliche Ferne zum Fundraising-Konzept, bei dem es sich ja letztlich um einen asymmetrischen Ressourcenaustausch von materiellen gegen nicht-materielle Leistungen oder Emotionen handelt. Exemplarisch werden die Geschäftsmodelle einiger Anbieter vorgestellt. Die Potenziale dieser vernetzten Welt lassen sich gerade auch für kleine Organisationen gut nutzen. Dabei kommt es im Gegensatz zum analogen Fundraising weniger auf persönliche Kontakte oder – wie vielleicht zu vermuten wäre – auf technische Fähigkeiten an, sondern auf Motivation und Kreativität kleiner schlagkräftiger und kommunikationsstarker Teams.

Einschneidende Veränderungen für die Finanzierung sieht auch Björn Lampe im Rahmen der Digitalisierung auf die Organisationen des Dritten Sektors zukommen. So verliert sich der Vorsprung der großen Spendensammler durch die einfache Verfügbarkeit eines vernetzten Massenmediums. Gerade kleine Organisationen haben die Chance auf Spendenplattformen wie betterplace.org erfolgreich ein großes Publikum zu erreichen. Allerdings ändern sich dadurch auch die Anforderungen an Fundraising und Kommunikation. Wie die Spendenplattform funktioniert und was dies für das Fundraising bedeutet, erläutert er im einleitenden Interview dieses Kapitels.

2 Finanzierung und gesellschaftlicher Wandel

Die Finanzierung gesellschaftlicher Aufgaben ist immer schon Ergebnis politischer Leitvorstellungen sowie fiskalischer bzw. ökonomischer Realitäten gewesen. Wer heute verstehen will, wie sich die Finanzierung gemeinnütziger Organisationen künftig verändern wird, kommt demnach nicht umhin, sich mit den verändernden gesellschaftspolitischen und technologischen Realitäten zu befassen.

Ausgangspunkt für die Finanzierung großer Teile des Dritten Sektors waren in der Bundesrepublik lange Zeit die sich aus ihrer korporatistischen Wohlfahrtsstaattradition ableitenden Aushandlungsprozesse zwischen verbandlich organisierten gesellschaftlichen Kräften und dem Staat (Esping-Andersen 1990). BürgerInnen schlossen sich zu Vereinen zusammen, diese zu Verbänden, die sich wiederum in Spitzenverbänden organisierten. Auf dieser Ebene wurde mit den VertreterInnen der Gebietskörperschaften und Sozialversicherungsträger über die Finanzierung der eigenen Aufgaben verhandelt. Zugleich wurden Verbände dabei zu wichtigen Ausführenden staatlicher Politik und damit auch zu Ratgebern und Beeinflussern.

Flankiert durch ein aus der katholischen Soziallehre rührendes und später in seiner gesetzlichen Festschreibung mit Variationen umgesetztes Subsidiaritätsprinzip, das den Vorrang frei-gemeinnütziger Organisationen bei der Leistungserstellung vorsah, hat sich daraus eine einzigartige Kooperations- und Finanzierungsstruktur entwickelt (Vgl. Nell-Breuning 1985, S. 56 f). Dabei kann nicht von einer für den Dritten Sektor einheitlichen Struktur gesprochen werden.[5] Vielmehr gab es unterschiedliche Ausformungen, wobei der Sozialbereich im Gegensatz zum Kultursektor oder zum Sport – nicht zuletzt durch den starken Einfluss der Kirchen und ihrer Wohlfahrtsverbände – die weitgehendste Interpretation erfahren hat und in der Konsequenz große Verbandsstrukturen mit einer als sicher geltenden staatlichen Finanzierung aufbauen konnte. Entscheidend für den Erfolg vieler stark verbandlich geprägter Organisationen war mithin die starke Einbindung in die für den jeweiligen Bereich relevanten korporatistischen Polit-Arenen auf kommunaler, Länder- und Bundesebene. Entsprechend dieser Handlungslogik verwundert es nicht, dass gerade solche Organisationen besonders erfolgreich waren, die – getreu der Devise „structure follows finance“ – in bestmöglichster Weise an ihre staatlichen Geldgeber angepasst waren. Die Konsequenz war vielfach eine Dominanz bürokratisch strukturierter Großorganisationen, die im Hinblick auf Abläufe und Mentalitäten deutlich an Behörden erinnerten.[6] Ein eigenes Finanzmanagement war unter diesen Umständen nicht erforderlich. Vielmehr ging es um eine bloße Zahlungsmittelverwaltung. Diese Rahmenbedingungen haben sich jedoch in den letzten zwanzig Jahren dramatisch gewandelt und verändern das Finanzmanagement nachhaltig. Mitgliedschaftlich und spendenfinanzierte Organisationen wie im Sport oder der Freizeit waren von diesen Änderungen zwar weniger betroffen. Hier führte jedoch die zunehmende Konkurrenz durch eine rasch wachsende Zahl neuer Organisationen (z. B. Vereine für Spezialsportarten) und vieler gewerblicher Anbieter (z. B. Fitnessstudios) ebenfalls zu neuen Herausforderungen und erhöhten den Professionalisierungsdruck sowie die Tendenz marktgerechte Leistungen anzubieten.

5 Dies umso weniger als der „Dritte Sektor“ ohnehin lediglich eine unscharfe Bezeichnung für eine diffuse Menge von Organisationen zwischen Markt (Unternehmen) und Staat (Behörden) bezeichnet.

6 Anders hingegen die Strukturen in Organisationen, die nicht so sehr in dieses korporatistische Arrangement eingebunden waren und sich beispielsweise traditionell mittels Spenden finanziert haben. Dieser Bereich blieb – wenngleich ihm rein zahlenmäßig viele Organisationen zuzurechnen sind – hinsichtlich seines gesamten finanziellen Volumens bis in die Gegenwart hinein von nachrangiger Bedeutung.

2.1 Ausdehnung und Vertiefung der Marktlogik

Mit den 1980ern wurde international, oftmals gleichgesetzt mit der politischen Programmatik von Ronald Reagan und Margaret Thatcher, eine alte liberale Denkfigur politisch revitalisiert und erhielt spätestens mit dem Ende des Kalten Krieges einen enormen Bedeutungszuwachs. Im Mittelpunkt steht die nach dem Zweiten Weltkrieg in den USA und Großbritannien wiederbelebte Vorstellung, durch Freihandel Wachstumspotenziale zu erzeugen. Diese, so ein Aspekt der Idee, erzeugen nicht nur einen stärkeren Zusammenhalt zwischen den durch die globale Arbeitsteilung stärker voneinander abhängigen Volkswirtschaften, sondern tragen durch die Zunahme an Arbeitsplätzen und verteilbarem Wohlstand auch international zur Lösung sozialer und ökonomischer Probleme bei. Voraussetzungen für den Erfolg sind die Öffnung der Märkte und die Schaffung von Freihandelszonen. Damit dies gelingen kann, müssen Handelshemmnisse abgebaut und weitestgehend marktähnliche Bedingungen geschaffen werden, die jedem Anbieter ein gleiches Recht auf Teilnahme am Markt ermöglichen. Ein Eckpfeiler dieser Marktlogik ist vor allem der Rückzug des Staates aus der Produktion privater und meritorischer Güter[7]. Dazu zählen vor allem auch die Leistungen im Kultur-, Bildungs-, Gesundheits- und Sozialwesen. Ein weiterer ist die Erhöhung der Kundensouveränität sowie die Einführung wettbewerblicher Strukturen.[8] In der Konsequenz sollen aus den bisherigen Leistungen nunmehr Dienstleistungen entstehen, die den Regeln von Angebot und Nachfrage gehorchen.

Der deutsche Gesetzgeber hat diese politische Leitidee etappenweise in Recht gegossen. Dabei ist es in der Bundesrepublik einerseits zu einer erkennbaren Vermarktlichung vieler Leistungsbereiche gekommen, andererseits aber auch zu neuen Versorgungsmodellen auf der Grundlage einer als Kontraktmanagement zu bezeichnenden Form der staatlich regulierten Auftragsvergabe (Vgl. Dahme/Wohlfahrt 2002). In Verbindung mit der Suche nach Kosteneinsparungen hat dies nicht nur die Finanzierungsmodi und Risikosituation in vielen Organisationen

---

7 Meritorische Güter sind grundsätzlich private Güter, die obwohl sie privatwirtschaftlich produziert werden könnten, durch den Staat zur Verfügung gestellt werden. Gründe dafür sind eine befürchtete Unterversorgung der Bevölkerung durch verzerrte Präferenzen bei der Inanspruchnahme dieser Güter.

8 Die Stärkung der Kundenorientierung nimmt dabei unterschiedliche Formen an. Ein Beispiel der jüngsten Zeit ist die Einführung der Persönlichen Budgets in der Behindertenhilfe. Durch ein solches Budget soll es Menschen mit Behinderungen möglich werden, ihre staatlich zugesicherten Leistungen bei unterschiedlichen Anbietern auszuwählen. Auf diese Weise soll es neben einer erhöhten Kundensouveränität auch zu mehr Wettbewerb kommen.

dramatisch verändert, sondern zugleich eine Hinwendung zur Marktorientierung auch bei der Finanzierung anderer zivilgesellschaftlicher Aufgaben unterstützt.

In der Folge veränderten sich nicht nur immer mehr Vereine und Verbände zu „Unternehmen", sondern es entstanden auch eine Fülle neuer, dieser Logik zugewandter Finanzierungsansätze, in denen Investitionskonzepte (z. B. Social Investing) oder Kooperationskonzepte mit Unternehmen (z. B. Corporate Social Responsibility) eine bedeutendere Rolle spielen.[9] Die Hinwendung zu diesem Instrumentarium verändert nicht nur die Terminologien der Finanzierung. Vielmehr ziehen unternehmerisches Denken und Handeln in die Spitzen von Stiftungen, Verbänden und Vereinen ein und führen zu mehr Effizienz und Effektivität, aber nebenbei durchaus auch zu neuen Zielkonflikten.

2.2 Globalisierung, Vernetzung und Verdichtung

Versuche die vielgestaltigen und multidimensionalen Phänomene, die unsere postindustrielle Welt heute und künftig verändern, im Hinblick auf ihre Konsequenzen für die Finanzierung von NPOs zu erfassen, führen notgedrungen zu einer radikalen Reduktion. Dabei stellt sich die Frage nach einem sinnvollen Analyserahmen. Lübbe (1996, S. 39-52) hat dazu einen Vorschlag entwickelt, der im Kern drei grundlegende Tendenzen unterscheidet: die räumliche Schließung der Erde, die Netzverdichtung sowie die Absonderung der Informationsnetze.

Die räumliche Schließung der Erde ist sicherlich kein neues Phänomen. Spätestens mit Beginn der modernen Seefahrt verringerte sich zunehmend der Anteil der unbekannten Gebiete der Erdoberfläche. Die weiter fortschreitende Modernisierung der Transportmittel hat die Überwindung von Raum leichter und kostengünstiger gemacht. Der rasante Verfall der Transportpreise hat den globalen Transfer von Waren und so internationale Arbeitsteilung und Wettbewerb vorangetrieben. In zusehends gesättigten Märkten spielen Wettbewerbsvorteile der Nationalstaaten eine immer größere Rolle und importieren so die Logik des globalen Standortwettbewerbs. Auf diese Weise hängen die Entwicklungen in weit entfernten Regionen auch mit den lokalen Bedingungen zusammen (vgl. Porter 1991).

In enger Wechselwirkung dazu lässt sich eine rasante Tendenz hin zu einer Netzverdichtung feststellen. Damit ist die Verbreitung von Strukturen gemeint, bei

---

9 Symptomatisch für die stärkere Marktorientierung sind die zunehmenden Versuche typische Finanzierungsinstrumente des Unternehmensbereichs – wie beispielsweise Umkehrhypotheken – für Nonprofit-Organisationen zu adaptieren. Vgl. u. a. Gebele et al. 2015, S. 204 ff.

denen jeder Teil eines Systems mit allen anderen Teilen in Verbindung steht. Das System wird so hochgradig interdependent. Von einem beliebigen Punkt breiten sich Schwingungen über das gesamte Netz aus; umgekehrt empfängt ein Punkt Signale aus dem gesamten Netz. Konkrete Beispiele für solche interdependenten Systeme sind Verkehrs-, Daten- und Energienetze, aber auch überregionale Vertragssysteme wie GATT oder GATS und supranationale Organisationen wie UNO, WTO oder EU, deren Ausbau zu Effekten führt, die sich „als Vorgänge der Herstellung erdumspannender Netze charakterisieren [lassen]" (Lübbe 1996, S. 47).

Gesondert hervorzuheben sind dabei die sich ablösenden Daten- und Informationsnetze. Seit Entwicklung des Telefons haben sich Informationen immer weiter von den Wegen abgesondert, auf denen Menschen und Güter bewegt wurden. Sie sind in physikalischer Hinsicht weder Energie noch Materie, in ökonomischer weder Arbeit oder Kapital noch Boden. Trotzdem sind sie existent und beeinflussen das gesellschaftliche Leben fundamental. Daten werden gekauft und verkauft, in verschiedenen Zuständen (z. B. auf Papier, mittels elektronischer Impulse) transportiert, verarbeitet und dienen der Unterhaltung, der Fortbildung oder als Entscheidungsgrundlage. Insbesondere das Internet ermöglicht erstmals in der Geschichte der Menschheit eine weltweite Vernetzung großer Teile der Weltbevölkerung und überbückt so große Entfernungen, ohne dass Zeit dabei eine nennenswerte Rolle spielt. Jeder kann mit jedem in Kontakt treten. Auf diese Weise können unzählige Menschen schnell von einer Idee oder einem Projekt, aber auch von Fehlentwicklungen erfahren. Auch bildet sich mit diesem Netz eine neue Form des kollektiven Gedächtnisses, welches Informationen über Jahrzehnte bewahren kann und abrufbar erhält. Eine Folge der erdumspannenden Vernetzung ist eine bisher noch nie erreichte Erhöhung der Komplexität im Zusammenleben der Menschen.

2.3 Individualisierung und Krise des Korporatismus

Neben der Vernetzung und Verdichtung spielt vor allem die zunehmende Individualisierung eine Rolle für das Finanzmanagement der Zukunft. Auch dieser Befund ist an sich schon vielschichtig. Eine Ebene betrifft die Kritik an der traditionellen Interessenaggregation bundesrepublikanischer Ausprägung. Dass dieses korporatistische Arrangement Risse hat, wurde spätestens durch die ab Mitte der 1960er-Jahre entstehenden meist hochgradig politisch definierten Bürgerinitiativ- und Selbsthilfebeweguneng deutlich: „Diese sich […] ausbreitenden Selbstverwaltungs- und Selbsthilfeinitiativen in Kultur, Freizeit und Beruf, in der Frauen-, Ökologie- und Friedensbewegung verstanden sich als radikale und praktische Gegenkräfte zum kritisierten Establishment […]" (Boeßenecker/ Vilain 2013, S. 240 f) Mit ihnen ging eine Abkehr von korporatistischer Interessenorganisation einher. Am augenfälligsten wurde dies dadurch, dass sie vielfach staatliche Finanzierung und damit einhergehende Einflussnahme ablehnten und eigene, neue Strukturen entwickelten, um sich von den bestehenden Verbandsstrukturen abzugrenzen. Auch wenn zahlreiche dieser Bewegungen sich schließlich doch in traditionellen Strukturen – im Sozialbereich beispielsweise vor allem im Paritätischen Wohlfahrtsverband – organisierten, haben sie dadurch in der Verbändelandschaft durchaus auch ihre Spuren hinterlassen. So stammen aus dieser Zeit gemeinnützige Organisationen, zum Beispiel im Umweltbereich (z. B. Greenpeace), die ihrer Linie treu geblieben sind und zeigen konnten, dass man auch gänzlich ohne staatliche Unterstützung agieren kann. Hier spielen Spenden und Mitgliedsbeiträge als Ausdruck politischer Unabhängigkeit von Staat und Wirtschaft eine große Rolle.

Dass es sich dabei nicht nur um ein punktuelles, dem Zeitgeist geschuldetes Phänomen handelt, vermutet Mitte der 1990er-Jahre Rudzio (1996, S. 103): „Grenzen der Willigkeit, sich durch Verbände vertreten zu lassen, treten zunehmend hervor." Diese „Unwilligkeit" zeigt sich nicht nur in der rapide sinkenden Mitgliederzahl beinahe aller Großorganisationen, sondern auch in der seit vielen Jahren fast explosionsartig zunehmenden Gründung von Vereinen und Stiftungen. Diese Entwicklung erscheint der/dem außenstehenden BetrachterIn nicht als geschlossene Bewegung und ist auf den ersten Blick auch erheblich unspektakulärer. Ihre Wirkkraft dürfte jedoch auf lange Sicht erheblich sein. Es ist eine bürgerlich getragene, ihrem Selbstverständnis nach meist unpolitische Entwicklung. Gegründet werden Selbst- und Fremdhilfevereine,Fördervereine für Schulen, Kindergärten und Hochschulen sowie Bürgerstiftungen, die sich um verschiedenste Belange der Stadtgesellschaft kümmern wollen. Oftmals ist die Schließung einer öffentlichen Einrichtung Auslöser für die Gründung einer solchen Nonprofit-Organisation. Dies können unter anderem Frei- und Hallenbäder, Sportanlagen, Bibliotheken, Theater oder Kulturzentren sein. In der Regel bergen die Aktivitäten jedoch eine implizite oder explizite Kritik an herrschenden Zuständen sowie den Wunsch, sich aktiv an deren Verbesserung zu beteiligen. Damit greifen BürgerInnen immer häufiger – durchaus sehr selbstbewusst – in ehemals durch Staat und Verbände organisierte Bereiche des öffentlichen Lebens ein, so dass sich Verbände und Politik neu organisierten Interessen gegenüber sehen. Aufgrund ihres pragmatischen Charakters lehnen viele Organisationen die Zusammenarbeit mit staatlichen Stellen (aber auch der Wirtschaft) keineswegs ab. Da sie sich aber zu einem großen Teil aus Geld- und Sachspenden finanzieren und zudem nicht durch professionelle Funktionäre geleitet werden, ist der wechselseitige Einfluss zwischen NPOs und Staat in diesem pluraler werdenden Setting nicht immer gut planbar.

In jedem Fall hinterfragen viele dieser Organisationen die Allzuständigkeit der Großorganisationen, generieren alternative Formen sozialer Versorgung (z. B. Tafeln, Hospize) oder Kulturproduktion (z. B. freie Bühnen, Improvisationstheater) oder bieten hochspezialisierte Sportangebote (z. B. Unterwasserpolo, Kite-Surfen) an. Die weitgehende Ideologiefreiheit eröffnet ihnen unterschiedlichste Formen der Finanzierung, sodass es vielfältige Organisationsformen vom reinen Idealverein bis zum Unternehmen mit sozialem Anspruch gibt, und bereitet einen Nährboden für innovative und wirtschaftsnahe Finanzierungsformen. So werden sie in vielerlei Hinsicht auch zu Konkurrenten für etablierte Vereine und Verbände, insbesondere auf dem weitgehend stagnierenden Spenden-"Markt".

3 Grundlegende Auswirkungen auf die Finanzierung

Die geschilderten Faktoren tragen allesamt zu einer veränderten Ausgangslage für das Finanzmanagement bei. Sie führen geradezu zu einer Explosion neuer Finanzierungsinstrumente und -konzepte. Dabei muss sicherlich auch für die Finanzierung zwischen grundlegenden Tendenzen, die generell die Arbeitsfelder und Finanzarenen beeinflussen und spezifischen Tendenzen in bestimmten Handlungsfeldern des Finanzmanagements unterschieden werden. Bevor die Konsequenzen im Hinblick auf einzelne Finanzierungsarenen beleuchtet werden, sollen daher zwei als grundlegend erachtete Tendenzen diskutiert werden.

3.1 Die Hybridisierung der Finanzierung

Nonprofit-Organisationen haben unterschiedliche Funktionen für unsere Gesellschaft und erbringen Dienstleistungen für Millionen von Menschen. Die bisherigen Ausführungen zeigen sehr deutlich, dass es durch die zunehmende Verschränkung örtlicher, nationaler und internationaler Handlungsebenen (durch politische Zusammenschlüsse, Freihandelsabkommen, engere Wirtschaftsverflechtungen, höhere Mobilität etc.) sowie die Interdependenzen aus einem historisch einzigartigen Vernetzungsgrad (Strom-, Kommunikations- und Transportnetzwerke sowie das Internet) zu einer enormen Komplexitätserhöhung bei der Lösung aktueller Probleme kommt. Beispiele dafür sind die Bewältigung des demographischen Wandels, die internationale Bekämpfung von Seuchen, die Auswirkungen unvorstellbarer Migrationsbewegungen und des Klimawandels, die Konsequenzen aus natürlichen und von Menschenhand erzeugten Katastrophen wie die der Atomkatastrophe von Fukushima.

Die Lösung anstehender Aufgaben ist unter diesen Umständen kaum mehr durch einzelne Akteure wie einer Kommune, einer einzelnen Nonprofit-Organisation oder einem einzelnen Unternehmen, oft nicht einmal mehr durch einzelne Staaten zu lösen (vgl. dazu Vilain 2015).

Um Problemlagen einer solchen Komplexität bewältigen zu können, bedarf es künftig einer neuen Qualität der Kollaboration zwischen unterschiedlichsten Akteuren. So müssen beispielsweise zur Versorgung älterer Menschen in ländlichen Räumen künftig Bundesländer, Kommunen, Kirchen, Wohlfahrtsverbände und örtliche Vereine sowie Nachbarschaftsinitiativen, Einzelhandel und örtliche Unternehmen eng kooperieren (vgl. Abbildung 2). Dabei entstehen durch die abgestimmte Verkopplung zahlreicher Einzelleistungen komplexe Wertschöpfungsprozesse, die im Ergebnis mehr leisten können als die Summe ihrer Einzelteile.

Im Gegensatz zu der in solchen Modellen erforderlichen Kooperationsbereitschaft steht der propagierte Wettbewerbsgedanke, der im Grunde die Abgrenzung zu anderen MarktteilnehmerInnen sowie die Maximierung des eigenen Nutzenkalküls befördert. In dem so für die gemeinnützigen Organisationen geschaffenen Nullsummenspiel wird Kooperation nur noch zum exotischen Fall einer zu konstruierenden Win-win-Situation. In einer Vorstellungswelt, in der Konkurrenz um Spenden, staatliche und Stiftungsmittel oder Investitionen herrscht, fällt Kooperation letztlich schwer. Dementsprechend werden dauerhaft hybride Leistungs- und Finanzierungsstrukturen benötigt, bei denen beispielsweise Kommunen, Vereine und Verbände sowie Wirtschaft zusammenarbeiten und gemeinsam Wertschöpfung für die BürgerInnen erbringen. In der Regel ist die Folge dieser Zusammenarbeit eine komplexe Finanzierungsarchitektur. Beispiele dafür reichen von der Finanzierung von Bürgerfirmen zum Betrieb von Firmen zur alternativen Energiegewinnung, dem Aufbau und Betrieb von Immobilien (Mehrgenerationenhäusern, Kultur- und Bürgerzentren sowie Mietervereine zum Erwerb selbstgenutzter Immobilien) bis hin zu neuen Formen häuslicher Angebote im Hausnotruf.

Verschiedene Finanzmittel müssen dabei nicht nur untereinander, sondern auch im Zeitablauf abgestimmt werden und die Zahlungsfähigkeit einer Organisation zu jedem Zeitpunkt gewährleisten. Das bedeutet, dass betroffene Organisationen künftig in der Lage sein müssen, Multi-Level-Finanzierungsstrategien in Netzwerken zu entwickeln und umzusetzen. Erste Ansätze, solche komplexen Finanzierungsarchitekturen zu gestalten, verdeutlichen insbesondere die Bedeutung sogenannter „weicher" Faktoren, die in engem Zusammenhang mit den Fähigkeiten des Managements stehen. Dabei spielen Kooperationsfähigkeit in komplexen

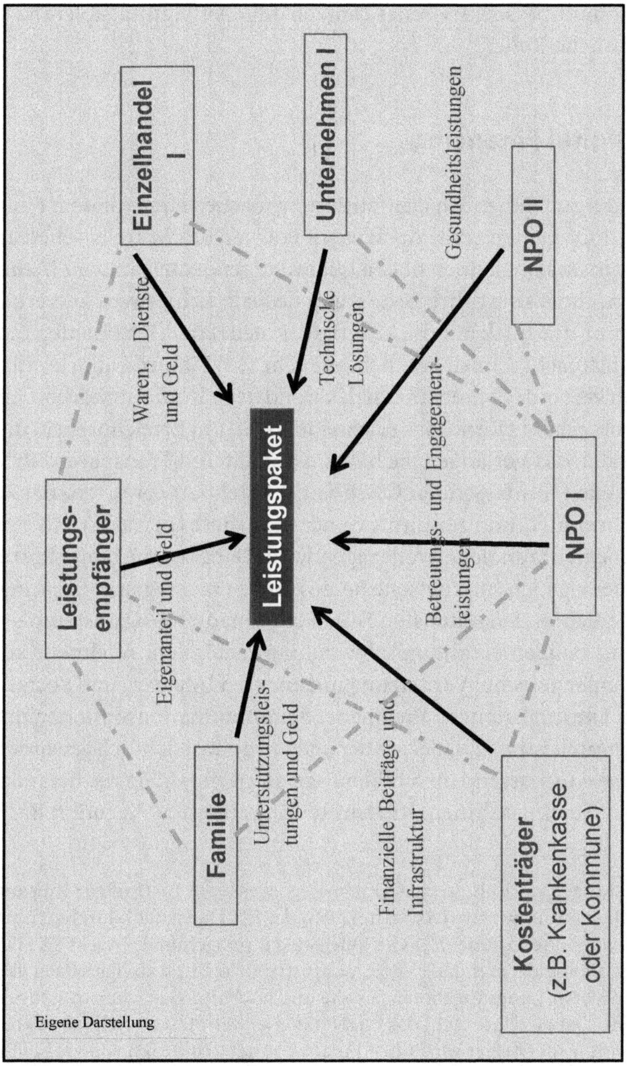

Abb. 2 Hybride Kooperationsmodelle mit polyzentrischem Austauschverhältnis.

Strukturen, multiperspektivisches Denken oder Ambiguitätstoleranz künftig eine außerordentliche Rolle. [10]

3.2 Digital Financing

Die Folgen der zunehmenden Digitalisierung machen auch vor dem Finanzmanagement von NPOs keinen Halt. Auch wenn Formen der Mittelbeschaffung über das Netz bisher insgesamt keinen hohen quantitativen Anteil an der Finanzierung von NPOs ausmachen, so ist Ihre Bedeutung deshalb keineswegs zu vernachlässigen. Dies nicht nur mit Blick auf die künftigen Potenziale. Der Einstieg in die digitale Finanzierung macht schnell deutlich, wie sehr sich Finanzierung künftig mit Kommunikation verbindet – einer deutlich veränderten Kommunikation. Es geht dabei um eine neue, erhöhte Reaktionsgeschwindigkeit, um Erreichbarkeit, die Bewegung in Netzwerken, das Verlangen nach Authentizität und Transparenz in Verbindung mit einer neuen, umfassenden Offenheit. Es steht zu erwarten, dass eine an die digitale Kommunikation gewöhnte Generation diese Charakteristika künftig auch als Maßstäbe in die analoge Welt tragen wird. Dabei ist die bloße Präsenz im Netz in Form einer eigenen Internetseite heute keine herausragende Leistung mehr.[11] Sie allein stellt auch in den seltensten Fällen ein Finanzierungsinstrument dar, selbst wenn sie eine bequeme Zahlungsabwicklung ermöglicht. Vielmehr kommt es auf eine zielgruppengerechte Vernetzung mit anderen Internet- und Social-Media-Angeboten an. Die unglaubliche Vielfalt der Kommunikationsoptionen mit oder ohne Finanzierungsrelevanz ist dabei mittlerweile so unübersichtlich geworden, dass jeder Versuch, diese umfassend abzubilden, scheitern muss. Sie reichen von Blogs und Plattformen, Suchmaschinen, Kurzmitteilungsdiensten, Location Based Services,

10 Dies bestätigen auch die ersten Ergebnisse zweier am Institut für Zukunftsfragen für Gesundheits- und Sozialwirtschaft (IZGS) der EH Darmstadt durchgeführten und vom BMBF finanzierten Studien. Das im Odenwald durchgeführte Projekt FESTIVAL verband AAL-Technologien, regionale Versorgungsstrukturen und zivilgesellschaftliche Akteure zu neuen Versorgungsangeboten für alte und hochalte Menschen in strukturschwachen Regionen. Dabei zeigte sich, dass neben den erwähnten „weichen" Faktoren auch die Überwindung der bisher versäulten Finanzierungsstrukturen von großer Bedeutung ist. Die organisatorischen Voraussetzungen solcher Kooperationen auf der Ebene von NPOs und Unternehmen werden aktuell im Projekt „ENGESTINALA" untersucht. Dabei zeigt sich, dass vor allem die Einstellung der Leitungskräfte relevant ist. Daneben bedarf es neuartiger flexibler Backoffice-Strukturen und dazu passender MitarbeiterInnen. Vgl. www.izgs.de.

11 Gelegentlich wird sogar bereits auf eine eigene Internetpräsenz zugunsten der Präsenz in den Social Media verzichtet.

Social und Business Netzwerken, Foren und Social Gaming bis hin zu Interessen Netzwerken, Wikis oder Reputation-Plattformen.[12]

Für die Finanzierung von NPOs haben vor allem Spendenportale und -plattformen eine gewisse Bedeutung erlangt. Dabei verstehen sich die meisten Spendenportale als Mittler zwischen gemeinnützigen Organisationen und möglichen GeldgeberInnen.[13] Sie bieten Nonprofit-Organisationen die Möglichkeit, Organisation und Projekte einem breiteren Publikum bekannt zu machen. Der Mehrwert für die SpenderInnen wird durch die einfache Suche, die mehr oder weniger strengen Kriterien der Zulassung sowie ggf. Rankings erzeugt. Spendenplattformen hingegen verstehen sich eher als dialogorientierte Medien der Vernetzung zwischen Organisationen und ihren Unterstützern.[14] Im Gegensatz zu Spendenportalen steht nicht die schnelle und unkomplizierte Abwicklung von Spendentransaktionen im Vordergrund, sondern die Aktivierung von Hilfspotenzialen. Die Abgrenzung zwischen den beiden Angebotstypen bleibt in der Praxis jedoch vielfach fließend. In jedem Fall bietet sich die Option, die eigene Organisation darzustellen und Spenden einzuwerben. Dabei können die Plattformen und Portale je nach eigenem Anspruch für SpenderInnen durchaus eine wichtige Signalfunktion haben, wenn beispielsweise die Kredibilität der dargestellten Organisationen überprüft wird. Sie erleichtern potenziellen SpenderInnen die Suche nach geeigneten Organisationen und die Abwicklung der Spende. Insoweit handelt es sich dabei also nicht um ein eigenes Finanzierungsinstrument, sondern eher um eine Spendenvermittlungshilfe. [15]

Eine ganz andere Qualität haben dagegen die sich rasch im Internet verbreitenden Formen der Schwarmfinanzierung bzw. des Crowdfunding. Dabei geht es um eine Form des Fundraising, bei dem größere Projekte über unzählige kleine Geldgeber finanziert werden, die als Unterstützer für ein Projekt mittels Internet und Social-Media-Campaigning gewonnen werden. Diese Form der Mittelgewinnung ist dabei keineswegs auf den gemeinnützigen Bereich begrenzt, sondern wird

12 Einen Versuch die Vielfalt der Angebote des Netzes zu strukturieren hat Solis mit seinem *Conversation Prism* unternommen. Vgl. Solis 2015.

13 Zu diesem Typus können beispielsweise Anbieter wie HelpDirect.org, das GLS Spendenportal, spenden.de, Spendenportal.de, das Spendenportal der Bank für Sozialwirtschaft sowie Sachspenden.de gerechnet werden.

14 Dazu zählen beispielsweise die Anbieter Helpedia.de und Ammado.com sowie die nachfolgend vorgestellte Plattform Betterplace.org.

15 Eine weitere Form der Vermittlung sind die oftmals auf Provisionsbasis betriebenen Formen des Affiliated Shopping. Hier vermitteln zwischengeschaltete Online-Shops (z. B. Schulengel.de) den Spender an gängige Einkaufsplattformen wie Amazon oder Ebay weiter und erhalten dafür eine Provision, die sie ganz oder anteilig an die vom Käufer zuvor ausgewählten NPOs weiterleiten.

vielfach auch zur Gewinnung von InvestorInnen und KreditgeberInnen (sogenannte P2P-Kredite) für unterschiedlichste Geschäftsideen verwendet. Wichtiger Erfolgsfaktor sind bei vielen Formen der Schwarmfinanzierung wiederum kommunikative Fähigkeiten sowie der Zugriff auf möglichst große Netzwerke, denen spannende Ideen präsentiert werden können. Dabei ergeben sich gerade auch für kleine aber gut vernetzte NPOs Chancen, Geldmittel einzuwerben.

Es muss zwar davon ausgegangen werden, dass die Digitalisierung der Finanzierung für Nonprofit Organisationen erst in ihren Anfängen steckt. Die hier skizzierten Anforderungen an das Marketing sowie die Finanzierung von Organisationen werden sich künftig jedoch weiter verstärken. Angesichts der Tatsache, dass ein großer Teil der Nonprofit-Landschaft noch nicht wirklich mit dem Instrumentarium der virtuellen Finanzierungsinstrumente oder gar der Schwarmfinanzierung vertraut ist, wird hier ein erheblicher Nachholbedarf deutlich (Vgl. Hainzer 2015, S. 220 ff).

4 Aktuelle Entwicklungen im Management einzelner Finanzarenen

Ausgehend von den skizzierten Globalentwicklungen werden im Folgenden grundlegende Entwicklungstrends für die einzelnen Finanzierungsarenen aufgegriffen und im Hinblick auf ihre Auswirkungen auf das Management gemeinnütziger Organisationen diskutiert.[16]

4.1 Entgelte: Dienstleistungen in staatlich gesteuerten „Mutanten-Märkten"

Beflügelt wurde die Vision einer Deregulierung in der Bundesrepublik durch die Erkenntnis, dass sich die Versorgung der Bevölkerung mit staatlichen Gesundheits-, Kultur-, Bildungs- und Sozialleistungen nicht unendlich ausdehnen lässt, ja noch nicht einmal dauerhaft auf dem bereits errungenen Stand wird halten lassen. Die daraus resultierende Sparlogik verbunden mit der Suche nach Effizienzreserven in den bestehenden Systemen ließ sich gut mit dem neuen Markt-Paradigma verbinden und führte in vielen Politikbereichen – zuvorderst dem Gesundheits- und Sozi-

16 Zu den sechs Arenen des Finanzmanagements (Zuwendungs-, Spenden-, Kredit-, Vermögensmanagement sowie das Management selbsterwirtschafteter Mittel vgl. Vilain (2006).

alwesen – zu einschneidenden gesetzlichen Veränderungen in den 1990er-Jahren (Überblick in Boeßenecker/ Vilain 2013, S. 24 ff). Diese haben vor allem Einfluss auf die staatlichen Finanzierungsmodi gehabt. Abgeschafft wurde vor allem das Selbstkostendeckungsprinzip, das vielen Hilfsorganisationen und Sozial- bzw. Wohlfahrtsverbänden ein auskömmliches und nahezu risikoloses Überleben garantierte. An dessen Stelle traten unterschiedliche Verfahren der Aushandlung von Qualitäts-, Leistungs- und Entgeltvereinbarungen (ebd., S. 25). Diese werden in einzelnen Leistungsbereichen auch mit öffentlichen Ausschreibungen kombiniert. Die propagierten Ziele waren: Wirkungs- und Kostenkontrolle sowie mehr Wettbewerb und Öffnung der „Sozialmärkte". Sie führten in einzelnen Aufgabenbereichen zu einem Boom gewerblicher Anbieter (z. B. Krankenhäuser und ambulante Pflege) und gelegentlich auch wieder zu einer massiven Marktbereinigung.

Staatliche Leistungsanfragen werden unter dem Blick der umfassenden und strengen Vergabeordnungen sowie dem europäischen Wettbewerbsrecht seitdem immer häufiger in öffentlichen Ausschreibungen vergeben. Bei sonst gleichen Leistungen soll der günstigste Anbieter den Zuschlag erhalten. Durch diesen vermeintlichen Anbieterwettbewerb sollen Effizienzreserven mobilisiert werden. Die typisch deutsche Interpretation dieses staatlich gesteuerten Wettbewerbs hat zu „Mutanten-Märkten" geführt, deren Regeln durch eine quasi-betriebswirtschaftliche, letztlich aber administrative Logik definiert werden. Hier müssen einerseits definierte Standards in puncto Qualität und Kosten erreicht werden, die sich allerdings paradoxerweise nicht aus einem wettbewerblichen Geschehen als Funktion aus Angebot und Nachfrage herleiten, sondern aus rechtlichen Vorgaben. Erzwungen wurden damit zwar vielerorts die Einführung von Qualitätsmanagement- und Rechnungswesen-Systemen, die damit verbundene ökonomische Logik wurde aber keineswegs zum zentralen Erfolgsfaktor. Vielmehr muss weiterhin die politische Klaviatur gut bespielt werden. Wer seine finanziellen Grundlagen und Handlungsspielräume sichern will, muss möglichst auf allen Ebenen des föderalen Systems Einfluss nehmen können, sei dies bei der Verabschiedung neuer Gesetze, der Entwicklung von Verordnungen und Ausschreibungen bis hin zu den Verhandlungen mit Sozialversicherungsträgern oder Kommunen. Die Paradoxie dieser Handlungslogik überträgt sich dabei auch auf das Management, das gezwungen ist, sich in einem Dreieck aus sachbezogener Mission, betriebswirtschaftlicher Steuerung und politisch-juristischem Determinismus zu positionieren. Die Finanzierungslandschaft wird in der Folge nicht nur komplexer, sondern auch erheblich unsicherer. Nun können Ausschreibungen verloren werden und damit ganze Aufgabenbereiche wegbrechen. Die Verluste sind selbst zu tragen und können bis zur Insolvenz der Organisation führen.[17]

4.2 Ökonomische Rationalitäten: Sponsoring, Corporate Social Responsibility und Social Investment

Von der griechischen Antike bis zum modernen Christentum lässt sich die Forderung verfolgen, gemeinwohlorientiertes Engagement diskret auszuüben – mit den Worten des griechischen Philosophen Epiktet:[18] „Wie die Sonne nicht auf Lob und Bitten wartet, um aufzugehen, sondern eben leuchtet und von der ganzen Welt begrüßt wird, so darfst auch du weder Schmeichelei noch Beifall brauchen, um Gutes zu tun. Aus dir selbst heraus musst du es tun: Dann wirst du wie die Sonne geliebt werden." Dem steht die Aussage der modernen Kommunikationsindustrie gegenüber, die sich in dem Motto zusammenfassen lässt: „Tue Gutes und sprich darüber!". In dieser Aufforderung bündelt sich der Wandel von einer philantropischen hin zu einer ökonomischen Rationalität, in welcher sich die Gabe von einem selbstlosen bzw. sozialen oder emotionalen zu einem zweckrationalen Akt wandelt, in dessen Kern die Verfolgung der Unternehmensziele steht. In diesem Zusammenhang ist es nur konsequent, wenn sich auch die Instrumente der Unterstützung gemeinwohlorientierter Ziele dieser Logik unterordnen. So wird aus der Spende ein Geschäft, dessen Hauptziel entweder die Erzielung eines Image- oder Werbeeffektes bei einer bestimmten Zielgruppe (Sponsoring)[19] oder die Erwirtschaftung einer Rückzahlung in Form einer Rendite (Investment) ist.

17 Dass nicht nur kleine Einrichtungen durch Insolvenz bedroht sind, sondern auch große staatsnahe, zeigte beispielsweise die Insolvenz des Berliner Landesverbandes des Deutschen Roten Kreuzes, dem einige der angeschlossenen Kreisverbände in den 1990er Jahren folgten.

18 Nachfolgend stammen einige Textpassagen wörtlich oder sinngemäß aus Vilain, Michael (2010), S. 103 ff.

19 Im Rahmen des sogenannten Sponsoringerlasses definiert sich Sponsoring als „[…] Gewährung von Geld oder geldwerten Vorteilen durch Unternehmen zur Förderung von Personen, Gruppen und/oder Organisationen in sportlichen, kulturellen, kirchlichen, wissenschaftlichen, sozialen, ökologischen oder ähnlich bedeutsamen gesellschaftspolitischen Bereichen […], mit der regelmäßig auch eigene unternehmensbezogene Ziele der Werbung und Öffentlichkeitsarbeit verfolgt werden. Leistungen eines Sponsors beruhen häufig auf einer vertraglichen Vereinbarung zwischen dem Sponsor und dem Empfänger der Leistung (Sponsoring-Vertrag), in dem Art und Umfang der Leistungen des Sponsors und der Empfängers geregelt sind." BMF (1998), S. 212.

Vor diesem Hintergrund erklärt sich der Bedeutungszuwachs des Sponsorings durch Unternehmen in den letzten Jahren. Dabei ersetzt das Sponsoring immer häufiger die traditionelle Spende und verlangt im Gegenzug auf Seiten der Nonprofit-Organisationen nicht nur die Verfolgung der Mission, sondern die Erbringung einer vertraglichen (marktfähigen) Dienstleistung. Meist geht es dabei um die werbewirksame Positionierung des Unternehmens im Rahmen von Events oder anderen öffentlichkeitswirksamen Präsentationen der NPO. In der Folge erhöht sich der Professionalisierungsdruck, vor allem auf das Marketing der Organisationen.

Dem Sponsoring gar nicht unähnlich, wenn auch bisher für den gesamten Dritten Sektor ökonomisch von nachrangiger Bedeutung, nimmt ein weiteres Konzept mittlerweile in der Debatte breiten Raum ein. Mit der sogenannten „Venture Philantropie" wurde ein Begriffsfeld des Investment-Banking auf den Nonprofit Sektor projiziert.[20] Damit ist ein Ansatz der Unterstützung angesprochen, der sich stark an unternehmerischen Denkweisen ausrichtet. Im Gegensatz zum Sponsoring zielen InvestorInnen (bisher häufig Unternehmen oder Unternehmensstiftungen) weniger auf Imagetransfer oder werbliche Dienstleistungen, sondern auf finanzielle oder gesellschaftliche Wirkungen. Die Venture Philanthropie setzt vor allem privates Risikokapital – in Form von Eigenkapital oder Darlehen – ein, um soziale, ökologische oder gesellschaftliche Vorhaben zu befördern. Die Mittel können sowohl an Unternehmen wie auch an Nonprofit-Organisationen vergeben werden. Ziele können die Erreichung einer bestimmten finanziellen Rendite, eines sachbezogenen (sozialen) Zwecks oder einer Mischung daraus sein. Dabei gehört es oftmals zum Selbstverständnis der GeldgeberInnen, dass sie die Vorhaben begleiten sowie eigene Kontakte, Netzwerke und Expertise zur Zielerreichung der GeldempfängerInnen einsetzen. Im Kern geht es demnach um die Idee einer Investition, die es zu beschützen und zu entwickeln gilt. Betriebswirtschaftlich ist eine Investition zunächst lediglich die „Bindung bzw. Anlage finanzieller Mittel in Finanz-, Sach [sic] oder immaterielles Vermögen, i. d. R. verbunden mit dem Ziel, Gewinne [...] zu erzielen."[21] Dabei ist ursprünglich eine differenzierende Berücksichtigung verschiedener Branchen nicht vorgesehen. Mit der aus dem angelsächsischen Raum stammenden Begriffsausdehnung auf den gemeinwohlorientierten Bereich zum „Social Investment" wird eine zunächst erstaunliche Erweiterung vorgenommen. Zum einen weil es ja hier gerade nicht primär um die Erzielung von Renditen und somit an InvestorInnen ausschüttbare Gewinne geht. Selbst dort, wo es möglich wäre, positive Renditen zu erwirtschaften, fallen diese vergleichsweise niedrig aus.

20 Der Begriff wird viel im angelsächsischen Raum genutzt und taucht erstmalig in den USA im Umfeld der Rockefeller Foundation auf.

21 Wirtschaftslexikon (2015), o. S.

Soll es sich also um ein neues Finanzierungsmodell für soziale Organisationen (vgl. Nicholls 2008) handeln, müsste der Mehrwert sicherlich im Bereich des Sozialen liegen. In den Mittelpunkt rückt dann die Erwartung einer „sozialen Rendite" durch erfolgreiches Handeln der Organisation. Diese zu ermitteln ist allerdings nicht trivial. So haben sich mittlerweile zahlreiche Ansätze der Wirkungsmessung nicht formaler Ziele etabliert, von denen sicherlich der Social Return on Investment (SROI) der bekannteste und zugleich umstrittenste ist.[22]

Aus der Verbindung des Investitionsbegriffs mit dem der sozialen Wirkung eröffnen sich eine Fülle möglicher neuer Betrachtungsebenen und Analysezugänge (Vgl. Anheier et al. 2012). Dabei entfalten sich auf einem Kontinuum zwischen traditionellen renditeorientierten Unternehmen und spendenfinanzierten Nonprofit-Organisationen eine Fülle möglicher Realisationen sozialer Investitionen in Verbindung mit verschiedenen Organisationstypen (vgl. Abbildung 3). So bettet beispielsweise das Konzept der Corporate Social Responsibility (CSR) auch Unternehmen in eine gesellschaftlich verantwortungsvolle Rolle und macht sie somit anschlussfähig an ethische und sozialwissenschaftliche Diskurse. Es kann verstanden werden als „ein Konzept, das den Unternehmen als Grundlage dient, auf freiwilliger Basis soziale, ökonomische und ökologische Belange über ihre rechtlichen Pflichten und wirtschaftlichen Notwendigkeiten hinaus in ihre Unternehmenstätigkeit und in die Wechselbeziehungen mit den Stakeholdern zu integrieren." (Vilain 2010, S 111)[23] Für NPOs ergeben sich an dieser Schnittstelle neue Kooperationsoptionen, die im Gegensatz zum Sponsoring häufig eher strategischer Natur sind. NPOs treten dann als „Dienstleister" zur Erzielung sozialer, ökologischer oder ökonomischer Nachhaltigkeit von Unternehmen auf. Diese Rolle verlangt jedoch auch besondere Fähigkeiten im Stakeholder-Management. Für unternehmensorientierte NPOs, die sich bei der Realisierung solcher zweckrationaler Kooperationen leicht tun und die „Sprache" der Unternehmen verstehen, ergeben sich hier beträchtliche Optionen zur Gewinnung neuer Ressourcen und starker Bündnispartner. Allerdings zeigt die Praxis recht deutlich, wie schwer sich beispielsweise mitgliedschaftlich orientierte NPOs oder solche, die sich als gesellschaftskritisch verstehen bisweilen an dieser Stelle tun.

22 Vgl. Zur Anwendung des SROI unter anderem Emerson/ Wachowicz/ Chun1999, S. 132 ff.

23 in Anlehnung an die Definition der Europäische Kommission das Pyramidenmodell von Carroll und dem Drei-Säulen-Modell für unternehmerische Verantwortung.

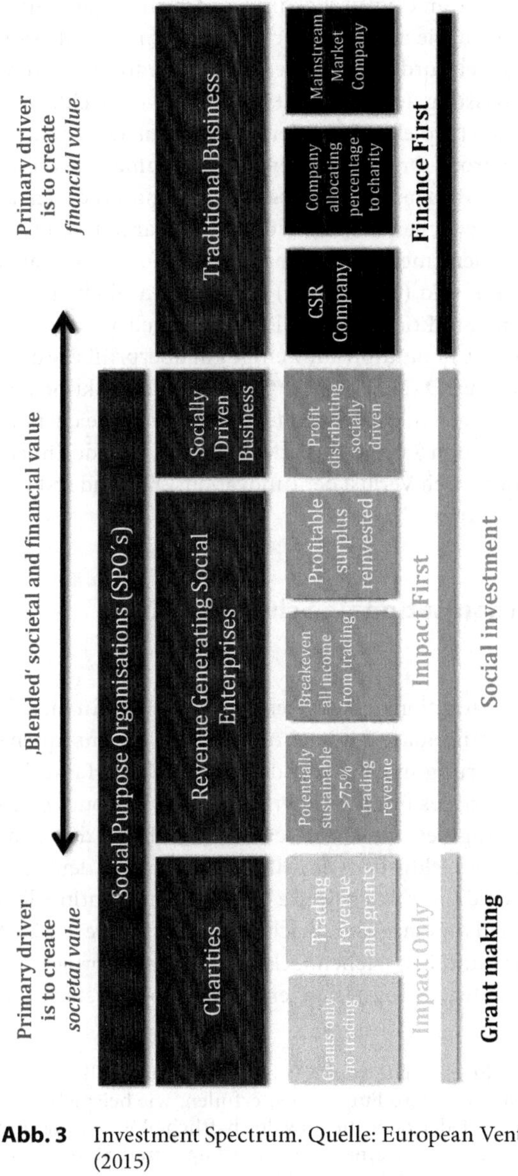

Abb. 3 Investment Spectrum. Quelle: European Venture Philantropy Association (2015)

Allen geschilderten Ansätzen ist eine im Gegensatz zum Fundraising eher marktliche Austauschlogik zu eigen, indem sie zumeist über die Erfüllung der Mission hinausgehende weitere Leistungen einfordern. Dabei entsteht ein enormer Handlungsdruck in Bezug auf die Anpassung der Organisationsziele an die Geldgeber. Die Gefahr ist, dass NPOs zu reinen (Projekt-)Dienstleistern werden. Die Grenzen zwischen Unternehmen und Nonprofit-Organisationen verschwimmen bei dieser Betrachtungsweise. Auch wenn viele Marktansätze als deskriptive Konzepte durchaus realistisch sind, bergen sie als analytisches Konzept doch die Gefahr, durch eine übertriebene Fokussierung auf einen (messbaren) Impact im eindimensionalen Gegenüber von (sozialer) Wirkung und (finanzieller) Rendite den Blick auf die zahlreichen weiteren Facetten und Funktionen von NPOs zu verstellen und so zu einer funktionalen Auszehrung bzw. Reduktion auf wenige gut überprüfbare oder vermarktbare Aufgaben beizutragen.[24] Da sich viele NPOs ihrer multifunktionalen Bedeutung oftmals gar nicht bewusst sind, entsteht dadurch ein eher schleichender Legitimationsverlust, der sich erst durch Schwund von Mitgliedern, SpenderInnen, engagierten MitarbeiterInnen oder durch Verlust der Innovationskraft und erst viel später im Verlust finanzieller Ressourcen äußert.

4.3 Zuwendungen: Organisationale Schwindsucht durch Projektitis

Im Gegensatz zur schleichenden funktionalen Auszehrung stellt die finanzielle Auszehrung von NPOs eine unmittelbare und schnell spürbare Konsequenz einer projektorientierten Finanzierung mit Mitteln der öffentlichen Hand dar. Auch das Zuwendungswesen, in dem es um die Gewinnung von Ressourcen im Rahmen rechtlich geregelter Antragsverfahren bei der EU, dem Bund den Ländern, Gemeinden oder aber anderer Geldgeber wie Stiftungen geht, hat deutliche Änderungen erfahren. So wurden die vergleichsweise bequemen institutionellen Zuwendungen, die oftmals pauschal für einzelne Einrichtungen über Jahre gewährt wurden, zunehmend flexibilisiert und fast flächendeckend durch rein projektbezogene Mittel ersetzt. Im Rahmen der Antragstellungen wurde dabei verstärkt auf

24 Es ist ja gerade eine zentrale Eigenschaft von NPOs, dass sie über die engere Missionsorientierung hinaus auch weitere Funktionen erfüllen, wie beispielsweise die Vergesellschaftung ihrer Mitglieder oder die anwaltschaftliche Vertretung ihre Zielgruppen. Sie können darüber hinaus eine Koordinierungs- und Signal- und Gestaltungsfunktion für ihr gesellschaftliches Umfeld haben, erbringen zahlreiche Dienstleistungen, sind Träger zahlloser Einrichtungen und leisten Hilfe für ihre Mitglieder oder Dritte.

die Innovationsleistung oder Wirksamkeit der Projekte abgestellt. Im Ergebnis entstand eine Art (Modell-) Projektitis, die nicht selten Strukturen und Angebote von nur kurzer Dauer produzierte. Das Management einer Organisation stellt diese Entwicklung vor enorme Herausforderungen. Diese ergeben sich vor allem daraus, dass die Bereitschaft sich an den Verwaltungs- bzw. Overheadkosten zu beteiligen, bei staatlichen Zuwendungsgebern und vielen Stiftung erheblich gesunken ist. Zwar belasten Projekte die Infrastruktur einer Organisation, können jedoch nicht aus sich selbst heraus einen Beitrag zu deren Finanzierung leisten. Mit zunehmender Bedeutung derartiger Projekte kommt es demnach zu einer „Auszehrung" der Organisationen.[25] Und doch ist die Bedeutung dieser Projektmittel zur Finanzierung gemeinnütziger Organisationen über fast alle Arbeitsfelder hinweg weiterhin groß. Auch mit Blick auf das Personalmanagement birgt diese Form der Finanzierung zahlreiche Schwierigkeiten. Erschwert wird beispielsweise die Beschäftigung von MitarbeiterInnen in regulären Beschäftigungsverhältnissen. So stehen Nonprofit-Organisationen regelmäßig unter dem Druck, die Arbeitsverträge ihrer Beschäftigten in Übereinstimmung mit den unterschiedlichen Inhalten, Laufzeiten und Geldmitteln der Projekte zu bringen. In der Folge entstehen entweder prekäre Beschäftigungssituationen oder hohe Beschäftigungsrisiken für die Organisationen.[26] Diese Ungleichzeitigkeit der Projektverläufe und -ressourcen muss vor allem administrativ aufgefangen werden. Erforderlich wird daher vor allem die Einführung eines funktionsfähigen Projektcontrollings, das eng mit dem Finanzmanagement verzahnt ist.

Erfreulich ist in diesem Zusammenhang, dass Geldgeber teilweise wieder dazu übergehen, sich an den administrativen Kosten zu beteiligen. Sollte diese positive Entwicklung anhalten, so könnte dies einen erheblichen Beitrag zur Stabilisierung der Finanzen, aber auch zur Nachhaltigkeit von Projekten leisten.

---

25 Vgl. beispielsweise die Befunde für die Entwicklungen der Finanzierung in Jugendorganisationen in Vilain/ Meyer 2014, S. 48.

26 Ein Beispiel hierfür ist das Tätigkeitsfeld Wissenschaft und Forschung, das in der Bundesrepublik überwiegend unmittelbar staatlich finanziert oder staatsnah organisiert ist. Dabei kommt gerade auf der Ebene der MitarbeiterInnen der Finanzierung über projektbasierte Drittmittel große Bedeutung zu: „Drei Viertel der gut 106.000 wissenschaftlichen Mitarbeiter an deutschen Hochschulen waren [2008] befristet beschäftigt, zu mehr als 40 Prozent mit einer Teilzeitstelle." Dörre/ Neiss 2008, S. 672.

4.4 Kreditwesen: Kredite statt Zuschüsse

Mit Neuregelungen bei der Finanzierung stationärer Einrichtungen geht auch der Anteil der öffentlichen Förderung von Immobilien zurück. Gemeinnützige Organisationen sind damit zunehmend gezwungen, sich über Kapitalmärkte zu refinanzieren. Damit sind sie zur Verzinsung und Tilgung des geliehenen Kapitals verpflichtet. Dabei stellen die KapitalgeberInnen Anforderungen an die Organisationen, die bisher vielfach unbekannt waren (z. B. im Rahmen der Basel- II bzw. -III-Richtlinien) (vgl. Bangert 2010, S. 7): So müssen beispielsweise Wirtschafts- und Businesspläne vorgelegt, die Geschäftsmodelle erläutert und die Bonität nachgewiesen werden. Mögliche Ausfallrisiken werden zum Maßstab des Zinssatzes, sodass die Qualität des Managements plötzlich zu einem nicht unerheblichen Faktor für die Kosten der Geldbeschaffung wird. Dabei müssen nicht mehr nur die klassischen Kreditinstitute als Verleiher auftreten. Längst haben auch Stiftungen im Zuge des Mission Investing, bei dem es darum geht, die Stiftungsziele nicht nur durch die Erlöse des angelegten Vermögens, sondern auch bei der Anlage des Vermögens zu verfolgen, diesen Markt für sich entdeckt.[27] Damit stehen sie bisher in begrenztem Umfang auch als „Geldverleiher" zur Verfügung.

Aber nicht nur Stiftungen bedienen sich dieses Instruments. Auch andere gemeinnützige Organisationen beispielsweise in der internationalen Entwicklungszusammenarbeit betreiben schon seit längerem Geldverleih in Form von unverzinslichen Darlehen oder verschieden verzinsten Mikrokrediten. Dabei werden Klein- und Kleinstkredite vergeben, die helfen sollen, neue Existenzen auf der Grundlage eines eigenen Betriebes aufzubauen. Daneben kann davon ausgegangen werden, dass Privatpersonen allein oder im „Schwarm" künftig wachsende Bedeutung als GeldverleiherInnen erlangen können. So wie dies bereits zahlreiche P2P Plattformen anbieten.[28] Dies eröffnet gerade für kleine NPOs neue Chancen auf die Finanzierung ihrer Anliegen.

Unabhängig davon, ob sie als Gläubiger oder Schuldner auftreten, werden gemeinnützige Organisationen auf diese Weise zunehmend zu Transaktionspartnern auf den Kapitalmärkten. Unnötig zu erwähnen, dass auch damit eine Fülle neue Managementaufgaben innerhalb eines oftmals fremd wirkenden Austauschmodells entstehen. Angesichts der anhaltend niedrigen Kapitalmarktzinssätze könnten sich

27 Zur Rolle und theoretischen Begründung von Mission Investing vgl. Schurbein/Fritz 2015, S. 235 und S. 239.

28 P2P steht für Private-to-Private-Kredite, bei denen Verleiher und Leiher jeweils über das Internet organisierte Privatpersonen sind. Unter der Ausschaltung von Kreditinstituten sollen so die entfallenden Zinsmargen zwischen den beiden Parteien aufgeteilt werden.

aber für solche Organisationen, die diese Herausforderungen annehmen, auch interessante neue Finanzierungsoptionen ergeben.

4.5 Spenden: Die Krise des Fundraising

Machen staatsnahe Leistungsbereiche bis heute den Löwenanteil bei der Finanzierung des Dritten Sektors insgesamt aus, so sind doch auch Spenden trotz ihres vergleichsweise kleinen Beitrags ein wichtiger Pfeiler der Finanzierung gemeinwohlfördernder Aufgaben. Aus historischer Sicht ist das Spendenwesen dabei bereits ein alter Hut (Vgl. nachfolgend Vilain 2014, S. 2). Spätestens seit der Antike sind viele Formen des Spendens oder des Mäzenatentums dokumentiert, deren Grundmuster auch heute noch prägend für das moderne Fundraising sind. Spenden einzuwerben war seit dieser Zeit jedoch eher eine auf individuellem Talent beruhende Fähigkeit, Menschen zum Geben zu bewegen als eine professionelle Qualifikation. Das Spendensammeln in Kirchen und anderen Organisationen war eher Pfadabhängigkeiten als professionalisierter Ausbildung geschuldet. So hatten spendensammelnde Organisationen mit Spendenbriefen oder Galakonzerten oder mit der persönlichen Ansprache von GeldgeberInnen gute Erfahrungen gemacht und haben diese Instrumente im Laufe der Zeit weiter verfeinert. Der Austausch über Organisationsgrenzen hinweg war spärlich und wurde nicht gezielt gefördert. Dies begann sich vor etwas mehr als zwanzig Jahren zu ändern und hatte eine rasante Professionalisierung und Ausdifferenzierung des Spendenwesens zur Folge (Vgl. Haibach 2012, S. 9 f).

Unter dem aus dem angelsächsischen Raum stammenden Begriff „Fundraising" kam es spätestens in den 1990er Jahren in der Bundesrepublik zu einer Renaissance des bis dahin in der Literatur eher stiefmütterlich behandelten Spendenwesens. Dabei wurde nicht nur alter Wein in neue Schläuche gefüllt. Der rasanten Ausdifferenzierung der Spendeninstrumente folgten die verbandlich begleitete Professionalisierung und das boomartige Aufblühen eines eigenen kleinen Wirtschaftszweigs von Beratungsunternehmen und Agenturen. Die Gründung der Bundesarbeitsgemeinschaft Sozialmarketing (BSM) 1993 markierte den Einstieg in die Institutionalisierung des Arbeitsfeldes. Bezeichnenderweise wurde diese als Berufsorganisation gegründet und zeichnete damit den Weg der weiteren Entwicklung vor. Auch wenn es vereinzelte Bestrebungen gab, dem Arbeitsfeld ein theoretisches Fundament zu geben, so wurde doch über die Jahre deutlich, dass im Mittelpunkt des Interesses die Expansion des sich rasch entwickelnden Berufsbildes stand. Mit der sechs Jahre später gegründeten Fundraising Akademie wurde dabei ein Meilenstein erreicht, indem die zahlreichen Facetten des Fundraising in der

Praxis curricularisiert und zu einer im Feld hochgradig anerkannten Ausbildung gebündelt wurden. Allein eine tragfähige theoretische Fundierung entstand dabei ebenfalls nicht. Der Anschluss an bestehende Wissensbestände erfolgte nicht systematisch. Zwar wurde mit der späteren Umbenennung der BSM zum Deutschen Fundraising Verband (DFRV) die Eigenständigkeit des Fachgebietes betont, der Anschluss an andere betriebliche Disziplinen wie Finanzierung und Marketing, aber auch gegenüber jungen Bereichen wie dem Freiwilligenmanagement blieb unscharf, ebenso wie die gesellschaftspolitische Reflektion des Fundraising und die Diskussion über mögliche politische Instrumentalisierungen. So ist sicherlich die erste große Erfolgswelle des Fundraising auch eher den Debatten der 1990er Jahre geschuldet, die durch die Reformen der Sozialgesetzbücher (SGB), den darin veränderten Finanzierungsmodi und der Angst vor dem Rückzug des Staates aus der Finanzierung vieler Arbeitsfelder geprägt waren. In dieser Situation wirkte Fundraising wie ein Heilsversprechen: Die richtige Kommunikation wird es schon richten.

20 Jahre später tritt allerdings Ernüchterung ein. Der Anteil der Spenden an der Gesamtfinanzierung der meisten Organisationen hat sich in dieser Zeit kaum nennenswert verändert, die Spenderquote sich seit 2005 für die Bundesrepublik insgesamt trotz wachsender Anzahl professioneller SpendensammlerInnen sogar dramatisch verringert. Das Fundraising ist weitgehend eine „Tipps-und-Tricks-Disziplin" von und für PraktikerInnen geblieben, welche mittlerweile etwas blutleer anmutet. Forschung und Theoriebildung, die in vielen anderen Fachgebieten im Dialog mit der Praxis regelmäßig für „Bluttransfusionen" sorgen, findet abseits von allgemeinen Spendenstatistiken nur in homöopathischen Dosen statt. Im Ergebnis steht einer Vielfalt an „bunten" Instrumenten und Techniken des Fundraising ein kaum nennenswert wachsender Spendenmarkt gegenüber.[29] Zusammen mit der stark wachsenden Zahl von Vereinen folgt daraus eine zunehmende Konkurrenz zwischen den spendensammelnden NPOs, die den Professionalisierungsdruck weiter erhöht. Aus einer Managementperspektive sind die Kosten der Professionalisierung den daraus resultierenden Ressourcengewinnen gegenüberzustellen. Eine Kosten-Nutzen-Analyse, die in der Praxis häufig unbefriedigend ist. Fasst man das Fundraising jedoch als einen Einstieg in ein umfassendes Beziehungsmanagement zu wichtigen Personen und Gruppen auf, so liegen hier beträchtliche Chancen für die Entwicklung einer Organisation im Sinne der bereits angedeuteten Heraus-

29 Darüber können auch die immer wieder auftauchenden Erfolgsmeldungen über neue Spendenrekorde nicht hinweg täuschen. Bei genauer Durchsicht zeigen sich dabei häufig statistisch geschickt gewählte Vergleichszeiträume oder außerordentliche Ereignisse und zufällige Schwankungen als Erklärungsgrund.

forderungen in Multi-Stakeholder-Settings.[30] Das setzt allerdings die theoretische und praktische Integration des Fundraising in die Strukturen, Abläufe und das Management von NPOs voraus.

5 Von der Maßnahme zur komplexen Finanzierungsstrategie

Mit Blick auf die Finanzierung gemeinnütziger Organisationen lässt sich heute eine bemerkenswerte Ungleichzeitigkeit der Entwicklungen konstatieren. So finden sich nicht nur zwischen den verschiedenen Tätigkeitsfeldern heterogene Entwicklungsstadien des Finanzmanagements, sondern auch innerhalb eines Tätigkeitsfeldes lassen sich beträchtliche Unterschiede ausmachen. Generell gilt, dass zu wenige NPOs bisher ein gut entwickeltes Finanzmanagement haben, das strategisch verschiedene Finanzarenen miteinander verknüpft. Verbreitet ist vielmehr eine punktuelle Professionalisierung beispielsweise im Fundraising. Das ist nicht unproblematisch, gehört doch gerade der Umgang mit einem komplexen Finanzierungs-Mix zu den wesentlichen Erfolgsfaktoren von NPOs. Dieser und die nachfolgenden Beiträge zeigen, dass sich derzeit viele Chancen eröffnen, aus denen sich wiederum viele Fragen ergeben. Zu groß sind allerdings einerseits die Einflüsse des föderalen Staatsaufbaus sowie der daraus resultierenden heterogenen örtlichen Rahmenbedingungen einerseits und andererseits die konkreten Merkmale von Nonprofit-Organisationen, wie Rechtsform, gewählter Finanzierungs-Mix und Aufgabenfelder, um allgemeingültige Antworten darauf geben zu können. Die Ausführungen gaben jedoch einen kleinen Überblick über Entwicklungstendenzen, wie sie sich derzeit präsentieren.

Sie zeigen, dass traditionelle Finanzierungsinstrumente zunehmend an Grenzen stoßen. Weil der Spendenmarkt bei einer rasch wachsenden Zahl von sammelnden Organisationen eher stagniert und die Vergabe von öffentlichen Mitteln in Teilen rückläufig ist und zudem durch eine fortschreitende „Projektisierung“ zersplittert wird, müssen immer häufiger neue Wege gefunden werden, um Leistungen zu finanzieren und nachhaltig zu etablieren. Dies gilt in besonderer Weise für Innovationen, die sich einfachen Marktlösungen entziehen und nicht staatlich finanziert werden

30 Damit würde auch die Eigenschaft der Gabe oder Spende als reziprokes soziales Austauschverhältnis wieder stärker in den Mittelpunkt gerückt. Nach dieser Lesart wäre die Spende Ergebnis einer gelungenen sozialen Interaktion oder Bindung und nicht eines technisch gut gemachten Instrumenteneinsatzes.

können. Verschiedene Finanzinstrumente müssen dann nicht nur untereinander, sondern auch im Zeitablauf abgestimmt werden, um die Zahlungsfähigkeit einer Organisation zu jedem Zeitpunkt zu gewährleisten. Im Ergebnis nimmt daher die Bedeutung der strategischen Planung für das Finanzmanagement künftig weiter zu. Das strategische Finanzmanagement bildet den Rahmen zur Integration zahlreicher Einzelkonzepte wie dem Fundraising. Es schlägt die Brücke zum strategischen Management der Organisation und ist mit seinem Instrumentarium anschlussfähig an andere betriebliche Leistungsbereiche.

In der Außenbeziehung sind im Rahmen hybrider Wertschöpfungen und Schwarmfinanzierungen zunehmend Multi-Stakeholder-Konstellationen zu bewältigen und auf ein Ziel hin auszurichten. Der neuen Vielfalt ihres Umfeldes müssen Nonprofit-Organisationen künftig strategischer begegnen. Folgt man der These, dass die Art der Finanzierung maßgeblichen Einfluss auf die Strukturen und Prozesse einer NPO hat, so ergeben sich in der Folge auch weitreichende Herausforderungen für andere Managementbereiche. Die isolierte Beschäftigung mit Finanzinstrumenten reicht dabei nicht aus. Ein wesentliches Augenmerk kommt daher der Führungskräfteausbildung und dem Personalmanagement zu. Dabei sind die oben erwähnten „weichen" Eigenschaften von großer Bedeutung. Gesucht wird im Sinne der Zukunftsfähigkeit der Organisationen ein dynamisches, kooperationsfähiges, vernetztes und mehrdimensionales Denken und Handeln. Dabei sind klassische Erfolgsfaktoren wie die Fähigkeit zur politischen Interessenvertretung und fachlichen Positionierung weiterhin bedeutsam.

Literatur

Anheier HK (1998) Der Dritte Sektor in Zahlen: Ein sozial-ökonomisches Porträt. In: Anheier HK, Priller E, Seibel W, Zimmer A (Hrsg) Der Dritte Sektor in Deutschland. Organisationen zwischen Staat und Markt im gesellschaftlichen Wandel. 2. Aufl., Berlin, Verlag Sigma, S. 29-74

Anheier HK, Schröer A, Then V (2012) (Hrsg) Soziale Investitionen. Interdisziplinäre Perspektiven. VS-Verlag, Wiesbaden

Bangert C (2010) (Hrsg) Finanzierung von Sozialimmobilien. Arbeitshilfe für Verantwortliche im Finanz- und Wirtschaftsbereich. Lambertus Verlag, Freiburg i. B.

BMF (1998) Schreiben des Bundesministeriums der Finanzen vom 18.02.1998 – IV B 2 – S2144-40/98/IVB7 – S 0183 – 62/98. In: BStBl. I 1998, S. 212

Boeßenecker K, Vilain M (2013) Spitzenverbände der Freien Wohlfahrtspflege. Eine Einführung in Organisationsstrukturen und Handlungsfelder sozialwirtschaftlicher Akteure in Deutschland. 2., überarb. Auflage, Weinheim, Beltz-Juventa

Dahme HJ, Wohlfahrt N (2002) Aktivierender Staat – Ein neues sozialpolitisches Leitbild und seine Konsequenzen für die soziale Arbeit. In: neue praxis 1, S. 10-2
Dörre K, Neiss M (2008) Geduldige Prekarier? Unsicherheit als Wegbegleiter wissenschaftlicher Karrieren. In: Forschung und Lehre, Ausgabe 10, Oktober 2008, S. 672-67.
Emerson J, Wachowicz J, Chun S (1999) Social Return on Investment: Exploring Aspects of Value Creation in the Nonprofit Sector. In: REDF Box Set Vol. 2, The Roberts Enterprise Development Fund, San Francisco, S. 132-73 ff
Esping-Andersen G (1990) The Three Worlds of Welfare Capitalism. Cambridge, Polity Press
European Venture Philantropy Association (2015) Investment Spectrum. Fundstelle: http://evpa.eu.com/about-us/what-is-vp/ (Quellensichtung: 12.01.2015)
Gebele C, Drevs F, Ben SJ, Lindenmeier J (2015) Herausforderungen und Chancen von Umkehrhypotheken als hybrides Fundraising-Instrument. In: Andessner R, Greiling D, Gmür M, Theuvsen L (Hrsg) Ressourcenmobilisierung durch Nonprofit-Organisationen. Theoretische Grundlagen, empirische Ergebnisse und Anwendungsbeispiele. Dokumentation des 11. Internationalen NPO-Colloquiums. Linz, Trauner Verlag, S. 204 -213
Haibach M (2012) Handbuch Fundraising. Spenden, Sponsoring, Stiftungen in der Praxis. Frankfurt/ Main, Campus Verlag
Hainzer M (2015) Crowdfunding als innovative Möglichkeit der Ressourcenmobilisierung. In: Andessner R, Greiling D, Gmür M, Theuvsen L (Hrsg) Ressourcenmobilisierung durch Nonprofit-Organisationen. Theoretische Grundlagen, empirische Ergebnisse und Anwendungsbeispiele. Dokumentation des 11. Internationalen NPO-Colloquiums. Linz,Trauner Verlag, S. 214-224
Lübbe H(1996) Globalisierung. Zur Theorie der zivilisatorischen Evolution. In: Biskup R (Hrsg) Globalisierung und Wettbewerb. 2.Auflage, Bern, Stuttgart, Wien, Haupt Verlag. S. 39-3
Nell-Breuning O (1985) Gerechtigkeit und Freiheit. Grundzüge der katholischen Soziallehre. 2. Auflage, München, Olzog Verlag
Nicholls A (2008) The Landscape of Social Investment. A Holistic Typology of Opportunities and Challenges. With Cathy Pharoah. Oxford University Said Business School, Oxford
Priemer J (2015) Wie finanzieren sich Drittsektor-Organisationen in Deutschland? Ergebnisse aus dem ZiviZ-Survey 2012. In: Andessner R, Greiling D, Gmür M, Theuvsen L (Hrsg) Ressourcenmobilisierung durch Nonprofit-Organisationen. Theoretische Grundlagen, empirische Ergebnisse und Anwendungsbeispiele. Dokumentation des 11. Internationalen NPO-Colloquiums. Linz, Trauner Verlag, S. 181-192
Porter ME (1991) Nationale Wettbewerbsvorteile. Erfolgreich konkurrieren auf dem Weltmarkt. München, Droemer Knaur
Rudzio W (1996) Das politische System der Bundesrepublik Deutschland. 4. Auflage, Opladen, Leske und Budrich
Schurbein G, Fritz TM (2015) Addition statt Separation – Die ökonomische Theorie zu Mission Investing. In: Andessner R, Greiling D, Gmür M, Theuvsen L (Hrsg) Ressourcenmobilisierung durch Nonprofit-Organisationen. Theoretische Grundlagen, empirische Ergebnisse und Anwendungsbeispiele. Dokumentation des 11. Internationalen NPO-Colloquiums. Linz, Trauner Verlag, S. 235-244
Solis B (2015) Conversation Prism. Fundstelle: https://conversationprism.com/ (Quellensichtung: 04.01.2015)
Vilain M (2006) Zwischen Auftrag und ökonomischer Notwendigkeit. Eine Finanzierungslehre für Nonprofit-Organisationen. Zugleich Dissertation zur Erlangung des

Doktorgrades der Philosophischen Fakultät der Westfälischen Wilhelms-Universität zu Münster, Wiesbaden, VS-Verlag

Vilain M (2008) Corporate Social Responsibility. Ein Thema für die Sozialwirtschaft? In: Markert A, Vilain M, Biebricher M, Buckley A (Hrsg) Soziale Arbeit und Sozialwirtschaft. Beiträge zu einem Feld im Umbruch. Festschrift für Karl-Heinz Boeßenecker. Berlin, Lit-Verlag, S. 135–158

Vilain M (2010) „Meine Firma, meine Mitarbeiter, meine Region." Merkmale unternehmerischen Engagements im deutschen Mittelstand. In: Braun S (Hrsg) Gesellschaftliches Engagement von Unternehmen. Der deutsche Weg im internationalen Kontext. Wiesbaden, VS-Verlag, S. 103-136

Vilain M (2014) Social Talk 2014 – Quo Vadis Fundraising? In: Zentrum für Nonprofit-Management (Hrsg): nonprofit news, Dezember 2014, S. 2-3

Vilain M (2015) Innovative Finanzierungsmodelle im Nonprofit-Management. In: Vilain M (Hrsg) Was kann Fundraising noch in einem modernen Finanzmanagement leisten? Beiträge zum Feld im Rahmen der Fachtagung Social Talk 2014 der Evangelischen Hochschule Darmstadt. i. E.

Vilain M, Meyer T (2014) Freiwilligenmanagement in Jugendorganisationen. Erschienen in der Reihe Ausgezeichnet! Band 3, Bertelsmann Stiftung, Gütersloh.

Wirtschaftslexikon (2015): http://www.wirtschaftslexikon24.com/d/investition/investition.htm (Quellensichtung: 05.01.15)

Digital sozial – Spenden im Online-Zeitalter

Interview mit Björn Lampe[1]
(gut gAG/betterplace.org)

Betterplace.org ist die bekannteste Online-Spendenplattform in Deutschland und wird von über 10.000 Organisationen zur Projektfinanzierung genutzt. Neben dieser Plattform betreibt die Trägerorganisation von Betterplace.org, die „gut gAG" das „betterplace lab" als Forum des Ideentransfers und „betterplace Solutions" als Beratungsunternehmen in Form einer GmbH. Das Beratungsunternehmen trägt maßgeblich zur Finanzierung der Spendenplattform bei. Deren Nutzung ist für die spendensammelnden Organisationen kostenlos. Die Rechtsform der gemeinnützigen Aktiengesellschaft ermöglicht es Betterplace, schnell und unbürokratisch Kapital aufzunehmen. Wer in die Ziele von Betterplace investieren möchte, verzichtet auf Dividende. Die Rückzahlung von Einlagen ist nicht vorgesehen. Zurzeit verfügt die *gut gAG* über 15 AktionärInnen und beschäftigt über zwei Dutzend Hauptamtliche. Unser Interviewpartner Björn Lampe leitet den Bereich „Projekte und Organisationen", der die Nutzer der Spendenplattform betreut.

Was ist die Kernidee von Betterplace?

Betterplace.org ist eine transparente Spendenplattform, deren Ziel es ist, möglichst vielen sozialen Initiativen und Organisationen Werkzeuge an die Hand zu geben, mit denen sie einfach, transparent und erfolgreich online Spenden sammeln können. Damit wollen wir insgesamt mehr Geld für den sozialen Sektor erwirtschaften und, sozusagen, mehr Bewegung in der Welt ermöglichen.

---

1 projects@betterplace.org

Wie arbeitet Betterplace?

Organisationen können bei uns ein konkretes Spendenprojekt einstellen, aber nicht für die Organisation allgemein Geld sammeln. Es gibt Projekte aller Größenordnungen: Eine kleine Verschönerung des öffentlichen Parks um die Ecke bis hin zur Finanzierung des Baus einer kompletten Schule. Wer sich dafür entscheidet, das Projekt bei Betterplace unterzubringen, ist durch unsere Technologie auch dazu gezwungen, relativ kleinteilig und transparent darzustellen, wofür die Spendengelder genutzt werden sollen. Wenn ich ein paar Bäume anpflanzen möchte, kann ich als Bedarf einstellen, dass die jungen Bäume pro Stück 100 Euro kosten, dass ich dazu noch zwei Sack Erde brauche, die jeweils 5 Euro kosten, und vielleicht noch eine neue Schaufel für 20 Euro. So können sich SpenderInnen zum einen sehr genau angucken, was gebraucht wird und sich zum andern entscheiden, wofür das Geld eingesetzt werden soll. Des Weiteren haben sie über unsere Plattform die Möglichkeit, direkt mit der Initiative in Kontakt zu kommen und z. B. einen Besuchsbericht zu schreiben: „Ich war da und habe gesehen, dass die Hälfte der Bäume tatsächlich schon gepflanzt wurden." Wir stellen die Technologie zur Verfügung, man bekommt bei uns einen Werkzeugkoffer. Wie man seine Werkzeuge einsetzt, obliegt aber demjenigen, der sich den Werkzeugkoffer schnappt.

Und was passiert im betterplace lab?

Das ist unser Think-and-Do-Tank. Es betreibt Forschung auf der ganzen Welt: Was sind Trends, wie machen sich soziale Organisationen die neuen Medien zu Nutze? Welche Chancen bietet das Internet, Dinge zu vereinfachen und effizienter zu machen? Die Forschungsergebnisse werden jährlich in einem Trendreport herausgegeben. Darüber hinaus versuchen wir, mit einzelnen Organisationen Trainings zu machen, um musterbeispielhaft Dinge auszuprobieren. Natürlich sollen die Forschungsergebnisse auch in die Arbeit von betterplace.org zurückfließen: Wir bekommen dadurch Vieles auf der ganzen Welt mit, von dem wir vorher nichts wussten. Wir sehen: Das funktioniert in Kenia oder in Australien – vielleicht probieren wir das hier auch mal.

Es geht da gar nicht unbedingt um Spendensammeln, sondern viel um Technologie, z. B.: Wie schaffe ich es, den Begünstigten von Spenden eine Stimme zu geben und deren Feedback einzuholen? Hilft denen das eigentlich wirklich, was wir uns ausgedacht haben, und wie beurteilen sie unsere Arbeit als Organisation? Es ist z. B. auch spannend zu sehen, wie in Afrika das Handy eine ganz andere Rolle spielt als hier. Für die Leute dort ist es gleichzeitig ihre Bank und in Teilen eine Form von Versicherung. Es gibt Dienste, die über SMS aktuellste Wetterdaten für Bauern verbreiten, so dass diese wissen, wann am besten gepflanzt werden soll.

Das sind wichtige Trends, die mit Spenden erst mal gar nichts zu tun haben, aber das Leben der Menschen mit Hilfe des Internets einen kleinen Tick besser machen. Es entstehen unglaublich innovative Sachen gerade in angeblichen Entwicklungs- und Schwellenländern, und zwar nicht dadurch, dass irgendein Westler kommt und das mal in die Hand nimmt, sondern aus Eigeninitiative in diesen Ländern.

Welche Entwicklungen sehen Sie im Spendenbereich?

Die neuesten Zahlen zeigen, dass sich der Trend in den letzten zwei Jahren zum Positiven entwickelt hat. Wir sehen, dass deutlich mehr gespendet wird in Deutschland, dass gerade auch die wohlhabenden Menschen deutlich mehr spenden als früher. Da scheint Bewegung zu sein, eindeutig zum Guten, aber woran das liegt, weiß ich auch nicht. Das ist Kaffeesatzleserei.

Warum spendet man?

Wenn ich an die Privatperson denke: Es gibt Menschen, die sagen: „Ich habe gut verdient und möchte etwas von diesem Geld abgeben". Es gibt auch Menschen, die seit Jahrzehnten sozial engagiert sind und es sich mehr und mehr auch leisten können. Manche wollen einfach, dass es anderen Menschen oder Tieren oder der Umwelt besser geht. Manche wollen Veränderung, da ist auch sehr Vieles interessengesteuert. Sicherlich ist ein Trend, dass viele Leute gerne etwas Bleibendes hinterlassen wollen, deshalb gibt es auch den Boom bei Stiftungs-Neugründungen.

Und wie ist die Motivation bei Unternehmen?

Bei Unternehmen ist es ebenfalls sehr unterschiedlich. Es gibt sicherlich Unternehmen, die das machen, weil es gut für das Image ist. Es gibt UnternehmerInnen, die einfach absolut der Überzeugung sind, dass sie der Gesellschaft etwas zurückgeben müssen und das auch wollen. Es gibt auch Unternehmen, bei denen es die MitarbeiterInnen sehr stark einfordern. Das ist sicherlich ein Trend, der sich in den letzten Jahren verstärkt hat. Wir sehen immer wieder Fälle, bei denen es in Unternehmen heißt: „Das steht jetzt bei uns nicht so auf der Agenda." Und ein paar Wochen später rufen sie wieder bei uns an und sagen: „Wir wollen jetzt doch unbedingt was machen". Als Begründung heißt es häufig: „Unsere MitarbeiterInnen haben uns angesprochen, was wir zu dem Thema machen oder wie wir uns engagieren". Und es gibt natürlich Unternehmen, die seit Jahrzehnten sozial engagiert sind und die jetzt vielleicht mit Unterstützung des Internets neue Wege in ihrer CSR-Strategie begehen wollen.

Wird heute anders gespendet als früher?

Wir können weiterhin sagen, dass in Deutschland ein Großteil der kleinen Privat-Spenden über Ansprache per Post hereingeholt wird. Es gibt natürlich Bewegung in diesem Bereich: Zum einen ist das Thema Transparenz deutlich wichtiger geworden. SpenderInnen möchten wissen, was mit ihrer Spende passiert. Wobei dieser Ruf nach Transparenz häufig keine Praxisfolgen hat. Wenn man SpenderInnen fragt: „Du hast ja jetzt an Organisation XY gespendet, hast du dann mal geguckt, was die mit deinem Geld machen?", sagt der: „Nö nö, die machen das schon". Das widerspricht sich ein bisschen, aber durch diese Forderung nach mehr Transparenz sind die Organisationen trotzdem gezwungen, sich zu öffnen und mehr Augenmerk darauf zu legen, öffentlich Rechenschaft abzulegen. An der Stelle bietet natürlich das Internet viele Möglichkeiten. Heute kann ich mit meinem Telefon einen kurzen Film drehen, dass der Brunnen, den die SpenderInnen bezahlt haben, hier in Afrika tatsächlich gerade gebohrt wurde und dass das Wasser tatsächlich fließt. Die Feedbackschleifen sind schneller, enger und direkter geworden. Gerade wenn ich als größere Organisation heutzutage bestehen will, muss ich auch in sozialen Medien wie Facebook oder bei Youtube unterwegs sein. Darüber hinaus muss ich mich den kritischen Fragen meiner SpenderInnen und UnterstützerInnen stellen und sie auch beantworten. Welche Auswirkungen diese Veränderungen auf das Spendenverhalten haben, ist noch nicht abzusehen. Gleichzeitig ist es aber auch eine Chance, sehr frühzeitig eine Gruppe zu erreichen, an die sonst sehr schwierig heranzukommen war: junge SpenderInnen und ErstspenderInnen, die ja quasi rund um die Uhr im Internet sind. Dazu entstehen komplett neue NGOs, die voll auf das Internet setzen und sich daher auch ein ganz anderes Image anhaften.

Können Sie das näher erläutern?

Zwei Beispiele: eins aus Amerika, eins aus Deutschland, beide im gleichen Bereich: Aus Amerika kommt die Organisation „Charity Water", die im Online-Fundraising unglaublich erfolgreich ist und multimedial über ihre Arbeit, nämlich Trinkwasser in Afrika zur Verfügung zu stellen, berichtet. Zu jedem Brunnen, der gebohrt wird, gibt es ein eigenes Portfolio, eine eigene Unterseite mit Filmen, Fotos und Daten en masse. Man kann sich als SpenderIn wirklich sehr intensiv mit den Ergebnissen seiner Spende auseinandersetzen. In Deutschland ist auch eine Trinkwasserorganisation durch das Internet sehr stark gewachsen: „Viva Con Agua" von Benjamin Adrion, dem ehemaligen FC-Sankt-Pauli-Spieler, dem es ebenfalls gelungen ist, mit einer guten Mischung aus Online- und Offline-Arbeit eine sehr junge Gefolgschaft zu gewinnen und unglaublich engagierte Menschen zu finden, die sich immer wieder für die Arbeit dieser Organisation einsetzen. Das sind zwei Beispiele, die zeigen, dass das Internet ganz neue Initiativen ins Spiel bringt.

Ein weiterer Trend in diesem Zusammenhang, den ich durchaus mit gemischten Gefühlen betrachte, ist Crowdfunding. Und zwar deshalb, weil Crowdfunding eben nicht Spenden ist. Crowdfunding bedeutet: Ich investiere in etwas und ich bekomme auch eine Gegenleistung dafür. Ich finde Crowdfunding an sich eine total tolle Sache. Es ist aber zum einen steuerrechtlich in Hinblick auf die Gemeinnützigkeit hochgefährlich, wenn man für eine Spende auch eine Gegenleistung anbietet. Ich habe ein bisschen die Sorge, dass durch Crowdfunding eine Erwartungshaltung gerade bei jüngeren Menschen entsteht, dass es für das, was sie geben, immer eine Gegenleistung geben muss. Ich finde es gut, wenn die Erwartung jene ist, dass ich für meine Spende Rechenschaft bekomme, was mit dem Spendengeld passiert ist. Aber wenn wir dazu kommen, dass die Leute auch eine materielle Gegenleistung erwarten, dann hat das mit Spenden nichts mehr zu tun.

Was bedeuten diese Veränderungen für die auf klassische Weise spendensammelnden Organisationen?

Die Veränderungen sind gerade für die großen Organisationen spürbar. Früher gab es nur wenige Organisationen, die es sich auch leisten konnten, massiv um Spenden zu werben. Durch das Internet ändert sich das: Wen ein bestimmtes Thema interessiert, der findet eine sehr große Zahl von Organisationen, die um Spenden werben. Vielen Organisationen, die ein älteres SpenderInnenklientel haben, fällt es daher sehr schwer, mit ihren bisherigen Methoden neue SpenderInnen an sich zu binden. Es ist de facto so, dass man inzwischen die unter 35-jährigen mit Post gar nicht mehr erreicht. Deshalb sind die Organisationen gezwungen sich zu überlegen, wie sie in Zukunft SpenderInnen ansprechen wollen und probieren auch sehr viel aus, um herauszufinden, was das traditionelle Modell langfristig ersetzen kann.

Sind jüngere SpenderInnen schwieriger zu binden?

Ja, sind sie. Die Zahlen zeigen bisher, dass die SpenderInnen insgesamt untreuer werden. Früher hat man seinen Dauerauftrag eingerichtet und dann den Rest seines Lebens an Organisation XY gespendet. Heute ist es tatsächlich so, dass die SpenderInnen viel häufiger ihre Spendenziele wechseln und sich nicht mehr Jahrzehnte oder jahrelang auf eine Organisation festlegen. Und es wird immer schwieriger, die eigene Botschaft auch hörbar zu machen und in die reichweitenstarken Medien zu kommen. Früher gab es in Zeitungen und Zeitschriften viele freie Anzeigen. Das ist eine tolle Möglichkeit gewesen, aber es heute gibt es eine Generation, die kaum mehr Zeitung liest.

Parallel dazu ist augenfällig, dass auch kleine Vereine Probleme haben, Ehrenamtliche zu finden, weil sich die Leute nicht langfristig binden wollen. Wenn ich ein Amt annehme, habe ich das für die nächsten Jahre inne. Wir leben aber in einer Welt, wo ich vielleicht dann schon in einer anderen Stadt arbeiten muss. Gleichzeitig entstehen dadurch auch fluktuierende, aber trotzdem funktionierende Netzwerke, die etwas verändern wollen, aber gar nicht den Anspruch haben, eine langlebige Organisation zu sein. Man merkt auch, dass Leute gewillt sind, aus dem reinen Vertrauensprinzip heraus und ohne Organisation zu spenden. Wir stellen auf Betterplace ganz häufig fest, dass Menschen sich kurzfristig zusammentun, weil sie möchten, dass sich etwas verändert und sie es nur gemeinsam finanzieren können, aber dafür keine Organisation brauchen. Die GiveBoxen, urbane Tausch-Schränke, sind dafür ein Beispiel, das regelmäßig über Betterplace realisiert wird.

Wie wichtig ist Vertrauen für das Spenden?

Es ist das Gleiche, wenn ich auf der Straße jemandem Geld in die Hand drücke, weil er bettelt oder Straßenmusiker ist. Auch das ist eine Form von Vertrauen: Ich glaube daran, dass der das wirklich braucht. Ich vertraue darauf, dass der sich damit selber hilft. Das ist im Größeren auch ein wichtiger Faktor. Gerade persönliche Beziehungen sind ein extremer Motor und das sehen wir auch auf Betterplace. Insbesondere kleine Organisationen schaffen es, über ihre Netzwerke, über Freunde von Freunden teilweise unfassbar gute Spendensammelergebnisse zu erzielen. Das hat auch damit zu tun, dass z. B. über Facebook eine extrem schnelle Verbreitung stattfinden kann.

Was sind die Basics für den Erfolg einer Online-Kampagne?

Wenn ich bei Betterplace.org ein Spendenprojekt einstelle, ist es wichtig, dass ich einen wirklich guten Text habe, der deutlich macht, was ich konkret tun will. Es ist wichtig mit Bildern zu arbeiten, das Internet lebt von Bildern. Und etwas, was wir schon fast ‚predigen': „Fangt klein an". Wenn ich ein Spendenprojekt von 50.000 Euro habe, dann werde ich vermutlich nicht 50.000 Euro über das Internet sammeln, sondern nur einen Teil und den Rest über andere, vornehmlich Offline-Kanäle. Es ist sinnvoller, ein Projekt einzustellen, das deutlich kleiner ist, weil das auch einen psychologischen Effekt auf die SpenderInnen hat. Wenn auf einer Seite steht: „Hier fehlen noch 50.000 Euro und es hat noch keiner gespendet. Möchtest du nicht?", stehe ich da mit meinen gutgemeinten 20 Euro und sage mir: „Das macht ja gar keinen Sinn, dass ich jetzt hier mein Geld reinwerfe. Das ist ja wie der Tropfen auf dem heißen Stein".

Das allerwichtigste ist aber: Ich muss Fundraising betreiben! Viele Leute vergessen das. Die stellen ein Projekt ein, haben es auch toll beschrieben und tolle Fotos und dann lehnen sie sich zurück: „Ach Wahnsinn, ich muss nur mein Projekt einstellen und dann kriege ich etwas". Völlig falsch – ich muss dafür hart arbeiten. Fundraising ist Klinkenputzen pur. Es ist nicht so einfach, 5.000 Euro zusammenzubekommen, weil ich die eben geschenkt haben will. Auf der Prioritätenliste vieler Menschen stehen Spenden an letzter oder vorletzter Stelle. Und dementsprechend ist es sehr schwierig, die potentiellen InteressentInnen zu kontaktieren, egal ob online oder offline.

Einige Organisationen, die mit einer großen Facebook-Community arbeiten, bekommen ein Projekt fast alleine darüber finanziert. Andere Organisationen können das zehnmal bei Facebook posten und da kommt nicht eine Spende. Man muss sehr gut netzwerken. In Deutschland gibt es 80 Millionen Menschen, von denen interessieren sich vielleicht prinzipiell 2 Millionen für sauberes Trinkwasser in Afrika. Das heißt aber noch lange nicht, dass die meine SpenderInnen sind. Zu denen muss ich erst einmal eine Beziehung aufbauen. Wenn ich die habe, dann kann ich sie nach Spenden fragen.

Und was sollte man auf jeden Fall vermeiden?

Ich glaube, was wirklich ein Risiko darstellt ist, wenn man sehr viel Wirbel macht, um das Geld zusammenzubekommen und danach extrem wenig von sich hören lässt. Dann habe ich zwar die Spende „im Sack", aber ich kann die SpenderInnen nicht an mich binden. Das stellen wir auf Betterplace immer mal wieder fest: Ein tolles Projekt und dann liest man monatelang nichts darüber, was da eigentlich passiert. Das nehmen die SpenderInnen sehr wohl kritisch wahr.

Ist die Fundraising-Literatur up-to-date?

Ich finde, an bestimmten Punkten ist die Theorie ein bisschen veraltet. Wenn man sich zum Beispiel die klassische Fundraisingpyramide anguckt, die besagt: Es gibt einen Interessenten, der wird zum Erstspender, dann wird er zum Mehrfachspender, zum Dauerspender, zum Erbspender, dann glaube ich, dass an der Stelle vergessen wird, dass es heute Menschen gibt, die sich Spenden nicht leisten können oder wollen, aber trotzdem für eine Organisation extrem wertvoll sind – MultiplikatorInnen, die gerade in Zeiten des Internet eine wichtige Rolle spielen: Wenn ich einen Studenten habe, der mit BAFöG gerade über die Runden kommt, aber die Arbeit deiner Organisation großartig findet und die Spendenaufrufe über die Netzwerke schickt oder seinen Freunden sagt: „Wenn ich meinen Geburtstag feiere, bitte schenkt mir nichts, sondern gebt mir eine Spende für meine Lieblingsorganisation", dann ist der genauso wichtig in dieser Fundraisingpyramide. Das ist etwas, was in der klassischen Theorie meiner Meinung nach bisher zu wenig auftaucht. Das hat aber auch etwas damit zu tun, dass sich das erst in den letzten Jahren in dieser Art und Weise entwickelt hat.

Befindet sich Betterplace zunehmend in Konkurrenz zu vergleichbaren Organisationen?

In Deutschland gibt es ein ähnliches Konzept nur noch in Form von „HelpDirect". Die bieten aber nur gemeinnützigen Organisationen eine Möglichkeit zum Fundraising. Wir geben explizit auch rein privaten Initiativen, die sich im sozialen Sektor engagieren, eine Chance. Das ist ein großer Unterschied. Aber gerade an Internetplattformen mangelt es überhaupt nicht und da erscheinen auch jeden Tag, gerade in Deutschland, neue Formen. Was gerade groß in Mode ist, sind Affiliate-Spenden, wo ich Kaufprovisionen in Onlineshops in Spenden umwandeln kann. Wir merken, dass immer mehr Special-Interest-Plattformen dazukommen, die sammeln Spenden nur für Sportvereine oder nur für Schulen. Das sind quasi kleine Betterplaces, thematische Ausschnitte. Jetzt gibt es eine Plattform, die sich nur um Social Businesses kümmert. Wir programmieren ja auch für unsere KundInnen Plattformen in dieser Art: Wir haben in letzter Zeit zwei Plattformen gebaut, auf denen Lokalzeitungen jeden Tag ihre LeserInnen dazu aufrufen, lokale Projekte zu unterstützen, die sie mit Berichterstattung begleiten.

Was ist die Stärke von Betterplace auf diesem Markt?

Unsere Stärke ist einfach, dass wir sehr für Transparenz stehen und auch so wahrgenommen werden. Eine andere Stärke ist es, dass wir relativ gut vernetzt sind und dass wir auch gerade versuchen, über diese Netzwerke aus unterschiedlichen Partnern weiter zu wachsen. Unser größtes Pfund ist, meiner Meinung nach, allerdings unsere sehr enge Zusammenarbeit mit tausenden von Organisationen. Das sehen wir auch an den Zahlen: Es kommen jeden Tag neue Organisationen dazu und die meisten von denen kommen auf Empfehlung.

Wagen wir noch einen Blick in die Zukunft: Was sind die Herausforderungen der nächsten Jahre?

Ich glaube, dass in den kommenden Jahren die Leute viel mehr mit kleinen mobilen Geräten ins Internet gehen und nicht mehr jeden Abend am großen PC daheim. Das wird eine sehr große Herausforderung, aber auch eine Chance für das Fundraising sein. Ich erhoffe mir darüber hinaus, dass neben dem sehr prominenten Thema Geldspenden auch das Thema Zeitspenden mehr Gewicht bekommt. Ich glaube, dass wir vom klassischen Ehrenamt zu viel mehr sehr kurzfristig Engagierten kommen, die aber trotzdem Organisationen extrem helfen können. Es geht also um die Möglichkeit, die Anforderungen der sich stark verändernden Arbeitswelt auch mit sozialem Engagement vereinbaren zu können. Ich glaube, dass Technologie dabei eine große Rolle spielen kann. Ich sehe also beispielsweise: Hier gegenüber brauchen sie heute noch jemanden fürs Vorlesen im Altersheim oder beim Pflanzen von Bäumen und ich bin in der Nähe und mache das. Das ist aber noch sehr weit weg.

Interview: Thorsten Hallmann

Weiterführende Publikationen zum Thema

betterplace lab: Trendreport 2013, bestellbar unter trendreport.betterplace-lab.org/

betterplace lab: Spenden in Deutschland, www.betterplace-lab.org/projekte/deutscher-spendenmarkt

Wigwam Kommunikationsberatung/betterplace lab: Internet für NGOs, Leitfaden 2013, bestellbar unter www.ngoleitfaden.org

Crowdfunding – the phenomenon and its potential in the context of civil society and fundraising

Radha Dilip Banhatti[1]

Abstract

Das Phänomen „Crowdfunding" hat in den vergangenen Jahren einen beachtlichen Aufschwung genommen. Zahlreiche Internetplattformen ermöglichen es, Projekte unterschiedlicher Art der Öffentlichkeit vorzustellen und GeldgeberInnen zu werben. Dieser Beitrag differenziert unterschiedliche Formen der Finanzierung, die gemeinhin unter dem Begriff Crowdfunding subsumiert werden – von einer reinen internetbasierten Spendensammlung über Zuschüsse gegen symbolische Gegenleistungen bis hin zu eher darlehensartigen Formen sowie Beteiligungsmodellen. Exemplarisch werden die Geschäftsmodelle einiger AnbieterInnen vorgestellt. Nicht zuletzt soll dieser Beitrag Nonprofit-Organisationen ermuntern Crowdfunding als Finanzierungsinstrument zu nutzen und gibt praktische, erfahrungsbasierte Hinweise, was eine erfolgreiche Crowdfunding-Kampagne ausmacht.

Keywords

Online-Fundraising • Crowdfunding • Finanzierungsmodelle • Projektfinanzierung

1 radhadilip@gmail.com

In this book, we are concerned with Non-Profit Organisations (NPOs). They, in contrast to non-governmental organisations, operate mostly within a country and function as varied instruments of civil society. They function either as service or sponsoring agencies, or alternatively as representative and lobbying organisations addressing issues both big and small that span across socio-political-cultural aspects which are relevant and which affect the societies they are embedded in. Often, they initiate and carry out various projects that are relevant to their target groups at local, regional and national levels. Financing projects, and at times, managing the finances of the organisation itself are great challenges for NPOs.

A simplified overview of finance situation of NPOs in Germany is summarised here. German welfare organisations such as the German Red Cross, Diakonie, Johanniter and Malteser have a long tradition of functioning as a NPO for the welfare of those in need and care by offering a variety of suitable services catering to the varied needs of the public. They could function effectively based on the strength of a strong base of support that they enjoyed, and to some extent continue to enjoy, with subsidies allocated from public funds. They also offer various services in exchange for a set payment which have a degree of uniformity and thus retain public trust. In contrast, associations (Vereine) cater to a particular set of activities and serve particular sections of the public. Many such associations are small, and have no or limited access to community funds. For implementing a new project, they cannot really rely on funds collected from membership fees as these might be largely needed to finance the running expenses of the association; hence, they need to think of creative measures for raising funds. Bigger associations (Verbände) and foundations (Stiftungen) have capital or means of accruing capital, the former by lobbying for public funds, and sometimes by charging reasonable fees for their services from the daughter associations, and the latter by prudentially making investments of the original capital, as well as by acquiring additional endowments. All NPOs accept donations. Further, some NPOs function as social enterprises (gemeinnützige GmbH) alongside competitive for-profit enterprises offering the same services for more value and less cost. When such social concerns make profit, the returns are not distributed but re-invested into the enterprise.

The main concern of any NPO, whatever its type, is to address the needs of their primary stakeholders. The term primary stakeholders indicates in the case of a) social enterprises and healthcare organisations, the target group which they strive to reach and serve; b) an association, its members; c) a federation, the interests and needs of the daughter associations whose interests they serve and guard; d) foundations, the mission which they attempt to serve and the interested target group of the public it corresponds to. In each of these cases, this implies that old but relevant projects may need to be continued and new projects may need to be conceived as per change in primary stakeholders' requirement. Since NPOs almost always function with very tight budgets, regardless of their size, objectives and basic financial infrastructure, they face many a time an acute need to mobilise additional financial resources for a new project or an undertaking. Thus, exploring every avenue of acquiring funds becomes important for an NPO.

A detailed view of the tight financial situations of various types of NPOs, as also a thorough review of their financial needs and its management, and open avenues of fundraising for the German NPOs can be found in the book by Vilain (2006). In this book, well-known and classical methods and instruments of fundraising for NPOs that trigger philanthropic actions of donations, endowments and sponsoring from the general public, namely: a) requesting for donations by post, telephone, church gatherings or at charity events, b) by levying fees to become a member in an organization or for services rendered, c) large-scale campaigns in public places during events that are hosted to create public awareness are dealt with in detail (cf. Vilain 2006, pp. 217ff.).

In the last fifteen years, with the advent of the internet era, many NPOs have established their own websites with an aim to provide better and timely communication and information of their actual activities and press coverage, as also to increase interaction with their stakeholders. As a direct offshoot, online-fundraising has caught on. A parallel and a novel mode of fundraising for individual, commercial and social projects is crowdfunding. This is facilitated by a steady and continuous betterment of web-technology based innovations both in the branch of financial transactions and in social media communications. At the outset, i.e., at the turn of the century, crowdfunding was a means of raising funds from the mass market via internet for social projects or art-based creative projects. However, it is increasingly becoming a commercial tool, since individuals who fund for a cause can also lend or invest in commercial start-ups and thus gain some financial returns. As a result, fundraising for community or individual projects, which in the German context includes both social projects and social enterprises or concerns, threatens to become a subset of the mainstream crowdfunding industry.

The aim of this article is to emphasise the potential crowdfunding can have as a civil society instrument, and to educate and motivate the NPOs how it can be favourably used by them for their needs. The article is constructed as follows. On one hand, it attempts to present various details on crowdfunding in a condensed form. On the other hand, every section and details presented therein are geared towards familiarising the NPOs (operating in Germany) on aspects of crowdfunding relevant for them and to highlight its potential for them. However, an extensive coverage of facts and figures on crowdfunding is not considered important and hence is not provided here. Some references to literature made available in this article contain among other things those giving data, statistics and lists of crowdfunding sites.

The article is structured as follows. The phenomenon of crowdfunding is described in the following chapter. The third chapter describes the various business models of crowdfunding and their relevance for the NPOs. Also functional aspects and issues are discussed. Further chapters present key results and findings from research on social and geographic factors that may be at work in crowdfunding and deal with crowdfunding for and of social projects. A brief summary and outlook is given at the end.

1 Crowdfunding – the phenomenon

1.1 Definitions

Amongst various ways of defining crowdfunding and crowdfunding platforms and their function, we quote two apt definitions here which are simple yet quite illuminating.

- **Definition 1:** *"Crowdfunding involves an open call, mostly through the Internet, for the provision of financial resources either in the form of donation or in exchange for the future product or some form of reward to support initiatives for specific purposes"* (Belleflamme et al. 2014, p. 588)
- **Definition 2:** *"Crowdfunding systems enable users to make investments in various types of projects and ventures, often in small amounts, outside a regulated exchange, using online social media platforms that facilitate direct interaction between investors as well as with the individual(s) raising funds"* (Agarwal et al. 2011, p. 3).

The first definition is from the viewpoint of creators, project designers, activists or inventors (called *creators* hereafter in the article). The second is from the viewpoint of funders, backers, fuellers or investors (known hereafter as *funders*). While the first definition gives a clear indication that prevalence of far too stringent conditions of traditional financing, namely, a hierarchical decision-making process and a lack of a broader-funding framework might have ushered in crowdfunding, the second definition highlights an emergence of civic participation of funders in an otherwise traditional set-up of the financing sector.

Further, from the second definition one notes that i) funding is "often in small amounts", ii) projects are searched for actively by possible funders in online social media or directly in crowdfunding platforms, and iii) there is a keen interest in direct interaction.

1.2 More than mere online fundraising

From both definitions it is clear that while crowdfunding might sound similar to online fundraising portals hosted on NPO websites, there is a major departure from it: Funders are not mere donors. They are not conventional donors, who would like to learn after an event what impact their donations have had, but are those who would like to look for causes and projects they are interested, fund, follow and have the possibility of a constant interaction with the creators, exchange their views and ideas for the project, commenting on its aims and influencing or steering its modalities until the required sum is collected and even afterwards.

Also, crowdfunding satisfies the need for returns. Research shows that while funders may not always expect returns in kind, any funder would prefer to allocate his or her own scant resources to support a more easily realisable and well-planned project (cf. Agarwal et al. 2011). A recent study shows that a large proportion of funders who contributed to a project opted for a reward model, rather than act as mere donors (cf. Banhatti 2015). And, even those who only donated showed keen interest in interaction and updates. To sum up, in contrast to online-fundraising actions, funders in crowdfunding not only search actively for projects which match their interest, but also fund only those which they feel have a greater chance to have impact.

1.3 A pictorial representation

In Figure 1, based on both definitions given above, we further attempt to amplify the difference between the perception of a creator and a funder. Here, a NPO is taken as a creator of the crowdfunding campaign, and the individual as funder. In the top panel, the NPO is portrayed in the German context (cf. Introduction), with a possible overlap between state and market sector where applicable. The NPO making a call requesting funds for a project should state clearly its position in the above pictorial representation, so that its actual financial state and the current need for seeking funding for this project can be stated in a trustworthy manner. Then, as a creator and as per definition 1, the NPO has a good chance for attracting funding from the individual depending on the trust it enjoys in the society and its transparency. The bottom panel sees the entire crowdfunding campaign from the point of view of an individual. Each individual may or may not be necessarily aware of the position of the creator of the crowdfunding campaign in the three sector hypothesis. That is he /she may not be aware that NPOs are classified as third sector or civil society organisations in the modern three-sector hypothesis, where state and market are the first and second sector (Etzioni 1973, Zimmer/Freise 2008: 2f.). This implies that what the individual perceives as a favourable or desirable outcome results in extending financial support to a particular project or an idea. This has both advantages and disadvantages for the NPO. One evident advantage is that it can reach a wider public than its usual clientele or well-wisher circles. One clear disadvantage is that it is the proposed project itself which has to win the trust and confidence of the individual, and not merely the name and fame the NPO may enjoy in its settings. Further, this project of an NPO needs to compete with many other projects from the commercial and communal sectors, for the resources of an individual are also limited. Recognizing this is important for planning a crowd-funding campaign with sufficient care.

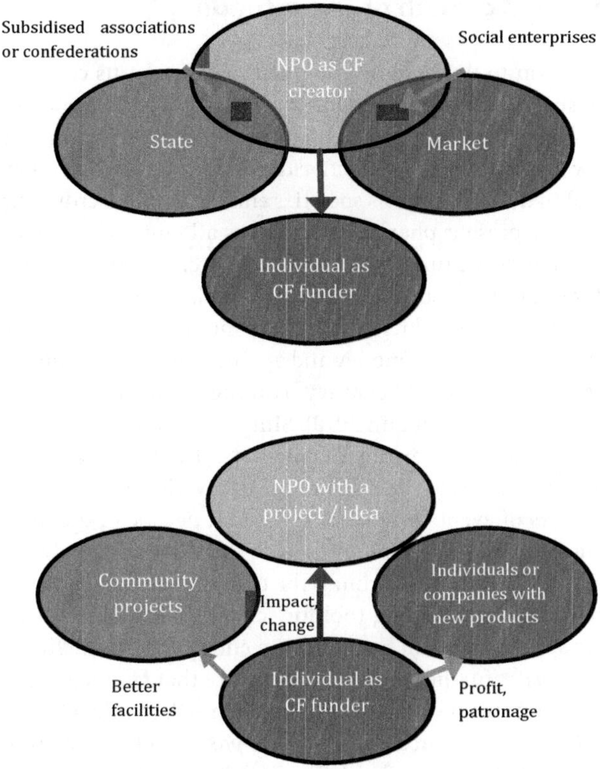

Top : Individual perceived as a passive funder by the creator (here, a NPO) of a crowdfunding campaign (cf. definition 1). For understanding the intersections of NPO with state and market sectors see introduction.
Bottom: Individual perceived as an active funder, who searches out his/her projects, without necessarily an awareness of the modern three-sector hypothesis (see text for details)

Fig. 1 Definitions, two perspectives. Own representation

1.4 Seed and growth of crowdfunding

Before we move on to understand the phenomenon, let us consider its possible origin and position in the scheme of things. Surely, parallels across history at all times can be found starting from cooperative funding of community projects to backing a new undertaking by collective debts from local peers. One might safely conjecture that in the early days as societies emerged, offline crowdfunding should have been an ever-present phenomenon across all cultures and communities. It is conceivable that crowdfunding and crowdsourcing were the only way known to mankind to mobilise resources when a potentially good idea emerged for the progress, development and betterment of the community. Over time, both in social set-ups and in financial flow of money and credits, hierarchical and rigid structures evolved. At the turn of the 21st century banking institutions had grown both in stature and power (cf. Grossmann 2010). Similarly, democracy had a greater place across nations. These, however, do not automatically ensure easy and equal access for all to obtain resources of their choice for innovation.

Two major sets of events unfolded in the first decade of the 21st century. *The first was a slow but steady development*, which started with the advent of the World Wide Web in the 1990s. Slowly, around the turn of the century, the use of internet moved from being a networking tool for scientific, academic, and defence purposes to serve several facets of business and enterprise. In the first decade of the 21st century, internet further blossomed as a tool that facilitated and enabled the individual to communicate via blogs and social media, *leading to the emergence of the individual as an active prosumer from the passive role of a consumer.* This was foretold by Toffler (1980) in his book The Third Wave, where he coined this term graphically wedding the producer and consumer in one. Today, the term prosumer is acquiring complex connotations which are still evolving.[2] *The second event was a negative but a high-impact event:* the financial crisis in 2008 whose repercussions were felt until 2012 as a negative economic growth world over, and resulted in increased disillusionment of individuals with the banking system. The Occupy movement of 2011 is a civil society resonance of this frustration, airing the worries of social and economic inequality as a result of the global financial system (cf. Chomsky 2012).

The history of modern crowdfunding starts in 1997 and it emerged and evolved in parallel to both above-mentioned events.[3] One can safely assert that its phenomenal growth can be attributed to the *ease and transparency offered* by crowdfunding,

2 cf. http://en.wikipedia.org/wiki/Prosumer

3 cf. http://www.fundable.com/crowdfunding101/history-of-crowdfunding. Retrieved October 14, 2014.

which appeals to the human impulse to actively participate for a cause or change. This might be a main factor in stabilising crowdfunding and crowdfunding platforms in the world of the web. In the last couple of years, regulations, acts and laws are being considered and are being framed, so as to give it a strong frame. One might say that in contrast to the Occupy movement crowdfunding is a positive and silent development which has had its gestation period at the turn of the millennium. Now in its fifteenth year, *crowdfunding as a phenomenon has become a part of public consciousness*. Since the last five years not only its visibility has grown, but also its volume. Though the volume of crowdfunding in Germany was only about 200,000€ in 2012, a small fraction of its bank loans, what is significant is its growth by 320% from 2011 (cf. Dapp 2013). In North America, the volume was $1.6 billion in 2012, showing a 105% rise from 2011. Global crowdfunding volume is expected to rise to about $5.1 billion in 2013.[4] The phenomenon has come to stay.

1.5 Positioning crowdfunding vis-a-vis traditional funding alternatives

For completeness, let us consider normal avenues of financing available in the German context for a creative project or a small or medium size enterprise which requires say a funding below the 100,000 € limit. Bank and credit institutions would be one possibility. Mostly, however, for the pilot phase a much smaller volume of credit is needed which we may take to be about €30,000. Bank credits are unattractive as their administrative costs are high. Further, they require a detailed risk-analysis (SWOT) and a guarantee for the credit sum. Venture capital is an alternative avenue of funding, but this has been on a fairly steady decline in the last decade in Germany due to crisis in the periphery of the euro zone, as well as due to a slowdown of economy. Further, companies engaged in information and telecommunication technology or life sciences stand a higher chance of their endeavour being funded by venture capital in comparison to others. In addition, statistics shows that venture capital finances companies in their secondary stages (cf. Dapp 2013). In comparison to this, business angels (individual investors) stake their capital and acquire equities in the start-ups looking for finances, and also provide network or other strategies needed for the growth of the company they have now a stake on. Microfinancing, in comparison to developing countries, has not really caught on in Germany.

---

4 cf. http://research.crowdsourcing.org/2013CF-Crowdfunding-Industry-Report. Retrieved October 15, 2014.

One aspect that sets crowdfunding apart from the above set of traditional funding avenues is that in crowdfunding *funding is based on trust* (cf. Dapp 2013). The funding follows from the crowd when their interests are awakened in a particular project or an idea. Also, the funders do not have high stakes for returns like the venture capitalists or the business angels. When a good resonance comes from the crowd, it already confirms the market demand for this creation (project/product). Thus the funding process has a democratic component, and it empowers the people to choose or reject a creative idea for itself. As we will see later it is this aspect which is even more relevant in crowdfunding for social projects. Below, we explore this aspect in some detail.

1.6 Disempowerment of credit institutions and empowerment of the individual in the context of civil society

First of all, we give a brief flavour of how crowdfunding operates (details are given in the section "crowdfunding in practice"), so as to guide the reader in understanding its features. A project with a clear objective is posted on the internet portal of a crowdfunding platform by means of a short video and accompanying text; the funds needed are mentioned, as also the time-span when it is open for funding. The funding can then start. The project is thus conceived and shaped by the creators and is funded by those in the public who are either interested, convinced, ready to invest a small sum or in favour of the project.

This implies that banking and traditional credit issuing institutions are not anymore the gatekeepers or evaluators of the idea or the project. The obscure and stringent procedures with which they scrutinise the credibility and credit-worthiness of the project and the applicant respectively are done away with.

From this broad description above, it is evident that *crowdfunding*, although facilitated by technology, *is a novel phenomenon which happens due to involvement of individuals who make up a particular crowd*. Further, it is not necessarily an anonymous crowd who contribute, but a set of interested individuals. Thus crowdfunding empowers both the creator and the funder by by-passing and thus disempowering traditional credit institutions. To quote in the crisp words of the co-founder Danae Ringelmann (2013) of the crowdfunding platform Indiegogo: "The meritocracy and relevancy of a project has no central assessing unit! People respond to a project or an idea driven by the so called *4p factor* – passion, participation, perks or profit". These four motives have led to four basic models of crowdfunding that are in vogue, namely *donation, reward, lending and equity.* A variety of hybrid models have emerged based on a combination or extension of these basic models.

However, in a general sense, the merits of crowdfunding are in some way analogous to the perceived merits of democracy or education. The mere existence of these as phenomena does not ensure their optimal functioning. Thus, the individual on an average is part of such systems and has to participate, actively or passively, in shaping it to suit his or her needs, sometimes in a collective manner, both when it functions and malfunctions. Nevertheless, there is something attractive about crowdfunding to the human psyche. It gives the individual the much-needed space to negotiate his or her sphere of life not just at personal level, but also at social, financial and functional levels. In this sense, crowdfunding becomes yet another instrument of the civil society which allows for an active participation of the empowered individual.

1.7 Social and geographic factors at work in crowdfunding

Since the phenomenon is in its infancy, research in this field is just taking off. However, from socio-economic perspective two aspects are interesting: i) what factors prompt the funder to participate and ii) how wide is the geographical distribution of funders. Investigating the first aspect will help understand how sustainable is the phenomenon and how might one tap the right crowd for a project. Knowledge of the second aspect would help financial analysts understand if crowdfunding is an alternative to venture capital or is it a threat for it. Either way the lines of inquiry reveal interesting insights and findings of one exhaustive study for each aspect are briefly presented here.

In their preliminary study researching on human-computer interactions, Gerber and co-workers (2012) state the following: "Creators are motivated to raise funds, receive validation of their ideas, connect with others, replicate successful experience of others and expand awareness of work through social media. Funders are motivated to participate in order to seek rewards, support creators and causes, and strengthen connection with people in their social media. Crowdfunding enables funders to exchange money for product, services or experiences. In this sense, it offers much more than other online communities."

Further, the authors contend that funders build efficacy in their ability by participating in crowdfunding. According to the authors, this is consistent with Bandura's social cognitive framework (cf. Bandura 1989) which enables people to build competence through mastery of experiences in a specific task. They first watch others, and add more competencies by doing the task themselves. And, in crowdfunding, the same individual can participate in three roles: observer, funder and creator.

The study on geographic dispersion of funders (cf. Agarwal et al. 2011) examines a specific crowdfunding theme in a particular crowdfunding platform by means of a detailed mathematical analysis. At the outset, the authors state that this line of investigation is relevant: distance plays no effect in publicly traded companies, while venture capital shows a marked and highly local sphere of funding. Which of these would crowdfunding resemble? Another validation for an inquiry into distance effect is whether instant and inexpensive communication facilitated by the internet could offset offline frictions that inhibit market transactions.

The authors have examined and followed the database of about 4700 creators in an Amsterdam based platform called Sellaband over a period of three years, which is a crowdfunding site that facilitates early-stage financing of musicians. The scheme is as follows: musical artists set up a profile page in this website for no charge, where they include a photo, links, blog postings and up to three demo songs. At $10 a share, they are supposed to raise 5000 shares. Oncc this is raised, the artists may spend the funds to record and release an album, according to a plan they develop and that is approved by Sellaband. Revenues from the album sale are shared equally between Sellaband, the funder and the creator. Of the 4712 creators, it turns out that only 34 of the creators raised the expected sum. The role of the distance effect is studied as follows: The authors can find the locations of the funders as they have to give their address for getting a free copy of the recorded album. The authors use a linear probability model to assist their econometric analysis, since the decision to invest by an investor i, in a creator a, at a given time t, can assume values between 0 and 1. The possible factors that can affect this decision are the accumulated investment until the previous time step, as well as some values assigned to the visibility and connectedness of the creator, taste-dependent factors in the type of music etc. Further, the authors follow the weekly investments in a creator, and allow for the effect of previously accumulated sum, as well as to the influence of investments from family and friends.

The authors find that a) the average distance between creators (here, the artists) and the funders is about 5000 km showing that distance effect disappears; b) local funders invest relatively early, while distant investors invest as the propensity of funds invested increases; c) distant investors are also likely to invest more than once; c) early investors are likely to be people personally connected with the creator (family and friends) – mainly because they have least "search costs" in finding the creator; d) such funders might be visiting a crowdfunding platform for the first time to favour their "related" creator and invest the largest sum they can; d) These funders also then find new creators and invest in not more than two other creators. These later findings support what was stated earlier (cf. Gerber et al. 2012) that funders build efficacy by repeating their participation in crowdfunding.

2 Crowdfunding business models and their relevance for NPOs

In this chapter, we explain in brief at first the four basic business models of crowdfunding. Then we consider how useful each model might be for the typical types of NPOs operating in Germany. Further, the operative model of crowdfunding offered by platforms to the creator is yet another facet. This will also be briefly explained.

2.1 Four basic business models of a crowdfunding project

- **Donation:** This model of crowdfunding is very close to online-fundraising for a creative or a social project. However, in contrast to an online-fundraising campaign by an NPO or an NGO through its homepage, the donation model on a crowdfunding platform enables anyone to initiate a project which they find appealing and worthy of support. The donor gets neither a financial return nor a reward. The creator receives most of the money collected after paying the crowdfunding platform its fees. Further, the donor has the option to remain anonymous, without giving his or her personal particulars such as postal address.
- **Reward:** The creator of the project additionally offers the funder a reward. The reward is mostly of much less financial value than the sum offered by the funder. However, its charm lies in the fact that it is of value to both parties. As a token of appreciation to the particular contribution bracket, the creator might think of a reward which reflects some aspect of the project. This model might not put any additional constraint on the fees levied by the platform to the creator. However, it brings directly the creator and funder in contact, with contact details of the funders shared by the platform to the creator.
  An off-shoot of this model is the pre-sale. While a reward for contributing to finance an event might be a free entrance ticket to the funder for that event, the pre-sale model might make a commitment to the funder to sell a particular product once it is ready before it is launched in the open market. Thus in a pre-sale crowdfunding campaign, the financial return might be comparable to the contributed amount. While adequate funding ensures the success in creating the product, the pre-sale model offers a ready set of customers with a possibility of investigating customer satisfaction as well.
- **Lending:** Lending is possible with or without interest. Social lending, peer-to-peer lending, peer-to-business lending and business-to-business lending are all possible, where the sequence highlights the fact that interest rates offered by the creator increases from near zero to competitive rates existing in market. Albeit

being a model well-known in all facets of financing a project or an undertaking, in crowdfunding lending again manifests its unique attraction for the human psyche. Thus, the creator a) can by-pass traditional financial institutions, and b) can build a direct channel of communication with the correct target groups of funders. Crowdfunding platforms might take active part in lending models by also giving some advice and consultation to the creators. Correspondingly, fees would be higher than in the other two models.

- **Equity:** Start-up enterprises or well stabilised enterprises which are still unlisted in any major stock markets can offer shares of their companies to retail investors. In equity-like arrangements, the funder is more of a creditor since he or she has as per the contract, the right to the pay-off, but not a share in the company. Answers to questions such as when does equity crowdfunding become crowdinvesting, and why equity crowdfunding is sometimes only another mask for debt model are determined by the legal regulations operating in each country. In next section, this will be dealt with in some detail. Crowdfunding platforms might reserve the right to screen the company of the creator before accepting it for the crowdfunding campaign.

Hybrid models which are a combination of these four models are also in vogue. The four basic models of crowdfunding differ in the way they appeal to and attract funders. Donation and reward based crowdfunding campaigns depending on how appealing or interesting the project, product or enterprise is attracts funding from those who want to support a good cause or an idea. Funding is based solely on trust. However, in crowdlending actions, they might additionally scrutinise the strength of a business plan and its viability. Further, in equity based crowdfunding campaigns funders would participate readily either if it is a local project since they would then be mutual beneficiaries or if they feel confident that their knowledge of the market on this particular enterprise is likely to add to their gain and leverage.

2.2 Matching various requirements of a NPO to the business models

A concise way of realising the importance and relevance of crowdfunding for financing an activity, project or financing of a NPO is given in Table 1. It becomes apparent that all models of crowdfunding are relevant in one form or another. For example, for a social enterprise (gUG or gGmbH), both lending and equity models become relevant in the secondary stage, while in the primary stage it can resort to reward or donation model (cf. Banhatti 2015). This would work even if the social enterprise (gGmbH) is under the umbrella of a registered association (Verein) which plans to extend its function and services to its members and non-members. In contrast, a non-profit initiative such as a small association (Verein) or a larger syndicate (Verband) with a relatively tight but well-funded annual budget might consider launching a new project to make its functioning attractive to a different target group. In case no funds are ear-marked for an innovative project in its annual budget, reward and donation crowdfunding models might help the NPO discover the resonance for this innovation from a larger cross-section of the public. In view of the current economic crises and instabilities, for foundations (Stiftungen), reserve capital has to be built up. Donation model crowdfunding is possible, but as yet probably untried. Thus, for any kind of NPOs in Germany, none of the four models can be overlooked.

Tab. 1 Matching crowdfunding models to typical financial needs of NPO in Germany Own representation

Classical Crowdfunding Models	Type of NPO organisations	Type of NPO organisations (English equivalents)	Kinds of capitals that can be raised via crowdfunding
Donation	Verein; Verband; Stiftung; gGmbH;	Association; Federation/ Syndicate/Union; Foundation; social limited company	Working (Verein, Verband); Reserve (Verband, Stiftung); Principal (gGmbH)
Reward	Verein; Verband; gGmbH	Association; Federation/ Syndicate/Union; Social limited company	Working (Verein, Verband); Principal (gGmbH)
Lending	gGmbH	Social limited company	Principal / Soft-d evelopmental in secondary stage
Equity	gGmbH	Social limited company	Principal / Soft-developmental in secondary stage

2.3 Business models from the perspective of crowdfunding platforms

Some platforms, such as Kickstarter uses an all-or-nothing funding model. If at the end of the crowdfunding campaign the target sum has been collected, then the creator receives it. Else, the sums are returned back to the funders by the crowdfunding platforms. Some platforms, however, let the creator *keep the money* that has accrued even if it is lower than the target sum, but levy a higher payment process fees (up to

9%); it is also possible that if the sum collected exceeds the target sum, crowdfunding platforms may offer an additional benefit to the creator (waiver of submission fees). Typically, the submission fees are about 4%, and the payment process fees are another 3-5%. For social projects, many platforms offer a 25% discount on their fees. Or in some exceptional cases, they also waiver fees (cf. Banhatti 2015)

A more important aspect is the choice of the right platform for a project or an idea. Some platforms are more suitable for music or creative projects, some more for company start-ups and some specifically encourage crowdfunding of social projects. Many of the bigger platforms do offer all three in their portal. In future, the design of platforms will be a crucial parameter of choice of a platform depending on how it influences or facilitates creator-funder interaction. The blogs posted by the platform are very useful for the NPOs to identify those best suited for their purpose.

3 Crowdfunding – functional aspects and issues

Since this industry is now emerging as a mainstream industry, NPOs need more information on two vital aspects. First, we present in brief the current state of regulations since a knowledge of that would allow one to see over time how smooth the functioning of this form of financing can be. Second, we spell out the practical steps that can help guide a NPO in putting up a crowdfunding project. The style of this description is kept especially simple and direct.

3.1 Regulations – a brief summary

We start off by noting that crowdfunding is prevalent in many developed and developing countries. Various aspects and issues of crowdfunding are universal. It must be kept in mind, however, that depending on whether it is in Asia, Australia, USA or in Europe there are certain differences and constraints. Crowdfunding in different countries is governed differently by national-level regulations. For example, in USA, the JOBS (Jumpstarting Our Business Start-ups) Act was passed by US President Barack Obama on April 5th 2012, encouraging funding of US small businesses by easing various securities regulations.[5] Title III of this law is the "non-accredited crowdfunding" component to the JOBS Act, which would allow non-accredited individuals to participate and invest online into private companies,

5 cf. https://www.sec.gov/spotlight/jobs-act.shtml

in small increments (say $1,000 to $5,000). This has been drafted towards end of 2013[6] and after much delay is expected to come into legislation end 2014.

In the European context, crowdfunding regulations are in their beginning stages, especially as the volume of crowdfunding is not yet close to the threshold where special regulations are needed (cf. Dapp 2013). However, in October 2012, a framework for crowdfunding (cf. De Buysere et al. 2012) has been published as position and white paper by the European Crowdfunding Network (ECN)[7], which is a voluntary standard-setting association for crowdfunding platform members and is an effective partner in dialogue with the regulatory body of EU.

Recently, a position paper by Tax and Legal Working Group of the ECN 2013 has covered regulations of crowdfunding in select EU countries (cf. Aschenbeck-Florange et al. 2013). Furter, it also presents an exhaustive review of existing crowdfunding regulations and their interpretations in Europe, North America and Israel. Here, we give a gist of regulations for Germany, especially with a view to state how and when crowdfunding platforms or the creators can operate with minimal regulations.

For the equity model, which is of interest for social enterprises, if crowdfunding platforms conduct only investment or contact brokering, and offer such investments based on silent partnerships and do not acquire ownership or possession with regard to funds or shares of customers, then they can operate without a licence or other requirements normally imposed by the German banking Act. In addition, if they would use an external partner or provider for processing payments, they do not require a licence by BaFin (Bundesanstalt für Finanzdienstleistungsaufsicht).[8] Further, the creator is required to issue a prospectus if funding exceeds €100,000 per project within twelve months. For crowdfunding of projects whose target sums are below this limit, creators are not required to issue sales prospectus, nor do the traditional investors acquire any shares in the planned project or the business model created. Thus it is ideal for start-ups or solo self-employment, as well as for social projects and innovations.

Thus, both for lending model of crowdfunding where subordinated loans (Nachrangdarlehen) are extended, and for donation/reward-based models the above constraints of having to limit the target sum or issuing of prospectus is not applicable. Article 2 of a recent draft of law to be passed in near future to protect the retail investor has been formulated more favourably for both equity and lending models of crowdfunding as recently as in July 2014 (cf. Draft- Law for retail investors 2014, pp. 29f.).

6 JOBS Act, Title III Crowdfunding, Draft 2013: http://www.sec.gov/rules/proposed/2013/33-9470.pdf, pp. 1-585. Retrieved November 5, 2014.

7 cf. http://www.europecrowdfunding.org/

8 http://www.bafin.de/SharedDocs/Veroeffentlichungen/EN/Fachartikel/2012/fa_bj_2012_09_crowdfunding_en.html.

However, if additional EU regulations are superimposed on national level regulations, it might cripple the commercial crowdfunding industry (cf. Aschenbeck-Florange et al. 2013). One good message from the above summary is that social projects and social enterprises are and will be least affected by various regulations.

3.2 Crowdfunding in practice

The field of crowdfunding being somewhat new for NPOs, it is good to set out in the following a concise prescription of how to put up a project for funding in a crowdfunding platform:

a. *The creator chooses a suitable crowdfunding platform*: See above for various considerations.
b. *The creator makes a video presentation of their venture*: The project is presented on the chosen crowdfunding platform by videos with supplemental written text. The presentation must appeal to a broad group of audiences and the creator needs to ensure that various networks are in place for marketing the product or idea for the purpose of fundraising (cf. Banhatti 2015). Small and medium-sized NPOs, apart from internal brainstorming, have the possibility to benefit from various successful campaigns of other NPOs on crowdfunding platforms to design their own project video.
   The video should typically be about two minutes long, since a potential funder on an average spends in total about 3-15 minutes per project.[9] Motivation for the project or product or enterprise, the team and their roles are ideally introduced in the first minute. Some details of the proposed project, its viability and expected impact should be contained in the next half a minute. The funds needed and an appeal to the funder to contribute and what it would mean to the creator and the project is compactly conveyed in the next half a minute. The accompanying text should be clear and brief. The funding model must be clearly explained. Link to own homepage, other social media and blogs should be clearly visible and accessible (cf. Banhatti 2015).
c. *The creator fixes the target sum and a deadline*: The creator has to mention a clear budget for project requirement, already available funds if any and the funds required.

9 cf. http://research.crowdsourcing.org/2013CF-Crowdfunding-Industry-Report. Retrieved October 15, 2014.

d. *The creator chooses one of the four CF models and makes suitable variations best-suited for their venture*: The business model and the details are specified in a clear text or tabular format; in case of reward/pre-sale model, suitable break-ups of funding sums are suggested; for lending models interest rates as well as a rough estimate of return period is mentioned; for equity model share prices would be typically mentioned, but details might be given once contact between funder and creator or the intermediary is established.
e. *The creator has and maintains various online social networks*: When a project or idea is ready to be posted on a chosen internet platform, the creator or the NPO has to make it known either prior to posting it or in parallel by communicating this post as widely as possible using internal and external communication available, and also via the social media. This networking is of utmost importance for the success of the crowdfunding campaign.
The marketing of an idea for quick and efficient funding is one result. More importantly, social media enables a project to get more visibility, awaken a sense of urgency and awareness in a broader context. Thus, a new project has the potential to get picked up by say twitter, XING, G+ or the Facebook community, as well as find a mention in radio, television or print media. A third spin off is that the proposed project or an idea can become a subject of active discussion. Alternately, individual funders or a company or a business angel or a social investor might offer the creator a more fitting and cost effective or a workable business model that it may help the creator rethink and decide on altering some methods for executing the project.
It follows that the benefits of such discussion and interaction cannot be underestimated. Hence, it is equally important for the creator to keep the thus networked community informed of the project in its various stages, so that firstly, the sense of participation is strengthened, and secondly the progress of the project is reported and thirdly, it would be easier to rope in this community if a different phase or shoot-off of this project is to be funded or even conceived.
f. *Returns, when promised, need to be made diligently*: Here, the funders exhibit the behaviour of a consumer and philanthropist. Unlike online shopping, they know that their returns will come much after they have made the financial transaction! They are nevertheless happy to get a token reward when they know that the money they invest is used well. They also exhibit an element of pride as a patron. There are also cases where funders disapprove of a proposed product as a return and instead suggest how the funded money can be used better. The creator has to thus ensure that a suitable return is planned and that it is delivered on time without undue delay once the project is completed.

4 Crowdfunding of social and communal projects

Crowdfunding of social projects which is embedded in mainstream crowdfunding industry, contrary to what one might assume, is not only not edged away by commercial and artistic endeavours and projects, but is the dominant one. This is evident from Figure 2, which is as documented in the 2013 Crowdfunding Industry Report, and is a fact based on extensive research made by Crowdsourcing Org.[10] It is clear that contributions for crowdfunding of social projects exceed all other types of projects, when both financial and non-financial returns are considered. Further, the report statistics infers that social- and micro-lending models of crowdfunding help organisations and start-ups, while donations or reward models work best for developmental projects.

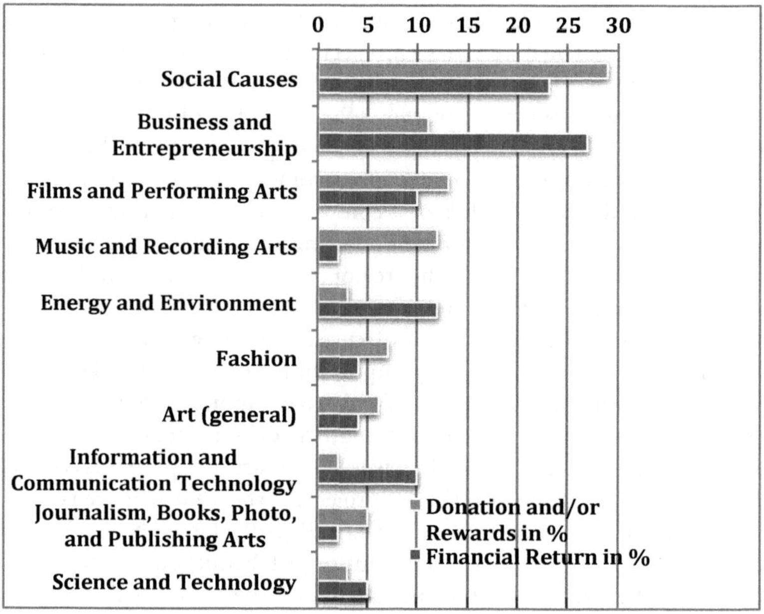

Fig. 2 Social causes are the best supported! From 2013: The Crowdfunding Industry Report. Work carried out and published by massolution[11]

10 cf. http://research.crowdsourcing.org/2013CF-Crowdfunding-Industry-Report. Retrieved October 15, 2014.

11 cf. http://research.crowdsourcing.org/2013CF-Crowdfunding-Industry-Report. Retrieved October 15, 2014.

In general, for the entire crowdfunding industry, the spectrum of funders for all four basic models is, surprisingly, individuals. In particular, lending for social projects comes from individuals, while lending for normal projects comes both from institutional and individual investors. The average time spent by a funder on a crowdfunding platform scouting for projects to fund ranges from 3-15 minutes. The average amount contributed is about 85 US$. Furthermore, it is clear from Figure 3 that social lending has the highest probability of succeeding, with very little transaction cost to the creator. And that, individuals contribute less money per person than in other models, yet collectively the action succeeds. Thus a truly civil society instrument!

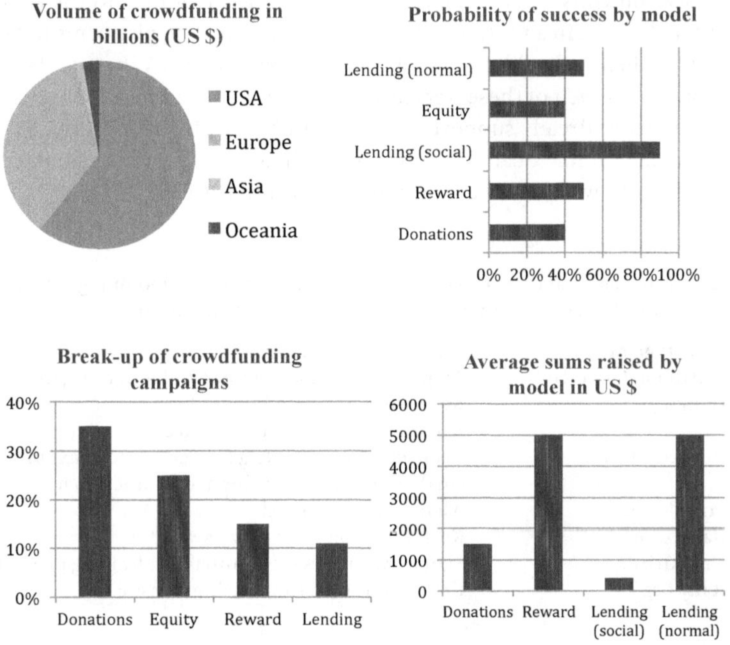

Fig. 3 A concise overview of crowdfunding statistics in 2012. Own representation

See 2013: Crowdfunding Industry Report[12] for details of the statistics and analysis; see also Gajda & Walton (2013) for a more detailed summary, a few case studies and an interpretation of the statistics. For results in 2011, see the following website (http://www.ikosom.de/2011/06/13/crowdfunding-studie-2011/).

12 cf. http://research.crowdsourcing.org/2013CF-Crowdfunding-Industry-Report.

An impressive example of social lending in Germany is a social project which was driven by the need of a local commune. A volunteer Fire-Brigade Network in a small town in Germany needed state of art digital communication devices, and the funds were raised in 2012 using the platform LeihDeinerStadtGeld. The model of social lending with an interest of 0.76% enabled raising the target sum of Euros 83,200 in 2012 (cf. Barello/Castrataro 2013). More details and newer projects can be found in https://www.leihdeinerstadtgeld.de/.

Further, in Tables 2 and 3, two kinds of lists are made available. The former gives a representative list of well-known international crowdfunding platforms and their transaction fees for creators. From these, one sees that in United States of America, crowdfunding is a well-established and well-tried out tool, so that such a variety of transaction considerations have sprung from the platform to the creator. The second table is again a representative list of crowdfunding platforms in Germany, along with their web addresses and some relevant details. What can be observed when one visits each of these websites is that these are fairly well-established platforms and have already supported a number of projects. In addition, a book that would be helpful for social projects in English as also a few books in German for mainstream crowdfunding are available (cf. Thorpe 2013).[13]

Tab. 2 International crowdfunding platforms and their standpoint regarding target sums for a crowdfunding campaign. Own representation

1. Kickstarter.com	All or Nothing model
2. StartSomeGood.com	Tipping point model (upper and lower targets)
3. Indigogo.com	Keep what you raise (higher fees), All or Nothing model (lower fees)
4. Rockethub.com	Keep what you raise (e.g., lower fees for next project) Goal not reached (e.g., higher transaction fees)
5. Pozible.com	All or Nothing model
6. Razoo.com	Keep what you raise (low fees)
7. Crowdrise.com	Sign up your NPO (Perennial fundraising platform)
8. Rally.org	Create your own fundraising website

13 cf. http://crowd-investment.de/leseliste-crowdfunding-crowdinvesting-buecher/

Tab. 3 Some crowdfunding platforms in Germany (for social projects and start-ups). Own representation

Crowdfunding platforms	Web address	Relevant details
Betterplace.org	https://www.betterplace.org/de/	Donation model; no transaction fees
Companisto	https://www.companisto.com	Equity model for start-ups; 10% commission from creator only if crowdfunding campaign successful
Startnext	https://www.startnext.de	All models; mainly creative projects & ideas
Fairplaid.org	https://www.fairplaid.org	Sport projects and start-ups; Reward model; platform self-financed
Berlin Crowd	www.foundervision.com	Web-based sustained support & financing for start-ups in form of financing (equity)
Welcome Investment	https://welcomeinvestment.com	Crowdfunding & crowdinvesting for start-up social enterprises; first voting, then investing (equity); "keep all" model
Seedmatch	https://seedmatch.de	Equity for start-ups with high capital need (minimum 100.000 €);

5 Summary

The phenomenon of crowdfunding and its potential for social projects has been presented in its various aspects. We have also kept in focus, in the context of civil society, the individual as an important link in the chain even when viewed as a person outside any organisation and irrespective of whether the individual is a stakeholder in a given NPO project or not.

This article has particularly attempted to familiarise and encourage NPOs and social enterprises in Germany to use crowdfunding. This option for financing ventures and projects is growing rapidly. NPOs will profit if they embrace and adopt it as not just another means for fundraising but as a tool that empowers individual funders to actively participate in actualising the creator's project. While it is clear from examples and references given that participation of NPOs in Germany in mainstream or community crowdfunding is not negligible, there is definitely scope for much more crowdfunding, crowdsourcing and crowdinvesting actions.

It is hopefully clear from the article that in order to conduct an effective crowdfunding campaign a NPO need not have particularly technically qualified personnel; rather it needs a small but a highly motivated team – to discuss the best business model, to make a small but pregnant video, to present the project in text compactly and to visit and nurture their website, social media networks and their own crowdfunding campaign platform a few times a day, and to follow-up and interact with funders, showing a readiness for transparency and flexibility in discussing the actual developments and issues in the planned project. Such active interaction by a NPO team will play a large role for the success of its crowdfunding campaign.

Another important message conveyed by the article is that even a localised NPO with a locally relevant project can raise necessary funds from funders who are geographically non-local. Also, NPOs can help each other by offering their crowdfunding campaign for replication in another setting where a similar need exists.

Future research on crowdfunding is going to bring in exciting insights: for the industry, current questions hinge on regulations and on concerns about the sustainability of this field; for the political and social sciences current set of observations focus on how best the trust and enthusiasm of individuals and organisations will be retained in a sustainable way by the crowdfunding industry. These observations might help develop indices to measure the role and effectiveness of crowdfunding in supporting social projects and ventures.

Acknowledgements

I am grateful for the invitation extended by Annette Zimmer, professor for political sciences at the University of Muenster, to submit this contribution. It enabled me to broaden my thinking on this topic in the setting of a civil society. It is a pleasure to acknowledge the various in-depth and enthusiastic discussions with my co-students, lecturers and the seminar coordinator Almut Müskens of the Center for Non-Profit Management, University of Münster. It was through this well-conceived master course that I could assimilate and understand the relevance and importance of the third-sector and civil society. Social entrepreneur Alex Raguet based in France introduced me to Oliver Gajda, founder of the European Crowdfunding Network. I am grateful to both of them for their interest and time, as also for actively involving me in the field of crowdfunding.

Literature

Agarwal A, Catalini C, Goldfarb A (2011) Friends, Family and the Flat World: The Geography of Crowdfunding. NBER Working papers 16820, National Bureau of Economic Research, Inc. http://www.nber.org/papers/w16820.pdf. Retrieved October 14, 2014

Aschenbeck-Florange T, Blair D, Beltran J, Garcia A, Nagel T, Piattelli U, Qintavalla L (2013) Regulation of Crowdfunding in Germany, the UK, Spain and Italy and the Impact of the European Single Market. ECN. http://www.europecrowdfunding.org/2013/06/regulation-of-crowdfunding-in-germany-the-uk-spain-and-italy-and-the-impact-of-the-european-single-market. Retrieved November 5, 2014

Bandura A (1989) Human Agency in Social Cognitive Theory. American Psychologist 44: 1175–1184

Banhatti RD (2015). Crowdfunding of a Social Enterprise – GloW Project as a Case Study. In Gajda O, Brüntje D (Eds), Crowdfunding in Europe: State of the Art in Theory and Practice. Springer Verlag, . Heidelberg, Berlin

Barello A, Castrataro D (2013) Civic Crowdfunding: A proposal. http://twintangibles.co.uk/civic-crowdfunding-a-proposal-2/. Retrieved November 10, 2014

Belleflamme P, Lambert T, Schwienbacher A (2014) Crowdfunding: Tapping the Right Crowd. *Journal of Business Venturing 29,* 585-609

Chomsky N (2012): Occupy. Penguin Books, London

Dapp TF (2013) Crowdfunding. An Alternative Source of Funding with Potential. Banking & Technology Snapshot. Digital Technology and Structural Change. Deutsche Bank Research website: http://www.dbresearch.com

De Buysere K, Gajda O, Kleverlaan R, Marom D (2012) A Framework for European Crowdfunding. Position Paper. http://www.europecrowdfunding.org/european_crowdfunding_framework. Retrieved November 5, 2014

Draft-Law for retail investors (2014). http://www.bundesfinanzministerium.de/Content/DE/Downloads/Gesetze/2014-07-28-kleinanlegerschutzgesetz.pdf. Retrieved November 5, 2014

Etzioni A (1973): The third sector and domestic missions. In: Public Administration Review. No. 33, pp. 314-323

Fisher A (1935) The clash of progress and security. Macmillan Publications, London

Gajda O, Walton J (2013) Review of Crowdfunding for Development Initiatives. http://dx.doi.org/10.12774/eod_hd061.jul2013.gadja;walton. Retrieved November 7, 2014

Gerber EM, Hui JS, Kuo PY (2012) Crowdfunding: Why People are Motivated to Post & Fund Projects on Crowdfunding platforms? Technical Report 12-02. Northwestern University, Segal Design Institute, Illinois

Grossman RS (2010) Unsettled Account: The Evolution of Banking in the Industrialized World since 1800. Princeton University Press, Princeton

Kleemann F, Vob G, Rieder K (2008) Un(der)paid Innovators: The Commercial Utilization of Consumer Work through Crowdsourcing. Science Technology and Innovative Studies 4: 5-26

Ringelmann D (2013) Why Crowdfunding is World's Incubation Platform. Guardian: 10th of April

Tax & Legal Working Group of the ECN (2013) Review of Crowdfunding Regulation. Interpretations of existing regulation concerning crowdfunding in Europe, North America and Israel. http://www.europecrowdfunding.org/2013/10/review-crowdfunding-regulation-2013. Retrieved November 5, 2014

Thorpe D (2013) Crowdfunding for Social Good: Financing Your Mark on the World. CreateSpace Independent Publishing Platform

Toffler A (1980) The Third Wave: The Classic study of tomorrow. Bantam Books, New York

Vilain M (2006) Finanzierungslehre für Nonprofit-Organisationen – Zwischen Auftrag und ökonomischer Notwenigkeit. Part B, Chapter 5. VS Verlag für Sozialwissenschaften, Wiesbaden

Zimmer A, Freise M (2008) Bringing Society Back In: Civil Society, Social Capital, and Third Sector. In: Maloney WA, van Deth J (Hrsg): Civil Society and Governance in Europe. London: Edward Elgar, pp. 19-42.

„Die interne Kommunikation ist die größte Herausforderung"

Fundraising im Gesundheitswesen

Interview mit Martina Klein[1]
(Klinikum Dortmund gGmbH)

Dr. Martina Klein ist Leiterin der Stabstelle Fundraising am Klinikum Dortmund. Das Klinikum Dortmund ist eine gemeinnützige GmbH und ein Lehrkrankenhaus der Universität Münster. Dass sich Kliniken intensiv um private Spenden und Sponsoring zur Verbesserung der technischen Einrichtung und Betreuungsleistungen bemühen, ist inzwischen gang und gäbe, eine eigene Fundraising-Abteilung hingegen eher selten. Im Interview geht Frau Dr. Klein auf ihren beruflichen Werdegang ein, der für FundraiserInnen charakteristisch sein könnte: von einer administrativen Leitungstätigkeit im Gesundheitswesen zum Fundraising als Beruf.[2]

Wie sind Sie Fundraiserin geworden?

Ich war Geschäftsführerin der medizinischen Fakultät am Universitätsklinikum Münster. Ich hatte dort ungefähr vier, fünf Jahre gearbeitet, als ich einen Anruf von einem Chefarzt der Vestischen Kinder- und Jugendklinik Datteln bekam, der mich fragte, ob ich mir vorstellen könne, das Fundraising für das weltweit erste Kinderpalliativzentrum zu machen. Meine Antwort war zunächst: „Ich weiß gerade mal, wie es geschrieben wird." Aber in Datteln war man der Überzeugung, dass ich es kann. Das fand ich jetzt wiederum sehr spannend. Anschließend habe ich

---

1 martina.klein@klinikumdo.de

2 Der Deutsche Fundraising Verband e. V. (DFRV), Fachverband für haupt- und ehrenamtliche Fundraiser mit rund 1300 Mitgliedern, schätzt, dass es in Deutschland rund 3.000 hauptamtliche Fundraiserinnen und Fundraiser gibt. (vgl. http://www.fundraisingverband.de/verband/ueber-uns/portrait.html)

zugesagt, weil es eine Chance war, eine neue Erfahrung zu machen bzw. eine neue Aufgabe zu übernehmen. Ich habe dann „Learning by Doing" betrieben. Ich hatte zwar auch die große Fibel des deutschen Fundraisingverbandes,[3] aber im Prinzip bin ich sehr intuitiv und letzten Endes erfolgreich an meine Arbeit herangegangen.

Das heißt, Ihr Einstieg ist über das Metier „Gesundheitswesen" und nicht über einen Berufsweg im Nonprofit-Sektor erfolgt?

Richtig. Allerdings ist es leicht, sich in andere Bereiche einzuarbeiten, obwohl die Gesundheit mein Fokus ist. So habe ich zum Beispiel in der Schweiz Montessori-Schulen bezüglich Fundraising beraten – insofern habe ich auch einen kleinen Ausflug in den Bildungsbereich gemacht.

Bleiben wir beim Gesundheitswesen. Welche Rolle spielt Fundraising für Kliniken angesichts knapper Kassen und finanzieller Engpässe?

Fundraising ist keine Möglichkeit, defizitäre Häuser zu sanieren. Vielmehr bietet Fundraising die Möglichkeit, das Besondere zu finanzieren, um im Wettbewerb aus den MitbewerberInnen herauszuragen. Ohne Fundraising könnten einige Kliniken im Wettbewerb überhaupt nicht bestehen.

Ist Fundraising in Kliniken üblich, oder ist das eine ganz neue Entwicklung?

Nein, beides nicht: Es ist weder neu, noch ist es üblich. Es gibt Fundraising schon seit Jahren in Deutschland, in anderen Ländern und den USA sowieso. Es existieren viele Unternehmen oder Agenturen, die beratend tätig sind. Die Einrichtung einer Stabstelle Fundraising, häufig in der Kombination mit Unternehmenskommunikation, ist eher selten.

Wie wird man im Fundraising tätig?

Als Fundraiserin wird man im Prinzip entweder angeworben oder bewirbt sich gezielt auf eine Stelle, bei der es um ein bestimmtes Projekt geht – wie in meinem Fall z. B. das Kinderpalliativzentrum Datteln. Hat man einmal mit der Arbeit am Projekt begonnen und baut sozusagen ein Leuchtturmprojekt auf, entwickeln sich im Zuge der Arbeit ganz viele kleinere Projekte. So fragen vielleicht KollegInnen an, wie ggf. Neuanschaffungen für die Station außerhalb des Budgets finanziert

3 Fundraising Akademie (Hrsg.) (2008) Fundraising. Handbuch für Grundlagen, Strategien und Methoden. Springer Gabler, Heidelberg

werden könnten. Oder wie Personalkosten für Klinikclowns, Musiktherapie oder dergleichen zusätzlich finanziert werden können. Solche Dinge sind nur teilweise oder gar nicht mit den Kostenträgern abzurechnen. Sie sind jedoch therapeutisch mehr als sinnvoll. Das nimmt man dann als Anregung mit. In Gesprächen mit SpenderInnen, in denen es um das eigentliche Leuchtturmprojekt geht, ergeben sich dann häufig Kontakte oder die Möglichkeit, so ein kleines Projekt noch mitzufinanzieren.

Gehen Sie beim Fundraising strategisch vor?

Der erste Schritt ist die interne Kommunikation: Fundraising ist den meisten Menschen kein Begriff. Leider gibt es auch keine adäquate deutsche Übersetzung für den Begriff des Fundraising – Spendensammeln trifft es nämlich nicht. Insofern muss zuerst intern allen klarwerden, worum es geht und weswegen jemand für Fundraising-Zwecke eingestellt wird, obwohl gleichzeitig in der Pflege gekürzt wird, und was dessen Aufgabe konkret umfasst. Es muss für die KollegInnen aus der Pflege oder aus dem ärztlichen Bereich nachvollziehbar sein, dass es vor allem um sie geht und dass Fundraising auch zusätzliche Personalkosten übernehmen kann.

Vieles läuft dann parallel an. Es gilt zu schauen, wer die wichtigsten Akteure in der Stadt sind. Wer sind die großen oder mittleren Unternehmen? Und man muss sich darüber hinaus mit der Presse in Verbindung setzen, um hier um Unterstützung zu werben. Ohne die Presse ist Fundraising schlicht nicht möglich. Zur Strategie der Öffentlichkeitsarbeit gehört auch, Veranstaltungen so zu initiieren, dass keine zusätzlichen Kosten entstehen und diese vollständig gesponsert werden.

Können Sie dafür Beispiele nennen?

Das habe ich zum Beispiel in Datteln gemacht und mit einer derartigen Veranstaltung über 1 Million € in Spenden für das Kinderpalliativzentrum eingenommen. Wir haben beim Spendenmarathon von RTL teilgenommen. Ich habe den damaligen Bürgermeister gefragt, ob wir ins Rathaus dürfen, damit wir die Sendung live am Bildschirm verfolgen können. Dorthin wurden dann alle SpenderInnen eingeladen. Ich habe die großen AkteurInnen eingeladen, aber auch die ganz kleinen SpenderInnen. Von der Tischdekoration über das Essen und die Getränke bis zu dem Blumenschmuck ist alles gesponsert worden. Und wir haben an dem Abend noch 10.000 Euro einnehmen können. Es war viel Presse da und Unternehmen überreichen den Scheck gerne bei einem Event und nicht an einem gesonderten Termin. Alle waren ganz glücklich. Die Modellgruppe der örtlichen Feuerwehr hat das Kinderpalliativzentrum nachgebaut und war in vollem Ornat dabei. Es war ein großer Erfolg und wir haben SpenderInnen binden können. Das ist wichtig, denn schwieriger als die Akquise von Mitteln ist aus meiner Sicht das Halten von SpenderInnen, die Nachhaltigkeit des Fundraisings. Eine zweite herausragende Benefizveranstaltung ist mit Jürgen Klopp, dem Trainer des BVB, im Rathaus Dortmund über die Bühne gegangen. Mit Hilfe des Oberbürgermeisters, des Trainers, des BVB-Marketing-Teams, der BVB Lecuhte-auf-Stiftung sowie vielen internen und externen ehrenamtlichen HelferInnen konnte auch über diese komplett gesponserte Veranstaltung 140.000 Euro an Spenden generiert werden.

Sind Sie oft mit dem Einwand konfrontiert: Das sollte doch der Staat machen?

Es kommt sehr selten vor. Ich sage dann: Wir könnten jetzt lange politisch argumentieren und Briefe schreiben. Aber das ist nicht mein Geschäft. Wir können versuchen, etwas absolut Notwendiges, Sinnvolles, Einmaliges über Spenden auf die Beine zu stellen: Das Kinderpalliativzentrum. Es geht um Kinder, denen wir jetzt helfen können. Sollen wir da warten, bis die Politik sich irgendwann dazu durchringen kann, etwas zu fördern, wenn wir schon jetzt mit Spenden ein Beispiel setzen können?

Möglicherweise kann das auch einen positiven Einfluss auf den politischen Diskurs haben. Es ist eben häufig die Frage: Nimmt man es selbst in die Hand und macht was, um bestimmte Dinge zu ändern, oder wartet man politische Entscheidungen ab. Es geht letzten Endes immer darum, dass Menschen einen Sinn suchen und wissen wollen, wofür sie gearbeitet haben. Ebenso verfahren wir aktuell in Dortmund. Das europaweit einmalige Kinder-MRT, das Angst und Stress nimmt und vielen Kindern und Jugendlichen tiefe Sedierungen oder Narkosen ersparen kann, ist ein fantastisches Projekt, das alle Mühe wert ist. Hierfür konnten wir in 1 Jahr und 3 Monaten Kampagnenlaufzeit 1.8 Mio Euro Spenden – die volle Finanzierung – einwerben und die Kampagne beenden.

Jede einzelne Spenderin und jeder einzelne Spender ist glücklich, zu so einem Projekt beitragen zu dürfen und damit Kindern eine Lobby zu verschaffen, die sie leider ansonsten in unserer Gesellschaft nicht wirklich haben – auch wenn viel darüber geredet wird.

Gibt es im Gesundheitswesen einfache und schwere Bereiche für Fundraising?

Es gibt sicherlich Bereiche, in denen es einfach ist, Fundraising zu betreiben – Kinder sind solche. Letztendlich kann man jedoch für jedes sinnvolle Projekt Spenden generieren: Ein Projekt muss seriös sein. Ich habe neben dem Leuchtturmprojekt Kinderpalliativzentrum in Datteln ein medizinisches Großgerät für die Urologie über Spenden finanzieren können. Von Urologie will eigentlich keiner etwas wissen. Ich habe mich mit männlichen potenziellen Spendern auch über Prostatakarzinome unterhalten. Wir haben für dieses Gerät die benötigten 85.000 Euro bekommen. Ich bin überzeugt, dass es letztendlich an der Person liegt, die die Spenden einwirbt. So nehmen FundraiserInnen, die zu einem anderen Arbeitgeber wechseln, häufig Spender mit, ohne diese darum gebeten zu haben – wobei das ja auch unseriös wäre. Das bedeutet für mich, dass das Vertrauen seitens der SpenderInnen zu der Person, die das Fundraising betreibt, auschlaggebend ist – und das kann in jedem Bereich vorkommen. Insofern glaube ich nicht, dass es in der Gesundheit anders zugeht als in anderen Bereichen.

Gibt es es eine starke Konkurrenz auf dem Spenden- oder Fundraising-Markt?

Ja natürlich. Auch wir stehen in einer Konkurrenzsituation zueinander, wobei es zwischen den professionellen FundraiserInnen einen sehr guten Austausch gibt. Wir tauschen uns über Strategien und dergleichen aus. Außerdem ist meiner Ansicht nach der Spendenmarkt in Deutschland überhaupt nicht ausgeschöpft. Es fehlt hier die angemessene Ansprache. Ich glaube, dass viele SpenderInnen noch in den Startlöchern stehen.

Gibt es hierfür bestimmte Rezepte?

Das kann ich so genau nicht sagen. Ich mache nie oder nur ganz selten eine sogenannte Kaltakquise. Es geht nach dem Prinzip „Gute Leute kennen gute Leute". Wenn ein „Türöffner" empfiehlt: „Unterhalten Sie sich doch mal mit Frau Dr. Klein, da gibt es ein spannendes Projekt", ist das für mich die beste Möglichkeit, Gehör zu finden. Sicherlich recherchiere ich vor einem Gespräch im Internet. Ansonsten kommt es im Gespräch auf die Intuition an. Wenn zum Beispiel zum Vorstandsmitglied im Netz steht, dass er BVB-Fan ist, dann erhält meine Darstellung des Projektes um so mehr Gewicht, wenn ich erwähne, dass Jürgen Klopp der Schirmherr ist.

Und wie sprechen Sie eine breitere Öffentlichkeit an?

Was man auf jeden Fall lassen sollte, ist Menschen zu bedrängen, egal ob es das einflussreiche Vorstandsmitglied oder der kleine der/die kleine PrivatspenderIn ist. Eine gute Öffentlichkeitsarbeit ist darüber hinaus wichtig. In Datteln bin ich in die Masse gegangen und auf der anderen Seite gezielt an Stiftungen und große Unternehmen herangetreten. Das heißt: Vorträge in der VHS halten, in Kindergärten, in Schulen, auf Schrebergartenfeste gehen. Vielleicht mal vor drei Leuten reden und mal vor 500 Leuten. Eine Spendenübergabe im Fahrradladen organisieren. Wir haben es in Datteln geschafft, dass wir fast jeden Tag in der Zeitung waren, und das bei bis zu sechs Zeitungen in der Region. Hierdurch haben wir 6,2 Millionen

Euro bekommen. Wir hatten drei GroßspenderInnen, die über eine Million für den Bau und die Einrichtung gaben. Nach der Fertigstellung waren diese aber auch wieder weg. Die vielen kleinen SpenderInnen finanzieren bis heute viele Dinge, die fürs Kinderpalliativzentrum benötigt werden und über die Kostenträger eben nicht finanziert werden.

Worauf man daher unbedingt achten soll: Es ist wichtig, jedem Menschen den gleichen Respekt entgegenzubringen, egal ob GroßspenderInnen oder nicht. Es sind eben nicht „nur" die Deutsche Telekom, Vodafone oder Ähnliche, sondern es sind alle SpenderInnen, die zum Erfolg beitragen. Darüber entsteht nachhaltiges Fundraising im Sinne eines stabilen Netzwerkes.

Was halten Sie von Fundraising-Agenturen?

Es gibt sehr viele Agenturen, wobei das für mich ambivalent ist: Eine Agentur kann man wunderbar beauftragen, wenn man wissen möchte, wie das Haus sich aufstellen sollte. Wie man das Ganze angehen soll. Ob das Projekt überhaupt eine Chance hat. Also sozusagen um den Masterplan zu erstellen oder eine Recherche und Marktanalyse vorzunehmen. In dem Moment allerdings, wo es ins operative Geschäft geht, würde ich nicht mehr primär mit einer Agentur zusammenarbeiten, sondern immer mit jemandem, der in der Institution verankert ist. Die Agentur kann über alle Sachkenntnis verfügen, aber sie wird nie authentisch auftreten können. Fundraising besteht m. E. aus 80 Prozent Emotion – das funktioniert nicht mit einem externen Dienstleister.

Was sollten kleine Organisationen tun, die Fundraising betreiben wollen? Was raten Sie Vereinen?

Es gibt natürlich die Möglichkeit, einen professionellen eine/n professionelle/n FundraiserIn zu einem Gespräch, oder besser zu einem Workshop einzuladen – also eine Beratungsleistung einzukaufen. Man darf aber nicht einen eine/n FundraiserIn einstellen und meinen, jetzt kommen die Millionen aufs Konto. Fundraising braucht Vertrauen, Zeit – im Aufbau mindestens ein Jahr – und bedeutet erst einmal eine Investition für das betreffende Haus. Diese Investition lohnt sich allerdings sehr. Ich würde einem kleinen Verein raten, jemanden zu engagieren, der sie konkret auf ihre Situation zugeschnitten berät. Sie könnten sich natürlich auch in Workshops setzen, die in der Republik hoch und runter gegeben werden. Das halte ich aber nicht für unbedingt zielführend. Es ist besser, ganz konkret mit den Beteiligten über den Fall zu sprechen. Dass ein kleiner Verein sich einen eine/n FundraiserIn leisten kann, ist eher illusorisch. Er muss es ehrenamtlich stemmen. Zwischendurch würde ich immer mal wieder jemanden zur Beratung holen, aber zum konkreten

Projekt. Zu „Wie macht man Fundraising?" kann man auch ein Buch lesen und besser noch – Kenntnisse für ausgewählte Bereiche – in genannten Workshops vermittelt bekommen. Das ist mir aber in der Regel zu allgemein.

Welche Literatur gibt es zu Fundraising? Wo kann man nachlesen?

Es gibt aus meiner Sicht ein Standardwerk: Das Handbuch für Grundlagen, Strategien, Instrumente, vom Fundraisingverband.[4] Da stehen die Techniken drin. Aber letztendlich ist das Wichtigste der Austausch mit KollegInnen, um zu sehen, wie es in der Praxis läuft. Es gibt zum Beispiel Regionalgruppen im Fundraisingverband, in denen wir uns austauschen können und Probleme ansprechen, wenn einzelne Projekte nicht so erfolgreich gelaufen sind. Sicherlich ist die aktuelle Literatur noch defizitär. Ich arbeite mit einem Co-Autor an einem Praxisbuch und hoffe, dass wir unser Buch im nächsten Jahr auf den Markt bringen können. Dort beschäftigen wir uns im Besonderen mit dem operativen Geschäft. Es geht also primär um die Tücken der Praxis und darum, mit welchen Herausforderungen man dort konfrontiert ist.

Wo stößt Fundraising an Grenzen?

Die größte Herausforderung sehe ich eigentlich in der internen Kommunikation und im Bereich der Geschäftsführung: Man muss die Geschäftsführung 100- bis 150-prozentig hinter sich haben. Sie muss absolut überzeugt sein vom Sinn des Fundraising. Ohne Rückendeckung kann man es nicht überzeugend nach außen transportieren. Es gibt keine bessere Werbung für ein Projekt als dass die eigenen KollegInnen außerhalb des Hauses sagen: „Das ist ein tolles Projekt und das ist notwendig". Deshalb ist interne Kommunikation für mich ein zentraler Punkt, der sehr wichtig und ernst zu nehmen ist. Ein weiterer wichtiger Punkt ist: Wenn man einmal ein Netzwerk aufgebaut hat, muss es gepflegt werden. Wenn FundraiserInnen ihre Posten verlassen, passiert es manchmal, dass die Stelle nicht nachbesetzt wird, weil man meint, dass ja jetzt alles ganz gut läuft. So einfach ist es allerdings nicht. In dem Moment, in dem man Kontakte nicht mehr pflegt und SpenderInnen keine Wertschätzung mehr entgegenbringt, brechen die Spenden zum Teil dramatisch ein.

Interview: Thorsten Hallmann

4 Fundraising Akademie (Hrsg.) (2008) Fundraising. Handbuch für Grundlagen, Strategien und Methoden. Springer Gabler, Heidelberg

Das Projekt *TigerKids*

Ein Erfolgsbeispiel für sektorübergreifende Kooperation zur Gesundheitsprävention

Hildegard Debertin[1]

Abstract

Die „Stiftung Kindergesundheit" greift mit Projekten zur Gesundheitsprävention soziale Bedürfnisse und Problemlagen auf und entwickelt Programme, die einfach umzusetzen sind und der Gesamtgesellschaft zugutekommen. Am Beispiel eines Programms zur Gesundheitsbildung in Kindertagesstätten wird gezeigt, wie aus einem Pilotprojekt der Stiftung dank der Kooperation vieler UnterstützerInnen und Förderer aus Wirtschaft und Politik ein nachhaltiges Programm wurde, das deutschlandweit den Kampf gegen Übergewicht und Bewegungsmangel aufgenommen hat.

Keywords

Stiftung Kindergesundheit • Projekt *TigerKids* • Gesundheitsprävention im Kindesalter • Projektfinanzierung

Stiftungen übernehmen gesellschaftliche Aufgaben, agieren als zuverlässige Projektträger und Ideengeber und sind für viele öffentliche Belange, unabhängig vom Staat, finanzielle Stützen. Sie zählen gemäß den Ergebnissen der Deutschlandstudie des Johns Hopkins Projektes zu den expandierenden Bereichen der Zivilgesellschaft, und zwar nicht nur zahlenmäßig, sondern auch hinsichtlich ihres Beschäftigungspotentials – wenn auch gesamt-ökonomisch gesehen Stiftungen im

1 Stiftung Kindergesundheit, München, info@kindergesundheit.de

Feld zivilgesellschaftlicher Organisationen eine eher untergeordnete Rolle spielen (vgl. Zimmer 2005, S. 4).

Stifterpersönlichkeiten sind IndividualistInnen, die Visionen haben und verantwortungsvoll Interessenvertretung übernehmen, sei es im gesamtgesellschaftlichen Sinn oder entsprechend des Stiftungszwecks zielgruppenorientiert. Das soziale Engagement von Stifterpersönlichkeiten ist vor dem Hintergrund zu sehen, dass im Zeitalter eines scharfen globalen Wettbewerbs zur Bewältigung der Herausforderungen, die jenseits von Marktwirtschaft und Gewinnmaximierung liegen, die Problemlösungskapazität des Staates und die von mitgliedschaftlichen Großorganisationen, wie z. B. Kirchen oder Gewerkschaften, den notwendigen Anforderungen nicht mehr genügt.

Die in diesem Kapitel vorgestellte Stiftung Kindergesundheit greift mit Präventionsprojekten soziale Problemlagen auf und schafft die Basis für Programme, die einfach umsetzbar sind und der Gesamtgesellschaft zugutekommen. Am Beispiel eines Programms zur Gesundheitsbildung in Kindertagesstätten wird beschrieben, wie aus einem Pilotprojekt mit vielen UnterstützerInnen und Förderern ein Programm wurde, das deutschlandweit in vielen Kindergärten anzutreffen ist.

1 Die Stiftung Kindergesundheit

Die Stiftung Kindergesundheit,[2] wurde von einem Kinder- und Jugendarzt gegründet, dessen „einfaches“ Anliegen es war, Kindern unnötige Aufenthalte im Krankenhaus zu ersparen. Jahrelange Erfahrungen in der Kinderheilkunde zeigen, dass zu wenig Wissen über die Vorbeugung von kindlichen Erkrankungen vorhanden ist und zu wenig getan wird, um Präventionsmaßnahmen wissenschaftlich zu entwickeln und praxisnah umzusetzen. Nach dem Willen des Stifters sollte die Prävention von kindlichen Erkrankungen einen eigenen, bedeutenderen Stellenwert erhalten. Die Stiftung hat es sich zur Aufgabe gemacht, die pädiatrische Prävention in den Fokus der Öffentlichkeit zu rücken. Die Stiftung Kindergesundheit besteht seit mehr als 15 Jahren. Sie ist eine rechtsfähige öffentliche Stiftung des bürgerlichen Rechts mit Sitz in München und ist eng verbunden mit dem Dr. von Haunerschen Kinderspital der Ludwig-Maximilians-Universität München. Die Stiftung Kindergesundheit zählt zu den kleineren Stiftungen.

2 www.kindergesundheit.de

1.1 Mission und Praxis: Ziele und Aktivitäten der Stiftung

Aus medizinischer Sicht können viele Erkrankungen bei Kindern vermieden werden, wenn Kinder von Anfang an, schon vor ihrer Geburt, gesund ernährt werden und ihre Umgebung ihnen bestmögliche Entwicklungschancen bietet. Insofern hält die Stiftungssatzung als Zielsetzung fest, durch Aufklärung, Ursachenforschung und Förderung von wissenschaftlich begleiteten Präventionsprojekten allen Kindern eine Chance zu geben, körperlich und seelisch gesund aufzuwachsen:

> „Der Stiftungszweck wird insbesondere durch folgende Maßnahmen verwirklicht:
> - finanzielle und ideelle Förderung der wissenschaftlichen Forschung sowie der Aus-, Fort- und Weiterbildung auf dem Gebiet der Kinderheilkunde und Jugendmedizin, insbesondere auch der pädiatrischen Prävention und der pädiatrischen Ernährungsmedizin. […]"
> - „Förderung der nationalen und internationalen Zusammenarbeit und des Austausches von Ärzten, Wissenschaftlern und anderen Personen, die sich durch ihre Tätigkeiten zugunsten der Gesundheit von Kindern und Jugendlichen engagieren, […]"
> - die Information der Öffentlichkeit zu Fragen, welche die Gesundheit von Kindern und Jugendlichen betreffen […]"[3]

Die Stiftung Kindergesundheit verfolgt damit ausschließlich und unmittelbar gemeinnützige Zwecke. Sie finanziert sich in erster Linie durch Fördermittel, Zuwendungen und Spenden. Die Haupttätigkeitsfelder für Projekte und Initiativen beziehen sich auf folgende, gesundheitspräventive Bereiche:

- Prävention und Behandlung von Erkrankungen bei Kindern
- Allergieprävention
- Ursachensuche und Vorbeugung von Fehl- und Überernährung
- Schutz vor Infektionen
- Schutz vor angeborenen Fehlbildungen
- Gesundheitsförderung in Kinderkrippen, Kindertagesstätten und Schulen

Hauptnutznießer der Stiftungsarbeit sind Kinder und deren Familien. Beispiele für aktuelle Präventionsprojekte sind

- *TigerKids – Kindergarten aktiv:* Ein bundesweites Projekt für mehr Bewegung und gesunde Ernährung in Kindertagesstätten.

---

3 Satzung der Stiftung Kindergesundheit

- *Curriculum zur Gesundheitsförderung in der Kinderbetreuung für Kinder unter 3 Jahren:* Ein Projekt zur Erstellung von Aus- und Weiterbildungsmodulen für ErzieherInnen und Tagespflegepersonen auf der Basis multidisziplinär erstellter Leitlinien und Empfehlungen zur Gesundheitsprävention in der Tagesbetreuung, im Auftrag des Bundesministerium für Familien, Senioren, Frauen und Jugend, BMFSFJ.
- Die Rakuns – *Das gesunde Klassenzimmer:* Ein Praxisprojekt mit internetgestütztem, handlungsorientiertem Lehr- und Lernangebot für LehrerInnen, SchülerInnen und Eltern zu Fragen und Inhalten der eigenen Gesundheit und einem guten Selbst- und Körperbewusstsein.

Damit solche Präventionsprojekte durchgeführt werden können, ist die Stiftung auf eine Kombination von Spenden, Zuwendungen und Förderung durch Politik und Gesellschaft, Wissenschaft und Industrie, Krankenkassen und andere NPOs angewiesen. Dabei ist Transparenz wichtig, um glaubhaft zu sein und das nötige Vertrauen in die Arbeit zu sichern. Die Themen der Stiftung sind gesundheitspolitisch bedeutend. In vielen Fällen können finanzielle Mittel von Landes- oder Bundesregierungen über Projektanträge akquiriert werden. Hierbei sind vorgegebene Förderkriterien zu erfüllen und regelmäßige Mittelverwendungsberichte über die getätigten Ausgaben zu erstellen.

Alle Projekte und Initiativen der Stiftung sind wissenschaftlich basiert. Kontinuierlich wird evaluiert, ob die Maßnahmen wirklich effektiv und erfolgreich sind. Untersuchungsergebnisse werden der Fachpresse und der allgemeinen Öffentlichkeit auf Pressekonferenzen vorgestellt.

Mit der Verleihung des Meinhard von Pfaundler[4]-Präventionspreises für besondere Leistungen im Bereich der medizinischen Prävention von Erkrankungen im Kindesalter ehrt die Stiftung einmal pro Jahr die Arbeit engagierter WissenschaftlerInnen und andere Akteure, die sich für Prävention und Kindergesundheit einsetzen.

1.2 Die Organisationsstruktur der Stiftung Kindergesundheit

4 Meinhard von Pfaundler (1872-1947) war ein österreichisch-deutscher Kinderarzt, der wesentliche Beiträge zur Fortentwicklung der Kinderheilkunde leistete und sich hauptsächlich mit angeborenen Stoffwechselerkrankungen, Infektionskrankheiten und Ursachen und Symptomatik des Hospitalismus beschäftigte.

Die Organe der Stiftung bestehen aus dem Stiftungsvorstand und dem Kuratorium. Der Stiftungsvorstand besteht aus zwei Vorsitzenden. Beide werden vom Kuratorium gewählt. Zu den Aufgaben des Stiftungsvorstandes gehören die geschäftsführende Verwaltung des Stiftungsvermögens und die „Planung und Durchführung von Maßnahmen zur Förderung und die Erfüllung des Stiftungszweckes".[5] Das Kuratorium mit derzeit sieben ehrenamtlichen Mitgliedern unterstützt den Vorstand u. a. „bei der Erfüllung des Stiftungszweckes" und der „Beratung der Fördermaßnahmen".[6] Ferner steht ein „Wissenschaftlicher Beitrat" von sechs ehrenamtlich tätigen Mitgliedern der Stiftung beratend zur Seite. Unterstützt wird die gesamte Arbeit der Stiftung durch den Verein „Freundeskreis der Stiftung Kindergesundheit e. V.", der die Stiftung hinsichtlich ihrer Öffentlichkeitsarbeit und der Beschaffung von Spendenmitteln unterstützt. Gemäß dieser Zielsetzung werden vom Freundeskreis Informations- und Benefizveranstaltungen durchgeführt. Die Erträge kommen den Projekten der Stiftung zugute. (vgl. Abb. 1).

Dem Ehrenamt kommt in der Stiftung eine große Bedeutung zu. Die Mitglieder des Stiftungsvorstands, das Kuratorium, der Vorstand des Freundeskreises sowie der Wissenschaftliche Beirat arbeiten ehrenamtlich und repräsentieren bzw. unterstützen so die Stiftung. SpenderInnen, Sponsoren und Förderer, projektbezogene KooperationspartnerInnen und MitarbeiterInnen sorgen für die Machbarkeit und Umsetzung praxisorientierter Präventionsprojekte.

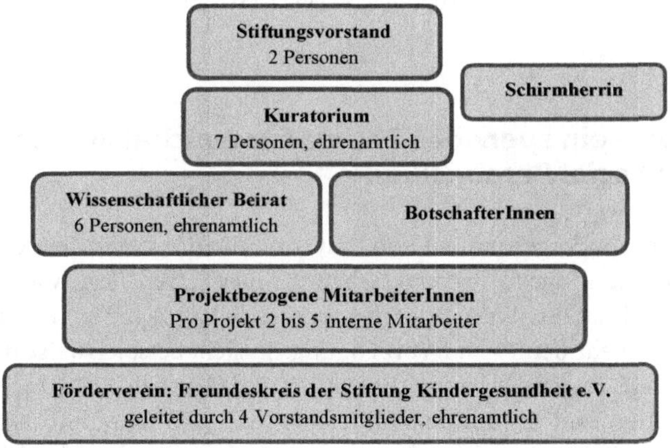

Abb. 1 Organigramm der Stiftung Kindergesundheit. Eigene Darstellung

5 vgl. Satzung der Stiftung Kindergesundheit

6 vgl. Satzung der Stiftung Kindergesundheit

Darüber hinaus trägt ein breit gefächertes Spektrum von Personen und Organisationen zum Erfolg der Stiftungsarbeit bei: Neben VertreterInnen der Stiftung engagieren sich Privatpersonen, WissenschaftlerInnen, private und öffentliche Unternehmen sowie MedienvertreterInnen. Bekannte Personen des öffentlichen Lebens werben als „BotschafterInnen" für die Ziele der Stiftung. Zu den Förderern gehört z. B. eine große Werbeagentur, die pro bono die Presse- und Öffentlichkeitsarbeit unterstützt und so den finanziellen Aufwand der Stiftung begrenzt hält.

- Kinder und Familien, Öffentlichkeit: Profitieren von den Ergebnissen der Forschungsförderung und der Projekte.
- Sponsoren, Förderer und SpenderInnen: Ermöglichen die Umsetzung der Projekte.
- KooperationspartnerInnen für Projekte: Erarbeiten gemeinsam mit der Stiftung Inhalte und Themen der Projekte.
- Stiftungsaufsicht: Wacht über die Arbeit der Stiftung.
- Stiftungsverbund, regional: Ermöglicht eine Vernetzung und einen regelmäßigen Austausch
- Presse, Medien: Dienen dazu, die Ergebnisse der wissenschaftlichen Untersuchungen und Evaluationen zu veröffentlichen und über die Pro-jekte zu berichten.

Abb. 2 Stakeholder der Stiftung Kindergesundheit. Eigene Darstellung

2 Prävention – ein sperriges Thema für Fundraising und *Corporate Social Responsibility*

Das Thema der Stiftung Kindergesundheit, die Prävention in der kindlichen Gesundheit zu fördern und damit auch Forschungsarbeit zu unterstützen, liegt zwar im Zeitgeist, ist aber mit Blick auf die allgemeine Spendenbereitschaft „sperrig". Politik und Gesellschaft setzen mehr denn je auf Vorbeugung. So stellt beispielsweise die Gesundheitsinitiative des Staatsministeriums für Umwelt und Gesundheit: „Gesund. Leben.Bayern" Prävention und Gesundheitsförderung in den Mittelpunkt ihrer Aktivität. Sowohl aus medizinischer als auch aus gesellschaftspolitischer Hinsicht ist Prävention ein wichtiges und zu förderndes Thema. Vor diesem Hintergrund gewinnt auch für Wirtschaftsunternehmen die Prävention von Erkrankungen an Bedeutung und lässt sich mit eigenen Interessen, einer Corporate Governance und einer firmeneigenen Nachhaltigkeitspolitik verbinden. Auch der Staat beteiligt sich an Präventionsmaßnahmen durch die Förderung einzelner Projekte. Ein Beispiel ist „IN FORM – Deutschlands Initiative für gesunde Ernährung und mehr Bewegung", gefördert durch das Bundesministerium für Ernährung und Landwirtschaft und das Bundesministerium für Gesundheit (http://www.in-form.de/).

Bezug genommen wird hierbei auf das Konzept der „Salutogenese" von Aaron Antonovsky, das bei den Ursprüngen von Krankheit ansetzt. In den Fokus rücken die Bedingungen von Gesundheit und positiver Entwicklung (Salutogenese) anstatt den Blick ausschließlich auf die Pathogenese, die Krankheitsentwicklung zu richten.

Dieser Perspektivenwechsel eröffnet die Chance, anstelle von Defiziten Kompetenzen und Stärken in den Vordergrund zu rücken, ohne Risiken zu ignorieren. Auch die Weltgesundheitsorganisation (WHO) definiert Gesundheit als einen Zustand „physischen, geistigen und sozialen Wohlbefindens, der sich nicht nur durch die Abwesenheit von Krankheit oder Behinderung auszeichnet".

Hier setzt die Stiftung mit dem Thema Prävention an. Allerdings ist die Spendenbereitschaft für diese Themen eher gering, während beispielsweise Opfer von Naturkatastrophen oder sichtbar kranke Menschen oftmals eine Flut von Spenden auslösen. Dass Forschungsergebnisse und der Austausch von WissenschaftlerInnen auf nationalen oder internationalen Workshops nachhaltig zur Sicherung von Gesundheit beitragen, ist gut begründet. Doch für gesundheitsbezogene „Basisarbeit" Spenden zu generieren, ist weitaus schwieriger. Daher setzt die Stiftung für die Verwirklichung ihrer (Satzungs-)Ziele auf Kooperation mit und Förderung durch Firmen, die einen Bezug zum Thema Kindergesundheit haben.

Im Rahmen von Corporate Social Responsibility (CSR) werden an der Schnittstelle von sozialem und wirtschaftlichem Sektor Förderer gesucht und gefunden, die die Bedeutung präventiver Arbeit im Gesundheitswesen anerkennen.

3 *TigerKids – Kindergarten aktiv* – ein Präventionsprojekt

Das Projekt *TigerKids – Kindergarten aktiv*[7] entstand aus der Motivation heraus, möglichst früh den Präventionsansatz in der Praxis umzusetzen. Dies soll mit wirkungsvollen, spielerischen und von pädagogischen Fachkräften leicht in den Alltag integrierbaren Maßnahmen im Dienste von gesunder Ernährung und mehr Bewegung erfolgen. Die Projektziele lassen sich wie folgt zusammenfassen:

7 http://www.tigerkids.de

- Verhaltensänderung der ganz Kleinen, um ein gesundes, aktives Erwachsenwerden zu ermöglichen
- Förderung regelmäßiger Bewegung und Entspannung zur Steigerung der Lebensfreude
- Auswahl gesundheitsfördernder Speisen und Getränke
- Handlungsorientiertes Erleben und Einüben eines gesunden Lebensstils

Die Chancen, das Bewegungs- und Ernährungsverhalten in dieser Altersstufe erfolgreich zu beeinflussen, sind besonders groß. Gesunde Ernährung, viel Bewegung und Entspannung sind wichtige Bestandteile einer gesunden, kindlichen Entwicklung.

Prävention ist lebensentscheidend. Zu den größten Risikofaktoren für langfristige Erkrankungen zählen schon im Kindesalter Übergewicht und Fettleibigkeit (Adipositas). Beides sind gesamtgesellschaftliche Probleme und können zu schweren Krankheiten wie Diabetes, Herz-Kreislaufkrankheiten, Erkrankungen des Bewegungsapparates sowie mannigfaltigen psychischen Beeinträchtigungen führen.

Im Rahmen ihrer Präventionsarbeit hat sich die Stiftung Kindergesundheit u. a. zum Ziel gesetzt, bereits im Kindergartenalter dem Anstieg von Übergewicht und Fettleibigkeit entgegenzuwirken.

3.1 Das Problem: Schwergewichtige Kinder und Jugendliche

Nach einer Untersuchung des Robert-Koch-Instituts zum Gesundheitszustand von Kindern und Jugendlichen[8] gelten 15 Prozent der Kinder im Alter von 3-17 Jahren als übergewichtig, 6,3 Prozent sogar als adipös (krankhaft fettleibig).[9] Die Adipositas bei Kindern ist nicht nur sehr weit verbreitet, sondern weist auch noch eine hohe Kontinuität bis ins Erwachsenenalter auf. Die birgt die Gefahr von Folgeerkrankungen. Mit zunehmendem Alter der Betroffenen werden die psychosozialen Folgen schwerwiegender. Verhaltensmuster, die als relevant bei der Entstehung und Persistenz der Adipositas diskutiert werden, verfestigen sich und lassen sich nur schwer korrigieren.

Adipös zu sein verkürzt die Lebenserwartung. Die Ursachen erhöhter Mortalität sind vor allem kardiovaskuläre Erkrankungen wie Herzinfarkt und Schlaganfall sowie Diabetes Typ II. Das Morbiditätsrisiko kindlicher Adipositas führt zu

8 Kinder- und Jugendgesundheitssurvey, KiGGS aus dem Jahre 2006/07

9 Robert-Koch-Institut, „Erste Ergebnisse der KiGGS Studie zur Gesundheit von Kindern und Jugendlichen in Deutschland", http://www.rki.de/DE/Content/Gesundheitsmonitoring/Studien/ Kiggs/kiggs_node.html

Fettstoffwechsel- und Wachstumsstörungen sowie orthopädischen Problemen. Insofern stellt sich die Frage nach einer geeigneten Adipositasprävention, wobei davon auszugehen ist: Je früher eine wirkungsvolle verhaltensorientierte Prävention beginnt, desto nachhaltiger ist der Einfluss auf den kindlichen Lebensstil. Präventivmaßnahmen in den Bereichen Ernährung und Bewegung zielen letztlich auf eine ausgeglichene bzw. bei bereits bestehendem Übergewicht negative Energiebilanz. Die beiden Ansatzpunkte sind die Steigerung der körperlichen Aktivität und die Ernährungsmodifikation in kleinen, schon für Kinder realisierbaren Schritten. Die Kinder sollen einen Lebensstil mit aktiver Freizeitgestaltung und positivem Körperbewusstsein einüben. Das gelingt nur durch eine Änderung auch der engeren sozialen Umgebung des Kindes. Zur Ernährungsmodifikation sind Aspekte wie Reduktion des Fettkonsums, Gewöhnung an natürlich fettarme, nährstoffreiche Produkte und Wiedereinführung einer Tischkultur mit selbst zubereiteten Speisen an einem ansprechend gestalteten Esstisch relevant. Darüber hinaus muss ein Programm zur Adipositasprävention langfristig angelegt sein, um nachhaltige Erfolge zu erzielen. Aus diesen Gründen eignet sich die Kindergartenzeit am besten, da auch die Eltern in dieser Zeitspanne noch erreichbar und zu motivieren sind.

3.2 Die Projektbausteine

TigerKids – Kindergarten aktiv besteht aus drei Säulen:

- Programme für Kinder: Spielerische Vermittlung von gesundem Essen und Trinken und Spaß an der Bewegung
- Schulungen für das Kindergartenteam: Workshops und informelle Unterstützung im Internet
- Informationen für Eltern: Elternbriefe und Informationsabende über das Kindergartenprogramm und eine aktive Unterstützung der Familie.

Um zu überprüfen, ob die mit PädagogInnen, Ernährungs- und SportwissenschaftlerInnen konzipierten Programme effektiv und praktikabel sind, wurde das Projekt in einer Pilotphase evaluiert – Tigerkids-Kindergärten wurden mit anderen Kindergärten verglichen.

Für die Stiftung Kindergesundheit sind Evaluationen Voraussetzungen für wissenschaftlich basierte Programme. Für das Projekt *Tiger Kids – Kindergarten aktiv* steht fest: Die Kombination von Bewegung, Entspannung und regelmäßigem Verzehr energiearmer Getränke, Obst und Gemüse im Setting KiTa, aber auch im häuslichen Umfeld, kann einen wichtigen Beitrag zu einer wirksamen Gesundheitsförderung und Übergewichtsprävention in früher Kindheit leisten.

Die Überprüfung der im Kindergarten eingesetzten Elemente für eine gesunde Ernährung, mehr Bewegung und Entspannung im Rahmen des Projekts „Tigerkids – Kindergarten aktiv" hat ergeben, dass sich die teilnehmenden Kinder mehr als eine Stunde täglich mit Freude bewegten, bewusst Momente der Entspannung erlebten, regelmäßig frisches Obst und Gemüse verzehrten, bevorzugt Wasser und andere energiefreie Getränke konsumierten und ein gesundes Frühstück in die KiTa mitbrachten.[10] Damit waren die Voraussetzungen für eine großräumige Einführung in Kindergärten gegeben. Dies ist mit weiteren Partnern und der finanziellen, personellen und strukturellen Unterstützung einer großen Krankenkasse gelungen.

3.3 Implementierung und Verbreitung des Projekts

Im Rahmen einer Gesamtstrategie sind breitenwirksame Programme zur Gesundheitsförderung und Prävention von Adipositas durch zielgruppenspezifische Setting-Ansätze im Vorschul- und Schulalter zu fördern und umzusetzen. Kinder und Jugendliche können so in verschiedenen Altersstufen und Lebensbereichen zu einer gesundheitserhaltenden Ernährungs- und Bewegungskultur hingeführt werden. In diese Initiative wurde auch das Projekt *Tiger Kids – Kindergarten aktiv* aufgenommen.

Nach erfolgreicher Entwicklung und Evaluation von *Tiger Kids* galt es nun, das Projekt mit Hilfe weiterer KooperationspartnerInnen und FörderInnen bundesweit zu implementieren und auf eine sichere finanzielle Basis zu stellen. Hierbei ist eine detaillierte Projekt- und Budgetplanung die Grundvoraussetzung, um MitarbeiterInnen, interdisziplinäre ExpertInnen und Förderer für die Idee zu begeistern. Im Fall von *Tiger Kids* konnten starke Kooperationspartner wie das Bayerische Staatsinstitut für Frühpädagogik, das Institut für Soziale Pädiatrie und Jugendmedizin der Ludwig-Maximilians-Universität, das Forschungszentrum für den Schulsport und den Sport von Kindern und Jugendlichen der Universität Karlsruhe sowie das Bayerische Landesamt für Gesundheit und Lebensmittelsicherheit gewonnen werden.

Tiger Kids – Kindergarten aktiv ist mittlerweile das mit Abstand größte bundesweite Präventionsprojekt im KiTa-Bereich, das sich für die Gesundheitsförderung von Kindern einsetzt. Mehr als 5.500 Einrichtungen mit ca. 300.000 Familien nehmen derzeit (Stand 2014) daran teil. Zur Betreuung der Kinder und ihrer Familien engagieren sich mehr als 20.000 geschulte ErzieherInnen. Die Aufgabe der Stiftung

10 http://www.clinicalnutritionjournal.com/article/S0261-5614(09)00003-X/abstract

Kindergesundheit ist es, *Tiger Kids* bundesweit in Kindergärten einzuführen und auf eine dauerhafte finanzielle Basis zu stellen. Hierzu sind Partner notwendig, die über die Strukturen verfügen, um aus einem regionalen Pilotprojekt ein bundesweit anwendbares Programm zu machen. *Tiger Kids – Kindergarten aktiv* ist ein öffentlichkeitswirksames Projekt, das UnterstützerInnen braucht, die unter Einhaltung der für eine gemeinnützige Stiftung wichtigen steuerlichen und rechtlichen Aspekte gleichzeitig Marketing- bzw. Vertriebspartner sein können.

Durch persönliche Gespräche konnte mit der „AOK – Die Gesundheitskasse" für die ersten Jahre eine kompetente Partnerin gefunden werden: Die AOK betreut etwa 24 Millionen Menschen, fast ein Drittel der Bevölkerung, und verfügt über ca. 53.900 MitarbeiterInnen in ca. 1.250 Geschäftsstellen. Mit rund 35 Prozent Marktanteil ist die AOK die größte gesetzliche Krankenversicherung in Deutschland. Die AOK hat ein umfassendes Gesundheitsmanagement etabliert und setzt verstärkt auf die Prävention von Erkrankungen. Gleichzeitig bot sich der AOK-Verlag für die Erstellung von Materialien für Kindergärten an.

Für die Krankenkasse überzeugend war der Präventionsansatz im Umfeld Kindergarten und die damit verbundene Einbeziehung der Familien. Mit den Präventionsfachkräften der AOK gelang es, „MultiplikatorInnenschulungen" in ganz Deutschland zu organisieren. Außerdem konnte die damalige Bundesfamilienministerin Ursula von der Leyen als Schirmherrin gewonnen werden.

TigerKids erfährt sowohl national als auch international große Anerkennung. So wurde das Präventionsprojekt im Weißbuch „Ernährung und Gesundheit" der Europäischen Kommission als eines von zwei europäischen Modellprojekten für die Übergewichtsprävention herausgestellt. In dem von der europäischen Kommission im 7. Forschungsrahmenprogramm geförderten, multizentrischen Forschungsprojekt ToyBox dient das *Tiger Kids*-Programm als Modell für die weitere Entwicklung von Präventionsmaßnahmen im Setting Vorschule in sechs europäischen Ländern. Auf nationaler Ebene wurde *Tiger Kids* mit dem Logo „Unterstützt die Ziele von INFORM" des „Nationalen Aktionsplans für gesunde Ernährung und mehr Bewegung" sowie dem Gütesiegel des „Nationalen Aktionsforum Diabetes mellitus" ausgezeichnet.

4 Fazit

Corporate Social Responsibility (CSR) ist für Nonprofit-Organisationen (NPO) und Wirtschaftsunternehmen von großer Bedeutung. Auf der einen Seite steht der finanzielle Bedarf für ideelle Projekte und Vorhaben von NPOs, auf der anderen Seite eine Unternehmenskultur der Nachhaltigkeit und der Verantwortung gegenüber der Gesellschaft. Da größere Unternehmen ihr Firmenimage durch soziales Engagement aufwerten, konnte die Stiftung Kindergesundheit satzungszielkonforme Projekte, wie das hier dargestellte Projekt *Tiger Kids – Kindergarten aktiv* umsetzen. Ohne die finanzielle und personelle Unterstützung von Firmen wäre dies nicht möglich gewesen.

Die Diskussion über die Rolle der Unternehmen in unserer Gesellschaft wird in den letzten Jahren, nicht zuletzt vor dem Hintergrund der weltweiten Finanzkrise, immer lauter. Die starken Veränderungen, denen unsere Soziale Marktwirtschaft durch die wirtschaftliche Globalisierung ausgesetzt ist, haben das gesamte System der staatlich garantierten sozialen Sicherung auf den Prüfstand gestellt (vgl. Wiegand 2007, S. 153). Kontinuierlich an Bedeutung gewonnen hat dabei die Thematik der Corporate Social Responsibility. Während auf der einen Seite Aktivitäten von Interessensgruppen (z. B. Umweltbewegungen, foodwatch) auf die Unternehmen Druck ausüben, stehen Firmen andererseits in der Verantwortung, außerhalb des eigenen Kerngeschäfts durch Spenden, Sponsoring und Corporate Volunteering ihre Beiträge für die Gesellschaft zu leisten. Ob diese engagierte Wohltätigkeit altruistisch oder ökonomisch motiviert ist, sei dahingestellt. Zumindest haben Firmen erkannt, dass sich unternehmerisch verantwortliches Engagement strategisch auszahlt und als Erfolgsfaktor, der Vertrauen und Wettbewerbsfähigkeit inkludiert, zurückfließen kann.

Die Herausforderung, mit einem Wirtschaftsunternehmen zusammenzuarbeiten, besteht im Wesentlichen darin, beiderseitige Interessen in gleichem Maße zu berücksichtigen. Den „gesundheitswissenschaftlichen", gemeinnützigen Zielen der Stiftung Kindergesundheit stehen wirtschaftliche Interessen des Unternehmens gegenüber. Gleichzeitig müssen eine gemeinsame, glaubwürdige und seriöse Darstellung und eine eindeutige Botschaft nach außen gefunden werden. Die Aufteilung und vertragliche Festlegung der Aufgabenbereiche und Verantwortlichkeiten war der „Schlüssel" für eine erfolgreiche, mehrjährige Zusammenarbeit zwischen Firmen und der Stiftung. Die Schwierigkeiten auf dem Weg, aus einem kleinen Projekt ein erfolgreiches Programm zu entwickeln, liegen darin, die passenden Kooperationspartner zu finden, sie zusammenzuführen und daraus eine Förderung zu generieren, die inhaltlich und finanziell substanziell ist.

Dabei ist die Öffentlichkeitsarbeit, mit Unterstützung eines prominenten Schirmherrn bzw. einer prominenten Schirmherrin mit guter Vernetzung ein wichtiger Meilenstein, um das Programm und seine InitiatorInnen darzustellen und für die Idee zu werben. Intensive Pressearbeit, in Kooperation mit den Förderern, nimmt einen wichtigen Stellenwert ein. Ebenso wichtig sind für die Gewinnung von Förderern auch persönliche Kontakte und Gespräche. Gerade für das vorgestellte

Projekt waren dies, neben einer erfolgreichen Kooperation mit ExpertInnen, der Formulierung einer klaren Botschaft an mögliche GeldgeberInnen und einer guten Datenbasis, entscheidende Erfolgsfaktoren.

In dem Projekt *Tiger Kids – Kindergarten aktiv* werden im Dienst der Präventionsarbeit Unternehmensziele, politische Interessen und interdisziplinäre wissenschaftliche Erkenntnisse gebündelt. Die Thematik, das Fachwissen, die Vernetzung sowie die Satzungsziele der Stiftung Kindergesundheit kommen hier dem Staat partnerschaftlich zugute, der wiederum als Förderer der Stiftung diesem Projekt eine bundesweit größere Bedeutung verleiht und der Stiftung selbst eine gesellschaftspolitische Verantwortung überträgt. Der Staat bedient sich hier zur Bereitstellung von Förderhilfen einer gemeinnützigen Organisation, die aufgrund ihres spezifischen Fachwissens und ihrer Erfahrung in besonderem Maße dazu geeignet ist, die von allen gewünschte soziale Leistung zu erbringen.

Trotz aller bisherigen Erfolge gilt es, nach weiteren UnterstützerInnen und Förderern zu suchen, die das Projekt *Tiger Kids* finanziell langfristig absichern. Notwendig dafür ist eine langfristige Strategie für ein Fundraising, das auf Kooperationen setzt. Spenden oder einmalige Fördergelder können ein solches Projekt langfristig nicht unterstützen. Thematisch muss ein Projekt wie *TigerKids – Kindergarten aktiv* immer wieder hinterfragt und aktualisiert werden. Dies bietet jedoch auch die Chance, mit neuen Ideen und Schwerpunkten neue Unternehmen zu gewinnen, die sich mit ihrer Firmenphilosophie im Projekt wiederfinden.

Literatur

Bundesverband Deutscher Stiftungen (2010) Grundsätze guter Stiftungspraxis. Berlin

Hurrlemann K, Klotz T, Haisch J (2010) Lehrbuch Prävention und Gesundheitsförderung. 3. Aufl. Huber, Bern

Salamon LM, Anheier HK (1998) Der Nonprofit-Sektor: Ein theoretischer Versuch. In: Anheier HK, Priller E, Seibel W, Zimmer A (Hrsg) Der Dritte Sektor in Deutschland. Organisationen zwischen Staat und Markt im gesellschaftlichen Wandel. Ed. Sigma, Berlin, S. 211-246

Wieland J (2007) Unternehmensethik als anwendungsorientierte Ethik. In: Reinalter H (Hrsg) Ethik in Zeiten der Globalisierung. Braumüller, Wien, S. 145-161

Zimmer A (2005) Stiftungen als Organisationen der Zivilgesellschaft. In: Strachwitz R, Mercker F (Hrsg) Stiftungen in Theorie, Recht und Praxis. Duncker &Humblot, Berlin, S. 9-21

Fundraising für die Stiftung Kindergesundheit

Interview mit Hildegard Debertin
(Stiftung Kindergesundheit)

Die Stiftung Kindergesundheit ist – gemessen an ihrer Personalstärke – eine kleine Stiftung. Es gibt eine hauptamtliche Mitarbeiterin, den Gründer und zugleich Ersten Vorsitzenden des Stiftungsvorstandes, eine Zweite Vorsitzende des Stiftungsvorstandes, die auch die Finanzverwaltung verantwortet und ein Kuratorium mit derzeit sieben Mitgliedern. Der Stiftung angegliedert ist ein Wissenschaftlicher Beirat sowie ein Botschafterkreis und ein als eingetragener Verein organisierter Förderkreis. Trotz begrenzter Ressourcen ist die Stiftung Kindergesundheit in der Lage, Projekte zu initiieren, die bundesweit Pilotcharakter haben und Breitenwirkung entfachen – wie das im vorhergehenden Beitrag vorgestellte Projekt „TigerKids – Kindergarten aktiv". Schwerpunkt der Stiftungstätigkeit sind Präventionsprojekte im Bereich Kindergesundheit. Schon in der Pilot- und Evaluationsphase können diese Projekte nicht nur aus den Erträgen des Stiftungskapitals finanziert werden. Hierzu wirbt die Stiftung in beträchtlichem Umfang externe Förderung aus öffentlichen wie privaten Quellen an. Hildegard Debertin arbeitet seit zehn Jahren für die Stiftung Kindergesundheit, koordiniert und organisiert Projekte, betreibt Öffentlichkeitsarbeit und arbeitet gegenwärtig gemeinsam mit Vorstand und Stakeholdern an einer Fundraisingstrategie.

Wie findet die Stiftung Kindergesundheit konkret KooperationspartnerInnen für ihre Projekte?

Die Strategie ist, zunächst ein für das jeweilige Projekt passendes Netzwerk aufzubauen, persönliche Kontakte in Wirtschaft und Politik zu knüpfen oder zu erneuern und auch Gemeinsamkeiten mit anderen Stiftungen auszuloten. Ein

Mission Statement hilft dabei, sich gut zu präsentieren und die Ziele der Stiftung klar darzustellen. Mit interessierten potenziellen GeldgeberInnen werden in weiteren Schritten Gespräche über die jeweiligen Zielsetzungen geführt. Eine Projektskizze und gut strukturierte Budget- und Zeitpläne geben Antworten auf die Frage: Was soll womit und in welchem Zeitraum erreicht werden? Nachhaltigkeit spielt bei den von der Stiftung Kindergesundheit initiierten Projekten eine große Rolle, so dass eine Entwicklungs- und eine Evaluationsphase erforderlich sind.

Unserer Erfahrung nach ist es wichtig, möglichen Förderern und SponsorInnen die Wirksamkeit der Projekte deutlich zu machen: GeldgeberInnen wollen sich darüber im Klaren sein: Finanziere ich „nur" ein Projekt, dessen Ende ggf. vorhersehbar ist, oder finanziere ich ein nachhaltiges Programm? Die Herausforderung, beispielsweise mit einem Wirtschaftsunternehmen zusammenzuarbeiten, besteht im Wesentlichen darin, beiderseitige Interessen in gleichem Maße zu berücksichtigen und nach außen darzustellen. Die Stiftung verfolgt als nicht-gewinnorientierte Organisation „gesundheitswissenschaftliche", gemeinnützige Ziele. Demgegenüber stehen wirtschaftliche Interessen des Unternehmens. Gleichzeitig muss eine gemeinsame, glaubwürdige eindeutige Botschaft bei einer Kooperation formuliert werden. Es ist realistisch, eine Budgetplanung zunächst einmal für einen begrenzten Zeitraum – bei uns in der Regel drei Jahre – zu erstellen. Wichtig für eine strategische Planung ist es jedoch, von Beginn an auch Förderer zu suchen, die für „Anschlussfinanzierungen" in Frage kommen. Die meisten Wirtschaftsunternehmen finanzieren Projekte nur für eine begrenzte Zeit. Ebenso wichtig sind das Projekt-Controlling sowie regelmäßige Erfolgskontrollen. Gerade wenn ein erfolgreiches Projekt auch in die Breite getragen werden soll, sind mehrere Förderer und SponsorInnen von Vorteil. Dabei ist es wichtig, dass der SponsorIn zur Stiftung passt. Für das im Beitrag vorgestellte Projekt „TigerKids – Kindergarten aktiv" war die Förderung der ersten Jahre durch das Bayerische Gesundheitsministerium und eine Krankenkasse optimal. Auch die Krankenkasse steht für Prävention und Gesundheitsförderung und konnte über eigene Strukturen die Stiftung unterstützen, das Projekt deutschlandweit in Kindergärten zu etablieren.

Was sind Ihrer Erfahrung nach die Erwartungen der Sponsoren?

Großen Unternehmen ist es meines Erachtens wichtig, auch in einem sozialen Projekt die eigenen Ziele nicht zu vernachlässigen und das gesellschaftliche Engagement herauszustellen. Die Stiftung Kindergesundheit versucht immer, möglichen Kooperationspartnern die Vorteile, die in einer Kooperation liegen können, darzustellen. Dies muss sehr individuell geschehen – ein Rundbrief wird an dieser Stelle wenig erfolgreich sein. Wichtig ist, sich im Vorfeld darüber im Klaren zu sein, welche Firmen in Frage kommen und welche ungeeignet sind.

Gehen Firmen bei der Auswahl der Themenfelder sehr strategisch vor, oder hängt das vom persönlichen Geschmack der Verantwortlichen ab?

Sowohl als auch: Viele Firmen besetzten die Themen, die sie fördern möchten, strategisch, je nach eigenem Code of Conduct, Nachhaltigkeitsgrundsätzen, Fördergeldern und -zeiten und anderen Rahmenbedingungen, wie z. B. eine bevorzugte Förderung regionaler Projekte. Die Förderungen im Bereich der Gesundheitsprävention haben deutlich zugenommen und werden auch von der Politik unterstützt. Insofern ist das Interesse einer Förderung von Gesundheitsthemen auch bei Wirtschaftsunternehmen sehr groß.

Warum entwickelt Ihre Stiftung eine neue Fundraising-Strategie?

Die Gründe dafür sind vielfältig: Zum einen möchten wir aufgrund der Erfolge und der Größe der Projekte professioneller und langfristiger planen. Zum anderen gilt es, neue Förderer und Sponsoren zu finden. Die Überlegung, im Fundraising-Bereich stärker aktiv zu werden, entstand nicht zuletzt auch im Rahmen eines neuen Projekts für den Grundschulunterricht: „Die Rakuns – Das gesunde Klassenzimmer". Lehrplankonform, kompetenz- und praxisorientiert werden internetgestützt Unterrichtseinheiten angeboten, die mit „Forschertätigkeiten" ein gesundes Selbst- und Körperbewusstsein der SchülerInnen fördern sollen. Zu dem praxisorientierten Projekt gehören Materialien, die pro Klasse gekauft werden müssen. Mit Hilfe eines Fundraising-Konzepts haben wir Aktionen gestartet, um Schulen in ganz Deutschland für dieses Projekt zu gewinnen – über Pressearbeit und die Darstellung von Finanzierungsmöglichkeiten für die Schulen bis hin zu Anfragen bei Schulverbänden, Behörden und Ministerien. Ich selbst hatte die Möglichkeit, das Projekt im Rahmen eines Kurses bei der Fundraising Akademie zu präsentieren, wobei die StudentInnen der Fundraising-Akademie die Aufgabe hatten, für uns Fundraisingstrategien zu entwickeln. Dabei sind sehr gute Ideen entstanden, die wir umsetzen können.

Eine davon war, den Schulen eine Hilfestellung für die Organisation von Spendenläufen zu geben. Viele Schulen haben kein zusätzliches Geld für Projekte und so ist dies eine gute Möglichkeit für die Schulklassen, selbst Spenden zu gewinnen.

Was sind die bisherigen Schritte der neuen Fundraising-Strategie?

Zu den ersten Schritten gehörte die Organisation eines Workshops unter Beteiligung einer Fundraising-Agentur. Mit einer SWOT-Analyse haben wir Stärken und Schwächen sowie Chancen und Risiken analysiert und Ziele festgelegt. Ziele, die die Arbeit der Stiftung im Allgemeinen festlegen, aber auch im Einzelnen für die jeweiligen Projekte. Für uns war es wichtig festzuhalten, was wir mit welchen Programmen erreichen können und wollen und wie der finanzielle bzw. inhaltliche Rahmen gefasst sein soll. Mit Unterstützung der Fundraising-Agentur haben wir Fundraising-Maßnahmen erarbeitet, die für die Stiftung sinnvoll und umsetzbar sind. Eine Aufgabenverteilung und die Erarbeitung eines Zeitplans für die Umsetzung dieser Maßnahmen sind die nächsten Schritte.

Um ein Beispiel zu nennen: Die Formulierung eines Mission Statements erscheint uns zunächst ebenso wichtig wie der Umbau der nach außen so bedeutsamen Internetseite, die „spendenfreundlicher" und lebendiger gestaltet werden soll. Die weitere „Basisarbeit" besteht darin, eine Spenderdatei neu aufzubauen und auch mit Unterstützung des Förderkreises der Stiftung „alte" und neue SpenderInnen und Förderer anzusprechen.

Was wollen die potenziellen SpenderInnen?

Spender wollen etwas Gutes tun, erwarten dafür jedoch eine Anerkennung, ein „Dankeschön". SpenderInnen möchten wissen, was mit ihrem Geld geschieht, was genau sie mit ihrem Beitrag bewirken können. Daher ist es auch wichtig, die Projekte, für die gespendet werden kann, möglichst transparent darzustellen bzw. genau aufzuzeigen, wie die Spende helfen kann. Mit einer Spende in Höhe von 198,00 € für unser Projekt „Die Rakuns – Das gesunde Klassenzimmer" kann beispielsweise eine Grundschulklasse das Projekt ein Jahr lang durchführen. „People give to people" – Menschen spenden für Menschen, nicht für Organisationen, Stiftungen oder Projekte.

Für Benefizveranstaltungen, die der „Freundeskreis der Stiftung Kindergesundheit e. V." jährlich durchführt, gilt es, einen hohen Unterhaltungswert und Spaßfaktor zu bieten. Dies zeigt ein erfolgreiches Benefizmodell, das der Freundeskreis der Stiftung seit einigen Jahren in mehreren Städten organisiert: Kickerturniere für AnwältInnen. Das klingt etwas skurril, ist aber „der Renner". Statt Eintrittsgeld wird gespendet. Die professionellen Kickertische sind ebenso gesponsert wie das Catering. An diesen Abenden präsentieren wir auch immer ein Projekt der Stiftung. Wir zeigen also, was mit dem gespendeten Geld passiert. Die Stiftung ist präsent und ansprechbar und wir versuchen auch, neue Mitglieder für den Förderkreis zu gewinnen. Das ist nun ein Selbstläufer geworden, der zukünftig auch auf andere Berufsgruppen ausgedehnt werden soll.

Was sind die No-Gos und Must-Haves einer nachhaltigen Mitteleinwerbung?

Spendenbescheinigungen zu vergessen oder Anfragen nicht zu beantworten sind definitiv „No-Gos“. Ein anderes Negativ-Beispiel ist, auf eine Firma zuzugehen und im ersten Gespräch um viel Geld zu bitten. Besser ist es, den Benefit, den ein potenzieller Förderer durch eine Kooperation haben könnte, hervorzuheben und mit konkreten Projekt-, Zeit- und Budgetplänen zu punkten. Unbedingt wichtig sind eine klare Botschaft und eine kluge Strategie, mindestens die ersten drei Jahre eines neuen Projekts, wenn es nachhaltig sein soll. Wichtig ist auch, dass Projekte evaluiert werden und so einen „Wirksamkeitsnachweis“ haben.

Interview: Thorsten Hallmann

Corporate Social Responsibility

Erfolgsfaktoren für Fundraising und intersektorielle Partnerschaften mit Unternehmen

Sira Saccani[1]

Abstract

Der Beitrag gibt Handlungsempfehlungen zur Gestaltung von Kooperationen zwischen Unternehmen und Nonprofit-Organisationen, so dass Effizienz im Ressourceneinsatz und Effektivität in der Zielerreichung optimal in Einklang gebracht werden. Er basiert auf den Ergebnissen einer empirischen Studie, die von der Autorin im Rahmen ihrer Masterarbeit durchgeführt wurde. Im Folgenden werden zunächst Entwicklungsstufen, Charakteristika und Herausforderungen der intersektoriellen Partnerschaften zwischen Unternehmen und NPOs skizziert. Daran anschließend wird auf transformative Partnerschaften eingegangen, die die Grenzen der Sektoren überwinden, weit über philanthropisches Engagements von Unternehmen hinausgehen und die das Potential haben, in Richtung einer ethisch fundierten Vernetzung von Ökonomie, Ökologie und Sozialem zu wirken.

Keywords

Corporate Social Responsibility • Nachhaltigkeit • Multistakeholder-Netzwerk • Intersektorielle Partnerschaft • Transformative Partnerschaft

1 saccani@web.de

Während Unternehmen vor 20 Jahren lediglich für die Einhaltung vertraglicher Verpflichtungen und gesetzlicher Vorschriften verantwortlich gemacht wurden, hat sich das ihnen heute zugeschriebene Verantwortungsspektrum deutlich erweitert (vgl. McKinsey 2007, S. 3). Aufgrund der Globalisierung und des Rückzugs der Regierungen von öffentlichen Aufgaben infolge leerer Staatskassen hat sich das Verständnis der Rollen- und Aufgabenaufteilung bei der Erstellung von Kollektivgütern partiell verändert (vgl. Habisch et al. 2005, S. 5f.) und somit auch die Interpretation der Rolle des Staates und der Unternehmen im Rahmen der Marktwirtschaft. Die Beziehungen zwischen Staat, Markt und Drittem Sektor sind infolgedessen neu zu konfigurieren (vgl. Habisch et al. 2005, S. 1; Backhaus-Maul 2006, S. 35; Nelson/Zadek 2000, S. 7).

Da keiner der Sektoren die Ressourcen besitzt, die aktuellen gesellschaftlichen Probleme und Aufgaben im Alleingang zu bewältigen, sollten gemeinsame Lösungen mittels horizontaler Netzwerke angestrebt werden (vgl. Holliday et al. 2002, S. 156; Wieland/Conradi 2002, S. 218; Trautner 2012, S. 752). Durch intersektorielle Partnerschaften kommen Unternehmen und Nonprofit-Organisationen (NPOs) zusammen und übernehmen zunehmend gemeinsam eine aktive Rolle in der Gestaltung des sozioökonomischen Wandels. Dies kann ein zukunftsträchtiges Instrument zur Erreichung einer nachhaltigen Entwicklung darstellen.

Zentrale Fragen sind dabei, welche gemeinnützige Organisationen förderungswürdig sind, welche Anforderungen diese bei Kooperationen mit Unternehmen erfüllen müssen und daraus abgeleitet, welches die maßgeblichen Erfolgsfaktoren für Fundraising und intersektorielle Partnerschaften mit Unternehmen sind.

Der Beitrag versucht, praktikable Lösungen für eine erfolgreiche Gestaltung partnerschaftlicher Prozesse aufzuzeigen. Durch im Rahmen meiner Masterarbeit[2] durchgeführte Experteninterviews mit VertreterInnen aus Wirtschaft, CSR Beratungen und Drittem Sektor wurden Erkenntnisse[3] zu Auswahlprozess, Finanzierungsart, Berichterstattung und Erfolgsmessung bei Allianzen sowie zur Rolle von NPOs im Rahmen von Corporate Citizenship bzw. Corporate Responsibility Aktivitäten gewonnen. Hieraus konnten Erfolgskriterien im Fundraising bzw. bei intersektoriellen Partnerschaften sowie Handlungsempfehlungen abgeleitet werden.

Aufgrund der neuartigen Bedeutung von Kooperationen zwischen den Akteuren der Privatwirtschaft und der Zivilgesellschaft wird der Beitrag im zweiten Teil auf die unterschiedlichen Entwicklungsstufen, Charakteristika und Herausforderun-

---

2 Die Masterarbeit mit dem Titel „Venture Philanthropy – Ein Partnerschaftsmodell zwischen Unternehmen und Nonprofit-Organisationen?" wurde 2008 im Rahmen des Studiengangs „Nonprofit-Management and Governance" geschrieben.

3 Zur Rolle von Expertenwissen zur Erkenntnis und zur Begründung sowohl von Problemursachen als auch von Lösungsprinzipien vgl. Pfadenhauer 2007, S. 451-453.

gen intersektorieller Partnerschaften eingehen. Abschließend werden innovative Formen der Zusammenarbeit analysiert, die über die traditionelle Perspektive philanthropischen Engagements von Unternehmen hinausgehen und die perspektivisch einen maßgeblichen Beitrag zur Aufhebung bzw. Linderung der sozialen und ökologischen Probleme leisten könnten.

1 Corporate Social Responsibility – Konzept, Definition und aktuelle Umsetzung

Bisher hat sich in der internationalen wissenschaftlichen Diskussion weder eine einheitliche Definition von Corporate Social Responsibility (CSR) bzw. von gesellschaftlicher Verantwortung von Unternehmen noch eine klare Abgrenzung von CSR zum Konzept der unternehmerischen Nachhaltigkeit herauskristallisiert.

Zunächst hatte sich in Kontinentaleuropa die Definition der Europäischen Kommission aus dem Jahr 2001 durchgesetzt[4]. Im Mittelpunkt des EU-Konzeptes stand eine ausgeprägte Stakeholderorientierung. Gleichzeitig wurde der Privatwirtschaft aber ein erheblicher Spielraum bei der Umsetzung eingeräumt und kaum eine Integration von CSR in die Unternehmensführung gefordert. Die Europäische Kommission hat im Jahr 2011 jedoch eine neue Definition vorgelegt, wonach CSR „die Verantwortung von Unternehmen für ihre Auswirkungen auf die Gesellschaft" (Europäische Kommission 2011, S. 7) ist. Die Debatte hierzu ist sowohl in Deutschland als auch in Europa in vollem Gange. Wenn sich dieses Verständnis von gesellschaftlicher Verantwortung von Unternehmen durchsetzt„ hätte dies insofern weitreichende Implikationen, als die Privatwirtschaft klar aufgefordert wäre, soziale, ökologische, ethische, Menschenrechts- und Verbraucherbelange in enger Zusammenarbeit mit den Stakeholdern in die Betriebsführung und in die Kernstrategie des Unternehmens zu integrieren.

> „[…]CSR ist am Ende eine Win-Win Situation […]. Es muss in unserem Kerngeschäft verankert sein, wir müssen damit planen, wir können damit auch Wettbewerbsvorteile erlangen […] also insofern ist es nicht mehr ein nice to have sondern ein need to have heutzutage und wird unsere Fähigkeit zu wachsen entscheidend mitbeeinflussen."[5]

4 Vgl. Europäische Kommission 2001; Weber 2008, S. 40; Schneider 2012, S. 20f.

5 Alle folgenden Interview-Ausschnitte entstammen den durch die Autorin durchgeführten Experteninterviews.

Die Verankerung von Engagement oder Maßnahmen für Umwelt und Gesellschaft ins Kerngeschäft von Unternehmen gewinnt schon heute an Bedeutung[6]. Dabei ist jedoch der Kontext, in dem das Unternehmen tätig ist, sehr wichtig: Der Aktionsradius (lokal, national oder international), der Unternehmenstyp sowie die Größe und die Branche spielen eine Rolle. Die Anforderungen variieren außerdem je nach Wettbewerbsszenario, gesellschaftlichem, rechtlichem und technologischem Umfeld, in sich dem das Unternehmen bewegt, d.h. die Instrumente werden je nach den Umfeldbedingungen anders gewichtet, priorisiert und ausgerichtet.

> „Je mehr von den unternehmerischen Verantwortungsbereichen in einer Gesellschaft schon auf andere Weise kodifiziert und geregelt sind, je weniger muss ein Unternehmen tun. [...] Es hängt vom gesellschaftlichen Umfeld ab (Gesundheit, Bildung, AIDS Vorsorge etc.). Eine Mangelsituation führt zu Engagement, was dann aber auch mit dem ureigenen ökonomischen Interesse des Unternehmens verbunden ist."

2 Nonprofit-Organisationen als Partner für Unternehmen?

Hauptgründe warum Unternehmen zur Umsetzung ihrer CSR-Aktivitäten Kooperationen mit NPOs eingehen sind der positive Imagetransfer und die Übertragung der Glaubwürdigkeit von NPOs auf die Unternehmen, gekoppelt mit dem Wunsch, sich gesellschaftlich zu engagieren (vgl. McKinsey 2007 sowie für Deutschland CSR-Studie 2010). Vertrauen kommt insofern ein ganz besonderer Stellenwert zu, als im Rahmen von CSR-Maßnahmen Unternehmen zu Finanzierungsquellen für gemeinnützige Organisationen werden. Hierbei überprüfen die Unternehmen, welche NPOs überhaupt förderungswürdig sind bzw. als potentielle Kooperationspartner in Frage kommen. Demgegenüber ist für die NPOs zentral, welche Erfolgsindikatoren bei strategischen Allianzen gesetzt werden und welche Rechenschaftspflichten von ihnen übernommen werden müssen.

Aufgrund negativer Vorfälle geraten NPOs zunehmend unter Legitimationsdruck. Die Forderung nach mehr Transparenz bezüglich ihrer Mittelverwendung (vgl. Stahl 2007, S. 122) kommt nicht nur von Wirtschaftsunternehmen, sondern hat auch in der deutschen Öffentlichkeit, u.a. nach einer Reihe von Skandalen, wie etwa der Unicef-Spendenaffäre, deutlich an Bedeutung gewonnen. Externe

6 Laut einer Expertenumfrage ist CSR in mehr als 50% der Großunternehmen in Deutschland bereits strategisch verankert und dessen Bedeutung wird in den kommenden zehn Jahren stark zunehmen (vgl. Bundesministerium für Arbeit und Soziales 2012, S. 5-7).

Institutionen (z. B. DZI – Deutsches Zentralinstitut für soziale Fragen) vergeben inzwischen Güte-Siegel, um Förderern, darunter auch Unternehmen, eine Orientierung zu geben. Diese Entwicklungen sind gleichzeitig ein Indiz dafür, dass das Vertrauen in NPOs nachgelassen hat.

Infolge des Rückgangs öffentlicher Förderung, der Stagnation privaten Spendenverhaltens[7] und der Zunahme nationaler und internationaler Organisationen, die auf den ‚gemeinnützigen Markt' drängen, hat sich in den letzten Jahren die Konkurrenz um Ressourcen deutlich erhöht.

Obwohl die öffentlichen Mittel mit ca. 65% immer noch den Löwenanteil im Finanzierungsmix von NPOs ausmachen (vgl. Fundraising Akademie 2008, S. 73), sind Unternehmen durch die Intensivierung ihres gesellschaftlichen Engagements zu einer zusätzlichen und interessanten Zielgruppe für das Beschaffungsmarketing gemeinnütziger Organisationen geworden und erfordern eine maßgeschneiderte Fundraising-Strategie.

2.1 Erfolgsfaktoren im Fundraising bei Unternehmen

In den letzten Jahren hat sich die wissenschaftliche Literatur verstärkt der Professionalisierungsbedarfe im Nonprofit-Management und im Fundraising angenommen. So hat der Ansatz des Relationship Fundraising durch die zunehmende Entwicklung des Fundraisings in Richtung Spendenmarketing erheblich an Bedeutung gewonnen (vgl. Hunziker 2011, S. 282; Fundraising Akademie 2008, S. 91; Helmig und Boenigk 2012, S. 185-189). In der Praxis wird jedoch von gemeinnützigen Organisationen bei der Einwerbung von finanziellen Ressourcen bei Unternehmen der Aufbau einer langfristigen Spenderbeziehung noch viel zu selten umgesetzt, weil immer noch die Finanzierung von Einzelprojekten im Vordergrund steht (vgl. CSR-Studie 2010, S. 8 und S.39). Nach Auffassung der Autorin kommt dem Relationship Fundraising aber insofern eine Schlüsselrolle für den Erfolg von Partnerschaften zwischen NPOs und Akteuren aus der Wirtschaft zu, als das Konzept nicht nur rationale Kosten-Nutzen-Abwägungen, sondern auch Aspekte wie Engagement und Vertrauen umfasst sowie spezifische und langfristige Beziehungen zu Spendern bzw. Förderern befürwortet (vgl. Hunziker 2011, S. 282).

---

7 Laut der Studie vom Deutschen Spendenrat e. V./GfK (2013) bleibt das Spendenvolumen von deutschen Privatpersonen seit 2005 stabil. Die durchschnittliche Veränderungsrate pro Jahr liegt bei 1,3% (S. 9), während der Anteil der Spender seit 2005 deutlich zurückgegangen ist (S. 11).

Grundsätzlich scheinen Unternehmen stark zwischen einmaliger Spende und inhaltlicher Partnerschaft zu unterscheiden. Im ersten Fall werden Entscheidungen eher schnell getroffen und beruhen nicht notwendigerweise auf einem Konzept. Im zweiten Fall sind der Aufwand und die Dauer des Auswahlprozesses deutlich erhöht. Am Anfang werden auch befristete Partnerschaften abgeschlossen, um die Passung zwischen den Organisationen zu prüfen und dann bei zufriedenstellendem Ergebnis den Vertrag eventuell zu verlängern.

> „CSR Experten empfehlen Unternehmen bei der Auswahl der NPOs folgende Kriterien zu beachten: Passung zur CSR Strategie, Transparenz, Glaubwürdigkeit, Bekanntheit, Exklusivität und Differenzierung zum Wettbewerb, garantierte hohe Multiplikatorenwirkung und Machbarkeit für das Unternehmen."

> „Es wird klar nach Opportunitätskriterien entschieden. Hilft es dem Unternehmen oder nicht? Wird ein Teil der guten Reputation übertragen? Verlässlichkeit spielt dabei eine große Rolle, da Unternehmen große Angst vor Kritik haben und eine vertrauensvolle Zusammenarbeit möchten."

Doch immer spielt beim Auswahlprozess die Passung mit den unternehmerischen Zielen sowie der persönliche Kontakt eine ausschlaggebende Rolle (vgl. Austin/Seitanidi 2012b, S. 935). Unternehmen setzen klare thematische Prioritäten. Wenn das Vorhaben der gemeinnützigen Organisation zur Unternehmens- bzw. Kommunikationsstrategie passt, erhöhen sich die Chancen für die Etablierung einer Partnerschaft. Großkonzerne werden teilweise regelrecht mit Angeboten und Anfragen von NPOs „überfallen". Infolgedessen sind persönliche Kontakte, die über bestehende Netzwerke, Events oder Marktplätze für Partnerschaften (z. B. Deutsches CSR-Forum, Malteser Social Day, etc.) geknüpft werden, für NPOs besonders erfolgsversprechend. Standard-Fundraisingmittel wie Spendenbriefe, Mailings, Online-Fundraising, etc. und jegliche proaktive Ansprache ohne thematischen Zusammenhang mit den Kommunikationszielen des Unternehmens haben sich als nicht erfolgreich erwiesen.

Großunternehmen ziehen die nationale bzw. regionale Reichweite der NPO bei Auswahl und Art des angestrebten Engagements durchaus in Betracht. Für kommunikations- und PR wirksame Kampagnen werden eher nationale Partner bevorzugt, während für Aktivitäten, bei denen die eigenen MitarbeiterInnen (z. B. im Rahmen von Corporate Volunteering Aktivitäten) eingebunden werden, eher regionale Partner favorisiert werden. Der Mittelstand legt wiederum Wert auf Regionalität und lokale Akteure.

Da Kooperationen und Partnerschaften zwischen Drittem Sektor und Wirtschaft auch in Deutschland voraussichtlich an Bedeutung gewinnen werden (vgl.

CSR-Studie 2010, S. 26 und S. 43f.), brauchen NPOs auch hierzulande ein Gesamtkonzept, wie sie Unternehmen ansprechen wollen. Die Formulierung einer Fundraisingstrategie, die Aktionen aufeinander abstimmt, systematisch einplant und steuert, ist für NPOs also unerlässlich. Die direkte Ansprache, das Verständnis der Motivlagen, die Auseinandersetzung mit den kommunikativen Zielen des betreffenden Unternehmens sowie die Entwicklung spezifischer Aktivitäten, mit denen gezielt an die Unternehmen bzw. an die potentiellen Partner herangetreten werden kann, sind hierbei zentral.

2.2 Anforderungen an Nonprofit-Organisationen im Rahmen von CSR-Aktivitäten

Unternehmen erwarten in strategischen Allianzen professionelle PartnerInnen, so wie sie es von kommerziellen Kooperationen gewohnt sind. Effektive Problemlösungen und ökonomisch effizientes Handeln stehen stets im Vordergrund ihres Handelns. Symbolische Aktionen und ineffiziente Dienstleistungserstellung, die nach Seibels Theorie des Funktionalen Dilettantismus[8] bei NPOs auch anzutreffen sind (vgl. Nährlich (o. J.), S. 1), können politisch durchaus erwünscht sein; entsprechen aber nicht der Logik und Arbeitsweise von Unternehmen.

> „Allerdings muss man Organisationen haben, die die Kompetenz schon mitbringen, die Professionalität schon haben, weil man sonst im Unternehmen auf Akzeptanzmängel stoßen wird. Unternehmen sind effizienzbasiert und können sich große Zeitverluste nicht besonders leisten, während NPOs sehr stark sachzielorientiert sind und damit effektivitätsorientier; d. h. es zählt das Ergebnis und nicht so stark die Effizienz, wie komme ich zum Ergebnis, wie viel Mittel soll ich einsetzen dafür, hier sehe ich schon ein strukturelles Problem. Aber es gibt auch professionelle NPOs, die somit auch mit Unternehmen kommunizieren können."

Transparenz, Beziehungsmanagement, Effizienzsteigerung und Innovationsfähigkeit sind zentrale Erfolgsfaktoren für eine langfristige Kooperation mit Unternehmen.

Unternehmen werden die Forderung von Shareholdern und AnalystInnen, die Wirksamkeit von CSR-Aktivitäten nachzuweisen, verstärkt an ihre Partner, die NPOs, weitergeben. Um dem Wunsch nach mehr Effizienz und Transparenz Rechnung zu tragen, sollten NPOs den Output und den Grad an Wirksamkeit

8 Letts et al. (1997, S. 2ff.) thematisieren auch die Nicht-Erreichung von Programmzielen im NPO Bereich als typisch.

ihrer Aktivitäten nachweisen und die Öffentlichkeit über ihre Ressourcen und deren Einsatz informieren.

> „Insgesamt ist Erfolgskontrolle sehr unterentwickelt Wenige Unternehmen kontrollieren systematisch. Aber seit einem halben Jahr zeichnet sich ein Trend in Richtung verstärkter Erfolgsmessung ab. Genutzt werden dabei das Modell der London Benchmarking Group und die iooi-Methode der Bertelsmann Stiftung.“ [9]

Transparenz ist für die Glaubwürdigkeit von NPOs auch insofern von hoher Relevanz, als in der Öffentlichkeit nicht der Eindruck entstehen sollte, dass NPOs käuflich sind und sie durch eine enge Zusammenarbeit mit der Wirtschaft einen Reputationsverlust erleiden. Viele NPOs haben generelle Vorbehalte gegenüber Geldern von Unternehmen, nicht nur aus Angst vor Imageschäden, Abhängigkeiten und möglichen Zielkonflikten, sondern auch aus ethischen Bedenken (vgl. Hunziker 2011, S. 280).

Dank intersektorieller Allianzen und infolge der Verbreitung des Shared-Value Ansatzes[10] erkennen Unternehmen allmählich die themenspezifische Expertise von NPOs und versuchen zunehmend, dieses Fachwissen zu nutzen und die Innovationskraft von NPOs für die eigene Wertschöpfung einzusetzen.

> „Ich glaube, dass in solchen Organisationen in vielen Fällen ein hohes Maß an Kompetenz da ist zu spezifischen Problemen, vor allem wenn es um den Umwelt- und Sozialbereich geht, und dass es durchaus sinnvoll sein kann, sich an der Stelle von solchen Organisationen beraten zu lassen. Ich glaube, dass das Engagement von den Menschen, die da tätig sind, häufig Dinge aufdecken kann, die vielleicht an anderer Stelle nur mit hohem Aufwand von Fachkräften und entsprechendem Einsatz von Mitteln dargestellt werden können.“

---

9 Das London Benchmarking Group Modell (http://www.lbg-online.net) dient zur Messung bzw. Wirkungsanalyse der eingesetzten Mittel (Geld-, Zeit- und Sachspenden sowie Managementkosten) für gesellschaftliches Engagement von Unternehmen sowie deren langfristige Auswirkungen auf Gesellschaft und Unternehmen. Die iooi-Methode (input, output, outcome, impact) ist ein Leitfaden der Bertelsmann Stiftung für die systematische Erfassung von Aufwand und Wirkungen des Unternehmensengagements für die Gesellschaft, welches zusammen mit zahlreichen Unternehmen und ExpertInnen entwickelt wurde (http://www.bertelsmann-stiftung.de/cps/rde/xchg/SID-7D89CE3C-71FEFA29/bst/hs.xsl/87048_106160.htm).

10 Porter und Kramer (2012) definieren damit ein neues Konzept für unternehmerisches Engagement in der Gesellschaft, womit ein gemeinsamer Wert für Unternehmen und Gesellschaft geschaffen wird.

Diesbezüglich gibt es in Deutschland auf Seiten der Unternehmen immer noch einen klaren Handlungsbedarf, und zwar weil NPOs noch nicht als Partner auf Augenhöhe ansehen werden und bei inhaltlichen Themen, die das Kerngeschäft des Unternehmens betreffen, noch häufig auf Distanz gehalten werden.

> „Die Bereitschaft von Unternehmen zuzuhören ist wenig ausgeprägt, aber eigentlich notwendig. Unternehmen fühlen sich überlegen und kennen gar nicht das Potential und die Kompetenz, die bei NGOs vorhanden ist."

Der Dritte Sektor spielt für die Umsetzung von Nachhaltigkeitskonzepten in Unternehmen eine Schlüsselrolle. Die klassische eher konfrontative Haltung, sowohl der Unternehmen als auch der NPOs, sollte nach Meinung der Autorin ersetzt werden durch strategische Allianzen mit NPOs im Dienst der Lösung ökosozialer Probleme. Hierzu sind aber gleichzeitig Kenntnis und Einsatz von Managementmethoden und -instrumenten auf Seiten der NPOs erforderlich. Ferner verstärken den Trend zur Professionalisierung von NPOs auch Social Entrepreneurs – Menschen, die innovative Lösungen für gesellschaftliche Probleme entwickeln und diese unternehmerisch mit unermüdlichem persönlichem Engagement umsetzen (vgl. Achleitner et al. 2007, S. 5; Ross 2012, S.15)

Sozialunternehmen sind für Wirtschaftsunternehmen ideale Kooperationspartner bei der Lösung sozialer und ökologischer Probleme. Zudem hat die Privatwirtschaft aktuell in Form der Impact Investments von Unternehmensstiftungen eine zusätzliche Gestaltungsmöglichkeit gesellschaftlichen und philanthropischen Engagements. Messbarkeit von sozialem und ökologischem Nutzen, gepaart mit finanziellen Erträgen, ist die Leitidee von Impact Investing[11]. Somit können Stiftungen den Stiftungszweck direkt aus ihrem Vermögen unterstützen. Impact Investments sind neben Spenden und Zuwendungen auch für gemeinnützige Organisationen durchaus eine interessante alternative Finanzierungsquelle[12]. Aber sie können gleichzeitig auch eine Gefahr für NPOs darstellen, und zwar dadurch dass ein Teil der Finanzmittel, die traditionell von Stiftungen zur Verwirklichung gemeinnütziger Zwecke zur Verfügung gestellt wurden, in Impact Investment Fonds oder Sozialunternehmen umgeleitet werden, da hier die zweckbezogene Wirkung larer zu ermitteln ist[13].

---

11 Siehe Definition nach dem Monitor Institute: http://www.steinbeis-impact.com/de/impact-investing/was-ist-impact-investing.html (Stand: 15.12.2013).

12 Zum sog. Mission Investing bzw. zweckbezogenes Investieren im deutschen Stiftungssektor siehe die Studie vom Bundesverband der deutschen Stiftungen. Im Internet: http://www.stiftungen.org/ fileadmin/bvds/de/Publikationen/Studie_Mission_Investing/BVDS _Studie_Mission_Investing.pdf (Stand: 15.12.2013).

13 Eine globale CEO Umfrage des UN Global Compact und Accenture aus dem Jahr 2010 hat ergeben, dass obwohl 78% der CEOs davon überzeugt sind, dass Multi-Stakeholder-

Tab. 1 Anforderungen an Nonprofit-Organisationen.

Anforderungen	Implementierung
Transparenz	*Organisatorische Transparenz*: Governance-Kodex zur Steuerung u. Kontrolle des Managementhandelns, zur Definition der Verantwortlichkeiten u. Aufgabenbereiche sowie zur Vermeidung von Missbrauch oder persönlicher Bereicherung. *Finanzielle Transparenz*: Rechnungslegung (Einnahmen- u. Ausgabenrechnung bzw. Jahresabschluss), Info zum Finanzierungsmix. *Informationstransparenz*: Leitbild mit Vision, Mission und Werten; Rechenschaftsbericht mit Angaben zu Finanzstatus, Aktivitäten u. Stand der Entwicklungen (positive u. negative); Medienarbeit zwecks Sensibilisierung der Öffentlichkeit für die eigene Mission; öffentlich zugängliche Positionspapiere zum Thema Partnerschaft mit Unternehmen.
Beziehungsmanagement	*Individuelle Ansprache:* Partner schätzen, spezifische Bedürfnisse berücksichtigen, Konzepte thematisch maßschneidern, eigenes Netzwerk aufbauen, persönlichen Kontakt pflegen. *Inhaltliche Zusammenarbeit:* langfristige Partnerschaften entwickeln, Vorteile für das Unternehmen ausarbeiten. Know-how der NPO herausstellen.
Effizienzsteigerung	*Strategische Ausrichtung*: Klare Jahresziele für Programm und Finanzierung inklusive entsprechender Umsetzungsstrategien sowie Definition der Instrumente. *Erfolgsmessung*: Formulierung von Performancekriterien und -zielen; qualitative bzw. quantitative Angaben zur gesellschaftlichen Wirkung der Zusammenarbeit mit Unternehmen (Impact Assessment). *Finanzen*: Finanzplanung und Überwachung durch operatives Controlling (Budgetierung, internes Rechnungswesen, etc.). *Qualitätsmanagement*: Schwerpunkt auf Erhalt u. Weiterentwicklung der Qualität der Leistung sowie auf Optimierung der Handlungs- und Arbeitsprozesse; dezidierte AnsprechpartnerInnen für den Bereich Unternehmenspartnerschaften.
Innovationsfähigkeit	*Horizontale Netzwerke*: Erkenntnisse aus der eigenen Arbeit verstärkt durch Kooperationen oder Kommunikationsplattformen für andere Akteure zugänglich machen und vom Know-how der Partner profitieren. *Verbindung mit den strategischen Zielen*: Die Themen der Partnerschaft sollten im engen Zusammenhang mit dem Kerngeschäft des Unternehmens stehen und innovative Lösungen anstreben.

Eigene Darstellung

Partnerschaften entscheidend für die Erzielung ihrer Nachhaltigkeitsziele sind, dass nur 15% der Befragten der Meinung ist, dass NGOs in diesem Zusammenhang als ‚Key-Stakeholder' ihre Nachhaltigkeitsansätze beeinflussen werden. Dies entspricht einem Rückgang von 12% im Vergleich zur Erhebung von 2007. Im Internet: http://www.unglobalcompact.org/docs/ news_events/8.1/UNGC_ Accenture_CEO_Study_2010.pdf (Stand: 15.12.2013).

3 Allianzen zwischen Unternehmen und Nonprofit-Organisationen

Intersektorielle Partnerschaften gelten als zukunftsträchtiges Instrument zur Erreichung einer nachhaltigen Entwicklung. Die verschiedenen Sektoren (Wirtschaft, Staat und Dritter Sektor) bündeln ihre Kompetenzen, um gemeinsam gesellschaftlichen Herausforderungen effektiver als in der Vergangenheit zu begegnen. Partnerschaften und Netzwerke erhalten in Zeiten komplexer und interdependenter gesellschaftlicher Herausforderungen (vgl. Maak/Ulrich 2007, S. 141; Austin 2000, S. 8; Nelson/Zadek 2000, S. 11; Seitanidi 2013, S. 273) einen ganz neuen Stellenwert, sodass das 21. Jahrhundert schon als „age of alliances" bezeichnet wird (vgl. Austin 2000, S. 1).

3.1 Die Entwicklungsstufen in der Partnerschaft

Partnerschaften zwischen Unternehmen und NPOs fördern den gesellschaftlichen Wandel. Durch die Zusammenarbeit erleben die Akteure zugleich einen positiven Wandel innerhalb ihrer Organisationen (vgl. Seitanidi 2013, S. 277). Da Kooperationen in Zukunft mehr die Regel als die Ausnahme sein werden (vgl. Austin/Seitanidi 2012a, S. 728; Ross 2012, S. 100), ist es im Rahmen dieses Beitrages sinnvoll die Gründe darzulegen, die Unternehmen und NPOs zu einer Kooperation bewegen. Ferner ist auf die verschiedenen Allianzen zwischen Unternehmen und NPOs einzugehen; und es sind die Hürden und Erfolgsfaktoren zu benennen, die bei der Umsetzung von Partnerschaften entscheidend sind.

Die Gründe für die Entstehung von Allianzen zwischen Unternehmen und NPOs unterscheiden sich zunächst nicht von denen, die bei klassischen intrasektoriellen Kooperationen ausschlaggebend sind. Voraussetzung für jede Allianz ist die Feststellung eines Mangels an Schlüsselressourcen oder -kompetenzen der potentiellen Partner und die implizite Annahme, dass diese Defizite jeweils durch den Partner kompensiert werden können (vgl. Iyer 2003, S. 44). Zusätzlich zu dieser komplementären Funktion der Allianz, die Austin (2000, S. 10) „inescapable interdependence" nennt, definiert Iyer (2003, S. 54) eine supplementäre Funktion. Danach werden Partnerschaften auch zum Ausbau eigener Stärken bzw. zur Verbesserung bereits existierender Eigenschaften eingegangen.

Unterschiedliche AutorInnen (Kanter 1994; Nelson/Zadek 2000; Iyer 2003) kommen in ihren Studien zu dem Schluss, dass Allianzen ein „lebendes System" sind. In jeder Partnerschaft werden unterschiedliche Entwicklungsstufen durchlaufen: von der Anbahnung und Definition über die Entstehung und Umsetzung bis hin zur Auswertung und Evolution der Partnerschaft Die Partner definieren in einem ersten Schritt formelle Anforderungen bezüglich Zielsetzung, Zeitrahmen, Verantwortlichkeiten, Ressourcen, Kompetenzen, Kommunikationsabläufen, Erfolgsindikatoren und rechtlicher Rahmenbedingungen. Diese sind in der Folge handlungsleitend und zu erfüllen. Aber schon in der Selektionsphase, noch bevor es überhaupt zu einer Partnerschaft kommt, wird informellen Anforderungen wie Glaubwürdigkeit, Reputation und Vertrauen ein ganz besonderer Stellenwert beigemessen. Diese Faktoren werden die Nähe und Intensität der Zusammenarbeit (stark und nah bzw. schwach und distanziert) im gesamten Kooperationsprozess maßgeblich beeinflussen.

Da die Partner sehr unterschiedlich sind, unterscheiden sich Allianzen zwischen Unternehmen und NPOs deutlich von intrasektoriellen Kooperationen. NPOs und Unternehmen differieren im Hinblick auf ihre Organisationskulturen, ihre Ziele und ihr Wertesystem, in Entscheidungsfindungsprozessen, Motivations- und Anreizsystemen, MitarbeiterInnenkompetenzen, Erfolgsindikatoren, Wettbewerbsdynamiken und Fachjargons (vgl. Austin 2000, S. 14f.). Gerade deshalb gelingen Allianzen zwischen diesen Akteuren nur dann, wenn sowohl die formellen als auch die informellen Anforderungen während des gesamten partnerschaftlichen Prozesses erfüllt werden (vgl. Erfolgsfaktoren in 3.3).

Austin klassifiziert im Rahmen seines „Collaboration Continuum" (2000, S. 16) vier mögliche Phasen für Partnerschaften zwischen Unternehmen und NPOs (vgl. Austin 2000, S. 20-34; Austin/Seitanidi 2012a, S. 735-744):

- „**Philanthropic Stage**": Die Beziehung zwischen den Akteuren kann in dieser Phase als Scheckbuch-Verhältnis gekennzeichnet werden. Es handelt sich hauptsächlich um einen unilateralen Ressourcentransfer vom Unternehmen zur Nonprofit-Organisation. Die Spender haben eine paternalistische Einstellung und die Empfänger leiden an einem „Dankbarkeit Syndrom". Die zur Verfügung gestellten Ressourcen sind eher gering, werden selten strategisch eingesetzt und es findet kaum eine Erfolgsmessung statt. Das Ziel der Partnerschaft besteht darin, dass sich einerseits das Unternehmen als verantwortlicher und sozial engagierter Akteur zeigt und seine Reputation sowie seine Attraktivität als Arbeitgeber verbessert und andererseits die NPO als glaubwürdige Organisation dargestellt wird, die Unterstützung verdient.
- „**Transactional Stage**": In dieser Phase treten die Partner in einen Dialog ein. Es findet ein gegenseitiger Erfahrungs- und Ressourcenaustausch statt und eine gewisse organisatorische Passung wird erzielt. Außerdem werden die Kernkompetenzen der beiden Partner wechselseitig beansprucht, und die Zusammen-

arbeit gewinnt eine strategische Bedeutung für die Erfüllung der Mission der NPO einerseits und der wirtschaftlichen Ziele des Unternehmens andererseits.

- „**Integrative Stage**": Strategische Allianzen sind das Ergebnis dieser Phase, in der Wissen, Kompetenzen und Ressourcen gebündelt werden und das Vertrauen und die Interaktion zwischen den Partnern sich deutlich verstärken. Dadurch findet eine Synchronisierung von Mission, Zielen und Strategien statt. Die Eigeninteressen der Akteure sind zwar immer noch vorrangig, aber gemeinsame Ziele wie ökosozialer Fortschritt und Gemeinwohl gewinnen zunehmend an Bedeutung. Durch langfristiges Engagement, innovative Lösungen und Synergien zwischen den Partnern wird ein gesellschaftlicher Mehrwert geschaffen.
- „**Transformative Stage**": Tiefgreifende Veränderungen in der Gesellschaft oder in Teilbereichen stehen im Fokus. Diese werden erreicht durch gemeinsame Visionen, Ziele und Innovationen und durch eine finanzielle Ressourcenbündelung, die gekoppelt wird mit einem hohen Maß an Vertrauen, Transparenz und unternehmerischem Geist. Langfristige Zusammenarbeit im Hinblick auf gemeinsam definierte Vorhaben führt zu gesellschaftlicher Transformation und leitet hinsichtlich des Rollenverständnisses der Akteure – Unternehmen und NPOs einen Paradigmenwechsel ein.[14]

3.2 Herausforderungen in der Umsetzung der Partnerschaft

Die bisher noch häufigste Form der Partnerschaft ist die der philanthropischen Phase, auch wenn zahlreiche Unternehmen und NPOs inzwischen mit ihren Kooperationen in die zweite und dritte Phase übergegangen sind. Allianzen zwischen Wirtschaft und Drittem Sektor können zweifelsfrei innovative Lösungen für gesellschaftliche Probleme ermöglichen. Aufgrund der Verschiedenheit der Beteiligten sind diese allerdings schwierig umzusetzen und scheitern häufig (vgl. Austin 2000, S. 17; Ross 2012, S. 108). Außerdem werden sie auch von Seiten der Öffentlichkeit teilweise kritisch bzw. misstrauisch betrachtet.

14 Diese Stufe wurde von Austin im Jahr 2012 hinzugefügt, um den neuartigen Partnerschaften, die sich in den letzten Jahren herauskristallisiert haben, Rechnung zu tragen. Austin und Seitanidi (2012a, S. 736) thematisieren diese vierte Stufe als mögliche Erweiterung von Austins *collaboration continuum*, und weisen darauf hin, dass obwohl es inzwischen in der Praxis Anzeichen dieser Art von Partnerschaften gäbe, die Stufe noch eher theoretisch ist und nicht empirisch nachgewiesen sei.

Tab. 2 Herausforderungen und Problemfelder bei Partnerschaften zwischen NPOs und Unternehmen

Herausforderungen	Problemfelder
Umgang mit Andersartigkeit	• Organisationskulturen zusammenbringen • Misstrauen abbauen • Emotionales Involvement und Bindung an das Thema gegenseitig verstehen • Fachjargons angleichen, Fehlkommunikation vorbeugen
TeilnehmerInnen-beteiligung	• Klärung von Erwartungen bzgl. Engagement • Miteinbeziehung der Organisationsleitung • Motivations- und Anreizsysteme • Kontinuität in der Mitwirkung
Kompetenzaufbau	• Verständnis für Sektorkontext des Partners • Ressourcenallokation und -bündelung • Einschätzung von Risiken • Problemlösungsstrategien • Anpassungsfähigkeit • Umsetzung von Kommunikationsstrategien
Machtfragen	• Ungleichgewicht in der Machtverteilung • Entscheidungsfindungsprozesse • Autoritätsausübung • Unterstützung der gesamten Organisation, interne Konflikte oder divergierende Ziele
Organisatorisches	• Vereinbarung und Interpretation der Zielsetzungen • Geheimhaltung von Informationen • Priorisierung und Verteilung von Aufgaben • Kommunikationsabläufe • Entwicklungen nachgehen und Fortschritte dokumentieren • Terminverlässlichkeit, Zeitgefühl
Erfolgsmessung	• Definition von Erfolgsindikatoren • Bestimmung des Mehrwertes für Gesellschaft • Ausgewogenheit der Vorteile • Gefühlter Nutzen für jeweilige Organisation, Vorteilsbalance • Schätzung bzw. Unterschätzung des Beitrags des Partners

Eigene Darstellung in Anlehnung an Berger et al. 2004, S. 61; Nelson/Zadek, S. 18; Austin 2000, S. 14f.: Rathje/Kanter 1994; Ross 2012, S. 108-114.

Für NPOs stellt die Wahrung ihrer Unabhängigkeit und Identität in einer Partnerschaft mit Unternehmen eine ganz besondere Herausforderung dar (vgl. Austin 2001, S. 4; Loew et al. 2004, S. 30; Nijhof/van Pijkeren 2006, S. 166; Andreasen/Drumwright 2000; Hunziker 2011, S. 280; Ross 2012, S. 111; Austin/Seitanidi 2012b, S. 946). Die NPO läuft in einer Allianz insofern Gefahr, ihre ideelle Mission zu verwässern, als sie aus Sicht der Öffentlichkeit diese zu kommerziellen Zwecken verwendet. Die NPO kann in einer Allianz mit einem Unternehmen ihr wichtigstes Gut, das ihr entgegengebrachte Vertrauen, aufs Spiel setzen.

> „Die Glaubwürdigkeit ist unser wertvollstes Gut […] und je unabhängiger wir sind, desto glaubwürdiger können wir uns in der Öffentlichkeit präsentieren, und dies wird dadurch beeinflusst von woher man das Geld bekommt oder mit wem man zusammenarbeitet. Und das ist die Schwierigkeit, das ist eine ganz feine Gratwanderung, wo diese Grenze da ist und wie schwierig es im Einzelfall ist das auszuloten."

Intersektorielle Partnerschaften unterscheiden sich insofern deutlich von Kooperationen zwischen Unternehmen. Lediglich bei Unternehmensfusionen wird ein Identitätsverlust bzw. die Entwicklung einer neuen Identität thematisiert. Kooperieren Unternehmen in einer Allianz, so werden die jeweiligen Organisationskulturen und -identitäten zumindest größtenteils gewahrt (vgl. Iyer 2003, S. 44f.).

Auch Unternehmen müssen gegenüber der Öffentlichkeit Partnerschaften mit NPOs glaubwürdig vertreten. Es ist die Frage, ob solche Allianzen wirklich zur Schaffung von Wettbewerbsvorteilen beitragen (vgl. Nelson/Zadek 2000, S. 21) und der Erschließung neuer Märkte dienen, oder ob dadurch nicht bewusst eine Ausbeutung von NPOs stattfindet. Außerdem kann Unternehmen vorgeworfen werden, dass ihr finanzielles Engagement und ihre Marktmentalität im Rahmen der Allianz zu einer Verschiebung des Interesses der beteiligten NPOs führt: Zugunsten öffentlichkeitswirksamer Aktionen werden weniger attraktive Themen und markante Probleme der NPOs vernachlässigt, wodurch es zu einer Verzerrung der Wahrnehmung der Dringlichkeit von gesellschaftlichen Problemlagen kommt. *„Unternehmen haben für sich klare thematische Prioritäten gesetzt (z.B. Kultur, Jungendhilfe, Umwelt, etc.), die eine inhaltliche Passung zu ihrem Geschäft haben (…). Da werden Themen, die aktuell nicht ‚gesellschaftsfähig' erscheinen, wie z.B. Drogenhilfe, vernachlässigt."*

> „Angebote die NGOs und staatliche Institutionen historisch anbieten, werden von Unternehmen entdeckt (z.B. Umweltbildungsmarkt). Ich glaube den meisten Unternehmen aber nicht und vor allem nicht denen die viel Geld investieren, weil sie damit das Wissen und die Einstellung und eventuell auch die Bildung von Werten beeinflussen, und das in einer Dimension die bisher nicht möglich war und das finde ich außerordentlich gefährlich und stehe der Sache wahnsinnig kritisch gegenüber."

Beide Organisationen können ihre Glaubwürdigkeit nur dann wahren, wenn während der gesamten Kooperation absolute Transparenz mit Hinblick auf die angestrebten Zielen und den Einsatz von Ressourcen herrscht und insofern keine Zweifel an der Integrität der Beteiligten aufkommen.

3.3 Erfolgsfaktoren in intersektoriellen Partnerschaften

Laut Austin (2001, S. 3) basieren erfolgreiche Allianzen auf klaren Zielsetzungen, Kongruenz der Mission, hoher Wertschöpfung, wirksamer Kommunikation und ausgeprägtem wechselseitigem Engagement. Bei intersektoriellen Allianzen sollten die beteiligten Organisationen ein solides Verständnis für strategische Partnerschaften besitzen, die gegenseitige Kontaktaufnahme gut planen und vorbereiten, Gemeinsamkeiten in den Strategien aufweisen, Mehrwert für sich und die Gesellschaft schaffen und ihre Beziehung optimal managen (vgl. Austin 2000, S. 16f.). Formelle Anforderungen beeinflussen den Verlauf einer Partnerschaft stark. Ihre Bedeutung für den Gesamterfolg der Kooperation sollte nicht unterschätzt werden. Im Folgenden wird daher ein Leitlinienkatalog vorgestellt, der zur erfolgreichen Gestaltung partnerschaftlicher Prozesse eingesetzt werden kann:

Tab. 3 Leitlinien für Partnerschaften zwischen Unternehmen und NPOs

SELEKTION	• *Ermittlung des Partners*: systematische Recherche nach thematischen Übereinstimmungen und passenden Tätigkeitsfeldern sowie Identifikation potentieller gemeinsamer Interessensgebiete. • *Eignung der Organisation*: Identifizierung einer ähnlichen Ausrichtung in Mission, Strategie und Werten; Einschätzung der Passung. • *Anbahnung*: Aufbau der Beziehung, Sondierung der Übereinstimmung von Wertvorstellungen und Interessen; erste Bewertung von möglichen Kooperationsoptionen und bisherigen Erfahrungen mit Partnerschaften. • *Eigenanalyse und Fremdanalyse*: Prüfung der finanziellen und menschlichen Ressourcen sowie der fachlichen Kompetenz in den Organisationen, die für die Partnerschaft realistisch zur Verfügung stehen. • *Repräsentation*: Miteinbeziehung der jeweiligen Organisationsleitung zur Untermauerung der strategischen Bedeutung der Kooperation und zur Sicherstellung eines langfristigen Engagements.
DEFINITION	• *Klarheit in der Zielsetzung*: Schaffung eines gemeinsamen Verständnisses der gesellschaftlichen Probleme, die es zu lösen gilt, und Entwicklung einer gemeinsamen Vision. • *Klärung von Erwartungen*: Definition des zu erwartenden Nutzens aus der Kooperation für beide Organisationen und für die Gesellschaft sowie Durchführung einer Risikobewertung. • *Formelle Vereinbarungen*: Abschluss einer verbindlichen Kooperationsvereinbarung, Definition einer gemeinsamen Agenda, sowie Überlegungen zur eventuellen Beendigung der Kooperation. • *Erfolgsparameter*: Definition von klaren Zielen und entsprechenden Erfolgsindikatoren (qualitativ und quantitativ). • *Transparenz*: Festlegung der internen und externen Kommunikationsstrategie; Definition eines gemeinsamen Kommunikations- und Auswertungsprozesses mit Statusmeetings; Offenlegung der internen Dokumentation (Zahlen und Fakten).

UMSETZUNG	• *Operative Koordination*: Definition der Ressourcen- und Aufgabenaufteilung, des Zeitrahmens mit Angabe von „Meilensteinen", Einigung bzgl. organisatorischer Struktur und Governance im Rahmen der Partnerschaft. • *Interaktion*: Kontinuierliche Abstimmung und Austausch zum Projektstatus zwischen Partnern, aber auch weiteren externen Stakeholdern (z. B. lokale Gemeinschaften, Begünstigte, etc.); Schaffung von Foren zum Austausch bei Problemen und Konflikten. • *Integration*: Implementation der Partnerschaft in der Organisation, z. B. durch Beteiligung der MitarbeiterInnen (über Volunteering, Interaktion in Arbeitsgruppen, Events, etc.). • *Kommunikationsstrategie*: Umsetzung der definierten Maßnahmen mit anschließender Auswertung und Mitteilung der Ergebnisse. • *Flexibilität*: Anpassungsfähigkeit bei sich verändernden Umweltbedingungen bzw. Neuabgleich der Rollen und Verantwortlichkeiten bei auftretenden Konflikten und Spannungen. • *Tracking*: Entwicklungen nachgehen und Fortschritte dokumentieren; Ideen für weitere mögliche Projekte sammeln.
AUSWERTUNG	• *Ergebnisse*: Aufbereitung und Präsentation von nachweisbaren Ergebnissen anhand der definierten Erfolgsparameter; bei Nichterreichung der Ziele Präsentation und Besprechung von Hürden, Engpässen und Problemen. • *Kontinuierliches Lernen*: Auswertung der gemeinsamen Erfahrungen; Besprechung von positiven bzw. kritischen Punkten in der Zusammenarbeit, Erarbeitung von Verbesserungsvorschlägen; Anpassung des Leitlinienkatalogs. • *Erfolg*: Gemeinsames feiern von Erfolgen; Kommunikation in der jeweiligen Organisation sowie Bekanntgabe der Ergebnisse gegenüber der Öffentlichkeit.
EVOLUTION	• *Weitere Kooperationsmöglichkeiten*: Ausloten und Bewerten weiterer Optionen, um die Partnerschaft fortzusetzen bzw. weiterzuentwickeln. • *Kontinuität*: Miteinbeziehung der gesamten Organisation durch Übertragung von Aufgaben auf alle Organisationsebenen, Institutionalisierung der Partnerschaft. • *Scaling-up*: Erweiterung und Öffnung einer erfolgreichen Kooperation für einen größeren Teilnehmerkreis von NPOs, Unternehmen oder staatliche Akteure sowie Bildung von thematischen Netzwerken; Verbreitung und Transfer der Erkenntnisse an andere Institutionen.

Eigene Darstellung in Anlehnung an Berger et al. 2004, S. 70-76; Nelson/Zadek 2000, S. 31-54; Austin 2000, S. 173-188; Kanter 1994 und 1999; Hafenmayer 2007; Letts et al. 1997: Ross 2012, S. 9f.

Ferner konnten mittels Literaturanalyse weitere fünf ‚immaterielle' Faktoren identifiziert werden, die für den Erfolg einer intersektoriellen Kooperation wichtig sind, nämlich: Vertrauen, „persönliche Chemie", Transparenz, Zeit und nicht zuletzt Leidenschaft.

Tab. 4 Immaterielle Faktoren bei intersektoriellen Partnerschaften

Faktoren	Charakteristika
Vertrauen	• Offenheit und Integrität • langfristiges Engagement und Bindung • Respekt für die unterschiedlichen Wertesysteme • Bereitschaft voneinander zu lernen • Austausch auf „Augenhöhe"
Persönliche Chemie	• Passung zwischen den InitiatorInnen der Allianz • Pflege der Beziehung in der alltäglichen Zusammenarbeit • Zwischenmenschliche Ebene fördern
Transparenz	• Klarheit der Ziele und Offenlegung der Ressourcen während der gesamten Kooperation • Kommunikation des zu erwartenden gesellschaftlichen Mehrwerts
Zeit	• Verständnis für Andersartigkeit • Eventuell auftretende Konflikte managen und zwischen den Partnern schlichten
Leidenschaft	• Schlüsselpersonen identifizieren, die Ressourcen mobilisieren können und innovative Lösungen befürworten • MultiplikatorInnenen identifizieren, die inspirieren und die Partnerschaft vorantreiben

Eigene Darstellung

Im Unterschied zu intrasektoriellen Partnerschaften wird in Allianzen zwischen NPOs und Unternehmen die „individual excellence" der Partner nicht als relevanter Erfolgsfaktor für die Partnerschaft erwähnt. Auch nicht thematisiert wird, dass die Partner ineinander investieren sollten (z. B. über Eigenkapitaleinlage, gegenseitige Vertreter im Vorstand etc.), um der Kooperation eine zusätzliche Verbindlichkeit und Bedeutung zu geben.

Intersektorielle Allianzen sind mehr als ein „reines Geschäft" oder ein Austausch von Ressourcen und Kompetenzen. Nur durch Verständnis und Vertrauen können sie sich, ausgehend von der traditionellen philanthropischen Phase, zu einer echten Zusammenarbeit weiterentwickeln. Organisationen, NPOs wie Unternehmen mit Kooperationskompetenz, die in der Lage sind, Misstrauen abzubauen, sensibel für kulturelle und organisationsspezifische Unterschiede zu sein und die bereit sind, Zeit und Ressourcen in die Partnerschaft zu investieren, werden einen entscheidenden Beitrag[15] zur nachhaltigen Entwicklung leisten.

15 Für eine Kategorisierung des Mehrwerts sowie Kosten von Allianzen zwischen Wirtschaft und Dritter Sektor und Erläuterung der unterschiedlichen Wirkungsarten auf einzelne

3.4 Neuartige transformative Partnerschaften

Durch Partnerschaften zwischen NPOs und Unternehmen werden zwei verschiedene Welten zusammengeführt.[16] Das Innovative dabei ist, dass diese Symbiose nicht nur einen Nutzen für die Beteiligten sondern für die Gesellschaft insgesamt erzeugt. Doch die Mehrheit der aktuellen intersektoriellen Partnerschaften entspricht immer noch dem tradierten paternalistischem Verständnis von Philanthropie: Die Unternehmen sind hauptsächlich diejenigen, die für die gemeinnützigen Organisationen etwas Gutes tun, während den NPOs als Hilfeempfänger eine eher passive Rolle zukommt.

Neue Ansätze sind notwendig, um im Dienst einer Transformation der Gesellschaft die Grenzen zwischen NPOs und Unternehmen aufzuheben. So sollten NPOs Unternehmen beratend mit der Zielsetzung zur Seite stehen, Innovationen im Kerngeschäft sowie im Sozial- oder Umweltmanagement zu ermöglichen und die Wettbewerbsfähigkeit von Unternehmen durch ihre spezifische Expertise zu erhöhen. Eine weitere Ebene der Zusammenarbeit besteht darin, die sog. „bottom-of-the-pyramid" Märkte am Fuße der Wohlstandspyramide zu bedienen. Langfristige Partnerschaften zwischen Unternehmen und NPOs könnten auf „co-creation", bzw. auf der Entwicklung von integrierten Business Modellen basieren, wobei sowohl die Unternehmen als auch die NPOs jeweils Anteil an der Wertschöpfung des Partners haben. Hierdurch können z. B. in Armut lebenden Menschen Produkte zu niedrigeren Preisen angeboten werden. Unternehmen könnten hierdurch ihre gesellschaftliche Legitimität zurückgewinnen, während NPOs ihren Wirkungsbereich erweitern. „When companies and NGOs innovate together, the commercial nature of the relationship and their roles vary, but the outcome is often a breakthrough" (ebd.).

Diese innovativen und zukunftsträchtigeren Formen der Zusammenarbeit sind dem *Transformative Stage* zuzuordnen. „Individual excellence" der Partner sowie gegenseitige „Investitionsbereitschaft" (z. B. über Eigenkapitaleinlage, gegenseitige Vertreter im Vorstand etc.) sind hier von entscheidender Bedeutung. Je mehr die Partner bereit sind, ihre jeweiligen Kernkompetenzen und Ressourcen in die Allianz einzubringen, desto umfangreicher wird die neuartige Wertschöpfung sein.

Individuen, Organisationen und Gesellschaft vgl. Austin/Seitanidi 2012b, S. 949-951.

16 In der Wissenschaft gelten Partnerschaften zwischen NPOs und Unternehmen noch als junges Forschungsgebiet (vgl. Helmig/Boenigk 2012, S. 214) und es besteht erheblicher Forschungsbedarf, um die ökonomische und gesellschaftliche Wirkung derartiger Partnerschaften nachzuweisen (vgl. Seitanidi 2013, S. 278; Austin/Seitanidi 2012a, S. 744f.).

Angesichts des jeweils auf individueller, organisatorischer und gesellschaftlicher Ebene erzeugten Mehrwerts dieser transformativen Partnerschaften erscheint eine weitere Differenzierung des nach Austin „Transformative Stage“ der Kooperationsentwicklung von Unternehmen und NPOs sinnvoll:

- **Venture Stage**: Diese Phase ist von hoher Interdependenz der Akteure gekennzeichnet. Die Unternehmen versuchen in enger Kooperation mit NPOs, sozial und ökologisch verträgliche Produkte und Dienstleistungen zu entwickeln. Dabei bleibt eine Profiterzielung gleichwohl möglich. In dieser hybriden Wertschöpfungskette können NPOs Einfluss auf das Kerngeschäft der Unternehmen ausüben und somit die Wirkung ihrer Maßnahmen steigern. Im Gegenzug unterstützen Unternehmen mit Hilfe innovativer Finanzierungsmodi die effiziente Zielerfüllung von NPOs oder Social Entrepreneurs. Gemeinsam ist Unternehmen wie Akteuren des Dritten Sektors hierbei die Verknüpfung marktorientierter Ansätzen mit gesellschaftlichen Zielen. Ermöglicht wird dies u. a. auch durch eine zunehmende Professionalisierung der NPOs.
- **Systemic Stage**: Zentral in dieser Phase ist die integrierte Wertschöpfungskette von Unternehmen und NPOs: Durch skalierbare Ideen und Projekte werden die Zielgruppen in den bottom-of-the-pyramid Märkten adressiert. Unternehmen und NPOs entwickeln gemeinsam neue Geschäftsmodelle, gründen neue Forprofit- oder Nonprofit-Organisationen und bieten Produkte und Dienstleistungen an, die einen wichtigen Beitrag zur Armutsbekämpfung leisten (vgl. Brugmann/Prahalad 2007; Ross 2012, S. 128). Transparenz von Kostenstrukturen und Profitmargen, die in kommerziellen Vereinbarungen zwischen Zulieferern und Industrie nicht üblich sind, kommt hier eine ganz zentrale Bedeutung zu. Es gilt das Misstrauen zwischen NPOs und Unternehmen zu überwinden. „The processes engendered a culture of frankness, transparency and joint problem solving that is unique in the history of company-NGO relationships“ (Brugmann/ Prahalad 2007, S. 11).

Diese Partnerschaften tragen nicht nur zum sozioökonomischen Wandel bei, sondern sie sind auch für die beteiligten Personen von Vorteil, die z. B. neue fachliche Kenntnisse und soziale Fähigkeiten erwerben. Ferner gewinnen auch die beteiligten Organisationen an Flexibilität und Innovationsfähigkeit.

Gesellschaftliche Probleme sind auch wirtschaftliche Probleme. Die Akteure, die in diesen innovativen intersektoriellen Partnerschaften zusammenkommen, haben dies erkannt und wollen gemeinsam Lösungen finden. „Their interactions have created new links between business innovation and social development“ (Brugmann und Prahalad 2007, S. 4). Es handelt sich nicht um Charity, sondern es ist eine strategische Entscheidung, die Unternehmen und NPOs treffen, wodurch Vorurteile, Ängste und Barrieren überwunden werden. Es gibt dabei keine genauen Richtlinien, vielmehr bietet sich eine Bandbreite von Gestaltungsmöglichkeiten an. Indem NPOs und Unternehmen sich durch entsprechenden und organisationsspezifischen Ressourceneinsatz jeweils an der Investition in die Allianz beteiligen, wird die partnerschaftliche Beziehung durch die gegenseitige Verpflichtung gestärkt (vgl. Kanter 1999, S. 200).

4 Fazit und Ausblick

In einer sich verändernden weltweiten Governance, bei der sich die Machtverhältnisse zwischen Staat, Markt und Zivilgesellschaft verschieben und die traditionellen Hierarchien zwischen den Akteuren durch ein komplexeres Kräfteverhältnis ersetzt werden, erhalten Multistakeholder-Netzwerke eine ganz neue Dimension. Unternehmen und Nonprofit-Organisationen übernehmen durch unterschiedliche strategische Allianzen immer mehr eine aktive Rolle in der Gestaltung des sozioökonomischen Wandels. In der Tat können Unternehmen und Nonprofit-Organisationen durch Partnerschaften einen Paradigmenwechsel einleiten, so dass von Beginn an Kapital auch für sozial innovative Zwecke und im Dienst der Gesellschaft eingesetzt wird. Dies ist „nicht nur nachhaltig, funktionsfähig und gerecht […], sondern auch ausgesprochen wünschenswert." (Meadows et al. 2007, S. 272).

Die Motivation, eine Allianz einzugehen hat sich für Unternehmen wie NPOs im Laufe der Zeit gewandelt, sodass ehemalige ‚Feinde' heute zunehmend im Dialog Positionen abgleichen und gemeinsame Lösungen zur Linderung von sozialen und ökologischen Problemen entwickeln. Gleichwohl sind intersektorielle Partnerschaften nach wie vor gekennzeichnet durch Spannungsverhältnisse, und zwar zwischen „philanthropischer Wohltat" und rein ökonomischen Interessen auf Unternehmensseite sowie zwischen ideeller Zielsetzung und zunehmender Kommerzialisierung auf Seiten der NPOs. Umso wichtiger ist es, dass bei Allianzen einerseits die Nähe zum Kerngeschäft des Unternehmens klar ist und zum anderen, dass durch Transparenz in der Zielsetzung und Professionalität in der Umsetzung keine Zweifel an der Integrität der beteiligten NPO aufkommen.

Unternehmen werden für ihre Projekte solche NPOs als Partner wählen, deren Konzepte zur Lösung gesellschaftlicher Probleme einen klaren Bezug zu den spezifischen Geschäftszielen des Unternehmens aufweisen, die aber gleichzeitig unternehmerisch denken, die Fördermittel effizient einsetzen und dies auch nachweisen können, die flexibel genug sind, sich verändernden Umweltbedingungen anzupassen, und die nicht zuletzt glaubwürdig und integer sind.

Durch die Projektzusammenarbeit wird auf der Mikroebene die Finanzierung der NPO gewährleistet und diese in die Lage versetzt, ihre ideelle Mission zu verfolgen. Gleichzeitig steht dem Unternehmen das Fachwissen der NPO zu ökologischen oder sozialen Fragen zur Verfügung und fließt in die unternehmerische Wertschöpfung ein. Für das Unternehmen wird insofern ein Mehrwert erzielt, als hierdurch Potential für Innovationen ausgeschöpft werden kann.

Auf der Makroebene ergeben sich positive Effekte durch das umweltverträglichere und sozialgerechtere Verhalten der Unternehmen. Durch die so entstandenen horizontalen Netzwerke können sich aus steuerungs- wie demokratietheoretischer Sicht[17] positive Wirkungen ergeben. Um einen systemischen Wandel herbeizuführen und eine echte Transformation der Gesellschaft zu bewirken, sind neuartige transformative Partnerschaften notwendig, die über herrschende Überzeugungen hinausgehen und die Grenzen der Sektoren überwinden. Mit hybriden und integrierten Wertschöpfungsketten können Unternehmen und gemeinnützige Organisationen innovative Lösungen gemeinsam erarbeiten, sodass Effizienz im Ressourceneinsatz und Effektivität in der Zielerreichung vereinigt werden. Durch diese neuen Kooperationsformen, die eben nicht auf dem Gegensatz, sondern gerade auf der Interdependenz von Wirtschaft und Gesellschaft beruhen, kann ein Paradigmenwechsel eingeleitet werden. Es kann sich so eine ethisch fundierte Vernetzung von Ökonomie, Ökologie und Sozialem entwickeln, ganz im Sinne des normativen Leitbildes der nachhaltigen Entwicklung.

Literatur

Achleitner AK, Heister P, Stahl E (2007) Social Entrepreneurship – Ein Überblick. In: Achleitner AK, Pöllath R, Stahl E (Hrsg) Finanzierung von Sozialunternehmern. Konzepte

17 In Anlehnung zur Sozialkapitaltheorie von Putnam, wonach dichte soziale Netzwerke zu effizienter Verwaltung führen (steuerungstheoretische Relevanz) und zur Wiedergewinnung des gegenseitigen Vertrauens, welches durch die Individualisierung der Gesellschaft verloren gegangen ist (demokratietheoretische Relevanz). Gemäß Putnam umfasst Soziales Kapital (social trust) „alle Verhaltensdispositionen von Bürgern, die Beiträge zur Senkung von Transaktionskosten in Wirtschaft und Politik leisten" (Zimmer/Hallmann 2005, S. 103-126).

zur finanziellen Unterstützung von Social Entrepreneurs. Schäffer-Poeschel Verlag, Stuttgart, S 3-25

Andreasen AR, Drumwright ME (2000) Alliances and Ethics in Social Marketing. http://www.social-marketing.org/papers/allianceJan2000 .html. Zugegriffen: 05. März 2008

Austin JE (2000) The Collaboration Challenge. How Nonprofits and Businesses Succeed Through Strategic Alliances. Jossey-Bass Publishers, San Francisco

Austin JE (2001) Connecting With Nonprofits. Harvard Business School. Working Knowledge for Business Leaders. October 1, 2001. http://hbswk.hbs.edu/ item/2489.html. Zugegriffen: 25. März 2008

Austin J, Seitanidi M (2012a) Collaborative Value Creation: A Review of Partnering Between Nonprofits and Businesses: Part I. Value Creation Spectrum and Collaboration Stages. Nonprofit and Voluntary Sector Quarterly 41: 726-760

Austin J, Seitanidi M (2012b) Collaborative Value Creation: A Review of Partnering Between Nonprofits and Businesses: Part 2: Partnership Processes and Outcomes. Nonprofit and Voluntary Sector Quarterly 41: 929-969

Backhaus-Maul H (2006) Gesellschaftliche Verantwortung von Unternehmen. Aus Politik und Zeitgeschichte. Beilage zur Wochenzeitung Das Parlament 12: 32-38

Berger IE, Cunningham PH, Drumwright ME (2004) Social Alliances: Company/Nonprofit Collaboration. California Management Review 47(1): 58-90

black point (2007) Studie zu den CSR-Berichten der DAX-Unternehmen black point communications gmbh & Lina Blankenagel. September 2007

Brugmann J, Prahalad CK (2007) Cocreating Business's New Social Compact. Harvard Business Review. February 2007. Harvard Business School Publishing Corporation, Boston

Bundesministerium für Arbeit und Soziales (2012) Verbreitung, Entwicklung und Erfolgsfaktoren von Corporate Social Responsibility (CSR) – eine Expertenbefragung. http://www.csr-preis-bund.de/fileadmin/user_upload/doc/pressemeldungen/121008 _Expertenumfrage_SF.pdf. Zugegriffen: 17. Dezember 2013

CSR-Studie (2010) Situation und Perspektiven von Partnerschaften zwischen Unternehmen und NGOs. Eine Publikation des credibility.wegewerk und der medienfabrik Gütersloh GmbH. März 2010

Deutscher Spendenrat e. V., GfK (2013) Bilanz des Helfens 2013. http://www. spendenrat.de/download.php?f=9fedafe910992ce219fa31f8ac65654a. Zugegriffen: 07. Dezember 2013

Europäische Kommission (Hrsg) (2001) Europäische Rahmenbedingungen für die soziale Verantwortung von Unternehmen, Brüssel

Europäische Kommission (Hrsg) (2011) Mitteilung der Kommission an das Europäische Parlament, den Rat, den Europäischen Wirtschafts- und Sozialausschuss und den Ausschuss der Regionen. Neue EU-Strategie (2011-14) für die soziale Verantwortung der Unternehmen (CSR), Brüssel

FT (2007) Corporate Citizenship & Philanthropy. Businesses profit from new partnerships. Financial Times Special Report. July 5 2007

Fundraising Akademie (Hrsg) (2008) Fundraising. Handbuch für Grundlagen, Strategien und Methoden. 4. aktualisierte Aufl. Betriebswirtschaftlicher Verlag Dr. Th. Gabler, GWV Fachverlage GmbH, Wiesbaden

Hafenmayer W (2007) Kooperationen zwischen Non- und For-Profit-Unternehmen. In: Achleitner AK, Pöllath R, Stahl, E (Hrsg): Finanzierung von Sozialunternehmern. Konzepte zur finanziellen Unterstützung von Social Entrepreneurs. Schäffer-Poeschel Verlag, Stuttgart, S 184-191

Haynes K, Murray A, Dillard J (2012) Corporate Social Responsibility: A Research Handbook. Routledge Publishing, Florence, KY

Helmig B, Boenigk S (2012) Nonprofit-Management. Verlag Franz Vahlen GmbH, München

Holliday COJr, Schmidheiny S, Watts P (2002) Walking the Talk. The Business Case for Sustainable Development. Greenleaf Publishing, Berrett-Koehler Publishers, San Francisco, CA

Hunziker B (2011) Professionalisierung im Fundraising – Auswirkungen des Ökonomisierungsdrucks und mögliche Auswege. In: Langer A, Schröer A (Hrsg) Professionalisierung im Nonprofit Management. VS Verlag für Sozialwissenschaften, Wiesbaden, S 273-291

Iyer E (2003) Theory of Alliances: Partnership and Partner Characteristics. Journal of Nonprofit & Public Sector Marketing 11(1): 41-57

Kanter RM (1994) Collaborative Advantage: The Art of Alliances. Harvard Business Review. July-August 1994. Harvard Business School Publishing, Boston

Kanter RM (1999) From Spare Change to Real Change. The Social Sector as Beta Site for Business Innovation. In: Harvard Business Review on Corporate Responsibility. Harvard Business School Publishing Corporation, Boston MA, S 189-213

Letts C, Ryan W, Grossmann A (1997) Virtuous Capital: what foundations can learn from venture capital. Harvard Business Review – 97207. March-April 1997, Cambridge, MA, USA

Loew T, Ankele K, Braun S, Clausen J (2004) Bedeutung der internationalen CSR-Diskussion für Nachhaltigkeit und die sich daraus ergebenden Anforderungen an Unternehmen mit Fokus Berichterstattung, Münster, Berlin. Projektpartner: future e. V., Institut für ökologische Wirtschaftsforschung gGmbH. Gefördert durch: Bundesministerium für Umwelt, Naturschutz und Reaktorsicherheit

Maak T, Ulrich P (2007) Integre Unternehmensführung. Ethisches Orientierungswissen für die Wirtschaftspraxis. Schäffer-Poeschel Verlag, Stuttgart

McKinsey (2007) The State of corporate philanthropy: A McKinsey Global Survey. The McKinsey Quarterly

Meadows D, Randers J, Meadows D (2007) Grenzen des Wachstums. Das 30-Jahre-Update. Signal vom Kurswechsel. 2. Aufl. S. Hirzel Verlag, Stuttgart

Nährlich S (o. J.) Was sind die und was bleibt von den Besonderheiten der Nonprofit-Organisationen? Eine ökonomische Betrachtung. Manuskript zum Studienkurs „Gemeinnützige Organisationen zwischen Markt und Staat„ im berufsbegleitenden Weiterbildungsstudiengang „Nonprofit-Management and Governance" der Westfälischen Wilhelms-Universität zu Münster, Westfalen

Nelson J, Jenkins B (2006) Investing in Social Innovation. Harnessing the Potential of Partnerships Between Corporations and Social Entrepreneurs. March 2006 | Working Paper No. 20 of the Corporate Social Responsibility Initiative. John F. Kennedy School of Government, Harvard University

Nelson J, Zadek S (2000) Partnership Alchemy. New Social Partnerships in Europe. The Copenhagen Centre. http://www.zadek.net/wp-content/uploads/2010/ 01/partnership_alchemy.pdf. Zugegriffen: 15. Dezember 2013

Nijhof A, van Pijkeren M (2006) Managing Expectations in Partnerships. In: Jonker J, de Witte M (Hrsg) Management Models for Corporate Social Responsibility. Springer Verlag, Berlin, Heidelberg, S 164-170

Pfadenhauer M. (2007) Das Experteninterview. Ein Gespräch auf gleicher Augenhöhe. In: Buber R, Holzmüller HH (Hrsg) Qualitative Marktforschung. Konzepte – Methoden – Analysen. Gabler Verlag, Wiesbaden, S 449-461

Porter ME, Kramer MR (2006) Strategy & Society. The Link Between Competitive Advantage and Corporate Social Responsibility. Harvard Business Review – R0612D. December 2006, Cambridge, MA, USA

Porter ME, Kramer MR (2012) Shared Value: Die Brücke von Corporate Social Responsibility zu Corporate Strategy. In: Schneider A, Schmidpeter R (Hrsg) Corporate Social Responsibility. Verantwortungsvolle Unternehmensführung in Theorie und Praxis. Springer Verlag, Berlin, Heidelberg, S 137-153

Prahalad CK (2006) Der Reichtum der Dritten Welt. Armut bekämpfen. Wohlstand fördern. Würde bewahren. FinanzBuch Verlag, München

Prinzhorn J (2008) Civil Private Partnership als Ausdruck gesellschaftlicher Verantwortung von Unternehmen – Voraussetzungen für eine nachhaltige Zusammenarbeit aus der Perspektive von Nonprofitorganisationen. In: Müller M, Schaltegger S (Hrsg) Corporate Social Responsibility. Trend oder Modeerscheinung?. Oekom Verlag, München, S 125-141

Rathje S Mit denen können wir gut! Thesenpapier zur Kooperationsfähigkeit als Zukunftskompetenz erfolgreicher Unternehmen. Bertelsmann Stiftung. http://www.bertelsmann-stiftung.de/cps/rde/xbcr/SID-6CB2CEDC-C066FFAA/bst/Thesenpapier%20Kooperation%20Rathje.pdf. Zugegriffen: 15. Dezember 2013

Ross SR (2012) Expanding the pie: fostering effective non-profit and corporate partnerships. Kumarian Press, an imprint of Stylus Publishing, LLC, Virginia

Schneider A (2012) Reifegradmodell CSR – eine Begriffsklärung und Abgrenzung. In: Schneider A, Schmidpeter R (Hrsg) Corporate Social Responsibility – Verantwortungsvolle Unternehmensführung in Theorie und Praxis. Springer Verlag, Berlin, Heidelberg, S 17-38

Seitanidi M (2013) Nonprofit-business partnerships as agents for change: cross sector social interactions – a contextualist research agenda. In: Murray A, Dillard J, Haynes K (Hrsg) Corporate Social Responsibility. A Research Handbook. Routledge, New York, S 272-292

Stahl E (2007) Socially Responsible Venture Capital, traditionelles Venture Capital und Stiftungen. In: Achleitner A-K, Pöllath R, Stahl E (Hrsg) Finanzierung von Sozialunternehmern. Konzepte zur finanziellen Unterstützung von Social Entrepreneurs. Schäffer-Poeschel Verlag, Stuttgart, S 122-127

Trautner J (2012) CSR in der deutschen Politik. In: Schneider A, Schmidpeter R (Hrsg) Corporate Social Responsibility. Verantwortungsvolle Unternehmensführung in Theorie und Praxis. Springer Verlag, Berlin, Heidelberg, S 751-762

Weber M (2008) Corporate Social Responsibility: Konzeptionelle Gemeinsamkeiten und Unterschiede zur Nachhaltigkeits- und Corporate-Citizenship Diskussion. In: Müller M, Schaltegger S (Hrsg) Corporate Social Responsibility. Trend oder Modeerscheinung?. Oekom Verlag, München, S 39-51

Wieland J, Conradi W (Hrsg) (2002) Corporate Citizenship. Gesellschaftliches Engagement – unternehmerischer Nutzen. Metropolis-Verlag, Marburg

Zimmer A, Hallmann T (2005) Nonprofit-Sektor, Zivilgesellschaft und Sozialkapital. In: Hopt KJ, von Hippel T, Walz R (Hrsg) Nonprofit-Organisationen in Recht, Wirtschaft und Gesellschaft. Mohr Siebeck, Tübingen, S 103-126

Corporate Social Responsibility im Kulturbereich

Ein Leitbild auf dem Prüfstand

Melanie Beyer[1]

Abstract

In Anlehnung an Corporate Social Responsibility wird Corporate Cultural Responsibility, die enge Zusammenarbeit zwischen Unternehmen und Kulturakteuren, als anzustrebende Perspektive zunehmend diskutiert. In Nordrhein-Westfalen setzt die Kulturpolitik seit den 1990er Jahren große Hoffnungen in das Engagement von Unternehmen in der Kultur. Mit dem NRW-Förderprogramm „Regionale Kulturpolitik" wird seit rund 20 Jahren versucht, langfristige und intensive Kooperationen zwischen Firmen und Kulturakteuren zu etablieren. Die Umsetzung des Programms im nordrhein-westfälischen Teilgebiet Hellweg zeigt jedoch, dass die Zusammenarbeit zwischen Kultur und Wirtschaft schwierig ist und sich bisher nach wie vor weitgehend auf Sponsoring beschränkt. Allerdings lassen sich auch gute Gründe nennen, warum eine Kooperation weder für Unternehmen noch für Kulturakteure lohnenswert erscheinen kann. Insofern sind die Erwartungen, die mit dem Konzept „Corporate Cultural Responsibility" verbunden werden, eher kritisch zu hinterfragen.

Keywords

(Regionale) Kulturpolitik • Corporate Cultural Responsibility • Sponsoring • Kulturprojekte

1 Westfälische Wilhelms-Universität Münster, m_beye03@uni-muenster.de

1 Einleitung

In Deutschland kommt hinsichtlich der Produktion und Finanzierung von Kultur dem öffentlichen Bereich ein zentraler Stellenwert zu (vgl. Schwalb 2011). Gleichzeitig zeichnet sich dieses Politikfeld traditionell auch durch ein starkes Engagement privater, auch privatwirtschaftlicher Akteure aus (Schwalb 2011, S. 125). So stellt zum Beispiel das Mäzenatentum, also die „Förderung der Kultur [...] aus altruistischen Motiven" (Mundt 2008, S. 25), für viele Unternehmen durchaus eine traditionelle Form der kulturellen Betätigung dar (Schwalb 2011, S. 114).

Angesichts zunehmender finanzieller Engpässe ist das Interesse an einer Zusammenarbeit mit der Wirtschaft in den letzten Jahren deutlich gestiegen (Mundt 2008, S. 3). Vor allem Sponsoring, definiert als ein Geschäft zwischen kulturellen Einrichtungen und Firmen (Mundt 2008, S. 26f.), hat an Aufmerksamkeit gewonnen (Bendixen 2011, S. 175f.). Darüber hinaus wird zunehmend die Ansicht vertreten, dass Unternehmen vermehrt dazu bereit sind, Verantwortung für ihre gesellschaftliche und damit auch kulturelle Umwelt zu übernehmen: „Unternehmen werden heute wie Bürger dazu aufgefordert, einen Beitrag zur Zivilgesellschaft zu leisten" (Mundt 2008, S. 4). In Anlehnung an die Debatte um „Corporate Social Responsibility" ist in einem zunehmenden Maße von einer „Corporate Cultural Responsibility" der Firmen die Rede (Schwalb 2011, S. 114). Hiermit ist gemeint, dass die Kulturförderung „integrierter Teil der Unternehmensstrategie sein, ganzheitlich ansetzen und meist mittel- bis langfristige Wirkungen entfalten [soll]" (Schwalb 2011, S. 114). Eine solche Herangehensweise kann Sponsoring beinhalten, sollte aber nicht darauf beschränkt bleiben (vgl. Lamprecht 2013, S. 255).

Intensive, über bloßes Sponsoring hinausgehende Kooperationen zwischen Unternehmen und Kulturakteuren werden vielfältig diskutiert (z. B. Scheytt 2008; Mundt 2008; Haltern 2014). Scheytt (2008) beispielsweise sieht in „kreativen Allianzen mit der Wirtschaft" (Scheytt 2008, S. 277) eine wichtige Voraussetzung für eine Verbesserung der finanziellen Situation und für einen höheren Stellenwert von Kultur in Deutschland. Einen maßgeblichen Initialbeitrag zum Thema CCR im deutschsprachigen Raum leistete das Projekt „Corporate Cultural Responsibility" von 2002 bis 2006, das von Beate Hentschel vom Siemens Arts Program und Michael Hutter, Professor an der Universität Witten/Herdecke, ins Leben gerufen wurde.[2] Das Projekt fragte nach „Hintergründen, Sinn und Nutzen einer Pflege der kulturellen Umwelt durch Unternehmen" (Hentschel und Hutter o. J., S. 1). Darüber hinaus präsentierte es Praxisbeispiele aus Unternehmen und stellte

2 vgl. http://www.kulturkreis.eu/index.php?option=com_content&task=view&id=138&Itemid=119, Zugriff: 16.01.2015.

Ratschläge und Empfehlungen zusammen (Hentschel und Hutter o. J.). Lamprecht (2013) schließlich hebt die Bedeutung von CCR für Firmen hervor, da „Tätigkeiten über das klassische Kerngeschäft hinaus, als eben Unternehmensverantwortung, ein Teil des Erfolg determinierenden Selbsterhaltes sind…" (Lamprecht 2013, S. 29).

Um die Zusammenarbeit zwischen Kultur und Wirtschaft näher zu beleuchten, lohnt sich ein Blick auf die Kulturpolitik Nordrhein-Westfalens. Hier wird bereits seit den 1990er Jahren ein Schwerpunkt auf die Potenziale unternehmerischen Engagements gelegt. Mit dem 1995 initiierten Förderprogramm „Regionale Kulturpolitik" versucht das Land, Kooperationen von Kultureinrichtungen und Firmen gezielt zu stärken. In NRW verfügen daher Kulturakteure hinsichtlich der Möglichkeiten und Grenzen einer Zusammenarbeit mit der Wirtschaft inzwischen über beachtliche Erfahrungen.

Im Folgenden wird zunächst auf den von der NRW-Kulturpolitik unterstellten engen Nexus von Wirtschaft und Kultur eingegangen. Daran anschließend wird am Beispiel der Kulturregion Hellweg die anspruchsvolle Zielsetzung des Programms „Regionale Kulturpolitik" einer empirischen Überprüfung unterzogen. Im abschließenden Resümee wird die Bedeutung von Corporate Cultural Responsibility und Kultursponsoring vor dem Hintergrund der Ergebnisse der Analyse bewertet.

2 Kultur und Wirtschaft in Nordrhein-Westfalen

Seit Ende der 1980er Jahre wird in NRW die Position vertreten, dass Kultur und Wirtschaft interdependent sind, voneinander profitieren können und darum miteinander verknüpft werden sollen. So wurde im Rahmen von „Kultur 90" von 1985 bis 1988 Kulturarbeit auf kommunaler Ebene in einem breiten Kontext gesellschaftlicher Themen und Anforderungen diskutiert (Scheytt 2008, S. 25) und als wichtiges Ergebnis festgehalten: „Die Kultur ist ein Wirtschaftsfaktor und Wirtschaft ist ein Kulturfaktor" (Erny et al. 1988, S. 336, zitiert nach Sievers und Eichler 2012, S. 49). Dies bedeutet einerseits, dass die Kultur einen positiven Beitrag zur Wirtschafts- und Strukturentwicklung leisten kann, und zwar weil sie Arbeitsplätze schafft (Landtag NRW 2000, S. 45). Andererseits ist die Wirtschaft selbst Teil und Ausdruck des kulturellen Lebens, das sie beeinflussen und mitgestalten kann. Aus Sicht von Kulturakteuren ergibt sich hieraus eine gewisse Verantwortung von Unternehmen für kulturelle Aktivitäten (Scheytt 2008, S. 276f.).

Dieser Ansatz wurde Mitte der 1990er Jahre von der Landesregierung mit der doppelten Zielsetzung aufgegriffen, Kultur zum einen für die Bewältigung des Strukturwandels nutzbar zu machen und in diesem Zusammenhang die Bedeutung der Kreativwirtschaft[3] als Wachstumsbranche herauszustellen (Sievers 2000, S. 5). Ferner trat die Landeskulturpolitik angesichts wachsender Engpässe in der öffentlichen Kulturfinanzierung für ein verstärktes privates Engagement ein (Heinemann 2007, S. 187). Dabei ging die damalige nordrhein-westfälische Ministerin für Arbeit, Soziales und Stadtentwicklung, Kultur und Sport hinsichtlich der Beziehung von Kultur und Wirtschaft von einer „heftigen amour fou" aus: „Denn die Förderung von Kultur scheint zur Zeit zu den Bestsellern der außerunternehmerischen Wirtschaftsaktivitäten zu gehören; sie boomt..." (Brusis 1998, S. 7). Man vertrat also auf Landesebene die Ansicht, dass Unternehmen sehr motiviert seien, sich für kulturelle Belange einzusetzen. Dies ließe sich unter anderem damit begründen, dass Kultur ein wichtiger Standort- und Identitätsfaktor sei. Gemäß dieser Einschätzung wurde konstatiert: „So ist bereits die Rede von der sogenannten „Corporate Culture" eines Unternehmens als Ausdruck eines erweiterten Qualitätsbegriffs, über den sich die Unternehmen auch in sozialer und kultureller Hinsicht definieren möchten" (Brusis 1998, S. 10).

Es bestand die Erwartung, dass die Wirtschaft zukünftig weniger in singuläre kulturelle „Highlights" investieren, sondern eher mittelfristige Kooperationen mit Kulturakteuren eingehen würde. Hierbei würde die regionale Ebene insofern einen zentralen Bezugspunkt darstellen, als „Tendenzen zur Regionalisierung und Verstetigung des unternehmerischen Engagements Chancen [bieten] für eine ganz neue, auf Partizipation und Teilhabe ausgerichteten [sic!] Partnerschaft zwischen dem Sponsor, der öffentlichen Hand und den Kultureinrichtungen selbst" (Brusis 1998, S. 16).

Insgesamt ist festzuhalten, dass die nordrhein-westfälische Kulturpolitik ab den 1990er Jahren große Hoffnungen in die unternehmerische Kulturunterstützung setzt. Seitdem gilt sie als wichtige, die öffentliche Förderung in Zukunft maßgeblich ergänzende Finanzierungsquelle.

Eine praktisch-politische Konsequenz der „Intensivierung des Wechselverhältnisses von Kultur und Wirtschaft" (Heinemann 2007, S. 187) bestand in der Auflage des flächendeckenden und spartenübergreifenden Landesförderprogramms „Regionale Kulturpolitik" (RKP). Seit 1995 unterstützt dieses Programm überörtliche kulturelle Kooperationsprojekte in zehn Kulturregionen Nordrhein-Westfalens.[4]

---

3 Im Rahmen der Kreativwirtschaft geht es um die „Erstellung kultureller Güter und Dienstleistungen durch bzw. in Unternehmen am Markt" (Schwalb 2011, S. 112).

4 Eine kurze Einführung in die Entstehung sowie die zentralen Elemente des Programms leistet z. B. Sommer (2007, S. 107ff.). Bei den zehn Kulturregionen handelt es sich um: Bergisches Land, Hellweg, Münsterland, Niederrhein, Ostwestfalen-Lippe, Regio Aachen, Südwestfalen, Sauerland, Rheinschiene und Ruhrgebiet.

Das Programm verfolgt in den Regionen eine doppelte Zielsetzung: Zum einen sollen die nordrhein-westfälischen Teilgebiete mittels Kultur bekannt gemacht werden. Ferner sollen die vom Land zur Verfügung gestellten Finanzmittel effizienter eingesetzt werden. Es soll die kulturelle Infrastruktur optimiert werden (Sievers 2005, S. 348f.), und zwar maßgeblich auch mittels Unterstützung aus der Wirtschaft. Insofern kommt dem verstärkten Einbezug von Akteuren aus der Privatwirtschaft im Rahmen der „Regionalen Kulturpolitik" ein wichtiger Stellenwert zu (Landtag NRW 2001, S. 57). Unternehmen sollen finanziell zur Realisierung von Projekten beitragen und auch längerfristig in die Finanzierung des betreffenden Kulturangebots eingebunden werden (vgl. Landtag NRW 1998, S. 4). Ganz gemäß der Corporate Cultural Responsibility sollen Kultur und Wirtschaft auch inhaltlich im Sinne eines integrativen Gesamtkonzeptes miteinander verknüpft werden.[5] Auf der operativen Ebene der Projekte bedeutet dies, dass Kulturakteure und Unternehmen gemeinsam Ideen entwickeln, verwirklichen und auf dieser Basis längerfristig zusammenarbeiten bzw. ihre Kooperation über das betreffende Projekt hinaus weiter ausbauen.[6] Das heißt, das Programm versucht, in den Regionen Corporate Cultural Responsibility anzuregen und intensive Kooperationen zwischen Wirtschaftsunternehmen und Kultureinrichtungen und -akteuren zu etablieren.

3 Unternehmerisches Engagement im Rahmen der „Regionalen Kulturpolitik"? – Das Beispiel der Kulturregion Hellweg

In meiner Masterarbeit[7] habe ich die Umsetzung der „Regionalen Kulturpolitik" in der Kulturregion Hellweg auf der Grundlage einer umfangreichen Dokumentenanalyse sowie sechs Experteninterviews untersucht. Die Kulturregion Hellweg umfasst die Städte Hamm, Ahlen, Beckum und Drensteinfurt sowie die Kreise Soest und

5 Die „Regionale Kulturpolitik" fördert unter anderem schwerpunktartig „Projekte, die durch die Verbindung von Kultur mit anderen Sach- / Aufgabengebieten wie z.B. [...] der Wirtschaft [...] die Lebensqualität der Einwohnerinnen und Einwohner verbessern" (Ministerium für Arbeit, Soziales und Stadtentwicklung, Kultur und Sport des Landes Nordrhein-Westfalen 1998, S. 3).

6 Diesbezügliche Projektansätze finden sich in Landtag NRW 2000, S. 8.

7 Beyer M (2014) Kooperation als Strukturprinzip? Die Umsetzung des nordrheinwestfälischen Förderprogramms "Regionale Kulturpolitik" in der Region Hellweg. Hausarbeit zur Erlangung des Grades „Master of Arts". WWU Münster

Unna.[8] Der Hellweg liegt abseits der Ballungsräume an Rhein und Ruhr mit den bekannten Städten wie z. B. Köln oder Essen, ist zum Teil eher ländlich geprägt und kann zu einem gewissen Grad als wirtschaftlich schwach bezeichnet werden (vgl. Ebert 1997). Die Kulturregion Hellweg bietet sich als Untersuchungsgegenstand für die Überprüfung der Prämissen des Programms „Regionale Kulturpolitik" insofern an, als von Seiten der Politik auch bei eher ungünstigen Bedingungen von einer Win-Win-Situation für Unternehmen wie für Kulturakteure ausgegangen wird. Anhand der realisierten Projekte habe ich u. a. überprüft, ob und inwiefern es der „Regionalen Kulturpolitik" in der Region Hellweg gelungen ist, zum einen zur Etablierung von Corporate Cultural Responsibility beizutragen bzw. diese nachhaltig zu initiieren sowie zum anderen „zumindest" die regionalen Ressourcen der Wirtschaft für Kultursponsoring zu mobilisieren.

Konkret sind die insgesamt 181 zwischen 1998 und 2013 durch das Programm geförderten Kulturprojekte in der Region Hellweg dahingehend untersucht und ausgewertet worden, ob und in welchem Ausmaß Unternehmen beteiligt waren. Dabei können die Unternehmen gemäß der Zielsetzung der „Regionalen Kulturpolitik" und im Sinne der Corporate Cultural Responsibility direkt in die Projektarbeit als Partner involviert sein. Dies würde insofern auf eine intensive Verbindung hindeuten, als die Unternehmen sich inhaltlich mit kulturellen Belangen sowie mit ihrem Unternehmensbezug dazu auseinandersetzen. Gemäß der „Regionalen Kulturpolitik" können Unternehmen aber auch Projekte „nur" als Sponsoren kurz- oder längerfristig unterstützen, ohne dass sie eine intensive Zusammenarbeit eingehen oder die Förderung sogar in ihr Unternehmensprofil integrieren. Kurz: Es wurde untersucht, 1) ob und inwiefern in der Region Hellweg entweder enge Kooperationen zwischen Kultureinrichtungen und Unternehmen im Sinne einer Corporate Cultural Responsibility eingegangen wurden, 2) ob es sich nur um auf Aspekte der Finanzierung fokussierte Beziehungen zwischen Unternehmen und Kultureinrichtungen handelte, oder ob 3) die öffentliche Hand und Akteure des Dritten Sektors allein für die Realisierung des jeweiligen Projekts verantwortlich zeichneten.

3.1 Eher Sponsoring als enge Kooperation

Im Ergebnis ist festzuhalten, dass die unmittelbare Beteiligung von Firmen an Projekttätigkeiten – also Corporate Cultural Responsibility – eine seltene Ausnahme darstellt. Am ehesten trifft dies noch zum einen auf das Engagement des

8 vgl. http://www.hellwegregion.de, Zugriff: 09.06.2014

Tourismus-Unternehmens Hanse Tourist zu, das unter anderem an dem regionalen Großprojekt „Mord am Hellweg"[9] mitwirkt. Generell scheint das Thema „Kulturtourismus" – die Kooperation zwischen der Kultur und dem Wirtschaftszweig Tourismus – jedoch ein problematisches zu sein. So stellt ein an der „Regionalen Kulturpolitik" am Hellweg beteiligter Akteur ernüchtert fest: „Wir Kulturleute und die Touristiker sind nie zusammengekommen" (Interview 3, kommunaler Akteur). Der Grund dafür läge in unterschiedlichen Arbeitsweisen und Zeitplänen.

Ferner sind einige mittelständische Firmen als Mitglieder des (Förder-) Vereins Kulturkreis der Unnaer Wirtschaft e. V. in die Durchführung des Musikprojekts „Celloherbst" involviert.[10] Der Kulturkreis der Unnaer Wirtschaft e. V. war allerdings schon vor der Einführung der „Regionalen Kulturpolitik" am Hellweg sehr aktiv (Ebert 1997, S. 13). Es handelt sich also nicht um einen neuen Partner, der im Rahmen des Programms mobilisiert werden konnte.

Im Ergebnis ist festzuhalten, dass es der „Regionalen Kulturpolitik" in der Region Hellweg nicht gelungen ist, in einem beachtenswerten Umfang und nachhaltig Corporate Cultural Responsibility anzuregen bzw. zu etablieren.

Auf der Ebene des Sponsoring bzw. der Finanzierung zeigt sich, dass die Sparkassen, denen für die Kulturförderung insgesamt eine wichtige Bedeutung in Deutschland zukommt (Schwalb 2011, S. 118), auch in der Region Hellweg sehr aktiv sind. Darüber hinaus sind die Mitglieder des Kulturkreises der Unnaer Wirtschaft e. V. am Hellweg kulturfördernd engagiert. Insgesamt ist die finanzielle Beteiligung der Privatwirtschaft und hierbei insbesondere der größeren Unternehmen an den durch die „Regionale Kulturpolitik" in der Region Hellweg geförderten Projekten aber als gering zu charakterisieren. Selbst bei dem recht bekannten und umfangreichen Projekt „Mord am Hellweg" sind nur wenige Firmen involviert.[11]

3.2 Region ist nicht gleich Region

Wenn in der Region Hellweg also eine Kooperation zwischen Wirtschaft und Kultur realisiert wurde, dann am ehesten als Sponsoring. Aufgrund der Ergebnisse der Untersuchung lassen sich einige Aussagen treffen, die für die Einschätzung von Kultursponsoring und indirekt auch der Realisierbarkeit von CCR insgesamt relevant

9 Bei „Mord am Hellweg" handelt es sich um ein internationales Krimifestival (vgl. http://www.mordamhellweg.de/, Zugriff: 12.01.2015).

10 vgl. http://celloherbst.de/das-festival/kulturkreis-der-unnaer-wirtschaft-e-v/, Zugriff: 10.06.2014

11 vgl. auch http://www.mordamhellweg.de/partner, Zugriff: 19.01.2015

sind. Hinsichtlich der Attraktivität der Region Hellweg für privatwirtschaftliche Förderer stellte ein kommunaler Interviewpartner heraus: „Entweder haben wir es mit lokalen Firmen zu tun, und die haben kein Interesse daran, dass ein Projekt auch in [Stadt x, MB] stattfindet. ... Sie wollen ein Profil vor Ort haben....Wenn sie größer sind, interessiert sie eigentlich eher NRW, aber nicht die Region Hellweg" (Interview 3, kommunaler Akteur). Diese Einschätzung steht im Gegensatz zur Lehrmeinung zum Thema „Kultursponsoring". Danach ist die regionale Ebene ein Schwerpunkt unternehmerischer Kulturförderung in Deutschland (Landtag NRW 2001, S. 53; Gerlach-March 2010, S. 53). Doch Region ist nicht gleich Region. So scheint es schwierig zu sein, Unternehmen für kulturelle Aktivitäten in Teilgebieten zu begeistern, die – wie der Hellweg – eher im Schatten der sog. Kulturmetropolen und Zentren liegen und nicht als besonders kulturaffin gelten. Kultursponsoring geht somit dahin, wo es schon viel Kultur gibt. Demgegenüber haben es Kulturprojekte und ihre Träger in (wirtschaftlich schwächeren) „Randlagen" schwer, Aufmerksamkeit von Firmen zu bekommen und sie für eine Unterstützung zu mobilisieren.

3.3 Hochkultur-Events im Vordergrund

Doch auch die Reichweite eines Kulturereignisses oder Projekts scheint für Unternehmen von großer Bedeutung zu sein. So bündeln „Highlights" bzw. „Events" nach wie vor Sponsoringaktivitäten, mit der Folge, dass für andere Veranstaltungen kaum etwas übrig bleibt (Interview 4, kommunaler Akteur; Landtag NRW 2001, S. 56).[12]

Hinzu kommt, dass manche kulturellen Inhalte sehr speziell und damit nur für wenige Firmen attraktiv sind. So spielt beispielsweise am Hellweg das Thema „Lichtkunst"[13] eine große Rolle, für das sich vorrangig lediglich die Leuchtenindustrie interessiert (Interview 4, kommunaler Akteur). Ergänzend ist zu erwähnen, dass unternehmerisches Engagement generell vor allem auf den Bereich der Hochkultur – also z. B. Philharmonien oder Opernhäuser – fokussiert ist (Mundt 2008, S. 46). Dies bedeutet im Umkehrschluss, dass es insbesondere für kleinere Kultureinrichtungen der freien Szene schwierig ist, privatwirtschaftliche Fördermittel einzuwerben.

12 Ein kommunaler Interviewpartner verwies darauf, dass die Kulturhauptstadt im Ruhrgebiet (2010) viele privatwirtschaftliche Mittel gebündelt hat. In der Folge sei es für die Kulturakteure am Hellweg schwierig gewesen, Sponsoren zu mobilisieren.

13 In Unna befindet sich beispielweise das Zentrum für Internationale Lichtkunst (vgl. http://www.lichtkunst-unna.de/, Zugriff: 19.02.2015).

Von Kritikern wird der Nutzen von Sponsoring an sich in Frage gestellt, weil es sich hierbei um einen „Kauf bzw. Verkauf von Werbekraft“ (Strachwitz 1993, S. 256) handelt. Das bedeutet, dass „die Wirtschaft an der Stelle sofort sagt, was habe ich davon“ (Interview 4, kommunaler Akteur). Unternehmen haben folglich im Rahmen der Zusammenarbeit verschiedene Anforderungen, wodurch sich die zur Verfügung gestellten Mittel relativieren. Darüber hinaus zeichnen die Ausführungen eines Interviewpartners am Hellweg das Bild einer unbeständigen Förderung durch Firmen (Interview 4, kommunaler Akteur). Bei Sponsoring- bzw. Finanzierungs-Beziehungen scheint es sich also bisweilen um eher kurzfristige Arrangements zu handeln. Dies bedeutet für Kultureinrichtungen, dass die einmal gelungene Mobilisierung von Partnern aus der Wirtschaft noch lange keine dauerhafte Finanzierungssicherheit garantiert.

3.4 Unternehmerische Motivation vs. Kultur als Korrektiv

Wie die Ergebnisse der Untersuchung auch deutlich machen, geht das Programm „Regionale Kulturpolitik“ im Hinblick auf die Motivation des Engagements von Unternehmen im Kulturbereich von falschen Voraussetzungen aus. So ist die Unterstützung des kulturellen Lebens in der Region als Fördermotiv für Unternehmen insgesamt von nachrangiger Bedeutung. „Die Entscheidungsprozesse für Sponsoring orientieren sich […] im Zweifel doch eher an einem kalkulierbaren “Return-on-Investment“ (Landtag NRW 2001, S. 56). So wurde auch von einem kommunalen Akteur aus der Region Hellweg die Einsatzbereitschaft von Unternehmen, die über die Unterstützung von einzelnen Projekten hinausgeht, maßgeblich in Frage gestellt (Interview 4, kommunaler Akteur). Die Annahme, dass Kultur einen Wirtschaftsfaktor darstellt, scheint für die Privatwirtschaft keine Rolle zu spielen. „Kulturarbeit vor Ort“ steht insofern nicht im Fokus ihrer Förderüberlegungen und -strategien. Letztlich können Kultureinrichtungen von Unternehmen wohl eher eine kurzfristige Unterstützung erwarten, die sich auf singuläre Veranstaltungen bezieht. An einer dauerhaften Verantwortungsübernahme hingegen scheinen Firmen vergleichsweise weniger interessiert zu sein.

Ein Kooperationshindernis aus der Perspektive von Kulturschaffenden und -verantwortlichen ergibt sich schließlich aus der Bedeutung der Kunst als kritisches Korrektiv. Besonders deutlich wurde dies im Interview von einem Kulturschaffenden der Region Hellweg zum Ausdruck gebracht: „Wir können nicht [Unternehmen x, MB] als Sponsor nehmen. Die könnten vielleicht mit uns, aber wir nicht mit denen. Denn dann bin ich ja nicht mehr glaubwürdig, wenn ich … politisches Theater mache und dann steht da aber immer [Unternehmen x, MB] dran. Das geht nicht“

(Interview 6, Akteur des Dritten Sektors). Insofern ist aus strategischen Gründen und mit Blick auf das zu erreichende Publikum eine Verknüpfung mit der Wirtschaft unter Umständen nicht immer anzuraten.

5 Fazit

Die Untersuchung der „Regionalen Kulturpolitik" am Hellweg macht deutlich, dass die Zusammenarbeit zwischen Kultur und Wirtschaft häufig an Grenzen stößt. Von der Politik „hochbeschworen" (Interview 4, kommunaler Akteur), stellt die Zusammenarbeit für die Akteure vor Ort oft ein „schwieriges Pflaster" (ebd.) dar. Eine tiefergehende und längerfristige Kooperation, wie sie durch die „Regionale Kulturpolitik" an sich intendiert ist, lässt sich so gut wie nicht nachweisen. Von der Ausbildung einer Corporate Cultural Responsibility kann – zumindest auf den Hellweg bezogen – kaum die Rede sein. Blickt man auf den Teilaspekt Finanzierung bzw. Sponsoring, so scheinen Unternehmen mitunter nur an bestimmen Erscheinungsformen von Kultur interessiert zu sein. Zu nennen sind hier vor allem „Events" im Feld der Hochkultur. Auch in diesem Bereich mangelt es bisweilen an einer Kontinuität der Unterstützung und damit an einer langfristigen Verantwortungsübernahme durch Firmen. Die Bedeutung sowohl der Corporate Cultural Responsibility wie aber auch des Kultursponsorings scheint daher aktuell eher überschätzt zu werden. Nach der Einschätzung von Bendixen (2011, S. 276) hat das Kultursponsoring nur einen Anteil von circa zwei Prozent an den Gesamtausgaben für kulturelle Zwecke[14]. Dies legt nahe, dass es sich um „eine fast zu vernachlässigende Einnahmequelle" (Braun et al. 1996, S. 25, zitiert nach Bendixen 2011, S. 276) handelt. Es ist daher eher mit einem Fragezeichen zu versehen, ob privatwirtschaftliche Akteure bzw. Firmen als Hoffnungsträger für eine Kulturfinanzierung jenseits der öffentlichen Hand betrachtet werden können.

Aber auch auf Seiten der Kulturakteure bestehen Ressentiments gegenüber einer allzu intensiven Zusammenarbeit mit der Wirtschaft. Man fürchtet um seine Unabhängigkeit sowie um die Reputation als „kritische Stimme". Es gibt daher auch für Kulturakteure Gründe, eine Zusammenarbeit mit der Wirtschaft zurückhaltend gegenüber zu stehen bzw. diese eher abzulehnen.

Zwar ist nicht zu bestreiten, dass unternehmerisches Engagement im Kulturbereich traditionell einen Stellenwert hat und einen Finanzierungsbeitrag leistet.

14 „Gesamtausgaben für kulturelle Zwecke" bezieht sich auf „institutionelle, vor allem öffentliche Haushaltsmittel der Kommunen und Länder" (Bendixen 2011, S. 276).

Jedoch ist Corporate Cultural Responsibility bisher kaum ausgeprägt (vgl. auch Lamprecht 2014, S.15). Der Einsatzbereich und die Wirkung von Sponsoring ist eher eingeschränkt (vgl. auch Schwalb 2011, S. 113). Vor allem im ländlichen Raum und in eher abgelegenen Regionen scheint der Kulturbetrieb von dieser Finanzierungsquelle kaum profitieren zu können, wie das Beispiel der Kulturregion Hellweg deutlich macht. Insofern stellt sich für kleinere Kultureinrichtungen, die abseits des Mainstreams arbeiten, die Frage, ob der mit der Mobilisierung von Sponsoren verbundene Aufwand durch die Ergebnisse gerechtfertigt ist.

Literatur

Bendixen P (2011) Einführung in das Kultur- und Kunstmanagement. VS Verlag für Sozialwissenschaften, Wiesbaden

Brusis I (1998) Kultur und Wirtschaft. Die Neubestimmung eines spannungsreichen Verhältnisses. Düsseldorfer Reden zu Kultur & Wirtschaft Bd 1. Capitol-Theater, Düsseldorf

Ebert R (1997) Arbeitspapier. Kulturregion "Hellweg": dezentrale Vielfalt der Stadtkulturen. Unter Mitarbeit von Karin Ransmann. Im Auftrag des Ministeriums für Stadtentwicklung, Kultur und Sport des Landes Nordrhein-Westfalen Düsseldorf. STADTart, Dortmund

Gerlach-March R (2010) Kulturfinanzierung. VS Verlag für Sozialwissenschaften, Wiesbaden

Haltern NJ (2014) Jenseits des konventionellen Kultursponsorings. Chancen alternativer Kooperationen zwischen Unternehmen und Kulturorganisationen. Transcript, Bielefeld

Heinemann, U (2007) NRW-Kultur: „Eine Sache der Kommunen?" 60 Jahre Landeskulturpolitik. In: Brautmeier J, Heinemann U (Hrsg) Mythen, Möglichkeiten, Wirklichkeiten. 60 Jahre Nordrhein-Westfalen. Klartext Verlag, Essen, S 173-197

Hentschel B, Hutter M (o. J.) Corporate Cultural Responsibility. Zur Pflege der Ressource Kultur. Kulturkreis der deutsche Wirtschaft im BDI e. V. http://www.kulturkreis.eu/images/stories/downloads/pb_csr_und_ccr/ccr_hintergruende/ccr_projekt_einleitung.pdf. Zugegriffen: 18. Januar 2015

Lamprecht W (2013) Schaffe Vertrauen, rede darüber und verdiene daran. Kommunikationspraxis und Performance Measurement von Corporate Cultural Responsibility. Springer VS, Wiesbaden

Lamprecht W (2014) Corporate Cultural Responsibility. Moratorium für Kultursponsoring. Springer VS, Wiesbaden

Landtag NRW (1998) Ausschußprotokoll 12/899. 10.06.1998. Kulturausschuß 30. Sitzung. http://www.landtag.nrw.de/portal/WWW/dokumentenarchiv/Dokument/MMA12-899.pdf. Zugegriffen: 01. September 2014

Landtag NRW (2000) Vorlage 12/3244. Regionale Kulturpolitik in Nordrhein-Westfalen. Bericht 1999. http://www.landtag.nrw.de/portal/WWW/dokumentenarchiv/Dokument/MMV12-3244.pdf. Zugegriffen: 03. Juli 2014

Landtag NRW (2001) Drucksache 13/1641. Antwort der Landesregierung auf die Große Anfrage 7 der Fraktion der CDU (Drucksache 13/1049. Situation von Kunst und Kultur in Nordrhein-Westfalen). http://www.landtag.nrw.de/portal/WWW/dokumentenarchiv/Dokument/MMD13-1641.pdf. Zugegriffen: 03. Juli 2014

Ministerium für Arbeit, Soziales und Stadtentwicklung, Kultur und Sport des Landes Nordrhein-Westfalen (Hrsg) (1998) Auf dem Weg der Regionalen Kulturpolitik in der Kulturregion Hellweg. Konzept, Leitvorstellungen und Profile, Organisation und Verfahren. Düsseldorf

Mundt J-K (2008) Kulturkooperationen im Ruhrgebiet: Ziele – Projekte –Erträge. Dissertation über die Formen der Zusammenarbeit von öffentlicher Hand und Wirtschaft bei kulturellen Projekten im Ruhrgebiet. Books on Demand, Norderstedt

Scheytt O (2008) Kulturstaat Deutschland. Plädoyer für eine aktivierende Kulturpolitik. Transcript, Bielefeld

Schwalb L (2011) Kreative Governance? Public Private Partnerships in der lokalpolitischen Steuerung. VS Verlag für Sozialwissenschaften, Wiesbaden

Sievers N (2000) Im Westen was Neues. Perspektivenwechsel in der Landeskulturpolitik NRW? Kulturpolitische Mitteilungen 88 (I): 4-6

Sievers N (2005) Aktivierende Kulturpolitik in Nordrhein-Westfalen. Aufstieg und Fall einer landeskulturpolitischen Konzeption. In: Behrens F, Heinze RG, Hilbert J, Stöbe-Blossey S (Hrsg) Ausblicke auf den aktivierenden Staat. Von der Idee zur Strategie. Edition Sigma, Berlin, S 337-362

Sievers N, Eichler K (2012) Kulturpolitik als Strukturpolitik am Beispiel Nordrhein-Westfalen. In: Sievers N, Wagner B (Hrsg) Thema: Neue Kulturpolitik der Länder. Kulturstatistik, Chronik, Literatur, Adressen. Jahrbuch für Kulturpolitik Bd 12. Klartext Verlag, Essen, S 45-55

Sommer F (2007) Kulturpolitik als Bewährungsprobe für den deutschen Föderalismus. Lang, Frankfurt a. M.

Strachwitz RG (1993) Unternehmen als Sponsoren, Förderer, Spender und Stifter. In: Strachwitz RG, Toepler S (Hrsg) Kulturförderung. Mehr als Sponsoring. Gabler, Wiesbaden, S 251-263

InterviewpartnerInnen, anonymisiert

Interview 3, kommunaler Akteur (Datum des Interviews: 04.02.2014)
Interview 4, kommunaler Akteur (Datum des Interviews: 12.02.2014)
Interview 6, Akteur des Dritten Sektors (Datum des Interviews: 21.02.2014)

V

Auf die Sache kommt es an: Soziales unternehmen!

Soziales u(U)nternehmen

Was steckt hinter dem Hype um ,social entrepreneurship'?

Danielle Gluns[1]

Abstract

Sozialunternehmen versuchen, soziale Schieflagen mithilfe innovativer Strategien zu bearbeiten. Doch die konkrete Definition solcher Unternehmen und das Verhältnis zwischen „sozialem" und „unternehmerischem" Handeln sind im wissenschaftlichen Diskurs umstritten. Der vorliegende Beitrag gibt deshalb einen Überblick über Konzepte, Definitionen und Rechtsformen von social entrepreneurship in Deutschland und auf internationaler Ebene und zeigt Motive und Modelle sozialunternehmerischen Handelns auf. Es wird verdeutlicht, warum das Konzept in den letzten Jahren stark an Bedeutung gewonnen hat und welche Fragen nach wie vor offen sind.

Keywords

soziales Unternehmertum • Deutschland • Korporatismus

Zivilgesellschaftliches Engagement als Beitrag zur gesellschaftlichen Problemlösung hat eine lange Tradition in Deutschland und findet seinen Ausdruck in teilweise jahrhundertealten Organisationen wie Vereinen oder Stiftungen (Zimmer 2012). Seit einigen Jahren wird aber in der Politik und den Medien zunehmend über „neue" Formen gesellschaftlicher Problemlösung gesprochen. Die Debatte um

1 Westfälische Wilhelms-Universität Münster, d.gluns@uni-muenster.de.

diese neuen Formen bedient sich der Begriffe „social entrepreneurship", „soziales Unternehmertum" und „sozialer Innovation".

Ihnen wird in der öffentlichen Debatte häufig ein großes Potenzial zur Lösung aktuell drängender Probleme zugesprochen: sie sollen beispielsweise helfen, die ökonomischen und finanziellen Krisen der letzten Jahre zu bearbeiten, die Auswirkungen des demographischen Wandels abzufedern oder Benachteiligungen abzubauen. Der folgende Beitrag wird die Konzepte kurz umreißen und sich der Frage widmen, welche Bedeutung sie für die sozialwissenschaftliche Forschung sowie für die Gesellschaft in Deutschland haben. Dabei stehen die Fragen im Vordergrund, inwiefern die „neuen" Phänomene an bestehende Traditionen anknüpfen und in den historisch gewachsenen Kontext eingebettet sind, in welchen Aspekten sie darüber hinausgehen und warum es sich lohnt, sich damit zu befassen.

1 Die Motivation: soziale Probleme anders lösen

Der zentrale Aspekt, der in der Debatte um social entrepreneurship oder Sozialunternehmen hervorgehoben wird, ist ihre Zielsetzung, soziale Probleme zu lösen oder soziale Bedarfe zu decken. Diese Motivation ist das entscheidende Merkmal, in dem sich soziale UnternehmerInnen von rein privatwirtschaftlichen UnternehmerInnen unterscheiden. Nicht die Erzielung finanzieller Gewinne, sondern die soziale Zielsetzung steht als „value proposition" des Unternehmens im Zentrum des Vorhabens (Dees 2007; Faltin 2011; Martin/Osberg 2007). Schlagworte für derartige Ziele sind die Erweiterung sozialer Kohäsion und Integration sowie die Bearbeitung (neuer) sozialer Risiken. Heute bestehende Sozialunternehmen verfolgen eine Vielzahl unterschiedlicher konkreter Zielsetzungen. Sie können sich einerseits – im Sinne der Gemeinwohlorientierung – auf die Gesellschaft als Ganze beziehen. Ein Beispiel hierfür ist der Verein FoodFighters[2], der sich gegen Lebensmittelverschwendung und für einen nachhaltigeren Umgang mit Ressourcen einsetzt. Andererseits kann sich die soziale Zielsetzung der Unternehmen aber auch auf einzelne Zielgruppen beziehen. So unternimmt der Verein Sozialhelden durch die Website http://wheelmap.org/ die Kartierung barrierefreier Orte, um die Teilhabechancen von Menschen mit beeinträchtigter Mobilität an der Gesellschaft zu verbessern.

2 Siehe http://www.foodfighters.biz/.

Soziale UnternehmerInnen nehmen dementsprechend in erster Linie bestehende soziale Schieflagen wahr. Diese Wahrnehmung resultiert häufig aus einer eigenen Betroffenheit oder aus einer Identifikation mit betroffenen Zielgruppen (Guclu et al. 2002). Während aber unter Umständen viele Menschen solche Schwierigkeiten beobachten, zeichnen sich soziale UnternehmerInnen dadurch aus, dass sie eine Idee haben, wie ein neues, besseres Gleichgewicht geschaffen werden könnte. Sie widmen sich anschließend intensiv der Umsetzung ihrer Idee, kombinieren hierfür unterschiedliche Ressourcen und gehen Risiken ein – ebenso wie privatwirtschaftliche UnternehmerInnen (Martin/Osberg 2007; Strauch et al. 2012). Dementsprechend müssen soziale Unternehmerpersönlichkeiten einerseits kreativ und visionär sein, um eine bessere gesellschaftliche Situation zu erreichen. Andererseits müssen die Entrepreneure aber auch pragmatisch genug sein, um mit den vorhandenen Ressourcen und Strukturen arbeiten zu können (siehe *Kunz* in diesem Band). Ein Großteil der bisherigen Forschung zu social entrepreneurship sowie ein großer Anteil der Medienaufmerksamkeit konzentrieren sich auf diese (Einzel-)Persönlichkeiten. Dadurch bleiben historische Hintergründe sowie das organisationale Umfeld der GründerInnen häufig unberücksichtigt (Balgar 2011; Heinze et al. 2011; Kerlin 2013; Mair/Martí 2006).

Trotz dieser gemeinsamen Motivation oder Zielsetzung im Bereich des social entrepreneurship gibt es aber nicht „den" typischen Aufbau eines Sozialunternehmens. Stattdessen bedienen sich SozialunternehmerInnen verschiedener Rechtsformen und kombinieren unterschiedliche sektorale Handlungslogiken, um ihre Ziele zu erreichen. Sie sind weder dem Markt vollständig zuzuordnen, in dem eine Verwertungslogik vorherrscht, noch dem Staat, in dem die Verwaltung im Vordergrund steht. Ebenso wenig folgen sie aber auch ausschließlich auf Gegenseitigkeit ausgerichteten Mustern der Zivilgesellschaft. Derartige Überschneidungen an sich sind noch nichts neues, da sie auch für den Dritten Sektor prägend sind (Brandsen et al. 2005; Zimmer/Priller 2007). Allerdings wird davon ausgegangen, dass in Deutschland Organisationen in zunehmendem Maße die sektoralen Grenzen überschreiten und neue Formen und Mischungen sektoraler Logiken entwickeln (Evers 2005). Insbesondere in der Diskussion um social entrepreneurship in Deutschland wird oft hervorgehoben, dass sie als hybride Organisationen eine Kompensationsmöglichkeit für aktuelle Umstrukturierungen des Sozialstaates in Deutschland bieten könnten. Gleichzeitig sind sie aber auch schwierig in den deutschen Korporatismus einzuordnen (Heinze et al. 2011). Aber was genau verbirgt sich hinter dem Begriff „social entrepreneurship"?

2 Die Definition: was sind soziale Unternehmen?

Aufgrund der Vielfalt möglicher hybrider Unternehmensformen und der Überschneidungen mit anderen Unternehmen – seien es die traditionellen Non-Profit Organisationen (NPO) oder privatwirtschaftliche Unternehmen – ist es schwierig, social entrepreneurship klar zu definieren. Eine gemeinsame und weithin anerkannte Definition wird zudem dadurch erschwert, dass sich die praktische Umsetzung solcher Vorhaben im internationalen Vergleich stark unterscheidet. Sie ist unter anderem abhängig von historisch gewachsenen Strukturen der (Zivil-)Gesellschaft, des Wohlfahrtsstaates und der privaten Wirtschaft. Zusätzlich zu diesen prägenden Kontextfaktoren gibt es beispielsweise im Vereinigten Königreich und Italien eigens geschaffene Rechtsformen für Sozialunternehmen. In Deutschland bedienen sich soziale UnternehmerInnen hingegen der bestehenden Organisationsformen, v. a. des Dritten Sektors (Vereine, gGmbHs, Genossenschaften usw.) (Defourny/Nyssens 2006; Millner/Vandor 2014).

Die Forschung zu diesen Phänomenen setzt unterschiedliche Schwerpunkte. In der Debatte um social entrepreneurship oder soziales Unternehmertum geht es vor allem um die Prozesse oder Verhaltensweisen, während die Forschung zu social enterprises bzw. Sozialunternehmen insbesondere deren Ergebnisse oder Wirkungen untersucht. Im öffentlichen Diskurs sowie in vielen wissenschaftlichen Beiträgen stechen aber vor allem die SozialunternehmerInnen (social entrepreneurs) als Personen hervor, die die Ideen haben und die Unternehmen gründen (Mair/Martí 2006). Dieser Fokus hängt mit dem eingangs angesprochenen zentralen Kriterium der Motivation bzw. der Zielsetzung sozialer Problemlösung zusammen (Jansen 2013). Doch auch wenn über dieses Definitionsmerkmal weitgehend Einigkeit herrscht, tauchen bereits in der Konkretisierung dieses Begriffs Schwierigkeiten auf: was ist „sozial"? Manche, stark personenzentrierte, Ansätze gehen von einer altruistischen Motivation des social entrepreneurs aus. Diese Definition ist jedoch schwierig, da zum einen auch andere Motivationen wie z. B. Selbstverwirklichung in der Unternehmung eine Rolle spielen können (Mair/Martí 2006). Zum anderen ist eine solche Motivation wissenschaftlich schwierig zu erheben. Die soziale Komponente von social entrepreneurship kann daher treffsicherer über die Deckung sozialer Bedarfe ermittelt werden. Was aber als soziales Problem zu verstehen und zu lösen ist, kann im Grunde genommen nur für den jeweiligen Kontext auf der Basis der in der Gesellschaft vorherrschenden Werte und Normen festgelegt werden (Kesselring/Leitner 2008; Phills et al. 2008). Insofern ist das „Soziale" ein dynamischer und kontingenter, d. h. raum- und zeitabhängiger, Begriff. In diesem sozialen Element der Definition ist soziales Unternehmertum eng mit den klassischen Bereichen des Dritten Sektors bzw. mit den typischen Aufgabenfeldern von NPOs verbunden. Daher ist die Abgrenzung von Sozialunternehmen und traditionellen Nonprofit-Organisationen häufig schwierig.

Gleichzeitig sind SozialunternehmerInnen jedoch „unternehmerisch“ tätig. Dieser Begriff bezieht sich in der Regel auf ein proaktives Verhalten, auf die zielgerichtete Investition oder Neukombination von Ressourcen sowie auf die Generierung und Umsetzung neuer Ideen (Dees 2007; Jansen et al. 2013). Damit schließen die Definitionen an Konzepte wirtschaftlichen Unternehmertums an. Dementsprechend spielt auch die Frage des Risikos eine Rolle: soziale UnternehmerInnen tragen (zumindest teilweise) das Risiko ihrer Unternehmung (Dees 1998; Defourny 2001). Insofern sind Mitarbeitende in sozialen Unternehmen von deren GründerInnen zu unterscheiden, auch wenn sie teilweise ebenso beharrlich an der Erreichung der Ziele mitarbeiten und mit vielfältigen Herausforderungen konfrontiert sind (siehe *Boubaris* und *Riesterer* in diesem Band). Durch die Verbindung mit der allgemeinen Unternehmerliteratur rücken folglich der Begriff der unternehmerischen Gelegenheit sowie die Persönlichkeitsprofile von UnternehmerInnen (z. B. Kreativität und Beharrlichkeit) in den Vordergrund (Guclu et al. 2002). Diese Eigenschaften bewirken, dass sie nicht bei der Wahrnehmung von Problemen verbleiben, sondern Lösungsansätze generieren und umzusetzen versuchen.

In dieser Hinsicht ist der Begriff social entrepreneurship eng mit „sozialen Innovationen“ verknüpft. Sie werden allgemein als Hervorbringung und Institutionalisierung neuer sozialer Problemlösungsstrategien verstanden (Gebauer/Ziegler 2013; Howaldt/Schwarz 2010). Derartige Innovationen können neue Dienstleistungen oder Produkte ebenso umfassen wie neue Verhaltensweisen und Organisationsformen (Sørensen/Torfing 2011; Zapf 1989). Das wohl bekannteste Beispiel einer solchen neuen Dienstleistung sind die Mikro-Kredite der Grameen-Bank in Bangladesh durch Nobel-Preisträger Muhammad Yunus. Aber auch in Deutschland sind soziale Innovationen zu finden: Beispiele hierfür sind Mehrgenerationenhäuser[3], die das Verhältnis zwischen verschiedenen Generationen verändern wollen, oder auch Zeitbanken[4], die den Austausch von Dienstleistungen zwischen Personen mit unterschiedlichen Bedürfnissen und Fähigkeiten vereinfachen. Im Vergleich mit Innovationen in der Privatwirtschaft ergeben sich hier einige Besonderheiten: beispielsweise sind positiven Effekte sozialer Innovationen ungleich schwerer zu messen als finanzielle Profite. Darüber hinaus ist zumeist nicht das Vorhandensein der Nachfrage bzw. des Bedarfs das Problem, sondern stattdessen die Finanzierung der Innovation (Austin et al. 2006). Es ist wichtig darauf hinzuweisen, dass soziale Innovation zwar ein Bestandteil der meisten Definitionen sozialen Unternehmertums

3 Siehe http://www.mehrgenerationenhaeuser.de/.

4 Siehe http://www.zeitbank.net/.

sind, die Begriffe aber nicht deckungsgleich sind. Soziale Innovationen umfassen auch Neuerungen, die ohne unternehmerische Aktivität umgesetzt werden. Ein Beispiel hierfür sind soziale Bewegungen wie die Umweltbewegung, die den sozialen Wandel kanalisieren und neue Verhaltensweisen hervorbringen, ohne hierfür aber neue Ressourcen zu mobilisieren oder sie in neuer, unternehmerischer Weise zu kombinieren (vgl. Gillwald 2000).

Eine weitere Schwierigkeit der Definition sozialen Unternehmertums liegt in eben diesem Begriff des unternehmerischen Handelns. Während die Kombination und Mobilisierung von Ressourcen als Kriterien des Begriffs weithin anerkannt sind, sind andere Aspekte umstritten. Dazu gehört die Frage nach dem Erfolg: dürfen soziale Unternehmen nur als solche bezeichnet werden, wenn sie erfolgreich sind (vgl. Martin/Osberg 2007; Strauch et al. 2012)? Dies würde bedeuten, dass social enterprises, die nach ein paar Jahren wegen auslaufender Projektfinanzierung beendet werden müssten, ihren Namen nicht verdient hätten. Damit wird der Begriff sehr eng geführt, und die Möglichkeit, aus Fehlschlägen zu lernen, würde ausgeschlossen. Es lohnt sich, auch die Werdegänge der sozialen Unternehmen zu untersuchen, die nicht auf Dauer Bestand haben und/oder kontinuierlich wachsen: die Analyse der jeweiligen Schwierigkeiten des Unternehmens kann helfen, künftige Organisationen zu stabilisieren und zu verbessern. Darüber hinaus ist die Frage des Erfolgs sozialer Unternehmungen schwierig zu beantworten: er ist oft kaum in (monetären) Kennzahlen zu messen, so dass der Erfolg als Definitionskriterium für soziales Unternehmertum kaum hilfreich erscheint (vgl. Mildenberger et al. 2012; Spengler 2012).

Ähnliche Kontroversen gibt es um die notwendige Reichweite sozialer Unternehmen. Ashoka fördert nur solche SozialunternehmerInnen, deren Ansätze skalierbar sind und das Potenzial haben, Probleme grundlegend zu lösen.[5] Ebenso sucht die Schwab Foundation nach Unternehmen, die „transformative social and/or environmental change“[6] bewirken. Entsprechende Forderungen werden auch von manchen WissenschaftlerInnen geäußert, die als soziale Unternehmen nur diejenigen Vorhaben bezeichnet wissen wollen, die „systemverändernde“ Wirkung entfalten (Martin/Osberg 2007). Und auch in der Definition sozialer Innovationen wird teilweise eine ähnlich globale Definition vertreten, wenn z. B. Wolfgang Zapf davon ausgeht, dass sie „die Richtung des sozialen Wandels verändern“ (Zapf 1989). Derartig voraussetzungsvolle Definitionen gehen aber an der Realität von social entrepreneurship in Deutschland vorbei. Die meisten Sozialunternehmen starten im kleinen Maßstab auf lokaler Ebene, und die Möglichkeit ihrer Verbreitung

5 siehe http://germany.ashoka.org/de/venture-programm.

6 siehe http://www.schwabfound.org/content/criteria.

hängt in starkem Maße nicht nur von der Idee, sondern auch von den Rahmenbedingungen (z. B. Verfügbarkeit von Ressourcen, ökonomische und politische Entwicklung, rechtlicher Rahmen) ab (Beckmann 2011; Borzaga/Defourny 2001; Dees 2007; Moulaert et al. 2007). Daher sollte die Forschung diese Phänomene nicht *per definitionem* ausschließen, sondern stattdessen die Interaktion zwischen den unternehmerischen Vorhaben und den Rahmenbedingungen im Zuge von Fallstudien näher beleuchten.

In manchen Definitionen wird der Begriff des sozialen Unternehmens mit der Notwendigkeit verknüpft, durch die Aktivitäten des Unternehmens auf Märkten ein eigenes Einkommen zu erwirtschaften bzw. finanziell völlig autonom zu werden (Dees 1998). Dies führt jedoch zu einer starken Verengung des Konzepts, das der deutschen Realität – in der der Staat allgemein der Hauptfinancier sozialer Leistungen ist – oft nicht gerecht wird (Gebauer/Ziegler 2013). Soziale UnternehmerInnen in Deutschland nutzen in der Regel eine Vielzahl von Finanzierungsmöglichkeiten, um ihre Ideen in die Tat umzusetzen (Achleitner 2007). Die verschiedenen Quellen werden in einem jeweils spezifischen Finanzierungsmix miteinander verbunden, der oft staatliche Zuschüsse oder Projektfördermittel enthält. Neben öffentlichen Akteuren spielen beispielsweise Stiftungen in Deutschland eine zunehmend wichtige Rolle in der Finanzierung, aber auch in der allgemeinen Unterstützung sozialer Unternehmen durch Netzwerkarbeit und weitere Ressourcen. Aufgrund dieser Einbettung sozialen Unternehmertums in die deutschen korporatistischen Wohlfahrtsstrukturen und Traditionen der Zivilgesellschaft sollte die Erzielung eigener Einkommen kein Ausschlusskriterium sein. Stattdessen wird vorgeschlagen, solche vollumfänglich wirtschaftliche soziale Unternehmen in Abgrenzung zum breiteren Begriff des sozialen Unternehmertums als „social business" zu bezeichnen (Spiegel 2011).

In manchen Definitionen wird nicht zwischen sozialen UnternehmerInnen unterschieden, die neue Organisationen gründen und denen, die in bestehenden Organisationen agieren (Boschee 1998). Während der Begriff der Unternehmerin bzw. des Unternehmers theoretisch für die jeweils aktiven Einzelpersonen in beiden Formen angewendet werden kann (sofern sie nach der obigen Definition unternehmerisch aktiv werden), ist jedoch die Bezeichnung als „social enterprise" hier missverständlich. Neu gegründete Unternehmen stehen in der Regel vor anderen Herausforderungen als zum Beispiel fest etablierte und gut eingebundene Wohlfahrtsverbände. Daher sollten weder die Forschung noch die beratende Praxis beide Phänomene „in einen Topf werfen". Stattdessen kann sozialunternehmerisches Handeln in bestehenden Organisationen als „social intrapreneurship" bezeichnet werden, um die Abgrenzung zu verdeutlichen (Mair/Martí 2006).

Ebenso sollte social entrepreneurship von anderen Formen sozialen Engagements unterschieden werden. Hierdurch können die besonderen Charakteristika sozialen Unternehmertums geschärft und die Gefahr eines wenig aussagekräftigen „catch all"-Begriffs vermieden werden. So muss das Unternehmertum von der allgemeinen Erbringung sozialer Dienstleistungen unterschieden werden: wer zwar soziale Bedarfe deckt, dabei aber weder Ressourcen neu kombiniert noch ein neues, besseres Gleichgewicht erzielt, erfüllt zwar ohne Zweifel eine wichtige Funktion in der Gesellschaft, ist jedoch keine soziale Unternehmerin bzw. kein sozialer Unternehmer (Martin/Osberg 2007).

Für den deutschen Kontext ist daher eine breite Definition sozialen Unternehmertums am passendsten. Sie bezeichnet Organisationen, deren Hauptziel die innovative Lösung sozialer Probleme oder die Deckung sozialer Bedarfe ist. Damit ist das Phänomen klar abzugrenzen von Corporate Social Responsibility, wo wirtschaftliche Unternehmen ihre Aktivitäten durch soziale Projekte ergänzen oder soziale Nachhaltigkeit in ihre Abläufe zu integrieren versuchen (Braun/Backhaus-Maul 2010; Heinze et al. 2011; Schneider und Schmidpeter 2012). Zur Erreichung ihrer Ziele handeln die sozialen UnternehmerInnen in dem Sinne „unternehmerisch", dass sie Ressourcen mobilisieren bzw. neu kombinieren und versuchen, bessere Gleichgewichte in der Gesellschaft zu erzielen. Dabei müssen die sozialen Ziele jedoch nicht global bzw. in großem Stil anvisiert werden, sondern können auch (zunächst) auf eine klar definierte Zielgruppe oder einen lokalen Kontext beschränkt sein. Ebenso wenig muss die Neuheit der Problemlösung universell sein; sie kann sich auch auf den jeweiligen Kontext beziehen. Die Skalierung und der Erfolg des Unternehmens sind nachgelagerte Fragestellungen, die von vielen Faktoren abhängen und daher gesondert untersucht werden sollten.

3 Der Kontext: warum brauchen wir soziale Unternehmen?

Die Betrachtung der genannten Bestimmungsfaktoren für Sozialunternehmen zeigt, dass das Phänomen als solches nicht absolut neu ist. Sozial engagierte Unternehmerpersönlichkeiten, die neue Wege gehen um die drängenden Probleme ihrer Zeit zu lösen, hat es – auch in Deutschland – immer schon gegeben. Dennoch hat das Phänomen social entrepreneurship in den letzten Jahren in Deutschland sowie im internationalen Kontext eine verstärkte Aufmerksamkeit durch die Medien und durch die Politik erfahren. Dabei werden soziale Unternehmen als Lösung für vielfältige gesellschaftliche Probleme dargestellt und sind teilweise mit den Diskursen sozialer und ökologischer Nachhaltigkeit verknüpft. Ein Beispiel für die Zuschreibung hoher Problemlösungskapazitäten an Sozialunternehmen ist die Initiative für soziales Unternehmertum der Europäischen Kommission, in der diese als „Schlüsselakteure der Sozialwirtschaft und der sozialen Innovation" bezeichnet werden. Sie sollen:

> „(…) den derzeitigen wirtschaftlichen, gesellschaftlichen und in einigen Fällen umweltpolitischen Herausforderungen u. a. durch die Schaffung dauerhafter und schwer zu verlegender Arbeitsplätze, durch soziale Integration, die Verbesserung der lokalen Sozialdienste und territorialen Zusammenhalt auf innovative Weise (…) begegnen." (KOM(2011) 682 endgültig)

Diese öffentliche Aufmerksamkeit für das Phänomen wird durch andere Akteure wie z. B. Ashoka gefördert. Sie versuchen, die Sichtbarkeit sozialer UnternehmerInnen zu erhöhen sowie sie untereinander und mit potentiellen PartnerInnen in Verbindung zu bringen. Hierdurch soll die Wirksamkeit (der „Impact") der Unternehmen erhöht bzw. skaliert werden. Und tatsächlich scheinen sich zunehmend Veränderungen der sozialen Problemlösung zu ergeben, die sich beispielsweise in neuen Formen des Engagements, der Unternehmensführung oder der Zusammenarbeit niederschlagen.

Es wird vermutet, dass die Umstrukturierung des Sozialstaates sowie das Aufkommen neuer sozialer Risiken zur Verstärkung des Phänomens beigetragen haben (Heinze et al. 2011). So wird beispielsweise argumentiert, dass der Kostendruck auf den Wohlfahrtsstaat in den letzten Jahrzehnten zur Suche nach neuen Lösungsmöglichkeiten beigetragen hat. Gemeinsam mit der Individualisierung und dem moralischen Druck auf wirtschaftliche Akteure hätten sich hierdurch neue Überschneidungen zwischen privatwirtschaftlicher und zivilgesellschaftlicher Sphäre ergeben (Balgar 2011). Durch die Kombination von Motiven und sektoralen Logiken („Hybridisierung") bieten soziale Unternehmen somit einen erweiterten Blick auf die Wirtschaft und die Gesellschaft und sollen somit aktuelle Probleme besser lösen können. Die Hybridisierung umfasst die Ressourcenausstattung der Organisationen ebenso wie die innerorganisationalen Abläufe und Koordinationsmechanismen und die oben angesprochenen Zielsetzungen (Evers 2005).

Dementsprechend wird diskutiert, ob eine eigene Rechtsform für social entrepreneurship in Deutschland nötig und hilfreich wäre, um die Vorhaben umzusetzen und die Besonderheiten gegenüber anderen Nonprofit-Organisationen, aber auch privaten Unternehmen, hervorzuheben. Wie oben bereits erwähnt, gibt es derartige Formen beispielsweise im Vereinigten Königreich oder Italien. In dieser Debatte muss aber die Besonderheit der deutschen Strukturen berücksichtigt werden: der so genannte Dritte Sektor kombiniert traditionsgemäß unterschiedliche Handlungslogiken und nutzt hierfür die bestehenden Rechtsformen. Auch soziale UnternehmerInnen nutzen bisher in Deutschland diese Organisationsformen, die teilweise durch frühere soziale UnternehmerInnen mit aufgebaut wurden. Vereine, gemeinnützige Gesellschaften (gGmbHs) usw. sind heute als fester und nahezu selbstverständlicher Bestandteil der deutschen Organisationslandschaft etabliert. Beispiele für die Schaffung dieser Organisationsformen durch soziale UnternehmerInnen sind der Aufbau und die Verbreitung der Gesellenvereine durch Adolph Kolping (1813-1865) oder auch die Gründung des Heddesdorfer Darlehenskassenvereins durch Friedrich Wilhelm Raiffeisen (1818-1888) (Harbrecht 2010). Die heute bestehenden vielfältigen Möglichkeiten der rechtlichen Gestaltung eines sozialen Unternehmens wären ohne solche VorreiterInnen nicht denkbar gewesen. Es ist davon auszugehen, dass auch die heutigen Vorhaben sich zumindest zum großen Teil in dieser Form verwirklichen lassen. Teilweise wird vielleicht auch das Potential der bestehenden Formen für die Umsetzung sozialer Innovationen und Unternehmungen noch nicht zur Gänze ausgeschöpft (siehe *Hallmann* in diesem Band zur möglichen Rolle von Genossenschaften). Die Passung zwischen bestehenden Rechtsformen und sozialen Unternehmensmodellen könnte ebenfalls mithilfe von Fallstudien analysiert werden.

Social enterprises in Deutschland bemühen sich darum, die Teilhabemöglichkeiten verschiedener Bevölkerungsgruppen – beispielsweise von Menschen mit Behinderungen, mit geringen Kenntnissen der deutschen Sprache oder geringer formeller Bildung – an der modernen, diversifizierten Gesellschaft sicherzustellen. Hierfür sind oft nicht nur bezahlte ArbeitnehmerInnen, sondern auch freiwillig Engagierte von großer Bedeutung. Bestehende Engagement-Strukturen scheinen aber nicht immer die Wünsche zu erfüllen, die BürgerInnen an ihr Engagement stellen (siehe auch *Oldenburg* in diesem Band). Auch in dieser Hinsicht können neue Formen des Sozialunternehmertums gegebenenfalls Möglichkeiten für eine flexible und selbstbestimmte Mitarbeit entwickeln, die individuelle und soziale Zielsetzungen verbindet (Gensicke/Geiss 2010).

4 Fazit

Auch wenn social entrepreneurship wegen seiner historischen Vorläufer nicht als genuin neues Phänomen zu verstehen ist, grenzt es sich doch durch verschiedene Merkmale von traditionellen Nonprofit-Organisationen sowie privatwirtschaftlichen Unternehmen ab. Das Ziel, sozialen Problemlagen zu begegnen, wird durch eine Kombination unterschiedlicher Ressourcen und Strategien verfolgt. Diese innovative und gleichzeitig pragmatische Verbindung verschiedener sektoraler Logiken zeichnet soziale Unternehmen sowie ihre GründerInnen aus. Gleichzeitig bedienen sie sich bestehender Strukturen, Finanzierungsmöglichkeiten und Rechtsformen, um gesellschaftlichen Herausforderungen zu begegnen.

Welches Potential Sozialunternehmen für die Bearbeitung des sozialen und wirtschaftlichen Wandels sowie der aktuellen Krisen haben, wird wohl nur *ex post* zu ermitteln sein. Die Dynamik dieser Entwicklung und die Möglichkeiten der Umsetzung sind jedoch ein spannendes Themenfeld, das Einblicke in die Transformation der Gesellschaft bietet. Die Erforschung dieser Veränderungen und Ansätze können helfen, unkonventionelle Lösungsmöglichkeiten zu entdecken, die Bedingungen ihrer Umsetzung aufzuklären und sie damit für andere Themenfelder anwendbar zu machen. Damit können die Sozialwissenschaften ihren eigenen Beitrag zur sozialen Innovationsfähigkeit der Gesellschaft leisten (Howaldt et al. 2008).

Die knappe Zusammenfassung der bestehenden Literatur hat gezeigt, dass die Forschung aktuell noch weit davon entfernt ist, ein konsistentes und umfassendes Bild sozialer Unternehmungen zeichnen zu können. Dadurch eröffnen sich vielfältige Möglichkeiten, durch eigene Untersuchungen dieses Bild zu vervollständigen. Wichtig wäre zum Beispiel, die „embeddedness" von sozialen Unternehmungen, also ihre Einbettung in die weiteren Strukturen des Wohlfahrtsstaates, der Wirtschaft und der Zivilgesellschaft, anhand von Fallstudien zu analysieren: welche Verbindungen gehen neue Organisationen mit bestehenden Strukturen ein? Welche sind förderlich, welche behindern die Umsetzung der Ideen? Dadurch können die Unterschiede zwischen verschiedenen nationalen Systemen verdeutlicht werden (vgl. Zimmer 2013). Bislang ist ein Großteil der Literatur an angelsächsischen Modellen orientiert, die stark von den deutschen Bedingungen abweichen. Ein besseres Verständnis der Interaktion zwischen Sozialunternehmen und ihrer Umwelt ist daher erforderlich, um die Gelingensbedingungen sozialer Unternehmungen zu verstehen. Eng hiermit verknüpft ist die Frage der sozialen Wirkungsmessung: mithilfe welcher Verfahren und anhand welcher Maßstäbe kann erhoben werden, ob ein Sozialunternehmen Erfolg hat bzw. seine soziale Zielsetzung erreicht (vgl. Kehl et al. 2012)?

Darüber hinaus steckt die Rückbindung der reichhaltigen Fallstudien im Bereich social entrepreneurship an etablierte Theorien wie zum Beispiel zum Sozialkapital, Strukturationstheorie oder auch zu sozialen Bewegungen noch in den Kinderschuhen (Kern 2008; Mair/Martí 2006; Zimmer 2007). Welche Lehren können aus der Anwendung dieser Theorien auf die entstehenden Formen sozialer Unternehmungen gezogen werden? Müssen die Theorien weiterentwickelt werden, um die neuen Phänomene fassen zu können? Inwiefern können sie helfen, soziales Unternehmertum besser zu verstehen?

Die Politik sucht aktuell nach Möglichkeiten, soziales Unternehmertum zu fördern und zu verbreiten (bepa 2010; Deutscher Bundestag 2012; Deutscher Verein 2012; KOM 2011). Dabei ist das Verständnis sozialer Unternehmen, der Bedingungen für ihren Erfolg sowie ihrer Wirkungen jedoch noch gering. Indem sich WissenschaftlerInnen der hier aufgeworfenen Fragen annehmen, können sie helfen, effektive Strategien zu entwickeln und – zumindest verspricht dies das Konzept des sozialen Unternehmertums – die Problemlösungskapazität der Gesellschaft zu erhöhen.

Literatur

Achleitner A-K (Hrsg) (2007) Finanzierung von Sozialunternehmern: Konzepte zur finanziellen Unterstützung von Social Entrepreneurs. Schäffer-Poeschel, Stuttgart

Austin J, Stevenson H, Wei-Skillern J (2006) Social and Commercial Entrepreneurship: Same, Different, or Both? Entrepreneurship Theory and Practice 30: 1-22

Balgar K (2011) Zur ‚Verortung' von Social Entrepreneurship. In: Jähnke P, Christmann GB, Balgar K (Hrsg) Social Entrepreneurship. Perspektiven für die Raumentwicklung. VS Verlag, Wiesbaden, S 87-100

Beckmann M (2011) Social Entrepreneurship – Altes Phänomen, neues Paradigma moderner Gesellschaften oder Vorbote eines Kapitalismus 2.0? . In: Hackenberg H, Empter S (Hrsg) Social Entrepreneurship – Social Business: Für die Gesellschaft unternehmen. VS Verlag, Wiesbaden, S 67-85

bepa (2010) Empowering people, driving change. Social Innovation in the European Union. European Commission

Borzaga C, Defourny J (2001) Conclusions. Social enterprises in Europe: a diversity of initiatives and prospects. In: Borzaga C, Defourny J (Hrsg) The Emergence of Social Enterprise. Routledge, London, S 350-369

Boschee J (1998) Merging Mission and Money: A Board Member's Guide to Social Entrepreneurship. http://www.socialent.org/pdfs/MergingMission.pdf

Brandsen T, van de Donk W, Putters K (2005) Griffins or Chameleons? Hybridity as a Permanent and Inevitable Characteristic of the Third Sector. International Journal of Public Administration 28: 749–765

Braun S, Backhaus-Maul H (2010) Gesellschaftliches Engagement von Unternehmen in Deutschland. Eine sozialwissenschaftliche Sekundäranalyse. VS Verlag, Wiesbaden

Dees JG (1998) Enterprising Nonprofits. Harvard Business Review 76: 55-67

Dees JG (2007) Taking Social Entrepreneurship Seriously. Society 44: 24-31

Defourny J (2001) Introduction. From third sector to social enterprise. In: Borzaga C, Defourny J (Hrsg) The Emergence of Social Enterprise. Routledge, London, S 1-28

Defourny J, Nyssens M (2006) Defining Social Enterprise. In: Nyssens M (Hrsg) Social Enterprise. At the crossroads of market, public policies and civil society. Taylor & Francis, London, New York, S 3-27

Deutscher Bundestag (2012) Erster Engagementbericht – Für eine Kultur der Mitverantwortung. Bericht der Sachverständigenkommission und Stellungnahme der Bundesregierung. Drucksache 17/10580. Berlin

Deutscher Verein (2012) Sozial, unternehmerisch, innovativ? Soziales Unternehmertum und soziale Innovation in der EU. Konferenz in der Vertretung des Landes Nordrhein-Westfalen bei der Europäischen Union in Brüssel am 28. Februar 2012. Ministerium für Arbeit, Integration und Soziales des Landes NRW. Berlin. http://www.mais.nrw.de/08_PDF/004/europa_und_internationales__pdf_dateien/Doku_Soziales_Unternehmertum_2012.pdf.

Evers A (2005) Mixed Welfare Systems and Hybrid Organizations: Changes in the Governance and Provision of Social Services. International Journal of Public Administration 28: 737-748

Faltin G (2011) Social Entrepreneurship – Zwischen Entrepreneurship und Ethik. In: Jähnke P, Christmann GB, Balgar K (Hrsg) Social Entrepreneurship. Perspektiven für die Raumentwicklung. VS Verlag, Wiesbaden, S 75-85

Gebauer J, Ziegler R (2013) Corporate Social Responsibility und Social Entrepreneruship. Entwicklungen, Debatten und Perspektiven für Forschung und Praxis. In: Gebauer J, Schirmer H (Hrsg) Unternehmerisch und verantwortlich wirken? Forschung an der Schnittstelle von Corporate Social Responsibility und Social Entrepreneurship. Institut für ökologische Wirtschaftsforschung, Berlin, S 15-69

Gensicke T, Geiss S (2010) Hauptbericht des Freiwilligensurveys 2009. Zivilgesellschaft, soziales Kapital und freiwilliges Engagement in Deutschland 1999 – 2004 – 2009. TNS Infratest Sozialforschung, München

Gillwald K (2000) Konzepte sozialer Innovation. P00-519. http://bibliothek.wzb.eu/pdf/2000/p00-519.pdf

Guclu A, Dees JG, Anderson BB (2002) The Process of Social Entrepreneurship: Creating Opportunities Worthy of Serious Pursuit. In: Working Paper, Center for the Advancement of Social Entrepreneurship. http://www.caseatduke.org/faculty/publications.html

Harbrecht A (2010) Social Entrepreneurship – Gewinn ist Mittel, nicht Zweck : eine Untersuchung über Entstehung, Erscheinungsweisen und Umsetzung. KIT Scientific Publ., Karlsruhe

Heinze RG, Schneiders K, Grohs S (2011) Social Entrepreneurship im deutschen Wohlfahrtsstaat. Hybride Organisationen zwischen Markt, Staat und Gemeinschaft. In: Hackenberg H,Empter S (Hrsg) Social Entrepreneurship – Social Business: Für die Gesellschaft unternehmen. VS Verlag, Wiesbaden, S 86-102

Howaldt J, Kopp R, Schwarz M (2008) Innovationen (forschend) gestalten – Zur neuen Rolle der Sozialwissenschaften. In: WSI Mitteilungen: 63-69

Howaldt J, Schwarz M (2010) Soziale Innovation – Konzepte, Forschungsfelder und -perspektiven. In: Howaldt J, Jacobsen H (Hrsg) Soziale Innovation. Auf dem Weg zu einem postindustriellen Innovationsparadigma. VS Verlag, Wiesbaden, S 87-108

Jansen S (2013) Begriffs- und Konzeptgeschichte von Sozialunternehmen. Differenztheoretische Typologisierung. In: Jansen S, Heinze RG, Beckmann M (Hrsg) Sozialunternehmen in Deutschland: Analysen, Trends und Handlungsempfehlungen. Springer VS, Wiesbaden, S 35-78

Jansen S, Heinze RG, Beckmann M (Hrsg) (2013) Sozialunternehmen in Deutschland : Analysen, Trends und Handlungsempfehlungen. Springer VS, Wiesbaden

Kehl K, Then V, Münscher R (2012) Social Return on Investment: auf dem Weg zu einem integrativen Ansatz der Wirkungsforschung. In: Anheier H K, Schröer A,Then V (Hrsg) Soziale Investitionen. Interdisziplinäre Perspektiven. VS Verlag, Wiesbaden, S 313-331

Kerlin J (2013) Defining Social Enterprise Across Different Contexts: A Conceptual Framework Based on Institutional Factors. Nonprofit and voluntary sector quarterly 42: 84-108

Kern T (2008) Soziale Bewegungen. Ursachen, Wirkungen, Mechanismen. VS Verlag, Wiesbaden

Kesselring A, Leitner M (2008) Soziale Innovation in Unternehmen. Studie, erstellt im Auftrag der Unruhe Privatstiftung. Zentrum für Soziale Innovation. Wien. https://www.zsi.at/object/publication/1444?_wrapper=print

KOM E K (2011) Initiative für soziales Unternehmertum. Schaffung eines „Ökosystems" zur Förderung der Sozialunternehmen als Schlüsselakteure der Sozialwirtschaft und der sozialen Innovation. KOM(2011) 682 endgültig.

Mair J, Martí I (2006) Social entrepreneurship research: A source of explanation, prediction, and delight. Journal of World Business 41: 36-44

Martin RL, Osberg S (2007) Social Entrepreneurship: The Case for Definition. Stanford Social Innovation Review 5: 28-39

Mildenberger G, Münscher R, Schmitz B (2012) Dimensionen der Bewertung gemeinnütziger Organisationen und Aktivitäten. In: Anheier H K, Schröer A, Then V (Hrsg) Soziale Investitionen. Interdisziplinäre Perspektiven. VS Verlag, Wiesbaden, S 279-312

Millner R, Vandor P (2014) Neues Unternehmertum: Social Entrepreneurship und die Rolle des Umfelds. In: Zimmer A, Simsa R (Hrsg) Forschung zu Zivilgesellschaft, NPOs und Engagement. Quo vadis? Springer VS, Wiesbaden, S 283-300

Moulaert F, Martinelli F, Gonzalez S, Swyngedouw E (2007) Introduction: Social Innovation and Governance in European Cities: Urban Development Between Path Dependency and Radical Innovation. European Urban and Regional Studies 14: 195-209

Phills JAJ, Deiglmeier K, Miller DT (2008) Rediscovering Social Innovation. Stanford Social Innovation Review 6: 34-43

Schneider A, Schmidpeter R (2012) Corporate Social Responsibility. Verantwortungsvolle Unternehmensführung in Theorie und Praxis. Springer Gabler, Berlin

Sørensen E, Torfing J (2011) Enhancing Collaborative Innovation in the Public Sector. Administration & Society 43: 842-868

Spengler N (2012) Quantifizierung Sozialer Investitionen? Beiträge aus der Zivilgesellschaftsmessung. In: Anheier H K, Schröer A,Then V (Hrsg) Soziale Investitionen. Interdisziplinäre Perspektiven. VS Verlag, Wiesbaden, S 333-353

Spiegel P (2011) Social Business – Perspektive der innovativen Versöhnung von Ökonomie und sozialen Anliegen. In: Jähnke P, Christmann GB, Balgar K (Hrsg) Social Entrepreneurship. Perspektiven für die Raumentwicklung. VS Verlag, Wiesbaden, S 55-74

Strauch M, Schröer A, Schmitz B (2012) Social Entrepreneurship – Forschungsperspektiven. In: Anheier H K, Schröer A, Then V (Hrsg) Soziale Investitionen. Interdisziplinäre Perspektiven. VS Verlag, Wiesbaden, S 205-224

Zapf W (1989) Über soziale Innovationen. Soziale Welt 40: 170-183

Zimmer A (2007) Vereine – Zivilgesellschaft konkret. VS Verlag, Wiesbaden

Zimmer A (Hrsg) (2013) Civil Societies Compared: Germany and the Netherlands. Nomos, Baden-Baden

Zimmer A (2012) Zivilgesellschaft. Ein Leitbild. In: Hradil S (Hrsg) Deutsche Verhältnisse. Eine Sozialkunde. Bundeszentrale für politische Bildung, Bonn, S 353-364

Zimmer A, Priller E (2007) Gemeinnützige Organisationen im gesellschaftlichen Wandel. Ergebnisse der Dritte-Sektor-Forschung. VS Verlag, Wiesbaden

Sozialunternehmer finden und fördern

Interview mit Felix Oldenburg[1]
(Ashoka Deutschland gGmbH)

Ashoka bezeichnet sich als erste und weltweit führende Organisation zur Förderung von Social Entrepreneurship. Ashoka sucht in 70 Ländern gezielt nach innovativen SozialunternehmerInnen mit Ideen, die ein „Scaling-Up", eine Vergrößerung bzw. Übertragbarkeit in verschiedene (kulturelle, geographische) Umgebungen erwarten lassen. Wenn sie den Auswahlprozess erfolgreich durchlaufen haben, werden sie als „Fellows" durch ein Stipendium und durch das internationale Netzwerk von 3.000 Fellows sowie SpenderInnen/InvestorInnen unterstützt. In Deutschland gibt es 51 Fellows und 42 InvestorInnen bzw. unterstützende UnternehmerInnen (Stand Januar 2013). Unser Gesprächspartner Felix Oldenburg ist seit über fünf Jahren Hauptgeschäftsführer von Ashoka Deutschland.

Es gibt ja viele Definitionen von Sozialunternehmen und Sozialunternehmertum. Was ist denn Ihre Definition?

Das finde ich sehr schwierig zu beantworten. Sozialunternehmertum hat viel mit sozialer Innovation zu tun. Und Innovationen sehen ja immer etwas anders aus, als man das denkt. Ich glaube, es gibt sehr viele Definitionen von Sozialunternehmertum, die fehlschlagen. Ich kann sagen, welche Definitionen mich nicht überzeugen: Erstens eine Definition über die Rechtsform, denn ich arbeite für eine Organisation, die global arbeitet. Sozialunternehmer finden die Rechtsform, die sie brauchen oder eine Kombination von Rechtsformen. Daher halte ich auch nichts von den Reformvorschlägen, dass es für SozialunternehmerInnen neue

1 info_de@ashoka.org.

Rechtsformen braucht. Das geht ein bisschen an der Realität vorbei und wird dort, wo es gemacht worden ist, auch nicht besonders stark angenommen. Zweitens eine Definition über Geschäftsmodelle: Wenn ich sehe, welche Probleme es in der Welt gibt und wie unterschiedlich sie gelagert sind, halte ich die Vorstellung, dass man Sozialunternehmertum über ein Geschäftsmodell definieren könnte, für absurd. Viele denken, ein/e SozialunternehmerIn ist dann ein/e SozialunternehmerIn, wenn er/sie ein Geschäftsmodell hat, das über so etwas wie ein eigenes Einkommen funktioniert. Das ist eine völlig unsinnige Beschränkung. Social Entrepreneurship ist nicht Kommerz im sozialen Sektor: In vielen Märkten, die wir hier vorfinden, ist der Staat der Käufer. Viele nehmen Fördermittel in Anspruch. Das hat schlicht etwas damit zu tun, dass der Markt, in dem sie sich bewegen, dahingehend konstituiert ist. Es funktioniert oft mit einer Kombination aus Spenden, öffentlichen Aufträgen und Erlösen. Eine solche Hybridfinanzierung ist gängig für Sozialunternehmen und verändert sich auch je nach der Evolutionsstufe des Unternehmens. Man könnte drittens die Unterscheidung über For-Profit und Non-Profit vornehmen, aber ich finde, das schlägt auch fehl. Insofern überzeugt mich weniger eine Definition, sondern vielleicht eher eine Heuristik. Es ist allerdings etwas Wahres daran, dass SozialunternehmerInnen Marktmechanismen nutzen, um zu wachsen. Innovation und Wachstumsabsicht – mit diesen Merkmalen kann ich etwas anfangen.

Es geht also um neue Ideen und den Drive, sie voranzubringen. Dazu braucht es ja eine Person, die damit beginnt?

Hinter vielen sozialen Veränderungsprozessen in der Geschichte hat eine Gründerpersönlichkeit gestanden. Ich könnte da Montessori oder Raiffeisen nennen. Die Wege eines Unternehmens wie Ford, nachdem Henry Ford das Fließband erfunden hat, sind gar nicht zu vergleichen mit der sozialen Bewegung, nachdem Montessori die Kindergärten erfunden hat, aber die Analogie in der Gründerpersönlichkeit ist frappierend. Die Eigenschaften von Gründerpersönlichkeiten im Sozialen und im Wirtschaftlichen ähneln sich in dem Mut oder dem Willen, seinen Fußabdruck in der Geschichte zu hinterlassen, dem Willen, den Markt zu verändern, aber oft auch dem Wunsch, etwas Gutes zu tun.

Und was ist das Besondere an der Unternehmerpersönlichkeit im sozialen Bereich?

Diese Antwort ist vielleicht gänzlich unwissenschaftlich: Das herausstechende Merkmal bei den vielen SozialunternehmerInnen, die mir über die letzten fünf Jahre in Deutschland und international begegnet sind, ist deren Fähigkeit, sich die Welt anders vorzustellen und es zu schaffen, dass sich die Welt hin zu dieser Vorstellung entwickelt. Ein weiterer Punkt in dieser Hinsicht: Es gibt erstaunlich unterschiedliche Persönlichkeiten, die das schaffen können. Es ist nicht zwingend der- oder diejenige, der/die inspirierend reden kann – es ist oft so, aber nicht immer. Es ist oft jemand, der gut organisieren kann, aber genauso oft nicht. Die Welt ist da enorm bunt. Ich könnte für jede Fähigkeit Sozialunternehmer nennen, die sie nicht haben und die trotzdem im großen Maße etwas verändert haben. Meiner Meinung nach ist neben dem Willen und dem Vorstellungsvermögen vielleicht noch der Pragmatismus von besonderem Stellenwert: Alle SozialunternehmerInnen, die ich kenne, sind enorm detailorientiert und packen die Dinge einfach an.

Wie identifiziert Ashoka – als eine Art Headhunter – SozialunternehmerInnen, wenn das Feld so vielfältig ist?

Meiner Ansicht nach kann man eine Analogie zu einem Venture-Capital-Unternehmen[2] ziehen. Nur, dass Ashoka an der zukünftigen Wirkung anstatt am zukünftigen Profit interessiert ist. Unser Auswahl- und Suchprozess ist deutlich an das angelehnt, was wir im Venture-Capital-Bereich finden.

Könnten Sie dieses Vorgehen näher beschreiben?

Es ist zunächst einmal eine proaktive und keine reaktive Suche. Während die meisten Stiftungen sagen, was sie fördern möchten und dann gefunden werden, wenn jemand Geld haben möchte, gucken wir unter dem letzten Teppich und in der letzten Ecke, ob da jemand ist, der/die vielleicht ein/e SozialunternehmerIn ist. Das ist kompliziert, weil die meisten, die uns interessieren, noch gar nicht wissen, dass sie SozialunternehmerInnen sind. Sie suchen also eine Nadel im Heuhaufen, die nicht weiß, dass sie eine Nadel ist. Da ist natürlich der Zufall mitentscheidend. Wir haben Nominatoren: Wir reden jahrein, jahraus mit vielen möglichen Leuten. Ich hoffe, dass Sie, wenn ich mit Ihnen darüber geredet habe, verstehen, wen wir suchen, und wenn Ihnen da jemand über den Weg läuft, uns informieren. Der Hauptmechanismus ist insofern folgender: Wir reden gezielt darüber, was wir suchen und sammeln darüber Nominierungen ein. Daneben machen wir natürlich auch selber Recherchen, wenn wir denken, zu einem Thema müsste es doch etwas geben, aber wir

2 Der Begriff Venture Capital (Wagnisfinanzierung) bezeichnet „zeitlich begrenzte Mitteüberlassungen in Form von Eigenkapital an das Spezialsegment der jungen Wachstumsunternehmen" (Gabler Wirtschaftslexikon: http://wirtschaftslexikon.gabler.de/Definition/venture-capital.html). Der Wagnisfinancier beteiligt sich zeitlich begrenzt unmittelbar an Firmen, die einen Gewinn erst in mehreren Jahren erwarten lassen. Mit einer solchen Beteiligung durch spezialisierte Venture-Capital-Gesellschaften werden oft parallele Beratungsleistungen verknüpft, insofern den Gründern oft fundierte betriebswirtschaftliche Kenntnisse fehlen. (vgl. ebd.)

bekommen keine Nominierung, weil wir offenbar nicht die richtigen Fühler dafür haben. Wir betreiben dann Presseauswertungen und sammeln KandidatInnen für die lange Pipeline, weil wir auch den richtigen Zeitpunkt abpassen möchten. Das ist wiederum ähnlich wie bei Venture Capital: Den richten Zeitpunkt abpassen zu wollen, zu dem die Kanditen von der Förderung am meisten profitieren können.

Sie müssen also ein Netzwerk von Empfehlern und Empfehlerinnen haben.

Genau. Herzlich Willkommen zu diesem Netzwerk.

Dankeschön. Was sind denn die Kriterien?

Es gibt fünf Kriterien. Erstens: Es ist eine neue Idee notwendig, auch im internationalen Vergleich. Das ist das zentrale Kriterium, aber auch dasjenige, das am schwierigsten zu fassen ist.

Es gibt Ideenkontexte, in denen reisen Ideen leicht, und es gibt Ideenkontexte, in denen reisen sie nicht so leicht. Wenn es zum Beispiel Online stattfindet, lässt es sich einfach kopieren. Wenn es aber beispielsweise um Mikro-Entrepreneurship in benachteiligten Communities geht, sind die lokalen Kontexte sehr unterschiedlich: Es kann also sein, dass ein ähnlicher Mechanismus an einem Ort schon längst da ist, in einem anderen kulturellen Zusammenhang aber neu ist. Man kann also nicht sagen, dass die Idee von einem Ort automatisch zu einem anderen kommt. Worum es uns geht, ist der Früherkennungsmechanismus: Wo ist eine Idee, die die Welt noch nicht gesehen hat und die ein beachtliches Wachstumspotential hat. Das ist das zweite Kriterium: Hat diese Idee das Potenzial, ein gesellschaftliches Problem großflächig zu lösen? Kann sie wachsen? Ist das ein Muster, ist das ein Marktmechanismus, der dafür sorgen kann, dass die Idee explodiert in ihrer Wirkung? Wir müssen diesen Punkt, den wir Inflection Point nennen, noch nicht gesehen haben. Wir wollen insofern so früh miteingebunden sein, dass wir an diesem Punkt, an dem sich entscheidet, ob aus der Idee etwas Großes wird oder ob es klein bleibt, schon dabei sind. Werden wir aber zu früh oder zu spät involviert, so profitiert das Projekt viel weniger von unserer Förderung.

Die anderen drei Kriterien richten sich auf die Person. Erstens: Ist das eine Person, die eine Wachstumsabsicht hat? Wird die nicht ruhen, bis sie dieses Problem gelöst hat? Zweitens: Ist sie pragmatisch und kreativ? Ist sie ideologisch nicht festgelegt? Wird sie sich auf unterschiedliche, sowie auf sich verändernde Umstände einstellen können? Kann Sie sich also nicht nur die Welt anders vorstellen, sondern hat sie auch die Fähigkeit, die Realität im Kleinen zu verändern? Das fünfte Kriterium ist die ethische Integrität bzw. die moralische Integrität: Trauen wir dieser Person zu, dass sie das soziale Problem immer über das eigene Interesse stellen wird? Das ist letztlich eine Bauchentscheidung. Das sind dann biographische Überlegungen, die in dieser Hinsicht eine Rolle spielen.

Können Sie ein Negativbeispiel geben – also eine gute Idee, aber eine Person, die nicht in Frage kommt?

Das haben wir oft bei ProfessorInnen: ProfessorInnen, die eine großartige Idee haben, aber diese nicht zum Mittelpunkt ihres Lebens machen wollen, gibt es leider oft – und das fördern wir nicht.

Wie funktioniert der weitere Auswahlprozess, wenn Sie eine Nominierung bekommen?

Wenn eine Nominierung kommt, kontaktieren wir die Person erst einmal nicht, weil wir keine Hoffnungen wecken wollen. Wir wollen erst dann mit der Person reden, wenn wir uns ziemlich sicher sind. Wir machen eigene Analysen, dann führen wir einen Vor-Ort-Besuch durch und sprechen mit der Person. Anschließend stellen wir als Team einen Investmentplan auf, wie man das beim Venture Capital macht: Warum glauben wir, dass diese Person mit dieser Idee eine große Wirkung entfalten wird? Das ist alles standardisiert. Dann kommt eine Art Zweitgutachter von einem anderen Kontinent dazu, um das Ganze aus einer anderen Perspektive zu begutachten: Wird das Wachstumspotential auch aus einem anderen Kulturzusammenhang heraus verständlich? Im Anschluss daran stellen wir ein Panel von Unternehmerpersönlichkeiten zusammen. Das machen wir jedes Jahr neu und diese Unternehmerpersönlichkeiten dürfen nicht aktuell in uns investieren bzw. spenden – sie müssen also komplett unabhängig sein. Diese bekommen die Unterlagen und die KandidatInnen zum Einzelinterview vorgeladen. Danach unterhalten sie sich über jede/n KandidatIn einzeln und müssen sich dann einstimmig entscheiden. Wir geben die Entscheidung also komplett aus der Hand. Ich kann als Deutschlandchef nicht bestimmen, wen wir fördern. Schlussendlich wird das noch einmal von unserem globalen Board abgesegnet. Der ganze Prozess dauert also viele Monate, manchmal dauert er sogar Jahre.

Ashoka als Organisation braucht ja auch eine beträchtliche Basis von Leuten, die dahinter stehen. Können Sie das einmal etwas genauer beschreiben?

Ashoka wurde vor 30 Jahren in Indien gegründet und hat zunächst in Indien, auf den Philippinen und in Brasilien begonnen, Fellows zu wählen. Dann ging es über den Umweg über Nordamerika zunächst nach Osteuropa, und ist erst in den letzten acht Jahren in Westeuropa angekommen. Wir sind also relativ jung in Westeuropa. Ashoka hat global ein Budget von etwa 50 Millionen Dollar, zu 100%

aus Spenden – es gibt keine öffentliche Finanzierung. Alle Spenden kommen von UnternehmerInnen und Unternehmerorganisationen sowie Unternehmensstiftungen. Es sind insgesamt etwa 3000 SozialunternehmerInnen in der Förderung. Wir fördern sie ein Leben lang: Zunächst aber drei Jahre lang mit einem ihrem Bedarf angemessen Stipendium, verbunden mit der Erwartung, dass sie sich komplett auf diese Idee konzentrieren. Wir suchen nicht nach Leuten, die ein Projekt haben und es erfolgreich machen wollen, sondern solche, die ein so großes Problem lösen wollen, dass sie sicherlich mindestens ihr ganzes Leben brauchen werden. In Deutschland fördern wir derzeit 51 Social Entrepreneurs als Ashoka Fellows. In Deutschland beträgt der Jahresumsatz 1,5 Millionen Euro. Wir tragen in Deutschland allerdings auch zum internationalen Budget bei. Dieses Jahr haben wir etwa 4 Millionen Euro Spendenumsatz in Deutschland. Jede Dependance hat ein eigenes Budget, ist aber auch integriert, weil wir ein globales Budget machen, um dafür zu sorgen, dass wir in Ländern, in denen wir nicht genügend SpenderInnen finden können, trotzdem das machen können, was wir global tun wollen. Wir haben also ein solidarisches Finanzierungssystem in dieser Organisation.

Sind 51 Fellows viel für ein solches Land?

Es gibt eine einfache Faustregel, wir wissen aber nicht, woran es liegt. Wir finden etwa einen Ashoka Fellow pro zehn Millionen EinwohnerInnen pro Jahr. Das sind in Deutschland etwa sechs bis acht pro Jahr. Das ist aber nur eine Faustregel.

Sie müssten ja eigentlich einen großen Bereich in der Organisation für Fundraising haben?

Nein, wir haben das bewusst nicht so aufgeteilt. Ich habe keine Fundraisingabteilung, sondern wir gewinnen die unternehmerische Unterstützung aus den Kontakten, die in unserem Team – von im Augenblick 10 Personen – in Deutschland bestehen. Außerdem sammeln wir keine Kleinspenden, sondern nur ab 10 000 Euro für Einzelpersonen und ab 50 000 für Stiftungen und Unternehmen. Viele Menschen interessiert dieser in gewisser Weise harte Ansatz mit diesem sehr strengen Auswahlverfahren. Viele SpenderInnen treiben nicht einen derartigen Aufwand, um die geeignetsten Empfängerorganisationen auszusuchen, wenn Sie wissen, dass jemand da einen besonders großen Aufwand treibt und ein Fördersystem hat, in dem dann jeder einzelne Spendeneuro auch „multipliziert" wird: Wir können auch zeigen, wie viel Wirkung aus ihrem Spendeneuro herauskommt in Form von Follow-Up-Ressourcen, die dadurch angezogen werden. Das überzeugt dann oft.

Die besondere Idee bei Ashoka ist ja, dass eine gute Idee mit der Hilfe von Ashoka möglichst um die Welt geht. Wie machen Sie das konkret?

Wir haben Programme zur Förderung unserer Fellows, die an bestimmten Punkten oder Themen ansetzen. Also ein Beschleunigungsprogramm für Ideen, die auf der Schwelle zu einer internationalen, wenn nicht sogar globalen Wirkung sind. Wir nennen das den Globalizer. Wir bauen in der Regel die Brücken zwischen der Wirtschaft und dem Feld des Social Entrepreneurship. Zunehmend verstehen wir aber auch, dass in manchen Ländern die Politik ein enorm wichtiger Partner ist. In den meisten Ländern ist in den wesentlichen Feldern, in denen Sozialunternehmen auftreten, die öffentliche Hand der einzige Käufer.

Historisch hat das für Ashoka keine große Rolle gespielt, weil in den Ländern, in denen wir gestartet haben, eine Idee ohne öffentliche Gestaltungskonkurrenz groß werden kann. Am Beispiel der Grameen-Banken sieht man aber, dass sie sich irgendwann auch der Politik nicht mehr entziehen kann. Aber das passierte bei Grameen erst nach 20 Jahren. Hier in Deutschland passiert es in der Regel viel früher: Wenn Sie eine neue Idee haben, wie man zum Beispiel mehr Migrantenkinder auf weiterführende Schulen bringen kann, können Sie das in der lokalen Schule und in den zehn Schulen im Umkreis prima umsetzen. Wenn sie dann an 100 Schulen gehen wollen, geht es ohne Politik schon nicht mehr. Die konkurrierenden Gestaltungsansprüche setzen in Deutschland viel früher an. Wir haben eine höhere Regulierungsdichte, aber auch eine viel dichtere Zivilgesellschaft.

Ich beobachte, dass Ideen, die in Brasilien starten, innerhalb von wenigen Jahren enorm groß werden können. Auch mit geringen Mitteln. In Deutschland dauert das oft sehr viel länger und es erfordert eine höhere Interventionsdichte, um einer Idee zum Durchbruch zu verhelfen. Dazu gibt es mittlerweile spezialisierte Organisationen, die wir gegründet haben. Wir haben eine Finanzierungsagentur, die soziale Investitionen befördern soll und eine Talentagentur, die Führungskräfte rekrutiert für SozialunternehmerInnen. Wir bauen also ein Unterstützungssystem, in dem gute Ideen wachsen können. Das hat in Deutschland eine viel größere Bedeutung, als in Ländern, in denen Ideen aus eigener Kraft viel schneller und weiter wachsen können, bevor sie an den Gestaltungsanspruch von jemand anders anstoßen.

Können Sie diese Schwierigkeit eines solchen Scaling-Up-Prozesses in unserem durchstrukturierten, durchregulierten deutschen System genauer beschreiben?

Ich gebe Ihnen einfach zwei Beispiele: Vor 30 Jahren ist eine lokale Bürgerinitiative in Schönau angetreten, ihr Elektrizitätsnetz zu kaufen. Die Elektrizitätswerke Schönau sind zu einem Modell geworden für Energie in Bürgerhand. Dass dafür Modelle da sind, liegt an Sozialunternehmern wie Ursula Sladek aus Schönau. Ursula Sladeks Vorstellung von Erfolg ist nicht, dass jeder von der Elektrizitätswerken Schönau Strom bezieht, sondern dass wir einen anderen Stromsektor haben. Sie hat ein kommerziell funktionierendes Modell entwickeln müssen, hat aber natürlich enorm politisch gehandelt in einem regulierten Markt, und immer wieder Dinge getan, die eigentlich rechtlich nicht möglich waren und dann doch möglich wurden. Irgendwann ist der Umschlagpunkt erreicht– in diesem Fall auch durch das Einspeisegesetz, das sie quasi mit erfunden hat. Dann sind plötzlich auch ganz viele daran beteiligt. Das ist ganz typisch für sozialunternehmerische Erfolgsgeschichten. Da werkelt jemand manchmal über Jahre, manchmal Jahrzehnte vor sich hin, und dann explodiert es.

Und es gibt solche Beispiele wie das von Rose Volz-Schmidt mit dem Wellcome-Netz für qualifizierte ehrenamtliche Hilfe in den ersten Monaten nach der Geburt. Das Netz ist zunächst in der Caritas gegründet worden, dann hat sie es dort herausgelöst, weil sie gemerkt hat, dass es in der Caritas nicht vorankommt. Mittlerweile wächst es aber wieder als Franchise über Caritas und andere Träger. Es ist also eine interessante Kombination und Zusammenwirken von Social Entrepreneurship und alter Wohlfahrt, denn die hat enorme Distributionskanäle.

Und wie trägt Ashoka dazu bei, dass der lange Weg gestrafft wird?

Ich glaube, unsere Wirkung geht mit der Identitätsbildung los. Der Auswahlprozess hat häufig eine profunde Wirkung auf die gefühlte Lebensmission des/der SozialunternehmerIn. Ein Beispiel ist ein Frauenarzt, den wir hier in Duisburg gefunden haben, der blinde Frauen zu Brustkrebs-Tastuntersucherinnen macht. Ich weiß noch genau, wie ich in seinem Büro gesessen habe. Der hatte noch nie in seinem Leben „Social Entrepreneurship" gehört und auch nicht von Ashoka. Als ich erklärte, dass das, was er macht, auch ein Lebensweg sein könnte, hat er das in einer Sekunde verstanden. Eine enorme Wirkung ist die Rückwirkung des Auswahlprozesses auf die, die auf die Reise gehen. Im Fall dieses Gynäkologen war es so, dass wir Christian Boehringer[3] angerufen haben. Der hat gleich einen seiner Manager in das junge Sozialunternehmen geschickt. Es gibt zwar nicht den einen Mechanismus, aber es gilt eben, das Netzwerk zu knüpfen, um Ideen erfolgreich zu machen. Wir haben aber auch die notwendige Geduld: Wenn es noch zehn Jahre dauert, dann dauert es halt noch zehn Jahre. Uns wird es dann immer noch geben. Wenn jemand bei uns gefördert wird, steigt nach meinem Empfinden aber die Erfolgswahrscheinlichkeit enorm. Laut Statistiken kommen auf jeden Euro,

3 Vorsitzender des Gesellschafterausschusses des Pharmakonzerns **Boehringer** Ingelheim.

den wir in Stipendien investieren, innerhalb von 5 Jahren 10 Euro an Spenden oder Investitionen herein.

In den Sozialwissenschaften sprechen wir von sozialen Milieus – etwa ein katholisches Milieu oder das Arbeitermilieu. Gibt es typische Milieu-Hintergründe von Social Entrepreneurs?

Das Ergebnis unserer Suche ist erstaunlich bunt, und das ist vielleicht schon ein interessanter Befund. Ich kann nicht sagen, dass es auf einen gemeinsamen Nenner kommt, wie z. B. die Bildungswege aussahen. Da gibt es überhaupt kein Muster. Genauso heterogen ist die Altersstruktur – Geschlechterunterschiede sehe ich auch nicht. Aber es gibt vielleicht doch ein Muster: Nämlich eben schon eine lebenslange Einstellung, die Wirklichkeit verändern zu wollen und auch eine langjährige Engagement-Karriere. Da kommt dann irgendwann die zündende Idee dazu, die wir fördern möchten. Es sind oft Nonkonformisten, die sich eher traditionellen Engagement-Angeboten verschlossen haben, also die nicht in der Angebotslogik des Engagements mitgemacht haben, sondern immer ihr eigenes Ding drehen wollten.

Oftmals ist der Drang zu Verändern auch biographisch begründet – z. B. durch persönliche Betroffenheit –, was auch sehr oft einzigartige Perspektiven eröffnet. Jemand, der sein Leben im Rollstuhl sitzt, sieht vielleicht etwas, was jemand anderes nicht gesehen hätte. Jemand, der eine/n Angehörige/n verloren hat oder in einer bestimmten Familienkonstellation nicht zurechtkam, sieht etwas anders. Diese biographischen Kontexte sind wahrscheinlich schwer erfassbar, aber sie resultieren oft in Innovation.

Es sind also oft Menschen, die sich in den etablierten Engagementstrukturen nicht recht wohlfühlen, aber trotzdem schon in jungen Jahren zu ihrem Thema kommen. Gibt es Wege, diese Jugendlichen an ein sozialunternehmerisches Engagement heranzuführen?

Wir vermuten, dass man frühes selbstbestimmtes Engagement auch von außen induzieren kann. Deshalb machen wir in vielen Ländern auf der Welt das sogenannte youth venture-Programm, wo wir versuchen, Jugendlichen Erfahrungen in selbstbestimmtem Engagement zu ermöglichen. Dadurch, dass ihnen auch Ressourcen übertragen werden, in Form von Ministipendien – und dies komplett ohne Anleitung. Ich kann aus meinen Beobachtungen bei der Arbeit mit Jugendlichen vermuten, dass in Deutschland das Engagement-Angebot immer noch stark von Erwachsenen vorstrukturiert ist. Ich kann nicht wissenschaftlich nachweisen, dass das in einer individualisierten Gesellschaft weniger attraktiv geworden ist. Aber ich kann andersherum sagen, dass in den Jugendprogrammen, die wir und die Fellows fahren und die auf selbstbestimmtes Engagement abzielen, junge Menschen aus sehr unterschiedlichen Milieus auftauchen, die sich von diesen vorgegebenen Engagement-Angeboten nicht anziehen lassen. Meiner Ansicht nach ließe sich durch die Veränderung der Jugendengagementlandschaft in Deutschland enorm viel dahingehend bewirken, wie viel Talent Sozialunternehmerinnen und -unternehmern später zur Verfügung steht. Ob jemand in der Biographie über die richtige Idee stolpert oder nicht, kann man nicht programmieren, aber ob jemand das Zutrauen hat, kann man befördern.

Interview: Annette Zimmer

Sozialunternehmen gründen und fortentwickeln

Interview mit Norbert Kunz[1]
(Social Impact gGmbH)

Norbert Kunz hätte Berufsschullehrer werden können – doch Ende der 1980er Jahre, nach Vermeidung des Grundwehrdienstes und breitgefächertem Studium im Berlin, beschäftigte er sich zunächst mit entwicklungspolitischen Themen. Zurück in Berlin verdiente er sein Geld mit der Produktion von Dokumentarfilmen, renovierte mit FreundInnen und geliehenem Geld eine Fabrikhalle in Kreuzberg und baute sie als Kulturzentrum und Off-Theater aus; Crowdfunding praktizierte er also schon zwanzig Jahre bevor der Begriff in Mode kam. Zum „Sozialunternehmer" wurde er als Mitgründer und langjähriger Geschäftsführer der Agentur IQ Consult, die zunächst innovative Wege in der Berufsqualifizierung einschlug. Heute sind unter dem Dach der Trägerorganisation Social Impact gGmbH, die aus IQ Consult hervorging, verschiedene Instrumente und Programme zur Förderung, Beratung und Finanzierung von insbesondere jungen Sozialunternehmen zusammengefasst. Norbert Kunz ist außerdem Mitbegründer des Deutschen Mikrofinanz Instituts und der StattAuto Carsharing AG Berlin. Seit 2007 ist er Ashoka-Fellow. Wir sprachen mit ihm über Erfolgsrezepte und über Schwierigkeiten, Fördermöglichkeiten und Fallstricke auf dem Weg von einer guten Idee zum Sozialunternehmen.

Sie sind als Ashoka-Fellow in ein weltweites Netz von SozialunternehmerInnen integriert. Sehen Sie sich auch selbst als Sozialunternehmer?

Ja. Unsere frühere Firmierung IQ Consult weist ja schon darauf hin: Sie steht für „innovative Qualifizierung und Beratung" – das weist zum einen auf den Innovati-

1 info@socialimpact.eu

onscharakter hin. Zum anderen waren unsere innovativen Qualifizierungskonzepte auf benachteiligte Personengruppen ausgerichtet, v. a. auf junge Menschen, die nicht in das deutsche Bildungs- oder Berufsbildungssystem passten. Insofern habe ich mich schon als solcher verstanden, bevor Ashoka mir dieses Siegel gegeben hat.

Wie sind Sie dazu gekommen, sich in diesem Bereich zu betätigen?

Ich denke, das hat stark mit meiner persönlichen Biographie zu tun. Ich komme von einem kleinen Dorf aus einem Arbeiterhaushalt. Dass ich Abitur gemacht habe, war LehrerInnen zu verdanken, die mich unterstützt haben. Ermöglicht wurde dies ein Stück weit auch durch die SPD-geprägte Bildungsreform der 1960er Jahre. Sie ermöglichte es mir, von der Volksschule über die Realschule zum Gymnasium zu wechseln. Meinen Lebensweg hat es also stark beeinflusst, dass mich Leute gefördert haben, die wollten, dass auch Menschen aus bildungsfernen Milieus Chancen bekommen. Ich habe Wirtschaftspädagogik studiert und wollte das, was ich erfahren habe, auch als Lehrer zurückgeben. In den letzten Zügen meines Studiums habe ich gemerkt, dass mir das Lehramt nicht genug Raum und Möglichkeiten gibt.

Und wie kamen Sie zu der Idee, das Projekt IQ Consult zu starten?

Ich war beim Bildungswerk für Demokratie und Umweltschutz engagiert, woraus heute die Heinrich-Böll-Stiftung geworden ist. Wir standen damals vor der Herausforderung, dass wir so viele Seminare machen konnten, wie wir wollten, aber das ganze Geld für die Anmietung von Räumen verbraucht wurde. Um das Problem zu lösen, wollte ich mich mit FreundInnen zusammenschließen, um gemeinsam ein Loft anzumieten. Die Besichtigung eines geeigneten Objektes führte zu dem Ergebnis, dass der Vermieter uns vor die Alternative stellte: „Entweder das ganze Haus oder gar nichts“. Dann haben wir kurzentschlossen eine Fabrik mit über 1200qm angemietet und eine Art Forum für Kultur-und Bildungsarbeit aufgebaut.

Dort fand viel selbstorganisierte Bildungsarbeit statt, politische Bildung und Kultur. Wir haben Räume zur Verfügung gestellt für Theaterarbeit, Tanzen, Film, Ausstellungen und alles Mögliche. Wir hatten ein kleines experimentelles Kino, Galerieräume, später auch ein kleines eigenes Theater, was wir noch später als Club weitergeführt haben.

Als aber 1992 und 1993 in Ostberlin Räume von der Treuhand für eine Mark anzumieten waren, sind uns viele NutzerInnen verloren gegangen: Ostberlin war angesagter als der Westen, auch angesagter als Kreuzberg.

Wir suchten nach Alternativen und ich begann damit Berufsbildungsmaßnahmen zu konzipieren. Die Zeit war angesichts die Bildungsoffensive im Osten dafür günstig. Und mit meiner Profession als Wirtschaftspädagoge, passte ich in die Bedarfsstruktur.

1994 haben wir IQ Consult gegründet und den ersten bundesweiten Modellversuch zur Modularisierung der Berufsausbildung konzipiert. Hintergrund war der Glaube daran, dass Menschen, die eine Berufsausbildung haben, auch Zugang zur Arbeitswelt bekommen. Die Zielgruppe waren junge, arbeitslose Menschen aus Kreuzberg, vorwiegend mit Migrationshintergrund. Der innovative Charakter des Angebotes bestand – so würden wir es heute formulieren – im Empowern. Wir haben eine komplett neue Lernarchitektur entwickelt, die es ermöglichen sollte, junge Menschen, die durch das Netz des Bildungssystems gefallen waren, zu befähigen, einen Berufsabschluss zu erfolgreich zu absolvieren. Viele Stakeholder haben nicht daran geglaubt, dass das funktionieren würde, aber es war ein sehr erfolgreiches Modell. Unsere TeilnehmerInnen haben fast ausnahmslos den Berufsausbildungsabschluss erreicht. Der Begriff „Modularisierung" hat sich in Deutschland festgesetzt. Auch dies ist ein Erfolg.

Aber wir sind gleichzeitig gescheitert, weil wir feststellen mussten, dass die sonstigen biographischen Aspekte dazu geführt haben, dass für diese jungen Leute trotz Berufsausbildung, die sie bei uns erfolgreich absolviert haben, keine Anschlussbeschäftigung gewährleistet war. So hat sich uns die Frage gestellt: Wenn es gelingen kann, junge Menschen erfolgreich zum Berufsabschluss zu führen, kann es uns nicht auch gelingen, junge Leute erfolgreich in die Selbständigkeit zu führen? Daraus ist der Schwerpunkt „Inclusive Entrepreneurship" entstanden.

Wer sind diese „wir", von denen Sie sprechen, wenn Sie Ihre Organisation meinen?

Man ist nie alleine bei so etwas: Wir haben zu viert gegründet, wobei ich 75 Prozent der Gesellschaftsanteile gehalten habe. Die drei anderen waren FreundInnen von mir, mit denen ich anfänglich zusammengearbeitet habe. Sie haben dann später andere berufliche Wege eingeschlagen, waren aber nach wie vor an der Gesellschaft beteiligt. Wir haben nach dem Grundsatz der Selbstverwaltung, an den ich zumindest am Anfang geglaubt habe, MitarbeiterInnen die Möglichkeit gegeben, sich an der Firma zu beteiligen. So sind es acht oder neun GesellschafterInnen geworden. „Wir" heißt aber immer auch das gesamte Team, auch die MitarbeiterInnen denke ich immer in diesem Plural mit.

Ihre Erzählung erinnert an die selbstverwalteten Initiativen im Kulturbereich mit relativ flachen oder keinen Hierarchien. Wie ist das heute?

Ich kam aus dem soziokulturellen Umfeld der 1980er Jahre. Für mich spielt das Thema Selbstverwaltung und Basisdemokratie eine wichtige Rolle. Das war für uns zunächst eine heilige Kuh, aber im Laufe der unternehmerischen Entwicklung, mit dem Wachstum der Firma hat sich herausgestellt, dass sich gar nicht jede/r MitarbeiterIn finanziell beteiligen möchte und auch nicht die Entscheidungen mittreffen will. Ich musste lernen, dass Menschen mit der Einstellung „Ich habe einen Job, der dauert 40 Stunden die Woche, und dafür bekomme ich am Ende des Monats mein Gehalt" trotzdem gute MitarbeiterInnen sein können, auch wenn sie sich nicht zwingend mit meiner unternehmerischen Vision identifizieren. Es gibt bei uns nach wie vor die Möglichkeit, aktiv an Entscheidungen mitzuwirken, aber wir zwingen niemanden in ein Kollektiv hinein, wenn er/sie gar nicht will.

Und das Team muss ja funktionieren: Daher gibt es klare Stellenbeschreibungen und Verantwortungsbereiche, und es müssen letztendlich auch Führungsentscheidungen getroffen werden, um den gesamten Prozess am Leben zu erhalten. Es gibt einerseits relativ offene Diskussionen und Entscheidungsprozesse zu zukünftigen Handlungsfeldern und Projekten, andererseits aber auch Entscheidungsebenen, die sich auf unternehmerische Prozesse beziehen. Es muss geklärt sein: Wie sehen die innerbetrieblichen Prozesse, Zuständigkeiten und Verantwortungen aus?

Das sind zwei unterschiedliche Ebenen: Für die operativen Prozesse gibt es ProjektleiterInnen mit klaren Verantwortungen und Zuständigkeitsbereichen. Auf der inhaltlichen Ebene, der Zieleebene, gibt es die Einladung an die MitarbeiterInnen, sich einzubringen. Da kann jede/r sagen: „Ich habe eine tolle Idee, das würde ich gerne weiterentwickeln". Hier können alle mitreden. Aber wir müssen auch viele Auflagen erfüllen, da vieles bei uns öffentlich finanziert wird. Manchmal sagen dann MitarbeiterInnen: „Das ist doch vollkommener Blödsinn, das sollten wir gar nicht machen", und ich sage: „Schön, aber dann kriegen wir die öffentlichen Gelder nicht".

Sie haben also auch so etwas wie ein kleines Steuerungsteam? Sie können ja nicht alles in der großen Runde machen, oder?

Solange wir sieben oder acht MitarbeiterInnen waren, haben wir uns alle einmal wöchentlich zum Jour Fixe getroffen. Als wir dann 13 oder 14 waren, habe ich das abgeschafft, weil das nicht mehr produktiv war und weil sich herausgestellt hat, dass einige MitarbeiterInnen nur dabei saßen und sich nicht wirklich eingebracht haben. Sie dachten: „Das ist jetzt nicht mein Verantwortungsbereich" oder: „Ich will gar nicht über Projekte diskutieren, in die ich gar nicht involviert bin". Neu hinzu kam auch eine gewisse Dezentralität, in Berlin war die Zentrale aber wir hatten auch Projekte in Cottbus und in Potsdam. Das wäre ein wahnsinniger Aufwand gewesen, eine Teamsitzung mit allen zu machen. Viele OrganisationstheoretikerInnen und -praktikerInnen beschreiben ja auch, dass sich die MitarbeiterInnen ab einer bestimmten Größenordnung der Organisation, weniger mit der Gesamtorganisation als mit den Projekten und den Teams, in denen sie unmittelbar tätig sind, identifizieren. Das war bei uns auch so.

Also machen wir nur noch zwei bis dreimal im Jahr einen Jour Fixe, wo alle MitarbeiterInnen eingeladen sind. Darüber hinaus bieten wir verschiedene Formate: Wir haben so etwas wie Innovationsabende, die regelmäßig stattfinden und wo jede/r MitarbeiterIn sich einbringen kann, mitentscheiden kann, wie die Tagesordnung aussehen soll, und wo sie eigene Projektideen vorschlagen können. Dann gibt es die Steuerungsrunden, an denen die ProjektleiterInnen oder FunktionsleiterInnen teilnehmen, und die jeweiligen Projekt- oder FunktionsleiterInnen machen mindestens eine Teamsitzung pro Monat.

Kommt man zu Ihnen wie man zu einer Unternehmensberatung geht?

Eher nicht. Wir betreiben auch keine klassische Unternehmensberatung – wir bieten Beratungsleistungen an, doch wenn wir das zu den gleichen Konditionen wie andere Unternehmensberatungen tun würden, könnten sich das vor allem die kleinen sozial innovativen Organisationen nicht leisten. Wir haben sehr viele Anfragen aus dem sozialen Bereich, aber es ist eben so, dass viele es überhaupt nicht finanzieren können. Wir haben immer versucht, Mittel von Ministerien oder von privaten GeldgeberInnen zu akquirieren, um die Beratungsleistungen auch möglichst kostengünstig oder kostenfrei anbieten zu können. Das hat uns gleichzeitig die Möglichkeit eröffnet, selbst auszuwählen, wen wir unterstützen wollen und wie wir unterstützen wollen.

Wie sieht Ihr Finanzierungsmix aktuell aus?

Die Mittel stammen zu 50 Prozent aus öffentlichen Finanzierungen und zu 45 Prozent aus privaten Finanzierung über Unternehmen oder Stiftungen. Etwa zu 5 Prozent finanzieren wir uns durch die EndkundInnen.

Gibt es auf diesem Markt – also der Beratung und Förderung von Sozialunternehmen und der Finanzierung ihrer Arbeit – auch eine zunehmende Konkurrenz?

Wir folgen dem Prinzip „lieber kooperieren als konkurrieren". Wir haben ja selbst mit vielen Projekten, die wir initiiert haben, dazu beigetragen, dass sich das Wissen und die Kompetenzen bundesweit, auch europaweit verbreitet haben. Von daher haben wir natürlich sogar die Konkurrenz mit befördert. Aber unsere Philosophie lautet: Wir müssen als „Agentur für soziale Innovationen" den anderen immer ein Stück voraus sein. Wir wollen nicht unbedingt durch den Aufbau von Markteintrittsbarrieren den anderen den Zugang verwehren, denn so würde man ja auch keine soziale Innovation skalieren. Wir müssen uns einfach weiterentwickeln und uns dadurch auszeichnen, dass wir innovativer und schneller sind als andere.

Wenn man als kleine Initiative mit einer Idee zu Ihnen kommt, wie geht das dann vor sich?

Wenn man ein Social Startup ist, muss man sich bewerben, um in unser Förderprogramm „Social Impact Start“ aufgenommen zu werden. Im Moment nehmen wir nur etwa jede zehnte Initiative auf. Der Auswahlprozess läuft in Berlin alle drei Monate, in Hamburg und an anderen Standorten alle vier Monate. Wir machen keine Werbung, weil wir einfach so viel Nachfrage haben. Es schauen immer zwei bis drei Leute auf eine Bewerbung und dann laden wir die ausgewählten BewerberInnen zum öffentlichen „Pitch“ ein. Von den 30 bis 50, die sich in einer Runde bewerben, laden wir acht bis zehn Personen ein. Wir haben meistens 60-80 Gäste, die legen ebenfalls eine Rangliste fest. Parallel dazu gibt es eine Jury. Wir vergleichen dann beide Listen miteinander und entscheiden, wen wir in das Programm aufnehmen.

Was zählt am meisten: Die Idee, die Person oder der schon vorhandene Businessplan?

Der Businessplan muss gar nicht da sein. Es muss erkennbar sein, dass das Projekt wirtschaftlich tragfähig sein könnte, wobei es uns nicht darauf ankommt, ein Social-Business-Modell à la Yunus zu entwickeln, wo der Endverbraucher bezahlen muss, sondern wir haben auch Projekte, die dann Stiftungen finden, die sie die ersten paar Jahre finanzieren. Der Spendenmarkt, der Stiftungsmarkt und der CSR-Markt sind wichtige Märkte, der öffentliche Sektor ist ein wichtiger Markt. In der Summe machen diese 100 Milliarden pro Jahr aus. Es ist also nicht nur der Endverbrauchermarkt, der angesprochen werden muss. Es muss deutlich sein, dass das Projekt in diese Logiken hineinpasst. Dann ist die soziale Mission und die soziale Innovation wichtig, also dass es wirklich ein neuer Ansatz zu Lösung eines sozialen Problems ist. Und die persönliche Motivation ist für uns ganz wichtig: Ist die Person „mission-driven“? Will sie das wirklich? Nach dem Pitch entscheiden wir, wer in die engere Auswahl kommt. Und bevor wir jemanden endgültig aufnehmen, gibt es noch ein „Idea Reframing“ über zwei Tage, wo es nochmal darum geht, die Stärken und Schwächen des Projekts detailliert kennenzulernen, zu analysieren und dadurch festzulegen, welchen Unterstützungsbedarf die Social Startups haben. Aus der Erfahrung haben wir ein ganz gutes Gefühl, welche Leute eigentlich eher einem Hype hinterherrennen und welche wirklich „mission-driven“ sind.

Begleiten Sie die Projekte dann über eine längere Zeit?

Wenn Sie als Social Startup bei uns aufgenommen werden, bekommen Sie acht Monate lang einen komplett kostenfreien Arbeitsplatz für sich selbst und für Ihr Team in einem unserer Social Impact Labs – das sind Co-Working Spaces für Sozialunternehmen in Berlin und Hamburg und inzwischen auch in Leipzig, Frankfurt, Köln, Wien und Zürich. Dazu bekommen Sie über die acht Monate ein fortlaufendes begleitendes Coaching, Sie bekommen 20 bis 30 Stunden intensive Fachberatungsleistung. Deshalb auch das Idea Reframing: da können wir sehen, welche/r BeraterIn am besten geeignet ist, um Ihnen weiter zu helfen. Sie bekommen über die gesamten acht Monate MentorInnen zur Seite gestellt. Wenn Sie diese Phase positiv durchlaufen haben, bekommen Sie anschließend Zugang zu unserem Investment Readiness-Programm oder zu unserer Crowdfunding-Plattform und Sie werden in das Alumni-Programm aufgenommen. Wir sind gegenwärtig dabei, vorzubereiten, dass ein großes deutsches Beratungsunternehmen alle unsere Alumni ein Jahr lang weiter begleitet.

Was sind Ihrer Meinung nach die typischen Fehler, die ein Sozialunternehmen in der Startphase unbedingt vermeiden sollte?

Der am weitesten verbreitete Anfängerfehler ist die Selbstüberschätzung – die Überschätzung der Wirksamkeit des eigenen Konzeptes. Viele sagen: „Mein Konzept ist so toll, in sechs Monaten habe ich den Break-Even". Das haben aber viele nicht. Die Projekte laufen oftmals nicht von alleine. Man findet nicht so schnell die FinanzierungspartnerInnen, die man eigentlich benötigt: Die Schaffung von Bewusstsein für die Idee, von der man selbst natürlich besessen sein muss, dauert oft länger, als die Leute glauben.

Haben Sie so etwas wie ein Patentrezept, um solche Startschwierigkeiten in den Griff zu bekommen?

Ja: Hinterfrage dein Konzept und hinterfrage es so oft, wie es irgendwie geht! Nimm jede Frage und jeden Einwand ernst! Setz dich mit den Einwänden auseinander! Überlege dir genau, ob dieser oder jene nicht möglicherweise einen wichtigen Punkt angesprochen hat.

Was dazu gehört ist, die KundInnen genau zu fokussieren, also genau zu wissen: Ist das, was ich anbieten will, etwas, was mein/e KundIn sucht? Bei Sozialunternehmen hat man die besondere Herausforderung, dass man oft zwei KundInnen hat: Den Betroffenen, dem man helfen möchte und der überhaupt nicht in der Lage ist, die volle Finanzierung für die Leistung zu erbringen, und den Sekundärkunden:

Derjenige, der bereit ist, für die Leistung zu bezahlen, obwohl er sie gar nicht in Anspruch nimmt. Man muss beide überzeugen. Zur Partnerschaft mit Stiftungen, öffentlichen Geldgebern und anderen gehört Überzeugungskraft, um sie zu finden. Oftmals ist nicht nur die soziale Wirksamkeit wichtig, sondern auch, dass man sich gleichzeitig Gedanken macht, warum mich diese Firma oder diese Stiftung eigentlich unterstützen soll: Was biete ich der Stiftung oder dem Unternehmen als Mehrwert an? Das gilt genauso für den Staat: Die öffentliche Verwaltung kann auch nur Projekte finanzieren, wenn sie in das Korsett staatlicher Förderung hineinpassen.

Leisten Sie beim Zugang zu möglichen Förderern auch direkte Unterstützung?

Ja, das funktioniert sehr stark persönlich. Ich bin sehr gut vernetzt und bekannt. Vielfach empfehle ich einfach persönlich, weil ich ein gutes Gefühl habe, dass das ein tolles Projekt ist, das gut zu dieser oder jener Stiftung passt. Das hat natürlich alles seine Grenzen, weil ich nicht alle 14 Tage bei einer Stiftung anrufen kann. Wir versuchen, AbteilungsleiterInnen der CSR-Abteilung oder GeschäftsführerInnen von Stiftungen mit Social Startups zusammenführen. Dafür haben wir Formate entwickelt wie Cook and Meet: Da wird dann gemeinsam gekocht, gemeinsam gegessen und natürlich miteinander gesprochen.

Sind die Unterschiede zwischen diesen Welten – im Habitus oder in der Sprache – ein Problem?

Wenn man bei einer renommierten Stiftung in altehrwürdigen Gebäuden oder in Glaspalästen vorstellig wird, ist das schon einschüchternd für manche Leute. Die Sprache ist oft anders, das Auftreten ist anders. Das wird mit dem, was wir machen, niedrigschwelliger.

Gehen wir einmal einen Schritt weiter: was sind nach dem Startup in der Weiterentwicklung oder im Wachstum eines solchen Unternehmens typische Fallstricke, an die man denken sollte?

Zum einen ist es wichtig, dass man sich nicht auf eine Finanzierungsoption festlegt. Ich versuche also, allen mitzugeben, dass es von Anfang an wichtig ist, sich um das Ausdifferenzieren, auch was Partnerschaften betrifft, Gedanken zu machen, was möglicherweise auch zusammenhängt mit einer Ausdifferenzierung der Leistungen, die man erbringt. Man sollte sich nicht von einem Partner abhängig machen, denn es kann schnell gehen, dass eine Stiftung sich ein neues Profil gibt, dass der/die StiftungsgeschäftsführerIn wechselt und andere Ideen mitbringt oder ähnliches. Man darf sich auf keinen Fall auf die faule Haut legen, wenn man eine Stiftungsfinanzierung über drei Jahre hat. Die drei Jahre sind schnell vorbei, und das gleiche gilt auch für öffentliche Fördermittel, die oftmals höchstens für zwei Jahre vergeben werden. Man muss also in dem Moment, wo man die ersten Finanzierungszusagen hat, sofort darüber nachdenken, dass die nächste Finanzierungslücke kommt.

Man muss sich zum anderen auch eine Strategie überlegen, wie man Partnerschaften pflegt. Die Stakeholder-Kommunikation mit den PartnerInnen, die einen finanzieren, ist sehr wichtig. Man kann an eine Stiftung herangehen und fragen, ob sie auch die nächste Stufe finanziert, nach dem Motto: „ask for money, ask again and ask for more" – jedenfalls, wenn man gut und positiv zusammengearbeitet hat. Aber wenn man in den zwei Jahren, nachdem man Geld bekommen hat, gar nicht kommuniziert, wird man auch von ihr nicht mehr finanziert, denn für die Stiftungen ist das Projekt ja auch ein Projekt zur Außendarstellung. Kommunikation und strategische Orientierung sind also ganz wichtige Aspekte.

Und an einem bestimmten Punkt kommt der Übergang von der Pionierphase in die Formalisierungsphase. Das ist ein Punkt, an dem Projekte oft scheitern.

Was sollte man an dieser Stelle bedenken?

Das ist ganz schwierig, denn es ist von Organisationskultur zu Organisationskultur unterschiedlich. Gerade in solchen sozialunternehmerischen Kontexten ist die Organisationskultur viel wichtiger als die Struktur: Das Mitnehmen der MitarbeiterInnen in die Prozesse ist von großer Bedeutung. Wie ich es aus meiner eigenen Geschichte kenne, kann es auf der einen Seite eine Überforderung sein, wenn man die MitarbeiterInnen zu allem mitnehmen will. Umgekehrt kann es auch eine Unterforderung sein, wenn man anfängt, den Prozess so auszugestalten, dass die MitarbeiterInnen denken: „Ich darf gar nicht mehr mitdenken". Wenn es nur noch ganz klare Stellenbeschreibungen, ganz klare Zuständigkeiten und ganz klare Regelungen gibt, wenn eine/r über drei Sekretärinnen oder Sekretäre gehen muss, um ein Gespräch mit dem Chef zu führen, zieht sich letztendlich jede/r nur auf den eigenen Punkt zurück. Auch zu starke Einschränkungen sind also ein Problem.

Man muss Fingerspitzengefühl an den Tag legen und sich genau überlegen, wo in der eigenen Organisation die Störfaktoren her kommen und wer dafür verantwortlich ist, dass die Dinge nicht so rund laufen. Also: Wer schießt eigentlich in meiner Organisation quer und wie kann ich das verhindern? Was stört meine MitarbeiterInnen, was stört die Entwicklung? Umgehen können wird man es nicht, denn das gehört einfach ab einem bestimmten Punkt dazu.

Als wir angefangen haben mit einem kleinen Team, haben wir jeden Abend zusammengesessen und sind danach gemeinsam in die Kneipe gegangen und haben weiter über die Arbeit geredet und wie wir die Welt verändern können. Irgendwann werden die Leute ein bisschen älter, der eine oder die andere hat Kinder und kann dann nicht mehr immer mitgehen. Nach und nach verändert es sich: Es kommen neue Leute dazu, die nicht mehr danach ausgewählt wurden, ob sie aus derselben Organisationskultur kommen, sondern nach Qualifikation und Kompetenzen, und die einfach sagen: „Ich möchte hier mitarbeiten, ich habe ein tolles Projekt, aber meinen Freundeskreis habe ich woanders".

Sie haben vorhin erwähnt, dass viele Anfragen an Sie aus dem sozialen Bereich kommen. Inwiefern ergeben sich aus der starken Regulierung dieses Bereichs und der Zentralität der Wohlfahrtsverbände in Deutschland besondere Herausforderungen für innovative Sozialunternehmen?

Wenn ein Startup im klassischen Wohlfahrtssektor unterwegs ist, ist es schon deshalb so schwierig, weil die sozialen Dienstleistungen vollkommen „verregelt" sind, im Detail und in den Strukturen. Unser Wohlfahrtssystem ist geprägt durch die Regularien der 1980er und 1990er Jahre und durch die Qualitätssicherungssysteme, die dort eingeführt worden sind. Wenn man die Jugendhilfe und die Familienhilfe exemplarisch heranzieht: Jeder Handgriff, der nicht vorher durch ein Qualitätssicherungssystem abgesichert worden ist, ist fast ein Verbrechen. Da ist die Entwicklung einer Innovationskultur nicht möglich. Im Detail ist also alles durch das Qualitätsmanagement geregelt, in der Struktur ist es das Subsidiaritätsprinzip. Das ist sicherlich ein gutes Prinzip, bedeutet aber, dass letztendlich Entscheidungen in der kleinsten, kommunalen Einheit getroffen werden sollen. Unter solchen Bedingungen zu skalieren, ist unwahrscheinlich schwierig. Das zweite ist die Art und Weise, wie bei uns Entscheidungen getroffen werden, dass also die Wohlfahrtsverbände als zentrale Leistungserbringer gleichzeitig in den Gremien darüber entscheiden, wer die Leistung zu erbringen hat. Das ist der Korporatismus. Diese Funktionsmechanismen ‚haben zu unserer Reichtumsentwicklung und zur Stabilität unseres sozialen Sicherungssystems viel beigetragen aber inzwischen sind sie innovationshemmend. Wenn ich über mein Entgelt und über meine Leistungserbringung selbst entscheiden kann, gibt es keinen Innovationsdruck. Und vor allen Dingen lasse ich keine neuen Akteure zu, zumal die Sozialbudgets limitiert sind. Das ist ein strukturelles Hemmnis, das verändert werden müsste, um die Innovationsfähigkeit zu verbessern. Ich glaube, dass viele Verbände das inzwischen auch so sehen. Es ist dabei ganz spannend, dass die Bereitschaft, sich zu verändern, bei den Wohlfahrtsverbänden auf der Bundesebene viel stärker ausgeprägt ist als auf den regionalen oder kommunalen Ebenen.

Was könnte ganz praktisch passieren, um die Situation für soziale Unternehmensgründungen zu verbessern?

In Deutschland ist es immer noch so, dass viele Förderoptionen nur für gewerbliche, gewinnorientierte Unternehmen zur Verfügung stehen. Insofern ist es auch mein Wunsch, dass es uns gelingt, wirklich ein Verständnis dafür zu schaffen, dass der Beitrag von SozialunternehmerInnen zur sozialen Gerechtigkeit und zu einer sozialen Lebenswelt mindestens genauso wichtig ist wie das klassische Unternehmertum. Wir können nicht Leute, die einen sozialen Beitrag leisten wollen, schlechter stellen als diejenigen, die eigentlich nur Profit maximieren wollen. Da würde ich mir einen Kulturwandel wünschen.

Interview: Annette Zimmer und Thorsten Hallmann

Junges Sozialunternehmen sucht…

Ein Einblick in Herausforderungen des Personalmanagements

Jella Riesterer[1]

Abstract

Der Artikel beschreibt spezifische Herausforderungen, denen junge Sozialunternehmen bzw. Organisationen in der erfolgsrelevanten Anfangsphase beim Personalmanagement begegnen. Er benennt vier Herausforderungen: 1) Die Suche nach dem/der flexiblen AllrounderIn 2) Die Frage nach der Lohnhöhe 3) Die gute Aufteilung von Arbeit und Verantwortung 4) Die Suche nach weiteren Teammitgliedern – das Recruiting. Aus diesen vier Herausforderungen werden acht Handlungsempfehlungen abgeleitet.

Keywords

Startup • Personalmanagement • Sozialunternehmen • Teambildung

Eine der wichtigsten und auch zentralen Aufgaben eines jungen Sozialunternehmens ist die richtige Zusammenstellung des Teams. Denn: Gerade in der Anfangsphase müssen erfolgsentscheidende Konzepte erarbeitet und existenzielle strategische Weichen gestellt werden. Gleichzeitig fehlt es Startups in der Regel an Geld und Erfahrung. Das Team muss also gut zusammenpassen, sich ergänzen, gegenseitig unterstützen und voranbringen. Zunächst könnte man annehmen, dass es bei dem derzeitigen Hype um *Social Entrepreneurship* nicht schwer sein sollte, junge Talente

---

1 Bookbridge

anzuwerben: Die neuen Sozialunternehmen gelten nicht nur als nachhaltiger als viele ‚soziale Projekte', sondern sie stehen durch ein junges, attraktives Auftreten im Netz, neue Tools und Methoden wie Crowdfunding und die interaktive Miteinbeziehung der Netzcommunity für Innovation und Individualität – eben jene Werte, die für die Generation Y hohe Anziehungskraft besitzen. Spürbar positive Effekte auf die Personalanwerbung scheint dieser Trend für Sozialunternehmen jedoch nicht zu haben: Die ZEIT (Groll 2013) berichtet über eine (zum jetzigen Zeitpunkt) unveröffentlichte Studie von Ashoka und McKinsey, welche zeigt, dass zwar das Interesse an Jobs mit gesellschaftlicher Verantwortung und Sinn steigt, gleichzeitig aber die Hemmschwelle einen solchen Job anzunehmen groß ist – vor allem wegen des zu erwartenden niedrigen Lohnniveaus sowie der Unklarheit über die persönlichen Entwicklungsmöglichkeiten.

Viele der internen Abläufe während der ersten Jahre eines Sozialunternehmens scheinen mir besonders im Personalmanagement – bislang ohne dies wissenschaftsmethodisch belegen zu können – exemplarisch für junge Sozialunternehmen zu sein. Gespräche mit Mitstudierenden im Studiengang Non-Profit-Management, der Austausch mit anderen SozialunternehmernInnen sowie meine Erfahrungen in der Beratungstätigkeit von sozialunternehmerischen Initiativen in der Gründungsphase legen nahe, dass die Herausforderungen oft ähnliche und nahezu automatische Mechanismen sind, die in der Natur der Jungorganisation liegen. Dies war für mich der Anlass, meine Eindrücke strukturiert zusammenzufassen und Lösungsstrategien für diese spezifischen Herausforderungen in Form von Handlungsempfehlungen zu beschreiben. Sie sollen andere junge Sozialunternehmen für die Herausforderungen sensibilisieren und sie gelassener werden lassen: Versteht man die Herausforderungen als natürliche Prozesse, die überwiegend systemisch bedingt entstehen, kann viel persönliche Belastung oder Schuldzuschreibung vermieden werden.

1 Was bedeutet „junges Sozialunternehmen"?

Generell wird als Sozialunternehmen, Social Enterprise oder Social Business im Fachjargon eine Organisation bezeichnet, die mit dem Anspruch antritt, ein soziales Problem unternehmerisch zu lösen. Von klassischen Unternehmen unterscheidet es sich dadurch, dass es den gesellschaftlichen Nutzen und nicht den persönlichen finanziellen Nutzen der Eigentümer maximieren will (vgl. Hackenberg/Empter 2011b, S. 11). Das bedeutet, dass Gewinne nicht an TeilhaberInnen oder MitarbeiterInnen ausgeschüttet werden, sondern in das Unternehmen re-investiert werden. Dieser *nondistribution constraint* gilt jedoch auch für klassische Non-Profit-Organisationen (NPOs) (vgl. z. B. Zimmer/Priller 2004, S. 14). In die Richtung der klassischen NPO ist eine Abgrenzung deshalb schon schwieriger zu fassen. Die Forschung ist sich deshalb auch uneinig, was an diesem Phänomen genau neu ist und inwiefern von einer neuen Spezies im Non-Profit-Sektor gesprochen werden muss. Einig ist man sich meist nur darüber, dass „gesellschaftliche[s] Unternehmertum nichts Neues ist, [...] die Strategien des boomenden social-entrepreneurship-Sektors schon" (Hackenberg/Empter 2011, S. 12). Ein deutlich abgrenzendes Merkmal ist das unternehmerische Auftreten eines Social Business: Es setzt nicht wie andere NPOs (vorwiegend) auf staatliche Förderungen, Spenden oder Leistungsentgelte aus sozialen Dienstleistungen, sondern setzt unternehmerische Instrumente ein – es folgt einem Business-Plan, rechnet einen Business Case durch und setzt bei seinem Angebot auf reguläre Marktkräfte.

Wenn ich dabei speziell von *kleinen und jungen Sozialunternehmen* spreche, meine ich, dass sie sich entweder in der ersten Phase der Umsetzung – der Startup-Phase – befinden oder dieser langsam entwachsen und in die zweite Phase der Konsolidierung übergehen. Es handelt sich dabei meist um Organisationen, in denen der/die GründerIn Führungskraft ist und mit seinen/ihren ersten Mitarbeitenden tätig ist. Organisationen also, die vorwiegend von jungen und wenigen Personen geführt werden. Sie arbeiten oft in flexiblen Konstellationen, wie in Teilzeit und an wechselnden Arbeitsorten –zum Beispiel in Co-Working-Spaces oder speziellen Gründungszentren für Sozialunternehmen, sogenannten HUBs – zusammen, bevor sie gemeinsam ein Büro anmieten (können).

In vielen Punkten werden diese jungen Sozialunternehmen anderen Startups ähneln. In manchen Punkten werden sie allen kleinen Organisationen ähneln, die nicht mehr so jung sind, aber aufgrund unsicherer Projektfinanzierung kaum Chancen haben, die Konsolidierungsphase zu erreichen. So brauchen wohl in allen kleinen oder jungen Organisationen Mitarbeitende die Fähigkeit, Strategien zu entwickeln und Prozesse selbstständig in Gang zu bringen. Darüber hinaus sollten sie bereit sein, die dynamische Entwicklung und die (nicht nur finanziellen) Hoch- und Tiefpunkte der Organisation zu überdauern. Ebenso steht jegliche kleine oder junge Organisation vor der Herausforderung, das eigene Konzept fortlaufend zu schärfen und zu fokussieren sowie Strategien – auch mit lückenhaftem Wissen um äußere Umstände und unter dem Einfluss unbekannter Faktoren – zu verfolgen. Des Weiteren kann die Finanzierung häufig nur prekär sichergestellt werden.

Sozialunternehmerische Organisationen weisen jedoch durch die Verknüpfung von sozialer und unternehmerischer Ausrichtung spezifische hybride Charakteristika auf. Hybride insofern, dass die Organisation nicht eindeutig einem Sektor zugeordnet werden kann, da sie Logiken und Vorgehensweisen aus zwei Sektoren verknüpft, nämlich aus dem Marktsektor und dem dritten Sektor. Diese Verknüpfung zieht vor allem eine zusätzliche Anforderung nach sich: Mitarbeitende müssen in ihrer Arbeit den Spagat schaffen, zum einen unternehmerische und betriebswirtschaftliche Vorgehensweisen zu verfolgen und zum anderen für das soziale Problem auch unabhängig von der Marktlogik sinnvolle und fundierte Konzepte zu entwickeln. Ebenso müssen sie diesen Spagat nach außen schaffen: Gerade in der Anfangsphase muss Stakeholdern immer wieder erklärt werden, warum doch zunächst Spenden (egal ob Sach-, Zeit- oder Geldspenden) eingeworben werden müssen, obwohl man davon unabhängig werden will.

2 Herausforderungen

2.1 Herausforderung 1: Der/die flexible AllrounderIn

Ein in jungen Organisationen wiederkehrendes Phänomen ist, dass Rollen- und Aufgabenzuschreibungen sich häufig ändern und Aufgabengebiete oft nicht über mehrere Jahre, manchmal nicht einmal über mehrere Monate bestehen bleiben (können). Begründet ist das in einem natürlichen Mechanismus: Das Organisationskonzept geht noch durch die Trial&Error-Phase, alle lernen laufend dazu. Dies beeinflusst Konzept und Ziele, Aufgaben müssen komplett umverteilt oder auf die lange Bank geschoben werden, z. B. weil eingeplante Gelder plötzlich wegfallen oder durch das Wachstum der Organisation ganz neue Aufgabenfelder entstehen. Kurz: Die Aufgabenverteilung und die Teamstruktur sind sehr dynamisch. Die Dynamik wird augenscheinlich durch wandlungslustige Jobbezeichnungen – auch nach außen, wenn man dem E-Mail-Footer zu Folge zunächst mit dem/der WissensmanagerIn zu tun hat, wenige Monate später dann mit dem/der Head of Administration. Solche Rochaden ergeben sich, weil eine Person vielleicht zwar für eine bestimmte Tätigkeit – das Wissensmanagement – eingestellt wurde, der Organisationsalltag aber zeigt, dass andere oder weitere operative Aufgaben dringlicher zu erledigen oder zu strukturieren sind – z. B. die Buchhaltung oder die Spendenverwaltung. Häufig wird diese Herausforderung auch umgangen, indem als Jobbezeichnung der weit interpretierbare Titel des/der Projektmanagers/in gewählt wird.

Wenn ständig alles anders werden kann, muss auch jeder immer auf alles vorbereitet sein und somit möglichst viel – wenn nicht sogar alles – können. Die Führungskraft steht also vor der Herausforderung, das Team so zusammenzustellen, dass die Einzelnen selbstständig im dynamischen Organisationsalltag zurechtkommen und flexibel auf neue Gegebenheiten reagieren können. Der/die ideale

Mitarbeitende ist somit ein/e AllrounderIn und im Idealfall dank einer großen Bandbreite an Kompetenzen für den neuen Job von vornherein bestens gerüstet.

In der Realität gibt eine Organisation natürlich nicht nur dieser/m idealen Mitarbeitenden die Chance auf Anstellung. Das wäre zum einen blauäugig, da man dann lange suchen könnte und zum anderen arrogant: Nicht jede/r muss und soll gleich alles können, nur um in einer Organisation mitarbeiten zu ‚dürfen'. Es handelt sich vielmehr auch um Kompetenzen, die die Tätigkeit in solchen Organisationen als eine Art Bildungsmaßnahme lehrt. Als neue/r MitarbeiterIn sollte man jedoch damit rechnen, folgende Kompetenzen erlernen zu dürfen:

- **Fundierte IT-Kenntnisse**, um das eigene Notebook in Schuss zu halten und um sich schnell und selbstständig in die organisationsspezifischen Software-Tools einzuarbeiten;
- **Englischkenntnisse auf (möglichst) hohem Niveau**, um in Zeiten der globalen Vernetzung mit anderen Akteuren im Social-Business-Netzwerk, Mitarbeitenden überall auf der Welt und externen Stakeholdern reibungslos kommunizieren zu können;
- **PR-Kompetenz**, um die eigenen Erfolge im Unternehmensjargon auf Facebook zu berichten;
- **Steuerrechtliches Basiswissen**, um sich in dem rechtlichen Grenzbereich zwischen Gemeinnützigkeit und Gewinnorientierung grob zurechtzufinden, in dem Sozialunternehmen durch ihren hybriden Charakter angesiedelt sind (zum Beispiel könnte das heißen zu wissen, welche Rechnungsadresse zu verwenden ist, wenn die Organisation mit einer gemeinnützigen und einer nicht-gemeinnützigen Rechtsform operiert);
- **Marketing-Überblick**, um bei Telefonanrufen den richtigen Ton bei Freiwilligen, potenziellen KundenInnen, Stiftungen, Unternehmenspartnern und der Presse zu treffen;
- **Vertragsrechtliches Basiswissen**, um Memorandi of Understanding, Letters of Intent oder Kooperationsvereinbarungen mit Partnern ohne ausufernde und kostenintensive anwaltliche Beratung entwerfen zu können;
- **Präsentations- und Kommunikationsskills**, um bei Außenterminen für die Organisation werben zu können;
- **Strategie- und Analysefähigkeit**, um Entwicklungen in jedem Bereich auseinander nehmen zu können und um dabei zu unterstützen, diese klug in die Zukunft zu planen;
- **Vertieftes Verständnis des sozialen Problems**, um konzeptionelle Fragen auf fundierter Grundlage bearbeiten, bewerten und die richtigen Entscheidungen treffen zu können;

- **Betriebswirtschaftliches Grundverständnis**, um Auswirkungen des eigenen Handelns auf die finanzielle Lage der Organisation und das Business-Modell einschätzen zu können;
- **Unternehmerischen Geist**, um neben dem Sozialen für das Business zu brennen;
- **Projektplanungs- und Führungskompetenzen**, um die eigene Arbeit effektiv zu planen und Zusammenarbeit mit KollegenInnen produktiv gestalten zu können;
- **Handlungsorientierung und Entscheidungsfreudigkeit**, um schnelle Lösungen für dringende Probleme zu finden.

Die Dynamik und das hohe Anforderungsniveau werden in diesen Organisationen häufig von einem jungen Team aufgefangen, in dem viele erstmals im sozialunternehmerischen Bereich tätig sind. Neugier und (persönliche) Ungebundenheit sind dabei die entscheidenden Faktoren, die den Willen und die Flexibilität für stetigen Wandel und erforderliche Überstunden bei der Einarbeitung in neue Aufgabenbereiche steigern. Oft sind die neuen Herausforderungen also willkommen, sie können aber auch zu Frust und Demotivation führen: Eine gewisse Sicherheit und Ruhe, die erst ermöglichen, konzeptionell in die Tiefe zu gehen, einmal an einer Sache konzentriert dran zu bleiben, sind in den ersten Jahren meist Mangelware. Hinzu kommt, dass es dem ‚juniorigen' Team an Erfahrung fehlt, die Berufserfahrenere haben. Diesen wiederum würde aber wohl die positive Vibration der Neugier fehlen, welche die Jungen Überstunden, Reisen und die Dynamik des Wandels in Kauf nehmen lässt.

Aber immer gilt: Gerade die Schnittstelle zwischen unternehmerischer und sozialer „Denke" verschafft den Organisationsmitarbeitenden in einem Social Business enormes Entwicklungspotenzial. Während in anderen Jobs eher sektorales Denken vorherrscht – entweder umsatzorientiert-kapitalistisch oder wohltätig-sozial – erfordert und schult die Tätigkeit bei in einem Social Business komplexes und vernetzendes Denken, weil jedes Handeln unternehmerisch und sozial gleichermaßen sinnvoll und nachhaltig zu planen und bewerten ist.

2.2 Herausforderung 2: Faire Löhne zahlen

Bei den meisten jungen Sozialunternehmen mangelt es (zunächst) vor allem an verlässlichen finanziellen Ressourcen. Sind die Lohnkosten hoch, wächst nicht nur die finanzielle Belastung, sondern auch der Druck. Dabei fordert der Gründungsvater der Social Enterprise Bewegung, Muhammad Yunus, gerade in einem Sozialunternehmen keine Dumpinglöhne zu zahlen, sondern bei besseren Arbeitsbedingungen gemäß Marktniveau zu entlohnen (Yunus 2007). Dieser Anspruch wird meist von Social Businesses geteilt: Sie möchten attraktive Arbeitsplatz sein und keine übermäßige, aber trotzdem eine faire Entlohnung bieten.

Die Diskrepanz zwischen Anspruch und Realität wird jungen Teams dabei meist recht schonungslos und unvorbereitet vor Augen geführt. Ein Beispiel: Ein junges Sozialunternehmen hat von einem Unternehmen gerade die mündliche Zusage über einen größeren Auftrag bekommen, die Finanzierung des Restjahres scheint gesichert. Mitarbeitende und Führungskraft planen auf dieser Einnahmequelle die Liquidität des weiteren Jahres und können sich (endlich) die, ihrer Überzeugung nach, fairen Löhne auszahlen. Das Gehalt wird einige wenige Monate wie vereinbart ausgezahlt. Dann springt der Kunde sehr überraschend wieder ab, das Geld wird knapp, die Gehälter müssen auf zwei Drittel reduziert werden und eine Besserung der finanziellen Lage ist zunächst nicht absehbar.

Alle im Team – Führungskraft und Mitarbeitende – sind von der Lohnkürzung gleichermaßen betroffen, blicken jedoch aufgrund der ungleichen Rollen aus zwei verschiedenen Brillen auf das Problem. Die Führungskraft steht in der Bredouille, dass sie die letzte Verantwortung für die Organisation trägt. Sie trägt sie sowohl nach innen für die Mitarbeitenden als auch nach außen für die soziale Sache und für alle Stakeholder, wie z. B. auch die Kreditgeber. Zum einen verfolgt sie den Anspruch, den Mitarbeitenden sowie sich selbst faire Löhne zu zahlen, zum anderen kennt sie die prekäre Lage der Organisation am besten, deren Finanzierung oft nur für wenige weitere Monate gesichert ist. Für sie steht die Sache, also das Organisationsziel, an erster Stelle. Die Sache erleben Führungskräfte als eine gemeinsame, für die die Mitarbeitenden genauso brennen wie sie selbst. Lohnverzicht in schwierigen Situationen wird damit zu einem Sachzwang, denn teilt man die Ziele, gehört eben auch das finanzielle Auf und Ab dazu. Die Mitarbeitenden sind durch ihr Anstellungsverhältnis aber auch in der Rolle der ArbeitnehmerInnen. Es kann ihnen allerdings schwer fallen, in einer solchen Situation die Interessen dieser Rolle durchzusetzen: Die Mitarbeitenden identifizieren sich meist stark mit der Organisation, dem/der GründerIn, dem Team und dem sozialen Anliegen. So sehen sie ihre Aufgabe in der Organisation nicht nur als Arbeit, sondern als persönlichen Einsatz, als selbstgewähltes, freiwilliges Engagement für die gute Sache, für das man auch mal auf Vorzüge verzichten muss, die einem ein *Nine-to-Five-Job* bieten würde. Außerdem sehen die Mitarbeitenden den sozialen Zweck ihrer Organisation und stehen somit auch mit ihrem eigenen Gewissen in Konflikt: Wenn sie mehr Lohn bekommen, bleibt weniger Geld für die soziale Mission und somit für die eigentliche Zielgruppe. Die Situation ist unbequem. Denn zusätzlich entsteht ein Ungerechtigkeitsempfinden der Organisation gegenüber: Alle leisten (gerade in finanziell schwierigen Situationen) viel, bekommen von der Organisation aber wenig(er) zurück. Die Gefahr ist groß, dass dies dann auf die Führungskraft projiziert wird, die das schwere Los hat, solche Entscheidungen am Ende alleine zu verantworten.

2.3 Herausforderung 3: Arbeit und Verantwortung aufteilen

Bei jungen Organisationen liegt zu Beginn eine deutliche Arbeitswucht bei den GründerInnen: Sie machen alles selbst, sie kennen sich am besten aus, weil sie alle Organisationsbereiche nach ihren Vorstellungen entwickeln, entwickelt haben und entwickeln mussten. Sie haben damit einen natürlichen Vorsprung an Wissen und Kompetenzen und deshalb auch die größte Arbeitsbelastung.

Ab einer gewissen Größe der Organisation wird es dann allerdings unumgänglich zu delegieren, Arbeitsbereiche neu aufzuteilen, Wissen weiterzugeben und Verantwortung abzugeben. Dieser Schritt fällt in der Regel in die Entwicklung von der Pionier- in die Differenzierungsphase (vgl. Glasl 2005). Meist hat sich zu diesem Zeitpunkt nach einigem Auf und Ab und Hin und Her der ersten Jahre eine klare und fokussierte Strategie herauskristallisiert, die es ermöglicht, Aufgabenbereiche konkret zu benennen und Arbeitspakete sinnvoll aufzuteilen.

Dieser Schritt bedeutet eine Rollenverschiebung bei dem/der GründerIn vom/von der MacherIn zur Führungsperson. So einfach es klingt, so schwer ist es, diesen Schritt als Organisation real zu gehen. In seiner/ihrer neuen Rolle als Führungsperson kann der/die GründerIn nicht mehr jeden einzelnen Prozess genau beobachten und beeinflussen, er/sie muss Verantwortung abgeben und Vertrauen haben. Genau das wird ihm/ihr aber von diversen Faktoren erschwert:

- Der/die GründerIn hat in den ersten Jahren die Organisation nach außen präsentiert – die Teammitglieder sind bei den Stakeholdern weniger bekannt. Der/die GründerIn hat damit ein viel besseres Standing in der Szene und kennt diese viel besser.
- Er/sie hat mannigfaltige persönliche Kontakte zu potenziellen Förderern. Die Teammitglieder haben diese – vielleicht unbeabsichtigt aber eben doch noch – in weit geringerem Umfang.
- Begünstigt wird das durch eine in der Sozialunternehmerszene starke Gründerkultur, die durch Förderer wie Ashoka geprägt wird, welche den/die GründerIn ins Zentrum ihres Interesses stellen. Das Team ist eher zweitrangig und austauschbar und hat allein hierdurch schlechteren Zugang zu verschiedenen Kanälen.
- Es herrscht ein großer Wissensunterschied zwischen Mitarbeitenden und dem/der GründerIn. Es muss zunächst der Wille und vor allem die Zeit da sein, diesen aufzuarbeiten. Dies berührt alle Bereiche: Rechtliches, die Verwaltung, die

Kontakte und die Inhalte. Ohne dass es so gewollt ist, geht es oftmals schneller, wenn der/die GründerIn die Aufgaben weiterhin selbst erledigt.

- Die Mission und Strategie der Organisation sind immer noch nicht letztendlich bestimmt – es gibt weiterhin Richtungswechsel. Bei grundlegenden Dingen ist immer noch natürlich, dass der/die GründerIn sie mitentscheiden muss bzw. mitentscheiden sollte, weil die Organisation nun einmal aus seiner/ihrer Idee heraus entstand.

2.4 Herausforderung 4: Recruiting

Eine häufig zu beobachtende Methodik bei jungen Sozialunternehmen ist das informelle Recruiting. Stellen werden nicht ausgeschrieben, sondern über Kontakte der Teammitglieder oder dem erweiterten Netzwerk nachbesetzt – ein großer Vorteil für kleine Organisationen mit wenig Zeit und Geld für langwierige Ausschreibungsprozesse. Gleichzeitig erschweren diese freundschaftliche und persönliche Prägung der Beziehungen schwierige Entscheidungen besonders. Manchmal passt eine Person nicht mehr in eine Organisation – oftmals liegt das nicht an der Person, sondern daran, dass sich die Organisation als Ganzes weiterentwickelt hat und die Anforderungen sich dementsprechend verändern. In solch einer Situation ist es leichter, eine unangenehme Personalentscheidung aufzuschieben anstatt sofort zu handeln.

Das informelle Recruiting liegt dabei oft auch in der Schwierigkeit begründet, auszuformulieren, nach wem und was man eigentlich sucht (siehe Herausforderung 1: Wie schreibt man das Stellenprofil eines Allrounders/einer Allrounderin?). Dadurch, dass sich Rollen im Team ständig ändern und Entwicklungen finanzieller und konzeptioneller Art unwägbar sind, müssen Personalentscheidungen oft aufgeschoben werden. Dies hat zur Folge, dass das Team oftmals auch zu klein bleibt, um große Sprünge machen zu können, zum Beispiel um die Entwicklung qualitativ schneller nach vorne zu treiben. Auch die finanziell enge Lage erleichtert das Recruiting nicht, denn gefühlt kann man ohnehin zu wenig Gehalt zahlen, um attraktiv genug für neue Kräfte zu sein. Diese Denkweise ist jedoch ein Fallstrick in beide Richtungen, denn für das bestehende Team ist dies auch keine motivierende Botschaft: Sie selbst arbeiten schließlich auch für das scheinbar unattraktive Gehalt.

3 Handlungsempfehlungen

Die nachfolgenden Handlungsempfehlungen leite ich aus meinen bisherigen Erfahrungen, Beratungen und Gesprächen mit anderen SozialunternehmerInnen ab. Sie sind allesamt als Thesen zur Meinungsbildung ohne Anspruch auf Richtigkeit oder Vollständigkeit zu verstehen.

3.1 Der/die dynamische Allrounder/in

1. Ehrlich unklar sein

Aufgabengebiete sollte man nicht zu strikt benennen und keine falschen Versprechungen machen. Damit meine ich zum einen, dass man auf zu spezifische und verheißungsvolle Jobtitel verzichten sollte. So wäre zum Beispiel ‚Head of Impact Measurement' viel zu konkret und angesichts der bekannten Organisationsdynamik wäre bereits vorprogrammiert, dass der Titel zu einem späteren Zeitpunkt nicht mehr die Realität widerspiegelt, weil sich Aufgabengebiete erfahrungsgemäß ständig ändern können. Zum anderen meine ich damit, dass man diesen Fakt der Unsicherheit und Dynamik bereits im Vorstellungsgespräch ehrlich thematisieren sollte. Dem/der zukünftigen Mitarbeitenden sollte klar werden, dass Impact Measurement zwar ein ernsthaftes Anliegen der Organisation ist, es aber auch passieren kann, dass Veränderungen im Team notwendig machen, dass er/sie zunächst dringlichere Aufgaben wie die Buchhaltung übernehmen muss. Schlimm ist das nämlich (vielleicht überraschenderweise) meist nicht; vor allem dann nicht, wenn der/die MitarbeiterIn von Anfang an weiß, was ihn/sie erwartet.

2. Fachlich gezielt professionalisieren

Die Verlockung das Team eines jungen Sozialunternehmens aus einer Reihe junger AllrounderInnen zusammenzustellen ist groß: Sie sind engagiert, höchstmotiviert, möchten sich beweisen und wenn es noch dazu ihr erster Job ist, haben sie tendenziell weniger Probleme mit dem niedrigen und unsicheren Lohnniveau. Des Weiteren sind die AllrounderInnen ungemein wichtig, die Organisationsphase erfordert sie regelrecht; sie wollen deshalb gezielt gesucht und mit höchsten Ansprüchen ausgewählt sein. Doch neben der Energie und der Flexibilität werfen die jungen AllrounderInnen eben auch noch eine große Menge an Unerfahrenheit und Unruhe mit in die Waagschale. Deshalb sollte sich ein junges Sozialunternehmen gezielt Erfahrung mit ins Team holen. Wie das im Einzelfall zu bewerkstelligen ist, ist kaum pauschal zu beantworten. Eine Option wäre es, für klare inhaltliche Aufgabenpakete, wie z. B. die Entwicklung eines neuen Social Media-Auftritts, gezielt Personen mit fachlicher Expertise – sofern möglich auf Honorarbasis – einzubinden. Das macht deshalb Sinn, weil in der Dynamik des Alltags der/die AllrounderIn gar keine Chance hätte, sich so viel spezifisches Wissen anzueignen, wie es eine berufserfahrenere Person allein in der eigenen Erfahrung hat sammeln können. Auf der anderen Seite umgeht man das Problem, dass der/die Berufserfahrene vielleicht kein Interesse mehr an einem so dynamischen Jobprofil hat: Er/sie wird durch die klare Abgrenzung als Honorartätigkeit aus dem operativen Geschäft weitgehend ferngehalten und kann sich auf seine/ihre inhaltliche Arbeit konzentrieren. Die Organisation steht nicht vor dem Problem, dass eine Festanstellung einer solchen Fachkraft die finanziellen Möglichkeiten übersteigt.

3.2 Faire Löhne zahlen

1. Harte Fakten statt schöne Versprechen

Es ist für alle, egal ob Chef oder Mitarbeitende, hart, wenn der Lohn unter dem Zufriedenheitsniveau liegt oder liegen muss. Wenn dies über längere Zeit der Fall ist, unterminiert das die Arbeitsmotivation[2] und/oder führt dazu, dass Mitarbeitende gehen. Diese Entscheidungsfreiheit muss man als Führungskraft den Mitarbeitenden dann schweren Herzens lassen und zum eigenen Schutz sogar lernen, solche Entscheidungen zu verstehen.

Noch härter als die Unterschreitung dieses Zufriedenheitsniveaus ist für Mitarbeitende aber das Arbeiten unter Bedingungen, die so nicht vereinbart sind. Damit meine ich: Wenn es eine Vereinbarung oder ein Versprechen über einen höheren Lohn gibt, diese aber (über längere Zeit) nicht eingehalten werden kann. Dieser Zustand entspricht einem Dauerkonflikt, der eigentlich im unrealistisch vereinbarten System liegt, dann aber schnell auf die persönliche Zuschreibungsebene hinübergleitet.

Die Problematik entsteht aus einem grundsätzlichen Missverständnis: Die Führungskraft muss mit der Tatsache umgehen, dass sie höhere Löhne zahlen will, es aber nicht kann. Sie kann insofern nicht mehr tun, als die höheren Löhne zu versprechen, um damit zumindest ihren guten Willen zu zeigen. Diese Aussicht

2 Nach der Zielsetzungstheorie von Locke und Latham (1990) ist im Arbeitskontext Lohn Teil der nicht-kontingenten Belohnungen, welche für die Grundzufriedenheit eines Arbeitnehmers/einer Arbeitnehmerin sorgen. Sie müssen erfüllt sein, um auf lange Sicht eine Bindung an die Organisation zu schaffen und um hohe individuelle Ziele motiviert zu verfolgen.

auf höhere Löhne ist für die Mitarbeitenden zunächst auch beruhigend. Wenn das Versprechen dann jedoch über längere Zeit nicht eingehalten werden kann, rückt der gute Wille, den das Versprechen eigentlich generiert, in den Hintergrund und das Versprechen wird stattdessen von Mal zu Mal unglaubwürdiger. Motivationspsychologisch heißt das, dass der psychologische Vertrag (Rousseau 1989) Monat für Monat nicht eingehalten wird. Die Mitarbeitenden arbeiten gefühlt jeden Monat aufs Neue unter Wert. Beim Arbeitgeber wächst damit ein Schuldenberg und bei den Mitarbeitenden irgendwann die Unzufriedenheit, da sie in diesen Deal nicht eingewilligt hatten.

Deshalb: Lieber hart und ehrlich sein und klar machen, wenn höhere Lohnzahlungen einfach nicht möglich sind. Die Mitarbeitenden stehen lieber auf festem und unbequemem Boden, den sie zur Not verlassen können, als auf unbestimmte Zeit in der Schwebe zu bleiben.

2. Reflektiert platzieren

Die Lohnhöhe ist ein besonders herausforderndes Thema. Ein Sozialunternehmen kann sich in einem gemeinsamen Prozess auf einen Betrag einigen. Aber es sind nicht alle Sozialunternehmen klein genug und/oder gewillt, das auf diese Weise zu tun. Es empfiehlt sich dann (und auch generell) für die Entscheidung einen neutralen Anhaltspunkt zu nutzen, z.B. den TVöD. Man kann sich damit auch sicher sein, dass man gemäß Marktniveau entlohnt, da auch größere Non-Profit-Organisationen ihre Tarifverträge daran orientieren. Mit einem solchen Anhaltspunkt kann man auch gewisse Abstufungen vornehmen, die Berufserfahrung und Verantwortung abbilden.

Sozialunternehmen stehen durch ihren hybriden Charakter zwischen dem sozialen und dem wirtschaftlichen Sektor. Man kann sich deshalb darüber streiten, was denn nun die Referenzgröße beim Marktniveau sein soll. Ich bin der Überzeugung, dass eine Orientierung am sozialen Sektor empfehlenswert ist. Gegen eine Orientierung am Wirtschaftssektor sprechen mehrere Faktoren: (1) Zunächst muss man ganz realistisch sein und sagen, dass ein Lohnniveau orientiert am Wirtschaftssektor auf lange Zeit utopisch ist. Wissenschaftliche Untersuchungen müssten diese These belegen, aber aus Kenntnis der Szene heraus kann man sagen: Sozialunternehmen können lange gar nicht so viel Geld verdienen. (2) Der Modus und die Höhe der Bezahlung, welche durch Recruiting nach außen kommuniziert werden, haben Einfluss auf das Bild des Unternehmens in der Umwelt. Je nachdem, ob sehr hohe oder sehr niedrige Löhne gezahlt werden, ob Lohn an Leistung geknüpft wird oder ob sich ein Lohnsystem eben an Tarifen orientiert, spricht das tendenziell unterschiedliche Menschen an und schafft eine Unternehmenskultur. Folgt man Studien zur Arbeitsmotivation, so kann man zum Beispiel recht sicher sein, dass ein Lohn-Leistungssystem für ein Sozialunternehmen die ‚falschen' Mitarbeitenden anzieht, bzw. die intrinsische Motivation der bereits Angestellten untergräbt (vgl. z. B. Theuvsen 2004). (3) Zu hohe Löhne widersprechen zudem der sozialen Sache und können schnell den Anschein von Bereicherung erwecken.

Grundsätzlich ist es jedenfalls essentiell zu kommunizieren, wie das Lohnsystem der Organisation funktioniert. Und zwar auf aktueller und prospektiver Ebenen: Wie sieht es momentan aus, was ist finanziell möglich und was ist unsere Idee dahinter, wo soll es hingehen. Damit kommuniziert man Werte und zieht Mitarbeitende an, die diese teilen.

3.3 Arbeit und Verantwortung aufteilen

1. Mikromanagement verlernen

Will ein/e GründerIn die Mitarbeitenden und die Organisation raus aus der Pionierphase führen, muss er/sie das operative Geschäft teilweise verlernen und sich nur noch auf das strategische und führende Geschäft konzentrieren. Das klingt einfacher als es ist, weil mit dem oben beschriebenen großen Wissensunterschied sinnvoll umgegangen werden muss. Das ist für alle Beteiligten herausfordernd und kann nur in einem gemeinsamen Wechselspiel Erfolg haben.

Die Mitarbeitenden müssen zunächst proaktiv ihre Bereitschaft zeigen, umfassende Verantwortung für Arbeitsbereiche zu übernehmen, die bislang die Führungsperson hatte. Diese wird dann ein gewisses Intro geben und grundlegendes Wissen vermitteln. Ist dies geschehen, ist die Führungskraft gefordert, die genaue Arbeitsorganisation des/der Mitarbeitenden aktiv nicht zu beobachten. Für beide Seiten entsteht ein gewisser leerer Raum, der Freiheit, Unsicherheit und Wissenslücken birgt. Der/die Mitarbeitende muss mit diesen Wissenslücken verantwortungsvoll umgehen, lieber zu viel Rat als zu wenig einholen und aktiv Feedback über den Stand der Dinge geben. Die Führungskraft sollte anschließend bei Fehlern oder defizitärer Arbeit nicht selbst aktiv werden, sondern nur beraten und aushalten. Mit diesem Austausch kann nach und nach ein Freiraum entstehen, der es Mitarbeitenden möglich macht, Aufgaben wirklich zu ihren eigenen zu machen und damit die Führungsseite auch tatsächlich zu entlasten.

2. Networking für alle

Diese Handlungsempfehlung ist so einfach wie zentral: Mitarbeitende müssen von Anfang an mit auf Netzwerk- und Partnertreffen, um so die Szene kennenzulernen. Das erhöht zum einen die Bindung der Mitarbeitenden an die Organisation, zum anderen erhöht es die Sichtbarkeit als Organisation in der Umwelt, die dann eben nicht nur den/die GründerIn kennenlernt. Darüber hinaus stärkt es insgesamt die Außenpräsenz der Organisation, da mehrere Köpfe für sie stehen. Langfristig gedacht ebnet diese Taktik damit in der Organisationskultur schon früh den Weg für den Schritt raus aus der Pionierphase.

Ganz nebenbei hat diese organisationsinterne Strategie auch einen Einfluss auf die vorherrschende Gründerkultur der Sozialunternehmerszene: Diese drängt die Tatsache in den Hintergrund, dass gute Ideen vielleicht zwar in nur einem Kopf entstehen, dass sie aber in einer hochkomplexen und schnellen Welt unterschiedliche Hände und Gehirne und den lernenden Austausch Vieler benötigen, um in ein funktionierendes Konzept gegossen zu werden, auf Dauer Bestand zu haben und verbreitet zu werden.

3.4 Recruiting

1. Selbstbewusst werben

Junge Sozialunternehmen können beim Lohnniveau nicht mit großen Wirtschaftsunternehmen konkurrieren. Die monetären Anreize des Jobs sind nicht sonderlich hoch. Doch man sollte an dieser Stelle auf jeden Fall sehr selbstbewusst sein und sich klar machen, welche Anreize man neben den monetären zu bieten hat und sich überlegen, für welche Zielgruppe man gerade hierdurch besonders interessant wird. Der Job in einem jungen Sozialunternehmen ist auch eine Spielwiese. Er bietet ein hohes Maß an Verantwortung, Gestaltungsspielraum und, durch die kleine Größe, Einblick in alle relevanten Bereiche eines Unternehmens. Für viele ist es das ideale Sprungbrett bzw. ein riesiges Lernfeld. Gerade für Personen aus sozial-, geistes- oder kulturwissenschaftlichen Ausbildungen bietet es die Möglichkeit, unternehmerische Denkweisen und betriebswirtschaftliche Grundlagen zu erlernen. Diese Kombination von Sozialem und Unternehmerischem ist attraktiv für spätere Arbeitgeber aus dem For- und dem Non-Profit-Bereich. Zudem ist mit der Sozialunternehmerszene mittlerweile eigentlich ein eigener kleiner Mikrokosmos entstanden, den man unbedingt nutzen sollte. Hat man hier einmal gearbeitet, gehört man auch einer gewissen Szene an, wird Teil einer hochgebildeten und aktiven Community. Kurz gesagt: Man bekommt eine riesige Portion Vitamin B. Dazu kommen weitere Vorteile, die organisationsspezifisch zu definieren sind und mit denen man beim Recruiting unbedingt hausieren gehen sollte: Das kann z. B. die Möglichkeit sein, im Home Office zu arbeiten, Arbeitszeiten flexibel zu gestalten, Urlaubszeiten unabhängig zu planen, oder bei Auslandstätigkeit der Organisation die Möglichkeit, in die Projektländer zu reisen.

2. Bewusst wählen

Einfacher, billiger und schneller ist die Teambesetzung über Empfehlungen und persönliche Kontakte. Und sie ist sicherlich oft zielführend, weil organisationsnahe Personen gut einschätzen können, welche Charaktere ins Team passen. Doch neben dieser persönlichen Empfehlung sollte unbedingt von vornherein eine programmatische Auswahlkultur stehen: Es muss klar sein, welche Ausbildung, welche Fähigkeiten und Kompetenzen und welche Erfahrungen eine Person mitbringen muss, um überhaupt die Chance zu haben in der Organisation Erfolg zu haben. Man sollte keinesfalls blind darauf vertrauen, dass sich eine Person mit ausreichendem Engagement schon zurechtfinden wird – eine gewisse Soft- und Hardware sind unabdingbar. Und wie diese auszusehen hat, kann nur die Organisation bestimmen. Eine Fehleinstellung, die dazu führt, dass die Person sich nicht zurechtfindet, ist auch für diese Person unfair. Denn sie kann im Vorhinein am allerwenigsten einschätzen, ob ihr Wissen und ihre Fähigkeiten für die Organisation Sinn machen. Das bedeutet dann zwar unter Umständen, dass man eine längere Suche in Kauf nehmen muss, aber unterm Strich spart man damit viel Energie und Mühe.

4 (Statt) Fazit: Überblick über die Handlungsempfehlungen

- Der/die dynamische AllrounderIn
  1. Ehrlich unklar sein
  2. Fachlich gezielt professionalisieren

- Faire Löhne zahlen
  1. Harte Fakten statt schöne Versprechen
  2. Reflektiert platzieren

- Arbeit und Verantwortung aufteilen
  1. Mikromanagement verlernen und Nichtwissen einholen
  2. Networking für alle

- Recruiting
  1. Selbstbewusst werben
  2. Bewusst wählen

Literatur

Glasl F, Kalcher T, Piber H (Hrsg) (2005) Professionelle Prozessberatung. Das Trigon-Modell der sieben OE-Basisprozesse. Freies Geistesleben/Haupt Verlag, Bern/Stuttgart/Wien

Groll T (2013) Will keiner einen sinnvollen Job?. Die ZEIT online, 22.3.2013. http://www.zeit.de/karriere/beruf/2013-02/soziale-unternehmen-karrierechancen/seite-1. Zugegriffen: 07. Dezember 2013

Hackenberg H, Empter S (Hrsg) (2011) Social Entrepreneurship – Social Business: Für die Gesellschaft unternehmen. VS Verlag, Wiesbaden

Locke E, Latham GP (1990) A theory of goal setting and task performance. Prentice-Hall, Englewood Cliffs, N.J.

Priddat BP (2011) Organisationstheoretische Einschätzungen – Warum Social Entrepreneurship so attraktiv für junge High Potentials ist. In: Hackenberg H, Empter S (Hrsg) Social Entrepreneurship – Social Business: Für die Gesellschaft unternehmen. VS Verlag, Wiesbaden, S. 105-118

Rousseau DM (1989) Psychological and Implied Contracts in Organizations. Employee Respónsibilities and Rights Journal 2: 121-139

Theuvsen L (2004) Doing Better While Doing Good: Motivational Aspects of Pay-for-Performance Effectiveness in Nonprofit Organizations. Voluntas: International Journal of Voluntary and Nonprofit Organizations 15(2): 117-136

Yunus M (2007) Creating a world without poverty: social business and the future of capitalism. Public Affairs, New York

Work + Life = Balance?

Was Hauptamtliche in kleinen und mittleren NPOs bewegt

Tino Boubaris[1]

Abstract

Die Wahrnehmung der Arbeitsbedingungen durch hauptamtlich Beschäftigte sowie die Auswirkungen ihrer Arbeit auf andere Lebensbereiche standen im Mittelpunkt der Untersuchung, die im folgenden Beitrag vorgestellt wird. Die Ergebnisse zeigen die Heterogenität von hauptamtlicher Beschäftigung in kleinen und mittleren Nonprofit-Organisationen in Bezug auf die Erwartungen der Beschäftigten an ihr Arbeitsumfeld und machen ihre unterschiedlichen Konzepte zur Gestaltung und Verknüpfung von beruflicher und privater Sphäre sichtbar.

Keywords

Hauptamtlich Beschäftigte • Work-Life-Balance • Grounded Theory

Wer eine Organisation im Dritten Sektor – sei es ein Sozialunternehmen oder eine „klassische" NPO – gründen und aufbauen will, kommt am Einsatz von hauptamtlich Beschäftigten in den meisten Fällen nicht vorbei. Sie erledigen den überwiegenden Teil des täglichen operativen Geschäfts, organisieren den Einsatz von ehrenamtlichen Kräften, sorgen für einen reibungslosen Ablauf der Finanz- und Steuerangelegenheiten und vertreten die Ziele und Interessen ihrer Organisation. Sich intensiver mit der Arbeits- und Lebenswirklichkeit von hauptamtlich

1 Verein Niedersächsischer Bildungsinitiativen e. V.; tino.boubaris@vnb.de.

Beschäftigten in kleinen und mittleren NPO[2] auseinanderzusetzen, war Ziel und Inhalt meiner Abschlussarbeit im Masterstudiengang „Nonprofit-Management and Governance". Damit soll ein Beitrag zu einer differenzierten Betrachtung dieser Gruppe innerhalb der Gesamtbeschäftigung des Dritten Sektors geleistet werden. Zentrale Fragestellung der qualitativen Untersuchung war die Wahrnehmung der Arbeitsbedingungen und des Arbeitsumfeldes durch die Beschäftigten und die Auswirkungen ihrer Arbeit auf andere Lebensbereiche.

Die Untersuchung erfolgte in mehreren Schritten entlang bewährter qualitativer Forschungsmethoden. Auf die Datenerhebung durch problemzentrierte, leitfadengestützte Interviews folgte eine qualitative Inhaltsanalyse der Daten. Anhand zuvor festgelegter Selektionskriterien konnten induktiv Kategorien gewonnen werden. In Anlehnung an den Forschungsstil der „Grounded Theory" nach Strauß und Corbin (1998) wurden diese Kategorien entlang eines Kodierparadigmas neu zusammengesetzt und zu einer Kernkategorie verdichtet. Die aus der Kernkategorie „Erwartungen der hauptamtlich Beschäftigten in kleinen und mittleren Nonprofit-Organisationen" entwickelten Theorieansätze enthalten Aspekte, die die Ergebnisse früherer empirischer Untersuchungen bestätigen, aber auch neue und spezifischere Erkenntnisse. Sie können für die weitere Forschung ebenso interessant sein wie für die Personalpraxis in kleinen und mittleren NPO.

Im Folgenden werden die aus der Untersuchung abgeleiteten zentralen Thesen vorgestellt und erläutert. Sie werden durch Schlussfolgerungen für die Praxis in kleinen und mittleren NPO sowie einen Ausblick auf weitere Forschungsfragen, die sich aufgrund der Ergebnisse stellen, ergänzt.

Die Erwartungen hauptamtlich Beschäftigter in kleinen und mittleren NPO an ihr Arbeitsumfeld basieren auf den intervenierenden Bedingungen ihrer individuellen Work-Life-Konzepte sowie den finanziellen Rahmenbedingungen ihrer Organisationen.

Die sich häufig und schnell verändernden finanziellen Rahmenbedingungen in kleinen und mittleren NPO beeinflussen die Erwartungen der hauptamtlich Beschäftigten, die die finanzielle Situation ihrer Organisation i. d. R. gut kennen. Ihre Erwartungen passen sie den finanziellen Begebenheiten an. Eine wichtige Rolle spielen dabei die individuellen Work-Life-Konzepte der Beschäftigten. Wer sich in besonderem Maße seiner Aufgabe in der NPO verpflichtet fühlt, wird auch

2 Der Begriff umfasst in Anlehnung an die allgemeine Definition kleiner und mittlerer Unternehmen (KMU) alle unabhängig agierende Einrichtungen des Dritten Sektors mit weniger als 250 Mitarbeitenden und einem Jahresumsatz unter 50 Millionen EUR; vgl. EUK (2003), S. 36.

in größerem Umfang bereit sein, zeitliche oder finanzielle Einschränkungen im Privat- oder Familienleben hinzunehmen.

Die Frage nach der Work-Life-Balance der hauptamtlich Beschäftigten kann naturgemäß nicht einheitlich beantwortet werden. Bedingt durch individuelle Lebenssituationen oder persönliche Lebensmodelle zeigten sich in den Interviews unterschiedliche Ansätze, Arbeits- und Privatleben zu verbinden bzw. zu trennen. Gleichwohl lohnt eine genauere Betrachtung der Work-Life-Konzepte der hauptamtlich Beschäftigten, um langfristigere Strategien für die Personal- und Organisationsentwicklung in NPO entwickeln zu können. Aus der Analyse der Interviews konnte eine Typisierung der unterschiedlichen Konzepte vorgenommen werden, die sich grafisch wie folgt darstellen lässt:

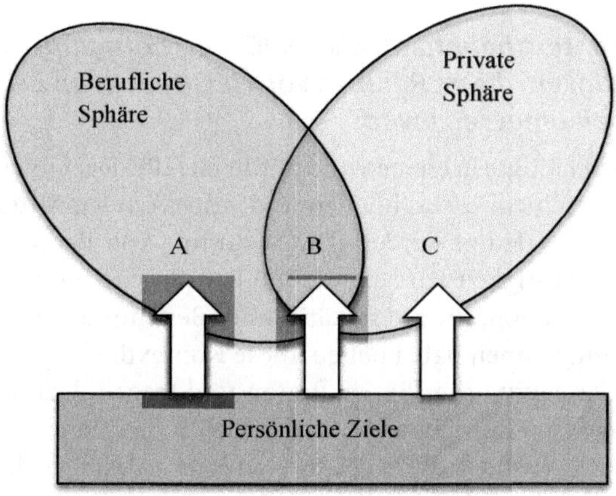

Abb. 1 Konzepte der Verknüpfung von beruflicher und privater Sphäre
Quelle: Eigene Darstellung

Typ A weist eine enge Verbindung zwischen der beruflichen Sphäre und den persönlichen Zielen auf. Er lässt sich am ehesten mit dem Begriff des „Berufenen" beschreiben: Hier finden sich diejenigen wieder, die in ihrer Arbeit eine Lebensaufgabe sehen. Der Typ C ist hingegen ein „Jobber": Er betrachtet die Arbeit als Erwerbstätigkeit, um den Lebensunterhalt zu sichern, und findet die persönlichen Ziele in der Privatsphäre verwirklicht. Beide Typen streben trotz ihrer unterschiedlichen Ausgangspositionen nach einer Balance zwischen Privat- und Berufsleben.

Für Typ B, den „Selbstverwirklicher", bilden private und berufliche Sphäre eine Einheit, die sich im Idealfall mit den persönlichen Erwartungen deckt. Typ B positioniert sich somit im Zentrum eines ganzheitlichen Work-Life-Verständnisses.

Wichtig ist zu betonen, dass es keine strikte und dauerhafte Trennung zwischen diesen Konzepten gibt, sondern dass die Übergänge fließend sein können. Änderungen in den Bedingungen, wie z. B. eine neue familiäre Situation oder Karrierechancen, können zu einer Neubewertung und Anpassung der Ziele durch die Beschäftigten führen. Die hauptamtlich Tätigen haben entlang ihrer jeweiligen Haltung unterschiedliche Erwartungen an ihre Beschäftigung. Entscheidungen der Organisation, die sich auf die Beschäftigten auswirken, werden von diesen entsprechend der individuellen Work-Life-Konzepte unterschiedlich wahrgenommen und interpretiert.

Wesentlicher Kontext hauptamtlicher NPO-Beschäftigung ist eine sinnerfüllte Tätigkeit, die im Rahmen von NPO-typischen Bedingungen der Zusammenarbeit umgesetzt wird.

Hauptamtlich Beschäftigte in kleinen und mittleren NPO legen Wert auf „sinnvolle" Tätigkeiten, die in einem menschlichen und respektvollen Miteinander flexibel und selbstbestimmt erledigt werden. Die Schaffung von Bedingungen für diese Ausgestaltung der Tätigkeit wird i. d. R. von den Beschäftigten ebenso erwartet wie von der Organisation, für die sie tätig sind. Bestimmte Leitungsmodelle wie z. B. Selbstführung können dabei helfen, diese Kontextbedingungen zu schaffen: Sie fördern die Kreativität der Beschäftigten und tragen dazu bei, dass sie ihre Aufgaben und Ziele im Rahmen der Tätigkeit selbst definieren.

In den Interviews und den darin geäußerten Einschätzungen der eigenen Arbeit wurde deutlich, dass das Arbeiten mit hoher Eigenverantwortlichkeit ein wichtiger Aspekt ist, der auch Nachteile in Bezahlung und Sicherheit abfedern kann.

Hauptamtlich Beschäftigte in kleinen und mittleren NPO entwickeln eigene Strategien, um ihren Verbleib in der Organisation sichern zu können.

Dieses proaktive Verhalten der Beschäftigten ist teils auf ihre hohe intrinsische Motivation, teils auf die Zufriedenheit der Beschäftigten mit ihrer Arbeit zurückzuführen. Es kann zur Entwicklungsdynamik der Einrichtungen beitragen, wenn die Verbleibsstrategien ihre Wirkung innerhalb der Organisation entfalten. Voraussetzung ist, dass die Organisation die oben beschriebenen Kreativräume für ihre hauptamtlich Tätigen schaffen kann. Sie muss sie in ihren Bemühungen unterstützen, ihren Verbleib in der Organisation und damit letztlich auch die Organisation selbst zu sichern.

Im Rahmen der Untersuchung wurden bei den Befragten unterschiedliche Verbleibsstrategien deutlich: Einige Beschäftigte konnten sich eine Tätigkeit in anderen Sektoren nur im Ausnahmefall vorstellen und handelten auch danach, indem sie z. B. neue Geschäftsfelder entwickelten und zu deren Finanzierung Mittel akquirierten. Eine Beschäftigte hatte immer schon die Arbeit in kleinen Vereinen gesucht und gefunden. Eine andere Befragte wiederum kompensierte die finanziellen Nachteile ihrer weniger gut dotierten NPO-Arbeit durch verschiedene Nebentätigkeiten. Hier wird deutlich, dass trotz unterschiedlicher Herangehensweisen viele hauptamtlich Beschäftigte danach streben, ihre Tätigkeit und ihren Verbleib in der NPO im Rahmen ihrer Möglichkeiten abzusichern.

Aus den Erwartungen der Beschäftigten lassen sich Anforderungen an kleine und mittlere NPO formulieren, um das Arbeitsumfeld der hauptamtlich Tätigen positiv zu gestalten.

Zu den Erwartungen der Beschäftigten gehören eine angemessene Vergütung und Wertschätzung, die Abgrenzung von hauptamtlicher und ehrenamtlicher Tätigkeit, die Berücksichtigung der Work-Life-Konzepte der Beschäftigten und die Schaffung von kreativen Rahmenbedingungen für eine selbständige und selbstbestimmte Gestaltung hauptamtlicher Arbeit.

Eine klare Abgrenzung von hauptamtlicher und ehrenamtlicher Arbeit, verbunden mit einem klaren Rollenverständnis für beide Tätigkeitsbereiche, war dabei von besonderer Bedeutung für die Befragten. Das beinhaltete eine angemessene, leistungsgerechte Vergütung ebenso wie die gegenseitige Anerkennung. Hier zeigt sich das Selbstbewusstsein, das mit einer hauptamtlichen NPO-Beschäftigung verbunden ist. Sie stellt neben dem Ehrenamt einen eigenen Wert dar und will als solcher sowohl ideelle als auch finanzielle Wertschätzung erfahren. Wichtig war den Befragten ein transparentes und als gerecht empfundenes System bei der Vergütung. Wenn hauptamtlich Beschäftigte in hohem Maße unbezahlte Überstunden leisten, führt dies dazu, dass diese zu ehrenamtlicher Arbeit der gleichen Person „umgewidmet“ werden. Auf diese Weise wird der Wert der entgeltlichen hauptamtlichen Tätigkeit faktisch geschmälert.

Schlussfolgerungen und Ausblick

Die hier beschriebenen Phänomene ergeben ein Bild, das die Heterogenität von hauptamtlicher Beschäftigung in kleinen und mittleren Nonprofit-Organisationen in Bezug auf die Erwartungen der Beschäftigten an ihre Arbeit spiegelt und ihre unterschiedlichen Konzepte zur Gestaltung und Verknüpfung von beruflicher und privater Sphäre deutlich macht. Gleichzeitig sind klare gemeinsame Positionen der Befragten hinsichtlich der Sinnhaftigkeit ihrer Tätigkeit, der Abgrenzung von hauptamtlicher zu ehrenamtlicher Tätigkeit sowie der Wertschätzung und Vergütung ihrer Arbeit erkennbar.

In der Praxis müssen kleine und mittlere NPO meines Erachtens darauf abzielen, die organisatorischen Rahmenbedingungen zur Förderung der Kreativität ihrer Mitarbeitenden zu schaffen. Das kann die fachliche und organisatorische Unterstützung von Projektanträgen durch die hauptamtliche Geschäftsführung ebenso sein wie die personelle oder ideelle Unterstützung bei Spendenaktionen durch den ehrenamtlichen Vorstand. NPO sollten darauf achten, ihre besondere Attraktivität für Beschäftigte, hervorgerufen durch unabhängiges und selbstbestimmtes Arbeiten in freien Strukturen und flexiblen Rahmenbedingungen, zu wahren und weiter zu entwickeln. Hier sind kleine und mittlere Organisationen gegenüber großen NPO im Vorteil, da sie auf hierarchische Steuerungsmodelle oft weitgehend verzichten (können). Für die Personalwirtschaft in kleinen und mittleren NPO kann es zudem sinnvoll sein, die individuellen Work-Life-Konzepte ihrer hauptamtlich Beschäftigten einzubeziehen, um Erwartungen des Personals an die Gestaltung ihrer Beschäftigungsverhältnisse passgenauer zu entsprechen.

In der Forschung halte ich gesonderte empirische Betrachtungen von hauptamtlicher Beschäftigung in kleinen und mittleren NPO auch zukünftig für sinnvoll. In solchen Untersuchungen könnten z. B. Fragen eine Rolle spielen, die im engen Rahmen dieser Qualifizierungsarbeit nicht erschöpfend untersucht werden konnten: Wie sehen hauptamtlich Beschäftigte in kleinen und mittleren NPO ihre Karrierechancen innerhalb und außerhalb ihrer Organisationen, und wie definieren sie Karriere? Welche Organisationsmodelle werden von den Beschäftigten präferiert? Wie kann die Wirksamkeit von Verbleibsstrategien der NPO-Beschäftigten gemessen werden? Und welche Instrumente und Strategien eignen sich besonders, um hauptamtliches Personal in kleinen und mittleren NPO zu motivieren und langfristig zu binden?

Literatur

Boubaris T (2014) Work + Life = Balance? Hauptamtliche in kleinen und mittleren Nonprofit-Organisationen. Maecenata Institut für Philanthropie und Zivilgesellschaft, Berlin. Opusculum Nr. 71. ISSN 1868-1840. URN: urn:nbn:de:0243-042014op712. Zum Download unter http://www.opuscula.maecenata.eu

EUK (2003) Empfehlung 2003/361/EG der Kommission, veröffentlicht im Amtsblatt der Europäischen Union L 124 vom 20.5.2003. Europäische Kommission, Brüssel

Priller E, Alscher M, Droß PJ, Paul F, Poldrack CJ, Schmeißer C, Waitkus N (2012) Dritte-Sektor-Organisationen heute: Eigene Ansprüche und ökonomische Herausforderungen. Ergebnisse einer Organisationsbefragung. Discussion Paper SP IV 2012 – 402. WZB, Berlin

Schmeißer C (2012) Die Arbeitswelt des Dritten Sektors. Atypische Beschäftigung und Arbeitsbedingungen in gemeinnützigen Organisationen. Discussion Paper SP V 2013-302. WZB, Berlin

Strauss A, Corbin J (1998) Basics of Qualitative Research. Techniques and Procedures for Developing Grounded Theory. 2. Aufl. Sage Publications, Thousand Oaks

Zimmer A, Priller E, Hallmann T (2001) Zur Entwicklung des Nonprofit-Sektors und den Auswirkungen auf das Personalmanagement seiner Organisationen. Zeitschrift für Personalforschung 15(3): 207-224

Genossenschaft als Rechtsform für soziale Unternehmen?[1]

Thorsten Hallmann[2]

Abstract

Genossenschaften erleben zurzeit eine kleine Renaissance, sind aber als Rechtsform für gemeinnützige Unternehmen immer noch eine Seltenheit. Ihre Besonderheit – zugleich idealtypisch demokratisch verfasste Mitgliederorganisation und Unternehmensform – legt nahe, sie dann in Erwägung zu ziehen, wenn soziale, kulturelle oder ökologische Zielsetzungen mit ökonomischer Tätigkeit verknüpft werden sollen und zugleich eine breite Mitgliederbasis angestrebt wird. Dieser Beitrag soll zeigen, dass die Genossenschaft in einigen Fälle eine sinnvolle Alternative zu Verein oder (g)GmbH sein kann, und umreißt, unter welchen Bedingungen genossenschaftliche Unternehmen den Status der Gemeinnützigkeit erlangen können.

Keywords

Genossenschaft • Gemeinnützigkeit • Sozialunternehmen • Mitgliederorganisation

1 Für wichtige Hinweise zu diesem wenig literaturgesättigten Thema danke ich Stefan Werner (Genossenschaft der Werkstätten für behinderte Menschen Hessen und Thüringen eG), Ingo Voß und Mathias Fiedler (Zentralverband deutscher Konsumgenossenschaften e. V.), Michael Breier (Bürgerbusverbund Sauerland-Hellweg eG) und Eckhard Priller (Wissenschaftszentrum Berlin).

2 Fairdruckt eG, thorsten@fairdruckt.de.

Historisch ist die Entstehung des Genossenschaftswesens in Deutschland zwar eng mit der des Vereinswesens gekoppelt, in den aktuellen Debatten zum Nonprofit-Sektor wie auch in der Literatur zum Nonprofit-Management bleibt es jedoch weithin unbeachtet. Hatten Genossenschaften auch in Deutschland im 19. Jahrhundert noch oft den Charakter wirtschaftlich tätiger Selbsthilfeorganisationen, die einem Verein gar nicht unähnlich waren, ist dieser Typus – der sich gewissermaßen an der Schnittstelle zwischen organisierter Zivilgesellschaft und ökonomischem Sektor befindet – heute ein Randphänomen. Hinsichtlich ihrer ökonomischen Leistungsfähigkeit ist die Genossenschaft in der Bundesrepublik Deutschland gegenwärtig lediglich im Bereich der Banken, im Wohnungswesen sowie im landwirtschaftlichen Bereich von Bedeutung. Neben diesen relativ großen, marktorientierten und kapitalstarken Unternehmen existieren zwar auch zahlreiche kleinere Genossenschaften, doch liegt ihre Zahl trotz eines kleinen Gründungsbooms insgesamt sogar niedriger als die der gemeinnützigen GmbHs oder der Stiftungen (vgl. Priller et al. 2012, S. 12). In der Unternehmenslandschaft bereits ein Randphänomen, ist sie es also mehr noch im genuinen Nonprofit-Sektor. Zwar ist es grundsätzlich möglich, Genossenschaften mit Gemeinnützigkeitsstatus zu betreiben, jedoch sind solche bislang anders als in einigen romanischen Ländern im Bereich der Sozialwirtschaft nur sehr vereinzelt vorzufinden. Dennoch, so wird dieser Beitrag zeigen, kann die eingetragene Genossenschaft für gemeinnützige Aktivitäten in vielen Bereichen eine zweckmäßige organisatorische Lösung sein.

1 Genossenschaft als anspruchsvolle Rechtsform

Die relative Randständigkeit der Genossenschaft als Rechtsform für eher kleinere Unternehmungen oder wirtschaftliche Selbsthilfevereinigungen lässt sich zweifellos wesentlich auch aus der bis ins Jahr 2006 gültigen Rechtslage erklären, die für eine Genossenschaft erheblich höhere formale Hürden als für einen Verein, eine Stiftung oder eine GmbH setzte: So bedurfte es neben einer Mindestzahl von sieben Mitgliedern eines Vorstandes und eines Aufsichtsrates. Vor der Registereintragung steht zudem ein Gründungsgutachten seitens eines genossenschaftlichen Prüfungsverbandes. Für die jährliche Pflichtprüfung und den Verbandsbeitrag mussten selbst kleinste Genossenschaften mehrere tausend Euro einplanen (vgl. ZdK 2010). Zudem ist die Genossenschaft im Unterschied zum Verein und der Stiftung voll bilanz- und bilanzveröffentlichungspflichtig.

Durch eine Gesetzesnovelle im August 2006 sind die formalen und finanziellen Hürden, eine Genossenschaft zu gründen und zu betreiben, jedoch deutlich gesunken: Sie kann nun schon von drei Personen gegründet werden, und bei einer Zahl von bis zu 20 Mitgliedern kann durch entsprechende Satzungsbestimmungen auf die Einrichtung eines Aufsichtsrates verzichtet werden. Genossenschaften, deren Bilanzsumme 1 Mio. € und deren Umsatzerlöse 2 Mio. € nicht übersteigen, müssen sich nur noch alle zwei Jahre einer Pflichtprüfung unterziehen, wobei keine formelle Jahresabschlussprüfung mehr stattfindet. Aktuelle Erfahrungen belegen, dass es einer kleinen Genossenschaft mit einer wenig komplexen Geschäftstätigkeit nun durchaus möglich ist, die jährlichen rechtsformspezifischen Kosten im untersten vierstelligen Bereich zu halten.

Zugleich sollte mit der Gesetzesnovelle die Rechtsform der Genossenschaft auch für soziale und kulturelle Zwecke geöffnet werden (vgl. Schaffland/Korte 2006). Sie eignet sich nun insbesondere besser für vereinsähnliche Zusammenschlüsse, die durch ihr ökonomisches Tätigkeitsprofil Schwierigkeiten haben könnten, in das Vereinsregister eingetragen zu werden: „Soweit nämlich ein Idealverein (e. V.) nach seiner Satzung oder der gelebten Vereinswirklichkeit hauptsächlich einen wirtschaftlichen Zweck verfolgt, darf er nicht in das Vereinsregister eingetragen werden bzw. wäre nach irrtümlicher Eintragung aus dem Register zu löschen" (Winheller/Zeller 2013). Insofern schließt die Genossenschaft nun eine Lücke, die durch eine restriktive Auslegung des Kriteriums „Idealverein" entsteht. Ihr wesentlicher Vorteil gegenüber der GmbH oder einer Personengesellschaft ist, dass eine Veränderung der Personen- oder Eigenkapitalkonstellation keine Änderung des Gesellschaftsvertrages erfordert, die ggf. eine wiederum gebührenpflichtige Eintragung in das Unternehmensregister nach sich zieht.

Aktuell diskutiert wird eine weitere Reform, die die Gründung von Genossenschaften mit eher geringem ökonomischem Gewicht weiter erleichtern soll. Analog zu haftungsbeschränkten Unternehmergesellschaft (UG) bzw. „kleinen GmbH" soll nun die haftungsbeschränkte Kooperationsgesellschaft (KoopG) ohne Verbands-Pflichtmitgliedschaft und Prüfungspflicht möglich werden, die sich erst bei einem zweimalig konsekutiven Jahresumsatz von 500.000 Euro oder einem Jahresüberschuss von 50.000 Euro in eine klassische Genossenschaft umzuwandeln hat (vgl. Winheller 2013). Die KoopG könnte somit eine Lücke für mitgliederorientierte „Not-for-Profit"-Aktivitäten füllen, welche aufgrund ihres wirtschaftlichen Charakters nicht dem Modell des Idealvereins entsprechen, aufgrund ihrer breiten Mitgliederbasis nicht gut in Form einer Personengesellschaft zu verwirklichen wären, für die aufgrund ihres relativ geringen Umfangs aber auch das Gerüst einer herkömmlichen Kapitalgesellschaft überdimensioniert wäre. Auf Skepsis trifft diese Neuerung jedoch deswegen, weil hiermit eine weitere Rechtsform geschaffen würde, die annähernd ohne Haftungssumme ökonomisch tätig werden könnte – und im Gegensatz zur klassischen eG zudem nicht einer externen

Prüfungsverpflichtung unterliegt. Inzwischen hat die Bundesregierung eine Studie zur Zweckmäßigkeit einer solchen Regelung in Auftrag gegeben, die im Laufe des Jahres 2014 abgeschlossen werden soll.

2 Genossenschaft zwischen Markt und Mission

Einerseits juristisch stets ein Wirtschaftsbetrieb und qua Handelsgesetzbuch „Kaufmann", ist die Genossenschaft zugleich ein Zusammenschluss von Mitgliedern mit gemeinsamen Interessen, welche sich in Theorie wie Praxis nicht nur auf den gemeinsamen Erwerb von monetären Gewinnen beschränken müssen. Zwar ist das Grundprinzip die Förderung der Interessen ihrer Mitglieder durch wirtschaftliche Tätigkeit, doch gehört zum besonderen Charakter der Genossenschaftsbewegung, dass sich ihre Mitglieder durchaus in vielen Fällen auch aus ideellen Zielen genossenschaftlich organisieren: Sei es aus dem expliziten Wunsch, einen Wirtschaftsbetrieb demokratisch zu kontrollieren, sei es mit der Intention, durch gemeinsames Wirtschaften ideelle oder gesamtgesellschaftliche Ziele zu verfolgen – ein prominentes Beispiel in der Gegenwart sind hierfür die Bürgerenergiegenossenschaften (vgl. Schröder/Walk 2014; Zimmer 2011). Diesem „Doppelcharakter" (Atmaca 2014, S. 51) der Genossenschaft trug die Gesetzesreform im Jahr 2006 Rechnung, indem sie den Spielraum der Bestimmung des Satzungszwecks explizit weiter gefasst hat (vgl. ebd., sowie Fn 2).

Die Mitgliedschaft ist mit dem Erwerb von Geschäftsanteilen verknüpft, zudem können aber Eintrittsgelder und Mitgliedsbeiträge vorgesehen sein. Gewinne können an die Mitglieder ausgeschüttet werden, aber auch satzungsgemäß oder durch Beschluss der Generalversammlung gebunden werden, etwa durch Vorschriften zur Einstellung in die Rücklagen. Als Voraussetzung für die Gemeinnützigkeit von Genossenschaften müssen alle benannten Zwecke die entsprechenden Kriterien der Abgabenordnung erfüllen, aber auch das Kriterium der Mitgliederförderung erfüllt sein. Eine steuerrechtlich interessante Besonderheit der Genossenschaft liegt im Instrument der Rückvergütung: Überschüsse aus Geschäften zwischen Mitgliedern und der Genossenschaft können an die Mitglieder rückvergütet werden und sind anders als Gewinnausschüttungen von den Ertragssteuern befreit, da sie als eine Art nachträgliche Preiskorrektur gewertet werden. Grundsätzlich hält jedes Mitglied unabhängig von der Zahl seiner Geschäftsanteile eine Stimme, jedoch lassen die Reformen des Genossenschaftsrechts zunehmend auch andere Modelle zu. Insofern vereint diese Rechtsform die reziproken und demokratischen Idealvorstellungen des Vereins und die Eigenschaften einer Kapitalgesellschaft.

Analog zur GmbH werden der Gegenstand des Unternehmens und der Grad der Handlungsfreiheit des Vorstandes oder der Geschäftsführung schriftlich fixiert und diese somit gebunden, welche Art von unternehmerischer Tätigkeit sie verfolgen dürfen. Die Gestaltung der Satzung und damit der Binnenverhältnisse der Genossenschaft ist durch das Genossenschaftsgesetz reguliert, aber zugleich relativ flexibel in Hinblick auf solche Bedürfnisse.

Seit einigen Jahren, insbesondere seit der Reform von 2006, ist die Genossenschaft wieder im Aufwind: Ein jahrzehntelanger Rückgang durch Fusionen und Auflösungen scheint einem langsamen Wachstum gewichen zu sein; die Gründungszahlen liegen 2010 und 2011 um ein mehrfaches höher als noch zur Jahrtausendwende (vgl. Schröder/Walk 2014, S. 14f.). Ein nicht geringer Anteil dieser Neugründungen entfällt auf Genossenschaften im Energiesektor, die gerade idealtypisch „hybride" Züge als zivilgesellschaftlich und gleichermaßen privat-ökonomisch motivierte Organisationen aufweisen: Einerseits sind sie von dem Interesse getragen, erneuerbare Energien auf direkteste Weise durch Produktion und Distribution zu fördern oder die Infrastruktur der Energieversorgung unter bürgerschaftliche Kontrolle zu bringen – idealtypisch hierfür ist die Energiewerke Schönau eG – oder ökologisch orientierte Energieversorgungsunternehmen durch Mitgliedschaft zu stärken – etwa im Fall der Greenpeace Energy eG. Nicht zuletzt wird man mit dieser Aktivität in aller Regel sicherlich bewusst zugleich Themenanwalt für die „Energiewende" – oder auch für eine bestimmte Art, diese zu gestalten, namentlich durch ökonomische Selbstorganisation, also Mit-Produzentin zu werden. Andererseits ist das Interesse unbenommen, durch dieses Engagement zugleich privates Kapital renditeträchtig anzulegen.

Stärker auf klassische „Nonprofit"-Tätigkeit im Sinne einer nicht vorhandenen monetären Renditeerwartung der Beteiligten ausgerichtet sind eine Anzahl weiterer Genossenschaftsgründungen der vergangenen Jahre, die sich zwar auch in gemeinhin privat-kommerziell organisierten Bereichen der Daseinsvorsorge bewegen, aber zugleich dem Erhalt einer lokalen, für die Gemeinschaft wichtigen Infrastruktur widmen – vielfältige typische Beispiele hierfür lassen sich schon rund um Münster finden: Etwa die Dorfladengenossenschaft in Ochtrup-Welbergen oder die Genossenschaft Gaststätte Franz in Tecklenburg-Brochterbeck: Schließt der letzte Laden im Ort oder die letzte Kneipe, geht für die Dorfgemeinschaft eine wichtige Infrastruktur vor Ort verloren, die die Lebensqualität nicht nur in Hinblick auf Bequemlichkeit, sondern auch Geselligkeit mindert. Bedürfnisse nach alternativen Wohnformen oder auch qualitativ hochwertiger und zugleich doch preisgünstiger Lebensmittelversorgung werden ebenfalls in Form von Genossenschaften verwirklicht, etwa durch „community-supported agriculture" in Altenberge-Entrup oder die Haus Coerde eG in Münsters Norden.

3 Genossenschaft wann?

Es gehört offenbar gegenwärtig zum Selbstbewusstsein einer wachsenden Zahl von Bürgern und Bürgerinnen, den Sektor Markt nicht als feindlich besetztes Terrain zu betrachten, sondern selbst ökonomisch tätig zu werden und damit Wirtschaft nach eigenen Zielen und Werten zu gestalten. In welchen Fällen die Form der Genossenschaft hierfür sinnvoll sein könnte, lässt sich aus ihren zuvor ausgeführten Charakteristika ableiten:

- Sie ist eine unternehmerisch ausgerichtete Mitglieder- und Selbsthilfeorganisation.
- Sie ist eine idealtypisch demokratische Organisationsform.
- Sie ist auf Verbindlichkeit angelegt, denn ihre Mitglieder bringen Eigenkapital zur gemeinsamen Nutzung ein und können es in aller Regel nur mit einer längeren Kündigungsfrist wieder entnehmen.
- Sie ist zugleich auf flexibles Wachstum ausgerichtet, denn die Neuaufnahme von Mitgliedern und Kapital ist ohne besonderen Aufwand möglich.
- Sie ist durch Prüfungs- und Veröffentlichungspflichten eine transparente Organisationsform, was Vertrauen, etwa bei KreditgeberInnen, schafft.

Sie könnte also immer dann eine Alternative zum Verein oder zur GmbH sein, wenn eine überwiegend wirtschaftliche Aktivität beabsichtigt ist und die Organisation zugleich offen für neue Mitglieder sein möchte. Sie liegt insbesondere dann nahe, wenn die Finanzierung einer solchen gemeinschaftlichen Aktivität auf einem breit gestreuten und langfristig planbaren Grundstock von Eigenkapital beruhen soll oder wenn eine Eintragung als Verein aufgrund des überwiegend gewerblichen Tätigkeitsprofils nicht möglich ist. Sie ist hingegen nicht zu empfehlen,

- wenn keine nennenswerte wirtschaftliche Aktivität beabsichtigt ist.
- wenn nur ein sehr kleiner, geschlossener Kreis von Beteiligten vorgesehen ist oder
- eine Geschäftsführung nach den Maßgaben einer (kleinen) Kapitalgesellschaft nicht gewährleistet werden kann bzw. der Aufwand hierfür nicht in einem sinnvollen Verhältnis zum Umfang der Geschäftstätigkeit steht.

Neben einem Zusammenschluss von Einzelpersonen – oder als unternehmerisch ausgerichtetes Pendant zum klassischen Mitgliederverein – kann die Genossenschaft als Zusammenschluss von juristischen Personen eine geeignete Rechtsform sein, um beispielsweise Vereine durch Bündelung von ökonomischen Aktivitäten oder Verwaltungsaufgaben von Kosten und organisatorischem Aufwand zu entlasten, oder, um betriebswirtschaftlich oder juristisch anspruchsvolle Tätigkeiten kollektiv zu professionalisieren – wie im Beispiel der in diesem Band vorgestellten Bürgerbusverbund Sauerland-Hellweg eG. Zu beachten ist allerdings, dass die Auslagerung von Aufgaben wie Jahresabschluss und Steuererklärungen in eine solche Genossenschaft in den Regelungsbereich des Steuerberatungsgesetzes fällt. Dieses Problem umschifft die Bürgerbusgenossenschaft, indem der zuständige Angestellte der Genossenschaft zugleich von den angeschlossenen Vereinen zum Geschäftsführer bestellt wurde.

4 Genossenschaft gemeinnützig?

Das Grundprinzip der Genossenschaft ist es, „den Erwerb oder die Wirtschaft[3] ihrer Mitglieder oder deren soziale oder kulturelle Belange durch gemeinschaftlichen Geschäftsbetrieb zu fördern" (§ 1 GenG), das der Gemeinnützigkeit hingegen die Förderung der Allgemeinheit. Dies steht zwar nominell in einem Spannungsverhältnis, aber dennoch ist die Genossenschaft als Rechtsform zumindest für bestimmte gemeinnützige Unternehmungen möglich. Grundsätzlich gilt:

> „Die Mitglieder müssen also einen Ausschnitt der Allgemeinheit darstellen. […] Kann also grundsätzlich – unter Beachtung vernünftiger Zulassungsvoraussetzungen – jeder Mitglied der Körperschaft werden, ist dem Gemeinnützigkeitsrecht Genüge getan." (Winheller und Zeller 2013)

Der originär wirtschaftliche Charakter der Genossenschaft darf nicht missverstanden werden als bloße Förderung der erwerbswirtschaftlichen Interessen ihrer Mitglieder – dies würde in der Tat dem Konzept der Gemeinnützigkeit widersprechen:

> „Eine solche Förderung wirtschaftlicher Interessen der Mitglieder ist nicht selbstlos im Sinne des Gemeinnützigkeitsrechts. Gemeinnützig kann regelmäßig nur diejenige Genossenschaft sein, die die ideellen Interessen ihrer Mitglieder, die im unmittelbaren Zusammenhang mit der gemeinnützigen Zweckverwirklichung stehen, fördert.

3 „Wirtschaft", so führt der Gesetzeskommentar von Beuthin aus, sei hier in Unterschied zu „Erwerb" zu verstehen als „nichtberuflicher Lebensbereich", entsprechend seien auch „deren soziale und kulturelle Belange" hier missverständlich in den Gesetzestext einformuliert, insofern sie nicht als selbständige Tatbestandsmerkmale zu verstehen seien, sondern vielmehr das weite Verständnis vom hier im Unterschied zu Erwerb gemeinten Begriff Wirtschaft ausführen, im Sinne von „Wirtschaft der Mitglieder einschließlich deren ideeller Belange" (Beuthin 2011, S. 15).

> Der Betrieb einer Schule als gemeinnützige Genossenschaft fördert z. B. die (ideellen) Bildungsinteressen der die Schule besuchenden Jugendlichen. Da die Betätigung auf den eigentlichen gemeinnützigen Zweck der Förderung von Bildung und Erziehung gerichtet ist, ist dieser Vorteil, den die Adressaten der erzieherischen Betätigung genießen, für den Gemeinnützigkeitsstatus unschädlich." (Winheller/Zeller 2013)[4]

Prinzipiell unschädlich ist zudem die Möglichkeit von Rückvergütungen an die Mitglieder, „weil sic nur das zurückerstatten, was von dem Mitglied von vorneherein nicht hätte verlangt werden dürfen" (ebd.). Auch das Gebot der zeitnahen Mittelverwendung im Gemeinnützigkeitsrecht und die Verpflichtung zur Bildung von Rücklagen im GenG stellen keinen grundsätzlichen Widerspruch dar. Schädlich wäre jedoch – wie bei einem Sportverein allerdings auch – die Festsetzung ausgesprochen hoher Mitgliedsbeiträge oder Eintrittsgelder, insofern hier das Kriterium der „Allgemeinheit" verletzt würde.

Grundsätzlich ist also ein recht weites Feld von Tätigkeitsbereichen geöffnet, in denen die gemeinnützige Genossenschaft eine sinnvolle Rechtsform sein kann. Während in Bezug auf Genossenschaften als Zusammenschlüsse von natürlichen Personen hiermit ein durch Rechtsprechung und regelmäßige Rechtsauslegung durch die Finanzämter erhärteter Rahmen von Kriterien besteht, sind Genossenschaften, die als Zusammenschluss von Organisationen diesen Status erlangt haben, bislang ausgesprochen selten. Offensichtlich lassen sich auch oben genannten Kriterien nicht nahtlos übertragen. Ein solches Unterfangen dürfte also in vielen Fällen – jedenfalls für das zuständige Finanzamt – eine Exkursion in juristische Terra Incognita bedeuten und den Genossenschaftsgründern Geduld und eine fundierte Auseinandersetzung mit dem Dickicht bestehender Rechtsvorschriften abverlangen. Dass es unter bestimmten Voraussetzungen möglich ist, zeigt das Beispiel der bundesweit vier genossenschaftlichen Verbünde von Behindertenwerkstätten (GDW-Genossenschaften).

Ein weitere, nicht explizit auf das Kriterium der *Förderung der Allgemeinheit* rekurrierendem Möglichkeit, eine der originären Gemeinnützigkeit (§ 52 AO) gleichrangige Steuerbegünstigung zu erlangen, ist die Anerkennung der Mildtätigkeit: „Personen selbstlos zu unterstützen, die infolge ihres körperlichen, geistigen oder seelischen Zustands auf die Hilfe anderer angewiesen oder wirtschaftlich

4 Auch ein Programmkino kann als gemeinnützige Genossenschaft betrieben werden: Die Mitglieder fördern sich durch die gemeinschaftliche, geschäftsmäßige Organisation eines besonderen Programmangebots in ihren kulturellen und im weiteren Sinne wirtschaftlichen (nicht erwerbswirtschaftlichen) Interessen, die der Allgemeinheit jedoch nicht lediglich insofern die Mitglieder einen Ausschnitt dieser darstellen. (Kino am Kocher, Aalen, Satzung unter: http://www.kino-am-kocher.de/images/stories/mosdl/satzung-programmkino-aalen-08012014.pdf. Zugegriffen: 16.Juni 2014)

hilfsbedürftig sind“ (§ 53 AO). Wie die Satzung einer solchen Genossenschaft gestaltet werden kann, lässt sich am Beispiel der „Schlüsselbund eG“[5] nachvollziehen: Sie ist im Bereich der Integration für Menschen mit Behinderungen tätig. Gegründet wurde sie von (gemeinnützigen) Trägern und Beratungsstellen der Eingliederungshilfe, ist jedoch auch offen für die Mitgliedschaft von Einzelpersonen. Genossenschaftstypisch ist die „Förderung der sozialen Belange ihrer Mitglieder und ihrer Angehörigen“ als Zweck festgesetzt, und als Grundlage für den Gemeinnützigkeitsstatus, dass sie „ausschließlich und unmittelbar mildtätige Zwecke im Sinne des Abschnitts ‚steuerbegünstigte Zwecke‘ der Abgabenordnung“ verfolgt. Natürliche und juristische Personen, die „für die Nutzung und Erbringung der Dienste der Genossenschaft nicht in Frage kommen“, können lediglich „investierende Mitglieder“ werden. Ausgeschlossen ist die Ausschüttung von Gewinnanteilen.[6] Insofern sichert die Satzung sowohl die Mitgliederförderung – hinsichtlich der „ordentlichen“ Mitglieder – als auch die Verwendung der Mittel gemäß dem steuerbegünstigten Zweck umfassend ab.

Möchte man als Verbund von gemeinnützigen Akteuren Aufgaben wie Verwaltung, Einkauf, Vermarktung oder Auftragsbeschaffung in einer gemeinschaftlich getragenen Organisation bündeln, dürften es im Einzelfall weniger genossenschaftsspezifische Hindernisse sein, die einer Gemeinnützigkeit bzw. der Steuerbegünstigung dieser Tätigkeiten als „Zweckbetrieb“ entgegen stehen, sondern eher solche, die andere Rechtsformen wie die GmbH gleichermaßen betreffen würden. Die Gründe hierfür liegen zentral in den steuerrechtlichen Abgrenzungen verschieden gelagerter wirtschaftlicher Tätigkeiten eines gemeinnützigen Trägers: Sind sie also als steuerbegünstigter Zweckbetrieb oder als wirtschaftlicher Geschäftsbetrieb zu werten? So ist selbstverständlich, dass ein gemeinnütziger Verein etwa seine Finanzbuchhaltung im Rahmen seiner gemeinnützigen Aktivität selbst leisten kann und dies fraglos im Rahmen des steuerbegünstigten Zweckbetriebs verortet wäre.

---

5 http://schluesselbund.org/pdf/satzung.pdf. Zugegriffen: 16. Juni 2014

6 Eine solche Bestimmung sollte jedoch keine zwingende Voraussetzung der Anerkennung als gemeinnützig/mildtätig sein, sofern die Mitgliedsorganisationen ihrerseits mildtätig respektive gemeinnützig sind, und ihre Förderung mit dem Satzungszweck der Genossenschaft kompatibel ist. Auch in der Bestimmung des Gesetzes, dass Vorstände und Aufsichtsräte der Genossenschaft Mitglieder der Genossenschaft sein müssen, liegt in diesem Falle kein grundsätzlicher Stolperstein, selbst wenn diese nicht unmittelbar durch die gemeinnützigen Leistungen der Genossenschaft – wie hier etwa behindertengerechten Wohnformen – gefördert werden können. So genügt es dem Gesetz, wenn Vorstände und Aufsichtsräte *mittelbar* Mitglieder der Genossenschaft sind, dh. vertretungsbefugt für eine Mitgliedsorganisation oder Mitglied einer Mitgliedsgenossenschaft sind (§ 9,2 GenG).

Bündelte er diese Tätigkeit hingegen mit anderen Vereinen in einer Genossenschaft, könnte dies selbst bei anerkannter Gemeinnützigkeit beider als wirtschaftlicher Geschäftsbetrieb gewertet werden. Die Grundlage dessen sind im Kern drei der Kriterien, die gemäß Abgabenordnung als Voraussetzung des Zweckbetriebs erwogen weren müssen: Die Unmittelbarkeit der Förderung steuerbegünstigter Zwecke durch diese Tätigkeit, die Möglichkeit von Wettbewerbsverzerrungen und die Frage der Erforderlichkeit einer solchen wirtschaftlichen Tätigkeit zur Verfolgung des gemeinnützigen Zwecks.

Lagern gemeinnützige Organisationen also Aufgaben in Trägerorganisationen aus, könnten sowohl das Kriterium der Wettbewerbsverzerrung ins Feld geführt werden (insofern diese Aufgabe auch an einen anderen, kommerziellen Auftragnehmer ausgelagert werden könnte) wie auch das Kriterium der Unmittelbarkeit. Die Komplexität dieser Rechtslage lässt sich am Beispiel der bundesweit vier gemeinnützigen Genossenschaften der Werkstätten für behinderte Menschen (GDW) aufzeigen: Diese Werkstätten sind etwa in Bereichen wie Aktenvernichtung, Digitalisierung oder Elektronikrecycling tätig, wobei größere Aufträge von mehreren Werkstätten arbeitsteilig übernommen werden. Wenn jede Werkstatt ihre Leistungen selbst vermarktet und abrechnet, bewegte sich dies ohne Zweifel im Rahmen des „Zweckbetriebs", wird hingegen hier formal die Genossenschaft als Vertragspartner tätig, wurde seit einer Änderung des Anwendungserlasses zur Abgabenordnung im Jahr 2012[7] von verschiedenen Finanzbehörden vor allem mit Verweis auf die fehlende Unmittelbarkeit ein wirtschaftlicher Geschäftsbetrieb angenommen. Mit Blick auf die tatsächlichen Gegebenheiten erscheint dies jedoch widersinnig: In beiden Fällen erfüllt die wirtschaftliche Betätigung den originären, an sich gemeinnützigen Zweck der Werkstätten und ihres Verbundes, weder die Gemeinnützigkeit der Werkstätten noch der Genossenschaft insgesamt stehen in Frage, und die Tätigkeit der Genossenschaft und der Träger der einzelnen Werkstätten sind in der Auftragsabwicklung eng miteinander verzahnt. Eine Rechtsfigur, die dem Charakter dieser Verzahnung gerecht werden und die „Unmittelbarkeit" der Verfolgung des gemeinnützigen Zwecks durch die Genossenschaft juristisch fundieren könnte, könnte die sogenannte Hilfspersonenregelung sein. Ob die Finanzbehörden diese als einschlägig ansehen, dürfte jedoch in hohem Maße vom konkreten Einzelfall abhängen.

Allerdings könnte die gemeinnützige Genossenschaft als Verbund gemeinnütziger Träger unter Umständen in vielen Fällen auch dann interessant sein, wenn die Steuerbegünstigung für einzelne wirtschaftliche Tätigkeiten nicht erlangt

---

7 Von zentraler Bedeutung sind in diesem Zusammenhang v. a. die Bestimmungen zu §§57, 64 und 65 AO.

werden kann: Etwa, weil gemeinnützige Organisationen sich satzungsgemäß oft wiederum nur an gemeinnützigen Unternehmen beteiligen können, oder weil einzig die Genossenschaft die Möglichkeit der ertragssteuerfreien Rückvergütung von Überschüssen aus (auch nicht steuerbegünstigten) Mitgliederschäften bietet, oder weil die Steuerbegünstigung für diesen Fall keine relevanten wirtschaftlichen Effekte hätte.

5 Genossenschaft wie?

Der Weg vom konkreten Plan über die Gründung zur Eintragung der Genossenschaft nimmt erfahrungsgemäß einige Zeit in Anspruch. Ein Jahr sollte durchaus einkalkuliert werden. Eine Satzung und ein „Businessplan", anhand dessen der Prüfungsverband als Vorbedingung zur Registereintragung die wirtschaftliche Tragfähigkeit des Unternehmens beurteilen kann, sind zu erstellen, Betriebskapital ist einzuwerben, gemeinnützigkeitsrechtliche Problematiken sind ggf. im Vorhinein mit dem zuständigen Finanzamt zu klären. Die potenziellen Gründer einer Genossenschaft sollten sich zwar mit dem einschlägigen juristischen und administrativen Handwerkszeug möglichst selbst ausstatten, sich idealerweise aber auch frühzeitig professioneller Hilfe bedienen. Die genossenschaftlichen Prüfungsverbände sind zwar kompetente, aber in aller Regel auch teure Ratgeber. Orientierung und Einstiegshilfe, auch zu Fragen der Erlangung der Gemeinnützigkeit, sowie die Vermittlung einer kostenfreien Gründungsprüfung und ein einführendes, ebenfalls kostenloses Kursangebot für die Mitgliedsgenossenschaften bietet der Zentralverband deutscher Konsumgenossenschaften (ZdK, www.zdk-hamburg.de) an.

Literatur

Atmaca D (2014) Genossenschaften in Zeiten raschen Wandels – Chancen einer nachhaltigen Organisationsform. In: Schröder C, Walk H (Hrsg) Genossenschaften und Klimaschutz. Akteure für zukunftsfähige, solidarische Städte. VS, Wiesbaden, S. 49-72

Beuthin V (2011) Genossenschaftsgesetz mit Umwandlungs- und Kartellrecht sowie Statut der Europäischen Genossenschaft. CH Beck, München

Priller E, Alscher M, Droß PJ, Paul F, Poldrack CJ, Schmeißer C, Waitkus N (2012) Dritte-Sektor-Organisationen heute. Eigene Ansprüche und ökonomische Herausforderungen

– Ergebnisse einer Organisationsbefragung. WZB Discussion Paper SP IV 2012-402. WZB, Berlin

Schaffland H-J, Korte O (2006) Das Genossenschaftsgesetz im Zeichen der Europäisierung und Internationalisierung. NZG 7: 253-254

Schröder C, Walk H (2014) Die neue (und alte) Attraktivität von Genossenschaften – Eine Einführung. In: dies. (Hrsg) Genossenschaften und Klimaschutz. Akteure für zukunftsfähige, solidarische Städte. VS, Wiesbaden, S.11-28

Winheller S (2013) Reform des Genossenschaftsrechts: Die kleine Genossenschaft kommt. In: Bundesnetzwerk Bürgerschaftliches Engagement (Hrsg) BBE-Newsletter 14/2013, online verfügbar: http://www.b-b-e.de/fileadmin/inhalte/aktuelles/2013/07/NL14_Gastbeitrag_Winheller.pdf. Zugegriffen: 16. Juni 2014

Winheller S, Zeller C (2013) Rahmenbedingungen Gemeinnützige Genossenschaften. Fundraising Echo 1/2013, online verfügbar: http://fundraising.saz.com/fundraising-echo-2013-1-4. Zugegriffen: 16. Juni 2014

ZDK – Zentralverband deutscher Konsumgenossenschaften (2010) Genossenschaft – Informationen vom ZdK e. V. 1/2010

Zimmer A (2011) Genossenschaften als zivilgesellschaftliche Organisationen. In: Rösner HJ, Schulz-Nieswandt F (Hrsg) Beiträge der genossenschaftlichen Selbsthilfe zur wirtschaftlichen und sozialen Entwicklung. Lit, Münster, S. 143-156

Anhang

Zu den Anfängen der NPO-Forschung und des NPO-Managements

Annette Zimmer

1 NPO-Forschung

Eine erste systematische wissenschaftliche Beschäftigung mit dem NPO-Sektor als Bereich jenseits von Staat und Markt lässt sich auf das Ende der 1960er Jahre zurückdatieren und erfolgte durch die sog. Filer-Commission. Hierbei handelte es sich um eine von namhaften amerikanischen Stiftungen eingesetzte wissenschaftliche Kommission, die den Auftrag hatte, gesellschaftliche und wirtschaftliche Wirkungen von Stiftungsarbeit zu untersuchen. Dieser Arbeitsauftrag wurde von der Kommission umfassend ausgelegt und so wurde de facto eine erste grundlegende Untersuchung der Geschichte und Entwicklung, der Arbeitsschwerpunkte sowie der aktuellen Probleme von Nonprofit-Organisationen, einschließlich der Stiftungen, in den USA vorgelegt (Zimmer 1994). Anlass der Einsetzung der Kommission waren die damals rigiden Steuergesetze in den USA. Insofern lässt sich von Anfang an ein enger politisch-praktischer Bezug der Erforschung und Beschäftigung mit dem NPO-Sektor und seinen Organisationen feststellen.

Dies trifft auch für die Arbeiten von Amitai Etzioni zu, der Anfang der 1970er Jahre in einem viel beachteten Aufsatz die Aufmerksamkeit auf einen gesellschaftlichen Bereich von Organisationen lenkte, die weder eindeutig dem Sektor Staat noch dem Markt zuzuordnen waren (Etzioni 1973). Vor dem Hintergrund der damaligen Systemrivalität zwischen Ost und West bzw. Kapitalismus und Sozialismus waren für Etzioni NPOs insofern zukunftsweisend, als sie die Effizienz und Effektivität privaten Unternehmertums mit der Gemeinwohlorientierung des Staates verbanden.

Einen nachhaltigen Aufschwung erfuhr die Beschäftigung mit NPOs schließlich in den 1980er Jahren, und zwar, wie schon von Etzioni intendiert, als kritische Gegenbewegung gegenüber dem damals an Fahrt aufnehmenden Neo-Liberalismus der

Thatcher und Reagan-Ära. Es waren die policy-analytischen Arbeiten von Lester M. Salamon, die empirisch zeigten, dass die drastischen Kürzungen sozialpolitischer Programme in den USA eben nicht durch den Independent-Sector aufgefangen werden können, da die Mehrheit der hier tätigen NPOs mit öffentlicher Unterstützung arbeitet und insofern sich just durch diese Mitteln finanziert (Salamon 1987).

In der Folge und parallel zu der damaligen Diskussion über Krise und Reform des Wohlfahrtsstaates gewann dic Beschäftigung und Erforschung des NPO-Sektors und seiner Organisationen zunehmend an Relevanz. Entscheidendes Motiv war hierbei die Suche nach nicht oder nicht optimal ausgeschöpften Ressourcen, die für eine Erstellung wohlfahrtsstaatlicher Leistungen herangezogen werden können. Die Debatte wurde zu dieser Zeit noch nicht international geführt, sondern in der Retroperspektive lassen sich jeweils regionalspezifische Ausprägungen feststellen. In Abgrenzung zum neo-liberalen Kurs der Reagan Administration wurde in den USA die NPO-Forschung von den sog. Liberals, den eher der Demokratischen Partei nahestehenden Stiftungen und Wissenschaftlern vorangebracht. In Europa nahmen sich die Wirtschafts- und Verwaltungswissenschaften der Thematik an. Unter dem Stichwort Verwaltungsmodernisierung wurde das Outsourcing öffentlicher Aufgaben auf private Anbieter, darunter schwerpunktmäßig auch NPOs, analysiert (Zimmer 1997). Zeitgleich wurde Freiwilligenarbeit als unterschätzte und ggf. auch brachliegende sozialpolitische Ressource entdeckt und erstmals aus ökonomischer Perspektive betrachtet (Badelt 1997). Insgesamt lässt sich zumindest in der Retroperspktive festhalten, dass die verschiedenen Ansätze und Perspektiven in den USA wie in Europa mehrheitlich eine gewisse Nähe und Affinität zu Reformentwürfen der Sozialdemokratie aufwiesen. Dies wurde in den 1990er Jahren besonders deutlich in der sog. Politik des Dritten Weges in Großbritannien unter Tony Blair.

In diese Zeit fällt auch die zunehmende internationale Vernetzung der NPO-Forschung. Wegbereiter hierfür war insbesondere das von Lester M. Salamon und Helmut K. Anheier international vergleichende Johns Hopkins Project, das sich weltweit die statistische Erfassung des NPO-Sektors jeweils auf Länderebene zum Ziel gesetzt hat (Salamon et al 1999). Im Projektkontext wurde eine inzwischen weit verbreitete sog. operative Definition der Nonprofit-Organisation entwickelt (Zimmer/Priller 2007, S. 32) sowie eine Klassifikation der Arbeitsbereiche – die ICNPO – von NPOs vorgenommen (Zimmer/Priller 2007, S. 35). Dank des Johns Hopkins Projektes wurde der Anteil des Nonprofit-Sektors am BIP und an der Wertschöpfung der einzelnen Volkswirtschaften erstmals quantitativ erfasst. Doch die weitergehende Zielsetzung des Projektes, nämlich die Integration der Erfassung von NPOs in die reguläre volkswirtschaftliche Statistik, wurde bislang nur bedingt erreicht. Allerdings wurden durch die Projektergebnisse die bemerkenswerte arbeitsmarktpolitische Relevanz von NPOs und ihre Integration in die wohlfahrtsstaatliche Dienstleistungserstellung nachhaltig herausgestellt.

Im Unterschied zu ihrer Funktion als soziale Dienstleister kam der wissenschaftlichen Beschäftigung mit den sozial-integrativen Funktionen von NPOs sowie ihrer Bedeutung als Interessenvertretung im Kontext der NPO-Forschung lange Zeit eine eher nachgeordnete Bedeutung zu. Insbesondere die Neue Soziale Bewegungsforschung blieb weitgehend auf Distanz zur NPO-Forschung. Dies änderte sich in den 1990er Jahren infolge der rasch an Bedeutung gewinnenden Sozialkapital- sowie Zivilgesellschaftsforschung (vgl. Hallmann in diesem Band). Das in Netzwerken und freiwilligen Vereinigungen bzw. NPOs gebildete Kapital des Vertrauens – Sozialkapital – wies die Politik wieder auf die soziale bzw. gesellschaftliche Einbettung wirtschaftlichen Handelns hin (Putnam 1993). Dass dies eine Kritik am dominanten neo-liberalen Kurs impliziert, wurde allerdings nur bedingt von der sich dynamisch entwickelnden Sozialkapitalforschung aufgegriffen, die sich inzwischen überwiegend an der quantitativ ausgerichteten vergleichenden Partizipationsforschung orientiert. Die Zivilgesellschaftsforschung wurde von der Politik und hier den Dissidentenbewegungen in Osteuropa geradezu befeuert (Klein 2001). In der Folge gewann Zivilgesellschaft als Konzept und Leitmotiv für die Vertiefung von Demokratie auch in den westlichen Ländern an Bedeutung. Die NPO-Forschung hat hiervor maßgeblich profitiert, da NPOs als Organisationen der Zivilgesellschaft Anfang der 2000er Jahre von der EU-Kommission ein wichtiger Stellenwert als Koppelungsinstanz zwischen Lebenswelt der EU-BürgerInnen und der nationalen sowie supranationalen Politik in Brüssel eingeräumt wurde. Gleich eine ganz Reihe von Forschungsprojekten wurden von der EU-Kommission zum Zweck der Untersuchung und Auslotung der demokratiefördernden und -legitimierenden Potenziale von NPOs ausgelobt und umfangreich gefördert. Ähnlich wie bei der Filer-Commission wurde NPO-Forschung zu Legitimationszwecken herangezogen. Mittels der Einbindung von NPOs in die mehrdimensionale europäische Governance-Struktur sollte das Demokratiedefizit der EU bekämpft werden. Allerdings zeigten die Ergebnisse der Forschung, dass diesbezüglich zu viel von den überwiegend vor Ort, in lokalen Kontexten aktiven NPOs erwartet wurde (Boje/Potucek 2011). Weder den demokratiefördernden, noch den integrativen Funktionen von NPOs sowie ihrer Bedeutung als Interessenvertretern und Themenanwälten wird aktuell von allgemeiner Öffentlichkeit, Politik sowie Forschungsförderung größere Beachtung gezollt.

Vielmehr ist die Politik heute wieder verstärkt an den sozialen Dienstleistungsfunktionen von NPOs interessiert. Es geht nach wie vor um die Reform des Wohlfahrtsstaates, wobei davon ausgegangen wird, dass auch soziale Dienstleistungen am besten unter Marktbedingungen erstellt, verteilt und verkauft werden sollen.

Die Debatte fokussiert auf „Soziale Innovationen“, SozialunternehmerInnen und Sozialunternehmen (social entreprise). Die Grenzen zwischen NPOs und Sozialunternehmen sowie NPO-AktivistInnen und Social Entrepreneurs sind häufig, wenn auch nicht zwingend fließend. An die Erkenntnisse und Ergebnisse der NPO-Forschung wird aktuell nur bedingt angeknüpft. Mit dem Fokus auf Entrepreneurship – unternehmerisches Handeln – soll eine Neuartigkeit des Ansatzes und Konzeptes herausgestellt werden, obgleich auch am Anfang der traditionellen NPOs in der Regel immer eine unternehmerische Idee stand. Auch aktuell ist die EU-Kommission mit ihrem Forschungsprogramm ein wesentlicher Geld- und Impulsgeber der NPO-Forschung, bei der es sich, wenn auch nicht ausschließlich aber doch de facto um Auftragsforschung handelt.

2 NPO-Management als Teilbereich der NPO-Forschung

NPO-Forschung heute umfasst ein breites Spektrum von Zugängen und Disziplinen und war von Beginn an interdisziplinär ausgerichtet. Wesentlich zur Etablierung der Forschungsrichtung beigetragen haben insbesondere Ansätze und Arbeiten, die die sozial- und arbeitsmarktpolitische Bedeutung von NPOs herausgearbeitet haben. Mit der zunehmenden Anerkennung des NPO-Sektors als spezifischer gesellschaftlicher Bereich, der maßgeblich zur sozialräumlichen Dienstleistungserstellung beiträgt, hat auch die wissenschaftlich-betriebswirtschaftliche Beschäftigung mit NPOs an Bedeutung gewonnen. Der Stellenwert der Beschäftigung mit Fragen des Managements und der Effizienzsteigerung von NPOs wird in Zukunft eher noch zunehmen, da „das Privatunternehmen … zur wichtigsten gesellschaftlichen Institution geworden (ist)“ (Crouch 2011: 20), und heute auch von NPOs erwartet wird, dass sie ihren „impact“ unter Beweis stellen. Insofern haben sich Rhetorik und die Strategien der Ressourcensicherung von NPOs in den letzten Jahren dahingehend geändert, dass in Auftreten, Leitung und Führung sowie PR-Aktivitäten zumindest die großen und mittelgroßen NPOs Wirtschaftsunternehmen zunehmend ähnlicher geworden sind. Zumindest Teile auch der betriebswirtschaftlichen NPO-Forschung versuchen aber hier gegenzuhalten, indem nach wie vor auf die Besonderheiten von NPOs abgehoben und an die normativ-ideelle Orientierung – die Mission – der Mehrheit der Organisation rückgekoppelt wird.

Das Anliegen, NPOs nicht ausschließlich als funktionale, wenn auch mit dem nonprofit constraint behaftete Äquivalente von Unternehmen zu sehen (Zimmer 2014), sondern sie als wesentliches Element einer sozialen und politischen Umwelt zu betrachten, liegt auch der Mehrheit der Studiengänge und Weiterbildungsangebote zu Grunde. Insofern ist die Mehrheit der Ausbildungsgänge interdisziplinär angelegt. Es geht darum, Unternehmensführung und Managementkenntnisse zu vermitteln, aber hierbei nicht den Blick für die gemeinwohlorientieren, ideellen, politischen und eben zivilgesellschaftlichen Ziele der Organisationen zu verlieren. Dies ist aktuell insofern keine leichte Aufgabe, als Gesellschaftsentwürfe mit normativer Orientierung, die über den Status-quo hinausgehen, derzeit nicht im Angebot sind. In Politik, Wirtschaft und Gesellschaft hat eine allgemeine, alle Lebensbereiche durchdringende Orientierung an Effizienz durch Konkurrenz Platz gegriffen. Hierdurch sowie durch historische Entwicklungen haben die traditionellen normativen Orientierungen, die noch dem Wertekanon des 19. Jahrhunderts verhaftet sind, deutlich an Deutungshoheit und Leitbildfunktion eingebüßt. Auch wenn von der NPO-Forschung nicht benannt werden kann, wohin die Reise in Zukunft gehen wird, entziehen sich die Organisationen aufgrund ihrer besonderen Spezifik dem heute vorherrschenden Diktum der Maximierung ökonomischer Parameter um jeden Preis. Dies spiegeln die Beiträge bzw. Fallbeispiele des vorliegenden Bandes wieder. Herausforderungen werden angenommen und nicht nur, aber mehrheitlich mit aus der BWL-stammenden Instrumenten beantwortet, ohne dass jedoch die Identität der Organisationen aufgegeben würde. Und in diese Richtung ist auch die Mehrheit der Lehrbücher zum NPO-Sektor ausgerichtet, über die im Folgenden ein knapper Überblick vermittelt wird.

Literaturverzeichnis:

Alscher M, Dathe D, Priller E, Speth R (2009a) Bericht zur Lage und zu den Perspektiven des bürgerschaftlichen Engagements in Deutschland. Hrsg. vom Bundesministerium für Familie, Senioren, Frauen und Jugend. Berlin: Wissenschaftszentrum für Sozialforschung

Badelt, C (1997) Politische Ökonomie der Freiwilligenarbeit. Grundlegung und Anwendung in der Sozialpolitik, Frankfurt/Main, Campus Verlag

Boje, T/ Potucek, M (2011) Social Rights, Active Citizenship and Governance in the European Union. Baden-Baden, Nomos Verlag

Crouch, C (2011) Das befremdliche Überleben des Neoliberalismus. Berlin, Suhrkamp Verlag

Etzioni, A (1973) The Third Sector and Domestic Mission. In: Public Administration Review 33, S. 314-323

Klein, A (2001) Der Diskurs der Zivilgesellschaft. Opladen, Leske+Budrich

Putnam, R A (1993) Making Democracy Work. Princeton University Press

Salamon LM, Sokolowski W (Hrsg) (1999) Global Civil Society. Dimensions of the Nonprofit Sector, Baltimore, Center for Civil Society Studies

Salamon L M (1987) Parnters in Public Service: the Scope and Theory of Government-Nonprofit Rlations. In: Powell W (Hrsg.): The Nonprofit Sector. A Research Handbook. New Haven, Yale University Press, S. 99-117

Zimmer A (1994) Amerikanische Stiftungen – Funding Intermediaries des Dritten Sektors. In: Zeitschrift für öf¬fentliche und gemeinwirtschaftliche Unternehmen, Bd. 17, Heft 1, S. 60-86

Zimmer A (1997) Stand und Perspektiven der Nonprofit-Forschung. In: Schauer R, Anheier HK, Blümle E (Hrsg) Der Nonprofit Sektor im Aufwind – zur wachsenden Bedeutung von Nonprofit-Organisationen auf nationaler und internationaler Ebene. Eine Dokumentation. Linz, Universitätsverlag Rudolf Trauner, S. 63-88

Zimmer A (2014) Money makes the world go round! Ökonomisierung und die Folgen für NPOs. In: Zimmer A, Simsa R (Hrsg) Forschung zu Zivilgesellschaft, NPOs und Engagement. Quo vadis? Wiesbaden, Springer VS, S. 163-180

Zimmer A, Priller E (2007) Gemeinnützige Organisationen im gesellschaftlichen Wandel, 2. Auflage, Wiesbaden, VS-Verlag

Annotierte Bibliographie zum Nonprofit-Management

Thorsten Hallmann

Standardwerke zum Nonprofit-Management

Simsa, Ruth/Meyer, Michael/Badelt, Christoph (Hrsg.): Handbuch der Nonprofit-Organisation. Strukturen und Management, Stuttgart: Schäffer-Poeschel, 5. Aufl. 2013

Dieses umfassende, von einem Herausgeberteam an der Wirtschaftsuniversität Wien betreute Standardwerk erscheint bereits in der 5. Auflage und gliedert sich in drei Teile: Der erste behandelt das Phänomen Nonprofit-Sektor theoretisch und empirisch, der zweite Teil behandelt in einzelnen Beiträgen 11 „klassische Management-Aufgaben in NPOs", der dritte Teil besteht aus acht Beiträgen, die „Beyond Management" für den Nonprofit-Sektor bedeutsame Themen behandeln: Freiwilligenarbeit, Governance und Europäisierung, Spenden und Stiftungen, Evaluation und Sozialunternehmertum. Die einzelnen Beiträge bieten jeweils einen fundierten Überblick in das Problemfeld mit umfassenden Verweisen auf weitere Literatur, sind allerdings nicht als Handreichungen für die Organisationspraxis konzipiert.

Schwarz, Peter/Purtschert, Robert/ Giroud, Charles/Schauer, Reinbert: Das Freiburger Management-Modell für Nonprofit-Organisationen, Bern: Haupt, 6. Aufl. 2009

Das AutorInnenteam des renommierten Verbandsmanagement-Instituts der Uni Fribourg/Schweiz verfolgt das Ziel, einen umfassenden und systematischen Management-Ansatz für Nonprofit-Organisationen zu präsentieren, der auf jegliche Art von NPO anwendbar sein soll. Dieser Ansatz besteht aus drei Teilen: System-Management, Marketing-Management und Ressourcen-Management. Neben diesem Basisband, der einführend und lehrbuchartig konzipiert ist, haben die AutorInnen auch zahlreiche Einführungen zu spezifischen Themen des Nonprofit-Managements vorgelegt, die hierauf aufbauen.

Arnold, Ulli/Grunwald, Klaus/Maelicke, Bernd (Hrsg.): Lehrbuch der Sozialwirtschaft, Baden-Baden: Nomos, 4. Aufl. 2014

Klar zugeschnitten auf ein Publikum, das sich ein umfassendes Grund- und Orientierungswissen im Feld der sozialen Dienstleistungen, der Institutionen und Instrumente des Sozialstaats sowie des Managements von sozialen Dienstleistern verschaffen will, ist dieser aus 30 Einzelbeiträgen auf knapp 1000 Seiten bestehende Band. Geschichte und Entwicklung der sozialen Dienste, das politische und rechtliche Fundament des Sozialstaats, die Verbände- und Organisationslandschaft, die Aufgaben sowie Fragen der Finanzierung, Organisation und des Managements sozialer Unternehmen bilden die Schwerpunkte des systematisch und einführend angelegten Bandes.

Weitere themen- und felderübergreifende Lehr- und Praxishandbücher

Grunwald, Klaus/Horcher, Georg/Maelicke, Bernd (Hrsg.): Lexikon der Sozialwirtschaft, Baden-Baden: Nomos, 2. Aufl. 2013

Sicher nicht nur für PraktikerInnen im Bereich der sozialen Dienstleistungen ist dies ein nützliches Nachschlagewerk: Sowohl Begrifflichkeiten, Konzepte und Instrumente des Nonprofit-Managements und der Nonprofit-Forschung als auch für den Nonprofit-Sektor relevante steuer- und arbeitsrechtliche, soziologische, betriebswirtschaftliche und politikwissenschaftliche Grundlagen sowie Institutionen und Finanzierungsinstrumente werden in rund 600 kurzen Beiträgen einführend und leicht verständlich abgehandelt, abgerundet mit Literaturhinweisen zu jedem Stichwort.

Buber, Renate/Meyer, Michael (Hrsg.): Fallstudien zum NPO-Management: Praktische BWL für Vereine und Sozialeinrichtungen, Stuttgart: Schäffer-Poeschel, 2. Aufl. 2009

Strategiebildung, Planung, Management, Marketing und Fundraising in Vereinen und Verbänden sind die thematischen Schwerpunkte dieses Bandes. Lernen aus der Praxis und am Fallbeispiel ist Konzept und Methode – auf theoriebezogene Beiträge wird weitestgehend verzichtet. Jeder der 23 Einzelstudien ist jedoch eine Auswertung und ein Set von Diskussionsfragen beigefügt. Unterschiedliche Beispiele zum Umgang mit vergleichbaren Problemstellungen können daher verglichen werden und in organisationsinterne Diskussionsprozesse einfließen. Ein Schwerpunkt der Fallstudien liegt im Bereich Sozialwesen, doch auch Kultur- und international tätige Organisationen sind vertreten.

Helmig, Bernd/Purtschert, Robert (Hrsg.): Nonprofit-Management: Beispiele für Best Practices im Dritten Sektor, Wiesbaden: Gabler Verlag, 2. Aufl. 2006 (Volltext online verfügbar)

Von erfolgreichen PraktikerInnen für PraktikerInnen, lautet das Konzept dieses Sammelbandes, der anhand von dreizehn Beispielen erfolgreiche Managementmodelle und -ansätze darstellt. Der Schwerpunkt liegt dabei eindeutig auf Wirtschafts- und Wohlfahrtsverbänden sowie Sozialunternehmen. Abgerundet wird der Band durch je einen programmatischen und einen auswertenden Beitrag der Herausgeber. Über viele Universitätsbibliotheken ist der Volltext kostenlos online zugänglich, sofern man dem Universitätsnetzwerk angeschlossen ist.

Helmig, Bernd/Boenigk, Silke: Nonprofit-Management, München: Vahlen, 2012

Das Credo dieses lehrbuchartigen Bandes lautet, dass betriebswirtschaftliche Konzepte im Nonprofit-Sektor nur bedingt einsatzfähig sind. Vielmehr erfordern die Besonderheiten von Nonprofit-Organisationen sowohl ein spezifisches Management, als auch die verstärkte Nutzung betriebswirtschaftlichen Know-Hows – gerade angesichts der Tatsache ihrer Einbindung als für die Öffentlichkeit tätige Dienstleister mit der Folge, dass nicht die Logiken der unterschiedlichen Sektoren in ihnen zusammentreffen. Es soll sich an Studierende und WissenschaftlerInnen ebenso wie an Führungskräfte richten. Nach historischen und theoretischen Einführungen werden insbesondere die Felder Personalmanagement, Fundraising, Marketing, Finanzmanagement und intersektorale Partnerschaften behandelt.

Stöger, Roman/Salcher, Martin: NPOs erfolgreich führen: Handbuch für Nonprofit-Organisationen in Deutschland, Österreich und der Schweiz, Stuttgart: Schäffer-Poeschel, 2006

Als Werkzeugkasten wollen die Autoren diesen Band verstanden wissen. Dass Non-Profit-Organisationen „ganz anders“ seien, bezeichnen sie genauso als Missverständnis wie die Vorstellung, dass es für Management in NPOs ausgesprochene Spezialisten brauche. Vielmehr werden NPOs in diesem Band als Wettbewerber auf Quasi-Märkten konzipiert. Die textlich knapp und verständlich gefassten, der betriebswirtschaftlichen Managementlehre entnommenen Handreichungen sind mit zahlreichen Checklisten und Beispielen versehen. „Der Kunde steht im Zentrum“ und „Die Leistung entscheidet“ sind dabei die programmatischen Grundannahmen.

NPOs führen und verändern

Bachert, Robert/Vahs, Dietmar: Change Management in Nonprofit-Organisationen, Stuttgart: Schäffer-Poeschel, 2007

Dieser systematisch aufgebaute Band behandelt unterschiedliche Herausforderungen, denen sich viele Nonprofit-Organisationen gegenüber sehen: Strategieentwicklung, Veränderung von Prozessen und Strukturen, Organisationszusammenschlüsse, Governance, EDV-Einsatz, Controlling und Risikomanagement. Praxisnahe theoretische und methodische Einführungen werden mit Ergebnissen einer Organisationsbefragung, Problemaufrissen zu einzelnen Tätigkeitsfeldern sowie zahlreichen Fallstudien illustriert. Der Schwerpunkt liegt hierbei auf Vereinen und Sozialunternehmen in den Bereichen Behinderten-, Alten- und Jugendhilfe sowie deren Verbandsstrukturen. Abgerundet und illustriert werden die einzelnen Kapitel durch Checklisten und graphische Darstellungen.

Langer, Andreas/Schröer, Andreas (Hrsg.): Professionalisierung im Nonprofit Management, Wiesbaden: VS Verlag für Sozialwissenschaften, 2011

Dieser Tagungsband vereint vierzehn Beiträge, die das Kernthema aus recht unterschiedlichen Perspektiven und in unterschiedlichen Zusammenhängen behandeln. Neben programmatischen Beiträgen werden verschiedene Fallstudien und Befragungsergebnisse vorgestellt. Die Texte wenden sich eher an ein sozialwissenschaftliches Fachpublikum denn an Praktiker und PraktikerInnen.

Bauer, Elisabeth/Sander, Gudrun/Arx, Sabina: Strategien wirksam umsetzen: Das Handbuch für Non-Profit-Organisationen, Bern: Haupt, 2010

In diesem Band steht die Steuerung, Strategieumsetzung und Erfolgsmessung in NPOs im Zentrum. Er richtet sich augenscheinlich insbesondere an Führungskräfte in Nonprofit-Organisationen und beschreibt verständlich und anschaulich (betriebswirtschaftliche) Managementkonzepte mit einem starken Fokus auf die Besonderheiten von NPOs bzw. ihre „Prozesslogiken". Mit dem NPO-Kompass entwickeln die Autorinnen ein umfassendes praxis- und prozessorientiertes Analyse-Modell, in dessen Zentrum die unterschiedlichen Barrieren stehen, die der Umsetzung von Strategien in NPOs entgehen stehen können, und konzipiert diese als Steuerungsprobleme. Neben „werkzeugkastenartigen" Kapiteln werden auch einige Fallbeispiele vorgestellt, schwerpunktmäßig aus der Schweiz.

Schneider, Jürg/Minnig, Christoph/Freiburghaus, Markus: Strategische Führung von Nonprofit-Organisationen, Bern: Haupt, 2007

Anders als in einem großen Teil der sozialwissenschaftlich geprägten Literatur werden unter NPOs hier alle Organisationen verstanden, die nicht auf Gewinnerzielung ausgerichtet sind, also auch z. B. öffentliche Schulen und kommunale Unternehmen. Entsprechend beziehen sich die Ausführungen bewusst auf dieses umfassende Spektrum und verzichten weitestgehend auf eine spezifische Betrachtung von frei-gemeinnützigen Organisationen. Es richtet sich insbesondere an Studierende einschlägiger Studiengänge wie Public Management. Konzeptionell beabsichtigt ist es, die Problemfelder Strategieentwicklung und Veränderungsmanagement zu verknüpfen. Hierzu wird eine Vielzahl von Analyseinstrumenten und methodischen Ansätzen vorgestellt.

Witt, Dieter/Velsen-Zerweck, Burkhard von /Thiess, Michael/ Heilmair, Astrid: Herausforderung Verbändemanagement. Handlungsfelder und Strategien, Wiesbaden: Gabler, 2006 (Volltext online verfügbar)

Dieser Band widmet sich spezifisch Verbänden als einem zwar vielfältigen, aber doch spezifischen Typus im weiten Feld der Nonprofit-Organisationen. Den größten Teil des Bandes bildet ein systematischer Aufriss unterschiedlicher Handlungsfelder, flankiert von einer Vielzahl von „Praxisstatements". Einerseits wird eine betriebswirtschaftliche Perspektive in Bezug auf die Managementherausforderungen von Verbänden bewusst eingenommen, andererseits dabei stets ihre Besonderheit als demokratisch gesteuerte Interessenorganisationen und/oder wertgeprägte Gemeinschaften reflektiert. Empirisch gestützt wird die Darstellung durch eine Befragung der TU München im Jahre 2005, an der 348 Verbände teilgenommen haben.

Freiwilligenarbeit und Ehrenamt

Olk, Thomas/Hartnuß, Birger: Handbuch Bürgerschaftliches Engagement, 2011: Weinheim und Basel: Beltz Juventa

Dieses facettenreiche und umfassend angelegte Kompendium behandelt das Themenfeld Ehrenamtlichkeit und Freiwilligkeit in Deutschland in über 50 Einzelbeiträgen. Nach einer historischen Einführung werden zentrale Begriffe der Debatte wie Zivilgesellschaft und Sozialkapital erläutert, die juristischen Rahmenbedingungen, Engagementfelder und -formen, deren mögliche Organisationsformen, engagementfördernde Institutionen, Instrumente und Strategien der Engagementpolitik sowie zentrale Ergebnisse der empirischen Forschung vorgestellt. Sorgfältig editiert und verständlich geschrieben richtet es an ein breites wissenschaftliches wie nichtwissenschaftliches Publikum.

Alscher, Mareike/Dathe, Dietmar/Priller, Eckhard/Speth, Rudolf: Bericht zur Lage und zu den Perspektiven des bürgerschaftlichen Engagements in Deutschland. Berlin: Bundesministerium für Familie, Senioren, Frauen und Jugend, 2009 (online verfügbar)

Eine umfassende Datensammlung und Analyse zu Umfang, Formen, Feldern, Motivationen und Inhalten freiwilligen Engagements in Deutschland.

Clausen, Gisela: Vorstands- und Gremienarbeit aktiv gestalten – Ein Praxishandbuch für die Arbeit in Vereinen und Verbänden, Weinheim/Basel: Beltz, 2002

Ein praxisnahes Handbuch für Haupt- und Ehrenamtliche in Vereinen und ähnlichen Organisationen: Im Mittelpunkt stehen hier weniger organisationstheoretische und rechtliche Erwägungen, sondern praktische Handreichungen für die Gremienarbeit und gruppenpsychologische Überlegungen: Wie können Gremien effektiv arbeiten, wie kann Motivation und Zufriedenheit von Ehrenamtlichen gefördert und erhalten werden, wie können interne Konflikte gelöst werden?

Interessenvertretung

Speth, Rudolf (Hrsg.): Grassroots-Campaigning, Wiesbaden: VS, 2013

Interessenvertretung als Herausforderung für Nonprofit-Organisationen erscheint in der einschlägigen Literatur unterbelichtet. In diesem Buch werden, vor dem Hintergrund zunehmender Schwächen der traditionellen, milieugebundenen Großorganisationen, unter dem Dachkonzept „grassroots campaigning“ neue Phänomene und Strategien der Mobilisierung und Interessenvertretung von „unten“, aber auch das Phänomen von oben inszenierter, nur anscheinlicher Basisbewegung vorgestellt.

Fundraising

Fundraising Akademie (Hrsg.): Fundraising. Handbuch für Grundlagen, Strategien und Instrumente, Wiesbaden: Gabler, 4. Aufl. 2008

Dieses Standardwerk für Geldbeschaffung im Nonprofit-Bereich ist praxisorientiert angelegt, die Bearbeitung des Bandes ist angegliedert an den Studiengang Fundraising der gleichnamigen Akademie.

Haibach, Marita: Handbuch Fundraising: Spenden, Sponsoring, Stiftungen in der Praxis, Frankfurt: Campus, 4. Aufl. 2012

Ebenfalls bereits in der vierten Auflage erscheinend, praxisnah angelegt und mit breitem thematischen Fokus widmet sich die Monographie von Marita Haibach dem Thema Fundraising. Es richtet sich sowohl an ein wissenschaftliches, professionelles wie auch ein allgemein interessiertes Publikum. Die Autorin ist als selbständige Fundraising-Beraterin mit dem Schwerpunkt der Gewinnung von privaten Großspendern tätig.

Bär, Monika/Borcherding, Jan/Keller, Bernhard (Hrsg.): Fundraising im Non-Profit-Sektor: Marktbearbeitung von Ansprache bis Zuwendung, Wiesbaden: Gabler, 2010, (Volltext online verfügbar)

Dieser Band stellt zum einen vorhandene Erkenntnisse über Spenden und Spenderverhalten vor, zum anderen ein umfassendes Instrumentarium für erfolgreiche Spendenakquise – etwa Marktforschung, Internetplattformen, Charity-Events, Kampagnenkonzeption und Spendensiegel. Als Autoren und Autorinnen wurden insbesondere erfahrene PraktikerInnen gewonnen. Über Universitätsnetzwerke ist dieser Band im Volltext online verfügbar.

Vilain, Michael: Finanzierungslehre für Nonprofit-Organisationen. Zwischen Auftrag und ökonomischer Notwendigkeit, Wiesbaden: VS-Verlag, 2006

Klassisch und oft unverzichtbar für Nonprofit-Organisationen ist ein Finanzierungsmix, der Gelder aus unterschiedlichsten Quellen kombiniert, deren Nutzbarkeit jedoch unterschiedlichen und sich wandelnden Bedingungen unterliegt. Für den jeweiligen Zweck den richtigen Weg zu den benötigten Mitteln finden, stellt Organisationen daher vor stets neue Herausforderungen Dieser grundlegende, konzeptionelle Band bietet einen umfassenden Überblick über Voraussetzungen, Instrumente und Methoden der Finanzierung von NPOs.

Organisationen gründen: Rechtsformen und Organisationsaufbau

Göring, Michael: Unternehmen Stiftung: Stiften mit Herz und Verstand, München: Carl Hanser Verlag, 2008

Eine inhaltlich umfassende, fundierte und praxisnahe Einführung zur gemeinnützigen Stiftung und ihren Varianten und Alternativen als Rechtsform für fördernde und wie auch operative Tätigkeiten. Adressiert werden unter anderem potenzielle Stiftungsgründer und Angestellte von Stiftungen.

Menges, Evelyne: Gemeinnützige Einrichtungen. Nonproft-Organisationen gründen, führen und optimieren, München: dtv, 2. Aufl. 2012

Ein kleiner, einführender und thematisch umfassender Ratgeber für alle, die sich mit dem Gedanken der Gründung einer gemeinnützigen Organisation beschäftigen, oder sich mit dem rechtlichen Rahmen einer solchen vertraut machen möchten. Rechtsformsuche, Gründung, Finanzierung und Buchhaltung, Haftungs- und Versicherungsfragen, Öffentlichkeitsarbeit, Umstrukturierung, Krise und Auflösung von Organisationen werden praxisnah und unter besonderer Berücksichtigung juristischer Aspekte dargelegt.

Weidmann, Christina/Kohlhepp, Ralf: Die gemeinnützige GmbH , Wiesbaden: Gabler, 2. Aufl. 2011

Eine umfassende Einführung in die Rechtsform der gGmbH, die sich insbesondere den juristischen Besonderheiten dieser Rechtsform widmet. Detaillierte Ausführungen zu Satzungsgestaltung, Besteuerung, Geschäftsführung, Gemeinnützigkeit, Umstrukturierung und Liquidation von gGmbHs bilden den Schwerpunkt des Bandes. Eine Sammlung von Mustern und Erlassen rundet den Band ab.

Sozialunternehmen und -innovatoren

Adam, Stefan M. (Hrsg.): Die Sozialfirma – wirtschaftlich arbeiten und sozial handeln: Beiträge zu einer sozialwirtschaftlichen Innovation, Bern: Haupt, 2. Aufl. 2012

Als Sozialfirmen werden hier „Low-Profit-Unternehmen“ bezeichnet, die durchaus marktförmig tätig sind, aber insbesondere als Instrument zur Arbeitsmarktintegration sozialwirtschaftliche Relevanz besitzen. Nach einer Einführung werden die rechtlichen Rahmenbedingungen in und empirische Beispiele aus der Schweiz behandelt.

Hackenberg, Helga/Empter, Stefan (Hrsg.): Social Entrepreneurship – Social Business: Für die Gesellschaft unternehmen, Wiesbaden: VS Verlag für Sozialwissenschaften, 2011

Dieser Sammelband behandelt das Phänomen Soziales Unternehmertum interdisziplinär und unter einer Vielzahl von Fragestellungen, teils empirisch, teils normativ oder programmatisch. Ein besonderer thematischer Schwerpunkt ist unter den 24 recht knapp und prägnant gefassten Beiträgen nicht zu erkennen.

Periodika zur Nonprofit- und Verbändeforschung

Birnkraut, Gesa et al. (Hrsg.): Jahrbuch für Management in Nonprofit-Organisationen, Münster: Lit

Herausgegeben von Lehrenden der Fakultät Wirtschafts- und Sozialwissenschaften der Hochschule Osnabrück versammelt dieses Jahrbuch eine Auswahl wissenschaftlicher Beiträge, und richtet sich dabei an Studierende und PraktikerInnen. Wer einen Überblick der Neuerscheinungen im Forschungsfeld Engagement, Dritter Sektor und Nonprofit-Management gewinnen möchte, findet mit dem umfassenden Literaturbericht ein gutes Hilfsmittel.

VM – Verbandsmanagement

Die „Fachzeitschrift für Verbands- und Nonprofit-Management" erscheint dreimal jährlich und wird vom Verbandsmangement Institut der Universtität Fribourg/ Schweiz herausgegeben.

ZögU – Zeitschrift für öffentliche und gemeinwirtschaftliche Unternehmen

Diese Vierteljahresschrift widmet sich dem Themenfeld von kommunaler Daseinsvorsorgewie auch privat-gemeinnütziger Sozialwirtschaft vornehmlich aus juristischer, verwaltungswissenschaftlicher und ökonomischer Perspektive.

VOLUNTAS – International Journal of Voluntary and Nonprofit Organizations

Voluntas ist das Sprachrohr der ISTR, der Internationalen Gesellschaft für Dritter-Sektor-Forschung und erscheint ebenfalls vierteljährlich.

Nonprofit and Voluntary Sector Quarterly

Anders als der Name vermuten lässt, erscheint diese Zeitschrift zweimonatlich. Wie auch Voluntas vereint sie Beiträge aus der aktuellen Forschung zum Nonprofit-Sektor mit aktuellen Buchrezensionen.

CVs der AutorInnen und Interviewten

Beate Balsliemke studierte Landespflege an der Universität Paderborn. Sie ist stellvertretende Pressesprecherin des Kreises Gütersloh. Nach dem Abschluss des Studiums Nonprofit-Management and Governance übernahm sie 2014 die Geschäftsführung der Peter-August-Böckstiegel-Stiftung, die sich dem Erbe des Expressionisten Peter August Böckstiegel (1889 – 1951) widmet. Sie ist langjähriges Vorstandsmitglied im Heimatverein Verl und befasst sich mit Kulturlandschaftsvermittlung und der Entwicklung Ländlicher Räume.

Radha Dilip Banhatti promovierte in Physik am Indian Institute of Technology in Madras (Chennai) und schloss ein zweijähriges Humboldt-Forschungsstipendium für Postdoktoranden am Institut für Physikalische Chemie an der Universität Münster an. Ab 2000 arbeitete sie dort für zehn Jahre als wissenschaftliche Mitarbeiterin. Sie ist Studentin des Weiterbildungsstudiengangs Nonprofit-Management and Governance und interessiert sich in diesem Zusammenhang besonders für Sozialunternehmen, Crowdfunding und Zivilgesellschaft.

Melanie Beyer studierte an der Universität Münster den Zwei-Fach Bachelor Politikwissenschaft und Geschichte und den Master Politikwissenschaft. Sie arbeitet am Institut für Politikwissenschaft der Universität Münster. Ihre Forschungsinteressen beziehen sich u. a. auf Public Private Partnerships auf der lokalen und regionalen Ebene.

Tino Boubaris ist Diplom-Verwaltungswirt (FH) und hat 2013 den Masterstudiengang Nonprofit-Management and Governance abgeschlossen. Nach Tätigkeiten in der Privatwirtschaft und im öffentlichen Dienst ist er seit 14 Jahren als pädagogischer Mitarbeiter und EU-Projektkoordinator im Verein Niedersächsischer Bildungsinitiativen e. V. (VNB) u. a. in verschiedenen europäischen Projekten und Netzwerken im Erwachsenen- und Berufsbildungsbereich tätig. Darüber hinaus berät er Vereine und Initiativen in Organisations- und Finanzierungsfragen und engagiert sich ehrenamtlich im Flüchtlingsrat Niedersachsen.

Michael Breier ist gelernter Bürokaufmann mit dem Schwerpunkt Wirtschaft und Verwaltung und seit 18 Jahren Geschäftsführer des Bürgerbusses Sundern. Zudem ist er Vorstandsvorsitzender des Bürgerbusverbundes Sauerland-Hellweg eG, dem die seit 2013 inzwischen zehn Bürgerbusvereine im Hochsauerlandkreis, Kreis Soest und Märkischen Kreis angehören. Ferner engagiert er sich seit mehreren Jahren erfolgreich als Jugend- und Seniorenfußballtrainer.

Gisela Clausen studierte Psychologie an der Universität Hamburg (1972-1977) und arbeitet seit Beginn der 80er Jahre freiberuflich in den Bereichen Organisationsberatung und Personalentwicklung in Wirtschaftsunternehmen und im Nonprofit-Bereich. Ihre Arbeitsschwerpunkte sind die Organisationsberatung in der Öffentlichen Verwaltung (in Kooperation mit Mummert Consult AG) und in NPOs sowie die Qualifizierung von Vorständen, Geschäftsführungen und mittlerem Management aus Profit- und Nonprofit-Organisationen. Sie lehrt das Modul Organisation, Personal, Führung im Weiterstudiengang Nonprofit-Management and Governance an der Universität Münster, wo sie auch die Praxisphase der Studierenden betreut..

Hildegard Debertin erwarb in Münster das Diplom in Oecotrophologie und ist Studentin des Weiterbildungsstudiengangs Nonprofit-Management and Governance. Sie arbeitete als Ernährungswissenschaftlerin in der Lebensmittelbranche sowie als freiberufliche Ernährungsberaterin, bevor sie im Jahr 2003 ihre jetzige Tätigkeit als Generalsekretärin der Stiftung Kindergesundheit übernahm. Zugleich ist sie ehrenamtlich als Schatzmeisterin des Freundeskreises der Stiftung tätig und engagiert im Stiftungsnetzwerk BiNet für bessere Bildung in München.

Anne Dudeck ist Diplompädagogin für Jugend- und Erwachsenenbildung. Ihre beruflichen Stationen umfassen Tätigkeiten als Dozentin sowie als Frauen- und Gleichstellungsbeauftrage der Lüneburger Hochschulen. Gesellschaftlich aktiv war sie bis 2014 im Vorstand des Vereins Niedersächsischer Bildungsinitiativen e. V. Daneben baute sie das autonome Lüneburger Frauenhaus mit auf und war dort im Vorstand tätig. Bei den Studienwerken Buntstift und Heinrich-Böll ist sie bis heute Vertrauensdozentin und ist im Vorstand des feffa e. V., einer Weiterbildungsberatung von Frauen für Frauen. Für ihr Engagement in den Bereichen Bildung, Soziales und Frauenpolitik wurde sie 2009 mit dem Verdienstkreuz am Bande ausgezeichnet.

Beate Glombek arbeitet als Assistentin der Geschäftsführung beim Kölner Gymnasial- und Stiftungsfonds. Sie koordiniert nebenberuflich seit 2004 das Musikangebot des Fördervereins der Carl-Stamitz-Musikschule Köln-Porz und leitet zusätzlich seit 2009 das Projekt „Klassenstreicher" der Helmut-Behn-Stiftung an Kölner Grundschulen. 2012 schloss sie den berufsbegleitenden Studiengang Nonprofit-Management and Governance mit dem Master ab.

Danielle Gluns studierte an der Universität Osnabrück den Bachelorstudiengang Europäische Studien und den Masterstudiengang Internationale Migration und Interkulturelle Beziehungen. Sie ist wissenschaftliche Mitarbeiterin am Institut für Politikwissenschaft der Universität Münster. Nach ihrem Masterabschluss 2012 war sie zunächst im Forschungsprojekt WILCO (Welfare innovations at the local level in favour of cohesion) beschäftigt. Ihre Forschungsinteressen umfassen neben sozialen Innovationen und sozialem Unternehmertum Fragen der gesellschaftlichen Integration und der Sozialpolitik.

Thorsten Hallmann ist promovierter Politikwissenschaftler und war bis Ende 2013 wissenschaftlicher Mitarbeiter an der Universität Münster. Er arbeitete am Johns Hopkins Comparative Nonprofit Sector Project, der Untersuchung Vereine in Münster und dem EU-weiten Projekt WILCO (Welfare innovations on the local level in favour of cohesion) mit. Ferner beschäftigt er sich mit dem Genossenschaftswesen und engagiert sich in verschiedenen Vereinen in Münster.

Bernhard Hametner studierte in Tübingen Politikwissenschaft mit dem Schwerpunkt Internationale Beziehungen, Erziehungswissenschaft und Empirische Kulturwissenschaft. Zudem hat er den Studiengang Nonprofit-Management and Governance abgeschlossen. Er war zwei Jahre lang als Bildungsreferent bei dem württembergischen Landesverband der Naturfreunde angestellt und ist heute beim Kolping-Bildungswerk Württemberg e. V. für die Umsetzung der europaweiten Projekte zuständig. Sein ehrenamtliches Engagement gilt derzeit einer Elterninitiative und einer regionalen friedenspolitischen Gruppierung.

Volker Maria Hügel ist Diplom-Sozialpädagoge. Er ist Rechtsreferent und Mitbegründer der GGUA-Flüchtlingshilfe (Gemeinnützige Gesellschaft zur Unterstützung Asylsuchender e. V.) in Münster, sowie Leiter des Projektes Qualifizierung der Flüchtlingsberatung, welches unter anderem bundesweite Fortbildungen zum

Flüchtlings- und Migrationsrecht anbietet. Ferner ist er Vorstandsmitglied der bundesweiten Arbeitsgemeinschaft für Flüchtlinge PRO ASYL und ordentliches Mitglied der Härtefallkommission beim Innenministerium NRW.

Roland Kaehlbrandt promovierte in Sprachwissenschaften und gehört dem Vorstand der Stiftung Polytechnische Gesellschaft Frankfurt am Main seit 2006 an. Seit 2008 ist er Vorstandsvorsitzender. Er ist für Inhalte, Projekte und Kommunikation zuständig. Zuvor war er Geschäftsführer der Hertie-Stiftung und Kommunikationsleiter der Bertelsmann Stiftung sowie Direktor der Deutschen Stiftung Maison Heinrich Heine in Paris. Er ist zudem Vorstandsmitglied des Bundesverbandes Deutscher Stiftungen.

Martina Klein ist Historikerin und promovierte Sozialwissenschaftlerin. Sie ist die Leiterin der Stabstelle Fundraising am Klinikum Dortmund gGmbH. Zuvor war sie Gastprofessorin an der Universität Lille, wissenschaftliche Mitarbeiterin bei der UNO in Genf, sowie Geschäftsführerin der medizinischen Fakultät des Universitätsklinikums Münster. Ebenso arbeitete sie an einer Fundraisingkampagne für die Vestische Kinder- und Jugendklinik Datteln. Für ihre Leistungen dort erhielt sie 2012 den Deutschen Fundraisingpreis.

Norbert Kunz machte eine Ausbildung zum Bankkaufmann und studierte Wirtschaftspädagogik. Er ist Geschäftsführer der Social Impact gGmbH und Social Entrepreneur. Seit über zwanzig Jahren berät und unterstützt er Jungunternehmer, Firmen und gemeinnützige Organisationen bei der Entwicklung von Geschäftsmodellen, Finanzplänen und Organisationsstrukturen. Er ist seit 2007 Ashoka Fellow und wurde 2010 von der Schwab Foundation als Social Entrepreneur des Jahres ausgezeichnet.

Reinhard Lahr ist promovierter Historiker mit den Schwerpunkten Verfassungs-, Sozial und Wirtschaftsgeschichte. Nach Tätigkeiten als wissenschaftlicher Mitarbeiter bei der Stiftung für Unternehmensgeschichte, dem Institut für bankhistorische Forschung, der Konrad Adenauer Stiftung sowie dem Landesmuseum Koblenz, ist er seit 1999 Denkmalschützer des Landkreises Neuwied. Ehrenamtlich engagiert er sich seit 2009 als Geschäftsführer der Abtei Rommersdorf-Stiftung.

Björn Lampe ist Diplom-Politologe und leitet als Prokurist den Bereich Projekte & Organisationen bei Deutschlands größter Spendenplattform betterplace.org. Vorher war er u. a. für die Kampagnen Deine Stimme gegen Armut und erlassjahr.

de tätig. Er ist seit 1992 im Internet aktiv und berät NGOs in ihren Online-Fragen. Zudem bloggt er auf kampagne20.de.

Marion Lieser studierte Sozialpädagogik, Soziologie und Umweltwissenschaften. Seit 2012 ist sie die Geschäftsführerin des Oxfam Deutschland e. V. Während ihres gesamten Berufslebens war sie in der Entwicklungszusammenarbeit in Deutschland und im Ausland tätig. Ihre Tätigkeiten umfassen die bilaterale Entwicklungszusammenarbeit genauso wie den Profit- und Nonprofit-Sektor.

Eva Lingen studierte Rechtswissenschaften an den Universitäten Hannover, Rouen (F) und Saarbrücken und ist Studierende in Nonprofit-Management and Governance and der Universität Münster. Sie ist Rechtsanwältin und Mediatorin, sowie hauptamtliche Geschäftsführerin des Verbands Deutscher Privatschulen NRW e. V. Daneben arbeitet sie mit im Ausschuss Recht und Management der Deutschen Gesellschaft für Verbandsmanagement und ist Mitglied der Centrale für Mediation. Ehrenamtlich engagiert ist sie Beirat Internationales im bdvv sowie Kuratoriumsmitglied des Fördervereins der Hibernia-Schule.

Andreas Linsmeier erwarb seinen Masterabschluss in den Fächern Geographie und Geschichte. Er ist als Stadtplaner in einer Kommune in Süddeutschland tätig. Ferner ist er Vorsitzender der NaturFreunde Landesverband Württemberg und der Umweltstiftung der NaturFreunde Württemberg, sowie im Vorstand des Landesnaturschutzverbandes Baden-Württemberg, des Biosphärengebiets Schwäbische Alb und bei Pro Regio Stadtbahn e. V., Sprecher der Stadtbahninitiative Reutlingen sowie Mitglied im Fachbeirat Marketing und Tourismus im Schwäbischen Streuobstparadies.

Felix Oldenburg studierte Philosophie an den Universitäten Bonn, Tübingen und Oxford und Politikmanagement in Georgetown, Washington bevor er 2009 die Leitung von Ashoka Deutschland übernahm. Zuvor hat er berufliche Erfahrungen als Internet-Unternehmer, McKinsey-Berater und Großgruppen-Moderator gesammelt. Er hat zu den Themen Social Entrepreneurship, Bürgerbeteiligung, Governance und Corporate Social Responsibility publiziert.

Eckhard Priller studierte Ökonomie und Soziologie an der Humboldt-Universität in Berlin. Er leitete bis Ende September 2014 die Projektgruppe Zivilengagement am Wissenschaftszentrum Berlin für Sozialforschung und ist seit dem wissenschaftlicher Co-Direktor des Maecenata-Instituts für Philanthropie und Zivilgesellschaft in Berlin. Er lehrt das Modul Empirie und Befragung im Weiterstudiengang Nonprofit-Management and Governance an der Universität Münster.

Regine Rapp-Engels ist Fachärztin für Allgemeinmedizin und studiert den Weiterbildungsstudiengang Nonprofit-Management and Governance. Nach Tätigkeiten in Klinik und Praxis, sowie als Sozialmedizinerin und Gleichstellungsbeauftragte bei der Deutschen Rentenversicherung (DRV) Westfalen und als Referentin für die Enquete-Kommission „Zukunft einer Frauengerechten Gesundheitsversorgung NRW" des Landtags, ist sie als Sozialmedizinerin bei der DRV Baden-Württemberg tätig. Sie ist seit vielen Jahren im Deutschen Ärztinnenbund e. V. aktiv und seit 2009 dessen Präsidentin.

Jella Riesterer studierte Soziologie und Politikwissenschaften an der Albert-Ludwigs-Universität in Freiburg im Breisgau. Zudem ist sie Studierende im Studiengang Nonprofit-Management and Governance in Münster. Sie arbeitete zunächst in der empirisch-quantitativen Zivilgesellschaftsforschung für das Zentrum für zivilgesellschaftliche Entwicklung. Mittlerweile ist sie bei dem Sozialunternehmen BOOKBRIDGE sowie dem Grünhof, einem Gründungszentrum für sozialunternehmerische Initiativen in Freiburg beratend tätig.

Johannes Rist ist Diplom-Wirtschaftsmathematiker und Absolvent des Masterstudiengangs Nonprofit-Management and Governance. Im Pestalozzi Kinderdorf Wahlwies als Sohn einer innewohnenden Betreuerfamilie aufgewachsen, arbeitete er dort während der Organisationsentwicklung von 2010 bis 2013 als Assistenz des Vorstands und der Geschäftsführung sowie als Projektleiter. 2014 wechselte er Wohn- und Arbeitsplatz nach Bochum zur GLS Treuhand e. V.

Sira Saccani studierte Kommunikationswissenschaften und Internationales Marketing. Im Beruf hatte sie die Möglichkeit innovative Projekte mit ökologischem oder sozialem Schwerpunkt zu verantworten und strategische Ansätze in den Bereichen Innovation, Design- und Portfoliomanagement sowie Markenführung zu entwickeln. Der Wunsch, Nachhaltigkeitsthemen stärker voranzutreiben, motivierte sie, den Studiengang Nonprofit-Management and Governance zu absolvieren. Durch ihr ehrenamtliches Engagement bei Amnesty International konnte sie Erfahrungen bei einer gemeinnützigen Organisation sammeln.

Miriam Schwartz absolvierte ein Lehramtsstudium mit den Fächern Englisch und Germanistik an der Universität Braunschweig, sowie den Master Nonprofit-Management and Governance an der Universität Münster. 2011 gründete sie mit weiteren

MitstreiterInnen die Hamburger Freiwilligen-Initiative tatkräftig e. V. Seitdem ist die Geschäftsführerin der Initiative und kümmert sich auch um die Vermittlung von Freiwilligen sowie das Qualitätsmanagement. Ehrenamtlich ist sie seit langem in der Jugendarbeit tätig z. B. als Mitglied des Dachverbands PULS Deutschland e. V.

Rudolf Speth studierte Politikwissenschaft, Geschichte, Philosophie und Literaturwissenschaft in Erlangen und Berlin. Er ist Privatdozent am Otto Suhr-Institut der FU Berlin. Er hat lange Jahre das Fachgebiet Politisches System/Staatlichkeit im Wandel an der Universität Kassel vertreten. Im Masterstudiengang Nonprofit-Management und Governance an der Universität Münster betreut er den Schwerpunkt Interessenvertretung und Public Affairs-Management.

Prof. Dr. Michael Vilain (Dipl.-Kfm.), geboren in Johannesburg (Südafrika), studierte Betriebswirtschaftslehre an der Universität Münster sowie parallel zur Tätigkeit als geschäftsführender Gesellschafter eines mittelständischen Betriebes Politikwissenschaft und Wirtschaftspolitik. Nach dem Wechsel in die Hochschule arbeitete er als wissenschaftlicher Mitarbeiter an der FH Düsseldorf und am Institut für Politikwissenschaft (IfPol) der Universität Münster. Herr Vilain war Mitbegründer und Geschäftsführer des Zentrums für Nonprofit-Management GmbH. Nach Vertretungsprofessuren in Göttingen und Nordhausen ist er seit 2008 Professor für Allgemeine Betriebswirtschaftslehre an der Evangelischen Hochschule Darmstadt und geschäftsführender Direktor des Instituts für Zukunftsfragen der Gesundheits- und Sozialwirtschaft (IZGS). Seine Forschungsschwerpunkte sind unter anderem die Finanzierung sowie das Management von Nonprofit-Organisationen, Zivilgesellschaft im Wandel und Freiwilligenarbeit.

Christiane Wilke ist Diplomée der École Hôtelière de Lausanne und arbeitete viele Jahre in der Hotellerie sowie als Dozentin für Französisch in der Erwachsenenbildung. Sie absolvierte den Masterstudiengang Nonprofit-Management and Governance an der WWU, engagiert sich seit sieben Jahren als Vorsitzende eines Vereins für Kultur und Kirche in Gelsenkirchen und ist unterstützend für eine Stiftung tätig.

Pia Winter promovierte im Fach Sportwissenschaft. Sie forschte und lehrte zu sportmedizinischen Themenbereichen an verschiedenen Universitäten in Deutschland und der Schweiz. Seit 2008 ist sie im Nonprofitbereich tätig und arbeitet derzeit als Geschäftsführerin der Elterninitiative krebskranker Kinder Oldenburg e. V. Sie absolvierte den Masterstudiengang Nonprofit-Management and Governance. Ihr

Interessenschwerpunkt lag dabei im Themenbereich Transparenz von gemeinnützigen Organisationen. Sie engagiert sich ehrenamtlich in Schule und Sportverein.

Fatih Yildiz ist Diplom-Sozialökonom und schließt zurzeit sein Masterstudium in Nonprofit Management and Governence an der Universität Münster ab. Fatih Yildiz war lange Jahre in der islamischen Jugend- und Studierendenarbeit tätig und ist zur Zeit Vorstandsmitglied des Bündnisses der Islamischen Gemeinden in Norddeutschland, Vorstandsassistent in der SCHURA – Rat der Islamischen Gemeinschaften in Hamburg e. V. und Mitglied im Hamburger Integrationsbeirat.

Annette Zimmer studierte Politikwissenschaft, Geschichte, Volkswirtschaft und Philosophie in Mannheim und Heidelberg. Sie ist Professorin für Sozialpolitik und Vergleichende Politikwissenschaft am Institut für Politikwissenschaft der Universität Münster, sowie wissenschaftliche Leitung des Weiterbildungsstudiengangs Nonprofit-Management and Governance.

MIX
Papier aus verantwortungsvollen Quellen
Paper from responsible sources
FSC® C105338

Printed by Books on Demand, Germany